1 华北·东北 上册

给孩子的

中国地理大百科

廖辞霏 著

中国旅游出版社

责任编辑：王欣艳 胡一鸣
责任印制：冯冬青
装帧设计：丫丫书装·张亚群

图书在版编目（CIP）数据

给孩子的中国地理大百科．1，华北·东北．上册 /
廖辞霏著．-- 北京：中国旅游出版社，2024.3
ISBN 978-7-5032-7170-0

Ⅰ．①给⋯ Ⅱ．①廖⋯ Ⅲ．①地理—中国—少儿读物
Ⅳ．① K92-49

中国国家版本馆 CIP 数据核字（2023）第 227717 号

书　　名：给孩子的中国地理大百科．1，华北·东北．上册

作　　者：廖辞霏 著
出版发行：中国旅游出版社
　　　　　（北京静安东里 6 号　邮编：100028）
　　　　　http://www.cttp.net.cn　E-mail：cttp@mct.gov.cn
　　　　　营销中心电话：010-57377103　010-57377106
　　　　　读者服务部电话：010-57377107
排　　版：王丹
经　　销：全国各地新华书店
印　　刷：运河（唐山）印务有限公司
版　　次：2024 年 3 月第 1 版　2024 年 3 月第 1 次印刷
开　　本：710 毫米 ×1000 毫米　1/16
印　　张：6.75
字　　数：48 千
定　　价：368.00 元（全 10 册）
ＩＳＢＮ 978-7-5032-7170-0

用地理视角认识祖国

南京师范大学 朱雪梅

现在，你翻开了一本"地理书"，等待你的将会是一场妙趣横生的中国之旅。

你可曾想过，"地理"是一门什么样的学问呢？

"地理"是一门大学问，它主要研究地球表面上有什么事物、发生了什么现象，以及这些事物为什么有、这些现象为什么发生，还有它们之间存在什么关联，它们与人类活动有什么关系。例如，喜马拉雅山脉在哪里？它是什么样子的？是怎么形成的？有哪些动植物在那里生活？它给人们带来了哪些影响？

著名的地理学者段义孚先生认为，地理学是浪漫的。为什么说地理是浪漫的呢？因为漫长的地理演化过程、各异的地理现象奇观、微妙的地理分布规律，吸引着人们在山岳、森林、沙漠、极地中追寻"崇高景观"，在部落、乡村、城市中挖掘人类文明的精彩。这就是人们认识世界的最好方式——用脚步去丈量、用双眼去观察，难道这不是一个浪漫的过程？

从"浪漫"的地理视角去看待这个世界，你能收获什么呢？

第一，地理视角帮助我们从空间的角度思考问题。有了地理视角，我们会关注一些现象的分布，以及一些现象如何在对应的空间里发生。例如，为什么河口三角洲地区容易形成庞大的城市群？为什么北方地

区种小麦而南方地区种水稻？为什么生活在川渝一带的人爱吃辣，而生活在闽粤地区的人爱吃甜？思考这些问题的时候，我们不知不觉就会把许许多多的线索结合起来，例如，气候原因、地形原因、文化原因……你就学会了综合思维，这就是拥有地理视角的聪明之处。

第二，地理视角可以帮助我们更好地理解事物发生的过程，理解生活中一些现象的来龙去脉。例如，为什么金丝猴长着"朝天鼻"呢？原来是因为高原缺氧，猴子为了更好地获得氧气，鼻梁骨退化了。为什么"信天游"会在陕北这么流行呢？原来是因为陕北地区沟壑遍布，村民常隔着一道沟或是一道坡，于是人们就逐渐习惯靠大声呼喊来交流……从地理的角度去分析，我们可能会发现许多现象的背后都藏着自然环境的影响。

第三，地理的视角可以带给我们更广阔的视野。我们真正可以用脚步丈量的大地毕竟有限，但是我们可以通过学习地理看到更遥远的地方，感受迥然不同的风景和文化，领略大千世界的神奇多样。学习地理，我们可以与整个世界建立联系，了解这个世界上正在发生什么，听听这个世界上还有什么样的奇观我们未曾见过。

那么，现在我们将要用地理视角，重新认识我们的家乡，重新认识我们的祖国。在出发之前，让我们一起来思考一个问题：你了解自己的家乡吗？你了解自己的祖国吗？

家乡是我们情感的归处，也是我们记忆生存的空间。生活在这里的每一个人、从头顶飞过的每一只鸟、在窗台遇见的每一朵花，都和我们的生活有着千丝万缕的联系。叫出一条小河的名字、说出某条街巷上有哪些店铺、知道一些地名背后的故事，这些都是我们对家乡的

认识。

祖国是我们更辽阔的家乡，拥有悠久璀璨的文化、无比壮美的山河，我们每个人就像是祖国的一个"细胞"。在祖国，还有许多你未曾到过的地方，那里有着和你的家乡不一样的气候和风景，生活着你可能从未听说过的动物和植物。居住在那里的人们，吃着不一样的早餐，说着不一样的方言，看着不一样的表演。

我们的家乡，是值得"阅读"的家乡；我们的祖国，是值得"阅读"的祖国。总有一片风景，会在你的记忆中扎根；总有一个故事，会引起你浮想联翩。

很早以前，古代中国人就认为大地是一本"巨大的书"，并且劝说子孙要做到"读万卷书，行万里路"。"阅读"和"旅行"，都是我们用来了解这个世界的方式。然而，阅读一套"地理书"，却是一件能将"阅读"和"旅行"同时进行的事。这套书将带你饱览广袤的祖国大地，翻开书就能向远方出发，领略旅行途中的风景和文化。你还可以带上这套书，去更遥远的地方走一走、看一看，去寻找这套书里面写到的美丽景色与奇妙文化，看看是不是像书里写到的这样有趣。

这套书的作者辞霏是一个拥有地理视角的"背包客"，她的足迹遍布祖国大地，喜欢用文字记录地理考察的心得。这套书中的内容，许多源自她自己在旅行中的见闻。读到这些文字，我仿佛听见她的声音在召唤：来吧，跟着我来旅行吧！

翻开这本书，也就是旅程的开始。沿着黄河之曲，听听华北的传奇历史；一路向北而上，闯进东北的凛冽寒冬；重走丝绸之路，领略大西北的壮阔风光；攀过千年蜀道，体验大西南的神秘风情；顺着高

速铁路，感受华中的风土人情；翻山越岭南下，走进华南的鸟语花香；顺着长江向海，感受华东繁华的城市生活……

那么，现在出发吧！让我们一起踏上旅程，学会用地理视角，去看看我们的家乡是什么样的，去看看我们的祖国是什么样的。

目录

2 星罗棋布的江河湖海间，蕴藏着哪些秘密？

华北地区：在城市和草原上流淌的"镜子"
东北地区：每一条江流都有自己的历史

海河
华北地区
的生命之源

020

022

024

滦河
绵长的
"温泉之河"

白洋淀
北国的"江南"

黑龙江
盘亘在中国边境
线上的"蛟龙"

028

026

呼伦湖
呼伦贝尔
大草原
上的一面
"大镜子"

松花江
它是聚宝江，也是
哈尔滨的母亲河

032

030

乌苏里江
这里有最新鲜的
大马哈鱼

图们江
通向日本海的唯
一水上通道

034

鸭绿江
抗美援朝的
动人故事

036

038

辽河
流经北方4省区
的"大辽河"

3 千变万化的地形地貌间，都有哪些景象？

- 华北地区：高高低低的山脉和平原
- 东北地区：森林、火山和雪山

阴山山脉
"南坡峭、北坡缓"的大山

056

内蒙古高原
这里有浩瀚的草原

048

东北平原
铺满东北的三大平原

058

046

黄土高原
被风吹过来的黄土高原

054

吕梁山脉
奇石丛生的神奇山脉

燕山山脉
西起八达岭，东到山海关

050

044

华北平原
黄淮海的伟大创造

大兴安岭
郁郁葱葱的原始森林

五大连池
火山竟能喷出美丽的湖泊

061

063

042

052

长白山脉
"千年积雪万年松，直上人间第一峰"

065

河套平原
躺在几字形黄河湾间的大平原

太行山脉
从汪洋大海中隆起的高山

067

辽东半岛
踏入海洋的一只"脚"

4 紧跟飞禽走兽，探秘意料之外的奇花异草

植物：从街边的月季到皇帝后花园里的国槐
动物：居住在森林和草原的动物

月季
什么样的花能作为北京的"市花"
070

小麦
面包、馒头、饼干、面条，都靠它
080

甜菜
甜甜的滋味从哪里来
082

褐马鸡
被比作"东方宝石"的珍稀鸟类
086

三河马
享誉国际的优质赛马
088

国槐
老北京的亭亭如盖
072

人参
什么样的草本植物被称为"百草之王"
078

丹顶鹤
古人心中的"一品鸟"
090

白桦
高大威武的"耐寒"精灵
074

松树
坚毅的化身
076

东方白鹳
体态优美的天空"雅士"
084

092

东北虎
出没在东北山区的"森林之王"

我国华北地区、东北地区包含哪几个省、直辖市、自治区？

北京市

什么样的城市会成为"中国的心脏"

3000 余年前，在商王朝走向覆灭之际，一座名为"蓟"的小城市萌芽了：这就是"北京"的前身。在接下来的漫长岁月中，这座城市走过了 11 次建都的历史，直至现在成为中华人民共和国的首都。

北京这块地方，地理位置究竟有多么独特呢？这里凭借北部的山地，可以有效地抵御外敌入侵；向南，通过地势低平的广阔平原和密集的交通网络，可以直通富庶的江南地区。在这般得天独厚的地理优势下，这里得以成为自元代以来连续 700 多年的全国政治中心。

如今的北京，是一座朝气蓬勃的现代化国际城市。这里是发达的铁路运输和公路运输枢纽，拥有北京首都国际机场和北京大兴国际机场两座超大型国际机场，而北京地铁则是世界上运营里程最长、客运量最大的"城市轨道交通系统"。在中国，很少有别的城市能像北京这样，坐拥这么多优质的高等院校，北京大学、清华大学当属中国顶尖大学的代表了。

北京虽然城市规模大，但也

有很贴近生活的一面——作为一座"公园城市"，这里有清代修建的皇家园林"三山五园"，其中的"三山"指的是万寿山、香山和玉泉山；"五园"指的是颐和园、静宜园、静明园、畅春园和圆明园。

在北京，我们既可以徜徉在高楼林立、车水马龙的街头，也有机会穿梭在胡同、四合院以及各式各样的老街小巷里。北京人爱吃的有北京烤鸭、炸酱面、卤煮火烧、驴打滚……北京人爱听的有京剧、相声、评书……有机会的话，一定要来体验一下首都的生活呀！

四合院是北京的特色建筑

我国华北地区、东北地区包含哪几个省、直辖市、自治区？

北海公园是《让我们荡起双桨》这首歌的起源地

你认识北京市的这些建筑吗？建筑师"拍了拍"你！

鸟巢

2008 年北京奥运会时修建的国家体育场。

国家大剧院

国家级的表演艺术中心。

"中国尊"

北京最高的楼，位于朝阳区的中央商业区。

人民英雄纪念碑

为纪念中国近现代史上的革命烈士而建。

天津市

渤海岸边的"天子渡口"

地理小辞典

我的读音： Tiānjīn Shì

我的简称： 津

我的面积： 约 1.19 万平方千米

我的由来： 取"天子津渡"的意思，当年明成祖朱棣夺取帝位成功后渡过沽河，于是在永乐二年（1404年）传谕旨"筑城浚池，赐名'天津'"

我的位置： 位于华北平原东北部海河五大支流汇流处，东临渤海，北依燕山，西靠首都北京

我的故事： "先上几个压桌碟，四干、四鲜、四蜜饯、四冷荤、三甜碗、四点心……"——相声《报菜名》

天津市位于华北平原的东北部，地处海河五大支流的汇流处，水网稠密，因此这里是普遍干旱的北方地区中少有的"水乡"。海河是守护天津的"母亲河"，它从城中蜿蜒而过，被两岸辉煌的灯火夜夜映照着。天津的大部分地区都处在广袤的平原中，东临浪涛翻滚的渤海，北依奇石嶙峋的燕山。

天津港的位置在入海口处，于是天津很自然地成了一座港口城市。天津名称中的"津"字，就是"渡水"的意思。不过，这里也存在明显的劣势：由于这里地势平坦、海拔较低，加之一些河流从这里入海，所以河流中携带的大量泥沙很容易在此堆积，形成"淤泥质海滩"。如果淤泥堆积太深，就不利于船舶的航行。所以，人们用大型机械在淤泥质海滩上进行清淤工作，开凿海港。那么，多余的淤泥要怎么处理呢？其实，淤泥是可以回收再利用的——既可以用来填造陆地，也可以用来继续建设港口。这样一来，由淤泥带来的问题便很好地解决了。

什么样的地方堪称中国"北方第一大港"呢？正是位于天津的塘沽新港。

天津的工商业非常发达，以盐

我国华北地区、东北地区包含哪几个省、直辖市、自治区？

化工和石油化工产业牵头，造船、电力、汽车等产业蓬勃发展，不愧是北方的工商业重镇。

淤泥质海滩：主要由淤泥或混杂着粉沙的淤泥形成的海滩，多分布在大河入海口沿岸。

天津港是在淤泥质浅滩上用吹填造陆法建成的人工深水港，是中国北方最大的综合性港口和重要的对外贸易口岸

天津市的地下藏着一个"大漏斗"

也许你不知道，天津市的地下有一个"大漏斗"。

历史上的天津，不仅不缺水，而且还总是被失控的洪水侵扰。后来，人们开始在海河的上游修建堤坝、分流河水，以治理海河水系。治理很奏效，河水很快变得"服服帖帖"。但随着城市的高速发展，城里的水逐渐变得不够用了。由于水资源被过量消耗，流入天津的海河之水也越来越少。

一座城市要想发展下去，没有水可不行。可是，水还能从哪里来呢？于是，人们就想到开采地下水。可是，地下水并非取之不尽，当地下水被过度开采之后，水体附近的岩土层开始松动、沉降，覆盖在地表的土层受重力影响弯曲变形，看上去就好像"漏斗"的形状，天津的地下就有这样一个漏斗。城市的地表正在下沉，这是一种很危险的现象，它提醒我们：在不断建设城市的同时，不能忽略了我们赖以生存的环境！

河北省
唤醒中华文化的"涿鹿之战"，从这里开始

地理小辞典

我的读音： Héběi Shěng

我的简称： 冀

我的省会： 石家庄

我的面积： 18.88 万平方千米

我的由来： 因为位于黄河以北，故称"河北"

我的位置： 位于漳河以北，东临渤海，西临太行山，北靠燕山，怀抱着北京与天津

河北省简称"冀"，省会是石家庄市。河北省怀抱着天津和北京两座繁华的直辖市，形状看上去像一个"大耳朵"。而天津市和北京市给河北省行政区域带来的空缺，就像是给河北打了两个"洞"。

河北省的大部分地区是铺陈在平原之上的：广袤的河北平原之上，堆砌着海河和古黄河在漫长岁月中沉积下来的泥沙，这使得平原变得丰沃、松软。因此，这里每年都能收获丰足的小麦、棉花等作物。张家口以北的坝上高原是内蒙古高原的一部分，因此在河北省也能看见美丽的草原风光。当然，在河北省内也能看见山峦起伏的雄奇景致：巍峨的燕山山脉、太行山山脉都有很长一部分在河北省境内矗立。

上古时期，黄帝和蚩尤为了争夺丰饶的中原地带，在涿鹿展开"涿鹿之战"，打开了中华文明的先河。当时的涿鹿就位于如今的河北省张家口市。在战国七雄中，燕国和赵国的领土都位于如今的河北省。河北省还有"天下第一关"——山海关，有世界上现存年代久远、跨度最大、保存最完整的单孔石拱桥——赵州桥，有清代皇帝的夏宫——承德避暑山庄……河北省的历史渊源之深远，可见一斑了。

📍 我国华北地区、东北地区包含哪几个省、直辖市、自治区？

在河北省沧州市沧县的沧州古城
内，有一只著名的"铁狮子"

"京津冀城市群" 是什么？

在华北地区高速发展的过程中，先是天津市与北京市携手，成为紧密联系在一起的"双子城"；随后，天津市、北京市又与河北省境内的保定市、廊坊市、唐山市等城市携手形成了一个大型的城市共同体，也就是我们如今所知的"京津冀城市群"——超过1亿人口生活在两座直辖市、11个地级市所辖的21.8万平方千米的土地上。

这些城市彼此开放，并且有自己的职能分工。拿着一张交通卡，就可以在各个地区之间穿行无阻。通过城际铁路、高速公路等方式，城市间的交流和运输几乎是"瞬间"完成的事情。

这种城市群的形成，可以协助人口过于密集的核心城市将人口进行合理疏散，并分离出核心城市一些相对不必要的职能。例如，将工业区搬出来一些，北京可以更有针对性地发挥政治、文化、外交等特殊职能。这样一来，区域的发展就变得更高效了。

建设中的雄安新区

山西省

这里藏着浩瀚的"煤海"

地理小辞典

我的读音：Shānxī Shěng

我的简称：晋

我的省会：太原

我的面积：15.67 万平方千米

我的由来：因为位于太行山以西，所以叫"山西"；由于在春秋时期是晋国所在地，因此简称是"晋"

我的位置：东依太行山，西、南依吕梁山、黄河，北依古长城

我的故事："左手一指太行山，右手一指是吕梁。"——山西民歌

一提到山西，你是否会联想到"煤矿"？山西的地下蕴藏着一片片巨大的煤海，这里是中国煤炭储量最丰富的地方之一。

其实，这里不仅拥有丰富的地下矿藏资源，还拥有非常可观的"地上财富"——在这片肥沃的黄土地上，盛产小麦、高粱、玉米、棉花、莜麦等作物，用这些农作物酿造的醋、酒等，远近闻名。

山西的省会是太原，整个山西的轮廓看上去像一个"平行四边形"。东北部的边缘是大同市，西南部的边缘在运城市，四周是大致平行的凸起山脉。太行山脉与吕梁山脉分别位于山西的东部和西部，两条山脉中间夹着一串盆地——大同盆地、太原盆地、临汾盆地……这就是山西的独特地貌形态——"两山夹一川"。

山西的历史非常悠久，有"中国古代文化博物馆"的美誉。云冈石窟、悬空寺、尧庙、晋祠、雁门关……这些耳熟能详的地方，都位于山西省境内。

山西人最爱的调味品——老陈醋

我国华北地区、东北地区包含哪几个省、直辖市、自治区？

为什么山西省的煤矿资源这么丰富？

　　山西省境内的含煤面积占全国含煤面积的 40% 以上。为什么山西的煤矿资源如此丰富呢？在亿万年以前，华北地区都处于海洋之中，并且温度适宜，利于植物生长。在亿万年的时间里，这里发生过无数次地质构造运动，大陆的状态发生了巨变，植物就被埋藏在地下了。埋藏在地下的植物经过长时间的地质演变，就形成了丰富的化石能源——我们今天看见的煤矿，就是这样形成的。

　　地质构造运动：是地壳结构改变和地壳物质变位。按照地壳运动的方向会分为垂直运动和水平运动。水平运动会形成褶皱的山脉，垂直运动会将陆地变成海洋。

山西是全国煤炭储量最丰富的地方之一，煤炭资源
主要分布于西山、霍西、河东、沁水、宁武等地

内蒙古自治区
风吹草低见牛羊

地理小辞典

我的读音： Nèiměnggǔ Zìzhìqū

我的简称： 内蒙古

我的省会： 呼和浩特

我的面积： 118.3 万平方千米

我的由来： "蒙古"原是蒙古高原的部族名。清朝后期，"内蒙古"一词泛指大漠以南、长城以北，东起哲里木盟、西至河套以西厄鲁特的所有盟旗牧场。1947 年成立"内蒙古自治区"，名字沿用至今

我的位置： 位于我国的北部边疆，跨越"三北"（东北、华北、西北），靠近京津，北部同蒙古国和俄罗斯联邦接壤

我的故事： "鸿雁北归还，带上我的思念，歌声远琴声颤，草原上春意暖" —— 蒙古族民歌《鸿雁》

提到内蒙古，你是否会联想到造型独特的蒙古包和一望无垠的大草原？内蒙古自治区位于中国北部边疆，简称内蒙古，省会是呼和浩特市。作为全国面积排名第三的省级行政区，内蒙古的面积占到了我国陆地面积的 12.3%。

内蒙古的整个区域从东北向西南斜伸，是一个狭长的形状。内蒙古的大部分地区都位于高原上，地形相对来说是很平坦的，并且从南向北、由西至东缓缓倾斜。广袤辽阔的内蒙古坐拥着丰富的自然资源，有"东林西矿、南农北牧"之称，这里的草原、森林和人均耕地面积均居全国第一，稀土金属储量居世界首位。内蒙古天然草场辽阔而宽广，是中国最大的草原牧区，这里生活着"马背上的民族"蒙古族人，蒙古包正是他们特制的居所。

内蒙古还是中华民族古老的文化摇篮之一。生活在 5 万年前的"河套"人揭开了内蒙古文明的序幕。从公元前 8 世纪到公元 13 世纪，先后有匈奴、东胡、鲜卑等十余个游牧部族在这里建立政权。他们在

漫长的时光中与汉族文明不断地冲突、交流、融合，如今我们看到的昭君墓、五当召和成吉思汗陵等，都是对内蒙古精彩历史的见证。

成吉思汗陵位于鄂尔多斯伊金霍洛旗

大漠沙如雪，燕山月似钩。
何当金络脑，快走踏清秋。
——李贺《马诗》

离离原上草，一岁一枯荣。
野火烧不尽，春风吹又生。
远芳侵古道，晴翠接荒城。
又送王孙去，萋萋满别情。
——白居易《赋得古原草送别》

群山万壑赴荆门，生长明妃尚有村。
一去紫台连朔漠，独留青冢向黄昏。
——杜甫《咏怀古迹·其三》

有哪些诗句描绘过
内蒙古的景象？
诗人"拍了拍"你！

黑龙江省

昔日的"北大荒"和如今的"北大仓"

东北地区：环绕在"白山黑水"中的丰饶阔土

地理小辞典

我的读音：Hēilóngjiāng Shěng

我的简称：黑

我的省会：哈尔滨

我的面积：47.3万平方千米

我的由来：因黑龙江这条河流的名字而得名

我的位置：位于我国北部边疆，东部和北部以乌苏里江、黑龙江为界河与俄罗斯为邻，西接内蒙古自治区，南连吉林省

黑龙江省给人们留下最深刻印象的，是那里的冰天雪地。黑龙江的冬季漫长而寒冷，春、秋两个季节总是转瞬即逝，夏季虽然温暖、湿润，却非常短促。

黑龙江省的矿产资源丰富多样，是我国非常重要的石油产区，我国最大的油田——大庆油田就在这里。除此之外，黑龙江省还称得上是一片"森林王国"——这里是中国森林资源最丰富的省份之一，木材蓄积量名列中国第一。

黑龙江省位于松花江、乌苏里江与黑龙江汇流的地方，平躺着广阔的三江平原。由于冬季漫长且寒冷，这里的耕作期比较短暂，一直是中国人口比较稀少的地区之一。以前，三江平原与松嫩平原及黑龙江谷地一起被合称为"北大荒"，但在一代代人的努力下，如今这里已成为中国最重要的农业垦区。如今的黑龙江，人均耕地面积居全国首位，农业机械化水平极高，已经成为名副其实的"北大仓"。

冬天的江面上，人们在进行切冰和采冰工作

我国华北地区、东北地区包含哪几个省、直辖市、自治区？

漠河北极村——这里可以看到美丽的极光

漠河北极村，是我国大陆最北端的临江小镇，与俄罗斯阿穆尔州的伊格娜思依诺村隔江相望。这里拥有漫长的冬天，并且最冷的时候低于-40℃；这里的夏季非常短暂，一年可能只有半个月是处在夏天之中的，但是，每当夏至前后，白天能达到接近20个小时。北极村是一片白雪皑皑的村庄，在北极村中处处可以见到雪雕和冰雕。这里是国内观赏极光的好地方，有一定的几率能够看到北极光。许多游客会到这里的"最北邮局"寄出明信片纪念自己的"最北足迹"，这里的确是全中国最北的一座邮局。

中国最北的城镇，我国观赏北极光的最佳观测地

吉林省
原来美丽的雾凇是这样的

东北地区：环绕在「白山黑水」中的丰饶阔土

地理小辞典

我的读音： Jílín Shěng

我的简称： 吉

我的省会： 长春

我的面积： 18.74 万平方千米

我的由来： 清康熙十二年（1673年），松花江沿岸建设吉林乌拉城（今吉林市）。"吉林乌拉"意思是"松花江沿岸"。到了光绪时期，设吉林行省，延用了"吉林"这个名字

我的位置： 北接黑龙江省，南接辽宁省，西邻内蒙古自治区，东与俄罗斯接壤，东南部以图们江、鸭绿江为界，与朝鲜隔江相望

我的故事： "雄赳赳，气昂昂，跨过鸭绿江，保和平，卫祖国，就是保家乡"——《中国人民志愿军战歌》

属于温带季风气候的吉林省，可以说是"春有百花秋有

> 温带季风气候：主要特点为夏季高温多雨，冬季寒冷干燥，季风性显著，雨热同期。

月，夏有凉风冬有雪"，这里有着四季分明的气候，冬季十分寒冷。

一提到吉林省，你可能会想起"长白山"及其主峰上的"天池"——作为横亘在中国和朝鲜边界的绵延上千千米的山脉，长白山拥有东北最高的山峰——白云峰，并在北方民族的传说中享有"神山"的地位。从天池涌出的松花江，是吉林省的生命之河。在松花江上游地区的狭窄河谷中，庞大的水流量在巨大的落差下创造出丰富的水力资源，一座座巨型水力发电站也建起来了。在松花江的下游，大片农耕地带焕发着生机。即使冬季寒冷且漫长，这里依然能够生产出优质的大米、玉米、高粱和甜菜等农作物。

这里当之无愧是中国重工业的摇篮。吉林省的加工制造业发达，汽车、高铁制造在国内长期处于领先水平。中国汽车制造的起点——第一汽车制造厂，就坐落在这里。

📍 我国华北地区、东北地区包含哪几个省、直辖市、自治区？

中华人民共和国成立后的第一辆解放牌卡车，就是从省会长春开出来的！

在松花江上游地区的狭窄河谷间，河流的落差巨大，很适合修建水电站

解放牌卡车的问世，结束了我国不能生产汽车的历史

为什么吉林有"十里长堤挂雾凇"的景致呢？

每年的冬季，在吉林省吉林市的松花江边，人们能见到绵延数十里的"雾凇挂树"景观。雾凇又叫"树挂"，是雾中 0℃ 以下尚未凝固的水蒸气随风飘扬，在树枝等物体上不断积聚、冻结而形成的。

吉林的冬天明明是很冷的，按理说会"滴水成冰"，为什么会形成雾凇呢？从吉林市区松花江溯流而上十余千米处，有一座"丰满水电站"，水电站大坝将江水拦腰截断，并形成了巨大的人工湖泊——松花湖。数亿立方米的湖水通过水电站的发动机组后温度升高，江水汹涌流出来的时候带着丰富的热量，于是形成了绵延数十千米的江水在冬季低温下"不冻"的奇观。

吉林市的冬天平均气温在 -11℃，而升温后的江水能达到 4℃，水陆之间形成巨大的温差，于是江面雾气升腾。雾气遇到江面上的冷空气时，便凝结在两岸的树上形成树挂霜花，于是就有了我们看到的雾凇啦！

辽宁省
感受中国重工业的脉搏

地理小辞典

我的读音： Liáoníng Shěng

我的简称： 辽

我的省会： 沈阳

我的面积： 14.8 万平方千米

我的由来： 地处辽河流域，"辽宁"有辽河永久安宁的意思

我的位置： 位于中国东北地区的南部，与吉林、内蒙古、河北交界，南临黄海、渤海

我的故事： "我们是旅顺、大连，孪生的兄弟。我们的命运应该如何地比拟？" ——闻一多《七子之歌·旅顺·大连》

在地图上看辽宁省，能够看到密密麻麻的铁路纵横交错——这里是进出东北的咽喉，是我国东北部地区的交通枢纽。丰富的铁、煤、石油等矿产资源与发达的交通运输网络，使得这里成为一片孕育工业文明的温床。逐渐地，辽宁省发展成为中国重工业的心脏。这里的工业发展太卓越了，中华人民共和国成立后的第一炉钢、第一架飞机、第一艘巨轮等 1000 多个"第一"都诞生在辽宁。

辽宁省的省会是沈阳市。辽宁省在东部与朝鲜一江之隔，又与日本、韩国隔海相望，是东北地区唯一的既沿海又沿边的省份。由于其特殊的海陆位置，这里自然也就成为中国东北部地区对外开放的一扇重要的"窗子"。

东西面被低山丘陵环抱的辽宁省，北通吉林省、黑龙江省，南抵山海关、渤海湾。由于辽宁省在地理位置上既处于东北地区又靠海，加之省内的地形地貌多样且复杂，因此省内各地的气候不尽相同。旷远的辽河平原盛产小麦、玉米、棉花、大豆和高粱等农作物，享受着黑土地独具的肥沃；凸起的辽东半岛向大海延伸，坐拥着海滨地区独有的丰饶。

📍 我国华北地区、东北地区包含哪几个省、直辖市、自治区？

奉国寺位于辽宁省锦州市义县县城内，是现存为数不多的辽代寺庙

这些辽宁物产，你听过吗？旅行家"拍了拍"你！

秋白梨

我国最古老的梨品种。

黄蚬子

学名青柳蛤，产于黄海浅海处。

软核杏

辽宁特有的珍稀杏树品种，果肉和核都可以吃，味道甜甜的。

朝阳大枣

色泽红艳，外形标准，素有"北方玛瑙"之称。

丹东板栗

以品质优良闻名，果实个头大、口感好。

海河

华北地区的生命之源

名叫"海河"，实际上"海"与"河"之间分不太清——由于海河下游地区海拔不高，涨潮时，海水会顺着河道倒流回陆地；落潮时，河水又能重新流向大海。来来回回、反反复复，这海与河之间着实难舍难分！

我们平时说的海河，似乎指的就是横贯天津的那条只有70多千米的河流；但要说到"海河水系"，那可就丰富了——包括海河干流、五大支流，以及一个小支流——北运河。海河的五大支流分别是潮白河、永定河、大清河、子牙河和南运河，这些河流地跨北京、天津、河北、山西等八个省、直辖市，灌溉着我国人口最稠密的地区之一。

历史上的海河其实不太"听话"。数千年前，天津地区还是一片汪洋大海。后来，在黄河、永定河等河流的冲积作用下，大

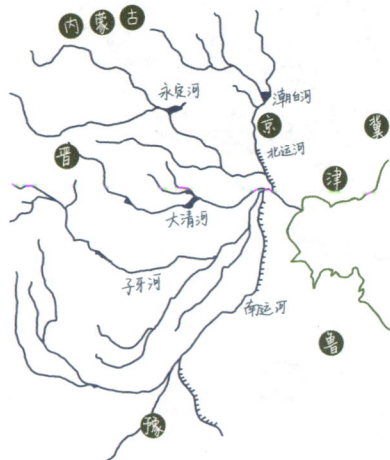

海河的五大支流分别是潮白河、永定河、大清河、子牙河和南运河

量的泥沙堆积形成了华北平原。最早的海河是比较小的，而每每黄河上游的水位暴涨的时候，黄河下游的河流常常抢占海河的河道流入大海；每当黄河发生改道的时候，海河就会被"拓宽"。"变胖"的海河有时难免会失控，给沿岸人们带来非常严峻的安全威胁，这可怎么办？

幸而，中华人民共和国成立以后，政府实施了"根治海河工程"，如今的海河终于处于"驯服"之中了！随着华北地区经济的迅速发展，灯火辉煌的摩天大楼一座接一座地在河流两岸矗立起来；夜里，海河与城市的灯光交相辉映，景色美不胜收，引得人们纷纷来拍照。

"扇状水系"有什么样的特点？

河流支流从不同方向汇入干流，就可能形成"扇状水系"——整个水系看上去就好像扇骨一样。海河，就是这种水系形态的典型。在这种水系下，如果支流的汛期都在差不多的时间，那么它们汇流的时间也会较为集中，这样水量就很容易超过干流的负荷，造成洪涝灾害。所以，住在扇状水系周围的居民可要当心洪涝灾害的侵扰！

干流下游较短的河段内，扇状水系相继接纳较多的主要支流，全水系在平面上如同一把平着展开的扇子

滦河
绵长的"温泉之河"

地理小辞典

我的读音： Luán Hé

我的由来： 古名"渜（nuǎn）水"，因发源地有众多温泉而得名；"渜"后来讹传为"濡"，后在唐朝演化为"滦河"

我的别称： 渜水、濡水、御河、上都河

我的位置： 发源于河北省丰宁满族自治县西北的巴颜图尔古山麓；下游汇入青龙河，自唐山乐亭流入渤海湾

我的故事："渜水出北蛮夷中。"——（东汉）班固《汉书》

河北省北部与东部地区最主要的水源，来自滦河。这条诞生在温泉众多之地的河流，自巴颜图尔古山麓出发，一路穿越坝上高原、燕山山地与河北平原，最后从渤海湾汇入大海。源远流长的滦河，在沿途接纳了众多的支流；在这些河流"兄弟"中，流域面积最大的是伊逊河，长度最

长、水量最大的是青龙河。

滦河的上游流经坝上地区，这一河段河床宽浅、水流迂缓，沿河布满沼泽。从承德起之后的河段里，夏季可容小船通行，是旧时军事物资运往承德地区的唯一水路，也是河北各地到长城外的地区的贸易路线，是名副其实的"交通要道"。到了滦河中游，峡谷幽深、落差很大，水力资源丰富。这里是非常适合建造水电站的地方，在全国范围内较早落成的大型水库——潘家口水库，就建在瀑河汇入滦河的地方。

潘家口水库位于河北省唐山市与承德市交界处，是滦河干流上游第一座大型水库

伟大的"引滦入津"工程

天津曾发生过一段严重的水荒——在 20 世纪 70 年代，许多工厂由于缺水被迫停产，连老百姓的生活用水都无法得到保障。水不够了，怎么办呢？一筹莫展之际，人们注意到了天津东北方向的水源——滦河，及其附近的几大水库。这里的水资源丰富，水质也较干净，于是"引滦入津"工程开动了。

为了修建引水渠、改变滦河的水流方向，人们需要在燕山山脉凿挖引水隧道。燕山山脉的地质条件非常复杂，凿挖十分困难。不过这难不倒充满智慧的建设者。在建设过程中，沿线居民纷纷加入这项大工程，参与到整治河道、开挖引水渠的行动中。用了一年多的时间，这条全长 12.4 千米的隧道终于挖通了，成为全国最长的水利隧道之一。1983 年 9 月，"引滦入津"工程终于全面通水。

在今天的天津三岔河口岸上，竖立着一座"引滦入津工程纪念碑"，碑顶站着一位母亲，右手怀抱婴儿、左手向外舒展，微笑地凝望着东北方向——这是天津人民对滦河、对这项伟大工程最真诚的感激。

引滦入津工程纪念碑位于天津市红桥区海河的起点，即子牙河、南运河与海河交汇处的三岔河口岸上

白洋淀

北国的"江南"

水深为"湖"，水浅为"泽"，而白洋淀的水深恰好处于湖泊和沼泽之间，于是被称作"淀"，可以理解为较浅的湖泊。从大的范围来说，我们平时说的白洋淀，并不是一个单独的湖泊，而是由近百个大小不等的湖泊组成的湖泊水系。因为其中最大的一个湖泊叫作白洋淀，所以将其统称为"白洋淀"。从小的范围来说，白洋淀也可以单指其中最大的那个湖泊。

白洋淀面积广阔，上游有至少9条河流汇集，为淀区带来源源不断的水资源。作为华北地区最大的淡水湖，白洋淀还肩负着调节生态环境的重任。这里盛产鲤鱼、青鱼等各种各样的河鲜，还可以采挖莲藕，一年四季农事繁忙。这里甚至有"日进斗金"的美誉——在白洋淀，每天都是丰收的日子！

> 淡水湖：以淡水形式积存在地表上的湖泊。相对应的还有"咸水湖"，是湖水含盐量较高的湖泊。

白洋淀是典型的北方湿地，自古以来就物产丰富

在湖泊的浅水处，茂盛地生长着体态修长的芦苇，它们的根和茎在水面上纵横交错，人都可以在上面行走。《小兵张嘎》的故事中，抗日游击队员小兵张嘎就巧妙地利用茂密的芦苇来掩护自己，神出鬼没地对敌人发动攻击，打得对方措手不及。

在白洋淀，藏着多少英雄的故事

抗日战争时期，白洋淀地区一度沦陷，但水乡人民从未放弃过保卫家乡，从未放弃过敌后抗战。他们建立起"雁翎队"——队员通常都是土生土长的猎户，人人擅长游泳。这支熟悉本地环境、作战灵活的队伍，以芦苇为掩护不断袭击日军运送物资的包运船，粉碎了日军利用津保内河航线运送军火物资的企图，让日军束手无策。

《小兵张嘎》的故事中，抗日游击队员小兵张嘎常和战友利用芦苇丛作掩护

📍 星罗棋布的江河湖海间，蕴藏着哪些秘密？

呼伦湖
呼伦贝尔大草原上的一面"大镜子"

呼伦湖看上去是一个不规则的斜长方形，较长的边是西南至东北方向的，从上空往下看，就好像呼伦贝尔大草原上的一面镜子。呼伦湖是内蒙古的第一大湖，当地牧人称它为"海一样的湖"。此外，它还拥有诸多荣誉："东北地区第一大湖""中国第五大淡水湖"……

呼伦湖是一种构造湖——地壳在运动过程中形成了断层，尔

构造湖：地壳构造运动所造成的坳陷盆地积水形成的湖泊，我国云南的滇池、俄罗斯的贝加尔湖都属于构造湖。

呼伦湖和贝尔湖互为姊妹湖，是北方众多游牧民族的主要发祥地

后，一部分地壳相对上升，一部分地壳相对陷落，这就形成了呼伦湖的"大盆子"。在呼伦湖的西岸，有起伏的山峦和峻峭的悬崖陡壁；在北岸，则有砾石为主的阶地；东岸和南岸的地势相对平坦开阔，连接着千里绿野，只有少量的低山和沙丘。

呼伦湖中的水，主要的来源是发源于蒙古国东部的克鲁伦河，以及连接贝尔湖和呼伦湖的乌尔逊河。此外，大气降水和地下水的补充，对于呼伦湖来说也是很重要的。

近年来，呼伦湖的生态也面临着严峻的挑战。由于气候的变暖、变干，呼伦湖的水位正在下降，蓄水量正在不断减少。湖水中的各种盐类总量变化不大，但水蒸发得太多了，就会导致湖水中盐碱的浓度升高，进而导致湖水的"富营养化"。由于环境的恶化，在短短20余年的时间中，湖中的浮游植物种类减少了30余种，水生植被一度消失殆尽；进而，鱼类大量地死亡或迁徙，各类飞禽走兽也离开呼伦湖去寻找自己的新家。

后来，内蒙古自治区和呼伦贝尔市将呼伦湖作为重点保护对象，实施了"五年部分休渔"等措施，呼伦湖的生态才得到了挽救，如今人们仍在继续呵护着它。

两侧的地壳相对抬升，中部的地壳相对陷落，形成湖的初始形态

经过各种各样的地质变化

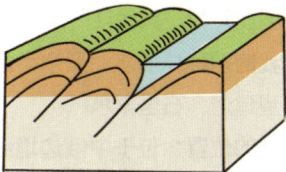

最终形成湖泊

黑龙江

盘亘在中国边境线上的"蛟龙"

我的读音： Hēilóng Jiāng

我的由来： 因河水含腐殖质多而水色发黑，且水势如同蛟龙一般，因此称为"黑龙江"

我的别称： 羽水、黑水、浴水、望建河、石里罕水

我的位置： 位于中俄边境线上，流经蒙古国、中国、俄罗斯，在俄罗斯的尼古拉耶夫斯克（庙街）注入鄂霍次克海峡

我的荣誉： 中国四大河流之一、世界十大河流之一

能够作为省份名称的河流，自然是非常了不起的！黑龙江如同蛟龙一般盘旋在我国的东北部。它流过的地方，到处都是宝地——平原上农业发达，盛产小麦和大豆；山地里森林茂密，是重要的林业基地。在气候条件极端的东北地区，黑龙江用它丰富的水源和热量恰到好处地灌沃了这块原本严寒的土地。

黑龙江有南、北两个源头，

黑龙江沿岸盛产煤、石油、铁、锌等矿产

它们在中国漠河西洛古河村汇流后，形成了黑龙江的干流，然后向东进入俄罗斯境内，最终注入鄂霍次克海。从额尔古纳河上源的海拉尔河开始到黑龙江河口，全长接近 4400 千米；其中留在中国的部分，占了 3/4 左右。黑龙江的支流很多，至少有 200 条，包括松花江、乌苏里江、结雅等，其中松花江是最大的一条支流。

黑龙江水系的大部分地区分布在森林区，沿途的水土流失不太严重，因此河流含沙量不大。江中的鱼类资源非常丰富，最有名的当数大马哈鱼和鳇鱼了。到了冬天，黑龙江上会结起厚厚的冰层！

你了解"跑冰排"吗？

每一场四季的轮回，北方许多的河流都会经历一场从结冰到破冰的过程。随着温暖的季节来临，到了"开江"的时候，江上厚厚的冰层开始融化，巨大的冰块顺着水流向下游移动，这样的胜景叫做"跑冰排"。江中的冰块在水流的推动中顺流而下，互相碰撞摩擦发出巨大的声响，非常壮观。这样的场景，在黑龙江一般出现在四月份的中下旬。

"跑冰排"虽然壮观，但如果发生的时候不恰当，也可能引发灾难。如果高速移动的冰块撞击到了没有融化的冰层，有可能会把大型冰层挤到岸上去，造成一定的破坏。此外，"跑冰排"会让河水的水位变高，带来洪水的危险。

"跑冰排"是黑龙江上的独特景象，场面极其壮观

乌苏里江

这里有最新鲜的大马哈鱼

美丽富饶的乌苏里江，是黑龙江的一段重要分支，全长900多千米，流域面积约19万平方千米，流淌在祖国东北方的中俄边境线上。它由发源于中国的松阿察河和发源于俄罗斯的伊曼河汇合而成，自南向北流经中国的虎林、饶河、抚远三个县市边境，并从抚远三角洲的东北角汇入黑龙江。

乌苏里江流经的地方大多是平原，江阔水深、水流轻缓，本来是很适合航运的，但是由于每年的冰冻时间太长，所以航运也不太方便。不过，总的来说，乌苏里江的自然条件还是相当优越的。乌苏里江沿岸的平原非常广阔，人们已经在平原上建成了数十座大型农场，现在已经成为中国新的商品粮基地。在乌苏里江流域，还有丰富的煤、石墨等矿产资源和森林及野生动物资源。

如今看上去平静安详的乌苏里江，其实承载着难以抹去的"伤痕"。它原本是中国的一条内河，河东的土地也是我国的领土，但在清朝末年，软弱无能的清政府被迫与沙俄签订了《中俄北京条约》，把乌苏里江以东约40万平方千米的领土割让给了沙俄，从那以后乌苏里江就成了中俄界江。

> 商品粮：指农业生产单位或个人为出售而生产的粮食。

乌苏里江是黑龙江南岸的重要支流

乌苏里江有哪些特产？

乌苏里江是当今世界上为数不多的未被污染的大江河之一，河中盛产大马哈鱼和"三花五罗十八子"等名贵北方冷水鱼类40余种。乌苏里江流经中国的"大马哈鱼"之乡——抚远，这里出产的大马哈鱼肉质呈现出诱人的红色，味道可鲜美啦！

乌苏里江靠近我国的一岸是逶迤的完达山脉。这里林海浩瀚、沃野千里，埋藏着丰富的煤、石墨等矿产资源，并且出产"东北三宝"——人参、貂皮、鹿茸。

人参

鹿茸

紫貂

松花江

它是聚宝江，也是哈尔滨的母亲河

松花江是哈尔滨人的母亲河——从西南向东北，松花江把哈尔滨市区"一分为二"，切割为南、北两个部分。在黑龙江的众多支流中，松花江是中国部分的"老大"，流域面积特别广，资源也非常丰富。

松花江的水位和流量，在不同的季节变化很大，一年中有春汛和夏汛之分；到了冬天，会有四个月左右的封冰时期。不过，松花江的水力资源很"给力"，尤其是上游地区——丰满、白山等著名的大型水电站，都建造在松花江的上游。

松花江是一条当之无愧的"聚宝江"。松花江流域范围内山岭重叠、满布原始森林，沿途的长白山、大兴安岭、小兴安岭等山脉，是中国面积最大的森林区。松花江流域土壤肥沃，盛产大豆、玉米、高粱和小麦。此外，在它的沿岸生长的亚麻、棉花、烟草、苹果和甜菜等作物，品质都非常好。松花江也是中国东北地区的一个大淡水鱼场，这里的"三花五罗"、大白鱼、鳜鱼等名贵品种，在世界上都享有盛名。

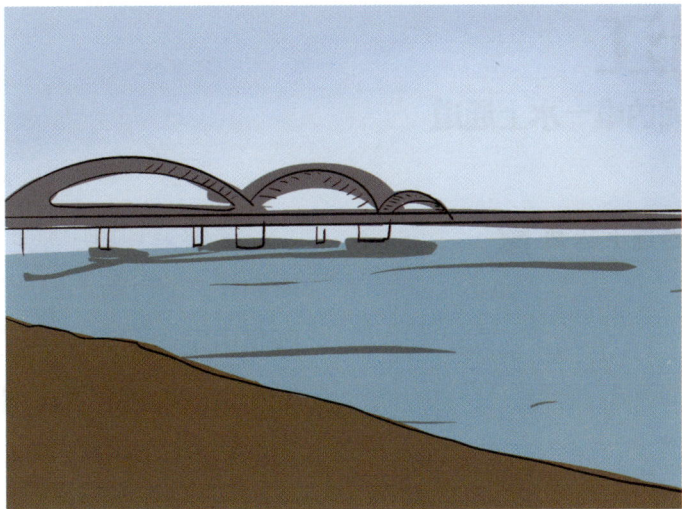

松花江是黑龙江在中国境内最大的支流

原来，松花江结冰后，冰块可以做冰雕。建筑师"拍了拍"你！

到了冬天，人们除了能在松花江上捕鱼，还可以把江面上厚厚的冰运回市区，做成晶莹剔透、造型各异的冰雕。你知道人们怎样采集河中的冰块吗？

第一步：在松花江上采冰，首先需要借助"冰锯"做好切割线；

第二步：按照切割线用"冰镩子"开冰；

第三步：冰块凿出来以后，需要用铁钩子拉上来，再按照固定的规格切割装车。

经过裁冰、切冰、捞冰、运冰等一系列流程，河中的一块块大冰就可以做成漂亮的冰雕，陈设在灯火辉煌的城市之中啦！

每年冬天，艺术家都用松花江的原产冰块进行创作，雕刻出形态各异的冰雕艺术作品

2 星罗棋布的江河湖海间，蕴藏着哪些秘密？

图们江

通向日本海的唯一水上通道

发源于长白山脉主峰东麓的图们江，是一条"三国界江"——既是中国和朝鲜的界江，又是朝鲜和俄罗斯的界江。图们江全长505千米，其中有490千米属于中国和朝鲜的天然分界线，最下游的15千米是俄罗斯和朝鲜的界江。在作为中朝界江的那一段中，江的北岸是吉林省延边朝鲜族自治州，南岸是朝鲜的行政区咸镜

位于亚洲东北部的图们江，流经中国、朝鲜、俄罗斯，最终汇入日本海

北道、两江道。在满语中，图们江被称为"图们色禽"，也就是"万江之源"的意思。

发源于长白山脉的图们江，整个流域几乎位于长白山脉之中——山地面积约占流域面积的80%。图们江的上游山林茂密，分布着众多峡谷和峭壁，水流非常湍急，水量十分丰富；到了中游，河谷逐渐打开，形成了开阔的冲积平原；在下游地区，则形成了很多岔流，也分布着许多沙洲。

图们江本是中国的一条内河——15世纪之前，图们江两岸由中国的少数民族女真族所管辖；明王朝建立后，招抚了女真族，并在图们江两岸设置了地方行政机构。后来，朝鲜人赶走了女真部落，并占领了女真族的土地。从那以后，图们江就成了中朝两国的界河。

要想进入日本海，图们江是中国最为重要的水上通道。然而在近代《瑷珲条约》《北京条约》等一系列不平等条约中，图们江口沿海地区被划归沙俄，而中国丧失了这里的出海权，一直到20世纪90年代才重新取得。

冲积平原：由河流沉积作用形成的平原地貌。

什么叫"口岸"？

口岸是设有边防检查的地方，对外出入境的边界关卡。在主要通商的口岸，设有海关、出入境管理以及检疫设施，旅客通过口岸需要出示护照、签证等文件。按照出入国境的交通方式划分，可将口岸分为港口口岸、陆路口岸和航空口岸。在图们江沿岸，有一些中俄的口岸和中朝之间的口岸，其中图们口岸是我国对朝鲜的第二大陆路口岸。

② 星罗棋布的江河湖海间，蕴藏着哪些秘密？

鸭绿江
抗美援朝的动人故事

地理小辞典

我的读音：Yālù Jiāng
我的由来：水是深绿色的，就像野鸭子头部的颜色
我的别称：坝水、马訾水
我的位置：发源于吉林省长白山脉南麓；干流流经吉林和辽宁两省，并在辽宁省东港市附近流入黄海北部的西朝鲜湾

中国和朝鲜的界河——全长近800千米的鸭绿江，从长白山脉南麓的苔原带上出发，自东北向西南，一路穿越成片的原始森林和鸭绿江大峡谷，最终缓缓地流入黄海。

到了中下游河段，鸭绿江的水面突然变得开阔起来。其他支流小伙伴的加入——尤其是浑江、蒲石河、瑷河这三条支流，使得它瞬间充盈了不少。另外，这一地区正好位于欧亚大陆的东岸，受到季风影响并且距离海洋较近，因此能够获得丰沛的水汽，形成降水。在这么好的条件下，鸭绿江中下游的水量当然就会很充足。由此，人们也积极利用它——接连建起了水丰水库、太平湾水库等大型水库，还修建了好几座水

苔原带：又称冻原，主要分布于极地附近。因冰冻层接近地表，导致夏季水分不能下渗、土温低，加上全年风速很大，使得苔原带的环境不适合乔木生长。所以典型的苔原植被由苔藓、地衣、多年生草本和矮小灌木组成。

欧亚大陆：也称为"欧罗细亚"，是亚细亚洲和欧罗巴洲的合称。从板块构造学说来看，欧亚大陆由亚欧板块、印度板块、阿拉伯板块和东西伯利亚所在的北美板块组成。

电站！这些水利工程不仅可以拦洪蓄水、调节水流，还可以用来养鱼、灌溉农田。当然，最重要的功能，仍然是"防洪"和"发电"。

在鸭绿江上，有一座沉重的断桥

丹东鸭绿江断桥，原本是鸭绿江上的第一座桥，有900多米长。这座桥的设计很巧妙，桥一共开了12个孔，从中国这边数的第4个孔是一个"开闭梁"，以4号圆形桥墩为轴，可以旋转90°，便于过往船只的航行，每次旋转只需要耗费20分钟。

20世纪50年代，"抗美援朝"战争时期，大批中国人民志愿军前往朝鲜，帮助朝鲜人民抗击美国侵略。遗憾的是，这座桥在战争期间被美军炸毁，只在中方这边残存了4个桥孔。这座断桥，可以说是对"抗美援朝"那段历史的一个沉痛的纪念。

鸭绿江断桥是鸭绿江上诸多桥中的第一座桥，是由日本强迫清政府与日本朝鲜总督府铁道局共同建造的

② 星罗棋布的江河湖海间，蕴藏着哪些秘密？

辽河
流经北方 4 省区的"大辽河"

地理小辞典

我的读音： Liáo Hé

我的由来： 最早出自《山海经》，辽在其中有"远"的意思

我的别称： 句骊河、大辽河

我的位置： 发源于河北省平泉市七老图山脉的光头山，注入渤海

我的故事： "辽水出卫皋东，东南注渤海，入辽阳。"——《山海经》

我的荣誉： 中国七大河流之一

作为我国北方地区的大河之一，辽河流经河北、内蒙古、吉林、辽宁 4 个省、自治区。辽河水系的形状，看上去很像树枝，并且东西宽、南北窄。辽河是一段水灾泛滥的河流，经常受夏季暴雨影响，在下游形成洪涝。并且，辽河的含沙量很高，从数字上来看仅次于黄河和海河。

辽河流域的交通是非常发达的，沿途有赤峰、通辽和盘锦等著名的工矿城市。辽河上游沙地草原以牧业为主；下游的平原是农业开发较早的地区，盛产大豆、小麦、高粱、玉米、水稻等作物。辽河三角洲在中国既是非常重要的农业区域，又是主要的工业分布区之一。在辽河三角洲上，还有一块占地 56 平方千米的黑嘴鸥繁殖地，这是世界上唯一的黑嘴鸥繁殖地。

由于人们在早期开发的时候环保意识不强，曾经的辽河是中国污染最严重的河流之一，那时辽河的水不适于生物生存，无法用于灌溉，更无法供人畜饮用。近年来，随着人们在辽河治理方面投入得越来越多，辽河的水质在渐渐好转。

在今天的辽河流域，许多人工湿地被建起——它们不仅能够改善辽河的水质，还能够为当地百姓提供野外娱乐的场所。

辽河是中国东北地区南部河流

你知道"牛轭湖"是怎样形成的吗？

　　辽河的下游总是频繁变迁，在这个过程中形成了许多废河道。同时，一种有趣的湖泊诞生了，叫作"牛轭湖"——它们看起来是弯弯曲曲的条带状，类似于"人"字形的牛轭（牲畜脖子上的箍）。

　　在平原地带，河流通常难以保持一条直线流动。由于惯性，河流在弯曲处会不断冲刷凹岸一侧的河岸，而凸岸一侧的水流速度相对较慢，泥沙很容易堆积起来。于是，凸岸不断地向河流一侧突出。

　　当河流弯曲度特别大时，拐弯处水流不畅，泥沙就容易淤塞河道。如果水量大，河流可能会将弯曲处狭窄的地峡冲开，与对面的河道相连，就这样弯弯曲曲的河道变成了直线状的河道，这个过程就叫作河流的"截弯取直"。后来，原本弯曲的河道逐渐与主河道分离，渐渐被废弃，可爱的"牛轭湖"就这样诞生啦！

② 星罗棋布的江河湖海间，蕴藏着哪些秘密？

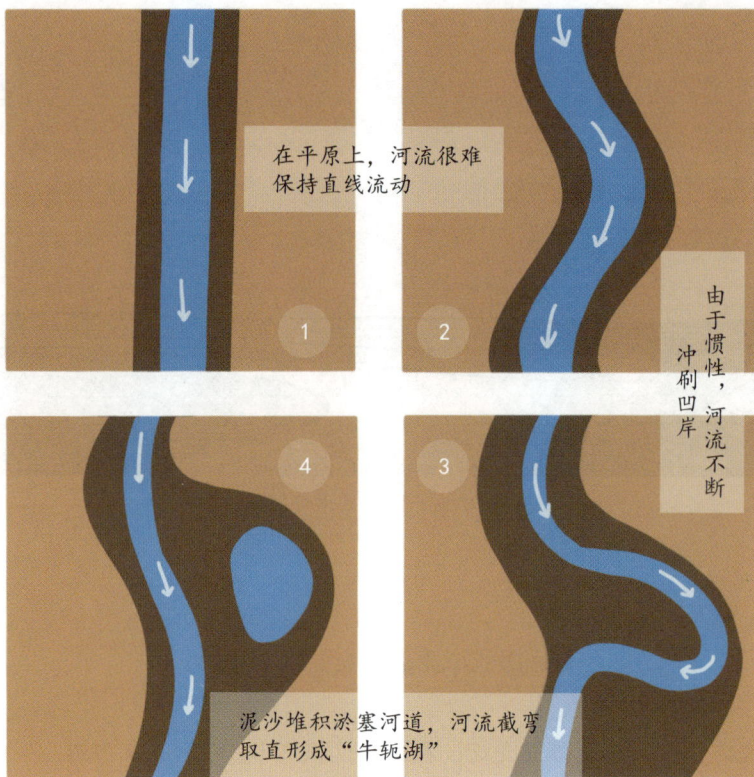

在平原上，河流很难保持直线流动

1

2

由于惯性，河流不断冲刷凹岸

4

3

泥沙堆积淤塞河道，河流截弯取直形成"牛轭湖"

③ 千变万化的地形地貌间，都有哪些景象？

河套平原
躺在几字形黄河湾间的大平原

黄河一路流淌到宁夏、内蒙古、山西之间,向北弯曲、向东延伸又向南折回,形成一个巨套,这就是我们所说的"河套"。我们通常所说的河套平原是位于内蒙古的河套平原,它又分为两个部分——一部分是巴彦高勒与西山咀之间的巴彦淖尔平原,又叫"后套";一部分是位于包头、呼和浩特和喇嘛湾之间的土默川平原,又叫"前套",也就是著名的"敕勒川"。以上提到的两处平原又可以被称为"东套";东套加上"西套"——位于宁夏

河套平原是华北地区重要的粮食产地

青铜峡与石嘴山之间的银川平原，就构成了广义上的河套平原（又称宁夏平原）。

河套平原曾经是一片断陷盆地，后来，在黄河日积月累的冲积下变成了平原。曾经有一种说法，叫作"黄河百害，唯富一套"；在黄河中上游地区，像河套平原这样天然富饶的地方，可真是不多见啊！这里地势平坦、土壤肥沃，更坐拥得天独厚的黄河水资源。

为了发展农业，生活在河套平原的人们开始修渠，将黄河水引来灌溉。被黄河水滋润的地区，灌溉农业非常发达，成为内蒙古最重要的农业区之一，也称作"河套灌区"。但是由于灌溉水渗入得太多，地下水位逐渐升高。地下水位升高以后，水与大气接触更为紧密，更容易蒸发，而地下水中的盐碱类物质却不会随之蒸发。这样一来，就形成了很多盐碱地。再加上这里在开发的过程中缺乏恰当的保护，境内的许多地方竟然都开始走向荒漠化！意识到这个问题之后，人们赶紧改善农耕的灌溉方式，并栽植了大量的防护林。

> 断陷盆地：指断块构造中的沉降地块，又称地堑盆地，它的外形受断层线控制，多呈狭长条状。

你听说过"河套文化"吗？

河套文化是中国境内最早发现的旧石器文化之一

在距今 5 万年前，有一群"河套人"生活在河套平原地区，他们的文化叫作"萨拉乌苏文化"。在无定河的支流萨拉乌苏河岸边的滴哨沟湾，人们发现了"河套人"的骨头。在大沟湾，人们发现了他们用过的石器——看上去都小小的、尖尖的，有一些看上去是用来刮、削的；有一些看上去是用来雕刻的。人们还在他们活动的地方发现了一处灰烬的遗迹，附近还有同一时期的动物遗骸，也许以前这里是他们烤肉的地方。

3 千变万化的地形地貌间，都有哪些景象？

华北平原

黄淮海的伟大创造

在 1.3 亿年前，华北平原还是一个大海湾，海水一直漫延到太行山脚下。后来，从西部大别山上流淌下来的河流不断将黄土高原上大量的泥沙带到这里，经过长期的积累，冲积扇就慢慢形成了。渐渐地，冲积扇变得越来越宽阔，多个冲积扇彼此相互连接起来，就形成了连绵的平原。随着平原越长越大，海水便不和它争地盘了，并逐渐后退，于是

> 冲积扇：河流出山口处的扇形堆积体。当河流流出谷口时，摆脱了侧向约束，其携带的物质便铺散沉积下来。

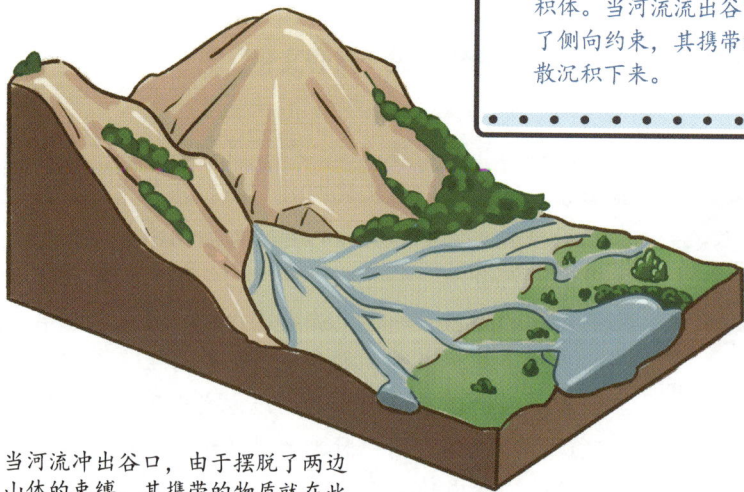

当河流冲出谷口，由于摆脱了两边山体的束缚，其携带的物质就在此铺散沉积下来

平原就扩张得更快了，最后便形成了我们今天看到的辽阔的华北平原。

华北平原还有一个名字——黄淮海平原，因为它的诞生多亏了三条大河：黄河、淮河、海河！正是这三条大河，完成了对这片冲积扇平原的创造——黄河是贡献力量最多的"大哥"，淮河和海河是在一旁帮忙的"小弟"。

自古以来，这片依山襟海、海陆兼备的土地，就是一块兵家必争之地。华北平原是一块"有格局"的平原，这里也许是北方城市最集中和人口最密集、经济文化发展最繁荣的地方了。实际上这里甚至显得有些拥挤——明明是中国第二大平原，占有国土面积的 3% 左右，却生活着中国超过 20％的人口——超过了 3 亿人！

如今的华北平原，既有发达的农业，又发展着先进的工业。只是，在加快发展步伐的同时，人们也不得不担心起这里越来越明显的环境问题——地面沉降、雾霾多……发生在这里的环境问题，频繁地出现在新闻报道中。面对日益恶化的环境，我们究竟能做些什么呢？

为什么华北平原容易产生雾霾呢？

可怕的"雾霾"常常于冬天降临在华北平原，看上去好像是把城市装点成了"仙境"，实际上它给人们带来了不小的麻烦。为什么华北平原容易产生雾霾呢？城市中工厂排放、汽车排放、集中供暖排放等各种各样的污染源是罪魁祸首；再加上华北平原被太行山、燕山和大别山团团围住，空气难以流通，污染物要扩散出去也很费劲。这样一来，雾霾就在华北平原上频频出现了。在华北平原，雾霾现象一度比较严重。近年经过大力整治，这种现象逐渐好转。

🔎 千变万化的地形地貌间，都有哪些景象？

黄土高原
被风吹过来的黄土高原

地理小辞典

我的读音：Huángtǔ Gāoyuán

我的由来：一片被连续黄土所覆盖的高原，故称"黄土高原"

我的分布：位于中国中部偏北，包括太行山以西、乌鞘岭以东、秦岭以北、长城以南的广大区域

我的故事："我家住在黄土高坡，大风从坡上刮过，不管是西北风还是东南风，都是我的歌"——民歌《黄土高坡》

我的荣誉：世界上黄土覆盖面积最大的高原、世界上最大的黄土堆积区、"中国四大高原"之一

你听过《黄土高坡》这首歌吗？"我家住在黄土高坡，大风从坡上刮过……"歌中的"黄土高坡"，其实就是指"黄土高原"。黄土高原是中国四大高原之一，位于我国地势的第二级阶梯，包括太行山以西、乌鞘岭以东、秦岭以北、长城以南的广大区域。这里的平均海拔为1000～2000米，且黄土的平均厚度有50～80米！

黄土高原经流水长期强烈侵蚀，逐渐形成千沟万壑、支离破碎的特殊自然景观

黄土高原的表面看上去"支离破碎"，这是为什么呢？原来，形成这样的地貌最主要需要两个条件：一是疏松的黄土，二是长期的流水。疏松的黄土很容易被流水侵蚀，所以黄土高原上的"水土流失"现象非常严重。所以，在黄土高原栽培更多的树林、养殖更多的草地，使"恶水荒山"逐渐变回"绿水青山"，太重要了！

黄土高原看起来是一片人烟稀少、比较荒芜的土地。可实际上，这里在很早的时候就孕育出了灿烂的文明。早在 10 万年前，黄土高原就有人类生存繁衍。在距今 7000 余年的仰韶文化遗址中，彩色陶器和小麦种子的发现，证明了这里的人类很早就进入了文明社会。自古以来，人们就在这片非同寻常的土地上与恶劣的生存环境做斗争。

在仰韶文化遗址中，发现了很多精美的彩陶，表明在半坡时期，人们已经能熟练地控制窑温，并且彩绘艺术也达到了很高的水平

黄土高原的土是从哪儿来的呢？

你觉得黄土高原的黄土是从哪儿来的？是本身地面上有的，还是被流水冲过来的？其实，这些黄土是被风"吹"过来的！在遥远的几千年前，青藏高原处于不断抬高的过程之中，阻挡海洋上的暖湿气流涌进我国的北方，并且在沙漠里形成了非常强劲的西北风，这些风吹过沙漠地表的时候卷走了大量的尘土，并将这些尘土长途搬运到很远的地方堆积起来。日复一日、年复一年，这些黄土便堆积了起来，形成了今天的黄土高原。

内蒙古高原
这里有浩瀚的草原

地理小辞典

我的读音：Nèiměnggǔ Gāoyuán

我的由来：因内蒙古自治区而得名

我的分布：东起大兴安岭和苏克斜鲁山，西至马鬃山，南沿长城，北接蒙古国，包括内蒙古自治区大部分地区和甘肃省、宁夏回族自治区等小部分地区

我的故事："居延城外猎天骄，白草连天野火烧。暮云空碛时驱马，秋日平原好射雕。"——（唐）王维《出塞作》

我的荣誉："中国四大高原"之一、中国第二大高原

横亘在中国最北方的内蒙古高原，长得就像一个长茄子——南边高，北边低，大兴安岭和阴山山脉从它"身上"路过。然而它竟然是中国四大高原中最平坦的高原。

在内蒙古高原上，最常见的是草原，但在它的西部也有大片的戈壁，分布着许多荒漠。我们耳熟能详的"天苍苍，野茫茫。风吹草低见牛羊"，描绘的就是

戈壁：戈壁是世界上巨大的荒漠与半荒漠地区之一，绵亘在中亚浩瀚的大地，跨越蒙古国和中国广袤的空间。戈壁多数地区不是沙漠，而是裸岩。

内蒙古高原是中国重要的牧场，属欧亚温带草原区的一部分，是中国最大的绵羊及山羊放牧区和骆驼主要产区之一

内蒙古大草原的风景。内蒙古大草原是我国最大的草场和天然牧场。这里分布着六大草原——呼伦贝尔草原、锡林郭勒草原、科尔沁草原、乌兰察布草原、鄂尔多斯草原和乌拉特草原。其中最大的当数呼伦贝尔草原了，这里是传说中的"牧草王国""北国碧玉"。它的名字是由呼伦湖、贝尔湖连起来组成的。

这里生活着马背上的民族——蒙古族，蒙古包是牧民居住的一种房子，容易建造和搬迁，适合牧民"逐水草而居"的生活。在每年农历六月初四的那达慕大会上，奔腾的赛马声和热闹的草原欢歌响彻内蒙古高原——这是他们最盛大的节日之一。

蒙古包是蒙古族牧民居住的一种房子，这种房子建造和搬迁都很方便，便于牧业生产和游牧生活

草原上的草会被吃光吗？

这么多牧民在草原上放牧，草原上的青草会不会被牲畜吃光？这可说不定，毕竟在内蒙古高原上，也是存在戈壁和沙漠的。因为内蒙古高原风多河水少，一旦失去了植被的覆盖，就很容易形成荒漠。虽然这和气候有关，但人为因素也不可忽视——不合理的农垦、土地开发和过度放牧，都会加剧荒漠化，这样的话，草也许真会渐渐没了踪影。

在内蒙古高原，失去了小草保护的土地，很容易受到风沙的威胁。所以适量放牧是有利于保护草原的——牛羊吃掉一部分草之后，剩下的草就获得了生长空间。牛羊帮助草传播种子，还为它们"施肥"。

燕山山脉
西起八达岭，东到山海关

燕山山脉，可以说是首都北京最重要的天然屏障之一了。北京作为举世闻名的古都，西部和北部有太行山脉和燕山山脉的"保护"，东部和南部又有非常便利的交通，因此历来都是兵家必争之地。

这样壮阔的山脉，肯定不是在一朝一夕之间形成的。距今1亿多年前，地球上的地壳运动非常活跃，这一时期，在中国的土地范围内，许多大大小小的山脉就冒出来了，而燕山山脉就是在这时候诞生的——这一时期强烈的地壳运动，被人们冠上了"燕山"的名号，称为"燕山运动"。这个"燕山运动"非同小可——我国东部的地貌轮廓基础基本就是这场运动初步打造的。

仔细观察地图，想一想燕山山脉的地形特征——如果你是将军，你会如何利用燕山的地形来守卫北京城呢？对，在这里修建关卡！举世闻名的军事防御工事——万里长城，它的一部分就横亘在燕山山脉及与之相邻的太行山脉上。我们耳熟能详的八达岭、慕田峪、古北口等著名的关口，都分布在这一带。

燕山运动：是指侏罗纪到白垩纪时期中国广泛发生的地壳运动。我国许多地区的地壳因为受到强有力的挤压，褶皱隆起，成为绵亘的山脉。北京附近的燕山山脉是典型的代表。

这里的板栗可真好吃

　　北京的糖炒栗子是很出名的——这种香甜可口的干果，受到北京男女老少的欢迎，尤其是在寒冷的冬天，吃上一口热腾腾、软糯香甜的板栗，别提有多滋润了！燕山山脉的空气干燥、降水偏少，许多果树都喜欢这种气候，正好也很适合板栗的生长。

　　在清代学者的《晒书堂笔录》中，有这样一段描写："及来京师，见市肆门外置柴锅，一人向火，一人坐高杌（wù）上，操长柄铁勺频搅之，令匀遍……"看着都香！

燕山盛产栗子，糖炒栗子很受北京人的欢迎

3 千变万化的地形地貌间，都有哪些景象？

太行山脉
从汪洋大海中隆起的高山

地理小辞典

我的读音： Tàiháng Shānmài
我的由来： "太行"指很大的行列
我的分布： 河北平原以西、黄土高原以东；北起北京市西山，向南延伸至河南与山西交界地区的王屋山
我的别称： 五行山、王母山、女娲山
我的故事： "千山万壑，铜壁铁墙！抗日的烽火，燃烧在太行山上！"——歌曲《在太行山上》

黄土高原和华北平原是挨着的——一面是平均海拔在1000米以上的高原，一面是平均海拔只有50米的平原，它们是怎么连在一起的？原来，在它们之间还有一道天然的屏障，那就是太行山脉！

巍峨的太行山脉，主脉绵延400余千米，加上余脉全长接近1000千米。它纵贯南北，成为黄土高原和华北平原的天然分界线。太行山脉的海拔在1200～1500米，它的西边是较高的黄土高原，东面是较低的华北平原。所以，太行山脉的西侧就显得相对平缓，逐渐过渡到黄土高原地区，而东侧由于落差较大，就会出现许多"长崖绝壁"。

鬼斧神工的"长崖绝壁"，也许是太行山上最令人难以忘怀的景致之一了。这里的悬崖并不是直直的，而是一层一层、重重叠叠的，每一层之间如同被斧子砍出来的一样，其间还夹杂着

挂壁公路主要修建在华北平原上升到山西高原的断层峭壁上

草木苍翠的天然平台。在这看上去极其危险的境地，竟然还分布着零零散散的村落——在古代发生战乱或是被人追杀的时候，有些人就不怕山高路险，逃到这大山上来，并在这里定居。在悬崖峭壁上生活的太行山人，为了改善交通条件，用钢钎、铁锤开凿出了巧夺天工的"挂壁公路"，现在每年都会有许多游人慕名前往。如果有机会自驾旅行，可一定要去这条最"悬"的公路上跑一跑！

你知道"太行八陉"吗？

"陉（xíng）"就是指山脉中断的地方。在整个太行山脉中，有8个断开的山口非常著名，它们由北向南依次是军都陉、蒲阴陉、飞狐陉、井陉、滏（fǔ）口陉、白陉、太行陉、轵（zhǐ）关陉，都是天然形成的隘口，后来被人们当作穿越太行山脉的主要通道。

军都陉位于北京昌平西北的居庸山，居庸关就位于这里；

蒲阴陉位于河北易县西北，紫荆关位于这里；

飞狐陉又叫"望都关"，位于河北涞源以北；

井陉是山西东出太行山最便捷的通道，娘子关就在这个地方；

滏口陉位于河北磁县西北，处在滏阳河的上源；

白陉位于河南辉县以西，又被称为"孟门"；

太行陉位于河南沁阳与山西晋城之间，因为路势崎岖又叫"羊肠阪"；

轵关陉位于河南济源以西，"轵关"的意思就是"只能通过一辆车"。

❸ 千变万化的地形地貌间，都有哪些景象？

吕梁山脉
奇石丛生的神奇山脉

位于陕西与山西交界处的吕梁山，向北绵延至北岳恒山，中部靠近太原。在纵贯南北的吕梁山脉中，有10来座海拔近2000米的山峰。其中最高的一座山峰是海拔2830米的孝文山，据说，这座山的名字源自北魏孝文帝。母亲去世后，悲痛的孝文帝在此山中隐居三日，不吃不喝，以怀念母亲。世人感念他的孝心，后来就把这座山称为孝文山。

吕梁山脉担当着许多重要的分界线的角色。首先，它是黄河的一个重要的分水岭，山西为黄河晋陕界河段，山脉东麓为汾河谷地。另外，吕梁山脉以西是黄

吕梁山是山西省境内黄土高原上的一座山脉，是黄河与其支流汾河的分水岭

土连续分布的典型黄土高原，水土流失严重；山脉以东的黄土则呈现断续分布的状态。

吕梁山脉藏着悠久的历史——春秋时期，这里属于晋国；战国时期，这里属于赵国；秦汉时期，这里属于太原郡……唐朝女皇武则天、宋朝名将狄青、清代名臣于成龙等人物，都出身这里。吕梁山脉曾经是革命圣地延安的东部屏障，并一度作为红军东征的主战场。

历史上的吕梁山区在经济发展上相对缓慢，但矿产资源非常丰富且品位较高——目前探明的矿产资源已有 40 多种，尤其是煤、铁、铝土等资源。所以，如今吕梁山区的发展也很快跟上来了。

什么叫"水土流失"？

"水土流失"是地面的水和土离开原来的位置，流失到地势较低的地方，再通过坡面、沟壑等等，最终汇入江河河道中。水土流失一般发生在山区、丘陵区和风沙区，地面的坡度、降雨的强度、土壤的性质等等自然因素，是水土流失发生的重要原因；过度放牧、滥砍滥伐等等人类活动，都很可能导致水土流失的加剧。

阴山山脉

"南坡峭、北坡缓"的大山

地理小辞典

我的读音：Yīnshān Shānmài

我的分布：位于内蒙古自治区中部，西起狼山，东包大马群山，至多伦

我的故事："瀚海百重波，阴山千里雪。"——（唐）李世民《饮马长城窟行》

在平坦的内蒙古高原边上，怎么会突兀地挺立着一座阴山呢？原来，阴山是一座古老的断块山——很早以前，这里发生了地壳运动，部分地区的陆地被抬升翘起，于是形成了连绵高耸的阴山山脉。顽皮的阴山山脉

断块山：因地壳断裂上升而形成，是受断层控制的岩块，呈整体抬升或翘起抬升形成的山地。

北

阴山山脉是位于中国内蒙古自治区中部的山脉，东西走向，最高处的海拔有 2400 米

挡住了内蒙古高原的视线，使得内蒙古高原的人望不到山南的景色——它就像是一座天然的屏风，将大草原的美好景致包围起来。

阴山山脉全长约1000千米，由狼山、乌拉山和大青山等许多平均海拔在1500米以上的山组成，这些山峰密密地排成横队。这样的话，山两边的居民如果想见面，是不是一定要翻山越岭呢？其实，两地想要交流也无须绕行，山与山之间的横断层经过长时间的流水侵蚀已经形成了宽谷，山两侧的人们可以通过这里互相往来。

阴山的南坡紧挨着黄河的"几"字湾——这里的地势是很低的，所以阴山在这面形成了险峻的陡崖。南坡的土地其实很适合耕种，因为阴山挡住了北方的寒流和大风，再加上黄河水的补给，使这里成为一块非常适合农作物生长的沃土！

阴山的北坡就相对平缓得多了，因为内蒙古高原本身的海拔也很高。北坡气候干旱、风力大，有牛羊遍地的草原。

连绵的阴山，不仅物种多样，矿产资源也很丰富！由于山地大部分是古老的变质岩组成的，这使得断陷盆地中蕴藏着大量的煤炭资源。在阴山北部的白云鄂博地区，人们还发现了丰富的铁矿和稀土资源。在古代被形容为"塞外胡尘飞"的阴山，竟然是这样的一块宝藏地！

什么是胡人？

"胡人"又称"胡族"，在古代主要指的是欧亚大草原上的游牧民。"胡人"在各个时期指代的对象不同，秦、汉时期的胡人一般指匈奴；晋代的"五胡乱华"指的是内迁的匈奴、鲜卑、羯、羌、氐等部族；到了唐代，"胡"主要指的是深目高鼻或高加索人种的西域人。胡人能征善战，"不教胡马度阴山"讲的是要将胡人的军队遮挡在阴山之外。

东北平原
铺满东北的三大平原

东北平原这块"大毛毯"，又可以分成三块"小毛毯"——三江平原、辽河平原和松嫩平原。东北部的三江平原，由黑龙江、松花江、乌苏里江三条北方大河冲积而成；南部的辽河平原，由辽河携带着滚滚泥沙冲积而成；中部的松嫩平原，是由松花江和嫩江创造的。

你听过"北大荒"的说法吗？这指的是中华人民共和国成立以前的东北平原——当时，这里许多地方都是无人的森林和沼泽，气候条件非常恶劣，尤其是冬天，几乎每年都会出现 $-30℃\sim-40℃$ 的极低气温。这里气候严寒的主要原因有二：一是这里位于亚欧大陆的最东段，冬季大西洋上的温暖季风无法到达；二是这里与西伯利亚紧邻，在冬季直接受到来自西伯利亚冷空气的冲击。在这个拥有漫长冬季的地方，人们在很长一段时间里几乎无法进行劳动，只能躲在屋子里熬过长冬。

但是，这里虽然荒凉苦寒，却有着非常肥沃的黑色土壤。曾经有人比喻：东北的土壤，放在

东北地区的农业生产机械化水平越来越高

手里能够"捏出油"，插根筷子能发芽长成树。这里究竟能不能好好利用起来呢？从20世纪五六十年代开始，大批年轻人来到东北，卷起袖子要改造"北大荒"。当时，这里的环境特别恶劣，不仅气候严寒，更有野狼、蛇出没，十分危险。但这群开荒者从来没有放弃——在半个多世纪的时间里，人们开荒拓土。虽然这里适宜作物生长的时间较短，但仍然可以根据其优势，种植玉米、春小麦、大豆、甜菜等作物。如今，这里已经由"北大荒"变成了名副其实的"北大仓"，曾经人迹罕至的黑色荒原如今已经成为中国最主要的粮食基地之一！

> 有机质：泛指土壤中来源于生命的物质，包括土壤微生物和土壤动物及其分泌物，以及土质中植物残体和植物分泌物。

这里的"黑土地"和其他颜色的土壤有什么不一样？

黑土是常见土壤中最肥沃的一种，以弯月状分布在黑龙江和吉林。这里的黑土地是中国最肥沃的土地之一。在东北地区，夏季草本植物生长繁茂，在漫长寒冷的冬季，土壤被冻结，微生物活动微弱，有机质分解缓慢，土壤中积累的有机质就比较多，所以土色显得较黑，而土壤中的营养成分却非常丰富。

"黑土地"在华北地区广泛分布

3 千变万化的地形地貌间，都有哪些景象？

东北平原的"黑土地"是怎么来的?

　　东北平原的土地看上去黑乎乎的,这是为什么呢? 原来,这里的土壤非比寻常——在温润的夏季,草本植物生长繁茂,这为土壤沉淀下丰富的营养;到了漫长又寒冷的冬季,土壤纷纷冻结。由于冬天太冷,土壤里的微生物也都不想活动了,所以有机质的分解就非常缓慢,土壤上堆积的枯枝落叶也很难被分解,经过较长的时间后形成了腐殖质;腐殖质层逐渐积累起来,使土壤变成了黑色。

　　黑土,可以说是常见土壤中最肥沃的一种了。虽然它的颜色黑漆漆的,但很受农作物的喜欢——玉米、小麦、大豆、高粱,都钟爱这黑色的土壤呢! 在中国,黑土地以弯月状分布于黑龙江、吉林两省,可以说是中国最肥沃的土地了!

玉米

大豆

小麦

高粱

大兴安岭
郁郁葱葱的原始森林

地理小辞典

我的读音：Dàxīng'ānlǐng

我的由来："兴安"是满语，意思是"极寒处"，因气候寒冷，所以叫"大兴安岭"

我的分布：位于黑龙江省西北部、内蒙古自治区东北部；北起黑龙江畔，南至西拉木伦河上游谷地

我的故事："国有大鲜卑山，因以为号。"——《魏书·序纪》

一提到大兴安岭，仿佛眼前已经浮现起成片的森林，确实，森林是大兴安岭最为经典的符号。在大兴安岭，八成以上的地方都被森林所覆盖。这特别要感谢环绕着大兴安岭的几位"朋友"——辽河、嫩江、黑龙江等河流，多亏了它们，大兴安岭的动植物才有了充足的水源。

中国的地形可以划分为三级阶梯，而全长1400千米左右的大兴安岭正是中国第二、第三级阶梯分界线的北段部分，在它的西面是内蒙古高原，东面是东北平原。它的北端一直延伸到黑龙江的漠河，已经直抵中国的"北极"了。

说起喜马拉雅山脉，你也许会想起珠穆朗玛峰，但如果说起大兴安岭，你会想起哪一座山呢？是不是很难联想到呢？大兴安岭的山峰不出名，是因为在绵长的大兴安岭山脉中，虽然山峰看上去普遍比较高大，但走势相对平缓，很少有特别陡峭的山峰。

大兴安岭的林地有730万公顷，森林覆盖率超七成

在大兴安岭附近，还有一座小兴安岭——它们情同手足，宛如兄弟，在地图上看，它们好像组成了一个大大的"人"字。小兴安岭仅有400千米长，平均海拔也只有500～800米，比平均海拔在1000～1400米的大兴安岭显得"矮小"不少。

在大兴安岭，能看到哪些神奇的植物？植物学家"拍了拍"你！

在大兴安岭的不同位置，由于气温、水文、地形条件各不相同，能看到的植物也是不一样的。所以，大兴安岭的植物种类特别丰富，简直就是野生植物的天堂！

在大兴安岭的东南麓，生长着红毛柳、樟子松、杜鹃花等植物；

在大兴安岭的北段，生长着白桦、黑桦、蒙古栎等植物；

在最低气温能达到－58℃的大兴安岭腹地，生长着生命力顽强的兴安落叶松——堪称植物界的耐寒王者！

红毛柳

樟子松

杜鹃花

白桦

黑桦

兴安落叶松

五大连池
火山竟能喷出美丽的湖泊

地理小辞典

我的读音：Wǔdàliánchí

我的由来：因五个紧紧相连的火山堰塞湖而得名

我的分布：位于黑龙江省黑河市西南部，处于小兴安岭与松嫩平原的过渡地带

我的故事："一日地中忽出火，石块飞腾，声震四野，约数日火熄，其地遂呈池沼，此康熙五十八年事。"——（清）《黑龙江外记》

我的荣誉：世界地质公园、世界生物圈保护区、火山博物馆

你见过火山喷发吗？先是浓烟滚滚、大地闷响；而后是壮烈的喷发，红色的岩浆汹涌而出，四周的河流被瞬间吞噬；一切冷却下来之后，只剩下一座"小山丘"，上面堆积了一层厚厚的灰渣。这个过程，听上去又震撼，又令人害怕。

在小兴安岭向松嫩平原过渡的地带，就分布着14座火山锥，

五池　四池　尾山
北格拉球山　月牙池
火烧山　三池
南格拉球山　老黑山　莫拉布山
二池　西龙门山
笔架山　药泉山　东龙门山
头池
卧虎山　小孤山
东焦得布山
西焦得布山

五大连池火山锥分布：在沃野千里的松嫩平原边缘，14座火山拔地而起

千变万化的地形地貌间，都有哪些景象？

这里便是"五大连池火山群"。在上百万年前，这里就开始有火山喷发，陆续形成了 12 座火山锥；到后来，这片区域中的白河间又发生了两次火山喷发，并形成了两座新的火山锥——老黑山和火烧山。这两座火山锥的火山熔岩阻碍了白河的河道，并将白河分割为 5 个池子。这 5 个池子水流相通，按照顺序排列，形成串珠状的堰塞湖，也就是著名的火山堰塞湖——五大连池。

在五大连池的两侧，各分布着 7 座火山锥兄弟，姿态各式各样。有趣的是，这些火山锥仿佛遵循着某种规则，整整齐齐地交错分布着，在五大连池的周围排列成一个个"井"字，十分有趣！原来，在五大连池地区，东北和西北方向的断裂带已经形成；地球内部的岩浆，最常在东北、西北方向两组断裂带的交会处喷溢而出。于是，像这样排列得整整齐齐的火山锥就巧妙地形成了——就好像是大自然布下的一局棋！

这 5 个深浅、大小、颜色不一的池子，各有各的生机：有些池子里生存着睡莲，有些池子里居住着野鹤，还有些池子里跳跃着鱼群……面对着沉睡中的五大连池火山群，我们不禁联想——当它有一天再苏醒的时候，这里又会变成什么样子呢？

> 堰塞湖：山体崩落的石块或者熔岩堵塞河谷或河床，储水到一定程度形成湖泊，就叫"堰塞湖"。一般由地震、火山爆发等自然现象造成，也有一些堰塞湖是由人类活动形成的

许多生命在五大连池安了家，绿色覆盖了从前的火山口

长白山脉

"千年积雪万年松，直上人间第一峰"

我的读音：Chángbái Shānmài

我的由来：山上终年积雪，远远望去，颜色白得异常，所以称"长白山"

我的分布：北起黑龙江省境内的完达山山脉北麓，南延至辽宁省境内的千山山脉老铁山

我的故事："惟神杰峙东，维协扶景运。疏江汇海，荐瑞凝祥。著灵异于万年，溥蓄滋于庶类。"——（清）康熙《祭告长白山文》

长白山脉是中国东北地区平均海拔最高的山脉。长白山的西面是中国，东面是朝鲜，它是中朝两国的界山。整条山脉的最高峰在朝鲜境内。而在中国境内的部分山脉里，最高的山峰叫作"白云峰"，海拔达到了 2691 米。

也许长白山给人们留下的最深刻的印象，还不是它的高峻，真正使它名扬中外的，是它的"休

坐落在长白山脚下的长白山滑雪场

③ 千变万化的地形地貌间，都有哪些景象？

眠火山"的身份。在火山活动相对活跃的东北地区，许多地方的地形和地貌格局都是由火山活动一手打造的——而长白山脉，也许就是这些地质活动造物中最引人入胜的一处。

这里表面看上去"冷酷"得很，一到冬天就换上了冰天雪地的"伪装"，人们甚至在这里建造了滑雪场。似乎很难将它与火焰、岩浆联系在一起，而它实在是一个"外冷里热"的家伙！虽然每年长达 9 个月被冰雪覆盖，

但这里实际上是一个庞大的火山群，频繁的火山喷发在这里创造了数以百计的火山锥和大面积的熔岩台地。长白山地区的火山群主要有三个喷发中心，分别是天池、望天鹅、南炮台火山。我国最大的火山堰塞湖——镜泊湖，我国最大的火山口湖——天池都分布在长白山脉。

熔岩台地：通常是由高流动性的岩浆从地面裂缝中渗透出来，渐渐流动而平坦覆盖在地表上形成的。

火山爆发一定是件坏事吗？

火山爆发，听上去真是太恐怖了——沸腾的滚滚岩浆，几乎能把所及之处的一切都给吞噬掉。火山一动，整个大地也跟着运动起来，引发地震；火山灰飘散到空中，大气受到严重污染……简直不敢想象！

当然，我们也应该从多方面看待事物。火山爆发对我们来说，有没有好处呢？也是有的！火山的爆发能够扩大陆地面积，尤其是在海岸地区。许多地区的温泉和干净的水源，也都是托火山的福得来的。另外，火山灰富含矿物质——有人还喜欢专门到火山灰覆盖的地方耕作。火山爆发冷却之后，还会留下种种奇特的火山地貌，蔚为壮观。

辽东半岛
踏入海洋的一只"脚"

地理小辞典

我的读音：Liáodōng Bàndǎo
我的由来：辽东地区位于辽河以东；辽东半岛位于辽宁省东南部
我的分布：位于辽宁省东南部，从北部的本溪连山关至南端的老铁山角；位于辽河口与鸭绿江口连线以南，伸入黄海、渤海之间
我的故事："知向辽东去，由来几许愁。"——（唐）权德舆《玉台体十二首》

从中国地图上看，辽东半岛就好像是踏入海洋的一只"脚"。这只脚是有"骨头"的——长白山脉的余脉千山山脉，就是它的骨头。它北挽长白山脉，南抵辽东半岛的南段——老铁山，斜插在辽东半岛上，看上去就像是半岛的骨架。千山也是一个有趣的山脉，据说它拥有上千座山峰，并且形态各异，就好像绽放的莲花一般，所以人们还给它取了一个优美的名字"千朵莲花山"。

辽东半岛海岸线包括岛屿长达900千米，沿岸有长山列岛等几百座岛屿，绝大部分分布在黄海。辽东半岛的海岸线弯弯曲曲的，基本上看不到一处平直的地方——凹进陆地的那部分，巧妙地形成了天然的优良港口。其中名气最大的，恐怕要数大连港和旅顺港了——在辽东半岛的南部，一小块平行四边形延伸出来，而大连港和旅顺港就在这个平行四边形的东、西两端，看上去就像兄弟俩。

作为中国的第二大半岛，辽东半岛的农业非常发达。我国大豆的主要产地，就有辽东半岛。辽东半岛为两茬作物和果树生长提供了良好的条件，像高粱、玉米、水稻等农作物，在这里的产量都特别高。由于靠近优良的海岸，这里的水产也特别丰富。海带、裙带菜和海胆的产量在全国都是

数一数二的。

此外，这里的矿产资源也丰富得超过你的想象。目前已经探明的矿产资源，有铁、煤、锰、铝、镁、金刚石等，一共60多种。其中，铁矿的储量是最大的——占到了全国差不多1/5。因此，这里分布着鞍山钢铁、本溪钢铁、大石桥镁矿、辽南建材等重要的工业基地。

半岛：指陆地一半伸入海洋或湖泊，一半同大陆或更大的岛屿相连的地貌状态，它的三面被水包围。

辽东半岛伸入黄海、渤海之间，看上去就像从大陆伸出来的一只"脚"

④ 紧跟飞禽走兽，探秘意料之外的奇花异草

月季

什么样的花能作为北京的"市花"

北京市的市花是月季花——在暮春初夏之际，第一次来到北京的游客很难不被满城的月季花惊艳到。在北京城的每个角落——大街胡同、大小公园、居住小区里，几乎都能看到各种月季——藤本月季、地被月季、丰花月季、微型月季……

在 20 世纪 80 年代前后，北京城里进行了一次市花的评选，月季获得了最多的投票，并与第二名的菊花，共称为北京市的"双市花"。月季究竟有多优秀，才能最终成为北京市的"市花"呢？

其实，在月季身上，我们能够看到北京城的影子——拥有 3000 年历史的古老都城北京，是一座强韧的、历史悠久的城市。而月季恰巧也是这样一种花——其花期可以从暮春延续到初冬时节，长达 7 个多月。由于其超

被称为"花中皇后"的月季，是一种蔷薇科蔷薇属植物，与蔷薇、玫瑰是近亲

长的花期再加上花苞逐月开放的习性，人们称其为"月季"。有时候到 12 月中旬，仍能看到月季在万物萧条的冬天里骄傲地绽放。如同北宋诗人张耒的形容："月季只应天上物，四时荣谢色常同。可怜摇落西风里，又放寒枝数点红。"

月季的品种、颜色丰富，花朵又大又饱满，并且四季都会开放，被誉为"花中皇后"，它不仅花容秀美、色彩艳丽、芳香馥郁，而且适应性强，易繁殖也易栽培。现在的月季，可不只是受到北京人的喜爱，它已经是全国范围内栽培最为普遍的大众花卉之一了。在中国大地上，几乎随处都能够见到它们的影子呢！

月季和玫瑰长得很像，要想区分它们，主要看三个方面。看尖刺：月季的茎部上刺大一点，但是分布的不紧密，数量也较少；玫瑰花茎部的刺比较小，但是分布得比较紧密。看花朵：相对来说，玫瑰花的香气更浓郁；月季的花朵底下的花萼向下卷，只有一个裂片；玫瑰花花朵底下的花萼往上卷，裂片的数量多。看叶子：月季花小叶数量有 3～5 片，叶片很光滑；玫瑰花小叶有 7～8 片，叶片不光滑。

你知道月季和玫瑰之间有什么区别吗？植物学家"拍了拍"你！

月季　　　玫瑰

国槐
老北京的亭亭如盖

地理小辞典

我的读音： Guóhuái

我的由来： 槐树原产于中国，为了区别原产于北美的刺槐（洋槐），也称为国槐、家槐

我的分布： 原产于我国北部；东北南部，西北至陕西、甘肃南部，西南至四川、云南海拔 2600 米以下，南至广东、广西等地均有栽培

我的别称： 北京市树

我的故事： "尤其槐树，不分大街小巷，不分何种人家，到处都栽着有。"——张恨水《五月的北平》

张恨水曾经在它的作品《五月的北平》中写道："在五月里，你如登景山之巅，对北平城作个鸟瞰，你就看到北平市房全参差在绿海里。这绿海就大部分是槐树造成的。"一提到行道树，可能许多北京人的第一个反应就是国槐吧！

自元代建大都城起，国槐就已经是北京市区重要的行道树了；到了明、清两代，北京的行道树大多都是国槐。20 世纪 80 年代中期，北京城里还开展过大规模种植国槐的行动，很多北京市民都曾参与其中呢！

为什么要选择国槐作为行道树呢？原因之一是它们既喜阳又耐旱，抗寒并且耐高温，所以极

槐树的花是淡黄色的，又被称为"槐米"

适合北京夏季炎热、冬季寒冷四季分明的气候特点。它们的根系能够深扎土壤，可以很好地吸收养分。

"古槐、紫藤、四合院"，是旧时京城人家特有的风貌。在城中还没有大楼的时候，槐树就是整个北京城的遮阳伞，仿佛在北京城的上空盖上了一层"绿毯"。可以说，北京城最美的颜色，离不开国槐的点染。

槐树是一种能够适应北方地区气候环境的乔木，
是一种很适合用作行道树的树木

白桦
高大威武的"耐寒"精灵

地理小辞典

我的读音： Báihuà
我的由来： 因树皮是白色的而得名
我的分布： 在中国主要分布在东北大、小兴安岭，长白山及华北的高山地区；河南、陕西、宁夏、甘肃、青海等地也有分布
我的故事： "在我的窗前，有一棵白桦，仿佛涂上了银霜，披了一身雪花。"——［俄罗斯］叶赛宁《白桦》
我的荣誉： 俄罗斯国树

在我国东北和华北地区，白桦的身影是很常见的。在中国的大兴安岭和小兴安岭以及长白山脉，白桦常常以纯林的形式出现。白桦是一种很高大的树，树干最高接近30米！白桦树一般生长在400～4100米的山坡或林地上。

春夏之际，白桦顶着绿油油的披风；到了秋天，白桦的世界满目金黄；冬日里，落叶之后的树干笔直整齐，如同战士一般。

白桦的果实又扁平又小——叫作"翅果"，很容易被风刮起来传到远方。白桦的树皮光滑得就像纸一样，甚至可以分层剥下来，还可以用铅笔在上面写字。

向阳的白桦充满着令人敬畏的生命力，它们的适应性极强。在被大火烧毁的森林中，首先长出来的通常都是白桦。另外，白桦树几乎是世界上最不怕冷的种子植物之一。它们具有超常的耐寒力，甚至能够在零下几十度的低温中生长！

在中国北方的草原上、森林里、山路旁，很容易看到成片茂密的白桦林

这么要强的白桦树，会有令它惧怕的天敌吗？

　　有一种小小的真菌，会使英勇的白桦"闻风丧胆"——那就是桦树菇！人们也称呼它们为白桦茸、桦树菌。这种真菌的活性是很强的，一旦依附在白桦身上，它们就会不断吸取白桦的养分，10多年的时间，就会把白桦树的营养吸收殆尽，使白桦树枯死。别看这真菌不起眼，"杀树"可不眨眼！不过这种真菌对于人来说，却有相当高的利用价值。

植物：从街边的月季到皇帝后花园里的国槐

📍 紧跟飞禽走兽，探秘意料之外的奇花异草

松树
坚毅的化身

地理小辞典

我的读音：Sōngshù
我的由来：因为松树树冠看起来蓬松而不紧凑，所以"松"字是对树冠特征的形象描述
我的分布：种类很多，在中国广泛分布；不同种类的松树生长的地区不同
我的故事："为爱松声听不足，每逢松树遂忘还。"——（唐）皎然《戏题松树》
我的荣誉："岁寒三友"之一

东北地区比较常见的松树。在大、小兴安岭一带面积广阔的森林中，最主要的松树就是"落叶松"——它们的木材又厚重又结实，还耐腐朽、抗弯曲，是建筑上的好材料！松树身上还有很多宝贝：松子可以用来榨油，松针可以用来提炼工业用油……

"岁寒，然后知松柏之后凋也"——早在 2000 多年前，孔子就对松树做过这样的评论。松树的凌霜傲雪、不畏严寒，想必也给你留下过很深刻的印象吧！作为"岁寒三友"之一，四时常绿的松树以坚毅和长寿著称。

无论是小院中的盆栽盆景还是城市中的林荫绿道，无论是名山名岳还是古典园林，几乎处处都能看到松树的身影。油松、樟子松、黑松和赤松等，是在华北、

松树的小枝看上去细弱、平直，针叶细长成束

其实，松树是一个庞大的家族——在植物分类学上，属于松科松属的植物差不多有 110 种呢！其中，有 39 种是中国特有的松树，例如在中国分布广泛的油松、生活在西部山地的高山松、生活在南方的马尾松等，它们只能在中国找得到哦！

在中国人的文化中，松树扮演的角色可丰富了。有的人看重松树的坚毅，有的人更喜欢松树的长寿，有的人更热爱松树的气节……总之，从松树身上我们能学到好多东西呢！

认识一下这些不同种类的松树，植物学家"拍了拍"你！

油松
中国特有的树种，结构比较细密，经久耐用。

红松
主要分布在中国东北部的山区，以及日本、俄罗斯两国，是一种优良的用材树种。

马尾松
中国分布最广的松树。

高山松
中国西部高山地区的特有树种。

华山松
主要分布在中国西部至西南部的高山，因集中产于陕西华山而得名。

人参

什么样的草本植物被称为"百草之王"

地理小辞典

我的读音：Rénshēn

我的由来：据说因为人参的芦、膀、体、芋（dǐng）、须与人体上半身的头、肩、身体、胳膊、腿相对应，所以被称为与"人身"发音相似的"人参"

我的分布：主产于中国东北，以及朝鲜、韩国、日本、俄罗斯东部

我的别称：神草、地精、天狗、王精、孩儿参、人衔

我的故事："味甘微寒，主补五脏，安精神，定魂魄，止惊悸，除邪气，明目，开心益智。"——《神农本草经》

我的荣誉：百草之王

"百草之王"，其名人参，在肥厚硕大的根部上，这些分叉看上去就像人的脑袋和手脚，怪不得人们要称其为"人参"了。这是一种多年生的草本植物，一般3年开花，花朵就像一把小伞，还能够结出紫红色的浆果。

人参可以分为园参和野山参等品种——园参是人工培育的，

人参的根部肥大，整体形似人的头、手、足和四肢

而野山参是自然生长的。长白山的野山参，就是"东北三宝"中的一宝。

为什么人参会在长白山长得这么好呢？因为野山参对环境的要求是很高的——它喜欢阴凉、怕晒，钟爱15℃～20℃的气候，一旦气温超过32℃，叶片就会被灼伤。夏季，长白山山林中的温度对于人参来说是比较理想的。

人参对土壤的要求也很高，它们喜欢土质疏松并且有腐烂植物覆盖的土壤。而在长白山地区，有大片海拔在450～1200米的针叶、阔叶混交林带，气候凉爽并且堆积着腐烂的落叶，土壤肥沃有营养——这是人参最喜欢的生长条件。

长白山的野山参为什么这么珍贵？

长白山的野山参生长十分缓慢——每年才增重0.5克！这点重量是人几乎都感觉不出来的，所以一棵人参要想长成"人"形，通常需要花上好几十年的时间。而且，在这深山老林里，人参纯粹是靠自然播种，凭借风、鸟等把种子传播出去，并且它们对生长环境的要求也比较苛刻，因此确实太稀有了。"物以稀为贵"，由于野人参的滋补作用十分强大，加之产量稀少，所以在市场上，这种人参卖价是非常高的。

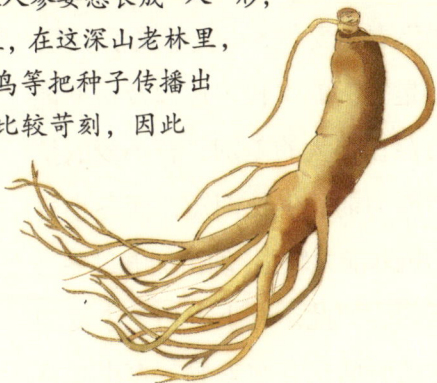

小麦
面包、馒头、饼干、面条，都靠它

地理小辞典

我的读音： Xiǎomài

我的由来： 在上万年前就已被人类驯化，用作粮食生产作物；是世界上最早栽培的农作物之一

我的别称： 麦子

我的故事： "小麦登场雨熟梅，闭门病眼每慵开。"——（宋）陆游《遣兴·小麦登场雨熟梅》

"五谷"之一的麦，通常是指小麦——它是我国北方地区最重要的粮食作物。按播种期的不同，小麦分为冬小麦和春小麦。虽然春小麦和冬小麦都属于小麦，但是它们的生长习性以及抗寒能力存在很大的差别：春小麦的抗寒能力弱，生长期短；而冬小麦的抗寒能力较强，幼苗能够过冬。正因为如此，春小麦和冬小麦的种植时间也存在差异，春小麦是开春之后才种植，到了初秋时就能收获；而冬小麦是在秋季的时候开始播种，来年的春季收获。

春小麦主要分布在我国的东北地区，冬小麦主要分布在我国的华北地区。东北地区冬季温度较低，小麦无法存活，一般在开春后进行种植，所以叫作春小麦。华北地区冬季气温稍高，小麦能够过冬，所以在冬季种小麦，就叫冬小麦。

现代中国人主要的粮食作

人类栽培小麦的历史已有上万年，可以追溯到新石器时代

物是"米"和"麦"。俗话说："南人食米，北人食麦。"水稻是很怕冷的，而且要在雨量充足、日光充沛的自然条件下才可以获得好收成，因此通常被种植在温暖湿润的南方。水稻离不开水，旱稻却可以种植在比较干旱的地方。不过稻也不能种植在海拔太高的地方，到了海拔 1300 千米以上的地方就几乎无法生长了。小麦则不那么怕冷，也能够在干燥的环境中生存。小麦对土壤的要求相对较低，既能适应北方寒冷干燥的气候，又能在海拔较高的山地生长。所以，北方人是很喜欢种麦子的。

小麦和大麦有什么不同？

茎秆：小麦的茎秆细长；大麦的茎秆比小麦矮。

叶子：小麦的叶子呈长披针形；大麦的叶子呈扁平状，有披针形叶耳。

花序：小麦和大麦的花序都呈穗状；但是大麦的长度要短些。

麦芒：小麦的麦芒没有大麦长，外壳在脱粒时会脱落；大麦的麦芒很长，外壳很难剥下来。

用途：小麦主要用于加工面粉；而大麦主要用来做啤酒或饲料。

小麦

大麦

甜菜

甜甜的滋味从哪里来

地理小辞典

我的读音：Tiáncài

我的由来：据《太平寰宇记》记载，甜菜大约是在 5 世纪从阿拉伯末禄国（今伊拉克巴士拉以西）引入中国的

我的别称：恭菜、莙荙菜、火焰菜

我的故事："恭菜，即莙荙也。恭与甜通，因其味也。"——《本草纲目》

我们生活所离不开的"蔗糖"，主要来源于两种作物：一种是甘蔗，通常生长在热带地区和亚热带地区；另一种是甜菜，一般生长在温带和寒温带地区。苋科甜菜属的甜菜，耐寒、耐旱、耐盐碱，是一种对生存条件要求不高的植物，所以在我国北方地区是一种非常流行的糖料作物。在我国，全国的糖料作物形成"南蔗北菜"的分布——南方以甘蔗为主，北方以甜菜为主。目前，糖用甜菜在我国主要种植于北纬 40°以北，包括东北、华北、西北三个产区，新疆、内蒙古、黑龙江、河北等地区为甜菜的主要产地。

当然，我们这里说的甜菜主要指的是"糖用甜菜"，除此之外，还有"饲用甜菜""叶用甜菜"等，虽然它们都叫甜菜，但在外形、糖分含量等许多方面是有区别的，因此利用价值也不同。

早在公元前 1000 年以前，就有了人类种植甜菜的记载。人们认为，甜菜起源于地中海沿岸地区，在希腊、西西里岛、叙利亚这些地方，各类甜菜在很早的时候就已经得到了广泛种植。后来，甜菜逐渐被传播到了欧洲的其他

温带：是指位于亚热带和极圈之间的气候带，四季气温变化分明，冬、夏两季温差大。

寒温带：是指年平均气温低于 0℃，同时最热的月份平均气温高于 10℃的地区。中国的大兴安岭北段及其两侧地区属于寒温带。

地区，又一路传播到了中国。我国的第一座甜菜糖厂，是1909年建在黑龙江的阿城糖厂。

甜菜的"甜"是怎么来的？

蔗糖是甜菜在叶绿体里进行光合作用形成的。这些蔗糖通过叶绿体进行运输，输送到薄壁细胞——这里是甜菜根中储存蔗糖的部位，蔗糖被储存在薄壁细胞液泡中。一般来说糖用甜菜块根中的水分占75%，干物质占25%，其中蔗糖的含量在16% ~ 20%。

甜菜是中国主要的糖料作物之一

东方白鹳
体态优美的天空"雅士"

地理小辞典

我的读音： Dōngfāngbáiguàn

我的由来： 英国外交官、博物学家郇和认为，这种来自东方的鹳是和欧洲白鹳不一样的品种，所以称"东方白鹳"

我的分布： 主要繁殖区位于中国黑龙江流域及俄罗斯远东地区，天冷时前往江西鄱阳湖、安徽升金湖、湖北沉湖、长江口等地越冬，迁徙时途经辽宁、河北、北京、天津和山东等省市

我的别称： 鸟中国宝

我的故事： "打电话给野生动植物保护协会，来人确定是东方白鹳。落在咱们村是福气，更是一种责任。"——大连旅顺口张家村护鸟队

身穿"白衣黑裙"的天空"雅士"东方白鹳，拥有一身白色的羽毛，翅尖和翅后缘部分是黑色的，还泛着绿色或紫色的光泽；眼睛周围裸露着一圈红红的皮肤；在前颈的下部，覆盖着呈披针形的长羽，在求偶炫耀的时候这些羽毛会竖立起来，十分漂亮！两条鲜红色的大长腿格外醒目，就

东方白鹳被誉为"鸟中国宝"，是国家一级保护动物

像穿着一双长长的红袜子。

被誉为"鸟中国宝"的东方白鹳，目前在全世界的野生种群数量极少。它们平时主要生活在开阔偏僻的地方，包括平原、草地和一些沼泽地带。

它们最喜欢的食物是鱼——在它们的食谱里，恐怕有七成到九成都是鱼类！一些蛙类、啮齿类、蛇、蜥蜴、软体动物、甲壳类的动物，就成为它们的零食了。通常情况下，东方白鹳只在巢附近500米范围内觅食，但食物缺乏时，为了寻找食物，它们最远也会飞到五六千米以外。觅食的时候，它们经常成对或成小群行动，边走边啄食，步履轻盈矫健。

东方白鹳的主要繁殖地在我国东北地区，但身为候鸟的它们每年都要飞到南方开阔的大型湖泊和沼泽地带越冬，沿途要经过河北、天津、北京、山东等好多地方。

在天津有三大湿地保护区——七里海、北大港、曹妃甸。千百年来，这三大湿地都是东方白鹳迁徙途中的重要驿站。东方白鹳差不多会在每年的11月中旬到达天津的湿地，进行短暂的停歇、进食，多储存一些体力。每到迁徙的季节，数千只东方白鹳都会从这里路过，有时候几乎达到全世界东方白鹳数量的一半。

东方白鹳"叫不出来"

相比和鹳长得很像的鹤而言，鹳的身上少了一个重要的器官——"鸣管"，所以东方白鹳不能像鹤一样发出响亮的叫声。当遇到入侵者时，它们只能通过上下嘴的急速拍打，发出一种"嗒嗒嗒"的响声，以便吓跑敌人。同时，它还会做出一些恐吓性的动作——脖颈向上伸直、两翅朝外半张、高高竖起尾巴……看来，有一副好嗓子对于鸟儿来说还是相当重要的。

褐马鸡

被比作"东方宝石"的珍稀鸟类

地理小辞典

我的读音： Hèmǎjī

我的由来： 因通体浓褐色，羽毛披散下垂形似马鬃，所以称"褐马鸡"

我的分布： 主要分布于山西、陕西、河北、北京等地，其中山西省长治市沁源县是褐马鸡种群的主要繁衍地

我的别称： 东方宝石、角鸡

我的故事： "'褐'者，勇雉也，其斗时，一死乃止。" ——《说文解字注》

"东方宝石"褐马鸡的长相可有趣了——全身披着深褐色的羽毛，头顶和脖颈覆盖着黑色的绒毛，两颊裸露没有羽毛的地方露出鲜红色的皮肤，耳朵处的羽毛呈束状向后延长，如同头上长了对角一般。这是中国特有的珍稀鸟类，要遇见它们可太不容易啦！

褐马鸡是生活在树林之中的鸟，它们喜欢成群结队地活动。它们会在树林中捡植物的叶、茎、花蕾、浆果吃，还会吃一些小虫子。夜幕降临以后，它们会飞到树上去休息。

褐马鸡是一种"将军鸟"——特别善于打斗，并且性情暴烈。每到繁殖的季节，雄性褐马鸡会为了争夺雌鸟的青睐而大打出手。据说它们之间打架，一定要斗个你死我活！在古代，将士们很喜欢用这种"战斗鸡"的羽毛来做

机警的褐马鸡，由于喙部又短又尖，因而也叫"角鸡"

帽子——不仅好看，还有着能征善战、充满斗志的含义！

从战国时期的赵武灵王开始，用褐马鸡的尾羽来装饰武将的帽盔就已经成为一种传统，这种帽盔被称为"冠"。到了近代，褐马鸡的名声更是远远传到了国外——褐马鸡的羽毛作为有名的装饰品，在欧洲市场上能卖一个很好的价钱。为了获得高额利润，人们大量捕杀褐马鸡，导致褐马鸡的数量锐减。一直到我国颁布《野生动物保护法》，把褐马鸡列为国家一级保护动物，人们才消停下来。

褐马鸡其实是一个很古老的类群，曾经生活在中国的很多地区。可如今却只能在山西、陕西、河北、北京等地方看到它们了，并且数量非常少。为了不让更多的物种有这样的遭遇，我们要坚决抵制野生动物制品！

褐马鸡的这些近亲朋友，你认识吗？动物学家"拍了拍"你！

马鸡是非常美丽的观赏鸟类，驰名中外，在世界雉类协会的会徽上也有它昂首挺立的图案。马鸡在分类学上隶属于鸟纲、鸡形目、马鸡属。我国主要有4种马鸡：白马鸡、蓝马鸡、褐马鸡和藏马鸡。而且这个属仅有这4个物种，所以，马鸡属也是我国的特产属！

藏马鸡

白马鸡

蓝马鸡

褐马鸡

三河马

享誉国际的优质赛马

要想在赛马场上取得好成绩，赛手的刻苦训练当然是很重要的，但拥有一匹良马也是一个重要的条件——我国虽然算是养马大国，但具有国际竞争力的马种并不多，

"三河马"无疑是一种能与外国马争雄的国产马了！

起源于额尔古纳市三河镇的三河马，是一种杂交马，是人们经过一个多世纪杂交改良培育出来的。三河马身上聚集着许多马种的优良血统，俄罗斯的贝加尔马、蒙古马、英国纯种马……已有 100 多年驯养史的三河马，最多的时候有 14 种血统。

三河马外貌俊秀、体格结实，具有良好的耐力

三河马的体格结实，结构匀称协调，毛色纯正整齐，肌肉结实丰满，外形十分俊朗。它们的奔跑速度极快，持久力也很强，跑起来脚步轻盈；身上有蒙古马的血统，但比蒙古马更高大。它们的适应性极好，能够经受严寒、酷暑、风雪、蚊虫叮咬等恶劣的自然条件。

仔细看看三河马的脑袋：眼睛大大的，神采奕奕；耳朵长长的，灵活可爱；有着宽宽的颌凹和直直的脖颈。虽然跑起来疾驰如风，但它们实际上很温顺！像这样脾气好、品质又高的赛马，哪一个赛手不喜欢呢？

这些世界上的名马，你认识吗？动物学家"拍了拍"你！

这是个年轻的品种，但几乎已经成为世界上最成功、最流行、最受欢迎的马术竞赛与骑乘用马。

荷兰温血马

原产于阿拉伯半岛。《魔戒》中甘道夫骑的骏马就是一匹白色阿拉伯马。

阿拉伯马

这种马出汗的时候，由于皮肤较薄、毛色多为枣红色或栗色等原因，看上去就像流血了一样。是土库曼斯坦的国宝，其形象经常被绘制在国徽和货币上。

汗血宝马

在西班牙人的眼中具备"骄傲"和"勇敢"的气概，可能是西班牙人最钟爱的马种之一。

安达卢西亚马

丹顶鹤

古人心中的"一品鸟"

丹顶鹤是一种会随着季节变化而迁徙的候鸟：在每年春天初到的时候，东北地区的积雪刚刚融化，它们便长途飞越数千千米来到我国的黑龙江省，以及朝鲜、西伯利亚等地生活，并在这里产卵孵雏；到了秋风渐寒的时节，它们又飞去长江下游过冬。它们

中国人俗称的"仙鹤"，学名是丹顶鹤——因头顶那一团耀眼的丹红色而得名。丹顶鹤的造型清雅独特，它们通体包裹着洁白的羽毛，唯有脖子和羽翼上渲染着几分醇厚的黑色。流线型的身姿和轻逸的飞翔动作，使它们天生就具有一种仙风道骨的气质。

丹顶鹤具备鹤类的特征，即"三长"——"嘴长""颈长""腿长"

喜欢出没在开阔的平原、沼泽、湖泊、草地等处，常常成对成群活动。

丹顶鹤的数量很稀少，是国家一级保护动物。在我国的黑龙江省齐齐哈尔市，有一个地方叫作扎龙，这里被称为"鹤乡"，是一片水鸟的天堂。在 21 万公顷的扎龙自然保护区，生活着 500 余只丹顶鹤。据统计，全世界的丹顶鹤就只有 2000 余只，也就是说，扎龙自然保护区中的丹顶鹤，大约占全世界丹顶鹤总量的 1/4！除了丹顶鹤，这里还有另外 5 种鹤的踪迹：白枕鹤、蓑羽鹤、白头鹤、白鹤和灰鹤。齐齐哈尔市还将每年的 8 月 12 日定为"观鹤节"。

仙鹤和中国人之间有着怎样的渊源？

仙鹤的寿命可长啦！在正常条件下，它们的寿命可以达到五六十年，因而"鹤"在中国成为一种长寿的象征。《淮南子》中有句话说："鹤寿千岁，以极其游。"所以，"鹤寿""鹤年"等在我们的文化中都属于"长寿之词"，而鹤与具有相似寓意的龟、鹿相组合，便有了"龟鹤延年""鹿鹤同春"的说法！

对于做官的人来说，"仙鹤"既是一种身份的象征，又是一种德行的表现。在明清时代，一品文官的官服补子纹样上的飞鸟造型，就是仙鹤。因而，仙鹤也被称为"一品鹤"。这时的仙鹤，不仅是官级品位的象征，还象征着官员高尚的道德修养。

东北虎

出没在东北山区的"森林之王"

世界上最大的猫科动物，就是中国东北的"森林之王"——东北虎！它究竟能有多大呢？一头雄性的成熟的东北虎体长能够达到将近3米；体重能超过350千克！如果它站起来，差不多能有一层楼那么高。

东北虎最正式的学名叫作"西伯利亚虎"，它已经在丛林世界中进化了近300万年。东北虎生活在气候非常寒冷的地区，它们喜欢地势相对平缓、冬季积雪较浅的树林，远离人类居住的地区。曾经，它们的身影广泛地分布在亚洲的东北部。但后来，

东北虎是体型最大的老虎亚种，也是目前世界上最大的猫科动物

由于人类在它们的栖息地肆意破坏、偷猎，野生东北虎数量越来越少。人们对森林的大规模砍伐，缩减了它们栖息的空间；人们对马鹿、野猪等动物的捕杀，使得东北虎的食物不足；甚至有些不法分子为了"药用效果"，不惜铤而走险狩猎老虎。中国境内的野生东北虎数量，曾经一度跌至20只左右！这么威风凛凛的大老虎，竟然也有岌岌可危的时候。

在老虎界，东北虎可是个"大块头"。生活在这么寒冷的地方，没点皮毛、脂肪的保护肯定不行。它们的"衣服"很有趣，竟然会随着季节的变化而变化！夏季，日照的时间长，东北虎的毛会变短、颜色会变深；进入冬季，它的毛会变长，颜色也会变浅。它们的背部和体侧有许多条黑色的纹路——每一头老虎身上的纹路都不一样，这也算是它们的"身份证"了。

2021年，我国公布了首批国家公园，其中就有一个"东北虎豹国家公园"，它横跨吉林和黑龙江两省。在这个崭新的国家公园里，有最新的"天地空"一体化监测系统，这是全球唯一能够实现国家公园大面积全覆盖的实时监测系统。相信在人们的关注和爱护以及科学技术的"加持"下，野生东北虎能够得到更好的呵护。

猎豹

主要分布在非洲，全身上下都有黑色的斑点。

狮子

现存平均体重最大的猫科动物，世界上唯一的雌雄两态的猫科动物。

狼

栖息范围广，机警多疑，善奔跑、耐力强，喜欢群体行动。

豺

性喜群居，豺群多由较为强壮而狡猾的"头领"带领一个或几个家族临时聚集而成。

鬣狗

主要生活在非洲、阿拉伯半岛、亚洲等地，喜欢群体捕食。

2 华北·东北 下册

给孩子的

中国地理大百科

廖辞霏 著

中国旅游出版社

责任编辑：王欣艳 胡一鸣
责任印制：冯冬青
装帧设计：丫丫书装·张亚群

图书在版编目（CIP）数据

给孩子的中国地理大百科．2，华北·东北．下册 /
廖辞霏著．-- 北京：中国旅游出版社，2024.3
ISBN 978-7-5032-7170-0

Ⅰ．①给… Ⅱ．①廖… Ⅲ．①地理－中国－少儿读物
Ⅳ．① K92-49

中国国家版本馆 CIP 数据核字（2023）第 227719 号

书　　名：给孩子的中国地理大百科．2，华北·东北．下册

作　　者：廖辞霏 著
出版发行：中国旅游出版社
　　　　　（北京静安东里 6 号　邮编：100028）
　　　　　http://www.cttp.net.cn　E-mail：cttp@mct.gov.cn
　　　　　营销中心电话：010-57377103　010-57377106
　　　　　读者服务部电话：010-57377107
排　　版：王丹
经　　销：全国各地新华书店
印　　刷：运河（唐山）印务有限公司
版　　次：2024 年 3 月第 1 版　2024 年 3 月第 1 次印刷
开　　本：710 毫米 ×1000 毫米　1/16
印　　张：6.5
字　　数：48 千
定　　价：368.00 元（全 10 册）
Ｉ Ｓ Ｂ Ｎ 978-7-5032-7170-0

5 感受饮食文化，品鉴数不胜数的地方美食

华北地区：品尝不同地方的美食

东北地区：严寒的地方，热腾腾的食物

莜面
经历"三生
三熟"的美
味面条

004

老陈醋
山西人的调味法宝

008

东北菜
大铁锅，
一锅炖

010

002

006

饺子
小小饺子中的
中国情意

津门三绝
面粉中的美味
奇迹

6 捕捉艺术魅力，寻觅源远流长的文化踪迹

华北地区：声音的艺术

东北地区：舞蹈表演的艺术

京剧
"生旦净末丑"，
演绎人间百态

014

皮影戏
老北京人
口中的"驴皮影"

018

东北二人转
热情洋溢的
北方曲艺

022

秧歌
北方农村的
生活之舞

024

020

016

相声
"说、学、逗、
唱"的真谛

北方评书
听说书人讲讲
脍炙人口的传
奇故事

7 多彩的中华民族，五十六个民族是一家

华北地区：那些离不开动物的民族

东北地区：好山好水中的人们

鄂温克族
"养鹿如养牛"的北方民族

030

朝鲜族
敲起欢快的"长鼓"

034

赫哲族
用鱼皮做
衣服

036

028

蒙古族
马背上的民族

032

满族
"白山黑水"
中孕育的民族

8 这些风景胜迹，当然值得一去

华北地区：历史的足迹和巍峨的高山
东北地区：东北的教堂、白塔和童话村

长城
不到长城非好汉

040

圆明园
毁于英法联军
铁蹄之下的
"万园之园"

046

赵州桥
修于 1400 年前的
大石桥

053

042

天安门广场
庄严神圣的
中心广场

承德
避暑山庄
中国最大
的古代帝王
宫苑

049

塞罕坝
古代皇帝狩
猎的"千里
松林"

055

051

悬空寺
吊在峭壁上的
惊险寺庙

058

044

故宫博物院
推开"紫禁城"的
门扉

平遥古城
中国现存最完整
的古代县城

北武当山
雄奇的"三晋
第一名山"

(062)

辽阳白塔
既雄伟又端庄
的辽代白塔

(070)

壶口瀑布
世界上最大
的黄色瀑布
有多壮观

(064)

**圣·索菲亚
大教堂**
拜占庭式教
堂上的巨大
"圆顶"

(068)

中国雪乡
白雪皑皑的
童话村庄

(072)

(060)

恒山
北国万山之"宗主"

(066)

山海关
赫赫有名的"天
下第一关"

(074)

查干湖
你见过"冬捕"
的大场面吗

9 古今的地方面貌，听听那些城市的故事

华北地区：每一座城市都有独特的标记

东北地区：那些用双手创造出来的城市

石家庄市
列车"开"
来的城市

078

呼和浩特市
历史悠久的
"青色之城"

084

沈阳市
"一朝发祥地，
两代帝王都"

090

080

太原市
三面环山
的"锦绣
太原城"

哈尔滨市
童话般的冰
雪与教堂
之城

086

092

大连市
浪漫的"东
北之窗"

088

082

大同市
"煤都"的千年风情

长春市
名副其实的"汽车城"

094

大庆市
举世闻名的"油城

⑤ 感受饮食文化，品鉴数不胜数的地方美食

饺子
小小饺子中的中国情意

地理小辞典

我的读音： Jiǎozi

我的由来： 原名"娇耳"，相传是我国"医圣"张仲景首先发明的，当时的饺子是作药用，张仲景用面皮包上一些药物用来治病

我的别称： 月牙馄饨、牢丸、角子角儿、夹子、扁豆、扁食、煮饽饽

我的故事： "今之馄饨，形如偃月，天下通食也。" ——（北齐）颜之推《颜氏家训》

有句老话说，"好吃不如饺子"。在北方的面食谱系中，饺子的地位太重要了。用面皮包馅水煮而成的饺子，皮薄馅嫩、味道鲜美。据说，饺子成为北方地区春节期间的"限定美食"这一传统，大概是从明清时期开始的。

"冬至不端饺子碗，冻掉耳朵没人管。"据说，最早的饺子是由东汉末年的医学家张仲景发明的。在 2000 多年前的一个冬天，张仲景和他的弟子为饥寒交迫的乡民创造了"祛寒娇耳汤"——汤里的"娇耳"，是由面皮包上羊肉及一些驱寒药材做成的，外形就像人的"耳朵"，这就是现在"饺子"的雏形。

明清之前的"饺子"，其实和现在的咸味肉菜水饺有一定的区别。在那之前已经出现了

源自中国的饺子，是一种以面皮包馅、形如半月或元宝的食物

"粉饺""饺饵"这样的称呼，但这里的"饺"其实是一种甜味的食物，是用米粉和饴糖制作的，蒸熟了吃。真正发展到我们现在所熟悉的"饺子"，其实已经差不多是清末的时候了。现在，中国各地饺子的名品很多，如广东用澄粉做的虾饺、上海的锅贴饺、扬州的蟹黄蒸饺、山东的高汤小饺、沈阳的老边饺子、四川的钟水饺等。

总的来说，饺子在我国北方更加流行，这是为什么呢？首先是因为北方的气候——四季分明的北方，冬天是漫长的，寒冷的气候可能会持续好几个月。在农业技术还没有现在那么发达的时候，在漫长的冬季能吃到绿色蔬菜很不容易，像萝卜、白菜、大葱等基本上就是过冬菜了。家里有猪的，可以杀一头猪，把猪肉冻起来慢慢吃——这些不就是做饺子的最好原材料吗？此外，安土重迁的北方人也许更看重家庭团圆的氛围，由于包饺子通常是一家人分工合作，尤其是在春节期间，可以创造出一种仪式感十足的家庭氛围。和面的和面，擀皮的擀皮，包饺子的包饺子……一家老小参与之中，其乐融融。

⑤ 感受饮食文化，品鉴数不胜数的地方美食
003

莜面

经历"三生三熟"的美味面条

地理小辞典

我的读音： Yóumiàn

我的由来： 据说，汉武帝远征匈奴的过程中，在这种谷物的供给下获得了战争的胜利，由此封敬献谷物的大臣莜司为大将军，并为这种谷物取名为"莜"

我的别称： 莜麦面、裸燕麦面

莜麦是一种一年生草本植物。这种植物的生长期短，成熟后子实和外壳脱离，磨成粉后就可以食用了。这种植物的子实也叫"莜麦"，由莜麦加工而成的面粉就叫"莜面"，也叫"裸燕麦面"，又叫"莜麦面"。在山西北部、内蒙古东南、河北西北部等地区，非常流行莜面食物。

莜麦面食物的做法，简称"三生三熟"，就是说，从生莜麦到做成能吃的莜面制品，要经历"三次生"和"三次熟"的过程。莜麦收割下来，拉到场上脱粒，脱下来的籽粒是生的，这就是"一生"；要将莜麦磨成粉，须先将麦粒炒熟，等到莜麦粒炒到黄熟微焦，飘出香味，这就成了"一熟"；将炒熟的麦粒磨成莜面，又成了生的了，就是"二生"；为了塑造食物的形态，这时候需要用滚水和面，这就成了"二熟"；经历过"二熟"之后的莜面，做成"压饸饹""莜面鱼鱼""莜面窝窝"，也就是莜面食物最终的形态，这时候就又成了生的了，就是"三生"；这时候再下锅煮熟，等到热气腾腾的莜面食物出炉，"三熟"

莜面窝窝是一种由莜面做成的风味名吃

达成——这就是莜面"三生三熟"的历程。

在不同的季节，莜面的吃法都是不相同的：夏季可以做爽口凉菜，冬季可以做大烩暖汤……在北方的坝上地区，莜面做的食物可受欢迎了。在内蒙古一些地方，农历正月初十被称为"十指节"，是"老鼠娶亲"的日子，这一天的习俗就是吃莜面。

> 一年生植物：一般是指植物完成一个生命周期仅仅需要一年的时间。此外，还有二年生植物、多年生植物。

莜麦原产自中国，华北地区称之为"莜麦"，西北地区称之为"玉麦"，东北地区称之为"铃铛麦"

津门三绝
面粉中的美味奇迹

天津是一座盛产风味小吃的城市。这里有一类具有鲜明北方特色的小食，多以面粉为主料，有"油炸""煎烙""稀食""黏甜食"四大类。在这些美食中，有"三兄弟"被誉为"津门三绝"，它们分别是"狗不理包子""耳朵眼炸糕""桂发祥麻花"。

天津"狗不理包子"也许是中国最有名的包子之一了。据说，在清代同治年间，天津武清县一个叫高贵友的农民在当时南运河畔的刘家蒸吃铺做帮工和学徒，他有一个外号叫作"狗子"。"狗子"在蒸吃铺学得了一手做包子的好功夫，出师后自己开了一家叫作"德聚号"的小吃铺，专门卖包子。由于生意十分兴隆，"狗子"忙得顾不上跟顾客说话，因此，很多顾客都戏称"狗子卖包子，不理人"。"狗不理"便因此得名，而他所经营的包子也被称作"狗不理包子"。正宗的狗不理包子，上面有十八个褶子——就像一段相声里说的，"薄皮儿大馅儿十八个褶儿，就像一朵花"。

"耳朵眼炸糕"源自一家叫作"增盛成"的老字号，这家店制作的炸糕远近闻名，因为店铺的地点在天津北门外耳朵眼胡同旁，所以叫"耳朵眼炸糕"。这家店的创始人是光绪年间的刘万春，人称"炸糕刘"。这种色泽金黄、形态周正的炸糕，尝起来表皮酥脆、内馅鲜嫩，总是带着馥郁的香气。

"桂发祥麻花"还被称作"十八街麻花"，因为这家老字号坐落于十八街上。口感香甜酥脆，并且久存不绵。"桂发祥"的麻花做法讲究、工序精细，且品种丰富，如有"花狸虎""绳子头"等；规格也有很多种，从二两、半斤、两斤一个，到好几斤一个都有。

天津名吃有哪些？
厨师"拍了拍"你！

耳朵眼炸糕

一种用糯米作皮面的糕点，因店铺紧靠耳朵眼胡同而得名。

桂发祥麻花

又称"十八街麻花"，以香甜、酥脆的口感闻名。

狗不理包子

由清代咸丰年间高贵友创始，源自于小吃铺"德聚号"。

老陈醋
山西人的调味法宝

是什么样的醋，让大作家汪曾祺都赞不绝口呢？答案是，老陈醋——山西人口中的"宝贝"。山西老陈醋，最出名的特征是"色、香、醇、浓、酸"——和普通的醋相比，老陈醋味道醇香绵长，并且很少有沉淀。

北魏贾思勰撰写的《齐民要术》中详细记述了20多种酿醋方法，大多数指的是山西的醋。现在山西醋的酿造工艺基本要素仍是从那时的"粟米曲作酢法""秫米酢法"和"秫米神酢法"演变而来。传统的老陈醋，需要经历五道主要工艺："蒸""酵""熏""淋""陈"。

有一个我们平时很少见到的字"醯"（xī），指的就是醋。对于许多山西人来说，这不是一个陌生的字。在周代，还有"醯人"这一官职，是专门负责酿醋的。据说，善于酿醋、喜欢吃醋的山西人，正是因为"醯"与"西"同音，由此才被称为"老醯儿"，后来常被简化为"老西儿"。

山西每年的食醋产量，接近全国食醋产量的1/5，而具有

山西老陈醋是中国四大名醋之一，素有"天下第一醋"的盛誉

"醋乡"之称的晋阳（今天的太原），是我国食醋重要的发源地之一。那么，为什么山西人这么爱吃醋呢？首先，山西人在饮食方面注重主食，尤其以面食为主，食用一定的醋有助于这类食物的消化；再者，山西气候偏干燥，而醋正好有着生津润肺的功用；另外，山西"水土硬"——土壤和其他地区相比，碱性较高，因此食用酸性的食物能起到"酸碱中和"的功能。此外，山西的自然环境适宜小麦生长，这为酿醋提供了充足的原料。

山西的酿醋工艺已经有 3000 多年的历史

东北菜
大铁锅，一锅炖

地理小辞典

我的读音：Dōngběicài
我的分布：辽宁省、吉林省、黑龙江省
我的主菜：猪肉炖粉条、地三鲜、锅包肉、白肉血肠、豆角炖排骨、扒熊掌、杀猪菜、麻辣拌

东北菜主要流行于黑龙江、吉林、辽宁，以及河北省的东北部和内蒙古的东部。和东北人好爽的性格一样，东北菜的特点就是吃得"爽"和"过瘾"。在寒冷的冬天里一口东北菜下肚，能感受到荡气回肠的暖意，非常舒服。东北菜的份量总是特别大，看上去"一大盘"。东北菜最出名的是炖菜，滋味非常浓郁，被称为"铁锅炖"。东北人的火锅"酸菜白肉锅"也很出名，人们会使用生炭火的铜锅，将酸白菜和高汤煮成锅底，将白肉下锅涮熟，再佐上麻油、蒜泥等蘸料。

东北很流行酸菜，一般是用大白菜腌制的。酸菜腌制的历史很悠久，早在北魏的《齐民要术》

在冬季寒冷的东北地区，许多菜品的一大特点就是"吃了暖和"，像锅包肉、地三鲜、猪肉炖粉条等

中就有记载了。酸菜的流行其实和东北的气候有关，在漫长的冬季，鲜菜是不方便贮存的，于是人们就将白菜腌制了保存起来，久而久之这种被腌制过的白菜就成为了东北人重要的食材。

东北人还很喜欢吃蘸酱菜——水灵灵的生菜，直接蘸着酱吃。从前，每到春天，时常有"春荒"发生，山野菜成为了人们重要的食物，人们就经常使用"蘸酱菜"的做法，又简单、又可口。用到的大酱据说是满族的传统美食，据说在清代宫殿的御膳中，蘸酱菜也是很重要的一道菜——它们是满族人吃惯了的东西。

什么是"锅包肉"？

色泽金黄、外酥里嫩的锅包肉，是东北的一道重磅名菜，尝起来酸酸甜甜的。锅包肉的前世是"焦烧肉条"——这是一种满族菜品，原本是咸鲜口味的。光绪年间，哈尔滨滨江道衙门的官厨郑兴文非常善于创制菜品，他专门有个外号叫做"滨江膳祖"。道台府里经常会宴请国外宾客，尤其是俄罗斯客人。由于外国人喜欢吃甜酸口味，郑兴文就把原来咸鲜口味的"焦烧肉条"改成了酸甜口味的菜肴。这一改，哈尔滨就成为了锅包肉的起源之地。吃正宗锅包肉时，还可以听到类似吃爆米花时的酥脆声。

锅包肉是一道经典的东北菜品，由光绪年间的一位厨师郑兴文始创

⑥ 捕捉艺术魅力，寻觅源远流长的文化踪迹

相声

京剧

"生旦净末丑"，演绎人间百态

地理小辞典

我的读音： Jīngjù

我的由来： 主要源自 18 世纪流行于中国南方的地方戏"徽班"。"徽班"进京后，又融合各大戏剧门派特色，最终形成了如今我们看到的京剧

我的别称： 平剧、京戏、国剧

我的故事： "外国人把那京剧叫作'Beijing Opera'，没见过那五色的油彩愣往脸上画。"——歌曲《说唱脸谱》

被称为"东方歌剧"的中国京剧，是地地道道的中国国粹，因形成于北京而得名。早期的京剧，是在戏园子里演出的。"戏园子"指的是喝茶的庭院，现在人们更多是在剧院里看京剧了。

京剧的基本功，以唱、念、做、打、舞"为主——"唱"是歌唱，"念"是念白，"做"是表演，"打"是"武打"，"舞"是"舞蹈"。

京剧中的各种角色依照不同类型人物的年龄、性别、身份与性格特征，从脸谱、服装、唱腔等诸多方面分成了生、旦、净、丑四种主要的行当："净"俗称"花脸"，一般脸上带着以各种色彩勾勒的脸谱，表现的往往是一些传奇而豪迈的人物；"丑"是喜剧角色，往往在鼻梁眼窝间勾画脸谱，扮演的角色往往以滑稽为主；"生"主要扮演除了"净"和"丑"以外的男性角色，"旦"扮演的是女性角色。"末"与"生"合并，末角已经没有了。

在京剧文化中，"脸谱"是精粹——人物的忠奸、美丑、善恶、尊卑，大都能通过脸谱表现出来。比方说，红色脸谱的人物往往赤胆忠心，例如关公；紫色脸谱的人物总是智勇刚义；黑色脸谱的人物富有忠耿正直的高贵品格，例如包拯；白色暗喻人物

生性奸诈、手段狠毒，例如曹操；蓝色喻意刚强勇猛，例如窦尔敦；黄色表示人物残暴；金色和银色，则一般用于神佛鬼怪之类的角色。

旦角是女性形象，有青衣、花旦、刀马旦等类别

相声
"说、学、逗、唱"的真谛

相声是一种在中国土生土长的表演艺术，有三大发源地，分别是北京天桥、天津劝业场和南京夫子庙。

一段相声，一般主要是围绕着一个故事或者是一种观点展开的。相声演员需要通过有趣的表演，将相声的内容诠释得生动好笑。按表演人数来划分，相声一

相声的前身为清代流行的"八角鼓"，如今相声仍然是北方地区最流行的曲艺之一

般分为单口相声、对口相声、群口相声，最常见的是对口相声。

相声主要有四种表现形式——说、学、逗、唱。嘴皮子的功夫叫"说"。不管是讲笑话、打灯谜还是玩绕口令，都是对"说功"的考验——嘴皮子要利索，吐字要清楚。同样重要的是"学"，相声演员不仅需要模仿各地的方言，还要会各种各样的声音，以及模拟各色各类的人物。所谓"逗"，是互相抓哏逗笑，这就

要看演员"抖包袱"的功夫了。在舞台上，表演对口或群口相声的演员，所担任的角色一般分为"逗哏"和"捧哏"，其中"逗哏"的演员要负责不断地创造笑料，而"捧哏"的演员主要负责把笑料演绎得更好笑。"唱"，简单来说是学唱各种地方戏曲和歌曲，行话叫作"柳活儿"。其中，"太平歌词"是相声的本功唱。

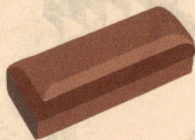

这些相声道具，你见过吗？相声演员"拍了拍"你！

醒木
是从评书里面流传过来的。

手绢
可以在化装时作为道具使用。

折扇
在相声表演的时候，常常用来代替刀剑、旗帜等。

御子
唱太平歌词时伴奏的乐器，一般是两个竹板。

皮影戏

老北京人口中的"驴皮影"

皮影戏又叫"灯影戏"，最早出现在西汉时期。这种民间戏剧的表演方式很独特——用兽皮或纸板做成角色或物品，用灯光照射，将这些形象的影子投射到白色隔亮幕布上。通过这些剪影的姿态变化，来讲述一个个故事。在表演皮影戏的时候，艺人会在幕布后面，一边操纵手中的戏曲人物，一边代入角色、唱述故事，常常还会配上乐器弹奏。

最早的皮影，是用厚纸雕刻而成的。到后来，牛皮、驴皮、羊皮等材料也被用来制作皮影。皮影的制作工艺很复杂，从选料到雕刻，再到上色和缝缀，还要涂漆绘制花纹……小小的一个皮影，可能要雕刻好几千刀才能做成。做好皮影，只需要在关节处

老北京人喜欢叫"驴皮影"，实际上制作皮影的原材料还有纸、羊皮等很多种

用线连缀，就可以自由提拉了。在表演的时候，一个皮影人需要用到几根竹棍来操纵。一场美妙的皮影戏，对表演者的要求不仅仅是双手灵巧，还在于其流畅的口技——口头上的说、念、打、唱，都算得上是皮影戏的绝活。

作为中国最古老的戏剧形式之一，皮影戏最早传播于黄河流域，现在在全国各地都衍生出了不同的风格，基本上，以长江为界可以分为"北派"和"南派"。但总的来说，皮影艺术在北方地区更为常见，尤其是在河北、山西、陕西一带。北方的皮影主要是用驴皮做的，所以北京人也把皮影叫作"驴皮影"；而南方的皮影更多是用水牛皮制作的，湖南地区用素纸制作的比较多。

你知道"小孔成像"的原理吗？

灯影表演中，能看到一些科学道理。我国先民早在春秋战国时期就已经发现了光沿直线传播的原理，在《墨经》中就已经记载了"针孔成像"的科学现象。由于光线在同种均匀介质中沿着直线传播，当光线照射到不透明物体时，就会被挡住，从而形成一片相对较暗的区域，这就是"影子"。影子并不是独立存在的事物，它只是某个物体的投影，所以会根据物体的形状形成不同的影子。我们所欣赏到的皮影戏，正是利用这一原理来完成表演的。

北方评书

听说书人讲讲脍炙人口的传奇故事

地理小辞典

我的读音: Běifāng Píngshū

我的由来: 源自清代的艺人王鸿兴的表演

我的别称: 北京评书

我的故事: "谈古今稗史事,以方寸木击以为节,名曰醒木。"——(清)李声振《百戏竹枝词》

北方评书是从北京发祥的,因此北京评书是北方评书的源头。北京评书的"第一人",是清代的艺人王鸿兴。据说他本来是一名表演"弦子书"的艺人,但由于雍正皇帝的去世,全国在百日之内不能动"乐"。赖以生存的技艺不能派上用场了,要怎么维持生计呢?于是,王艺人就开始"评书"——最早表演的内容,是《三国演义》;最早表演的地方,是西直门内酱房夹道。这就是北京评书的诞生。

一个身着长衫的说书人对桌而坐,以折扇、醒木作为道具——这是最早的北京评书的表演场景。如今的评书表演,服装、道具更加丰富多样了,说书人也可以站立表演。

所谓"评书",其实贵在一个"评"字,全场表演中最为精髓的部分往往是说书人对故事的评析。在开始表演之前,说书人通常会念一段"定场诗"或者讲一个有趣的小故事作为引子,然后才切入正题;接着,说书人就开始上"功夫"——一面"讲"故事,一面"评"故事,也就是一面讲清楚故事的来龙去脉,一面对故事中的情节和人物做出评价。

从清末到民国,北方评书是以京、津、冀为中心的,后来慢慢传遍整个北方地区，东北评书也开始崛起了。在 20 世纪 80 年代以后，出现了叫响全国的"评书四大家"——营口的袁阔成，鞍山的刘兰芳、单田芳，本溪的田连元，他们都是来自东北的评书大师！

常见的北京评书流派有"贯口"派、"方口"派、"活口"派等

东北二人转

热情洋溢的北方曲艺

地理小辞典

我的读音: Dōngběi Èrrénzhuàn

我的由来: 最初的二人转是白天扭秧歌的艺人在晚间演唱的东北民歌小调,俗称"小秧歌",后来吸收了其他多种艺术形式,形成了现在的二人转

我的别称: 小秧歌、双玩艺、蹦蹦、过D、双条边曲、风柳、春歌、半班戏

我的故事: "宁舍一顿饭,不舍二人转。"——东北民间俗语

"东北二人转"是一种幽默而热闹的表演形式,在我国东北地区广泛流行。据说,最初的二人转是白天扭秧歌的艺人在晚间演唱的东北民歌小调。随后,二人转在原来的东北秧歌、东北民歌的基础上,又吸收了莲花落、东北大鼓、太平鼓、霸王鞭、河北梆子、驴皮影及各种民间曲艺中搞笑的部分,发展成了如今"东北味儿"十足的二人转。

二人转主要可以分为三种类型:第一种是两名演员化装成一个丑角、一个旦角的对唱形式,边说边唱、边唱边舞,这便是名副其实的"二人转";第二种是一人且唱且舞,称为"单出头";第三种是演员以各种角色在舞台上唱戏,这种形式被称为"拉场戏"。

传统二人转的乐队伴奏,以二胡、板胡、唢呐、扬琴为主。二人转的音乐唱腔非常丰富,人称"九腔十八调,七十二嗨嗨"。二人转中最为流行的腔调,有胡胡腔、柳子腔、嗨嗨腔、二窝子腔、迷子腔、喝喝腔等。

中华人民共和国成立前,民间艺人喜欢在农闲季节邀集成班,大多数是"唱屯场",演唱通常在夜间进行。民间艺人需要经费,但不会当天开口——表演了三五天之后,艺人会请当地乡绅当"齐

头"，向各家各户"齐钱"或"齐粮"，这就是收取"表演费"了。此外，还有一些表演者会到城镇"串店门子"，他们会选择在大车店中演唱，在演唱中向观众"齐钱"。

中华人民共和国成立后，二人转越发展越丰富，现在还用上了电子琴、爵士鼓等各种乐器。早期的二人转演员都是男性，女性角色都是由男性角色反串；后来，参演二人转的女演员也越来越多了。

现在的二人转多由一男一女配合表演

秧歌
北方农村的生活之舞

地理小辞典

我的读音: Yāngge

我的由来: 起源于插秧耕田的劳动生活,又和古代祭祀农神祈求丰收、祈福禳灾时所唱的颂歌、禳歌有关。在康熙年间,东北就已经有了"上元日"(正月十五)办秧歌的习俗

我的别称: 阳歌

我的故事: "秧歌,南宋灯宵之村田乐也。"——(清)吴锡麟《新年杂咏抄》

在我国北方地区,秧歌可以说是一种非常具有代表性的民间舞蹈了。在黄河流域和黄土高原地区,秧歌尤其流行。配合着欢快的唢呐和锣鼓,秧歌总是在节日里为北方的城镇和村屯带来喜洋洋的气氛。

北方地区的秧歌,起源于北

秧歌是一种用锣鼓等伴奏,将舞蹈、歌唱等表演形式融为一体的汉族民间艺术

方劳动人民所从事的农业劳动生活。在秧歌表演中，人们再现田间劳作的场景、唱起美好生活的颂歌，并表达对来年风调雨顺的祈祷。以一整支队伍的且行、且歌、且舞为主要形式的秧歌表演，看上去总是热火朝天。一支秧歌队伍的人数，从十几人到几十人，甚至上百人的都有。这些人各自扮演着不同的角色——从村民、县官这样的寻常角色，到八仙、唐僧师徒这样的小说戏曲人物都有。秧歌带给我们的感觉，常常是诙谐而明媚的，洋溢着充满生活气息的喜悦。

秧歌还分为两类，踩跷表演的称为"高跷秧歌"，不踩跷表演的称为"地秧歌"。高跷表演又被称作"踩高脚子"，是秧歌中非常有意思的部分，演员表演用的跷棍一般长二至三尺。在表演中，踩高跷的人也要和大家一样，走秧歌步、跟秧歌阵形，技艺高超的表演者可以做到如履平地！

7 多彩的中华民族，五十六个民族是一家

蒙古族
马背上的民族

地理小辞典

我的读音： Měnggǔ Zú

我的由来： "蒙古"这一名称较早记载于中国《旧唐书》和《契丹国志》，意思是"永恒之火"或"永不熄灭的火"

我的人口： 约 629 万（2020 年）

我的分布： 主要分布在内蒙古、新疆、辽宁、吉林、黑龙江、甘肃、青海、河北等省、自治区的各蒙古族自治州、县

蒙古族是生活在中国北方地区的古老的游牧民族。他们传统上以畜牧业为生，畜牧产品就是他们的衣食之源。"蒙古"最初只是蒙古地区诸部落中的一个以"东胡"为族源的小部落，后来逐渐融合了聚居于漠北地区的许多部落，发展成了"蒙古族"。

你或许见过蒙古包——外观呈圆状的蒙古包，是蒙古族牧民传统的住所。对于牧民而言，蒙古包易于搬运、便于拆搭、能御风寒，并且由于其轻盈而对环境的破坏不大，是一种非常适合的住所。一般的蒙古包有 2.3～2.6 米高，以圆形围壁"哈那"和伞形顶架"窝尼"组成。周围和顶上盖着厚毡，用毛绳从四面捆绑起来。

对于游人来说，草原上很少有可以落脚的旅店，但热情好客

蒙古族人的生活与马息息相关，人们把蒙古族称为"马背上的民族"

的蒙古族人常常会主动招待素不相识的客人。他们以最传统的方式待客——斟上一杯奶酒、端上一盘羊肉，兴起时高唱两句，宛如相识多年。

作为"马背上的民族"，蒙古族人与马之间的情感当然很深厚了。"赛马"这项活动，与射箭、摔跤并称为蒙古族的"男子三艺"。如今的赛马比赛，大多在蒙古族最盛大的节日"那达慕节"时举行。蒙古族的赛马不论男女老少均可参加，少则几十人，多则几百人同时上场，以直线赛跑的形式激烈竞争。

在蓝天碧草中成长起来的蒙古族充满了诗情画意，被誉为"诗歌民族"和"音乐民族"。在蒙古族众多的演唱形式中，最有影响力的当数"呼麦"——歌手纯粹用自己的发声器官，可以在同一时间里唱出两个声部的音乐。在中国各民族的民歌中，这可是蒙古族独一无二的创造，它寄托着蒙古族人民对于自然万物的体悟与情感。

蒙古族的"马头琴"和"马"有什么渊源？

作为极负盛名的蒙古族特色乐器，无论在庆典仪式中还是在日常生活里，"马头琴"都是蒙古族人手中经常把玩的宝贝！那么，"马头琴"与"马"之间，究竟有怎样的渊源呢？传说，从前的牧人为了怀念死去的小马，用小马的腿骨作为琴柱，头骨作为琴筒，尾毛作为弓弦，制作成二弦琴，在琴杆顶部，通常按小马的模样雕刻一个马头，所以取名为"马头琴"。另外，由于马头琴音乐的乐理非常复杂，很难用正式的记谱法进行记录，所以历来是由师傅向徒弟口传心授，实现世代相传。

鄂温克族

"养鹿如养牛"的北方民族

地理小辞典

我的读音：Èwēnkè Zú

我的由来："鄂温克"是族群的自称，意思是"住在大山林中的人们"

我的人口：约 3.46 万（2020 年）

我的分布：主要聚居在内蒙古自治区和黑龙江省的部分地区

鄂温克族生活的地区，处于大兴安岭支脉的丘陵山区。这里有着广袤的草原、茂密的原始森林和众多的江河湖泊，资源丰富、山河秀美。但由于自然条件不同，各地区鄂温克族的生产生活方式有所不同，有些地方的鄂温克族人从事畜牧业，有些地方从事农业，还有的地方从事着传统的狩猎业。

对于鄂温克族人来说，驯鹿可谓是非同寻常的朋友——传统的鄂温克人只养鹿，不杀鹿也不吃鹿。他们通常在狩猎时使用驯鹿，人们亲切地称呼他们为"使用驯鹿的鄂温克人"。鄂温克人使用的驯鹿都是半野生的，即使在无人看管的情况下，它们也能自由觅食。人们不需要驯鹿帮忙的时候就任由它们在外活动，需要帮忙的时候就把它们找回来。

在内蒙古自治区根河市敖鲁古雅鄂温克民族乡，生活着一群使鹿鄂温克人，历史上被称为"使鹿部""雅库特"——他们是中国境内迄今唯一饲养驯鹿和保存

鄂温克人是生活在山林中的民族

"驯鹿文化"的民族，他们世代生活在大兴安岭。在漫长而寒冷的冬季，那里的最低气温甚至可以达到－50℃以下。

在20世纪50年代以前，使鹿鄂温克人仍然完整地保留着他们独有的生活方式，住着传统的"撮罗子"（一种圆锥形的房子），以驯养驯鹿和传统狩猎为生，过着自给自足的山林生活。后来，由于大兴安岭地区的环境恶化，森林的环境变得不如从前了，这里的鄂温克人在政府的帮助下进行了"生态移民"，住进了更好更现代的房子，过上了更现代的生活。

不过他们的老朋友驯鹿，对水质和食物有极其特殊的要求——需要食用原始森林深处的苔藓和无污染的水源，才能好好成长。于是一些年老的鄂温克人选择坚守在山林中，陪伴他们的驯鹿朋友；年轻一代则顺应潮流，逐渐融入现代化的生活中。

随着时代的发展，使鹿鄂温克人的故事究竟会不会离我们远去呢？实际上，鄂温克人与驯鹿的故事已经被越来越多的人知晓了，他们的故事被拍成话剧、写成小说、唱成歌曲，传为佳话。从森林中大胆走出来、奔向新生活的新时代鄂温克人民，他们温和、热情、朴素的个性以及爱护家园、守护传统的习俗，从来都没有消失！

鄂温克人喜欢穿什么样的衣服？

鄂温克人特别喜爱蓝色、黑色的衣服。身为"狩猎民族"的他们，当然也很擅长用兽皮做衣服啦！在鄂温克人的习惯中，比较常见的大毛上衣是斜对襟的，衣袖肥大、束长腰带；还有一种短皮上衣（或是羔皮袄），是婚嫁或节日的时候穿的礼服。无论是男装还是女装，在衣边、衣领等部位都会用布或羔皮制作的装饰品镶边。

满族

"白山黑水"中孕育的民族

我的读音： Mǎn Zú

我的由来： 源自于地名"满洲"

我的人口： 约 1042.33 万（2020 年）

我的分布： 满族散居中国各地，居住在辽宁省的最多，其他散居在吉林、黑龙江、河北、内蒙古、新疆、甘肃、山东等省、自治区和北京、天津、成都、西安、广州、银川等大中城市

我的故事："浩瀚海洋，源于细小溪流；伟大成就，来自艰苦劳动。"——满族谚语

生活在"白山黑水"间的满族，其起源可以追溯到 2000 多年前的"肃慎"。性格勇猛的肃慎人，是东北地区最早见于记载的居民之一，他们生活在长白山以北，东滨大海以及黑龙江和乌苏里江流域的广大地区。

在满族的传统中，男子自头顶后半部留发，束辫垂于脑后。清军入关后，清政府强行在全国推广这种习俗，并使之成为清代满、汉、蒙古各族的共同发式。

满族女子幼年时期的发式与男孩是一样的，只留部分头发在脑后编成一根或两根辫子，一直到 16 岁成年时方可蓄发，结婚时则开脸、上头，戴钿子。

你见过满族人的"箭袖"吗？极富特色的"箭袖"（满语念作"哇哈"），是在窄袖口上接一个半圆形的袖头，形如马蹄，俗称"马

生活在「白山黑水」间的满族，是一个勤劳且勇敢的民族

蹄袖"，平时是挽起的，在冬季打猎或作战时放下来，覆盖住手背用以御寒。

满族是很重视礼节的民族。在过去，少辈对老辈是"三天一小礼，五天一大礼"：少辈每隔三天要给长辈打千、请安，隔五天见长辈还得叩头呢！打千的形式也很有讲究，男女有别——男人哈下腰来，右手向下伸出，左手扶膝盖，就像抬着东西一样；女人则是双手扶膝下蹲。路上遇见不相识的长者，要鞠躬垂手问"赛音"（满语"好"的意思）；如果骑马的时候遇到了长者，还要先下马让路，等长辈过去之后再上马赶路。

"舌尖上"的满族

你也许吃过"萨其马"吧！你知道这是一种满族点心吗？其实，满族人在美食方面可是一点都不含糊呢！

满族民间有个习惯：农忙时日食三餐，农闲时日食二餐。满族人的主食通常是小米、高粱米、粳米，他们还喜欢在饭中加小豆或粑豆，如高粱米豆干饭。有的地区以玉米为主食，喜欢用玉米面发酵做成"酸汤子"。

你听说过满族的"饽饽"吗？满族的饽饽历史悠久，在清代是宫廷主食之一。饽饽是用黏高粱、黏玉米、黄米等磨成面制作的，有豆面饽饽、搓条饽饽、苏叶饽饽、菠萝叶饽饽、水煮饽饽（就是汉语中的"饺子"）等丰富的门类。其中最具代表性的是御膳——"栗子面窝窝头"，也叫"小窝头"。

朝鲜族
敲起欢快的"长鼓"

地理小辞典

我的读音： Cháoxiǎn Zú

我的由来： 由相邻的朝鲜半岛的居民陆续迁入、定居东北地区而逐渐形成的，所以叫"朝鲜族"

我的人口： 约 170 万 (2020 年)

我的分布： 主要分布在吉林、黑龙江、辽宁三省，集中居住于图们江、鸭绿江、牡丹江、松花江及辽河、浑河等流域；最大的聚居区是吉林省延边朝鲜族自治州

我的故事： "阿里郎，阿里郎，阿里郎哟，我的郎君翻山过岭路途遥远。"——朝鲜民歌《阿里郎》

被称为"白衣民族"的朝鲜族，平日里喜欢穿着白衣素服，喜爱清静、朴素的生活。在朝鲜族居住的地方，"火炕"是中心；平日里，男人通常盘腿而坐，而妇女一般是双膝着地的跪式，所以他们的衣着大多是宽宽松松的。

你也许对朝鲜族的女装有印象吧！朝鲜族女装的上装经典款式为"则羔利"（短衫），一般用色彩明快、花纹漂亮的绸缎或纱类缝制。这种衣服的衣襟很短，只到胸部，袖口略瘦，不用纽扣，只需把前襟的两个彩色长带系成蝴蝶结。下装主要为宽松式的彩色高腰长裙，它通常是穿在两三层内衣外，显得更加合身，穿法是先穿裙、后穿短衫。另外，人们还喜欢用白色或天蓝色的船形勾鼻胶鞋来与之搭配。

你欣赏过朝鲜族的"长鼓舞"吗？长鼓舞看上去是很柔软的——动作主要是扛手、伸肩、鹊雀步等。演出者的肩上挎着长鼓、右手持鼓鞭，以边跳边敲的形式表演，身、鼓、神融为一体，高度协调统一，有独舞、双人舞和群舞等多种形式。

你听过《阿里郎》吗？它也许是朝鲜族中流传最广、曲调优

美的传统民谣之一。据说，歌词里的"阿里郎"可能是由"我难离""我离郎"等意思演变而来的呢。

朝鲜族的长鼓舞很有韵律感

你知道朝鲜族人居住的房子长什么样吗？

　　传统的朝鲜族住房可是非常具有特色的呢！这些房屋一般建在沿山的宽阔地带，房屋大多数是土木结构的草房或瓦房，屋顶大多数为四面斜坡，房屋有很多间，除了灶间、牛房、碓房等房间外，其他全部都是起居室。

　　房屋的门和窗是不分的，房间与屋外、房间与房间之间都以滑动拉门隔开——如果拉开，就是一扇可以通行的门；如果关上，就可以作为一扇窗或间隔。所以屋内看上去非常敞亮，通风也很好，出入方便。如果要取暖，人们会用到一种被称作"温突儿邦"（意为"温石炕"）的火炕。在厨房锅灶烧火，其热气和浓烟会通过炕下通道排出户外，使整个炕面温热。火炕非常适合东北地区冬冷夏凉的气候，也很适合朝鲜族的传统生活方式。过去，朝鲜族一般不使用椅子和睡床，桌子和饭桌都是短腿的矮桌，不用的时候可以叠放在一边。

赫哲族
用鱼皮做衣服

地理小辞典

我的读音：Hèzhé Zú

我的由来：意为居住在"东方"及江"下游"的人们

我的人口：约 0.537 万（2020 年）

我的分布：分布于黑龙江、松花江、乌苏里江交汇构成的三江平原和完达山余脉

我的故事："鱼皮制衣酒敬神，狗拉雪橇赫哲人。"——民间谚语

在黑龙江省饶河县四排赫哲族乡，生活着世世代代以渔猎为生的赫哲族人。赫哲族的百姓能歌善舞，喜欢用他们豪放的歌喉颂唱美丽的大自然，用夸张的舞蹈模拟捕鱼、狩猎和战斗的场面。他们与鱼共生，甚至还会用鱼皮制作衣服。

怎样用鱼皮制作衣服呢？用鱼皮做衣服需要经过洗料、剥皮、晾干、干燥、熟软、拼剪缝合、定型、修饰等一系列的步骤——这是赫哲族人独有的绝技！

历史悠久的赫哲族，是"与鱼共生"的民族

赫哲族人还掌握着一项有趣的技能——作"鱼皮画"！赫哲族人主要通过镂刻和剪贴两种工艺在鱼皮上作画，画的内容通常是表达赫哲族人对生活的期盼以及对吉祥平安的祈祷。赫哲族的"鱼皮画"有"无纸剪纸"的美称。随着时代的不断发展，人们在原有传统工艺的基础上，还逐渐发展出了浮雕、手绣工艺技艺。

赫哲族人擅长用鱼皮制作衣服

你听过《乌苏里船歌》吗？音乐家"拍了拍"你！

《乌苏里船歌》

乌苏里江来长又长，蓝蓝的江水起波浪。
赫哲人撒开千张网，船儿满江鱼满舱。
白云飘过大顶子山，金色的阳光照船帆。
紧摇桨来掌稳舵，双手赢得丰收年。
白桦林里人儿笑，笑开了满山红杜鹃。
赫哲人走上幸福路，人民的江山万万年。

⑧ 这些风景胜迹，当然值得一去

长城
不到长城非好汉

地理小辞典

我的读音： Chángchéng

我的位置： 横跨中国北部地区，主要分布在河北、北京、天津、山西、陕西、甘肃、内蒙古、黑龙江、吉林、辽宁、山东、河南、青海、宁夏、新疆这 15 个省、直辖市、自治区

我的由来： 是一个东西绵延上万千米、规模浩大的隔离墙或军事工程

我的故事： "齐宣王乘山岭之上筑长城，东至海、西至济州千馀里以备楚。"——（西汉）司马迁《史记》

正所谓"不到长城非好汉"，横亘在中国北方的"万里长城"，当属人类文明史上最伟大的建筑工程之一了。提起长城，大家的第一印象可能是位于北京郊区的八达岭长城，但完整的长城东起河北山海关，西到甘肃嘉峪关，跨越了整整 15 个省、直辖市、自治区。

长城东西绵延上万千米，因此又称作"万里长城"

长城的修建持续了 2000 多年。根据史料记载，从战国以来一直到明朝，共有 20 多个诸侯国和封建王朝修筑过长城。秦统一六国后，秦始皇派著名大将蒙恬北伐匈奴，把各国长城连起来，西起临洮，东至辽东，绵延上万里，这就是"万里长城"名字的由来。在这项伟大工程的背后，是无数百姓的痛苦和牺牲——为了修筑长城，秦始皇动用了成千上万的民间劳动力，给人民带来了沉重的负担，为此牺牲的百姓不计其数，并留下了"孟姜女哭长城""击石燕鸣"等流传至今的悲伤传说。

从上空俯瞰，长城就好像一条腾飞的巨龙横亘在中国的版图上，自西向东从沙漠奔向大海。在这绵延万里的城墙之上，分布着上千座雄关隘口和成千上万座烽火台，记录着中国人 2000 多年来的历史和记忆。

"万里长城"究竟有多长呢？

"万里长城万里长"，这是我们熟知的一句话。那么这里的"万里长"实际上有多长呢？一直到 2012 年，我们才第一次得到具体的答案：21196.18 千米！这样的长度相当于绕中国陆地边境线走一整圈。如果在地球的南极和北极之间笔直地砌一堵墙，长城的总长度甚至比这堵墙还要长一点！

长城是勤劳智慧的古代中国人用一砖一石垒起来的。在建设长城的过程中，最常用的材料是土、石、木。"包砖长城"是在明朝才出现的，非常坚固。例如金山岭明长城的条石青砖，一块重达 20 千克，光烧制就需要 2 个月。

天安门广场
庄严神圣的中心广场

地理小辞典

我的读音：Tiān'ānmén Guǎngchǎng
我的位置：位于北京市中心
我的由来：天安门始建于明朝永乐十五年（1417年），最初名为"承天门"，在清朝顺治时期重建时更名为"天安门"，取"受命于天，安邦治国"的意思
我的故事："中华人民共和国，中央人民政府，今天成立了！"——毛泽东

天安门城楼总高34.7米，在2000余平方米雕刻精美的汉白玉须弥基座上，是高10余米的红色墩台，上面赫然写着"中华人民共和国万岁""世界人民大团结万岁"。在城楼前，伫立着两对雄健的石狮和挺秀的华表。城楼下是一条金水河，河上架着五座雕琢精美的汉白玉石桥。

天安门广场的地面是由浅色花岗岩条石统一铺成的。广场中央矗立着人民英雄纪念碑和庄严肃穆的毛主席纪念堂，广场西侧是人民大会堂，东侧是中国国家博物馆，南侧是两座建于14世纪的古代城楼——正阳门和前门箭楼，而天安门城楼坐落在广场的北端。

天安门广场的面积有44万平方米，可以同时容纳100万人举行盛大集会。在明清时期，天安门广场是北京紫禁城正门外的一个宫廷广场，东、西、南三面都用围墙围起来了，老百姓是不可以随便进去的。

1949年10月1日，中华人民共和国开国大典在故宫南端的天安门城楼上盛大举行。辉煌的时刻被镌刻在国徽之中，成为那段豪迈开拓故事的永恒象征。站在世界上最宽广的市内广场上，面对着威武庄严的天安门城楼和气势宏伟的人民大会堂与北京故

宫博物院，面对着圣洁的人民英雄纪念碑和迎风飘扬的五星红旗，是多么令人骄傲的事情啊！

天安门广场是世界第四大广场，可以容纳 100 万人

故宫博物院
推开"紫禁城"的门扉

前朝已经成为"故事"，所以前朝的宫殿也被人们称作"故宫"。明代人口中的"故宫"，是曾经的元大都；我们今天所说的故宫，通常就是指明、清两朝的皇宫——"紫禁城"。历史上曾有24个皇帝在这里起居和办公，这里差不多有100个足球场那么大。

故宫又被称作"紫禁城"——北极星所在的星座"紫微垣"，历来被认为是天帝居住的地方，位于"中天"。而号称"天子"的皇帝所住的皇宫就位于"天下"的正中，处于森严的禁卫里，这就是"紫禁城"这个名称的由来。

一条南北向的中轴线，从永定门向北直到鼓楼、钟楼，贯穿整个紫禁城。不论你在任何一个制高点上俯瞰，看到的都会是方方正正的宫城。故宫的建筑被接近10米的高墙完整地包围，外围还有"筒子河"环绕——这是一条宽50余米的护城河。

整齐有致的故宫建筑，从整体上来看，主要可以划分为"外朝""内廷"两个部分。故宫的建设布局严格地遵照《周礼·考工记》中的记载，左边设立祭祀祖先用的太庙，右边建造祭祀土神和谷神用的社稷坛，前面为朝臣的办公场所，后面为商品交易的市场。

如今的故宫，是世界五大宫殿之一，也是世界上现存规模最大的木结构古建筑群。故宫里面的房屋，将近 9000 间。在今天的故宫博物院里，我们还能有幸一睹许多精美文物的风貌，去参观的时候，记得尝试了解一下这些建筑和文物背后的故事。

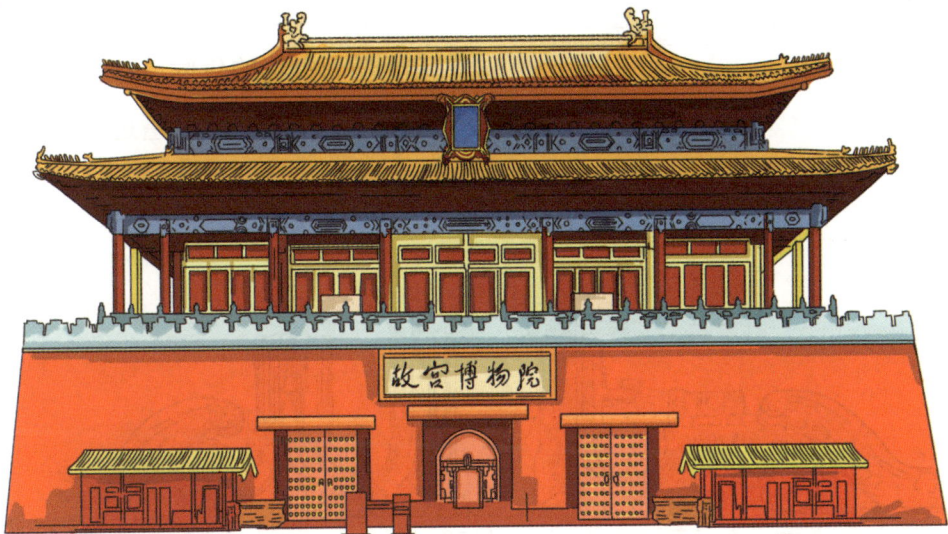

如今的故宫博物院是中国最大的古代文化艺术博物馆

圆明园

毁于英法联军铁蹄之下的"万园之园"

地理小辞典

我的读音： Yuánmíngyuán

我的位置： 坐落在北京西北郊，与颐和园相邻

我的由来： 由康熙皇帝命名，最初是康熙帝给皇四子胤禛的赐园，而"圆明"为雍正法号

我的别称： 万园之园

我的故事： "即使把我国所有博物馆的全部宝物加在一起，也不能同这个规模宏大而富丽堂皇的东方博物馆媲美。"——〔法国〕雨果

曾经的圆明园又被称为"夏宫"，因为清朝皇帝每到夏天天热的时候就来这个地方避暑。为什么当时会修建这样一座"后花园"式的园林呢？主要原因是清朝统治者入关以前长期在东北地区生活，那边的气候非常凉爽。入关以后，他们并不适应北京夏天干燥而炎热的气候。特别是在康熙初年，紫禁城曾遭过火灾，

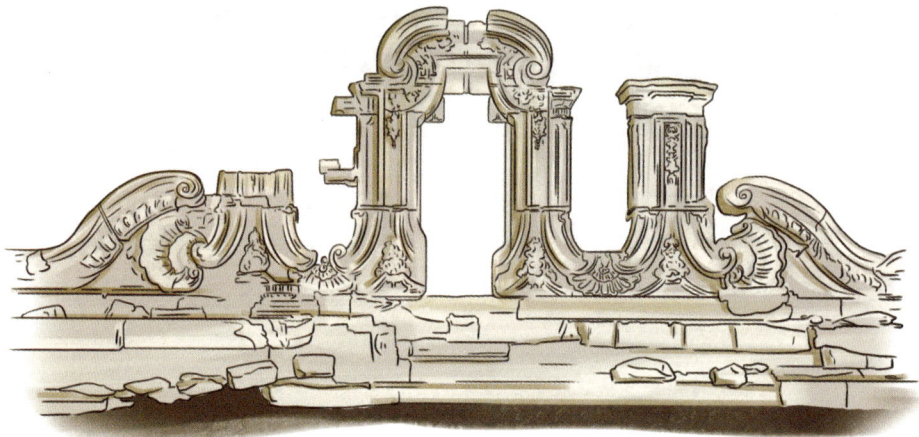

圆明园在英法联军的侵略中，被洗劫破坏，后又被放火焚毁，现在只剩下一片遗址

于是为了防火又围绕紫禁城砌上了更厚的宫墙，这就显得宫城更加密不透风。这样的生活，对于清朝皇帝来说太难以忍受了——又闷又热！于是，清朝皇帝就开始有了修建园林的想法，从康熙初年，便陆陆续续地开启了一些工程，而圆明园则是其中规模非常宏大的一个。

"圆明三园"主要包括圆明园及其附园长春园和绮春园（后改名万春园）。在清朝上百年的经营中，这里曾经代表着园林艺术的鼎盛，仿建汇集了江南无数名园的盛景。这里曾经珍藏着非常丰富的图书字画和文物珍宝，被誉为"万园之园"。《悲惨世界》的作者、法国作家维克多·雨果，还称这里为"理想与艺术的典范"。

可惜，如今我们去圆明园参观的时候，只能看到一些断壁残垣了。遗址处残存的立柱向我们袒露着入侵者的种种恶行：1860 年 10 月 18 日，英法联军火烧圆明园。同治帝本来希望修缮圆明园，但由于财政原因没能落实。1900 年，八国联军占领北京，圆明园再次遭到浩劫——这一次比英法联军的抢掠更为彻底。此后，圆明园又屡屡遭受到军阀和匪盗破坏……到现在，我们看到的圆明园只剩下一片废墟了，只能看见长春园西洋楼的部分石雕遗迹了，真令人心痛！

流落民间的圆明园"生肖兽首"

清朝乾隆年间，宫廷造办处的工匠精心制作了十二生肖兽首铜像，它们是由欧洲传教士郎世宁主持设计的。这些兽头人身的十二生肖红铜铸像曾是圆明园海晏堂外的喷泉的一部分，分别代表着一天中的二十四小时，每座铜像轮流喷水，看上去可壮观了。但在圆明园遭遇英法联军掠夺后，这些兽首流落海外。目前，牛首、猴首、虎首、猪首和马首铜像已回归中国，被收藏在保利艺术博物馆；鼠首与兔首由法国皮诺家族无偿捐赠给中国，入藏国家博物馆。另外的龙首、蛇首、羊首、鸡首、狗首5件铜像至今仍下落不明。

承德避暑山庄

中国最大的古代帝王宫苑

古代的皇帝也希望在夏天能有一个凉快的"办公室"，所以在今天的河北省承德市建造了一个。为什么要建造在承德市呢？最主要的考虑当然是气候——位于内蒙古高原和华北平原之间的承德市，夏天降水丰富，比京城凉快多了；到了冬天，由于处在

承德避暑山庄是清代皇帝夏天避暑和处理政务的场所

这些风景胜迹，当然值得一去

群山环抱之中，所以这里也不太冷。若能在这样的地方修建一个自己的"办公室"，那可真是太幸福了。此外，避暑山庄坐落的位置是一个盆地，山脉和水流都从四周汇聚而来，这样一来，皇帝在这里就可以有"引领万象"的感觉了。

避暑山庄主要分为四个部分：宫殿区、湖泊区、平原区和山岳区。宫殿区在湖泊岸畔，这里通常是皇帝处理朝政的地方；在湖泊区，我们能看到一些仿照江南名胜修建的景致；开阔的平原区可以用来举办狩猎、赛马等活动；山岳区则分布着一些仿照各地名胜修建的园林、寺庙。

在避暑山庄里有著名的"七十二景"，给它们起名字的是康熙皇帝和乾隆皇帝。总的来说，这些景色更具有南方特色，从整体上来看，山庄也更有南方园林的风格。

俯瞰避暑山庄，西北方向是崇山峻岭，就好像中国的塞北高原；东南方向的水源丰富，恰好对应着丰饶的江南水乡；东北方向是相对平坦的草地，象征着北部的草原和华北平原。

悬空寺
吊在峭壁上的惊险寺庙

地理小辞典

我的读音： Xuánkōng Sì

我的位置： 位于山西省大同市浑源县恒山金龙峡西侧翠屏峰的峭壁间

我的由来： 据说最早名叫"玄空寺"，又因看起来就像一座悬在空中的寺庙，故后称"悬空寺"

我的故事： "悬空寺，半天高，三根马尾空中吊。"——俚语

恒山上最有名的景点是一座"悬空的寺庙"——位于下金龙口西崖峭壁上的悬空寺，距今已有1500多年的历史了。这座姿态神奇的寺庙高悬于恒山之麓的峭壁上。这座悬空寺的诞生，源自道家远离尘世、不愿听闻鸡鸣

悬空寺依靠20多根木梁支撑全部寺庙主要建筑，远看就好像悬在半空中

这些风景胜迹，当然值得一去

犬吠之声的想法。据说最早的时候，这里名叫"玄空寺"，后来逐渐被传成了"悬空寺"。

悬空寺究竟是如何做到这么稳当地"悬挂"在石崖中间的呢？我们可以看一看悬空寺的基座——十几根碗口粗的木柱。撑起这座寺庙的是这些柱子吗？其实更有玄机——悬空寺的阁楼及栈道里都埋有用桐油浸过的横梁——用桐油浸泡木头可以防腐蚀。横梁被深深地插在悬崖的石缝里，外露的木材大概有1米长。立柱与横梁相结合，悬空般的奇迹就发生了。

从整体上看，全寺建筑坐北朝南，依山向北逐层增高，共建有殿宇楼阁40余间，皆为木质结构。这座面积不算大、建筑规模也不算宏伟的寺庙，却是闻名遐迩的海内名刹，其独特之处就在于一个"奇"字和一个"险"字。

更奇妙的是，石崖顶峰突出的那一部分就好像是一把保护伞，正好能够为悬空寺挡住风雨的袭击。连饱览中国盛景的旅行家徐霞客也忍不住感叹悬空寺是"天下巨观"！

赵州桥
建于 1400 年前的大石桥

地理小辞典

我的读音： Zhàozhōuqiáo
我的位置： 坐落在河北省石家庄市赵县的洨河上
我的由来： 位于河北省赵县，而赵县古称赵州，故得名"赵州桥"
我的故事： "赵郡洨河石桥，隋匠李春之迹也。"——（唐）张嘉贞《赵州大石桥铭》

你听说过世界闻名的"赵州桥"吗？位于河北省赵县洨河上的赵州桥是一座"年迈"的石拱桥，目前已经有 1400 多年的历史了。它是隋朝的石匠李春设计并参加建造的，又叫"安济桥"。

这座看上去平平无奇的桥，究竟有什么特别之处呢？它是世界上现存年代久远、跨度最大、保存最完整的"单孔坦弧敞肩石拱桥"，算是在世界桥梁史上第一座开创"拱上加拱"的"敞肩拱"结构形式的桥梁。

经历过历朝历代的翻修，如今的赵州桥和它最早的形态已经有一定区别了

"奇巧固护，甲于天下"，说的就是雄伟坚固的赵州桥。赵州桥全长50多米、宽9米多，中间是用来过车马的，两旁走行人。这么长的桥，竟然全部都是用石头砌成的，下面没有桥墩，只有一个拱形的大桥洞，横跨在30多米宽的河面上。

大桥洞顶上的左右两边，还各有两个拱形的小桥洞。平时，河水就从大桥洞流过，发洪水的时候，河水还可以从4个小桥洞流过，这样不仅可以使桥身不容易被大水冲毁，而且减轻了桥身的重量、节省了石料。古人的设计真是太让人佩服了。

桥面两侧有石栏，栏板上雕刻着精美的图案，大多描绘的是与"龙"有关的故事，栩栩如生。有的是两条正相互缠绕的龙，有的是正在腾飞中的龙，有的是正在吐水花的龙……还有"双龙戏珠"的场景呢！

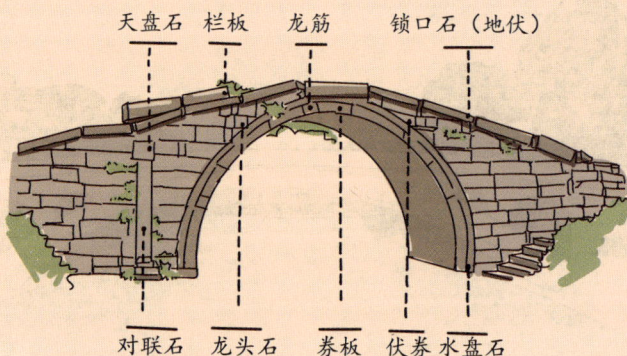

中国古代的石拱桥都由哪些部分组成？建筑师"拍了拍"你！

天盘石　栏板　龙筋　锁口石（地伏）

对联石　龙头石　券板　伏券　水盘石

塞罕坝

古代皇帝狩猎的"千里松林"

地理小辞典

我的读音：Sàihǎnbà

我的位置：位于河北省承德市围场满族蒙古族自治县境内

我的由来：蒙语叫"塞罕达巴罕色钦"，意思是"美丽的高岭"

我的故事："这个离北京最近的沙源堵不住，那就是站在屋顶上向院子里扬沙。"——《塞罕坝祭》

"塞罕"，在蒙古语中是"美丽"的意思。位于河北省承德市围场满族蒙古族自治县境内的"塞罕坝"，曾经就是一座美丽的岭地。然而由于过度砍伐，我国的生态环境日益恶化，在中华人民共和国成立初期，原本覆盖在塞罕坝的植被逐渐萎缩，绿色的山岭逐渐退化成了荒漠。据说在那个时候，如果能够在塞罕坝遇见一棵小树，都称得上是"奇迹"了！

塞罕坝位于内蒙古高原的东南缘，地形以高原台地为主

致命的是，塞罕坝与首都北京的距离只有 400 千米，塞罕坝的海拔接近 1400 米，而北京的海拔却仅有 40 米左右。如果不能阻挡塞罕坝的沙漠化进程，北京的环境将受到严重威胁。

在这样严峻的形势之下，人们不得不加大人工造林的力度。1962 年，林业部建设塞罕坝林场，号召有志之士向沙地进军，300 余名创业者一路来到塞罕坝，开启了这项改造环境的工程。

当时的塞罕坝气候高寒、人迹罕至，年均气温仅 –1.4℃，最低气温能够达到 –43.6℃。造林第一年，培育出来的树苗成活率还不到 8%。幸运的是，塞罕坝人从未放弃过实践和探索。经过数年的努力，后来的树苗成活率已经高达 95% 了！最终，塞罕坝人发现了"造林"要先"育苗"的科学方法，开创了国内机械栽植针叶林的先河。

从半个世纪之前的"黄沙遮天日，飞鸟无栖树"到如今的"河的源头、云的故乡、花的世界、林的海洋、鸟的天堂"，塞罕坝在这些年里所经历的巨变真的堪称"奇迹"了。从茫茫荒原到郁郁葱葱的林海，今天的美丽塞罕坝见证了塞罕坝人艰苦卓绝的奋斗精神！

为什么要植树造林？

植树造林究竟能给我们带来什么好处呢？

首先，植树造林最重要的作用是保持水土。哪里植被覆盖率低，哪里每逢雨季就会有大量泥沙流入河里，而这些失控的泥沙会把田地毁坏、把河床填高，甚至使入海口淤塞，造成极大的安全、生存隐患。

再者，植树造林可以为我们生存的环境抵挡风沙、调节气温、制造氧气、净化空气。树林本身也能为我们提供许多有用的东西，例如各种各样的水果和药材。城市周边的树林，还可以充当"天然消音器"——树木吸收声波的效果，是超好的！

平遥古城
中国现存最完整的古代县城

平遥古城是一座方方正正的古城，一看就知道是遵循着严格的礼制规范而建设的，距今已经有 2800 多年的历史啦！现在我们所能看到的平遥古城的城墙，算是山西省现存历史最早、规模最大的一座县城的城墙了，它是在明代洪武年间修起来的。

平遥古城至今还较为完好地保留着明清时期县城的基本风貌

平遥古城也叫"龟城"——俯瞰的话，这座小城看上去竟然像一只可爱的小乌龟！古城的南门就是小乌龟的头部，北门就是小乌龟的尾部。城墙的东、西两面各有两座城门，它们两两相对，看上去就像乌龟的四肢。街道内的小巷子纵横交错，看上去就好像龟壳上的花纹……"龟城"也寓意着固若金汤、长治久安。

整座古城以市楼为中心，以南大街为中轴，向外延扩。整个古城的街道布局，可以用"四大街、八小街、七十二巷"来概括。

在平遥，至今还能看见一些民俗活动，比如划旱船、踩高跷、抬阁、观龙灯等。每逢节日，这里总是会举办各种各样的民俗表演，场面热闹非凡。

你知道平遥古城和"晋商"的渊源吗？

晋商通常指明清年间的山西商人，他们依靠经营盐业、票号等生意一度风云商界，尤其以票号最为出名。票号也叫"票庄""汇票庄"，是中国古代的一种连锁式金融商，相当于"私人银行"。

平遥古城的故事和"晋商"是分不开的。平遥古城的中轴线，在南大街上——以古市楼贯穿南北，街道两旁，老字号与传统名店林立，曾经是一条非常繁华的传统商业街。而与南大门北端相交的西大街，又被誉为"大清金融第一街"。著名的中国第一家票号——"日升昌"，就诞生于古城西大街，这家票号被誉为"中国现代银行的鼻祖"。

日升昌票号成立于清道光三年（1823 年），是由山西省平遥县西达蒲村富商李大金出资与总经理雷履泰共同创办的。日升昌票号打开了中国民族银行业的先河，并曾一度操纵着 19 世纪整个清王朝的经济命脉！平遥这里是总号，分号曾经遍布全国 30 多个城市，甚至远及欧美、东南亚等国，以"汇通天下"著称于世。

恒山

北国万山之"宗主"

我的读音： Héngshān

我的位置： 位于山西省大同市浑源县城南

我的别称： 太恒山、北岳、玄武山

我的故事： "天地有五岳，恒山居其北。岩峦叠万重，诡怪浩难测。"——（唐）贾岛《北岳庙》

在五岳之中，坐落在山西大同的"北岳"恒山是一座相对比较"低调"的山岳。它也曾被称作"玄武山"，还有个名字叫"嵫山"。恒山的地理位置在历史上具有非常重要的意义，它是塞外高原通向冀中平原的咽喉之地，被平型关、雁门关、宁武关等著名关隘层层据守。

恒山是一座"断层山"——地壳岩石受到强烈的外力作用而发生断裂，导致断层两侧沿着垂直方向移动，就形成了"断层山"。恒山山脉的高度落差有 1000 多米——这一易守难攻的天险，也

徐霞客在其游记中形容恒山："伊阙双峙，武夷九曲，俱不足比拟也。"

是塞外高原和华北平原的天然分界线。

恒山的道教历史源远流长。我国道教神话中素来有"八洞神仙"的传说，八仙中的张果老就是以恒山作为修行地来隐居潜修的。在戏曲、绘画等艺术作品中，张果老的典型形象就是骑着一头日行万里的白驴——在传说中，他的驴能像纸一样折叠起来，而用水浇灌之后又能变回一头正常的驴。在恒山的果老岭，有一块非常光滑的石头坡，上面留有几个相当明显的酷似驴蹄印的痕迹，相传是张果老骑着毛驴时所遗留下来的见证。

实际上，有关张果老的故事只是著名的"恒山十八景"中的一景。恒山素来流传着精彩的十八般景致，每一般景致都拥有一个神秘又有趣的名字，例如"磁峡烟雨""虎口悬松""云路春晓"等。这些景色背后都藏着哪些精彩的故事呢？

你知道这些风景对应着"五岳"之中的哪一座山吗？

东岳：山东泰安的泰山

西岳：陕西华阴的华山

中岳：河南登封的嵩山

北岳：山西浑源的恒山

南岳：湖南衡阳的衡山

---

⑧ 这些风景胜迹，当然值得一去

北武当山
雄奇的"三晋第一名山"

我的读音： Běiwǔdāng Shān

我的位置： 位于中国山西省吕梁市方山县境内，吕梁山脉中段

我的别称： 真武山、龙王山、五名山、老爷山

我的故事： "中一峰孤峻，上有玄帝庙一楹，肇创始末无所稽。"——（明）《龙王山新建玄天上帝宫记》

在吕梁山脉中，有一座山以雄奇险峻的姿态引人瞩目——北武当山，它是北方的道教圣地之一，又被称作"三晋第一名山"。北武当山还有几个别的名字：由于有五座峰，故被称作"五名山"；由于山顶有始建于隋唐时期的玄

北武当山由花岗岩组成，主峰四周几乎都是陡壁悬崖

天大帝殿，供奉的是"真武老爷"，所以又被称作"老爷山"。如今北武当山上的寺庙建筑群，是千余年间的兴修、毁坏与修葺中的造物，早可追溯到唐代以前、近可见于明清时期。每年农历三月初一至初三，是北武当山办庙会的日子，每年的这几天玄天殿都会非常热闹。据说，这里从唐朝开始就"朝山进香者年复一年，久盛不衰"。

在这座奇险无比的山峰上，最令人印象深刻的景致，也许是那些姿态万千的怪石，又也许是那些苍翠葱茏的古松。

北武当山之"险"，难以想象——巍峨挺拔的主峰突起，四周环绕的几乎都是陡壁悬崖，只有一条人造的"天梯"可供攀登。北武当山是一座由花岗岩构成的山，之所以能够形成这样嶙峋的姿态，是由于经过了漫长岁月的风化侵蚀。在开通公路前，北武当山的环境被形容为"五里黄土路五里沙，五里石阶往上爬"。

在北武当山金顶的正南面，有一座山峰，峰顶有两块妙趣横生的石头——一块看上去就像一只巨大的"龟"，一块看上去就像一条修长的"蛇"，这就是北武当山上著名的"龟蛇斗智"之景。

壶口瀑布

世界上最大的黄色瀑布有多壮观

你知道第四套人民币 50 元背后的那张气吞山河的瀑布风光是在哪里拍摄的吗？是在著名的壶口瀑布——一个黄河中游流经晋陕大峡谷时形成的天然瀑布。

滚滚而来的黄河奔流至此，原本 500 余米宽的河水骤然被两岸所束缚，从数 10 米的落差中腾空跃起。河口收束起来，狭窄得就好像壶口一般，而瀑布的声势如同在巨大无比的壶中倾出——"壶口瀑布"也就因此得名了。"盖河漩涡，如一壶然"是《尚书·禹贡》中对这种景象的生动描绘。

壶口瀑布有它自己的季节——每逢雨季，黄河的水位上涨，瀑布口处的落差可以达到近 40 米。根据水流的具体情况，河流有时候会出现分岔，形成多个不同的瀑布。而到了冬季，这里又完全变了样——冰雪将这里封冻上了，以往瀑布腾飞的地方则可能挂满了冰凌。春季到来的时候，河道冰层断裂、瀑布"落凌"——新的汛期又将来临。

这样壮观的瀑布是怎么形成的呢？其实，和"裂点"有关——裂点是指河床由于长期受到水流的冲刷而突然形成的小落差。由于黄河所流经的地方岩石质地本来就比较软，再加上黄河水本身的含沙量高得惊人，在长期的冲刷下，岩石表层就逐渐变得越来越光滑。此外，还有一个原因——

黄河地处北方高原，由于冬季气候寒冷，河水会结冰，水结冰之后体积会膨胀，就会挤压河床上的岩石，使得岩石遭到破坏或被压碎，就更难以在河水中坚持了。河床上岩石逐渐消失了，惊人的落差就出现了，于是就有了我们现在看到的瀑布。

瀑布都有哪些形成方式呢？

气势非凡的瀑布，究竟是如何形成的呢？总的来说，瀑布形成的原因主要分为内力作用和外力作用两种。在某些地方，地面发生了断层，一条河流所在的地面断裂成了两部分，一面抬升一面下降，落差越来越大，最后就形成了瀑布。

火山的活动也会形成瀑布。例如，一大块在火山活动中熔化了的岩石从地底下冒上来，挤到河床中间，硬化之后就在河道里形成了一堵"墙"——时间久了，"墙"的两边高度会变得不一样，瀑布也就自然形成了。

地表抬升形成台地或者高原，这个时候如果有河流经过的话，也会形成瀑布。

由于河床软硬度不均匀，较松软的岩石容易被河水侵蚀，导致地势落差变大，为瀑布的形成提供了条件。瀑布形成之后，水流不断冲刷崖壁，崖壁下部较松软的岩石被逐渐掏空，使上部较坚硬的岩石失去支撑，最终导致瀑布向上游后退。在漫长的时间里，这一过程不断重复，瀑布最终就会消失！不过，新的瀑布也会继续诞生的。

↓ 原本相连的地面发生了断层

← 地面抬升

↓ 地面下降

两部分的落差越来越大，形成瀑布

地面发生断层，一条河流所流经的土地断成了两块，一面抬升了，一面下降了；后来，落差变得越来越大——许多瀑布就是这样形成的

山海关

赫赫有名的"天下第一关"

在幅员辽阔的中国，著名的关卡数不胜数，但是能够被称为"天下第一关"的，唯有"山海关"，为什么山海关的地位这么高呢？

山海关位于今天河北省秦皇岛市东北 15 千米处，是明长城的东端起点之一，与万里之遥的明长城西端起点嘉峪关遥相呼应，互为首尾。山海关有 1400 多年的沧桑历史：早在 1400 多年前，隋朝就在这里建筑关城，当时称为"渝关"；600 多年前，明朝名将徐达将渝关向东移了 60 米，重新修建了一座关城。由于关城背靠燕山，面朝渤海，就被命名为"山海关"了。

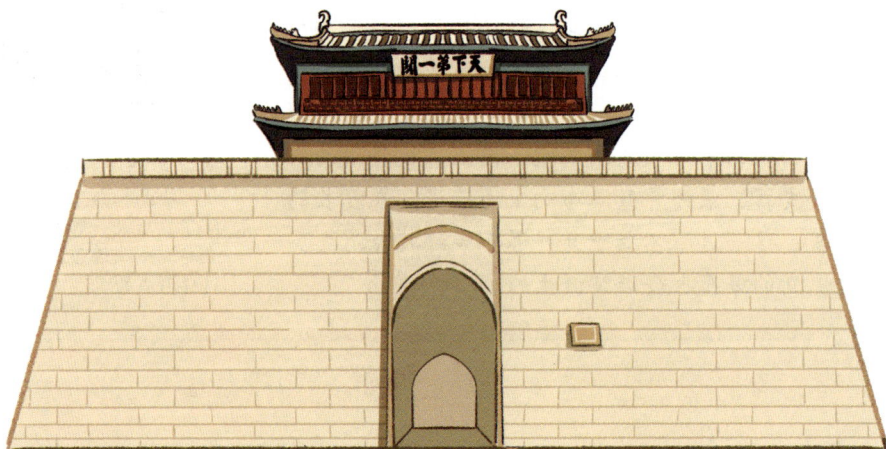

号称"两京锁钥无双地，万里长城第一关"的山海关

山海关距离当时的京城，也就是现在的北京，大约只有 280 千米。在山海关和京师之间，是一望无际的平原地带，骑兵在这一带畅通无阻。如果敌人占领了山海关，京师会直接面临被敌人攻击的危险。所以，山海关直接关系到京师的安全。就因为这样的重要性，山海关自然而然就有了"天下第一关"的地位。

山海关本身地处要隘、形势险要，是一处兵家必争之地。明朝的帝王便很重视对山海关的修缮，从洪武到崇祯前后 200 多年时间里，不断对山海关进行修筑和改进，最终建成了"七城连环""万里长城一线穿"的军事防御系统。山海关城高 14 米，厚 7 米，有 4 座主要城门和多种防御建筑。经过明朝改良后的山海关，就更是一道"险关"了！

另外，还有一个叫"天下第一雄关"的，指的是嘉峪关，可千万别记混了。

"中国长城三大奇观"分别在哪里？

人们常说，中国长城有"三大奇观"——东有山海关、中有镇北台、西有嘉峪关。镇北台是明代长城遗址中最为宏大、气势最为磅礴的建筑物之一，有"万里长城第一台"的称号。嘉峪关是明长城最西端的关口，历史上曾被称为河西咽喉，因地势险要，建筑雄伟，有"天下第一雄关""连陲锁钥"之称。

圣·索菲亚大教堂
拜占庭式教堂上的巨大"圆顶"

地理小辞典

我的读音：Shèng Suǒfēiyà Dàjiào táng

我的位置：位于黑龙江省哈尔滨市道里区

我的由来：以西方文化中一位名为"索菲亚"的圣人而命名，意思是"神圣的智慧"

哈尔滨的标志性建筑之一，是一座华美的教堂——圣·索菲亚大教堂，这是一座始建于1907年的东正教教堂。虽然它曾经是教堂，但现在已经被辟为哈尔滨建筑艺术馆，不再行使教堂的职能了。

这座教堂的墙壁由清水红砖砌成，而屋顶是刷上了绿色油漆的铁皮屋面。整个教堂的总面积达到了700余平方米，可以容纳1500人从事宗教活动呢！从形态上来看，教堂建筑的平面呈希腊十字方式布置，方形房间的墩柱上设有穹顶，具有浓郁的拜占庭风格；"洋葱头"和"帐篷顶"的经典造型，又很切合俄罗斯民间木建筑的风格。

教堂正门的顶部有一座钟楼，7座铜铸的乐钟象征着7个音符，如果想用它们敲打出抑扬顿挫的钟声，需要训练有素的敲钟人手脚并用才行。

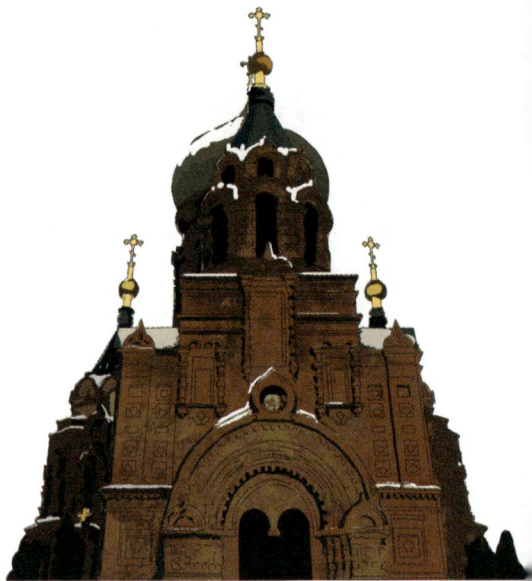

圣·索菲亚大教堂始建于1907年，是一座拜占庭风格的东正教教堂

中国有哪些好看的教堂？
建筑师"拍了拍"你!

坐落于广州市区中心的一德路，由于教堂的全部墙壁和柱子都是用花岗岩石砌造，所以又称为"石室""石室耶稣圣心堂"或"石室天主教堂"。教堂正面是一对巍峨高耸的双尖石塔，高插云霄。

石室圣心大教堂

位于上海市徐汇区蒲西路 156 号，是上海天主教三自爱国会所在地，是中国第一座按西方建筑风格建造的教堂。

徐家汇天主堂

位于北京市西城区西什库大街 33 号，是目前北京最大和最古老的教堂之一。建于清初，当时叫"救世主教堂"。

西什库教堂

8 这些风景胜迹，当然值得一去

辽阳白塔

既雄伟又端庄的辽代白塔

在中国的造塔历史上，辽代是一个重要的时期，这一时期造的塔，不仅数量繁多，而且设计科学、结构合理、技艺精湛，还有着优美的造型。虽然经历过许多次重修、增建，仍然保持着初建时的风貌。

据考证，辽阳白塔可能就诞生于辽代。这座结构严整、比例匀称的塔非常坚固——1975 年，辽宁海城曾经发生过强烈的地震，而白塔却安然无恙。

辽阳白塔是一座「密檐式」砖塔，因其周身被涂白而被称为白塔

白塔有 13 层，通高 70 多米，从平面来看呈现的是八角形。这座塔的塔身八面都有坐佛、飞天等砖雕像，各层都悬着风铃、铜镜，塔顶还有刹杆、宝珠和相轮。不管是从整体造型还是从局部装饰来看，这座塔都代表着极高的艺术水平。

佛塔有哪些种类？

中国的佛塔，数量众多，塔形丰富，与印度圆形的"窣堵坡"不同，中国佛塔更多的是方形。

最早传入中国的佛塔，是印度的"覆钵式塔"。汉代之后，佛塔逐渐走向多层阁楼的样式，即"楼阁式塔"——通常高大的古塔都是这种样式。

砖塔中，"密檐式塔"是一种十分常见的砖塔，这种塔往往是不能攀登的，第一层高大且有门窗，但从第二层到顶层都是一层一层紧挨着的屋檐，例如北京的天宁寺塔。

此外，还有"墓塔""金刚宝座塔"等。藏传佛教的塔多为瓶形。

中国雪乡
白雪皑皑的童话村庄

地理小辞典

我的读音： Zhōngguó Xuěxiāng
我的位置： 位于黑龙江省牡丹江市海林市正北沟向南约 1.4 千米处雪韵大街附近，张广才岭中段
我的由来： 双峰林场的雪期长、降雪量大、雪景的观赏性强，故称"雪乡"

赫赫有名的"中国雪乡"，实际上是一座林场——位于黑龙江省牡丹江市海林市长汀镇的双峰林场。

也就是说，这样一个童话之乡是处于森林之间的。在这里，一年中有 7 个月都能看到积雪。

这里的雪景，可以说是"天造地设"的——当来自俄罗斯贝加尔湖的冷空气和来自日本海的暖湿气流在此交汇，这里意外地获得了频繁的降雪和漫长的雪期。加之适当的风力和特殊的雪质，梦幻般的冰天雪地的世界就诞生

夜晚的中国雪乡宛如童话世界，喜庆的"红灯笼"挂在可爱的"雪蘑菇"上

了。每当冬天降临，几乎整个东北地区都会迎来雪花，但只有雪乡这个地方，可以留住一整个冬天的大雪。

这里的房子大多都是用木头建造的，冬天房子被大雪覆盖，远远看去就像一个个大蘑菇。这里的居民都喜欢在屋檐上挂起大红灯笼——晚上灯笼亮起来，红彤彤的颜色与白雪相映成趣，漫步其中，就像走入了童话世界一般。

在雪乡景区内，有一条步行街道，全长近 1000 米。这条街上曾经有一个小火车站——开设在双峰林场，连接着通往哈尔滨、亚布力、牡丹江等地的公路。如今这条行道已经被开发为商业街，在这里可以品尝到许多"冰天雪地"中的特色小吃，如冰糖葫芦、冻梨、冻柿。"一条街，三个岔，三面环山，风不大。一条河，三道溪，依山傍水是民居"，是当地人对这里的形容。

若是有机会来雪乡感受冰雪世界的魅力，一定要体验下这里的户外娱乐——堆一堆雪人，坐一坐雪圈。

查干湖

你见过"冬捕"的大场面吗

查干湖是吉林省最大的天然湖泊，盛产各种鱼类，例如鲤鱼、鲫鱼、胖头鱼等。生活在这里的人们，自然也大都保持着历史悠久的渔猎生活。查干湖的"全鱼宴"，据说会用产自查干湖的 60 多种野生鱼类作为主料，是非常有名的。

你知道查干湖在什么时候

查干湖的"冬捕"，是现今世界上为数不多保留至今的远古渔猎方式

最热闹吗？在一年一度的冬捕盛会——"冬捕"的时候！冬捕是一种非常原始的捕鱼方式——至少可以追溯到辽金时期。在每年的12月到次年1月的这段时间里，查干湖的湖面就彻底被冻上了。这个时候，盛大的冬捕就拉开帷幕了！

在正式捕鱼前，当地的渔民还会举行"祭湖醒网"的仪式呢！沉睡了大半年的渔网，终于又要开始工作啦。在祭祀的时候，大家会穿着蒙古族的传统服装——通常是羊皮袄、皮帽子和毡靴，并提前在查干湖的冰面上搭建好祭坛、摆放好供品。一切准备妥当之后，当地的"鱼把头"会出来朗诵"祭湖词"。仪式结束，渔民喝下壮行的酒，便踏上冬捕之行——大伙儿在1米多厚的冰面上打洞，然后将长近2000米的渔网撒入水中。这一网下去，有时候甚至可以捞到10余万斤的鱼呢。

查干湖的小明星——胖头鱼

查干湖的明星鱼种——"胖头鱼"，又叫"花鲢""黑鲢""大头鲢"，它的中文学名叫作"鳙鱼"。顾名思义，胖头鱼有一个特大的头部，而眼睛在头的下半部分，背部暗黑色，有不规则的深色斑块，腹部灰白色且呈圆滑状。查干湖胖头鱼生活在水体中上层，性情温驯，行动缓慢，以浮游动物为主要食物，属于中国的四大家鱼之一。

9 古今的地方面貌，听听那些城市的故事

石家庄市
列车"开"来的城市

交通的发展，是石家庄的"致富密码"——如今的石家庄，已经是全国铁路运输的主要枢纽之一。而曾经的石家庄，还仅仅是"获鹿县"辖下的一个小村庄。早期的获鹿，在交通方面扼守着极好的资源——这里连通燕赵、交会三晋，是有"日进斗金的旱码头"之称的重要货物集散地。

获鹿是历史上的"旱码头"，是古代重要的商品集散地和交易市场

那么，石家庄是怎样迅速发展起来的呢？这主要归功于一条铁路——"正太铁路"的兴建与通车。这是山西省最早的一条铁路，连接河北正定与山西太原。后来为了避免在滹沱河上建桥，将这条铁路改在石家庄和京汉铁路连接，并且将铁路起点由正定改为石家庄，石家庄则成为两条铁路的交会点。现在这条路线也被叫作"石太铁路"。铁路的开通使得石家庄走向了日新月异的发展之路。对于全国而言，这里是非常重要的交通枢纽——京广、石太、石德、朔黄四条铁路干线，均交会于此。

交通的繁荣加之现代工业的兴起和发展，帮助石家庄大步向城市化迈进，最终形成了如今我们眼中正在腾飞发展的河北省会城市。如今的石家庄，拥有全国十大集贸市场中的两个——南三条集贸市场和新华集贸市场。

由于这里的气候条件在北方地区来说相对较为温和，加之地形条件适宜——这里跨着华北平原和太行山地两大地貌单元，石家庄的农业得到了很好的发展，现在已经成为河北省主要的粮棉产区和商品粮生产基地。

中国铁路的布局，你了解多少？

中国铁路的布局，看上去真像一个大棋盘！有贯通南北的纵线，如从北京经过武汉到广州的京广线、从哈尔滨到大连的哈大线、从宝鸡到成都的宝成线等；有连接东西的横线，如从北京到包头再到兰州的京包—包兰线、从西宁直通拉萨的青藏线等。在铁路主线搭建的框架之下，各路支线也蔓延到广袤大地上的每一个角落，形成了生机勃勃的铁路脉络。

太原市

三面环山的"锦绣太原城"

"但使龙城飞将在，不教胡马度阴山"，这脍炙人口的诗句中所说的"龙城"指的是哪里呢？那就是这座三面环山的城市——"锦绣太原城"，晋商故里，一座当仁不让的"九边重镇"。如今的太原，已经踏上了现代工业化之路，是中国最重要的能源、重工业基地之一。

太原的地理位置非常险要，古人形容其为"襟四塞之要冲，

太原晋祠位于太原市晋源区晋祠镇，主要祭祀周朝晋国的开国诸侯唐叔虞及母后邑姜

控五原之都邑"。太原的东面、西面和北面都被山环绕，而中、南部主要为河谷平原，整个地势北高南低，看上去就像一个簸箕。黄河的第二大支流——汾河，由北向南穿城而过。这里的地形以山地、丘陵为主，中南部是一片由汾河打造的冲积扇平原。处于温带季风气候之中的太原，冬无严寒、夏无酷暑，拥有充足的日照。

作为华北地区的文化重镇，我们能在太原的城里城外找到许多历史的痕迹。在太原市的东南边，有始建于明代的"双塔寺"，是人们出入太原时首先映入眼帘的标志性建筑；在太原市西南边悬瓮山下，有始建于北魏时期的晋祠，那里生长着至今都郁郁苍苍的周柏和隋槐；在太原城内，可以见到纯阳宫、崇善寺、清真古寺等许多寺庙宫观。

今天的太原和古代的太原，是同一个地方吗？

你知道吗？1000年前的太原和现在的太原，还不太一样呢！

太原的前身叫"晋阳"——在北宋年间，宋太宗赵光义在太原地区打败了北汉。固若金汤的晋阳城以及顽强抵抗的晋阳人让他非常痛恨。战争之后，他下令将整座晋阳城烧毁，并且把汾河水引入城中，将这座拥有1500多年历史的名城彻底毁灭。随后，北宋人在晋阳城的北部重新修建了一座更加坚固的城池，这才是今天的太原！

大同市
"煤都"的千年风情

处于温带季风气候之中的大同，四季分明。大同的矿产资源非常丰富，是当代中国最大的煤炭能源基地。

从古至今，大同一直是兵家必争之地。大同所处的位置正好扼住了晋、冀、内蒙古之咽喉要道，因此有"北方锁钥"之称。对于大同，明代曾经有过这样的形容："三面临边，最号要害。东连上谷，南达并恒，西界黄河，北控沙漠。实京师之藩屏，中原之保障……"从这些描述中，大同的重要位置已经可见一斑。正由于其独特的地理位置，大同在北方地区的交通系统中也有着非常重要的地位——这里可是京包、同蒲两大铁路线的交会点呢。

从地形上来看，大同正好处于华北地台的山西台背斜与阴山隆起的交接部位，西部、北部及东北部主要是山地和丘陵，中部和东南部主要是广阔的大同盆地。在大同东部，有世界著名的大同火山群，与云南腾冲的火山群相辉映，构成了南、北两大火山群。

从北魏时期的云冈石窟，到辽金时期的华严寺和善化寺；从气势磅礴的悬空寺，再到仙气缭绕的恒

背斜：指岩层发生褶曲时，形状向上凸起的弯曲。

山; 从"国家历史文化名城", 到"中国雕塑之都"……这座既拥有文化气质, 又具有塞外风情的独特城市, 还有不少惊喜等着我们去发现。

华严寺位于中国山西省大同市大西街, 是中国仅存的三大辽代寺院之一

一起去"凤凰城"大同的城墙上转转

大同的古城墙非常有名。这些城墙是明代初期, 人们在元代土层的基础上建造的。整座城池看上去四四方方的, 城墙上还设有城门、角楼等。为什么说城墙让大同变成了一座"凤凰城"呢? 这是因为明代的城墙从整体布局上来看, 特别像一只单展着翅膀的凤凰——南部是凤凰的头, 东部是一只展开的翅膀, 西部是一只合上的翅膀。

大同古城墙的历史, 可以追溯到北魏时期

9 古今的地方面貌, 听听那些城市的故事

呼和浩特市
历史悠久的"青色之城"

我的读音： Hūhéhàotè Shì

我的位置： 地处内蒙古自治区中部大青山南侧，西与包头市、鄂尔多斯市接壤，东邻乌兰察布市，南抵山西省

我的面积： 约 1.72 万平方千米

我的由来： 蒙古语意思是"青色的城"

我的别称： 丰州、青城、中国乳都、召城、归绥

我的故事： "晴空高显寺中塔，晓日平明城上楼。车马喧阗尘不到，吟鞭斜袅过丰州。"——（元）刘秉忠《过丰州诗》

呼和浩特是内蒙古自治区的首府——这个名字最早是明代后期阿勒坦汗创造的。赵武灵王推动的"胡服骑射"之潮，便从这里发祥。当年昭君出塞，即是远赴此处。这里还曾经是鲜卑族拓跋氏的"龙兴之地"。辽代之后，很长一段时间这里被称作"丰州"。这里曾经藏传佛教盛行，

呼和浩特清真大寺，是呼和浩特市原有八座清真寺中建筑年代最早、规模最大的一座

召庙林立，所以又被称作"召城"。

呼和浩特在蒙古语中的意思是"青色的城"——"呼和"是青色的意思，"浩特"是城墙的意思。原来，早在明朝，蒙古族土默特部的首领阿勒坦汗和他的妻子三娘子选择在这片土壤肥沃、牛羊肥壮的地方建造城池"归化"，但由于当时的城墙大多是用青砖堆砌而成的，所以夫妻二人远远地望向城郭的时候，看到的是一片青色，于是把这里叫作"青城"。

这里是连接中国与蒙古国、俄罗斯的重要交通枢纽，是"一带一路"中草原丝绸之路上的一个重要节点，把守着国家向北开放的大门。在呼和浩特的北部，我们能看见一些山地，主要是北部的大青山和东南部的蛮汉山。呼和浩特的南部和西南部地区则以平原为主，为土默川平原地形。

呼和浩特的春天和秋天是比较短的，昼夜温差也很大。不过这里的地理环境很适合畜牧业的发展，所以呼和浩特的乳业非常发达，还被称作"中国乳都"。

你听过"昭君出塞"的故事吗？

"一去紫台连朔漠，独留青冢向黄昏。"这句诗里的"青冢"就位于呼和浩特的南郊——是王昭君的坟墓。

西汉时期，被誉为"中国古代四大美女"之一的王昭君当时还是汉元帝的宫女，她奉汉元帝的诏令北上和亲。昭君在当地传播中原的文化，被封为"宁胡阏氏"，在匈奴生活至终老。

哈尔滨市
童话般的冰雪与教堂之城

历史悠久的哈尔滨，曾是金、清两代王朝的发祥地，金代曾经在这里建都。但它真正成为一座"城市"的时间却不长——目前算来，只有100余年。哈尔滨市区的地域平坦且低洼，东部的山地和丘陵地区较多。除了地域广阔，这里的黑土非常肥沃，适合种植各种农作物。

在温带季风气候中的哈尔滨，夏天总是凉爽而短促，并拥有漫长而寒冷的冬季，最低气温甚至可以达到零下三四十摄氏度。由于冰期较长，这里被称作"冰城"。一年一度的哈尔滨国际冰雪节是一个以冰雪活动为内容的国际性节日。哈尔滨的冰灯游园会享誉世界，每逢隆冬，冰雕爱好者纷纷大显神通——哈尔滨人都会来到松花江的太阳岛上，用外观多样、体态庞大的冰雕与冰灯，欢庆这个属于冰雪的季节。这些冰雕作品可以在自然状态下保存两三个月呢！松花江穿过这座城市——每逢冬天，当松花江进入完全封冻状态时，人们就会纷

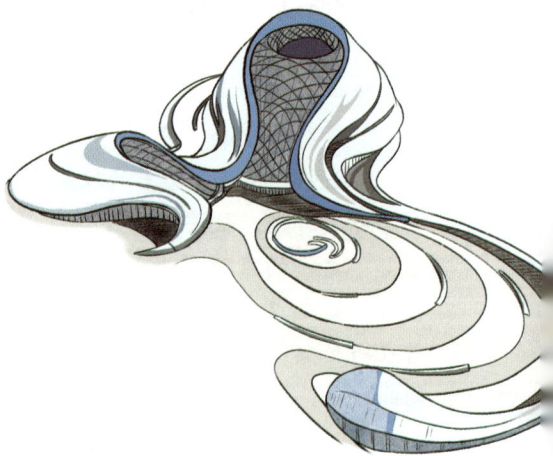

哈尔滨的标志性建筑，位于松北地区文化中心，洁白的建筑外观与这座冰雪之城交相呼应

纷涌到冻得结实的冰面上，享受丰富多彩的冰雪活动。

位于东北亚中心位置的哈尔滨，由于其在"亚欧大陆桥"上的枢纽地位，被誉为"亚欧大陆桥的明珠"。特殊的边缘位置，使哈尔滨既吸纳了我国北方少数民族的文化，又兼容了世界其他国家的文化。在哈尔滨，很容易看到西方古典式建筑及造型奇特的东正教、天主教、基督教的教堂。由于城内的许多建筑都具有欧化的特色，这里还被称作"东方小巴黎"。

然而，这座美好而梦幻的城市曾经遭受许多的苦难——

"九·一八事变"后，东北三省沦陷，日本731部队在哈尔滨设立了研发细菌战、毒气战武器的基地，许多鲜活的中国人被当作实验对象，日军以"生物实验"之名，残忍地将他们杀害。后来，日本战败投降，为了掩盖罪行，他们炸毁了许多用于生物实验的建筑。一些证据被销毁了，但我们可千万不能忘记这些真相。

亚欧大陆桥：是世界上最著名的国际集装箱多式联运线之一，通过苏联西伯利亚铁路，把远东、东南亚和中亚地区与欧洲、中东等地区连接起来。

一起去中央大街，看看哈尔滨有什么好吃的！厨师"拍了拍"你！

锅包肉：几乎是最经典的东北菜，色泽金黄，口味酸甜，老人、小孩都爱吃。

大拉皮：东北地区知名的地方传统小吃，劲柔爽口。

马迭尔冰棍：算是中央大街上最知名的冷饮了，在冬天吃上一根真是一种有趣的挑战。

哈尔滨红肠：原产于东欧的立陶宛，这种肉肠传到哈尔滨已有近百年的历史。

俄罗斯美食：在哈尔滨，有许多正宗的俄式餐厅，可以品尝到红菜汤、大列巴等经典的俄餐！

长春市
名副其实的"汽车城"

地理小辞典

我的读音: Chángchūn Shì

我的位置: 位于中国东北地区中部,地处京哈线与珲乌线交会处,西北与松原市毗邻,西南和四平市相连,东南与吉林市相依,东北同哈尔滨市接壤

我的面积: 约 2.45 万平方千米

我的由来: 一种说法是以"长春花"命名;另有说法称源自满语的谐音。古时候女真族举行仪式,口中会念号子,发音是"茶阿冲",这个词并无具体含义,念快了就和"长春"的发音相似

我的别称: 塞北春城、汽车城、东方好莱坞

我的故事: "花名长春,柔枝纷披,取以名地。"——《吉林通志》

吉林的省会长春市,地处东部低山丘陵向西部台地平原过渡的地带。松花江和饮马河、伊通河等许多小河纵贯其间。长春气候宜人,因此人们也称其为"塞北春城"。由于适宜的气候和较为优越的地形条件,这里现在已经成为中国最重要的商品粮基地之一。

长春曾经还有一个名字,叫作"新京"——对于长春城而言,这是一份并不美好的回忆。1932年,"九·一八事变"后控制东北三省的日本准备建立"伪满洲国",并定长春为"首都"。"新

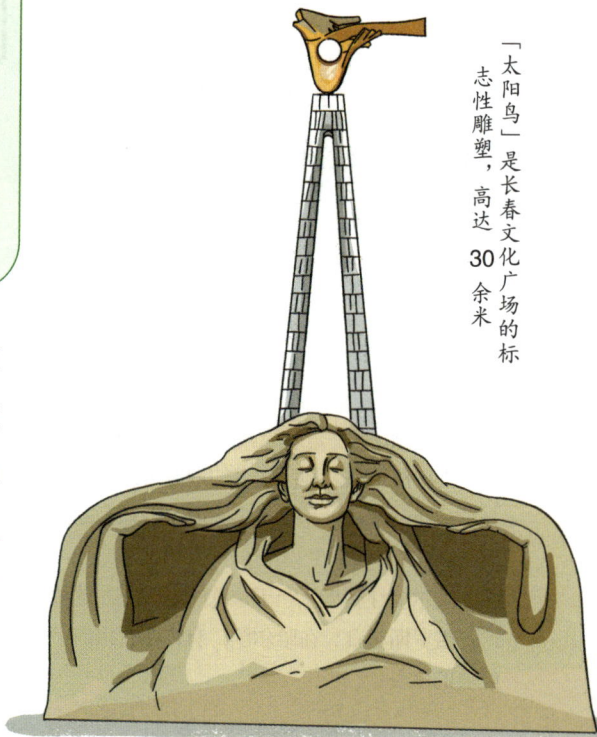

「太阳鸟」是长春文化广场的标志性雕塑,高达 30 余米

京"这个名字就成为这座城市惨痛的烙印——虽然长春也因此从一个小小的城市发展为一个人口上百万的庞大城市。

直到 14 年以后，长春才回到祖国的怀抱。长春在中华人民共和国成立以后很快走上独特的发展道路。在苏联的帮助下，中国的第一个汽车制造厂就设立在吉林。后来的长春，成为著名的"汽车城"，还被称作"坐在轮子上的城市"。在这里诞生了新中国的第一辆载重车、第一辆轿车和第一辆越野车。如今的长春，仍然是世界上最重要的汽车生产和研发基地之一，汽车制造业的产值大约占整个长春市工业经济的六成！

中国造的第一辆汽车

1953 年，中华人民共和国第一个五年计划全面展开，中国人正式开始建设自己的汽车工业。1956 年 7 月 13 日，经过 3 年奋战，在长春第一汽车制造厂崭新的总装线上，被毛主席命名为"解放牌"的第一辆汽车试制成功啦！汽车顺利驶下流水线的时候，在场的人无不为之欢呼。

中国从此结束了不能制造汽车的历史。而这之后，中国工业发展的脚步从未停止过，如今的中国，已经成为汽车生产大国啦！

解放牌汽车于 1956 年 7 月 13 日在长春第一汽车制造厂试制成功

沈阳市

"一朝发祥地，两代帝王都"

位于辽河平原中部的沈阳，东边靠着辽东丘陵山地，北部靠着辽北丘陵，西部是辽河、浑河创造的冲积平原。沈阳是一块地势平坦的土地，由东向西呈缓缓倾斜的状态。这里的降水集中、四季分明，属于典型的温带季风气候。

作为清朝陪都的沈阳，在东北地区是非常重要的城市。因此在帝国主义横行的时代，沈阳是俄国、日本等国垂涎已久的地方。"九·一八事变"正是在这片土地上留下了沉重惨烈的记忆——1931 年 9 月 18 日的那个夜晚，日本军队炸毁自己修筑的南满铁路，并栽赃嫁祸于中国，以此为借口炮轰沈阳北大营，展开了对东北的侵略。在东北军张学良的消极"不抵抗"政策下，日本在 3 个月内就侵占了东北三省全境，并从此开始了对东北三省长达 14 年的统治。如今，每年 9 月 18 日，中国的多个城市都会鸣响防空警报来警醒后人：永远不能忘记东北三省曾经遭受过的帝国主义的侵略！后来，沈阳修建了"九·一八"历史博物馆，用以铭记这一场空前的苦难。

> 温带季风气候：主要分布在北半球中纬度大陆东岸，夏季高温多雨，冬季寒冷干燥。

帝国主义曾热衷于通过"铁路"渗透中国，而沈阳发达的铁路网正是帝国主义入侵中国的铁证——如果别的国家利用我们的资源在我们的土地上修了铁路，而铁路的掌控权却在别人手里，这当然是令人发指的侵略行为！在收回铁路之后，沈阳凭借着较为发达的铁路网和较好的工业基础快速发展起来，成为一座生机勃勃的工业城市。后来的沈阳，已经逐渐成为中国的重工业基地，甚至有"东方鲁尔"的美誉——鲁尔是德国的一个世界闻名的工业区。后来的沈阳，在工业发展之路上虽略有波折，但近些年来以"新型工业化"又重新赶上了工业发展的脚步。相信这样一座坚韧的城市，必将在东北的土地上焕发出更耀眼的生机。

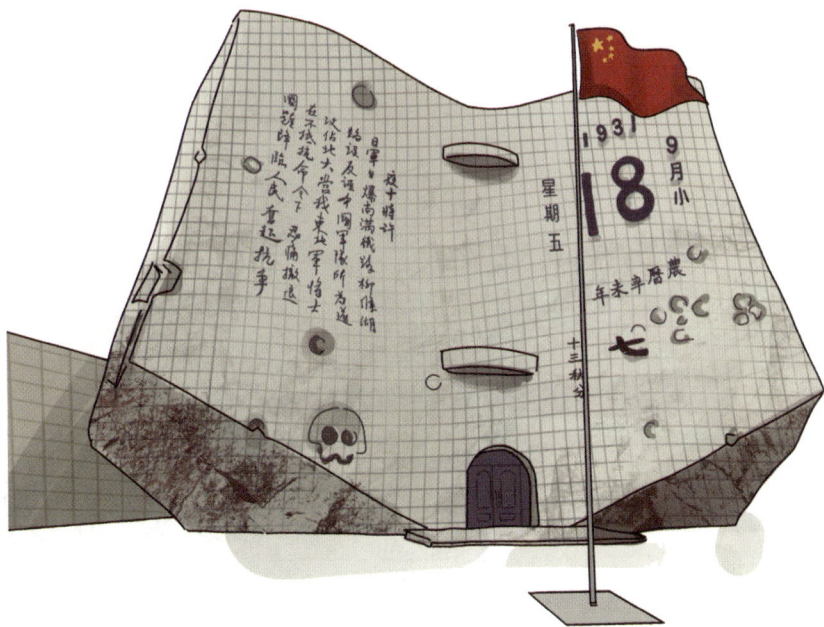

沈阳"九·一八"历史博物馆，记录着"九·一八"事变的风雨

大连市
浪漫的"东北之窗"

处于温带季风气候中的大连，由于濒临海洋，气候中也带着一些海洋性特点。在东北地区，大连的气候可以说是非常宜人的——冬天不会过分寒冷，夏天也不会过分炎热。虽然位于辽东半岛的南端，属于东北地区，但在许多人看来，大连的气质也许和人们印象中的东北城市不太一样。在中国，大连算是出了名的避暑胜地。大连的海滨连绵狭长，

大连贝壳博物馆，是世界最大的专业性贝壳博物馆

有引人入胜的海岸美景。

从地形上看，大连北高南低、北宽南窄。长白山系、千山山脉余脉纵贯其间，绝大部分的地形为山地和低缓的丘陵，平原低地只是零星分布在河流入海处和一些山间谷地处。

对于中国而言，大连是一个非常重要的港口城市。这里的工业很发达，也算是中国非常重要的工业基地之一了。另外，大连还是中国广场最多的城市之一呢！

大连也曾拥有一段痛苦的往昔——在第一次鸦片战争、第二次鸦片战争期间，英军对大连地区进行了侵扰。作为甲午战争和日俄战争的主要战场，大连在近代史上曾遭受两次大的战争劫难，沦为俄、日殖民地近半个世纪。

你听说过大连女子骑警队吗？

"骑警"在西方国家有数百年的历史，他们主要扮演着两种角色：一是礼仪上的，二是治安上的。不过在以前，世界上的骑警大多数是男性。

大连女子骑警队是世界上第一支成编制的女子骑警队！骑警队成立于1994年12月，她们主要负责城区重点广场、路段的治安巡逻控制，负责大型文体商贸活动、庆典的保卫和礼仪表演，以及参与重要首长、外宾来大连的礼仪警卫等任务。

大庆市
举世闻名的"油城"

石油这样的战略资源,对于一个国家来说太重要了。以前的中国非常缺少石油,甚至连公交车都是用煤气驱动的。大庆这个地方之所以被我们铭记,正是由于它的"石油故事"——这里开发出了中国最大的油田。

在中华人民共和国经济发展进入瓶颈期的时候,上万名"石油大军"进入松嫩平原,在荒原之上展开了一场壮烈的"石油大会战"。起初,这场石油会战的形势非常艰难:当时,国外敌对势力对我国实行经济封锁和军事威胁,国内连续 3 年遭受自然灾害,国民经济遭遇了严重困难,国家迫切需要石油。当时的生产条件也非常艰苦:设备不齐全、不配套,汽车、吊车不足,没有公路,道路泥泞,供水、供电设备严重不够。

面对恶劣的自然环境和财力、物力的严重匮乏,几万人凭着干劲,采用人拉、肩扛加滚杠的办法,把几万吨重的设备器材从火车上卸下来。大家排成一个长队,用水桶、脸盆从几百米以外的水池里打水往钻井运,一运就是几十吨,保证了钻井的工业用水。在这场轰轰烈烈的石油会战中，很多艰苦奋斗的英雄榜样涌现出来，例如"铁人"王进喜，在打井时突然发生井喷，当时没有压井用的重晶石粉，王进喜决定用水泥代替，没有搅拌机，他不顾腿伤，带头跳进水泥浆里用身体搅拌，经全队工人奋战，终于制服井喷。

大庆油田的勘探和开发，完全是中国人自己摸索出来的，它事实证明——我们国家完全能够依靠自己，高速度、高水平地勘探大油田、开发大油田！我们可以对比一下：苏联第二个大油田——杜依玛兹油田，从1945年到1955年，用了10年的时间，建成年产原油995万吨的生产规模，而大庆油田达到它同样的生产规模仅用了大约5年的时间。

大庆油田是中国最大的油田，目前也已经建成了全球规模最大的"三次采油"生产基地

大庆的石油是怎样开采出来的？

　　大庆油田开采石油，其实靠的是先进的"三次采油"技术——一次采油是靠地层本身的天然能力，相当于把油用外力顶出来，不过这种形式的采油率很低。当天然能量降到一定程度以后，就靠往油层中注水，提高地层的压力，相当于用水把油从地层中挤出来，这是二次采油，采油率在40%左右。第三次采油，则主要通过向地层注入聚合物进一步提高油层的采油率，相当于靠化学药剂把油洗出来，这一阶段的采油率就更高啦。

给孩子的

中国地理大百科

3
华东
上册

廖辞霏 著

中国旅游出版社

责任编辑：王欣艳　胡一鸣
责任印制：冯冬青
装帧设计：丫丫书装·张亚群

图书在版编目（CIP）数据

给孩子的中国地理大百科．3，华东．上册 / 廖辞霏
著 ． -- 北京：中国旅游出版社，2024.3
　　ISBN 978-7-5032-7170-0

　　Ⅰ．①给… Ⅱ．①廖… Ⅲ．①地理－中国－少儿读物
Ⅳ．① K92-49

中国国家版本馆 CIP 数据核字（2023）第 227696 号

书　　名：给孩子的中国地理大百科．3，华东．上册

作　　者：廖辞霏 著
出版发行：中国旅游出版社
　　　　　（北京静安东里 6 号　邮编：100028）
　　　　　http://www.cttp.net.cn　E-mail: cttp@mct.gov.cn
　　　　　营销中心电话：010-57377103　　010-57377106
　　　　　读者服务部电话：010-57377107
排　　版：王丹
经　　销：全国各地新华书店
印　　刷：运河（唐山）印务有限公司
版　　次：2024 年 3 月第 1 版　2024 年 3 月第 1 次印刷
开　　本：710 毫米 ×1000 毫米　1/16
印　　张：6.25
字　　数：48 千
定　　价：368.00 元（全 10 册）
I S B N　978-7-5032-7170-0

用地理视角认识祖国

南京师范大学 朱雪梅

现在，你翻开了一本"地理书"，等待你的将会是一场妙趣横生的中国之旅。

你可曾想过，"地理"是一门什么样的学问呢？

"地理"是一门大学问，它主要研究地球表面上有什么事物、发生了什么现象，以及这些事物为什么有、这些现象为什么发生，还有它们之间存在什么关联，它们与人类活动有什么关系。例如，喜马拉雅山脉在哪里？它是什么样子的？是怎么形成的？有哪些动植物在那里生活？它给人们带来了哪些影响？

著名的地理学者段义孚先生认为，地理学是浪漫的。为什么说地理是浪漫的呢？因为漫长的地理演化过程、各异的地理现象奇观、微妙的地理分布规律，吸引着人们在山岳、森林、沙漠、极地中追寻"崇高景观"，在部落、乡村、城市中挖掘人类文明的精彩。这就是人们认识世界的最好方式——用脚步去丈量、用双眼去观察，难道这不是一个浪漫的过程？

从"浪漫"的地理视角去看待这个世界，你能收获什么呢？

第一，地理视角帮助我们从空间的角度思考问题。有了地理视角，我们会关注一些现象的分布，以及一些现象如何在对应的空间里发生。例如，为什么河口三角洲地区容易形成庞大的城市群？为什么北方地

区种小麦而南方地区种水稻？为什么生活在川渝一带的人爱吃辣，而生活在闽粤地区的人爱吃甜？思考这些问题的时候，我们不知不觉就会把许许多多的线索结合起来，例如，气候原因、地形原因、文化原因……你就学会了综合思维，这就是拥有地理视角的聪明之处。

第二，地理视角可以帮助我们更好地理解事物发生的过程，理解生活中一些现象的来龙去脉。例如，为什么金丝猴长着"朝天鼻"呢？原来是因为高原缺氧，猴子为了更好地获得氧气，鼻梁骨退化了。为什么"信天游"会在陕北这么流行呢？原来是因为陕北地区沟壑遍布，村民常隔着一道沟或是一道坡，于是人们就逐渐习惯靠大声呼喊来交流……从地理的角度去分析，我们可能会发现许多现象的背后都藏着自然环境的影响。

第三，地理的视角可以带给我们更广阔的视野。我们真正可以用脚步丈量的大地毕竟有限，但是我们可以通过学习地理看到更遥远的地方，感受迥然不同的风景和文化，领略大千世界的神奇多样。学习地理，我们可以与整个世界建立联系，了解这个世界上正在发生什么，听听这个世界上还有什么样的奇观我们未曾见过。

那么，现在我们将要用地理视角，重新认识我们的家乡，重新认识我们的祖国。在出发之前，让我们一起来思考一个问题：你了解自己的家乡吗？你了解自己的祖国吗？

家乡是我们情感的归处，也是我们记忆生存的空间。生活在这里的每一个人、从头顶飞过的每一只鸟、在窗台遇见的每一朵花，都和我们的生活有着千丝万缕的联系。叫出一条小河的名字、说出某条街巷上有哪些店铺、知道一些地名背后的故事，这些都是我们对家乡的

认识。

　　祖国是我们更辽阔的家乡，拥有悠久璀璨的文化、无比壮美的山河，我们每个人就像是祖国的一个"细胞"。在祖国，还有许多你未曾到过的地方，那里有着和你的家乡不一样的气候和风景，生活着你可能从未听说过的动物和植物。居住在那里的人们，吃着不一样的早餐，说着不一样的方言，看着不一样的表演。

　　我们的家乡，是值得"阅读"的家乡；我们的祖国，是值得"阅读"的祖国。总有一片风景，会在你的记忆中扎根；总有一个故事，会引起你浮想联翩。

　　很早以前，古代中国人就认为大地是一本"巨大的书"，并且劝说子孙要做到"读万卷书，行万里路"。"阅读"和"旅行"，都是我们用来了解这个世界的方式。然而，阅读一套"地理书"，却是一件能将"阅读"和"旅行"同时进行的事。这套书将带你饱览广袤的祖国大地，翻开书就能向远方出发，领略旅行途中的风景和文化。你还可以带上这套书，去更遥远的地方走一走、看一看，去寻找这套书里面写到的美丽景色与奇妙文化，看看是不是像书里写到的这样有趣。

　　这套书的作者辞霏是一个拥有地理视角的"背包客"，她的足迹遍布祖国大地，喜欢用文字记录地理考察的心得。这套书中的内容，许多源自她自己在旅行中的见闻。读到这些文字，我仿佛听见她的声音在召唤：来吧，跟着我来旅行吧！

　　翻开这本书，也就是旅程的开始。沿着黄河之曲，听听华北的传奇历史；一路向北而上，闯进东北的凛冽寒冬；重走丝绸之路，领略大西北的壮阔风光；攀过千年蜀道，体验大西南的神秘风情；顺着高

速铁路，感受华中的风土人情；翻山越岭南下，走进华南的鸟语花香；顺着长江向海，感受华东繁华的城市生活……

那么，现在出发吧！让我们一起踏上旅程，学会用地理视角，去看看我们的家乡是什么样的，去看看我们的祖国是什么样的。

目录

2 星罗棋布的江河湖泊间，蕴藏着哪些秘密？

华东地区：沿着长江分布的湖泊和河流

黄浦江
一侧是浦东，
一侧是浦西

028

鄱阳湖
中国最大的
淡水湖

041

浊水溪
台湾岛上最
长的河流

047

026

洪泽湖
吉祥的
"破釜塘"

030

钱塘江
"天下之伟
观"的大潮

038

京杭大运河
伟大的运河
工程

043

赣江
江西省的
"母亲河"

024

太湖
既养三国城，
又养水浒城

033

淮河
一侧是北方，
一侧是南方

036

045

巢湖
安徽最大的
"鸟巢"湖泊

闽江
从武夷山脉
奔来

3 千变万化的地形地貌间，都有哪些景象？

华东地区：这里的丘陵和岛屿遍布交织

长江中下游平原
河网密布的
超大型平原

052

东南丘陵
中国"三大
丘陵"之首

060

058

江淮平原
地势低洼的
富饶平原

054

武夷山脉
奇峰异洞丛
生的宝藏
山脉

玉山山脉
"浑然美玉"
之山

065

050

黄河三角洲
这里有发
达的生态
和经济

056

罗霄山脉
矿产和水能
资源真丰富

062

舟山群岛
中国最大
的群岛

紧跟飞禽走兽，探秘意料之外的奇花异草

华东地区：在潮湿地区生长的植物，游走在江河中的精灵

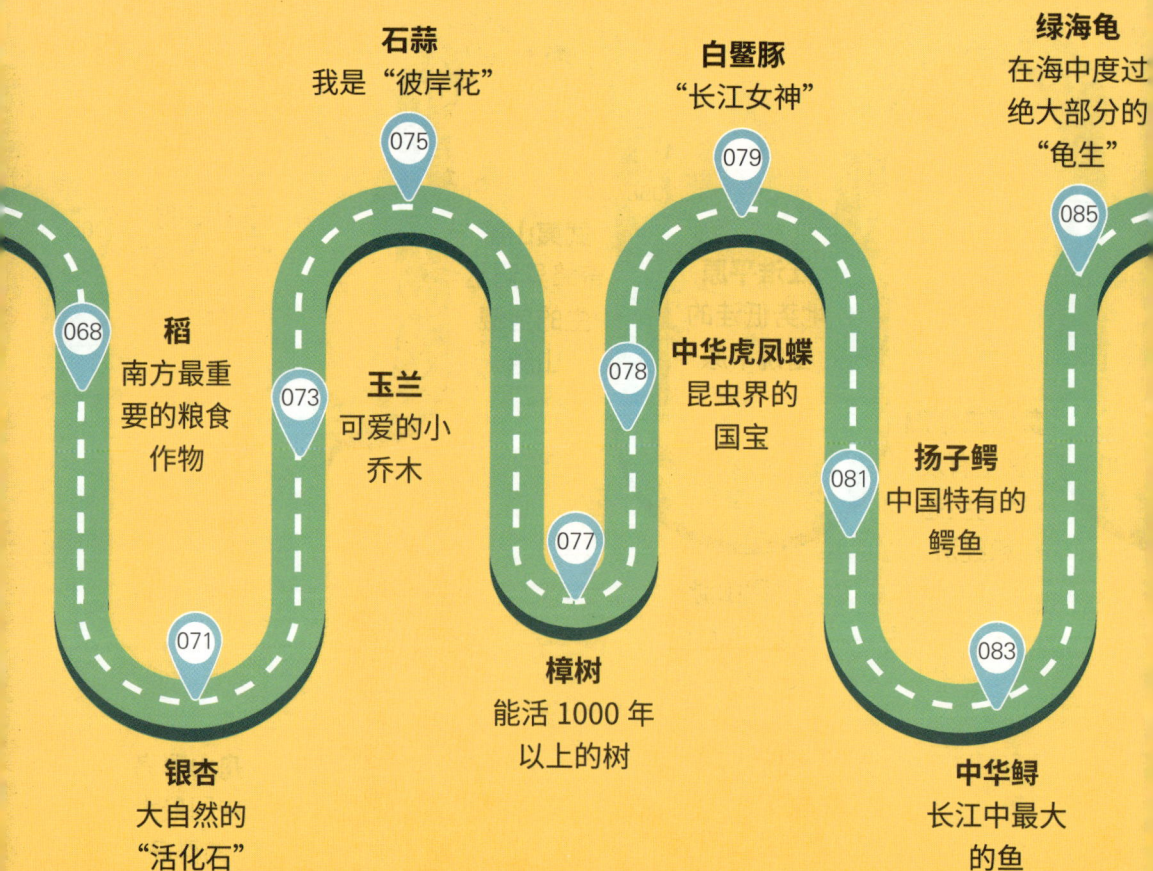

石蒜
我是"彼岸花"

075

白鱀豚
"长江女神"

079

绿海龟
在海中度过
绝大部分的
"龟生"

085

068
稻
南方最重
要的粮食
作物

073
玉兰
可爱的小
乔木

078
中华虎凤蝶
昆虫界的
国宝

081
扬子鳄
中国特有的
鳄鱼

071
银杏
大自然的
"活化石"

077
樟树
能活 1000 年
以上的树

083
中华鲟
长江中最大
的鱼

我国华东地区包括哪几个省、直辖市？

山东省

美丽海滨，齐鲁大地

地理小辞典

我的读音：Shāndōng Shěng
我的简称：鲁
我的省会：济南市
我的面积：15.58 万平方千米
我的由来："山东"这个名字最早指崤山、华山以东的地区，从金代开始作为政区的名称沿用至今
我的位置：位于中国东部沿海、黄河下游，东临渤海和黄海，与河北、河南、安徽、江苏四省毗邻
我的故事："登高望蓬瀛，想象金银台。天门一长啸，万里清风来。"——（唐）李白《游泰山六首》

山东省又被称为"齐鲁之邦"，这片土地孕育的齐鲁文化，对中华文化产生了非常深远的影响。东周时期，这里曾是鲁国和齐国的领土。儒家思想的代表人物孔子、孟子均出生于鲁国，因而山东又被称为儒家文化的发祥地。山东还被称为"海岱文化"区，"海岱"指的是山东省渤海到泰山之间的地带。

山东省中部是凸起的山地，东部主要是山东半岛，西部和北部是华北平原的一部分，南部主要分布着一些丘陵。黄河穿过山东，从东营市入海，并在这里形成了黄河三角洲。山东半岛是中国最大的半岛，它从大陆凸起，一直延伸到渤海和黄海之间。沿海的丘陵起伏连绵，为来往的船舶提供了优质的港湾，如威海湾、青岛胶州湾、烟台芝罘（fú）湾等。

山东省物产丰饶，这里蕴藏着丰富的黄金、金刚石、煤、铁等矿产资源；小麦产量居全国前三；沿海地区盛产海鲜，除了各种寻常的北方冷水鱼，对虾、扇贝、鲍鱼、刺参、海胆等海珍品的产量均居全国首位。

山东潍坊是国际知名的"风筝之都"，每年都会举办盛大的风筝节

你听说过这些来自山东的文物吗？旅行家"拍了拍"你！

八角星纹彩陶豆

出土于泰安市大汶口遗址，是一件大汶口文化彩陶器，距今有 4000 多年的历史。"豆"既是一种盛装食物的容器，也是一种祭祀用的礼器。

齐王墓青铜方镜

西汉时期青铜器，出土于淄博市大武公社窝托村南古墓，镜长 115.1 厘米，宽 57.5 厘米，重 56.5 千克。我国出土的圆形铜镜比较多，像这种方形且巨型的铜镜是很少见的。

📍 我国华东地区包括哪几个省、直辖市？

出土于山东省益都县苏埠屯一号商墓，是商代的一种兵器，也用作刑具或仪仗用具，是一种王族的象征。

商龙凤冠人形玉佩

出土于泰安龙门口水库，是商朝时期的玉佩。

江苏省
诗情画意的"鱼米之乡"

地理小辞典

我的读音：Jiāngsū Shěng

我的简称：苏

我的省会：南京市

我的面积：10.72 万平方千米

我的由来：取康熙年间这里的江宁与苏州二府名字中的第一个字，合并为"江苏"

我的位置：东邻黄海，东南同上海市接壤，南邻浙江省，西邻安徽省，北邻山东省

我的故事："江南好，风景旧曾谙。日出江花红胜火，春来江水绿如蓝。能不忆江南？"——（唐）白居易《忆江南》

苏州的寒山寺始建于南朝梁时期，张继的诗"姑苏城外寒山寺，夜半钟声到客船"讲的就是这个地方

从全国来看，江苏省是地势最低平的一个省，其境内大部分是长江和淮河下游的大片冲积平原；一些低山和丘陵主要分布在西南部的南京和镇江一带，以及东北部的连云港、南部的太湖一带。

江苏省境内河渠纵横、水网稠密，尤其是在长江以南的太湖平原和江淮之间的里下河平原，是名副其实的"水乡"。中国的五大淡水湖中，排行第三的太湖和排行第四的洪泽湖都位于江苏。长江横穿江苏省，并把它分割成江北和江南两部分。江南独特的水乡风光名扬天下，在这里能看见"小桥流水人家"的景象，其中还点缀着昌盛的水稻、油菜、蚕桑等精耕细作的产业。江北地区是优良的棉产区，丰饶的土地上生长着优良高产的水稻和小麦，地下还蕴藏着石油和天然气。

从古至今，江苏都是很富庶的地方。东吴文化、金陵文化、淮扬文化……都诞生自江苏地区。在南京汤

我国华东地区包括哪几个省、直辖市？

山，人们发现了猿人化石，说明早在 50 万年以前这里就有古人类生活了。战国时期，这里属于吴国的疆域，吴王阖闾是春秋五霸之一；三国时期，这里是东吴的领地。到了隋代，沟通南北的大运河建起来了，处于大运河与长江交点的江苏地区从此变得更加繁荣。如今，扬州、苏州等地都是中国繁华的商业中心。

金山寺位于江苏镇江市区西北部的金山之上，据说"白娘子水淹金山寺"的故事就发生在这里

你了解"梅雨"现象吗?

在江南地区流传着一句谚语:"雨打黄梅头,四十五日无日头。"在梅雨到来的时间里,天空几乎一直都被阴云笼罩,降水连绵不断,有时候是丝丝小雨,有时候又是倾盆大雨,变化无常。在这段时间,由于空气潮湿,百姓家中的器物变得容易发霉,所以"梅雨"又被人们戏称为"霉雨"。

简单来说,"梅雨"是这样形成的——当来自南方、携带着大量水汽的暖空气,与来自北方、气温较低的冷空气在江淮地区相遇时,两者势力几乎相当,于是两者暂停下来,不再流动,并产生强烈的对流活动,在江淮地区形成连绵降雨。

江淮地区是我国重要的农业生产基地,梅雨期对江淮地区的生产情况影响很大。由于梅雨通常发生在每年的 6 月上旬至 7 月中旬,正好是江淮流域夏收夏种的时节。如果梅雨适时、适量,就能够为当地的干旱和高温做好水分储备;如果梅雨过多,可能使当地发生洪涝灾害。

我国华东地区包括哪几个省、直辖市?

上海市

繁忙的"东方明珠"

今天的上海,是当之无愧的国际大都市。上海市是中国近代工业发展最早的地方,也是中国最大的工业城,纺织、服装、化工、造船、汽车等工业种类非常齐全,并且都走在中国的前列。其实,上海不仅是一座时尚现代的大都会,还是一座历史文化名城。上海青浦县城东有一处"崧泽遗址",保留着 6000 多年前人类生活的遗迹;上海老城厢的"豫园",是一座始建于明代的古典园林。

黄浦江将上海分为浦东和浦西两个部分。曾经,浦东的发展非常缓慢,而浦西却已经是"十里洋场"上海滩。1990 年,这种局面出现了转机:浦东开发区开始兴建。在很短的时间内,浦东便发生了翻天覆地的变化:南浦大桥等大桥相继建成,东方明珠塔成了整座城市的标志,各式各样的高楼

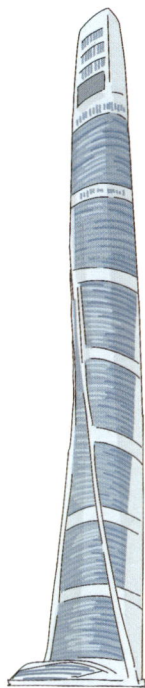

上海中心大楼总高 632 米,是目前中国的第一高楼

大厦如雨后春笋般矗立起来……浦东新区的巨变也带动了浦西的发展。如今的上海，在全球十大城市中排在第三位。这里有世界上规模最大的集装箱港口——上海港，还有世界上运营里程最长的城市轨道交通系统——上海地铁。

上海是一座"博览之都"，全市至少有上百所博物馆、展览馆，如上海博物馆、上海历史博物馆、上海科技馆、上海天文馆等。如今，每年都会有许多大型国际活动在上海举办，如上海国际艺术节、上海国际电影节等。

来上海游玩，一定要尝尝这里的阳春面、蟹壳黄等美食

你知道什么是"弄堂"吗？

　　"弄堂"是上海人对小巷的俗称，指的是建筑与建筑之间的通道，和北京的"胡同"类似。早期的传统弄堂，两侧是木质的联排房屋，但木质房屋容易失火，后来便演化为"石库门"——一类以砖木和钢筋混凝土为材料建造的排屋。上海的石库门弄堂很有特点，由于上海"地皮紧张"，房屋摆列得很紧凑，弄堂就显得很狭窄，甚至有上百个单元联排而成的石库门弄堂。

　　对于上海人来说，弄堂是重要的生活空间。人们在弄堂里摊开桌子吃饭，用弄堂里公用的水龙头洗衣服，小孩子在弄堂里追逐嬉戏，老人坐在弄堂里乘凉，还有商贩推着各种小吃点心穿梭在弄堂里叫卖……

我国华东地区包括哪几个省、直辖市？

"弄堂"是上海人独特的生活空间

安徽省

如画风景尽在江淮岸畔

地理小辞典

我的读音：Ānhuī Shěng

我的简称：皖

我的省会：合肥市

我的面积：14.01 万平方千米

我的由来：取康熙年间安庆、徽州二府名字中的第一个字，合并为"安徽"

我的位置：东连江苏省、浙江省，西接湖北省、河南省，南邻江西省，北靠山东省

安徽简称"皖"，据说是因为这里曾经是春秋时的一个伯国，名叫"皖国"。一提到安徽，不难使人联想到戏曲：黄梅戏是中国五大戏曲剧种之一，徽剧是京剧的主要源流之一，池州的傩戏号称"戏剧活化石"，淮河两岸流行的花鼓灯被誉为"东方芭蕾"……庐剧、坠子戏、泗州戏等多种戏曲形式都能在安徽看到，这里真不愧是"中国戏曲之乡"。

长江、淮河在安徽省境内流淌而过，并将安徽分为皖北、皖中、皖南三个部分。位于淮河两岸的皖北，是一派经典的北方景象，这里的人们种小麦、吃面食；位于安徽中心的皖中，西面毗邻大别山，更像是一片南北之间的过渡区域，既有北方的特点，又有南方的韵味；位于长江南岸的皖南，则与南方地区融为一体，种水稻、吃米饭。

在历史上，安徽的商人做生意特别厉害，徽商是我国历史上的"五大商帮"之一。如今，在歙县、休宁、黟 (yī) 县一带，还能看到许多以前徽商盖的房子，都是白墙黑瓦的徽派建筑。现在，安徽省的合肥、芜湖、马鞍山、铜陵、安庆、滁州、池州、宣

伯国：春秋时期伯爵的封地。

五大商帮：指徽商、粤商、晋商、浙商、苏商。

我国华东地区包括哪几个省、直辖市？

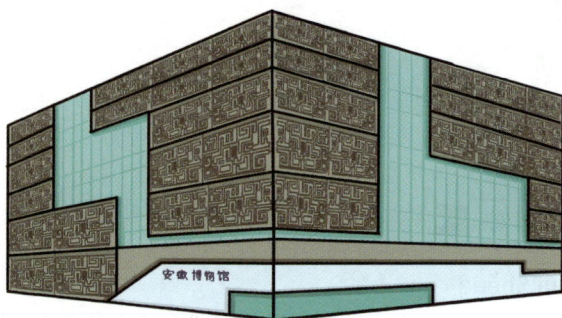

安徽博物馆位于合肥，馆藏凤纹铜方鼎、唐三彩双系凤柄壶等

城与上海市以及浙江省、江苏省的部分城市，构成了长江三角洲城市群，在国家现代化建设和开放格局中具有重要地位。

安徽是著名的"文房四宝"之乡

文房四宝是中国独有的书法、绘画工具，包括笔、墨、纸、砚。安徽素来被称作"文房四宝之乡"，是因为这里盛产笔墨纸砚。其中，笔有宣笔、界首毛笔、淮北毛笔，纸有泾县宣纸、潜山和岳西的桑皮纸，墨有徽墨、绩溪墨，砚有歙砚、淮南紫金砚、宿州乐石砚、宣城宣砚等。

如今，人们普遍认为品质最优秀的"文房四宝"是湖笔、徽墨、宣纸和端砚。湖笔是指原产自浙江湖州的毛笔，徽墨是指原产自安徽徽州歙县的墨，宣纸是指原产自安徽宣城的纸，端砚是指原产自广东肇庆的砚台（肇庆古称端州）。

浙江省
被海岛簇拥的富饶之乡

地理小辞典

我的读音： Zhèjiāng Shěng

我的简称： 浙

我的省会： 杭州市

我的面积： 10.55 万平方千米

我的由来： 省内最大的河流钱塘江江流曲折，被称为折江，又称浙江，因此这里以江命名为浙江省

我的位置： 位于中国东南沿海，东临东海，南接福建省，西与安徽省、江西省相连，北与上海市、江苏省、安徽省接壤

我的故事： "孤山寺北贾亭西，水面初平云脚低。几处早莺争暖树，谁家新燕啄春泥。"——（唐）白居易《钱塘湖春行》

浙江省位于长江三角洲南部，是一个商贸发达的地方。你可能会发现，在网上购物时，许多商品的发货地都是浙江。通向欧洲的"义新欧"货运班列，就是从浙江义乌出发的，这是世界上运行线路最长、途经国家最多的国际班列；位于浙江宁波的舟山港，是全球首个年货物吞吐量突破 10 亿吨的大港。

浙江省的陆地面积不大，却是中国拥有最多海岛的省份。浙江省比较著名的海岛有宁波横山岛、台州大鹿岛、温州南麂（jǐ）列岛……其中最大的海岛是舟山岛，它是舟山群岛中的一座岛屿。

浙江沿海的一些地方受到上升寒流的影响，会在近岸区形成"浊水带"，这是鱼类的天堂。长江、钱塘江等河流注入这里的时候，会带来丰富的营养物质，在沿海处与海中的物质交汇在一起，就形成了

灵隐寺位于杭州西湖的西北面，据说是南宋高僧济公的修行地

○ 我国华东地区包括哪几个省、直辖市？

很适合海洋生物繁衍的环境。因此，人们在这里建起了许多渔场，其中最有名的就是舟山渔场。这些渔场除了出产大量的带鱼、大黄鱼等鱼类，还盛产梭子蟹、紫菜、海带等水产。

浙江还被称作"笔墨江南"，历史上许多著名的书画家都来自浙江，"初唐四大家"中的虞世南、褚遂良，元代的赵孟頫，明代的徐渭，近代的丰子恺、赵之谦、任伯年等，都是浙江籍的书画家。还有一些其他地方的书画家，也在浙江留下过他们的故事，如书圣王羲之的《兰亭集序》里提到的"兰亭"就位于浙江绍兴。

流过浙江东部的曹娥江是钱塘江的最大支流，因东汉少女曹娥入江救父而得名

浙江大学的历史可以追溯到 1897 年杭州知府林启设立的"求是书院"

你了解河姆渡文化吗?
旅行家"拍了拍"你!

　　河姆渡文化是一种新石器时代的文化,主要分布于浙江杭州湾南岸平原地区到舟山群岛一带,距今大约有 7000 年的历史。因为最早发现于浙江余姚的河姆渡镇,所以就称其为"河姆渡文化"。

　　在河姆渡文化遗址中,人们发现了用于耕作的耒耜 (lěisì) 等器具,还有稻谷、稻壳、稻秆的遗存。可见,在那个遥远的时代,生活在长江中下游流域的人们就已经掌握了水稻的栽培技术。在河姆渡文化遗址中还发现了很多陶器,其中一个陶盆上描绘着稻穗的图案,也说明那时候人们就已经开始栽培水稻。除此之外,人们还发现了哨、匕、锥等各种骨器,以及干栏式建筑遗存。

我国华东地区包括哪几个省、直辖市?

江西省

山清水秀的"赣鄱大地"

赣江由南向北贯穿江西省，一路通向鄱阳湖，因而江西省又简称"赣"。因为有赣江和鄱阳湖，江西省还被称作"赣鄱大地"。李清照曾感叹"至今思项羽，不肯过江东"，其中的"江东"就是江南的东部地区，而江西地区就是江南的西部地区。在古代，江西又被称作"江右"，江东也被称作"江左"。

江西省处在长江三角洲、珠江三角洲和闽南三角地区的腹地，北半部是一片宽广的平原——鄱阳湖平原，挨着鄱阳湖和长江。江西省四面环山，东面对着怀玉山和武夷山脉，西面对着幕阜山、九岭山和罗霄山脉，南面是九连山和大庾岭。

江西拥有丰富的矿产资源，尤

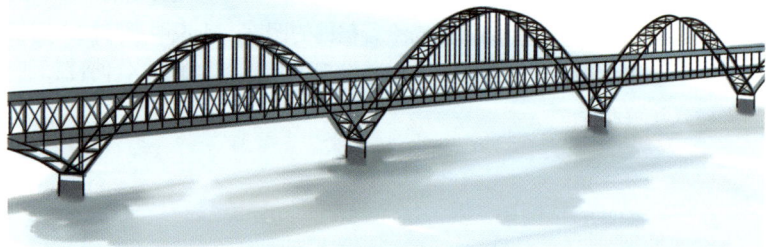

九江长江大桥横跨江西省和湖北省，是一座双层双线的铁路、公路两用桥

其是钨、铜、铀等金属储量丰富，"世界钨都"大余、"铜都"鹰潭等，都位于江西。江西还拥有大量的高岭土，所以这里烧制的瓷器质地精良，驰名中外的"瓷都"景德镇就位于江西。

你听说过景德镇的瓷器吗？

景德镇又被称为"瓷都"，位于江西省东北部，这里出产的陶瓷驰名天下。从宋代开始，景德镇就已经是非常有名的瓷器生产基地，"景德"这个名字就是宋真宗的年号，他把自己的年号赐给这里作地名，可想而知这里的瓷器品质是非常高的。郑和下西洋的时候，曾把许多景德镇瓷器销往海外。永乐青花瓷、成化斗彩瓷、嘉靖五彩瓷、清粉彩瓷……都是景德镇颇负盛名的创造。

到了元代，景德镇已经成为全国制瓷技艺最高的地区，我们常说的"青花瓷"就产自这里。现在保留下来的元代青花瓷器，如大瓷盘、高足碗、大葫芦瓶等，每一件都价值连城。到了明清时期，景德镇的陶瓷更是登峰造极。

制作精良的景德镇陶瓷，在很早的时候就名扬海外

我国华东地区包括哪几个省、直辖市？

福建省
大陆海岸线最长的省份

福建漳州有一座"八卦楼", 是由漳州古城城墙东南角楼改建而成的八角形三层木结构楼阁

　　福建省位于东海之滨, 隔着台湾海峡与台湾省相望, 是中国大陆与世界交往的重要窗口。依山傍海的福建, 峰岭耸立、丘陵连绵, 有九成的陆地面积都位于山地之上。福建省是出了名的"森林之省", 山地大多被茂密的森林覆盖。武夷山、太姥山、清源山、鼓山等, 都是福建的名山。

　　居于东海与南海要冲的福建, 拥有绵长的海岸线, 有福宁湾、东山湾、三沙湾等一众海湾。福建沿海地区的海岸线蜿蜒曲折, 适合修建港口, 现在已建成的有福州港、厦门港、泉州港等重要海港。福建坐拥众多岛屿, 包括厦门的鼓浪屿、宁德的三都岛、莆田的湄洲岛、平潭海坛岛等。

　　福建沿海地区形成了以渔业为主的海洋文明, 内陆地区则形成了以农业为主的客家文明。武夷山脉是福建省和江西省的界山, 正是这条山脉的存在, 使得福建和江西具有迥异的气候条件: 在夏季, 武夷

洛阳桥是泉州市洛阳江入海口处的一座跨海石桥，是中国境内第一座跨海石桥

山脉挡住了从海洋吹来的潮湿的风，使位于迎风坡的福建能够享受丰富的降雨，而位于背风坡的江西降雨则少得多；在冬季，武夷山脉挡住了从内陆吹来的寒冷的风，使得福建的冬天比江西的冬天更加温暖，不少作物还可以继续生长。

什么是"疍家文化"？

疍（dàn）家不是一个民族的名称，而是对某些沿海水上渔民的一种统称，他们主要分布在福建、广东、广西、海南等地。疍家人以船为家、以海为路、以渔为业，常年在水上漂泊，又被称作"艇户"。在海上生活中，疍家人形成了一些独有的习俗，如唱"咸水歌""哭嫁"等。如今的疍家人，主要分为生活在闽东地区的福建胥民和生活在广东一带的"水上人"。

我国华东地区包括哪几个省、直辖市？

台湾省
崇山峻岭的宝岛

"宝岛"台湾岛是我国的第一大岛，隔着台湾海峡和福建省遥遥相望。台湾夏长冬短，长期高温多雨，盛产菠萝、香蕉、柑橘等水果，也适合种植水稻、甘蔗、茶叶等作物。温暖湿润的气候和面积广阔的山地，孕育了台湾岛丰富的森林资源。在世界上，很少有像台湾这样的岛屿——在经济发达的同时，又能保持极好的生态环境。

淡水河位于台湾岛的北部，是台湾第三长的河流

台湾全年降水丰沛，气候非常湿润。中国年降水量最大的地区——火烧寮，就位于台湾东北部，这里被称为中国的"雨极"。台湾的基隆港也因降水量丰沛而被称为"雨港"。对于四面环海的台湾来说，台风带来的影响是很大的。强烈的台风会为这里带来许多自然灾害，但若没有台风带来的雨水，台湾的冬季就很容易干旱。为了预防自然灾害，这里修筑了许多水坝，雨季时用来蓄水和发电，旱季时可以提供民生用水。

台湾自古以来就是中国的领土。明朝末年，台湾曾被荷兰和西班牙侵占，后来民族英雄郑成功从列强手中夺回了台湾；清朝末年，清政府以《马关条约》将台湾割让给日本，台湾又落入了帝国主义的手中。抗日战争胜利后，台湾才回到了祖国的怀抱。风云变幻的400年间，这座美丽的小岛承受了太多本不应该承受的沉重。统一与和平，是两岸人民的共同期盼。

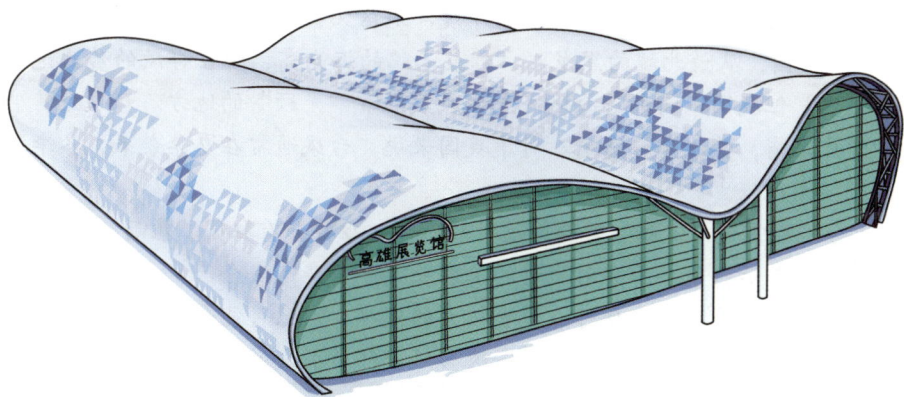

高雄展览馆是一座多功能临港会展中心

我国华东地区包括哪几个省、直辖市？

基隆港是台湾省重要的国际商港

你了解台风吗?

台风是一种产生在热带海面、极速旋转的强烈风暴,在东亚被称作"台风",在北美被称作"飓风",在印度洋地区又被称作"风暴"。

在我国,从最北端的黑龙江,到最南端的海南岛,都在台风的势力范围之内,但我国东南部沿海地区是台风最经常"光顾"的地方。台风尤其钟爱广东省,其次是台湾省。对于我国来说,台风通常在夏季袭来,冬季的时候出现较少。

台风经常带来灾难。当台风过境的时候,往往会有狂风、暴雨、巨浪、海啸紧随其后,这些都会对附近的工农业生产、交通安全产生一定影响。在台风登陆的地区,房屋可能遭受极大的破坏,船只可能会被毁坏,大片的庄稼作物可能被直接摧毁。每一次台风登陆所引发的严重洪涝和风灾,都可能给人们带来极大的生命财产损失。

实际上,台风也并非一无是处,它也有有利的一面。例如,在台风发生最集中的夏秋季节,恰逢东南沿海及长江中下游地区的伏旱时节,随台风而来的适量降水,能够较有效地缓解这些地区的旱情。

② **星罗棋布的江河湖泊间，蕴藏着哪些秘密？**

太湖

既养三国城，又养水浒城

我的读音： Tài Hú

我的由来： 据说商末的时候，泰伯在今天的无锡梅里一带建造小城，叫作"太伯邑"，太湖因此得名

我的别称： 太溁（gé）、震泽

我的位置： 位于江苏省的南部，江苏和浙江交界处

我的故事： "万历丁未，始泛舟太湖，登眺东西洞庭两山，访灵威丈人遗迹。"——（明）陈函辉《徐霞客墓志铭》

太湖是中国第三大淡水湖，位于江苏省南部和浙江省北部交界的位置。太湖的周边主要有江苏的苏州、无锡、常州和浙江的湖州、嘉兴等城市。俯瞰太湖，湖面的形状就像一轮凸月。太湖拥有众多河口，黄浦江、娄江、吴淞江、望虞河等数十条河流都与太湖相连。

沙洲将海湾封闭起来而形成的湖泊，被称为"潟湖"。太湖就是一个潟湖，它曾经是东海海湾的一部分，长江和钱塘江不断带来的泥沙沉积在这里，逐渐将海湾封闭起来，形成了一个湖泊。后来，从内陆而来的江河不断地为太湖注入淡水，所以，太湖逐渐从"海水湖"变成了淡水湖。

太湖是一片水产宝地，这里生活着上百种鱼类。著名的"太湖三白"，指

太湖拥有众多的河口，许多的河流经过这里

的是出产自太湖的三种河鲜——白鱼、银鱼和白虾。太湖的螃蟹也特别出名，秋冬季节，太湖的"大闸蟹"尤其肥美。

你可能听过"太湖石"，它常常作为古典园林中的假山出现。这是一种园林石，原产自太湖。这种石头原是普通的石灰岩，但在水浪的冲击下产生各种各样的窝孔、穿孔、道孔，形态非常奇特，人们喜欢将它们摆在园林里作为装饰。有专门的采石工人会携带工具潜到湖下取石头，然后再用大绳捆着吊上大船，运到岸上。

什么是圩（wéi）田？

圩田是由水边低洼地改造而成的农田，主要分布在一些河边滩地或湖泊淤地。人们在这些地方修建堤坝，将田围起来，把水阻挡在堤坝以外，然后在围内挖沟渠、设涵闸，平时把闸关好，不让水进来，缺水的时候就开闸放水，这样非常方便排水和灌溉，田地既不怕旱也不怕涝。我国古代的农民很早就开始通过修建堤防来治理洼地，而圩田至少在唐代就已经开始流行了。宋代杨万里的诗句"周遭圩岸缭金城，一眼圩田翠不分"，形容的就是当时圩田四布的景象。在太湖流域，至今还分布着许多圩田。

"圩田"是古人改造低洼地的一种手段

洪泽湖

吉祥的"破釜塘"

地理小辞典

我的读音：Hóngzé Hú

我的别称：富陵湖、破釜塘、洪泽浦

我的位置：位于江苏省西部，淮河下游

洪泽湖是中国的第四大淡水湖，位于江苏省西部，处在淮河下游。洪泽湖地区从前分布着一些浅水小湖，这些小湖主要是由地壳断裂产生的凹陷形成的。后来，由于黄河夺走了淮河的入海水道，被"倒灌"之后无法顺利入海的淮河水就漫延到这些小湖里，小湖越来越大，最后连成了现在的洪泽湖。对于如今的淮河流域来说，洪泽湖是一座重要的"水库"，在水位调蓄和环境改善方面具有重要作用。除了淮河以外，安河、濉（suī）河、老汴河等河流也从洪泽湖经过。

实际上，洪泽湖是一个"悬湖"，它的湖底比它所在的里下河平原高出好几米。洪泽湖能够"悬起来"，主要是因为人们在它周围修建了洪泽湖大堤。洪泽湖大堤又被称作"高家堰"，位于江苏省淮安市，是非常古老的水利工程。据说，最初是由东汉建安年间的广陵太守陈登主持修建的，不过，当时修建的大堤全长只有30里左右。

后来，经过历朝历代的修筑，堤坝的规模越来越大，最终形成了今天的洪泽湖大堤。如今，在大堤沿线还有一些减水坝的遗址，其中，最著名的当数"上五坝"，它们是分别用儒家"五常"——仁、义、礼、智、信命名的五座减水坝。

洪泽湖是淮河中游的"天然水库"，"南水北调"工程东线的一部分会经过洪泽湖

2 星罗棋布的江河湖泊间，蕴藏着哪些秘密？

黄浦江

一侧是浦东，一侧是浦西

地理小辞典

我的读音：Huángpǔ Jiāng

我的位置：位于上海市境内，处在长江三角洲的前缘

我的故事："三江既入，震泽底定。"——《尚书·禹贡》

　　黄浦江是上海市境内最大的河流，它将上海分为"浦西"和"浦东"两个部分。传说黄浦江是"战国四君子"之一春申君黄歇开凿的，所以这条江还有一个名字叫"春申江"。黄浦江是长江入海之前的最后一条支

黄浦江是上海的"母亲河"

流，它从吴淞口注入长江，然后奔向东海。

黄浦江是上海的"母亲河"，为上海提供用于居民生活、农业灌溉、工业消耗的水源。水深、浪缓、港阔的黄浦江，是上海重要的航运通道。从黄浦江的两岸，我们能看见上海市最繁华的夜景，包括著名的外滩、陆家嘴金融中心、东方明珠塔等。在黄浦江上，我们还可以乘坐游船观赏"夜上海"。

以前，要想横跨黄浦江修筑桥梁并不是一件容易的事情，人们虽然很早就有在黄浦江上建桥的想法，但一直因为各种原因而没有实现。黄浦江上的第一座大桥叫"松浦大桥"，是在 1970 年建成的。此后，人们又在黄浦江上修建了杨浦大桥、南浦大桥、徐浦大桥等十几座桥梁。再到后来，人们又修建了十几条穿过黄浦江的隧道，如郊环隧道、复兴东路隧道、打浦路隧道；上海轨道交通 2 号线、4 号线等轨道交通线路也穿过黄浦江。所以，现在渡过黄浦江，已经是很容易的事情了。

淀山湖——黄浦江上游的"天然水库"

位于上海市青浦区与江苏省苏州市昆山市交界的淀山湖，是黄浦江的主要发源地，它是上海市内最大的淡水湖，属于太湖水系的一部分。对于上海市来说，淀山湖是一个天然的水库，它为上海市提供水源，也起着调节径流的作用，还很适合开发水产养殖。此外，这里也是沟通上海与苏南地区的重要水上通道。

钱塘江

"天下之伟观"的大潮

地理小辞典

我的读音： Qiántáng Jiāng

我的由来： 据说是因流经钱塘县而得名

我的别称： 折江、之江、罗刹江

我的位置： 发源于安徽省，流经浙江省西部

我的故事： "浙江之潮，天下之伟观也。"——（宋）周密《观潮》

钱塘江是浙江省的第一大河，"浙江"是它的一个古称，这也是浙江省名称的由来。"浙江"有南、北两个源头——南源的兰江和北源的新安江。人们一般把"浙江"上游富阳段称为富春江，下游杭州段称为钱塘江。元代黄公望的作品《富春山居图》，描绘的就是富春江上的美丽景象。

钱塘江的大潮被誉为"天下第一潮"

使钱塘江闻名天下的，主要是被誉为"天下第一潮"的"钱塘潮"。钱塘潮是一种潮汐现象，它的壮美主要归功于杭州湾的"喇叭口"地形。杭州湾口的南、北两岸相隔约100公里，越往内陆两岸距离越小，直到只有几公里；钱塘江注入杭州湾的时候，河道突然变窄、变浅，但是汹涌的河水仍然奔腾向前，冲击两岸，形成"一跃千丈"的浪潮，气势磅礴。钱塘潮一般在农历每个月的初一至初三、十五至十八出现，其中最为壮观的是农历八月十八的潮水。每年这个时候，许多人慕名而来观看钱塘江大潮。江畔海宁市的盐官镇是一个看潮的绝佳位置，在这里能够看到壮阔的"一线潮"。

但是，汹涌的潮水也会给生活在附近的人带来困扰。为了抵御浪潮的侵袭，钱塘江两岸的人修建了"海塘"。所谓"塘"，就是一种"堤"，形式上是一种陡墙，用来抵挡浪潮。从新石器时期开始，居住在钱塘江两岸的人就开始尝试用柴、土、石头等修筑海塘。到了明清时期，为了确保漕粮的供应，官府非常重视海塘的建设和维护，组织修缮了绵延数百里的江南海塘。

华东地区：沿着长江分布的湖泊和河流

潮汐现象是如何发生的？

根据万有引力定律我们知道，月球对地球和地球上的事物是有吸引力的，当月球的引力达到一定程度的时候，海水就会被吸起来，形成"涨潮"现象，人们也通常把月球吸引海水涨潮的这种力称为"引潮力"。因为天体在不停地运动，所以各地海水所受到的"引潮力"也在不断发生变化，于是地球上的海水就会发生时涨时落的运动，潮汐现象就这样形成了。

地球表面各地距离月球的远近不一样，所以各处海水所受到的"引潮力"也有差异。一般来讲，正对着月亮的地方引潮力比较大，背对着月球的海水所受引潮力较小。但这个时候另一种力——离心力就变大了，海水在离心力的作用下向着背对月球那面跑，在这种情况下也会出现涨潮。

星罗棋布的江河湖泊间，蕴藏着哪些秘密？

虽然地球上的潮汐主要是月球引起的，但是太阳的贡献也不可以忽视。在满月和新月时，太阳、地球、月球处于同一条线上，地球受到的太阳引力和月球引力也就正好处于一条直线上，这时候就会产生"高潮"，中国人把它称为"大潮"或"朔望潮"；在上弦月或下弦月时，月球的引力作用和太阳的引力作用方向不在一条线上，这时候就会产生"低潮"，中国人把它称为"小潮"或"方照潮"。

　　那么，是谁最先发现潮汐和月球有关系的呢？根据记载，早在东汉时期，一位名叫王充的思想家，就在他的作品《论衡》中提到过涌潮会随着日月盈亏变化。最早提出"月亮起潮论"的是1000多年前北宋的一位官员，名叫余靖，他在自己的作品《海潮图序》中提出：潮汐的形成可能主要与月亮有关。

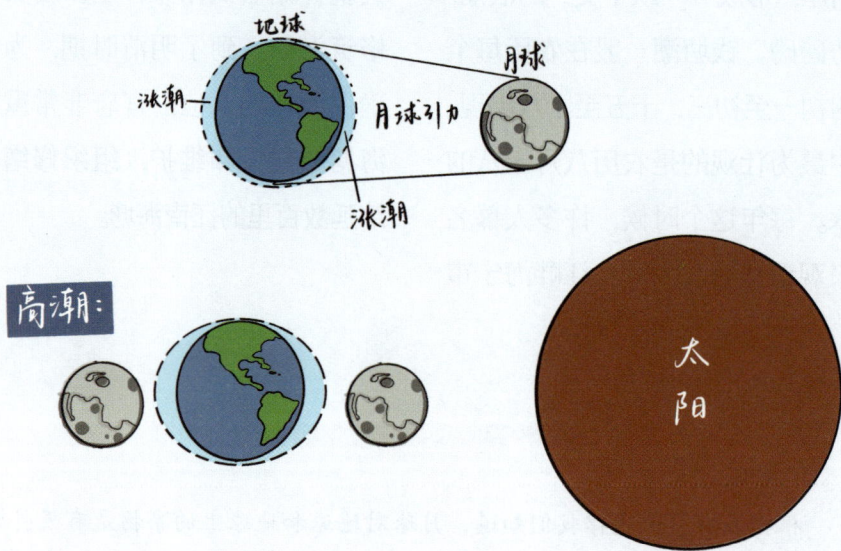

潮汐是地球上的海水受月球和太阳的万有引力作用而引起的周期性涨落现象

淮河

一侧是北方，一侧是南方

地理小辞典

我的读音： Huái Hé

我的由来： 甲骨文中，"淮"字由表示水流的"川"和表示鸟的"隹"构成，意为飞鸟掠过河流；"淮水"最早的意思就是"只有大鸟才能飞跃的大河"

我的别称： 淮水

我的位置： 介于长江与黄河之间，流经湖北、河南、安徽、山东、江苏五省

我的故事： "导淮自桐柏，东会于泗、沂，东入于海。"——《尚书·禹贡》

黄河流域和长江流域中间，还有一条自西向东的大河，这就是淮河。淮河汇合了安徽、河南、山东和江苏北部的许多小河流，一路上也连通着许多湖泊。

淮河是一条具有特殊意义的河流——当大别山一路绵延到安徽省西部而越发低矮、逐渐消失的时候，它便取代秦岭、大别山的位置成为中国南北地区的分界线。古人说"橘生淮南则为橘，生于淮北则为枳"，是说淮河以南的橘树结出的橘子又大又

淮河发源于河南省南阳市的桐柏山，流经湖北、河南、安徽、山东、江苏五省

🔍 星罗棋布的江河湖泊间，蕴藏着哪些秘密？

甜，而移植到淮河以北就结出苦涩的"枳"，这说明淮河南、北两岸的自然条件相差很大。

淮河流经的平原非常丰饶、肥沃，这里不仅是重要的粮棉产地，还蕴藏着种类丰富且品质优良的地下资源，如淮南煤矿和淮北煤矿的总储量高达 220 亿吨，并且开采和运输都非常便捷。

在历史中，黄河曾经多次入侵淮河，给淮河带来了许多泥沙，使淮河的河床越积越高，最终成为高悬于两岸之上的"悬河"。据记载，在明嘉靖年间，黄河曾在野鸡岗决口，河水奔腾向南涌进淮河，最终汇入淮河的河道流入大海。由于泥沙的侵袭，淮河的下游总是淤塞，河水甚至常常倒流、泛滥。到了现代，随着沿岸工业的发展，淮河又不断遭受污染，沿岸不少城市甚至面临着"守着大河无水吃"的严峻形势。

后来，国家大力修整淮河，完成了"渒（pì）史杭"工程、苏北灌溉总渠等一系列大型水利工程，淮河流域的洪涝问题得到了有效解决。现在，人们也一直致力于淮河的治理，淮河沿岸的生态环境逐渐好转。

我国的"七大水系"，你知道吗？旅行家"拍了拍"你！

松花江水系：东北地区中北部主要水系，主要分布于吉林省和黑龙江省，有一小部分位于辽宁省和内蒙古自治区。

辽河水系：东北地区南部河流，流经河北、内蒙古、吉林、辽宁4个省（自治区）。

海河水系：由潮白河、永定河、大清河、子牙河、南运河五大支流组成，地跨北京、天津、河北、山西、河南、山东、辽宁、内蒙古等8个省（自治区、直辖市）。

黄河水系：流经青海、四川、甘肃、宁夏、内蒙古、山西、陕西、河南、山东9个省（自治区）。

淮河水系：位于黄河与长江之间，流经河南、湖北、安徽、山东、江苏5个省。

长江水系：流经青海、西藏、四川、云南、重庆、湖北、湖南、江西、安徽、江苏、上海11个省（自治区、直辖市）。

珠江水系：由西江、北江、东江、珠江三角洲诸河组成。流经云南、贵州、广西、广东、湖南、江西以及香港、澳门8个省区。

② 星罗棋布的江河湖泊间，蕴藏着哪些秘密？

巢湖

安徽最大的"鸟巢"湖泊

地理小辞典

我的读音: Cháo Hú
我的别称: 南巢、居巢湖
我的位置: 位于安徽省中部地区,合肥市、芜湖市之间
我的故事: "成汤放桀于南巢。"
——《尚书·仲虺之诰》

处在长江与淮河之间的巢湖,是安徽省境内最大的湖泊,也是中国第五大淡水湖。巢湖位于安徽省的中间位置,周围主要的城市有合肥市、巢湖市、庐江市等。在巢湖的中心,有一座"姥山岛",是由火山爆发而形成的湖心岛,人们在岛上修建了许多塔院和庙宇,风光宜人。

在古代,巢湖是一处兵家必争之地,从北方南下,"占巢湖"就可以"望长江"。湖中的岛屿可以操练水师;沿岸农业发达,可以获得补给。清末李鸿章曾说"全皖之险为湖",这里的"湖"指的就是巢湖。

巢湖沿岸曾是孕育人类文明的摇

巢湖又称"南巢""居巢湖",这里有着丰富的水产资源

篮，和县猿人、银山智人等远古人类的踪迹都是在巢湖流域发现的。在巢湖流域的新石器遗址中，发现了一些简易的农具和炭化的稻谷，说明早在新石器时代生活在巢湖附近的人们就已经知道怎样种稻了。据说在数千年前，巢湖流域曾经有一个"古巢国"，它可能源自夏朝的"有巢氏"部落，在春秋时期又是"巢伯国"的一部分。巢湖流域曾出土过精致的玉器，如汉代的朱雀踏虎衔环玉卮、龙凤纹白玉环等，都是巢湖文明的见证。

在巢湖，我们能看到哪些鸟？动物学家"拍了拍"你！

东方白鹳

在中国是鸟中的国宝，属于白鹤的近亲，但体形比白鹤要大，嘴巴是黑色的，这是和欧洲白鹳最大的不同。东方白鹳在中国东北的中、北部繁殖，在长江下游及以南地区过冬。

青头潜鸭

一种中型游禽，也叫"东方白眼鸭"，善于潜水。在沿海和湖泊中过冬，是一种数量十分稀少的潜鸭。

白琵鹭

一种大型涉禽，长着一只琵琶形的大嘴，在水旁的高树和芦苇塘中筑巢。在中国，繁殖于北方部分地区，在长江中下游沿海和岛屿过冬。

黑颈鸊鷉

一种中型游禽，眼后有呈扇形散开的金黄色饰羽。分布于美洲地区和欧亚大陆及非洲北部。在中国数量稀少，是国家二级保护动物。

凤头麦鸡

一种中型涉禽，头顶有一束细长而朝前弯曲的黑色冠羽。在湿地、水塘、沼泽处栖息，以蝗虫、蛙类、小型无脊椎动物、植物种子为食。

京杭大运河
伟大的运河工程

全长1700多千米的京杭大运河，纵贯中国最丰饶的华北平原和东南沿海地区，是世界上里程最长、工程最浩大的古代运河。整条运河以洛阳为中心，北至北京、南到杭州，横跨了十几个纬度。

传说在春秋时期，吴王夫差为了北上伐齐，在长江和淮河之间挖了一条运河，这条运河从古邗（hán）城出发，因此被称为"邗沟"。此后出

京杭大运河沟通海河、黄河、淮河、长江、钱塘江五大河流

于各种目的，历朝历代都在这里陆陆续续开凿了一些河道。隋炀帝时期，都城位于长安，为了便于管理，将洛阳设为东都。为了征调天下的物资，特别是江南的大米、盐、茶、丝绸等，隋炀帝动用百余万劳动力，疏浚已有的河道，陆续开挖了以洛阳为航运中心、首尾相接的几段运河。他下令从洛阳出发向南开凿出一条运河穿过淮河和长江，直达现在的杭州；又向北开凿出另一条运河，通向现在的北京。这条规模庞大的运河就是著名的"隋唐大运河"，它以洛阳为中心，以通济渠、永济渠两渠呈"人"字形延伸，沟通了海河、黄河、淮河、长江、钱塘江五大河流。

然而，这条运河并不是我们如今看到的京杭大运河——现在的京杭大运河，是元朝统一全国之后改造而成的。元朝的都城建立于现在的北京，也需要调动江南地区丰富的物资，当时人们通过比较发现，内河运输比陆地车马运输和海路运输成本低、风险小。但当时隋代运河的一部分已经不能正常使用了。于是，人们巧妙地将山东境内的一连串天然湖泊通过河道连接起来，连通隋代修建的南北两端运河，将曾经的人字形运河改造成了一条直线形运河，纵贯黄河、长江与淮河，穿越中国南北地区。

如今的京杭大运河经过加宽、疏浚，又开通了一些新的河道，使这条运河被应用到更多工程中。我国南水北调的东线工程，就利用它将长江富余的水流调运到相对干旱的北方。

京杭大运河贯通海河、黄河、淮河、长江、钱塘江五大水系

② 星罗棋布的江河湖泊间，蕴藏着哪些秘密？

京杭大运河与长江、黄河等河流相遇的时候，应该怎么办？

　　由于河流会从地势较高的地方流入地势较低的地方，所以京杭大运河主要有南、北两种流向。当运河与自然河流交叉时，也有一定的处理措施。

　　当遇到"地上悬河"——黄河时，由于水位落差比较大，人们就在两河相交的地方设置船闸，利用"连通器原理"，慢慢把运河的水位抬高到黄河水位，再使船只进入黄河；然后再利用同样的方法将船只放到低水位，进入北段运河。

　　为了阻挡黄河的泥沙和汛期的水势，在黄河与运河相连接的地方还设有"拦沙坝"和"拦水坝"。船只经过大坝时，要通过"拖坝"或者"盘坝"的方式前行。所谓"拖坝"，就是用人力、畜力搅动转盘，把船只拖过大坝；所谓"盘坝"，就是把货物和船只转到另一侧的船只上。

鄱阳湖

中国最大的淡水湖

地理小辞典

我的读音： Póyáng Hú

我的别称： 彭蠡泽、彭泽、官亭湖、扬澜、担石湖

我的位置： 位于江西省的北部

我的故事： "渔舟唱晚，响穷彭蠡之滨；雁阵惊寒，声断衡阳之浦。"——（唐）王勃《滕王阁序》

位于江西省北部的鄱阳湖，是中国第二大湖，也是中国最大的淡水湖。鄱阳湖最早是一个由地壳陷落形成的盆地，后来在"海侵"中形成大湖。在古代，鄱阳湖是从北方进入江西的重要水道，赣江、抚河、信江、饶河等重要河流都汇入鄱阳湖。

鄱阳湖是一个"吞吐型"的湖泊，它的大小会随着季节的更替产生很大的变化，有很明显的"洪水期"和"枯水期"。春夏季节，鄱阳湖的湖面会涨起来，水面快速扩大；到了冬天，湖水又会降下去，大量的滩涂重新裸露在外，曾经完整的湖面上出现了一些弯弯曲曲的小水道。人们把鄱阳湖的这种变化，简称为"高水是湖，低水似河"。

鄱阳湖是中国第二大湖，面积仅次于青海湖。

⊙ 星罗棋布的江河湖泊间，蕴藏着哪些秘密？

在枯水期，鄱阳湖的四周会露出大片湿地，成为越冬水鸟绝佳的栖息地。因此，每到冬季来临，这里便成为候鸟的天堂。目前，人们已经在鄱阳湖自然保护区内发现了300多种鸟类的踪影。每年冬天，白鹤、白额雁、东方白鹳等成千上万的候鸟都会飞到这里来越冬。如今，这里已经成为世界上最大的鸟类保护区。

这些世界知名的淡水湖，你听过吗？

苏必利尔湖：位于加拿大的安大略省与美国的明尼苏达州、威斯康星州和密歇根州之间，是世界上面积最大的淡水湖，为美国和加拿大共有。

维多利亚湖：位于东非高原，处在肯尼亚、乌干达和坦桑尼亚三国的接壤处，是非洲最大的淡水湖，也是世界第二大淡水湖。

休伦湖：位于美国密歇根州和加拿大安大略省之间，是北美洲五大湖中的第二大湖。

密歇根湖：位于美国境内，是北美洲五大湖中唯一全部位于美国的湖泊。

坦噶尼喀湖：位于非洲中部，坐落在东非大裂谷区的西部裂谷部分，是非洲的第二大湖。

贝加尔湖：位于俄罗斯东西伯利亚南部，是全世界最深、蓄水量最大的淡水湖。

赣江

江西省的"母亲河"

<table>
地理小辞典

我的读音： Gàn Jiāng

我的由来： 据说古人根据赣江由章江和贡江交汇形成，创造了"赣"字，并用这个字为这条江命名

我的位置： 位于长江中下游南岸，贯穿江西省

我的故事： "赣水出聂都山，东北流注于江，入彭泽西也。"——《山海经》
</table>

赣江是长江的一条支流，它纵贯江西省，是江西省境内最大的河流。不难发现，"赣"这个字中包含着一个"章"字和一个"贡"字，据说"赣江"名字的由来是这样的：赣江的东源发源于武夷山，最初称为"绵水"，与湘水汇合之后称为"贡水"，赣江还有一个西源，叫"章水"，"章水"和"贡水"在赣州交汇，形成了赣江。

赣江中游地区有很多峡谷，这些地方水势凶猛，很适合开发

赣江是长江重要的支流，也是鄱阳湖流域最大的河流

📍 星罗棋布的江河湖泊间，蕴藏着哪些秘密？

水力资源。人们在这里修建了许多水电站，如老虎头水电站、白鹅峡水电站等，其中，万安水电站是江西最大的一座水电站。赣江沿岸有许多险滩，其中有著名的"十八滩"，主要分布在江西省的赣县和万安县境内，包括桃园滩、白涧滩、鳖滩等。在水电站落成之后，一些险滩正在或者已经消失，赣江的航运条件也得到了改善。

赣江流域气候温和、雨量充足，分布着广袤的森林。赣江两岸盛产水稻、甘蔗、茶叶、柑橘等作物。赣江的下游盛产鱼虾，是重要的水产基地。

赣江流域有哪些特产？旅行家"拍了拍"你！

三湖红橘

主要种植在吉安市新干县三湖镇，三湖红橘在宋朝就已经是进贡朝廷的贡品了，它的果肉鲜红而脆嫩。在三湖镇有一道传统的菜肴—— 陈皮酱，就是用鲜橘皮制作的。

狗牯脑茶

这个名字很有意思，是因为这种茶产于江西省遂川县狗牯脑山，这座山的形状像狗头。这种茶是江西名茶之一，最早种植于明代末年，有 300 年的历史了。

广昌白莲

江西省广昌县被称为"莲乡"，种植白莲的历史非常悠久，这里盛产的白莲色白粒大、口味清香。

赣南脐橙

有"中华名果"的称号，原产地江西省赣州市，脐橙的种植面积已经排在世界第一位了。由于赣南地区地处赣江上游，属于中亚热带南缘，山地条件适合种植脐橙。

闽江
从武夷山脉奔来

闽江是福建省境内最大的河流，福建全省约一半的地域都属于闽江流域。闽江有许多支流，最主要的三条支流分别是北源的建溪、中源的富屯溪和南源的沙溪，此外还有中下游的尤溪、古田溪和大樟溪等。虽然支流

闽江流域的降水很丰沛，所以闽江的水量很大、水流很急

② 星罗棋布的江河湖泊间，蕴藏着哪些秘密？

众多，但闽江最终并没有汇入其他河流，而是直接独自流入东海。

人们常说"蜀道难"，其实"闽道"也很难。福建的一大半地区都被山地覆盖，另外一小半地区又靠着海。在古代，生活在山水交错的福建地区的人们，想要与外界沟通并不是一件容易的事情。在这样的地理环境下，闽江在交通方面的作用就很明显了。闽江的航运条件其实并不算优越，沿江有多处险滩急流，但相比于福建省境内的其他河流，闽江的条件已经算很好的了。如今，闽江仍然是福建省重要的水上航道，沿江分布着福州港、南平港、芝城港等重要港口。

闽江的水流很湍急，适合用来发电。人们在闽江上建设了数十个水电站，其中水口水电站是规模最大的一个，而古田溪水电站是中国第一座"梯级水电站"。闽江经常因为暴雨而发生洪水，于是人们在闽江上兴修安砂水库、水口水库等水利设施，筑起了许多堤坝。

浊水溪

台湾岛上最长的河流

地理小辞典

我的读音： Zhuóshuǐ Xī

我的由来： 由溪水泥沙含量较高而得名

我的别称： 螺溪

我的位置： 位于台湾岛的中西部地区

我的故事： "浊水溪清，则时事有变。" ——（清）周钟瑄《诸罗县志》

浊水溪是台湾省最长的一条河流，它位于台湾岛的中西部地区，穿过台湾省的彰化、云林、南投、嘉义等地。因为这条河流的水中裹挟着大量泥沙，非常浑浊，因此，人们称它为浊水溪。它发源于中央山脉的合欢山南麓，一路上接纳万大溪、丹大溪和郡大溪等众多河流，之后又分成了四条支流，即北溪、西螺溪、新虎尾

浊水溪从东往西流，最终汇入台湾海峡

溪和北港溪，并最终通过这四条支流汇入大海。

浊水溪主流的上游叫雾社溪，沿岸地势险要，分布着许多陡峭的山崖和幽深的峡谷。人们根据这些地势条件建设了万大发电厂、万松发电厂、明潭发电厂、头社水库、雾社水库、日月潭水库等水利水电设施。

浊水溪是一条宽阔的河流，以前技术比较落后，在河上修筑桥梁是很困难的，所以，人们一般通过渡船过河，在河流沿岸设置了许多渡口。随着技术的进步，人们相继修建了西滨大桥、西螺大桥、集美大桥等跨河大桥。

台湾省还有哪些大河？

高屏溪：位于台湾省南部，是台湾岛上长度仅次于浊水溪的河流，流域面积广阔。

淡水河：位于台湾省北部，是台湾岛上的第三大河流，又称"淡江""稻江"。

曾文溪：位于台湾省南部，曾由于频频改道而被附近居民称为"青暝蛇"，人们在曾文溪流经大埔乡的地方修建了台湾省最大的水库"曾文水库"。

大甲溪：位于台湾省中部，主要的支流有七家湾溪、有胜溪、南湖溪、志乐溪等。

③ 千变万化的地形地貌间，都有哪些景象？

黄河三角洲

这里有发达的生态和经济

地理小辞典

我的读音： Huánghé Sānjiǎo zhōu

我的由来： 黄河三角洲主要因黄河的堆积作用而形成

我的分布： 位于黄河入海口附近，广义上指西至河南省巩县、北至天津、南到废黄河口的区域

世界上含沙量最大的河流——黄河，会创造出什么样的三角洲呢？黄河裹挟的泥沙，不断淤积在三角洲上，使得河口的淤泥越抬越高，甚至堵住了黄河的去路，于是黄河不得不"另辟蹊径"，从其他地方入海。因此，历史上的黄河不断摆动、改道，并创造出一个又一个三角洲。

黄河三角洲背陆面海，这里冬冷夏热、四季分明

广义上的黄河三角洲，指河南省巩县以东、北至天津、南到废黄河口的广大黄河冲积平原；狭义上的黄河三角洲，主要位于山东省境内。如今，黄河口仍然在不断地延伸，所以黄河三角洲还在不停地发育成长，黄河入海口处的海岸线每年都在向大海的方向推进，是"中国最年轻的陆地"。

黄河三角洲是一个自然资源非常丰富的地方，这里蕴藏着许多石油和天然气资源。全国第二大油田——胜利油田，就位于黄河三角洲地区。这里还适合种植大豆、小麦等作物，有的地方适合牧草生长，是天然的牧场。在近海的地方，人们还可以借助黄河水中携带的大量营养物质进行水产养殖。

世界上著名的三角洲有哪些？
旅行家"拍了拍"你！

恒河三角洲：位于南亚，大部分在孟加拉国南部，小部分在印度的西孟加拉邦。汇集恒河、布拉马普特拉河、梅格纳河三大水系，河道密布。

尼罗河三角洲：位于埃及北部，由尼罗河干流在开罗附近散开汇入地中海形成，是古埃及文明的发源地。

伏尔加河三角洲：位于俄罗斯阿斯特拉罕州，是欧洲最大的内陆河流三角洲，由伏尔加河汇入里海形成。

多瑙河三角洲：位于罗马尼亚和乌克兰的边境上，是欧洲面积最大、保存最完好的三角洲。

湄公河三角洲：位于越南的最南端、柬埔寨东南端，是东南亚地区最大的平原，如今是越南人口最密集的地方。

❸ 千变万化的地形地貌间，都有哪些景象？

长江中下游平原

河网密布的超大型平原

长江中下游平原是我国的三大平原之一，主要由汉江平原、洞庭湖平原、鄱阳湖平原、皖苏沿江平原、里下河平原和长江三角洲平原组成。这些平原最开始主要是一些由构造运动形成的断陷盆地，后来长江将它们贯通，并且进行冲积，就形成了我们现在看到的成片的平原。

长江中下游平原是中国水资源最丰富的地方，这里除了有长江带来的天然水系，还分布着众多人工开凿的河渠。一些有名的大湖，如鄱阳湖、洞庭湖、太湖、巢湖等，都集中在长江中下游地区。中华鲟、扬子鳄、白

长江中下游平原按照不同区域特征，可以分为六个亚平原区：汉江平原、洞庭湖平原、鄱阳湖平原、皖苏沿江平原、里下河平原、长江三角洲平原

鼍豚等珍稀动物，也出没在长江中下游平原的水域里。

长江中下游平原降水丰富，气候温暖，是一片很适合农业发展的区域。在这里，许多作物都可以"一年两熟"；在长江以南的地区，甚至还可以种植"一年三熟"的水稻。因此，这里是我国非常重要的粮、油、棉生产基地。

长江在镇江以下的河口段，孕育了丰饶的长江三角洲。在长江三角洲地区，形成了长江三角洲城市群。这个规模巨大的城市群以上海为中心，包含南京、无锡、杭州、温州等江浙一带的26座城市，是我国开放程度高、创新能力强、吸纳外来人口多的区域之一，是中国的第一大经济区。

你听过"桑基鱼塘"吗？

桑基鱼塘，是一种将种桑养蚕和池塘养鱼结合在一起的养殖方法，在长江三角洲地区、珠江三角洲地区比较常见。人们先将水中的洼地挖深作为池塘，将挖出来的泥堆砌在池塘周围作为"桑基"，种植桑树；然后，在池塘中养鱼、用桑叶来养蚕；蚕的排泄物可以用来喂鱼，鱼塘中的淤泥又可以用来给桑树施肥。如此往复，可以将物质循环利用，不仅生产效率很高，对生态环境的破坏也相对较小。

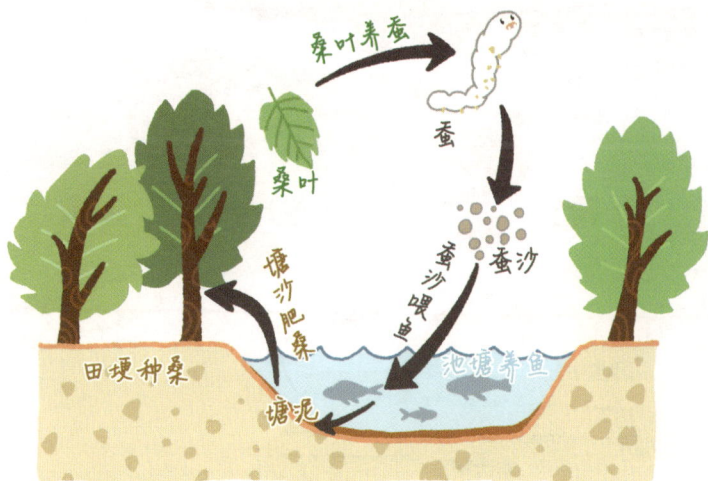

桑叶养蚕
桑叶
蚕
蚕沙
蚕沙喂鱼
塘泥肥桑
田埂种桑
池塘养鱼
塘泥

"桑基鱼塘"是池中养鱼、池埂种桑的一种养殖方式，能够充分地利用土地

千变万化的地形地貌间，都有哪些景象？

江淮平原

地势低洼的富饶平原

江淮平原位于江苏省和安徽省的淮河以南、长江以北的地方，主要是由长江和黄河冲积而成的。江淮平原的地势很低，平均海拔还不到 10 米。这里很适合水稻等作物的生长，历来就是重要的农作物生产基地，是名副其实的"鱼米之乡"。

江淮平原上水网交织，分布着众多河流与湖泊。但也正是由于河网密布，江淮平原很容易受到洪涝灾害的侵扰。对此，人们采取了各种措施，

江淮平原地势低洼，许多地区海拔不到 10 米

包括开辟苏北灌溉总渠、修建江都水利枢纽等，尽可能将这些流水很好地利用起来。

在江淮平原上分布着许多"阶地"，主要是由地壳运动和河流的侵蚀作用形成的。河流在一段时间内是相对稳定的，当地壳抬升，河流中间会形成高度差，河流的下切侵蚀加剧，使原来的河谷悬起来，河床露出河面就形成了阶地。由此，能数到多少级阶地，就至少发生过多少次这样的现象。

江淮平原第一关——云梯关

江淮平原第一关，是指位于江苏省盐城市的云梯关，它是中国历史上的第一个海关。这里在明代以前曾经是淮河的入海口，是当时苏北地区的海防重地，一直由军队把守。清代，由于黄河挟带泥沙夺淮从云梯关入海，使海岸迅速扩展，云梯关距海100多千米，不再是海口，所以这里就不再有人把守了。如今云梯村里还留有"古云梯关"的巨碑。

被称为"东南沿海第一关""江淮平原第一关"

罗霄山脉

矿产和水能资源真丰富

地理小辞典

我的读音： Luóxiāo Shānmài

我的由来： 为纪念三国时期的吴国人罗霄而得名，罗霄曾进言诸葛恪未能被采纳，后隐居山中，东吴灭亡后投江自尽

我的分布： 位于湖南省和江西省交界的地方

我的故事： "久有凌云志，重上井冈山。"——毛泽东《水调歌头·重上井冈山》

罗霄山脉是湖南省和江西省的自然分界线，也是湘江和赣江的分水岭。它由几条东北至西南走向的山脉构成，主要有武功山脉、万阳山脉、八面山脉、诸广山脉等。现在人们将这样的山脉组合称作"山系"，但为它命名的时候还没有"山系"的说法。今天很多人还是习惯称其为罗霄山脉，其实，它准确的名字应该叫"罗霄山系"。

罗霄山脉是洞庭湖水系、鄱阳湖水系等众多水系的发源地。这里的气候温暖湿润，非常适合动植物繁衍生息。在这里，我们能见到短尾猴、金钱豹、水鹿等珍稀动物，

罗霄山脉中有炎帝陵、大围山、汤湖温泉等名胜

以及杜仲、南方铁杉、红皮紫荆、银鹊树等珍贵植物。

罗霄山脉的主峰叫南风面，位于江西省吉安市遂川县西南部，它的名字源于这里一年四季常刮的南风。罗霄山脉中段还有一座名山——井冈山。井冈山不仅是一个风景独好的地方，还是一个对中华人民共和国的诞生具有非凡意义的地方。中国第一个农村革命根据地——井冈山革命根据地，就设立在这里。如今这里还保存着许多革命遗址和文物。

山系：山系比山脉的规模更大，主要是指有一定联系和大致相近的方向，且由许多山脉组合成的山体。世界上著名的山系有喜马拉雅山系、昆仑山系、科迪勒拉山系、阿尔卑斯山系等。

武夷山脉
奇峰异洞丛生的宝藏山脉

武夷山脉气势雄伟，据说得名于当地的山神"武夷君"。黄岗山是武夷山脉最高的山峰，也是我国东南地区最高的山峰。武夷山脉处在江西省和福建省交界的地方，也是造成江西省与福建省气候迥然不同的原因——夏季，它为福建挡住从海洋吹来的温润海风；冬季，它又为福建挡住从内陆吹来的寒风。武夷山脉不仅是两个省之间的界山，还是两个省河流的界山。武夷山脉西面的河流，顺着赣江、抚河和信江汇入鄱阳湖，再跟随长江流进东海；武夷山脉东面的河流，在东南沿海区域流淌，有的流进台湾海峡，有的直接汇入辽阔的南海。

武夷山位于江西与福建西北部两省交界处，属典型的丹霞地貌

武夷山脉的原始森林是"生命的乐园"，这里生活着大量爬行类、两栖类动物和昆虫，还保留着许多古老、珍贵的物种，如崇安髭蟾、武夷湍蛙、草鹗、金斑喙凤蝶等。人们在这里首次发现的新物种，已经超过 1000 种。我国很早就在这里建起了自然保护区，这里还有全国首批国家公园。

"武夷山脉"和"武夷山"是两个不太一样的概念，武夷山是武夷山脉中的一段，位于武夷山脉的东北段。武夷山是风景旖旎的旅游胜地，有大面积的原始森林，九曲溪沿岸有壮美的丹霞地貌。这里还是一个文化圣地，山中保存着许多古代的寺院庙宇，南宋理学家朱熹曾长期在武夷山中讲学。在武夷山，人们发现了西汉时期闽越国的王城遗址，以及已知世界上最古老的悬棺遗址——架壑船棺。

悬棺：中国古代南方少数民族的行葬方式之一。一般是在悬崖上凿数孔钉以木桩，将棺木置其上，或将棺木一头置于崖穴中，另一头架于绝壁所钉木桩上。

武夷山的岩茶，茶中之王！

岩茶是武夷山的特产，也是中国乌龙茶的代表。武夷山的茶农善于对当地的岩石缝隙、岩石凹陷等进行改造，用以种茶，这也是"岩茶"名称的由来。武夷山是个气候温和、雨量充沛的地方，这里的土壤是富含腐殖质的酸性土壤，非常适合茶树的生长，这里产出的茶具有独特的口味。武夷岩茶中最著名的当数"大红袍"。

武夷岩茶是中国传统名茶，产于福建闽北的武夷山一带，茶树生长在岩缝之中

3 千变万化的地形地貌间，都有哪些景象？

东南丘陵

中国"三大丘陵"之首

地理小辞典

我的读音： Dōngnán Qiūlíng

我的由来： 因位于中国东南地区，所以称东南丘陵

我的分布： 主要分布于长江中下游平原的南部

东南丘陵主要是指位于我国东南地区的大片低山和丘陵，是我国分布最广最密集、土地面积最大的丘陵。东南丘陵主要分布在北至长江、南至两广、西至云贵高原、东至东海的地区，包括江苏省、浙江省、安徽省、江西省、湖南省、福建省、广东省、广西壮族自治区等全部或部分地区。东南丘陵还可以细分为位于湖南、江西和安徽南部的"江南丘陵"，位于广东、广西的"两广丘陵"，位于浙江和福建的"浙闽丘陵"等。

东南丘陵的海拔大多在 200~600 米

东南丘陵的海拔大多在 200 ～ 600 米，其中也有一些超过 1000 米的山峰。黄山、九华山、衡山、南岭……这些著名的山峰，都是东南丘陵的一部分。在丘陵与低山之间，分布着大大小小的河谷盆地，这些地方的土壤大多是红土，气候条件好，雨量充沛，适合种植稻、茶、甘蔗、柑橘等作物。

中国的三大丘陵，你了解吗？

东南丘陵：位于我国东南部地区，主要由江南丘陵、浙闽丘陵、两广丘陵等组成，是我国分布最广最密集、土地面积最大的丘陵。

辽东丘陵：主要位于辽宁省东南部地区。

山东丘陵：位于黄河以南，主体位于山东半岛，主要包括鲁东丘陵、鲁中丘陵两部分，泰山的玉皇顶是山东丘陵中最高的地方。

千变万化的地形地貌间，都有哪些景象？

舟山群岛

中国最大的群岛

坐落在长江口东南海面的舟山群岛，是我国最大的岛群，共包括上千座岛屿，占全国海岛总数的近 1/5。从上空看，舟山群岛主要围绕在舟山本岛的北侧、东侧和南侧。舟山本岛北侧的小岛比较多，并且排列较为分散；南侧的大岛比较多，排列得较为集中。

舟山群岛由嵊泗列岛、马鞍列岛、崎岖列岛、川湖列岛等众多岛屿组成

舟山群岛是一片景色宜人的岛群，在这里不仅能欣赏壮美的海洋风光，还能见到各种怪石嶙峋的山峰、千姿百态的礁石。舟山岛、岱山岛、朱家尖岛、六横岛等，都是中国非常著名的岛屿。

舟山岛是其中最大的一座岛屿，也是我国第四大岛屿。"海天佛国"普陀山、"海上雁荡"朱家尖、佛教名山观音山、最东海岛东极岛等，都是舟山群岛闻名遐迩的风景。

佛教名山普陀山是舟山群岛中的一个岛屿，是观音菩萨的道场

舟山群岛属于低山丘陵，是天台山脉的余脉。海平面上升之后，一些小山被海水淹没，露出海面的部分就形成了我们现在看到的岛群。在海水的冲蚀之下，群岛上形成了各种各样的海蚀阶地、海蚀洞穴等海蚀地貌，普陀山岛上的潮音洞，就是一个经典的海蚀洞穴。潮流搬运泥沙，将岛屿连接起来，又形成许多堆积平原，舟山岛、岱山岛等面积较大的岛屿就是由海积平原扩展形成的。

中国的"四大渔场"，你了解吗？

舟山渔场位于长江、钱塘江、甬江的入海处，是中国面积最大的渔场。这里光照集中，生物的光合作用很强；一些入海的河流，为这里带来了丰富的营养；这里还有宽广的大陆架和适宜鱼类生长的水温。舟山渔场盛产大黄鱼、小黄鱼、带鱼和乌贼这"四大鱼产"，不过近年来由于过度开发，资源消耗较快。

与舟山渔场并称为中国"四大渔场"的还包括：黄渤海渔场，位于黄海、渤海海域；北部湾渔场，地处我国南海的西北部；南部沿海渔场，靠近广东沿岸，是我国最大的热带渔场。

玉山山脉

"浑然美玉" 之山

> **地理小辞典**
>
> **我的读音：** Yùshān Shānmài
> **我的由来：** 据说是因为玉山山脉在冬天会积雪，远远望过去就像玉一样
> **我的分布：** 位于台湾省的南部，地跨南投、嘉义、高雄三县
> **我的故事：** "玉山在万山之中，其山独高，无远不见。"——（清）郁永河《蕃境补遗》

位于台湾省南部的玉山山脉，是台湾五大山脉之一，也是台湾五大山脉中最短的一条。玉山山脉的主峰海拔近 4000 米，是亚洲东部沿海地区最高的山峰。玉山主峰的峰顶常年被积雪覆盖，远远望去就像散发着玉石般的光辉，这也是"玉山"名称的由来。玉山的几座主峰海拔都很高，不少山峰超过 3000 米，如玉山东峰、玉山北峰、玉山南峰、小南山等。玉山北峰上的玉山气象站，是台湾最高的建筑。

玉山山脉主要是由欧亚板块和菲律宾板块相互挤撞隆起而形成的，在

玉山山脉是台湾五大山脉中最短的一条

🔵 千变万化的地形地貌间，都有哪些景象？

中国众多山脉之中，它是比较年轻的一个。玉山山脉还有一个特点，就是这些山峰既有东西方向的山脊线，又有南北方向的山脊线，组合在一起呈十字交叉状，玉山主峰差不多就在这个十字的交点处。

台湾的五大山脉，你听过吗？旅行家"拍了拍"你！

中央山脉：位于台湾岛中央偏东，北起宜兰县苏澳附近的东澳岭，南抵台湾本岛最南端的鹅銮鼻。

雪山山脉：台湾最靠北的大型山脉，位于中央山脉的西北方。

玉山山脉：台湾五大山脉中最高的山脉，位于台湾省南部。

阿里山山脉：位于玉山山脉以西，北起南投县集集镇的浊水溪南岸，南抵高雄市燕巢区的鸡冠山。

海岸山脉：位于台湾岛的东部，秀姑峦溪从中穿过，将其分成南、北两段。

稻

南方最重要的粮食作物

稻是一种重要的粮食作物，将成熟的稻脱粒，就得到了稻谷；将稻谷的外壳去掉，留下的籽实，就是我们常吃的大米。人类驯化稻作为粮食，已经有非常悠久的历史了，目前已经发现近万年前人们种植稻米的痕迹。现在，全世界有一半的人口食用稻。

稻是一种生长很快的植物，从发芽到开花再到结实，快的话仅需三四个月，慢的话则需要一年。稻的种子抽芽很快，种到田里几天时间就能发芽。先让种子在田里长成秧苗，然后再将秧苗移植到更大的稻田里，这就是"插秧"。

在中国，常见的栽培稻主要有籼稻和粳稻两种。籼稻是一种适合生长于热带或亚热带地区的作物，生长周期比较短，一年可以成熟好几次，主要在我国南方地区种植。粳稻能够适应相对寒冷的环境，一般一年只能成熟一次，主要在我国北方地区种植。籼稻去壳而成的米细长，且不透明；

水稻是人类重要的粮食作物，全世界有一半的人口都食用稻米

粳稻的米粒则更圆、更短，也更透明。稻还有水稻和旱稻之分，主要的区别是旱稻对于环境中的水分条件没有那么苛刻，产量一般较低。

说起稻，还不得不提到伟大的"杂交水稻之父"——袁隆平，他是一位伟大的农学家，曾带领团队研究更丰产的"杂交水稻"技术，为解决中国人的吃饭问题做出了重大贡献。

袁隆平一生有两个梦，
一个是"禾下乘凉"梦，一个是"杂交水稻覆盖全球"梦

秋雨几家红稻熟，野塘何处锦鳞肥。年年为献东堂策，长是芦花别钓矶。

——（唐）韦庄《鄠杜旧居二首·其一》

忆昔开元全盛日，小邑犹藏万家室。稻米流脂粟米白，公私仓廪俱丰实。

——（唐）杜甫《忆昔二首·其二》

湖上春来似画图，乱峰围绕水平铺。松排山面千重翠，月点波心一颗珠。碧毯线头抽早稻，青罗裙带展新蒲。未能抛得杭州去，一半勾留是此湖。

——（唐）白居易《春题湖上》

稻云不雨不多黄，荞麦空花早着霜。已分忍饥度残岁，更堪岁里闰添长。

——（宋）杨万里《悯农》

千里稻花应秀色，五更桐叶最佳音。无田似我犹欣舞，何况田间望岁心。

——（宋）曾几《苏秀道中》

为爱江西物物佳，作诗尝向北人夸。青林霜日换枫叶，白水秋风吹稻花。

——（宋）欧阳修《寄题沙溪宝锡院》

银杏
大自然的"活化石"

地理小辞典

我的读音： Yínxìng

我的分布： 在中国分布较广，主要分布在江苏、湖北、四川等地

我的别称： 公孙树、鸭脚子、鸭掌树

我的故事： "鹅毛赠千里，所重以其人。鸭脚虽百个，得之诚可珍。"——（宋）欧阳修《梅圣俞寄银杏》

市被誉为"银杏之乡"，四川省成都市还将银杏作为市树。

银杏的叶子呈扇形，到了秋天会变成金黄色，纷纷扬扬随风飘落，非常漂亮，赏银杏也成为深受人们喜爱的一项秋日活动。银杏有一个别称叫"公孙树"，因为一棵银杏的果实要生长 20～30 年才会结出种子，爷爷辈的人种下的树，孙子辈来收获。

银杏是一种古老的树种，一棵银杏树的寿命可以达到上千年。银杏类植物在 3 亿多年前的石炭纪时期就出现了，随后，世界上许多地方都出现过银杏，但后来银杏数量锐减，它的同类型植物也纷纷灭绝，只剩下银杏这个树种在环境适宜的中国南部生存下来直到今天。后来，银杏也被移植到其他国家进行栽培。现在，江苏省泰兴

根据研究，人们发现银杏在地球上已经繁衍了超过 3 亿年

紧跟飞禽走兽，探秘意料之外的奇花异草

银杏非常高大，一般可以达到 25 米以上，高的可以达到 40 米。银杏的"体质"很不错，耐寒、耐旱，也比较少生病，喜欢光照，不喜欢阴暗的环境。正是因为银杏"身体素质"好、外形美观，因此许多城市选择银杏作为行道树。

臭臭的"银杏果"！
植物学家"拍了拍"你！

你可能听说过银杏树上会掉"白果"，这就是"银杏果"。银杏果并不是银杏的果实，而是它的种子。因为银杏是一种裸子植物，并不能产生真正意义上的果实。白果成熟后不仅会变色，还会变得臭臭的，这种味道是为了吸引松鼠、果子狸等动物前来采食，同时帮助银杏树传播种子。如果你走在路上见到白果，可不能随便捡来吃，因为白果里有些物质对人体是有害的。

银杏果在 9 月份前后成熟，逐渐变成金黄色

玉兰
可爱的小乔木

玉兰是一种在早春开花的乔木，每当玉兰花开，就意味着春天要来了，所以人们又称它为"望春花"。实际上，玉兰是一种对温度比较敏感的花，一般来说越靠南的地区玉兰盛开得越早，例如，在北京玉兰每年四五月开花，而昆明的玉兰二三月就开花了。

玉兰又被称作木花树，因为它

宝华玉兰是中国特有的玉兰，主要生长在江苏的一些丘陵中

开花的时候还没有长叶子。玉兰的花特别大，花香浓郁；花瓣是白色的，根部通常会带一点粉红色。玉兰树可以长得很高，最高可达 20 多米。玉兰也是一种全身都是宝贝的植物，它的种子可以用来榨油，树皮可以入药，木材适合制作家具、木雕。

玉兰寓意纯洁和吉祥，在中国很早就被作为观赏树栽种在堂前、庭中，或寺庙、宫殿。有一种说法叫"玉堂春富贵"，这是我国古代民间院落栽培植物的讲究，"玉"指玉兰，"棠"指海棠，"春"指迎春，"富"指牡丹，"贵"指桂花，这些都是象征富贵吉祥的植物。如今，玉兰还是上海市的市花。

这些诗歌中的玉兰，你听过吗？诗人"拍了拍"你！

初如春笋露织妖，拆似式莲白羽摇。亭下吟翁步明月，玉人虚度可娄膏。

——（元）陆文圭《亭下玉兰花开》

绰约新妆玉有辉，素娥千队雪成围。我知姑射真仙子，天遣霓裳试羽衣。影落空阶初月冷，香生别院晚风微。玉环飞燕元相敌，笑比江梅不恨肥。

——（明）文徵明《玉兰花》

翠条多力引风长，点破银花玉雪香。韵友自知人意好，隔帘轻解白霓裳。

——（明）沈周《题玉兰》

花开不是辛夷种，自得凝香绕紫苞。昨夜月明庭下看，恍疑罗袖拂琼瑶。

——（明）陈淳《玉兰》

石蒜

我是"彼岸花"

地理小辞典

我的读音： Shísuàn

我的由来： 这种植物常生长在山石间阴冷湿润的地方，根部像蒜头，又有特殊的蒜味，所以称"石蒜"

我的分布： 在中国主要分布在江苏、福建、安徽等地

我的别称： 彼岸花、龙爪花、蟑螂花

我的故事： "多生于山石阴湿处，根似蒜头，有特殊蒜气。"——（宋）苏颂《本草图经》

你听过彼岸花吗？彼岸花这个名字来源于它盛开的时节——秋分左右。在秋分这一天，昼夜是等长的，日本人将这种昼夜等长的时刻称作"彼岸"，所以这种花便被称作彼岸花。彼岸花就是石蒜，是一种危险的植物，它的根、茎、叶都有毒。如果不小心吃了可能会中毒。但如果只是触碰到的话是不会中毒的，所以也可以将彼岸花摆在家里观赏。

石蒜是一种多年生的草本植物，它有艳红的花朵

在中国，石蒜主要分布在长江中下游地区，以及西南地区。在日本和东南亚的一些国家也有野生石蒜，现在石蒜已经被许多国家引进栽培了。石蒜是一种多年生草本植物，喜欢生长在山间阴冷、湿润的环境中。它们一般在夏末秋初时开花，高高的花茎托举着花朵，花瓣是细长形的，向后卷曲。石蒜花大多呈红色，也有其他颜色的品种，如黄色的安徽石蒜、白色的乳白石蒜。石蒜的茎部埋在地下，是一种球形的鳞茎。石蒜的生命力很强，在合适的环境中可以开得特别繁盛。

鳞茎：一种外部有很多鳞片状叶子的茎，通常是地下茎。

什么是"变态茎"？

植物在进行长期系统发育的过程中，由于环境发生变化，一些器官可能会为了适应环境而发生形态结构上的特殊改变，这个过程就叫"变态"。为了适应环境，许多植物都拥有"变态茎"，有的变得特别发达，有的却反而退化。

常见的变态茎主要分为地下变态茎和地上变态茎。

地下变态茎生长在地下，如根状茎（莲的藕）、块茎（马铃薯）、球茎（荸荠）、鳞茎（洋葱）等。

地上变态茎生长在地上，大多是茎的分枝的变态。如卷须是地上枝的变态，常见于爬山虎一类的藤本植物；茎刺是分枝或芽的变态，如皂荚；叶状茎，是茎扁化成叶状，但有明显的节和节间，叶片却退化了，如天门冬；仙人掌的肉质茎，也是一种地上变态茎。

樟树
能活 1000 年以上的树

地理小辞典

我的读音：Zhāng Shù

我的由来：树干上的纹路非常清晰称为"章"，加木字旁而为"樟"

我的分布：在中国主要分布在江西、浙江等地

我的别称：香樟、乌樟、油樟

我的故事："吴时敬叔伐大樟树出血，中有物，人面狗身。"
——（东晋）干宝《搜神记》

樟树的根系很发达，根在土壤中扎得很深，所以抵御大风的能力很强。樟树是一种能抗虫害、耐潮湿的树，常常被用作建筑或雕刻材料。樟脑就是从樟树的树枝和根部提取出来的物质，可以用来防腐、杀虫。樟树枝繁叶茂，高大、美观，因而被许多城市当作行道树栽培，杭州市、长沙市、苏州市、南昌市等城市还把樟树当作市树。

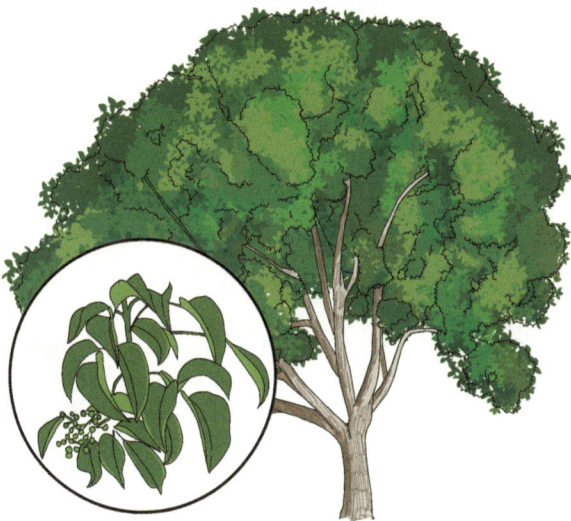

樟树是一种常绿乔木，在我国主要分布在长江以南地区。樟树有巨大的树冠，一年四季都枝叶浓密。樟树非常高大，能长到 30 多米高，大的樟树要好几个人才能抱一圈。樟树的寿命很长，可以存活上千年。樟树不喜欢干旱的环境，喜欢生长在湿润的山谷中、河岸处。樟树浑身上下都有香气，所以又被称为香樟树。

在东南地区，樟树是一种重要的行道树

中华虎凤蝶
昆虫界的国宝

地理小辞典

我的读音： Zhōnghuá Hǔ fèngdié

我的由来： 花纹像老虎斑纹

我的分布： 仅在中国分布，主要生存在长江中下游地区，如江苏、浙江等地

我的别称： 惊蛰蝶

翩翩起舞的蝴蝶，翅膀上的花纹让人眼花缭乱。有一种中国特有的蝴蝶，叫中华虎凤蝶，它的翅膀上有黑黄纹理相间的图案，就像老虎身上的花纹一样。在中国，中华虎凤蝶主要分布在长江中下游地区，尤其是江苏等地。在南京老山脚下，有一座中华虎凤蝶自然博物馆，这是中国第一家专门的蝴蝶博物馆。

中华虎凤蝶的幼虫主要以杜衡、细辛等植物为食。每年春天，这些植物的叶子散发出香气，引得中华虎凤蝶前来产卵；这些卵孵化成幼虫，然后在夏初化作浅黄色的蛹，踏上蜕变为蝴蝶的旅程。在成为美丽的蝴蝶之前，中华虎凤蝶的幼虫需要经历 300 天左右的"蛹时代"，这个过程叫作蝴蝶的变态发育。它们在蛹里逐渐变为成虫，长出美丽的翅膀，然后在 3 月左右破茧成蝶，迎接崭新的春天。中华虎凤蝶喜欢出没在潮湿的林中，由于通常在惊蛰前后出现，它们也被称为"惊蛰蝶"。

中华虎凤蝶是中国特有的"国宝"蝶

白鱀豚

"长江女神"

地理小辞典

我的读音： Báijìtún

我的分布： 在中国主要分布于长江中下游

我的别称： 白鳍豚、白夹、江马、鱁（zhú）

我的故事： "黑者江豚，白者白鱀。状异名殊，同宅大水。渊有大鱼，掠以肥己。"——（北宋）孔武仲《江豚诗》

白鱀豚是一种小型淡水鲸，在我国主要分布于长江中下游地区。和江豚相比，它们的肤色要更浅一些。白鱀豚不是鱼类，而是一种生活在水中的哺乳动物，它们不会产卵，小白鱀豚是胎生的。母豚长有"乳裂"，在哺乳的时候乳房会从乳裂中伸出。白鱀豚拥有光滑且富有弹性的皮肤，就像身披全套职业泳衣，再加上流线型的身躯，使它们游泳时的阻力大大减小。白鱀豚的尾鳍分两叉，可以通过上下摆动推动身体快速前行。游得最快的时候，它们的速度能达到每小时80千米。

白鱀豚是中国特有的一种淡水鲸，被誉为「长江女神」

白鱀豚是肉食动物，它们的口中有100多颗锐利的牙齿。它们主要食用淡水鱼类，有时候也会食用一些水生植物。白鱀豚的视力不太好，有一双小小的眼睛，长在嘴角的斜上方。虽然它们的耳孔也很小，但它们的听觉非常敏锐。在水中，白鱀豚主要通过发射声呐再接收信号的方式来识别物体的位置，这种方法叫作"回声定位"。

历史上，"长江女神"白鱀豚曾经广泛地分布在长江之中。考古学家研究白鱀豚的化石，发现可能早在2000多万年前它们就生活在长江流域了。如今，由于环境污染、渔业发展等原因，白鱀豚已经几乎走向灭绝了，人们已经很多年没有发现过野生白鱀豚的踪迹了。

什么是"回声定位"？

回声定位是一些动物测量物体位置的方法。动物向周围的环境发射出声波，这些声波遇到物体之后会被反射回来，并被动物接收到。不同物体的位置不同，动物收到反射声波的时间也不同，这可以帮助动物对物体进行定位和识别。一些种类的蝙蝠、鲸鱼、海豚等，就用这种方式判断周围物体的位置。

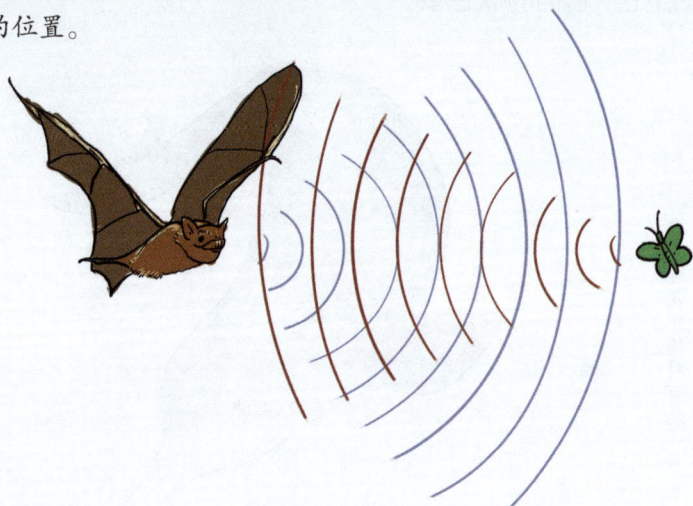

蝙蝠的"回声定位"

扬子鳄

中国特有的鳄鱼

地理小辞典

我的读音：Yángzǐè

我的由来：因分布在扬子江（长江下游河段的旧称）而得名

我的分布：在中国主要分布于长江流域，如安徽、江苏、浙江等地

我的别称：鼍（tuó）、中华短吻鳄、土龙

我的故事："雷泽有神，龙身人头，鼓其腹而熙。"——《淮南子·坠形训》

扬子鳄是中国特有的一种鳄鱼，也是世界上体形较小的鳄鱼之一，它们喜欢生活在气候温和、植被茂盛的地方。扬子鳄是一种很古老的动物，早在恐龙时期就已经出现了。虽然扬子鳄看上去不太灵活，但捕食的时候可一点也不含糊，它们会非常迅猛地发起攻击。扬子鳄是一种变温动物，对气温的变化特别敏感。冬天，它们会用冬眠的方式保存体能，每年都要

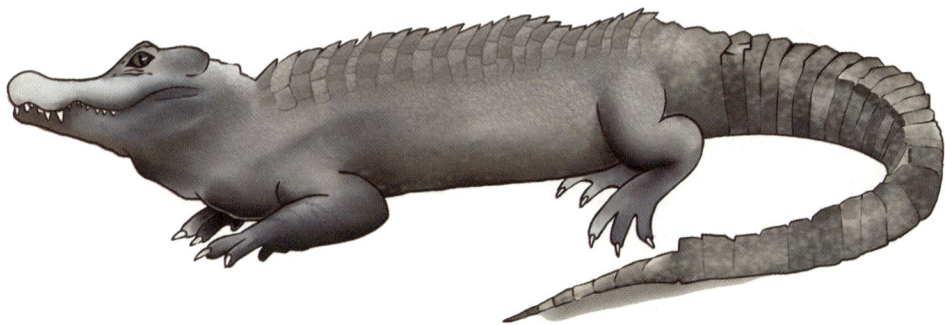

民间称扬子鳄为"土龙"

在洞穴中蛰伏半年左右，这时候的扬子鳄双眼紧闭，四肢一动不动。

扬子鳄很喜欢"大声吼叫"，声音特别响亮。扬子鳄吼叫，有时是因为受到了惊吓，有时是因为到了繁殖的季节，有时则是进行基本的"社交活动"。一头扬子鳄吼叫，还会带动周围许多扬子鳄争先恐后地吼叫起来，场面十分震撼。

其实，从前扬子鳄的分布范围特别广，甚至在新疆、海南等地都有扬子鳄，但由于气候变化、人类活动等原因，它们的活动范围逐渐向南、向东缩减，现在主要分布在长江中下游地区，尤其是安徽东南部等地。现在，许多适宜扬子鳄生存的地方，都或多或少地遭到了污染和破坏，导致扬子鳄的数量不断减少。所以，我们需要重视和行动起来，保护扬子鳄。

你听说过"鳄鱼的眼泪"吗？动物学家"拍了拍"你！

"鳄鱼的眼泪"，是"假同情"的代名词。据说，鳄鱼在吃猎物的时候，会假惺惺地流下泪水。实际上，当鳄鱼离开水面的时间太长，眼睛就容易发干，泪腺就会通过分泌眼泪来润滑眼球，看起来就像流泪一样。

为了滋润眼睛，鳄鱼还有一种"第三眼睑"——瞬膜，这是一种位于上下眼睑内侧的皮褶，它是透明的，既能保护眼睛的湿润又不会遮挡视线。瞬膜上的哈氏腺也能像泪腺一样，分泌湿润眼球的液体。拥有瞬膜的动物，还有其他一些两栖动物和爬行动物，许多鸟类也拥有瞬膜。

中华鲟

长江中最大的鱼

地理小辞典

我的读音：Zhōnghuáxún

我的分布：在中国主要分布于长江流域，如江苏、江西等地

我的别称：潭龙、鲟鲨、鳇鱼

中华鲟是一种古老而珍稀的鱼类，它们的诞生距今已经有上亿年的历史了。中华鲟体长能达到 5 米，体重达半吨。它的身体看上去像纺锤，头尖尖的、鼻孔大大的、嘴长长的，嘴前还有几条"胡子"，叫"吻须"。中华鲟既有成熟的骨骼，也有一些未骨化的软骨，既不能算是软骨鱼，也并不完全是硬骨鱼。中华鲟是一种寿命很长的鱼，最长寿命可达 40 岁左右。它们主要生活在江流和海洋的底层，主要以生活在水底的小型动物为食。

中华鲟是一种"洄游鱼"。平时，中华鲟在海中生长、发育，主要生活

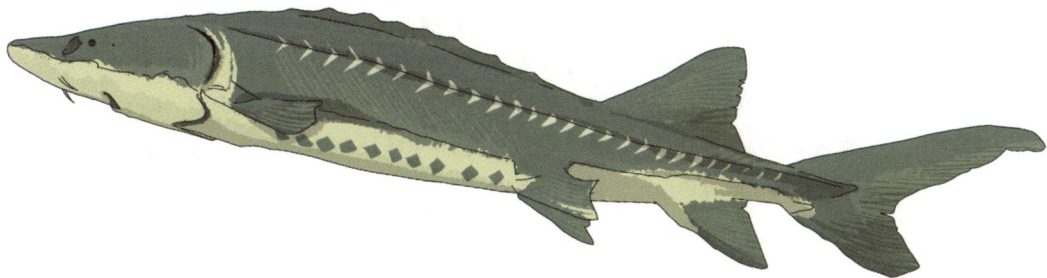

中华鲟是长江中最大的鱼，有"长江鱼王"之称

在我国东海、南海沿海的大陆架地带；到了繁殖的季节，成熟的中华鲟回到长江上游产卵，孵化出的小鲟鱼顺着长江漂流，向着大海出发；小鲟鱼长成大鲟鱼之后，又从大海回到出生的江河上游，产下新的生命……如此周而复始，就是中华鲟"溯河洄游"的过程。中华鲟在产卵前，要先在江里走走停停，待上一年左右，等待身体内的一些机能发生变化，再到达产卵的地方。

鱼类的历史，你了解多少呢？动物学家"拍了拍"你！

　　曾经，地球上的大部分地区都被海洋覆盖。海洋孕育了各种各样的生命，尤其是鱼类。海洋中的鱼类通过上亿年的演化，大致分化为无颌鱼、盾皮鱼、棘鱼、软骨鱼、硬骨鱼五大类，其中，盾皮鱼类和棘鱼类已经灭绝了。

　　无颌鱼类没有上下颌，它们在海中很难主动捕食，主要靠过滤和吮吸进食。盲鳗等是仅存的无颌鱼类。盾皮鱼类披着骨甲，大部分都待在海底，并不擅长游泳。棘鱼类身上的菱形鳞片又小又密，所有鳍前端都伸着硬棘。软骨鱼类内骨骼全是软骨，它们大多通过体内受精的形式进行繁殖，受精卵在母亲的体内长成之后再游出来，如鲨鱼、鳐鱼等。硬骨鱼类是目前数量最多、物种最多的类别，我们平时看到的大部分水中鱼类都属于硬骨鱼。

绿海龟

在海中度过绝大部分的"龟生"

华东地区：在潮湿地区生长的植物，游走在江河中的精灵

地理小辞典

我的读音： Lǜhǎiguī

我的由来： 外观呈绿色，所以称"绿海龟"

我的分布： 分布在热带及亚热带海域中，在中国主要分布在广东、海南、福建等地

我的别称： 绿蠵（xī）龟、石龟、黑龟

你见过脂肪是绿色的海龟吗？它们是一种体形庞大、名为绿海龟的龟。绿海龟身披扁圆形甲壳，头和四肢可以灵活地伸缩。与陆龟的爪子不同，绿海龟的四肢已经进化为鳍状，在水中游泳的时候四肢会像船桨一样来回摆动。绿海龟在水中主要用肺来呼吸，隔一段时间就需要将头探出来吞气。它们的眼窝后面有专门用于排盐的腺体，能够将体内过多的盐分排出，以适应海水环境。

绿海龟的一生大部分时间是在海水中度过的，它们会在繁殖季节回到出生的沙地，并在附近交配，将蛋产在沙中。绿海龟每次产卵的数量可达几十个到上百个，接下来就靠太阳的

绿海龟是一种体形较大的海龟

❹ 紧跟飞禽走兽，探秘意料之外的奇花异草

热量来孵蛋。在30℃左右的温度下，幼龟经过大约两个月的时间就能破壳而出，然后进入海洋，开始新的旅程。到了七八岁的时候，它们第一次返回出生的地方，进行繁殖、产卵。绿海龟是如何在大海中漂流数年之后又精确地回到出生的那片海滩，至今仍是一个谜。在中国，绿海龟的身影在江苏、浙江、台湾、广东等地都能见到，但它们产卵的地方主要在福建西部地区和广东东部地区的海岸和岛屿上。

现在，绿海龟面临着许多生存威胁。一些海滩被人工建筑破坏，绿海龟找不到适合交配、产卵的地方，所以可能就不产卵了；海洋中的垃圾越来越多，许多绿海龟会误食漂流的塑料垃圾，人们在一些绿海龟的尸体中解剖出很多塑料袋。曾经人们为了吃绿海龟的肉，而肆意地捕杀它们。近年来，绿海龟的数量越来越少，我们要赶紧想想办法保护它们。

在中国海域内，能见到哪些海龟？动物学家"拍了拍"你！

玳瑁：海龟科的海洋动物，鳞片晶莹剔透、色泽明亮，数量非常稀少。

绿海龟：又称绿蠵龟，是在我国分布最广的海龟。

红海龟：又称红蠵龟，背部呈棕红色或褐红色，在我国主要分布在渤海、黄海和东海。

太平洋丽龟：现存种群数量最多的海龟，在我国主要分布在华南沿海。

棱皮龟：最大的龟鳖类动物，身长可以超过3米，在我国主要分布在华东及华南沿海。

4
华东
下册

给孩子的

中国地理
大百科

廖辞霏 著

中国旅游出版社

责任编辑：王欣艳　胡一鸣
责任印制：冯冬青
装帧设计：丫丫书装・张亚群

图书在版编目（CIP）数据

给孩子的中国地理大百科．4，华东．下册 / 廖辞霏
著 ． -- 北京：中国旅游出版社，2024.3
　ISBN 978-7-5032-7170-0

　　Ⅰ．①给… Ⅱ．①廖… Ⅲ．①地理－中国－少儿读物
　Ⅳ．①K92-49

　　中国国家版本馆 CIP 数据核字（2023）第 227712 号

书　　名：给孩子的中国地理大百科．4，华东．下册

作　　者：廖辞霏 著
出版发行：中国旅游出版社
　　　　　（北京静安东里 6 号　　邮编：100028）
　　　　　http://www.cttp.net.cn　　E-mail：cttp@mct.gov.cn
　　　　　营销中心电话：010-57377103　　010-57377106
　　　　　读者服务部电话：010-57377107
排　　版：王丹
经　　销：全国各地新华书店
印　　刷：运河（唐山）印务有限公司
版　　次：2024 年 3 月第 1 版　2024 年 3 月第 1 次印刷
开　　本：710 毫米 ×1000 毫米　1/16
印　　张：7.25
字　　数：48 千
定　　价：368.00 元（全 10 册）
Ｉ Ｓ Ｂ Ｎ　978-7-5032-7170-0

5 感受饮食文化，品鉴数不胜数的地方风味

华东地区：令人垂涎欲滴的精致美食

苏菜
精致的金陵
风味

004

浙菜
你知道苏轼也是
美食家吗

007

赣菜
原来江西人这
么爱吃辣

009

闽菜
淡爽清鲜，海
的味道

010

002

鲁菜
这里的美
食也曾传
入宫廷

006

徽菜
清蒸石鸡、臭鳜鱼

012

台湾小吃
台湾什么最好吃

6 捕捉艺术魅力，寻觅源远流长的文化踪迹

华东地区：这里有雅俗共赏的戏曲文化

苏州评弹
有乐器伴奏的
"三国"和"水浒"

傩舞
"摘下面具是人，
戴上面具是神"

昆曲
百戏之祖

014

018

022

020

016

黄梅戏
"树上的鸟儿成双对"

024

越剧
你听过梁山伯与祝
英台的故事吗

南音
闽南的"弦管"

7 拥抱民族个性，五十六个民族是一家

华东地区：居住在丘陵上的民族

畲族
来自大山的客人

028

高山族
精通雕刻的民族

030

8 **这些风景胜迹，当然值得一去**

华东地区：有古老的江南村庄，也有巍峨的山峰

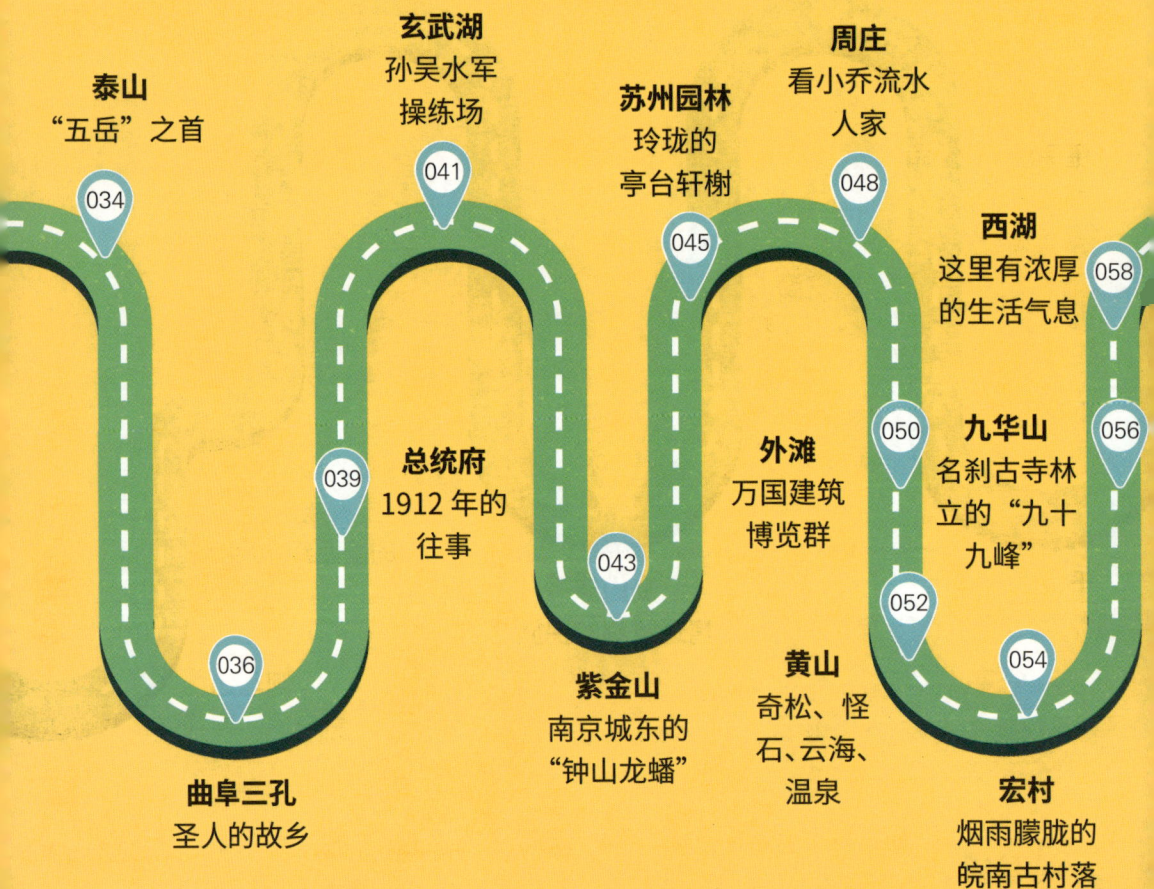

泰山
"五岳"之首

034

玄武湖
孙吴水军
操练场

041

苏州园林
玲珑的
亭台轩榭

045

周庄
看小乔流水
人家

048

西湖
这里有浓厚
的生活气息

058

039

总统府
1912 年的
往事

043

外滩
万国建筑
博览群

050

九华山
名刹古寺林
立的"九十
九峰"

056

036

052

054

紫金山
南京城东的
"钟山龙蟠"

黄山
奇松、怪
石、云海、
温泉

曲阜三孔
圣人的故乡

宏村
烟雨朦胧的
皖南古村落

庐山
飞流直下三千尺

065

湄洲岛
"万人朝圣"妈祖庙

073

雁荡山
五丈以上全
是水，十丈
以下全是烟

063

滕王阁
巍巍"江西
第一楼"

067

福建土楼
世界文化
遗产

071

075

061

069

台北故宫博物院
这里有数不胜数
的国家级宝藏

千岛湖
世界上岛屿
最多的湖

鼓浪屿
碧波万顷的
"海上花园"

078

阿里山
看日出、观云海

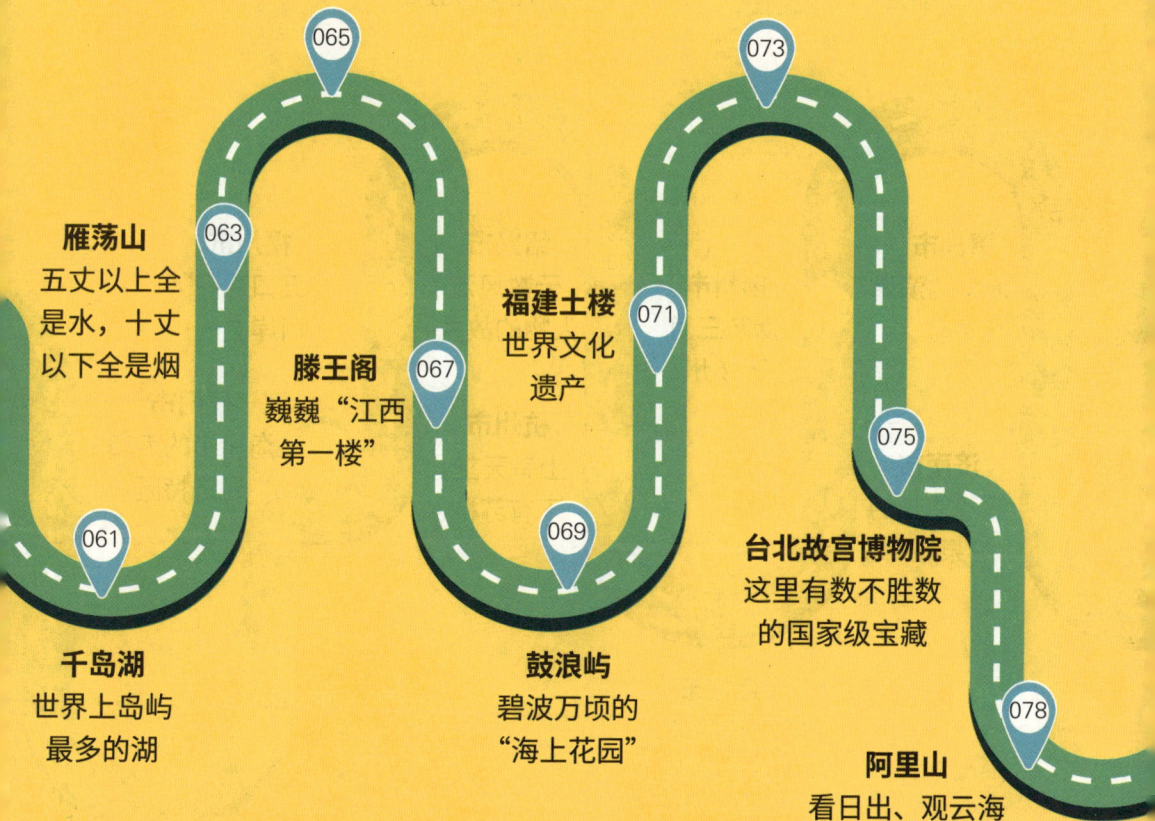

❾ 古今的地方面貌，听听那些城市的故事

华东地区：美丽的沿海城市和悠久的江南古都

南京市
六朝古都、
十朝都会

086

南昌市
襟三江而带五湖

099

青岛市
浪漫的滨海
之城

084

088

扬州市
烟花三月
下扬州

096

绍兴市
无数风流
人物的故乡

福州市
"五口通商"
口岸之一

102

济南市
底蕴悠长的
"泉城"

082

杭州市
上有天堂，
下有苏杭

093

厦门市
海风中的港口
经济特区

104

091

合肥市
江南唇齿，
淮右襟喉

106

台北市
繁荣的台湾省
第一大城市

5 感受饮食文化，品鉴数不胜数的地方风味

鲁菜

这里的美食也曾传入宫廷

鲁菜以清香鲜嫩、口味醇厚著称，历史非常悠久。依山傍海的齐鲁地区，从很早就开始享受"盐"和"鱼"的滋味。根据《尚书》记载，山东地区的人们从很早开始就用盐调味了。山东是儒家文化的发源地，或许是受儒家文化潜移默化的影响，鲁菜大多具有中正、平和、大气、养生的风格特点。北魏时期的农学著作《齐民要术》记载了许多山东地区烹饪食物的方法，并流传至今。到了明清时期，许多山东籍的厨师在宫廷中担任御厨，使更多山东名菜传入宫廷，所以鲁菜中也不乏精细、华贵的宫廷菜。糖醋鲤鱼、荷花大虾、奶汤蒲菜、红烧海螺等都是著名的鲁菜。

鲁菜主要包括济南菜、胶东菜、孔府菜等派别。济南菜的口味略重，喜欢采用爆、烧、炸等烹饪方式，著名菜品有油爆双脆、四喜丸子等。胶东菜主要流行于莱州、登州等地，多以海鲜为主料，口味清淡而鲜嫩，如葱烧海参、清蒸加吉鱼等。孔府菜流行于曲阜一带，古代帝王常在这里举行祭奠，因此这里流传下来一些精细的官府菜，如烤花揽鳜鱼、八宝鸭子等。

鲁菜是历史悠久的菜系，对华北地区的菜系影响很大

《齐民要术》是一部什么书？旅行家"拍了拍"你！

　　《齐民要术》是一部伟大的农学著作，也是中国现存最早的一部完整农书，由北魏末年的农学家贾思勰创作而成。书中详细地总结了北魏时期黄河中下游地区人民的劳动经验，包括农牧业的生产、食品的加工与贮藏、野生动植物的利用等。中国古代有"五大农书"，《齐民要术》就是其中之一，其余四部分别是《氾胜之书》《陈旉农书》《王祯农书》《农政全书》。

苏菜

精致的金陵风味

地理小辞典

我的读音： Sūcài

我的由来： 因起源于江苏一带而得名

我的主菜： 盐水鸭、松鼠鳜鱼、三虾豆腐、三套鸭、蟹粉狮子头、叫花鸡、清蒸鲥鱼、阳澄湖大闸蟹等

《世说新语》中有一个典故叫"莼鲈之思"，说的是晋代的苏州人张翰在洛阳做官，秋季西风起时想到家乡的莼菜羹和鲈鱼脍的美味，便立即辞官回乡了。故事中张翰想念的菜肴，就属于苏菜。

江苏是一个河流密集的地方，丰富的河鲜自然俯拾即是。被称为"长江三鲜"的河鲀、鲥鱼、刀鱼，以及大闸蟹、太湖银鱼等都是苏菜的重要主料。苏菜往往有清新的色调和别致的造型，比如水晶虾仁、清蒸鲥鱼、扬州狮子头，外观清雅，味道鲜美，好看又好吃。苏菜的口味很特别，清淡可口，浓而不腻，淡而不薄，大多偏甜；用料十分讲究，以江河湖海水鲜为主，刀工精细，烹调方式多样。正是由于具有精致、高雅的特点，苏菜曾经在宫廷菜中特别常见。

苏菜也细分为很多派别，主要包括金陵菜、淮扬菜、苏南菜、徐宿菜。金陵菜主要流行于南京，名菜有盐水鸭、凤尾虾等。淮扬菜主要流行于扬

苏菜既注重食材的本味，也重视汤汁的调配

州、淮安一带，在选料和刀工上要求很高，善于用汤，比较著名的菜品有三套鸭、扬州狮子头等。苏南菜主要流行于苏州、无锡等地，口味偏甜，多用酒糟调味，如松鼠鳜鱼、梁溪脆鳝。流行于徐州、宿迁一带的徐宿菜，口味相对重一些，在风格上受齐鲁菜的影响较大，代表菜有羊方藏鱼、徐州三鲤等。

南京被称为"鸭子城"，因为这里的人太喜欢吃鸭子了！厨师"拍了拍"你！

南京盐水鸭

盐水鸭是南京的著名特产，是金陵菜的代表之一，也叫桂花鸭，有 2500 多年的历史了。

南京板鸭

"江苏三宝之一"，也叫"琵琶鸭"，是南京地区的一道传统名菜，将鸭用盐卤腌制风干而成，有腊板鸭和春板鸭两种。

南京烤鸭

南京的传统名菜，属于金陵菜，和北京烤鸭不同，南京烤鸭有卤汁，口感偏甜。

鸭血粉丝汤

南京的传统名菜，金陵小吃，是南京的地标性美食，现在已经成为风靡全国的风味小吃。由鸭血、鸭肠、鸭肝、鸭汤和粉丝制成，口感鲜香爽滑。

徽菜
清蒸石鸡、臭鳜鱼

徽菜历史悠久，在古代尤其是明清时期传播非常广泛，在整个长江中下游地区都有深远影响。你可能会以为"徽菜"就是"安徽菜"，其实，徽菜中的"徽"字指的是徽州地区，这是从宋代就开始有的名字，主要包括现在的安徽省黄山市的大部分地区，以及安徽省绩溪县和江西省婺源县。

以咸、鲜、香著称的徽菜，主要特色是用火腿佐味，用冰糖提鲜。在烹调方法上，徽菜擅长烧、蒸、炖，比较重视火候的把握。传统的徽菜制作技艺中，在用火上十分讲究，多用炭火温炖，用柴禾急烧，用木块缓烧。

火腿炖甲鱼、雪冬山鸡、腌鲜鳜鱼、毛峰熏鲥鱼……光是品味这些菜名，都会觉得丰饶、精致。徽菜的丰富，得益于徽地物产的丰富。徽州气候适中，雨量丰富，适合万物生长。徽州人很会做生意，徽商的足迹遍布天下，和别人谈生意的时候可能就会摆上一桌来自家乡的菜品，这也许是徽菜传遍四方的原因。

徽菜起源于徽州地区，又被称为"徽帮菜"

浙菜

你知道苏轼也是美食家吗

地理小辞典

我的读音： Zhècài

我的由来： 主要起源于浙江一带，所以称浙菜

我的主菜： 西湖醋鱼、龙井虾仁、奉化芋头、兰花春笋、虾子面筋、东坡肉、宁式鳝丝等

我的故事： "杭城食店，多是效学京师人，开张亦御厨体式，贵官家品件。"——（南宋）吴自牧《梦粱录》

浙江是物产丰富的"鱼米之乡"，西南部是丘陵地区，又有充沛的河流，禽兽和河鲜都容易获得；东部沿海地区坐拥优质的渔场，海生鱼类和虾蟹种类繁多。得天独厚的自然条件也造就了浙菜的丰富和美味，浙菜滋味多样，既有耐人寻味的绵糯，又有清新舒畅的鲜嫩。浙菜贵在一个"精"字，在配方、刀工、火候等各方面要求都非常精细。我们都知道的北宋大文学家，也是美食家的苏东坡在《猪肉颂》这首诗中写道：净洗铛，少著水，柴头罨烟焰不起。待他自熟莫催他，火候足时他自美。可见浙菜对火候是多么讲究！

冰糖甲鱼、荷叶粉蒸肉、龙井虾仁……都是非常有名的浙菜。不同地区的浙菜也有流派之分，主要分为杭州菜、宁波菜、温州菜和绍兴菜。杭州菜是浙菜重要的组成部分，历史上杭州的繁华也带动着饮食文化的发展。这里的菜品丰富多样，以清爽鲜美著称，著名的菜品有东坡肉、西湖醋鱼、油焖春笋等。宁波菜主要流行于宁波一带，擅长在加工中保持海鲜的原汁原味，流黄青蟹、苔菜拖黄鱼等菜品最为著名。温州菜流行于浙江南部靠海的温州地区，这里的菜系又称"瓯菜"，食材以海鲜为主，口味清淡鲜美，三丝敲鱼、爆墨鱼花等都是经典的温州菜。绍兴菜属于"水乡菜"，肉类食材以河鲜和家禽为主，

主要菜品有糟熘虾仁、干菜焖肉、清蒸桂鱼等。有一天，你若是来浙江的话，一定要品尝品尝不同的美味菜品。

浙菜的菜式小巧而精致

你了解海洋渔业吗？

渔业主要分为淡水渔业和海洋渔业。淡水渔业主要发展于江河、湖泊、水库等淡水区域。海洋渔业资源则主要集中在沿海大陆架海域，也就是从海岸延伸到水下大约 200 米深的大陆海底部分。我国的海岸线绵长曲折，海洋渔业资源很丰富。我国沿海大陆架面积宽广，海水温度适中，非常适合各种海洋生物的生长和繁殖。这里阳光集中，生物光合作用强，入海河流带来丰富的营养盐类，海水上泛又会将海底的营养盐带到表层，给浮游生物提供充足的食物，而浮游生物又是鱼类的饵料，它们繁盛了，海洋中的鱼类自然就有充裕的"口粮"啦。

赣菜
原来江西人这么爱吃辣

地理小辞典

我的读音：Gàncài

我的由来：因起源于江西一带而得名

我的主菜：三杯鸡、鳜鱼煮粉、甲鱼粉皮、藜蒿炒腊肉、白浇鲌鱼头、余干辣椒炒肉、莲花血鸭、井冈烟笋、四星望月……

江西菜又称"赣菜"，是很出名的地方菜。赣菜的许多菜品都有点辣，但是这种辣既不同于湘菜的辛辣，也不同于川菜的麻辣，而是一种独特的"鲜辣"。江西人爱吃辣，可能与江西潮湿的气候有关。江西是一个农业发达的地方，所以江西菜的原材料特别丰富，许多名菜都是用本地的特产做的。例如，藜蒿炒腊肉可以用南昌的藜蒿做，白浇鲌鱼头可以用鄱阳湖中的鲌鱼做。

不同地区的江西菜，也分出一些流派。流行于南昌地区的菜品丰富多样，综合了许多地方的特点，著名的南昌菜有三杯鸡、粉蒸肉等。赣州地区偏爱粉蒸、小炒，著名的"赣州三鱼"分别是鱼饼、鱼饺和小炒鱼，这些菜都是用完整的小鱼做成的。九江菜最大的特色就是利用鄱阳湖的湖鲜烹饪而成，其中的"鱼席"很有特色，有名的九江菜有浔阳鱼片、春菜黄牙鱼等。赣西地区的菜品以"熏"出名，萍乡烟熏肉、井冈烟笋都是有名的赣西菜。赣东地区的百姓喜欢辣炒，余干辣椒炒肉、田敦炒牛肉都是经典赣东菜。

赣菜历史悠久，讲究原汁原味、油而不腻

闽菜

淡爽清鲜,海的味道

地理小辞典

我的读音: Mǐncài

我的由来: 因起源于福建一带而得名

我的主菜: 佛跳墙、南煎肝、荔枝肉、沙茶面、海蛎煎、闽南咸饭、白雪鸡等

闽菜发源于福建,以口味清爽、鲜美著称。醉、扣、糟等是闽菜独特的烹调方法。佛跳墙、淡糟香螺片、翡翠珍珠鲍、红糟鱼等,都是著名的闽菜。汤可能是闽菜中最精华的部分。闽人喝汤的历史可不短,人们在位于福建省闽侯县的昙石山文化遗址中发现5000余年前生活在这里的人可能就已经在制作汤食了。

闽菜除了保有自身的闽越文化特色之外,还深受从北方流传过来的中原饮食文化的影响,又深远地影响着福建、台湾、海南一带的饮食。闽菜主要包括福州菜、闽南菜、闽西菜等几大派别。福州菜善于用汤,味道偏清淡却新鲜可口,代表菜有佛跳墙、荔枝肉、南煎肝等。闽南主要是指泉州、漳州、厦门等地,闽南菜更重视调料的使用,味道又鲜又香,著名的菜品有桂花蛤肉、红焖通心河鳗等。闽西主要是指长汀、宁化等地,闽西菜以咸辣口味为特色,比较出名的有油焖石鳞、虾肉粉果等。此外,福建的一些地方小吃也非常有名,如莆田的兴化小吃、三明的沙县小吃。

闽菜以"淡爽清鲜"为特色

你吃过"沙县小吃"吗？

在你生活的地方，也许经常能见到"沙县小吃"的店面，你知道沙县小吃来自哪里吗？沙县位于福建省三明市，这里的小吃闻名全国。沙县小吃风格独特、价格实惠，既有中原的饮食特色，又有闽南客家的独特风格。瓦罐汤、扁肉、八宝饭、沙阳板鸭、芋饺、茯苓糕、梅花豆腐等，都是沙县小吃中的"名角"。

沙县小吃继承了中原黄河流域的饮食传统，
又兼具闽南一带的饮食特点

台湾小吃

台湾什么最好吃

地理小辞典

我的读音： Táiwān Xiǎochī
我的由来： 因起源于台湾而得名
我的主菜： 蚵仔煎、炒米粉、万
峦猪脚、润饼、烧仙草、鱼酥羹、
花枝羹、卤肉饭等

说起台湾小吃，你会想到什么？刈包、蚵仔煎、担仔面、炸花枝丸……以及常见于全国大街小巷的珍珠奶茶、芒果冰、烧仙草等都是有名的台式小吃。这些台湾小吃，有些是发源于台湾本地，有些可能是从中国大陆、东南亚国家等传入台湾，并在台湾兴盛起来的。

台湾的小吃如此丰富，其实是有原因的。从清代开始，闽南一带有许多人跑到台湾地区开垦农地，非常辛劳。这时候，一些卖小吃的人就挑着各种各样的美食来到田间地头，为辛苦劳作的人们提供食物。台湾有许多流传至今的小吃，最早都是这样流行起来的。因为台湾四周被海洋包围，便于获取海鲜，所以很多台湾小吃都以海鲜为主要食材。

在台湾，许多地方都有丰富的夜生活，人们可以在夜市里品尝到各种各样的台湾小吃，如基隆的泡泡冰、沙拉船，新竹的贡丸、肉圆、柿饼，丰原的蚵仔煎、排骨面，花莲的麻糬、红茶等，都各有风味。

台湾有许多富有特色的街头小吃

昆曲
百戏之祖

昆曲是一种古老的戏曲，被誉为"百戏之祖"。据说是从昆山流行起来的。元朝末年，有人将流行于昆山的南曲进行了整理和改良，形成了昆曲的前身"昆山腔"。明朝嘉靖年间，昆曲音乐家魏良辅在昆山腔的基础上融合了北方戏曲的演唱方法，并灵活地加入笙、箫、笛等乐器伴奏，创造出了经典的"水磨调"，这就是今天昆曲的前身。魏良辅也因此被称为"昆曲之祖"。

昆曲的行腔婉转悠扬，《精忠记》《宝剑记》《牡丹亭》等都是昆曲中的经典曲目。昆曲是我国南方戏曲风格的代表，和北方激情跌宕的曲子相比，昆曲以柔和而缓慢的旋律为主，人称"一唱三叹"。昆曲最早以吴地方言为主，婉转动人的"吴侬软语"使得昆曲腔调软糯、细腻、华丽、儒雅。后来昆曲逐渐传播到更远的地方，并与其他方言、曲艺相融合，形成了丰富多样的表现形式，甚至还常与舞蹈表演、武术表演等融合在一起。

昆曲是一种古老的剧种，人们也称其为"昆剧"

什么是"吴侬软语"?

"吴侬"是指吴人，即生活在吴地的人。吴地这个概念来源于春秋时期的吴国，当时的吴国大致在今天江苏长江以南的地区，向北以苏北废黄河为界，向南达到钱塘江以北。

"软语"形容细软柔美的语音。生活在吴地的人，说话婉转动听，比如今天的苏州话、上海话等，"吴侬软语"形容的就是这种方言的特点。

越剧

你听过梁山伯与祝英台的故事吗

越剧的故乡是浙江省绍兴市的嵊州，越剧是由嵊州的一种说唱形式"落地唱书"演化而来的，这是一种"随处都可以演唱"的表演。清朝光绪年间，这种戏曲在农村草台上演出。最早的时候，表演越剧的只有男演员，这些男子大多是一边务农一边

越剧以婉转柔美的曲调著称

表演，人称"男班"。后来，越剧传到上海等地，逐渐出现女性表演的越剧，并很快受到欢迎，甚至一度流行所有角色都由女性扮演的"女子越剧"。

如今，越剧是中国重要的戏曲剧种之一。

越剧的题材大多是才子与佳人相配的故事，如《梁山伯与祝英台》《孟丽君》《西厢记》《碧玉簪》等。和其他剧种相比，越剧演员的妆容比较素雅，一般不会用到脸谱。演员的服饰清丽雅致，像从中国传统水墨画中走出来的一样。

你听过梁山伯与祝英台的故事吗？
音乐家"拍了拍"你！

在众多越剧剧目中，《梁山伯与祝英台》是人们最熟悉的一个故事，它也是中国"四大爱情故事"之一。

故事讲的是一个名叫祝英台的女子女扮男装去书院读书，爱上了自己的同学梁山伯，但梁山伯始终不知道祝英台是女子。虽然祝英台一再暗示，但淳朴忠厚的梁山伯始终没能明白。祝英台只好假说自己有个妹妹，愿意替梁山伯做媒，而后梁山伯才发现这位被称为"九妹"的妹妹就是祝英台，两人坠入爱河。但祝英台的父亲却将她许配给太守之子，梁山伯忧郁而死，祝英台也为之殉情。最后，两人化作翩翩蝴蝶，双双飞去。

苏州评弹
有乐器伴奏的"三国"和"水浒"

地理小辞典

我的读音： Sūzhōu Píngtán
我的由来： 是苏州评话和苏州弹词的总称
我的分布： 发源于苏州，主要流行于江、浙、沪一带

评弹发源于苏州，所以人们称它为苏州评弹，现在主要流行于长江三角洲地区。最常见的评弹表演形式是"双档"，也就是二人合演，当然，也有单人表演或多人表演的情况。评弹的篇幅长短不一，短的评弹可以在一小时之内讲完一个故事，长的评弹可能分好几十回、数百回来讲一个长长的故事，每回都能表演几十分钟。

评弹是评话和弹词的合称。评话的表现形式比较豪放，与北方的评书类似，又被称作"大书"。一般由男子表演，往往是只说不唱的，内容侧重《三国演义》《水浒传》《七侠五义》等英雄故事。弹词则比较温和，是一种说唱艺术，又被称作"小书"，一般由两个人一起表演，一人弹奏三弦，另一人弹奏琵琶。弹词的题材更加丰富，人们喜欢用这种形式的表演来讲述爱情故事或家族兴亡的故事，如《玉蜻蜓》《三笑》《啼笑姻缘》等。

评弹的表演形式丰富多样，分为说、噱、弹、唱、演几种技法。说，是指叙说；噱，是指在表演中穿插笑料，引得观众发笑；弹，是指乐器演奏，如弹三弦、弹琵琶；唱，是指带着调子哼歌；演，又分为手面和起角色，手面是用手上的动作和面部表情进行演绎，起角色是整个人投入地去扮演故事中的角色，将角色特点活灵活现地展现给观众。

苏州评弹主要是用苏州方言演唱

黄梅戏
"树上的鸟儿成双对"

我的读音： Huángméi Xì

我的由来： 因起源于湖北黄梅而得名

我的分布： 在安徽安庆发扬流行

我的别称： 黄梅调、采茶戏、怀腔

我的故事： "树上的鸟儿成双对，绿水青山带笑颜，随手摘下花一朵，我与娘子戴发间。"——黄梅戏《天仙配》唱词

"黄梅戏"是安徽省著名的戏种，在唐代的时候就出现了，到了明清时期已经传播得很广泛了。但"黄梅戏"最早可能并不源自安徽，而是源自湖北省的黄梅县。黄梅县的采茶调传入相邻的怀宁县等地区，传成了"怀腔"，这就是早期的黄梅戏；后来，黄梅戏以位于皖、赣、鄂三省交界的安徽安庆为中心发扬流行起来。经过长时间的传播，如今的黄梅戏已经成为全国流行的大剧种。

黄梅戏唱腔明快、流畅，内容充满生活气息，是一种"雅俗共赏"的表演。如今黄梅戏中最主要的伴奏乐器是"高胡"，也就是"高音二胡"，它看上去和普通的二胡差不多，只是琴筒比二胡略小一些，演奏者常常用两腿夹着琴筒的一部分演奏。黄梅戏在我国传播广泛，有很多为人熟知的经典曲目，《天仙配》中"树上的鸟儿成双对，绿水青山带笑颜"的唱词，以及《女驸马》中冯素贞冒死救夫，考取状元之后被招为驸马，后来被皇帝赦免得以婚姻美满的故事，都是人们耳熟能详的。

黄梅戏是一种重要的地方戏，唱腔明快而流畅，内容雅俗共赏

傩舞

"摘下面具是人，戴上面具是神"

地理小辞典

我的读音： Nuówǔ

我的分布： 主要流行于江西、安徽、福建一带

我的别称： 跳傩

我的故事： "乡人傩，朝服而立于阼（zuò）阶。"——《论语》

傩舞是一种历史悠久的舞蹈。早在 3000 年前的周代时，"傩"便被纳入国家礼制，并被称为"国傩"。傩文化是一种原始文化，包含着古人对自然的崇拜，而"傩"本身在古代是一种驱鬼除疫的仪式。现在的傩舞，实际上也是"傩

傩舞是由傩祭中的仪式性舞蹈演化而来的

仪"中的一部分，一般在大年初一到正月十六期间表演。专业表演傩舞的组织叫傩班，大多拥有严格的班规，表演者都要经过严格的训练。

表演傩舞的时候，表演者一般会佩戴相对应的面具，这些面具有些是源自神话传说中的形象，有些是源自历史故事中的名人。傩舞的伴奏乐器主要是锣和鼓，别看这些乐器很简单，表演起来可是锣鼓喧天、热闹非凡。跳傩舞的人手里拿着各种各样的道具，有些人手持火把、蜡烛、炮仗，有些人举着刀枪、斧头等武器，有些人拿着铁链、桃剑等"法器"，表演现场荒诞又有趣。

江西省抚州市南丰县被誉为"中国傩舞之乡"，这里的傩舞表演是全国最有名的。此外，江西省上饶市婺源县的婺源傩舞，节目众多，舞蹈动作丰富；江西省抚州市乐安县的乐安傩舞，又被当地人称为"滚傩神"，历史悠久，仪式授规森严，且从不外传，表演者所戴的面具也和其他地方不一样，不是完整一体的面具，而是由上额、下嘴两个断片组成的；福建省漳州市浦南镇的浦南古傩，大约出现于唐朝末年，表演者所戴的面具特别大，且不直接戴在演员头上，而是顶在筐顶，并用竹子支撑起傩舞角色的骨架，使角色显得体形庞大、气势威严。

南音
闽南的"弦管"

地理小辞典

我的读音：Nányīn
我的分布：主要流行于福建闽南、珠江三角洲等地
我的别称：弦管、南曲、南乐、南管

南音是一种古老的音乐表演形式，发源于以泉州为中心的闽南地区。泉州的位置和地形都很特别，面朝大海、背靠群山，在宋代就已经发展成为颇具规模的商港。随着经济的繁荣，泉州的文化也昌盛起来，诞生了丰富多样的艺术形式。此外，历朝历代从外地迁徙到闽南地区的人很多，有"衣冠南渡，八姓入闽"的说法，来自不同地区的人带来了各具特色的语言和音乐，形成了闽南一带独特的戏曲风格。

南音表演中既有乐器的演奏，也有人声歌唱，其中还包含用泉州方言唱出的民谣。悠扬而缓慢的旋律，是南音表演的特色。南音表演会用到很多乐器，常用的乐器有拍板、琵琶、三弦、洞箫、二弦等。欣赏南音表演，会觉得每一种乐器的声音都特别清楚，都是不可替代的。

南音的曲目主要分为"指""曲"

南音是一种历史悠久的汉族音乐

"谱"三种类型。"指"又被称作"指套"，是一种有词、有谱、有指法（琵琶弹奏指法）的套曲，"指"常用于演奏中，也有较少情况会用于歌唱。"曲"是指"散曲"，是最常见的一种南音曲目。在"散曲"表演中，歌唱者通常会手持拍板坐唱，或者抱着琵琶自弹自唱。"谱"就简单多了，是纯器乐演奏，不配曲词，其中最具代表性的有《梅花操》《走马》《百鸟归巢》《四时景》等。

这些福建传统戏剧，你听说过吗？音乐家"拍了拍"你！

闽剧：发源于福州，又被称作"福州戏"，主要用福州方言演唱。

梨园戏：发源于泉州，与浙江的南戏并称为"闽浙之音"，它的历史至少可以追溯到宋元时期，如今主要流传于福建、广东等地。

莆仙戏：发源于莆田、仙游地区，至今仍保留着许多宋元南戏的元素。

平讲戏：起源于屏南，唱词和对白平白得就像人们日常讲话一样，所以叫作"平讲戏"。

打城戏：主要流行于泉州、晋江、厦门等地，是由宋元以来僧、道普度超亡法事仪式衍变、发展起来的。

畲族
来自大山的客人

地理小辞典

我的读音： Shē Zú
我的人口： 约74.64万人（2021年）
我的分布： 分布于浙江、福建等地
我的故事： "西畲隶龙溪，南畲隶漳浦，其地西通潮、梅，北通汀、赣。" ——（宋）刘克庄《漳州谕畲》

畲族主要生活在丘陵地区，他们自称"山哈"或者"山达"，意思是"居住在山里的客人"。畲族人90％以上生活在浙江、福建的广大山区。由于生活在华东地区的少数民族人口较少，位于福建省的景宁畲族自治县是华东地区唯一的民族自治县。

畲族人很擅长刺绣，会在衣服上绣各种精美的花鸟图案。编织花带也是畲族人的传统绝活，花带主要是用来系裙子、捆东西的，长度从几米到几十米不等，畲族姑娘在很小的时候就会学习编织花带。

畲族人还擅长制作竹编手工艺品，如竹篮、竹枕、竹盒、竹席等，他们做的竹编斗笠尤其出名。畲族的妇女也很喜欢穿斗笠，漂亮的花斗笠是畲族姑娘的陪嫁品之一。

每年的农历三月三，畲族人会过"乌饭节"，在这天人们采集乌稔叶子，泡制乌米饭，用乌米饭来祭祀祖先或赠予亲友。"分龙节"通常在每年夏至之后，据说这一天是玉皇大帝给畲山"分龙"的日子，预示当年风调雨顺。在"分龙节"当天，人们不劳动也不用铁器，通常会聚在一起赛歌。

畲族是一支主要生活在东南地区的游耕民族

有趣的畲族体育活动

盘柴槌：民间武术，是一种畲族人独创的棍术。

打尺寸："尺"是一根木棍，"寸"是一种短小的竹条，人们的活动围绕"尺"和"寸"之间的搏斗展开。这是为了纪念畲族英雄蓝奉高而形成的活动，他曾在反抗唐王朝的武装斗争中用断掉的弓拨开敌军射来的箭。

骑海马：又称"赛海马"。海水退潮之后，一只脚踏在木板上，另一只脚使劲往前蹬，在沙滩上追逐海浪。

打工头：畲族人特有的拳术。

高山族

精通雕刻的民族

地理小辞典

我的读音： Gāoshān Zú

我的人口： 约57.99万人（2020年）

我的分布： 分布于台湾、福建等地

我的故事： "阿里山的姑娘美如水呀，阿里山的少年壮如山。"——高山族民歌《阿里山的姑娘》

"阿里山的姑娘美如水呀，阿里山的少年壮如山"，这是一首高山族民歌的唱词。阿里山是台湾的一座山脉，这里生活着许多高山族居民。高山族人是台湾岛的"原住民"，主要生活在台湾，也有一些生活在福建、江西等地。

三国时期，人们称呼他们为"夷州人"；唐宋时的"流求人"或"琉球人"，指的也是他们；到了清代，人们又称其为"番族"。高山族有很多分支，如排湾人、阿美人、泰雅人、赛夏人、布农人等。

高山族人的衣服大多由麻布和棉布制作而成，男子的服饰通常是短裤、短褂加披肩配背心，妇女一般身着短上衣、裤子或裙子，并配以围裙和偏衫。高山族妇女善于染织、刺绣，会精心装饰自己的衣服，会制作图案精美的头巾和围裙，还会用贝壳和兽骨制作各种首饰。实际上，高山族人喜欢穿非常艳丽的盛装，不同分支的高山族人其服装也有比较大的差别。布农男子喜欢头戴鹿皮帽，帽顶插一根鹰羽，看上去威风凛凛；泰雅人的"贝珠衣"华丽、高贵，是将白贝珠点缀在麻布上制成长衣，一件长长的贝珠衣可能会用到上万颗贝珠。

高山族人心灵手巧，乐于创造，擅长各种手工艺制作，排湾人的雕塑、鲁凯人的木雕、卑南人的夹彩织布等，都非常有名。生活在崎岖山林中的高山族人经常遇到道路不便的情况，于

高山族擅长各种各样的手工艺，如纺织、藤编、雕刻等

是勤劳聪明的他们学会了在高山之中架设各种吊桥和溜索桥。此外，他们还擅长制造独木舟在山间的溪流、河流中穿行。

信仰万物有灵的高山族人

高山族人相信万物有灵，并经常举办各种祭祀活动。开垦、播种的时候，即将征战的时候，生儿育女的时候，谈婚论嫁的时候，修建新房子的时候……都会有相应的祭祀仪式，比较出名的有泰雅人的粟祭、阿美人的船祭、雅美人的飞鱼祭、排湾人的五年祭等。对于他们来说，一年之中最盛大的祭祀活动是"丰年祭"，这是高山族人向祖先和神灵祷告，祈求五谷丰登、人畜两旺的一种祭祀活动。

⑧ 这些风景胜迹，当然值得一去

泰山

"五岳" 之首

中国有名山"五岳"，泰山是五岳之首。泰山处在山东省中部的泰安市境内。在中国古代的神话传说中，泰山是盘古开天辟地后的头颅幻化而成的。杜甫曾经站在泰山山顶，感叹"会当凌绝顶，一览众山小"。实际上，泰山可能并没有你想象的那么高——它的主峰玉皇顶海拔只有1500米左右。要知道在我国西南地区，海拔超过2000米的山峰数不胜数。这说明在我国东部地区，山丘的海拔普遍较低，所以泰山

泰山又被称作「岱山」「天孙」等，被誉为「天下第一山」。

也算很高的了。

根据研究推测，泰山所在的地区在数十亿年前还是一片汪洋大海，一系列的造山运动使得这里的岩层褶皱隆起，形成规模巨大的山系。此后，泰山又经历了先沉入大海又抬升为陆地的过程。在太平洋板块和欧亚大陆板块的挤压和俯冲下，这里发生频繁的地壳运动，泰山从一个低矮的小丘"越长越高"；在距今3000万年左右，泰山的轮廓就基本成型了。

司马迁在《报任安书》中说，"人固有一死，或重于泰山，或轻于鸿毛"，从这句话就能看出泰山在传统文化中的分量。历代文人墨客都喜欢在泰山题字留念，在攀登泰山的路上，处处可以见到石刻，有的刻在人造碑碣上，有的就刻在天然的石头上。泰山上已知的石刻，大约有2000处。

什么是封禅？诗人"拍了拍"你！

封禅是一种隆重的典礼，在古代一般由皇帝亲自举行。"封"是祭天的意思，"禅"是祭地的意思，封禅就是指古代帝王祭祀天地。这种盛大的仪式往往举办于太平盛世的时候，或者天降祥瑞的时候。古代的皇帝尤其热衷于前往泰山封禅，可能有这些原因：一是古人崇尚东方和太阳，在这座位于东方的神圣之山上，能够看见非常绚丽壮美的太阳；二是黄河下游是古代文明的发源地，在这片土地上最高的山峰泰山自然也具有重要的地位；三是帝王效仿从前的皇帝封禅的行为，也能够提升自己在历史中的地位。

曲阜三孔

圣人的故乡

山东曲阜是圣人孔子的故乡，曲阜的"三孔"指的是孔庙、孔府、孔林。

世界上的孔子庙有数千座，但曲阜的孔子庙才是祭祀孔子的本庙，也是中国最大的孔庙。从西汉开始，历代帝王不断地为孔子加封谥号，孔庙的规模也变得越来越大。如今我们看到的孔庙，主要是在明清时期扩建的。孔庙仿照皇宫样式建造，气势恢宏。孔庙中重要的建筑，包括用于收藏帝王御赐书籍和墨迹的奎文阁、历代帝王祭祀孔子留下的十三碑亭、纪念孔子"杏坛教书"的杏坛、供奉孔子塑像的大成殿、展示孔子经历和故事的圣迹殿等。

孔府位于孔庙的东侧，是孔子

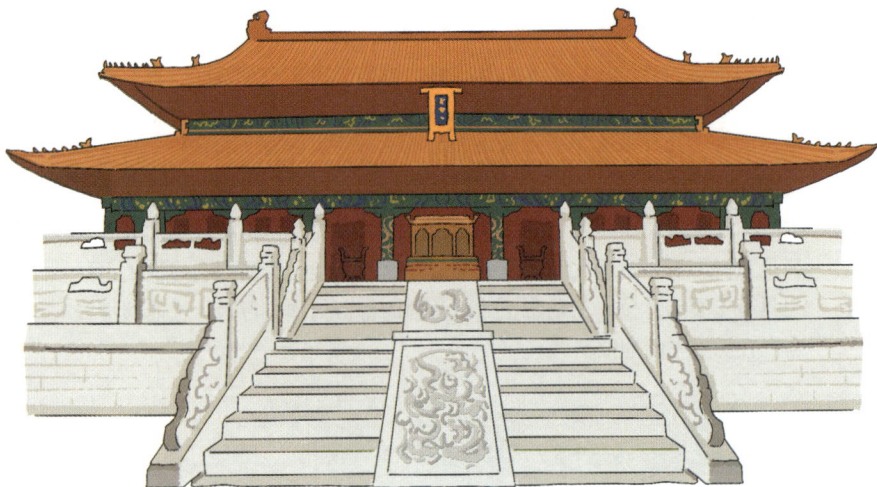

"曲阜三孔"中的孔林是孔子及其后裔的专用墓地

嫡系子孙居住的地方。随着孔子后人官位的升迁、孔子家族地位的提高，孔府的规模也越来越大。孔府中收藏着许多珍贵的文物，还存有明朝嘉靖年间至中华人民共和国成立前的私家档案。

孔府分为前厅、中居和后院，前厅主要是处理公务的官衙，中居是府上老爷及其眷属生活的地方。后院又叫"铁山园"，是一座美丽的花园。

孔林又被称作"至圣林"，是孔子及其家族的专用墓地，它是我国规模最大、持续年代最长的氏族墓葬群，孔子的墓就在这里。孔子墓的东面有三座亭子，叫驻跸亭，是宋真宗、清圣祖和清高宗祭孔时停留的地方。

孔子被尊称为"圣人""至圣先师"

孔子被世人称为"至圣先师"，人们为什么这样称呼他呢？

孔子是春秋时期的鲁国人，是一个非常全能的人才。他博学多识，很有想法，在大约30岁的时候，孔子开始招生办学，开始了他的教育生涯，这也是目前我们所了解到的最有名的"私学"。可是孔子在政治上的理想与当时急功近利的"争霸思想"并不相符，历经十四载不得重用。他超前的思想在当时并没有得到足够的重视。他的一生很坎坷，屡次遭受打压、排挤，却从未退缩。

孔子开创了私人讲学的风气，他提出过许多非常经典的教育理念，如有教无类、因材施教等。孔子为了传播自己的思想，带领弟子周游列国，虽然到处受阻，但仍不放弃。在晚年，他修订了《诗》《书》《礼》《乐》《易》《春秋》六经，这些都是后世读书人学习的经典教材。孔子去世后，后人把孔子及其弟子的言行语录和思想记录下来，整理编辑成儒家经典《论语》。

孔子在世时已被誉为"天纵之圣""天之木铎"，是当时社会上博学者之一，被后世尊为孔圣人、至圣、至圣先师、万世师表。以孔子为代表的儒家文化，在漫长的发展中已经成为中国文化的基石，一直影响着我们今天的生活。

总统府

1912年的往事

地理小辞典

我的读音：Zǒngtǒng Fǔ

我的位置：位于江苏省南京市玄武区长江路

我的由来：孙中山做临时大总统时在这里居住，所以称总统府

孙中山曾经做过中华民国临时大总统，他当时在南京办公的地方就叫作"临时大总统府"。实际上，南京的总统府并不只是做过大总统办公的地方，它还是明朝时的汉王府、清朝时的两江总督署和太平天国时的天王府。

明朝初年，这里是归德侯陈理的府邸；明朝永乐年间，这里是明成祖朱棣的次子朱高煦的汉王府。清朝时，这里又被辟为江宁织造署、江南总督署、两江总督署，林则徐、曾国藩、李鸿章、左宗棠、张之洞等人都在这里做过两江总督。1853年（清咸丰三年），太平天国占领

总统府曾经是中华民国总统办公的地方

这些风景胜迹，当然值得一去

南京，洪秀全命人将总督府改造为奢华的天王宫，又称"天王府"。1864年，清军攻破南京，天王府被摧毁。1870年重建，并再次作为两江总督署。中华民国成立后，孙中山在这里就任临时大总统，并将这里称为临时大总统府。后来，蒋介石担任中华民国总统，这里又被改称为中华民国总统府。

南京总统府是中国近代建筑遗存中规模较大、保存较为完整的建筑群。如今的总统府主要分为三个区域，中区是国民政府、总统府等机构所在地；西区是孙中山就任临时大总统时的办公室所在地，这里还有一座"西花园"；国民政府行政院旧址位于东区，这里有一座"东花园"。

20世纪90年代，江苏省人民政府决定将这里建设为"中国近代史遗址博物馆"。2003年，中国近代史遗址博物馆建设完成并对外开放，在府中建筑的基础上建设了许多展馆，在这里可以了解中国近代发生的许多故事。

在南京市内，还有哪些著名的民国建筑？建筑师"拍了拍"你！

中华民国国民政府曾定都于南京，许多国民政府各部院的行政办公大楼，都分布在如今南京市的长江路、中山东路和中山北路沿线，如原国民政府外交部大楼、国民政府行政院旧址、临时政府参议院旧址等，其中许多建筑直到现在也用于政府办公。

此外，还有一些大学校园也是民国时期留下来的，如南京师范大学的随园校区曾是金陵女子大学旧址，东南大学四牌楼校区曾是国立中央大学旧址。

玄武湖
孙吴水军操练场

地理小辞典

我的读音：Xuánwǔ Hú

我的位置：位于南京市东北城墙外，由玄武门和解放门与市区相连

我的由来：玄武湖位于城市中心的北面，对应"北玄武"，故称"玄武湖"

我的别称：桑泊、北湖、后湖、元武湖

我的故事："吴孙皓宝鼎年间，丹阳县宣骞之母，年八十，浴于后湖，化为鼋。"——（南朝宋）山谦之《丹阳记》

中国古代神话中有四大神兽——青龙、白虎、朱雀、玄武，分别象征着东、西、南、北四个方位。其中，玄武是一只半龟半蛇的神兽，象征着北方，玄武湖正是位于南京城的北部。在江南地区，玄武湖是仅存的皇家园林，玄武湖公园是江南地区最大的市内公园。玄武湖三面环山、一面临城，湖的东、南、北面分别是紫金山、鸡笼山、幕府山，沿湖还有雄伟的明城墙、热闹的鸡鸣寺等景点。

玄武湖是中国最大的皇家园林湖泊

🔵 **这些风景胜迹，当然值得一去**

玄武湖中有五座岛屿，分别是环洲、樱洲、菱洲、梁洲、翠洲。玄武湖南岸有一座武庙闸，最早建于三国时期，现在仍旧发挥着防旱、排涝的功能。

玄武湖是一个变化无穷的湖泊，它的面积时大时小，甚至有时候会消失。玄武湖面积最大的时候，可能是现在的好几倍；隋朝时期，人们在南京大量开垦农田，玄武湖几乎消失不见了。玄武湖曾经有十几个名字，例如，秦代的秣陵县设置在这里，人们因此称其为秣陵湖；六朝时期，玄武湖是操练水兵、检阅水师的地方，因此又被称为练湖……此外，玄武湖还曾有桑泊、后湖、昆明湖等名称。

诗人笔下的玄武湖是什么样的？诗人"拍了拍"你！

景阳楼下花钿镜，玄武湖边锦绣旗。昔日繁华今日恨，雉媒声晚草芳时。

——（唐）司空图《南北史感遇十首·其九》

北湖南埭水漫漫，一片降旗百尺竿。三百年间同晓梦，钟山何处有龙盘。

——（唐）李商隐《咏史二首·其一》

西风渺渺月连天，同醉兰舟未十年。鹏鸟赋成人已没，嘉鱼诗在世空传。荣枯尽寄浮云外，哀乐犹惊逝水前。日暮长堤更回首，一声邻笛旧山川。

——（唐）许浑《重游练湖怀旧》

覆舟山下龙光寺，玄武湖畔五龙堂。想见旧时游历处，烟云渺渺水茫茫。

——（宋）王安石《忆金陵三首·其一》

紫金山

南京城东的"钟山龙蟠"

地理小辞典

我的读音： Zǐjīn Shān

我的位置： 位于南京市玄武区中山门外

我的由来： 山上有外露的紫色砾石，在阳光照射时远看呈紫金色，故称"紫金山"

我的别称： 钟山、蒋山、北山、神烈山

我的故事： "钟山龙盘走势来，秀色横分历阳树。"——（唐）李白《金陵歌送别范宣》

紫金山是一座承载了许多故事的山。"钟山"是紫金山早期的名字，东汉末年有一个叫蒋子文的将领战死后被安葬于此，后来人们就叫这里"蒋山"；南北朝时期，这里位于南朝历代都城建康的北面，就叫作"北山"。后来人们又称它为紫金山，因为山上的紫色砾石常常在阳光下发出紫色的光芒。

中山陵是孙中山先生的陵寝，位于紫金山的南麓。俯瞰中山陵，形状就像一个"警钟"，是为了契合孙中山"唤起民众"的遗嘱。中山陵在设计上充分利用地势，牌坊、陵门、碑亭、石阶、祭堂等依次排布在紫金山南麓的缓坡上。其中的建筑，基本都采用蓝色琉璃瓦和花岗石墙面。远远望去，中山陵与背后的群山互相映衬，庄严肃穆、气势恢宏。在中山陵的东南角有一个音乐台，是用来举办音乐表演和集会演讲的。

中山陵位于小茅山南麓，是为纪念孙中山而修建

这些风景胜迹，当然值得一去

紫金山上还有很多有趣的景点，如南朝梁为纪念僧人宝志禅师而修建的灵谷寺，遍植梅花的梅花山，藏有众多珍稀植物和标本的中山植物园，中国最早的现代天文学机构紫金山天文台等。

明朝开国皇帝朱元璋和皇后马氏合葬在紫金山，即明孝陵，这是中国古代较大的帝王陵寝；在紫金山的北面还坐落着徐达、常遇春、李文忠等明朝开国将领的陵墓。

明孝陵代表了明初建筑和石刻艺术的最高成就

你了解紫金山天文台吗？

紫金山与浩瀚的宇宙之间也有着深厚的渊源。至少在南北朝时期，人们就已经在紫金山上观察天象了。如今，在紫金山海拔第三高的山峰——天堡峰上，坐落着中国科学院紫金山天文台，这是我国自己建立的第一个现代天文学研究机构。1928年，国立中央研究院天文研究所在南京建立；1934年，紫金山天文台建成，它们都是如今紫金山天文台的前身。紫金山是中国近现代天文学的发祥地，被誉为"中国现代天文学的摇篮"。

苏州园林

玲珑的亭台轩榭

地理小辞典

我的读音：Sūzhōu Yuánlín
我的位置：位于江苏省苏州市
我的由来：因主要分布于苏州市内而得名
我的别称：苏州古典园林

江南的园林追求诗情画意，乐于营造水石相映的景象。这些园林既可以作为赏玩游乐的地方，又可以作为居住的地方。园林往往面积并不大，但其中有山、有水、有石，建有各种造型、规模的亭台楼阁，点缀着各种各样的盆景、花草，景致精巧而玲珑，别有意境。

苏州园林是中国古典园林的重要流派

江南园林最大的特色是"咫尺见山林"，就是说在有限的空间范围内，将城市以外大自然的湖光山色装进小小的庭院里。苏州园林的建筑布局尤其讲究，小到一块铺地、一片窗花、一个屋脊，背后可能都有美好的寓意。

苏州的园林闻名天下，人称"江南园林甲天下，苏州园林甲江南"。苏州园林的历史，可以追溯到春秋时期，那时候叫"园囿"。吴王夫差曾经建过一座"馆娃宫"，据说是为了宠幸西施而建的。到了明清时期，私家园林已经遍布苏州城。

如今在苏州城内，保存尚好的园林仍有数十座，如"苏州四大名园"的沧浪亭、狮子林、拙政园、留园，它们分别代表着宋代、元代、明代、清代的风格，其中，最古老的是沧浪亭，最大的是拙政园。

拙政园始建于明代正德年间，是一座经典的江南私家花园

你了解中国古典园林吗？
建筑师"拍了拍"你！

"不出城廓而获山水之怡，身居闹市而得林泉之趣。"不出城区，就能够收获游山玩水的快乐；身居闹市，就能够得到赏林观泉的乐趣。这形容的就是中国的古典园林。中国古典园林历史悠久、渊源深厚，发源于商周时代的帝王苑囿，秦汉时已初具模仿自然的造园风格，魏晋南北朝时寄情山水的园林大盛，唐宋时又将诗、书、画等艺术引入园林的造景中。经过长期的造园实践，到明清时终于达到了最辉煌的时期，皇家园林和私家园林都发展出各具特色的风格。从秦朝到清朝，几乎每个朝代都有皇家园林，也可以说一个朝代皇家园林的多少，一定程度上反映了当时国力的强弱。

除了苏州园林，其他地方的园林也很有特色。北方的园林注重规划布局，中轴线、对景线的运用较多，更赋予园林以凝重、严谨的格调，主要分布在北京、河北一带，如恭王府花园、米万钟勺园等；岭南园林的规模则相对较小，且多数是宅园，一般为庭院和庭园的组合，建筑的比重较大，主要分布在广东省一带，如顺德的清晖园、东莞的可园等。

周庄
看小桥流水人家

位于江苏省昆山市的周庄镇，是有名的江南古镇之一。周庄处在湖泊的环抱之中，镇里河港纵横，沿河两岸居住着近千户人家。在周庄，我们可以欣赏"小桥流水人家"的风景；可以在古戏台欣赏昆曲、听听评弹；还可以乘坐舟船从桥下穿行，体验夜泊的静谧与浪漫……现在，周庄每年都吸引着大量的游客，很多影视作品也在这里取景拍摄，这里还是绘画爱好者写生作画的好地方。

周庄是一座经典的江南水乡

据说周庄名字中的"周"来自北宋时期一位周迪功郎的姓。迪功郎是宋代的官职名称，周迪功郎就是一个姓周的迪功郎。这位周迪功郎将自己的庄园捐给当时的全福寺作为庙产，后来，当地人就把这里称为"周庄"了。南宋时期，大量的人口迁到江南，周庄也变得热闹起来。明清时期，这里已经成为繁华的水乡，许多明清时代的建筑被很好地保留至今。明代，有一个富豪叫沈万三，朱元璋修建南京城墙的时候还找他借钱，据说他曾经在周庄经营生意，现在周庄的许多地方都有和他有关的传说。

周庄镇上有十几座桥，分别建于元代、明代、清代。最古老的一座是富安桥，建造于元代，桥和楼在这里自然地结合起来，被称为"桥楼合璧"。由世德桥和永安桥组成的"双桥"也别有特色，两座桥连起来很像古代的钥匙。

你了解"江南水乡"吗？

在长江三角洲一带，分布着一些沿河而建的小镇，形成了一个个"江南水乡"的独特风景。在江南水乡，处处可见"小桥流水人家"的景色。江南水乡主要分布在浙江、江苏、上海一带，比较出名的江南水乡古镇有上海的朱家角古镇、江苏苏州的同里古镇、浙江嘉兴的西塘古镇、浙江桐乡的乌镇等。

外滩

万国建筑博览群

外滩位于上海市中心，又被称为"东方华尔街"。外滩还被称作"万国建筑博览群"，在这里我们能看见风格各异的建筑，如文艺复兴式风格的上海总会大楼、哥特式风格的中国通商银行大楼等。外滩全长 1.5 千米，南端从延安东路开始，最北到苏州河上的外白渡桥，是上海城中标志性的风景。

外滩是黄浦江畔的一片历史文化街区

外滩的东面是黄浦江，西面集中了旧上海的各大金融、外贸机构。清代道光年间，外滩一带被划为英国租界。上海成为商埠以后，外国的银行、商会等纷纷在外滩一带聚集，外滩成了重要的金融中心。其间，许多国家都在这里修建了领事馆，如英国领事馆、俄国领事馆等。外滩作为租界的历史，长达百年。

1943 年，外滩结束了长达百年的租界时期，外滩的许多建筑被改作他用，如曾经的汇丰银行大楼后来被用作上海市人民政府驻地。虽然这些建筑的名称和用处经常变化，但其门牌号却相对固定，所以上海市民经常用门牌号来称呼这些建筑，如将沙逊大厦称为"中山东一路 20 号"。

东方明珠——黄浦江上的上海地标

东方明珠与外滩建筑群隔江相对，它是上海的地标性建筑之一。东方明珠最早名叫"上海广播电视塔"，后被称为"东方明珠广播电视塔"。远远看去，东方明珠是由许多"球"构成的，主要分为下球体、中球体、上球体和太空舱几个部分。下球体位于 100 米左右的高空，这里主要是观景平台；中球体一共有五个，里面是空中客房；上球体是广播电视发射机房，位于 250 余米的高空。再往上走，还有旋转餐厅、悬空观光廊等设施。最上部是太空舱，天气好的时候从这里能眺望到很远的地方。

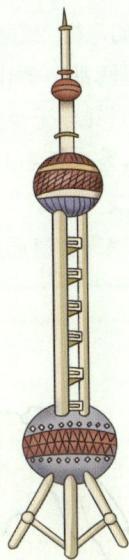

东方明珠塔位于上海浦东陆家嘴一带

黄山

奇松、怪石、云海、温泉

黄山位于安徽省南部，是风景如画的"天下第一奇山"。"五岳归来不看山，黄山归来不看岳"，就是指黄山的美景冠绝群山。黄山拥有水墨画一般的风景，历来也是中国山水画家描摹的对象。在清朝初年，有一个画派叫"黄山画派"，这个画派的画家以黄山之景为主要创作内容，其中比较著名的画家有梅清、石涛等。

黄山是花岗岩山，山中怪石嶙峋，处处是惊险的悬崖峭壁。黄山有三座主峰，分别是莲花峰、光明顶

李白在诗中形容黄山是仙人炼玉的地方，"仙人炼玉处，羽化留余踪"

和天都峰。据说，黄山所在的地区在上亿年前是一片海洋，后来在"印支地壳运动"中变成了陆地，之后又经过了无数地质运动的打磨，才形成我们今天看到的雄奇的黄山。冰川也曾经参与黄山的形成，如今在黄山上我们还能看到第四纪冰川留下的痕迹，如"U"形谷、角峰等。

在黄山，一年之中有一半以上的时间都是云雾缭绕的，时不时还会出现"云海"的景象，从山顶眺望远方，如同置身汪洋大海。云海的形成和黄山山高谷深的特点有关，再加上黄山上有丰富的植被，湿气在环流的过程中容易以层积云的形式聚集在低空，形成云海。

从坚硬的花岗岩石里长出的黄山松

　　千姿百态的黄山松，是黄山上独特的风景。它们从坚硬的花岗岩里探出，攀在悬崖峭壁上。其实，黄山松的特别是有原因的。黄山是一座花岗岩山，山上的泥土并不多，但花岗岩中的长石里含有钾，雷雨天气时空气中的氮气会变成氮盐，被岩层和泥土吸收。松树的根系能分泌有机酸，将岩石溶解，这样岩层中吸收的矿物质和盐分就能分解出来被松树吸收。又因为黄山松长期攀附在峭壁上，喜欢光的天性使得它们的树枝都明显地向一侧倾斜。黄山上分布着许多形态奇特的松树，如迎客松、蒲团松、竖琴松等。

黄山上的松树千姿百态

宏村

烟雨朦胧的皖南古村落

宏村位于黄山脚下，始建于南宋时期。这里早年是汪家的聚居地，所以许多村民都姓汪。它最早名叫"弘村"，后来为了避乾隆皇帝"弘历"的讳，就改叫"宏村"了。宏村中保留着许多历史悠久的建筑，其中最多的是清代建筑。宏村的建筑主要是住宅和私家园林，还有一些书院、祠堂，如南湖书院、松鹤堂、承志堂等。这些建筑都非常注重雕饰，各种各样的木雕、砖雕和石雕随处可见。

宏村里的民居是徽州民居建筑的代表

宏村拥有完善的供水系统，村里开凿了很多弯弯曲曲的水圳。在村中穿行的水圳，不仅可以将生活用水送到家家户户，还能够调节整个村子的空气湿度和温度。从源头看，村子里的水大多引自村西的邕溪河和羊栈河。村子中部的月沼和南部的南湖，是水圳汇集的地方。村子里的建筑，大多傍水而建；街巷纵横交错，与水圳共同组成了整个村子的脉络。

从上空俯瞰，宏村轮廓很像一头牛。牛头是雷岗山，村口的两棵古树是牛角，月沼是牛心，南湖是牛肚，四座古桥是牛腿，民居是牛的身体。人们把宏村的这种结构称为"山为牛头树为角，桥为四蹄屋为身"。

你了解徽派建筑吗？建筑师"拍了拍"你！

"青砖小瓦马头墙，回廊挂落花格窗"，这形容的是素雅恬然的徽派建筑。徽派建筑是中国传统民居建筑的重要流派，最初源于古徽州，主要分布于安徽黄山、江西婺源及浙江金华等地。古徽州建筑曾受到宋代朱熹、清代戴震等大师的美学思想影响，大部分徽派建筑都是背靠山地、面向流水，与自然和谐统一。

徽派建筑的独特风格，与徽州的商人有密不可分的联系。明《五祖》云："商贾之称雄者，江南首推徽州。"徽商在明清时代一度称雄商界，富商大贾修建馆舍招待宾客、扩建祠宇供奉宗祖、筑造牌坊纪念荣耀……于是，就留下了如今我们所见到的徽派建筑，其中徽州民居、徽州祠堂和徽州牌坊被后世称为"徽州三绝"。徽派的砖雕、石雕、木雕、竹雕被人称为"徽州四雕"，它们点缀着庄整严肃的徽派建筑，或描画山川草木、花鸟鱼虫的奇趣百态，或记录源远流长的人文故事，或表达着徽州人追求风调雨顺、家和事兴的美好愿景。

九华山
名刹古寺林立的"九十九峰"

地理小辞典

我的读音：Jiǔhuá Shān
我的位置：位于安徽省池州市青阳县境内
我的由来：由李白诗称之为"九华"而得名
我的别称：陵阳山、九子山

九华山位于安徽省青阳县，西北面与天柱山相连，南面与黄山相连，三者也被称为皖南"三大山系"。九华山是花岗岩山，主体由花岗岩构成。九华山的主要山峰有天主峰、莲台峰、芙蓉峰等，最高的山峰是十王峰。

据说，九华山在汉代的时候叫陵阳山。南北朝的时候，人们发现这里有九座高耸入云的山峰，所以又称其为九子山。后来李白和友人合作了一首名为《改九子山为九华山联句》的诗，诗中提到"妙有分二气，灵山开九华"，李白为九子山改了个名字叫"九华山"，后来，九华山这个名字就传下来了。李白曾经多次造访九华山，并在许多诗中提及这里，如"昔在九江上，遥望九华峰""遥望九华峰，诚然是九华"等。

在"佛教四大名山"中，九华山是"地藏王菩萨"的道场。九华山上有许多寺庙，最多的时候有300多座，如今还有上百座，著名的寺庙有天台寺、化城寺、肉身宝殿、甘露寺等。这些寺庙中供奉着上万座佛像，其他文物更是数不胜数。九华佛茶是九华山的特产，这是一种颇有盛名的绿茶，茶叶的外形就像佛手一般扁而直。

九华山是一座文化底蕴深厚的山

领略诗歌中的九华山，
诗人“拍了拍”你！

九华山歌

（唐）刘禹锡

奇峰一见惊魂魄，意想洪炉始开辟。
疑是九龙夭矫欲攀天，忽逢霹雳一声化为石。
不然何至今，悠悠亿万年，气势不死如腾佡（xiān）。
云含幽兮月添冷，月凝辉兮江漾影。
结根不得要路津，迥秀常在无人境。
轩皇封禅登云亭，大禹会计临东溟。
乘樏（léi）不来广乐绝，独与猿鸟愁青荧。
君不见敬亭之山黄索漠，兀如断岸无棱角。
宣城谢守一首诗，遂使声名齐五岳。
九华山，九华山，自是造化一尤物，焉能籍甚乎人间。

西湖

这里有浓厚的生活气息

在远古时期，杭州一带有一块深入陆地的海湾，这个海湾就是如今西湖的前身。随着河口泥沙的淤积，在宝石山和吴山的山麓逐渐形成了沙嘴，南北沙嘴逐渐成长，最终碰到一起，将海湾与钱塘江分离开来，形成了一个封闭的湖泊。这就是西湖——一座"潟湖"的诞生。

西湖的风景，历来被文人墨客歌颂

最初，这个湖泊很平凡，据说湖中的水都是苦涩的，它周围的区域也并不富饶。隋朝的京杭大运河开通以后，长江以南的运河古道得以疏浚拓宽，原本不起眼的杭州一下子就发展起来了，成了隋炀帝口中的"地有湖山美，东南第一州"。而西湖也得益于此工程的浇灌，成为了美丽的"西子湖"。

西湖中有一座山名叫孤山，是湖中最大的天然岛屿。此外，湖上还有三潭印月岛、湖心亭、阮公墩三座湖心小岛。我国第五版人民币的一元纸币背面就是三潭印月的盛景，湖中三座石塔的塔身是中空的球体，球体之上是六边小亭和葫芦顶。最早的石塔是由宋代苏轼建造的界塔，明代时重修，现在我们看到的塔就是明代重建的。在月圆之夜，点燃塔中的灯烛，并将球体的洞口糊上薄纸，灯光透过圆形的洞口照射在湖面上，与月影交相辉映，景色非常动人。

在如今的西湖岸边，我们几乎看不到最初的湖岸了，昔日的西湖已经被改建为一个巨大的园林。历代很多帝王留恋江南景色，杭州便是令许多帝王流连忘返的地方。清朝皇帝不满足于只在杭州看到美景，还想把西湖带回自己家。于是，在许多的皇家园林中，都有西湖的身影：在圆明园中，有模仿三潭印月的"方壶胜境"；在承德避暑山庄，有仿照六和塔修建的"永佑寺舍利塔"等。

唐代诗人白居易曾在杭州做刺史，他在西湖修筑堤坝、蓄积湖水，以便农业灌溉。不仅如此，他还在西湖边刻下了《钱塘湖石记》，详细地记录了治湖的理念和政策。西湖上现在确实有一个"白堤"，但这条堤并不是白居易修的，白居易修的那条已经随着历史的变迁找不到了。如今的"白堤"是"白沙堤"的简称，存在的时间比白居易修建的那条堤还早。

北宋年间，苏轼两次来杭州做官，这期间，他下令开凿了从西湖通往钱塘江与运河的河道，并用从西湖中挖出来的淤泥，在湖中修筑了一道长堤——"苏堤"。

此后一直到明代，西湖曾一度荒芜。明代，杭州知府杨孟瑛上任后，希望恢复西湖往昔的热闹，于是找人疏浚西湖，并在苏堤的基础上加修外堤，使西湖又恢复了从前的生机。为了表达对他的敬意，后人把新建的外堤称作"杨公堤"。

千岛湖
世界上岛屿最多的湖

地理小辞典

我的读音： Qiāndǎo Hú

我的位置： 位于浙江省杭州市淳安县境内

我的由来： 湖中有上千座岛屿，所以称"千岛湖"

我的别称： 新安江水库

千岛湖是一座人工水库，又被称为新安江水库，是新安江水电站的一部分。千岛湖位于杭州西南部的淳安县和建德市境内，处在长江三角洲腹地。新安江水库建成后，人们通过大坝将新安江上游拦截起来，为水库蓄水。水库的水位升高，其中没有被完全淹没的山峰，就成了岛屿。当水库的水位在一定高度时，湖中有岛屿上千个，所以人们就称这里为"千岛湖"。

千岛湖是一个人造的湖泊，又称「新安江水库」

千岛湖上的小岛郁郁葱葱，绝大部分小岛上都覆盖着成片的森林，这是千岛湖上最独特的风景。千岛湖被划分为多个湖区，主要有中心湖区、东南湖区、西北湖区、西南湖区、东北湖区、石林景区等，而中心湖区和东南湖区是游客到访最多的旅游风景区。在中心湖区，有梅峰岛、桂花岛、龙山岛、月光岛等众多风景迷人的小岛；东南湖区主要有天池岛、黄山尖，此外还有一座蜜山岛，传说"三个和尚没水喝"的故事就发生在这里。

千岛湖的水干净清澈，许多湖区里的水达到了饮用水标准。我们平时喝的"农夫山泉"矿泉水，就在这里建有生产基地。千岛湖也是重要的淡水鱼养殖基地，这里主要出产鲟鱼、鲢鱼、鳝鱼等。

水库有什么作用？

在中国，人们已经修建了近10万座水库。那么，水库有什么作用呢？

水库可以防洪。在中国的许多地方，一年中的降雨分布并不均匀，有比较明显的旱季和雨季。每到汛期的时候，降水量过大可能会导致洪水灾害的发生。有了水库，就可以将洪水拦在水库里，避免发生灾难。

水库可以供水。旱季的时候缺水，人们就可以调用水库中储存的水源。另外，水库在许多大型的调水工程中也发挥着重要的作用。

水库里的水可以用于农业灌溉。现在我们的许多耕地，都依靠水库的水来灌溉。

水库可以改善农村地区的民生。水库附近的农民除了可以将水库中的水作为生活用水，还可以用水库里的水进行养殖、将水库开发成旅游景区，以增加收入。

水库还有利于调节生态。水库可以为所在的环境降温、增湿，还能够起到净化空气的作用。

雁荡山

五丈以上全是水，十丈以下全是烟

地理小辞典

我的读音： Yàndàng Shān

我的位置： 位于中国浙江省温州市乐清市境内

我的由来： 据说是因为雁荡山四大尖之一的雁湖岗上有结满芦苇的湖荡，南飞的大雁年年栖宿于此

我的别称： 雁山

我的故事： "欲穷雁荡之胜，非飞仙畸人不能瞰其肺腑。"——（明）徐霞客《徐霞客游记》

雁荡山坐落在浙江省温州市境内，被誉为"东南第一山"。雁荡山是由火山爆发形成的，岩浆形成的流纹岩是雁荡山山体的主要构成。板块运动引起雁荡山古火山的喷发：太平洋板块和亚洲大陆板块发生碰撞时，摩擦产生热能，在这个过程中地壳熔融成为岩浆，岩浆通过裂隙涌上地表，就形成了火山喷发。而雁荡山在形成之后，并没有像其他火山一样只是沉积、变形，而是又经过了抬升、断裂深切等多种地质作用，才形成了现在这样挺拔峻峭、怪石嶙峋的景象。

北宋科学家沈括曾经称赞
雁荡山"天下奇秀"

华东地区：有古老的江南村庄，也有巍峨的山峰

📍 **这些风景胜迹，当然值得一去**

雁荡山拥有许多独特的风景。山中处处可见惊艳的飞瀑和流泉，落差近200米的大龙湫瀑布、连续三级的三折瀑等，如白龙、如银绸，姿态万千，让人流连忘返；朝阳洞、东石梁洞、仙姑洞等天然洞窟，曲径通幽，别开化境，洞内无数钟乳石千姿百态、造型奇特。人们也在雁荡山上创造了许多风景，早在南北朝时期，人们就开始在雁荡山一带建寺造塔了，如今山上仍保留着许多历代建造的寺院，如灵峰寺、飞泉寺、罗汉寺等。

什么是岩浆岩？

岩浆岩源自上地幔和地壳深处的岩浆，由岩浆冷凝而成。岩浆沿着一定的通道上升到地壳，可以在地表之下形成"侵入岩"；如果喷出地面，就可以在地表之上形成"喷出岩"。在运动的过程中，岩浆的性质和成分在不断改变，所以自然界中存在各种各样的岩浆岩，例如，根据二氧化硅的含量，可以将岩浆岩分为超基性岩、基性岩、中性岩和酸性岩等。

庐山
飞流直下三千尺

地理小辞典

我的读音： Lú Shān

我的位置： 位于江西省九江市庐山市境内

我的由来： 据说周朝的时候有匡氏兄弟上山修道并结庐为舍，所以人们就称这座山为"匡山"或"匡庐"，后来，为了避宋太祖赵匡胤的"匡"字之讳，改名"庐山"

我的别称： 匡山、匡庐

我的故事： "早霞，晚霞，妆点庐山画。仙翁何处炼丹砂，一缕白云下。"——（元）周德清《朝天子·庐山》

庐山坐落在江西省九江市南部，鄱阳湖之滨。苏轼曾经在诗中形容庐山"横看成岭侧成峰，远近高低各不同"，从不同的角度欣赏庐山，确实能看到不同的风景。横看是一片山岭连绵不断，侧看是一个个独立的山峰直插云霄。远远望去，就像一片巨大的山岭伫立江边；走近了看，山岭又是由众多小山携手而成的。

庐山是一座断块山，是由复杂的地质运动形成的。在第四纪时期，庐山强烈地上升，断裂构造形成了众多山峰。庐山被抬升起来之后，旁边的鄱阳湖盆地却陷落下去，形成了鄱阳湖。断块山总是拥有雄奇的景象，庐山也不例外，在庐山中处处可见壮美的山峰和惊险的峭壁。

庐山位于九江市南郊，是一座断块山

📍 这些风景胜迹，当然值得一去

庐山山上和山下的温差很大，所以山中常常云雾弥漫，一年中有一半以上的时间都是雾蒙蒙的，因此，在古人的眼中庐山是一座缥缈的"仙山"。庐山上名胜众多，例如，五老峰、三叠泉、芦林湖、锦绣谷等。山上还有一座独特的小城镇，名叫"牯岭镇"。"四大书院"之一的白鹿洞书院也在庐山之中，宋代理学大师朱熹曾经在这里提出自己的教育思想，在世界教育史上都具有一定的影响力。

一起来领略古诗词中的庐山，诗人"拍了拍"你！

日照香炉生紫烟，遥看瀑布挂前川。飞流直下三千尺，疑是银河落九天。

——（唐）李白《望庐山瀑布》

万丈红泉落，迢迢半紫氛。奔流下杂树，洒落出重云。日照虹霓似，天清风雨闻。灵山多秀色，空水共氤氲。

——（唐）张九龄《湖口望庐山瀑布泉》

挂席几千里，名山都未逢。泊舟浔阳郭，始见香炉峰。尝读远公传，永怀尘外踪。东林精舍近，日暮空闻钟。

——（唐）孟浩然《晚泊浔阳望庐山》

横看成岭侧成峰，远近高低各不同。不识庐山真面目，只缘身在此山中。

——（宋）苏轼《题西林壁》

岳立镇南楚，雄名天下闻。五峰高阁日，九叠翠连云。夏谷雪犹在，阴岩昼不分。唯应嵩与华，清峻得为群。

——（唐）王贞白《庐山》

滕王阁

巍巍"江西第一楼"

位置并不一致，唐代的阁址在现在的滕王阁东百余米处，清代的阁址在现在的滕王阁南数百米处。

滕王阁名扬四海，离不开唐代才子王勃的那篇《滕王阁序》。当年王勃探亲路过南昌，当时的洪州都督阎伯屿正好重修完滕王阁，在阁楼上宴邀宾客，并邀请在座宾客为滕王阁作序，实际上他已经安排女婿吴子章准

滕王阁坐落在赣江东岸，是"江南三大名楼"之一，现在已经成为南昌市的标志。滕王阁始建于唐代，最早是由唐高祖李渊的第二十二个儿子滕王李元婴建造的。后来滕王阁经历过很多次毁坏和翻修。我们如今看到的滕王阁是1989年按照梁思成绘制的《重修滕王阁计划草图》重新修建的，它仿照宋代的建筑样式，一共有九层。在历史上，滕王阁的

滕王阁位于江西省南昌市西北部沿江路赣江东岸

备好了序文，只等到时候拿出来夸耀。可谁能料到，意气风发的才子王勃竟然当场作序，写下了流传千古的《滕王阁序》。"落霞与孤鹜齐飞，秋水共长天一色"，笔触惊艳，用短短十余字勾勒出宏大的胜景，这也成为滕王阁的底蕴。

你了解"初唐四杰"吗？诗人"拍了拍"你！

"初唐四杰"，是初唐时期的四位文学家王勃、杨炯、卢照邻、骆宾王的合称，他们为唐代诗歌的发展做出了卓越的贡献。杜甫曾经写过一首诗来评价这四位才子："王杨卢骆当时体，轻薄为文哂未休。尔曹身与名俱灭，不废江河万古流。"

王勃最擅长五言律诗、五言绝句和骈文，著名的作品有《滕王阁序》《思春赋》《七夕赋》等，可惜英年早逝，28岁时溺水而亡。

杨炯的代表作有《从军行》《幽兰赋》《王勃集序》等，"宁为百夫长，胜作一书生"是杨炯的边塞诗名句。

卢照邻非常善于诗歌和骈文的创作，代表作有《长安古意》《行路难》《梅花落》等，"得成比目何辞死，愿作鸳鸯不羡仙"是《长安古意》中被传唱甚广的诗句。

骆宾王特别擅长五言律诗和七言长歌，代表作有《咏鹅》《于易水送人》《帝京篇》等，"鹅，鹅，鹅，曲项向天歌"是孩子们最耳熟能详的诗句。

鼓浪屿

碧波万顷的"海上花园"

地理小辞典

我的读音： Gǔlàngyǔ

我的位置： 位于福建省厦门市思明区，处在厦门半岛的西南面

我的由来： 岛西南面海滩上有高大礁石，海浪打在这块礁石上会发出擂鼓般的轰鸣，称之为"鼓浪石"，鼓浪屿也因此得名

我的别称： 圆沙洲、圆洲仔、五龙屿

鼓浪屿位于厦门市思明区的西南部，是一座小小的岛屿。岛屿虽小，却拥有迷人的风景，被人们称为"海上花园"。厦门岛和鼓浪屿之间没有修桥，人们往来两岛之间需要乘坐轮渡船。

中国人开发鼓浪屿的历史可以追溯到宋代，那时候人们称呼这里为圆沙洲、圆洲仔。郑成功对抗清兵的时候，曾经将这里当作据点屯兵，如今岛上还保存着当时的水操台。鸦片战争期间，英国曾经占领过鼓浪屿；后来，鼓浪屿沦为公共租界。现在鼓浪屿上还保留着一些国家的领事馆建筑，如美国领事馆、日本领事馆、德国领事馆等，都是在鼓浪屿成为公共租界期间修建的。

日光岩是鼓浪屿上最高的地方，在这里可以观赏整座岛屿的全景。鼓浪屿上有一座毓园，现在是伟大的妇产科医生林巧稚的纪念园；还有一座皓月园，现在是郑成功纪念馆。岛上还有许多美丽的住宅建筑，如白家别墅、黄荣远堂、怡园等，这些建筑有的已经开放参观，有的仍是私人住宅。

鼓浪屿是一座充满艺术气息的小岛，岛上居住着上百个音乐世家，钢琴家殷承宗、指挥家周淑安等许多音乐家都诞生在这里。鼓浪屿还有一个称呼叫"钢琴之岛"，是因为岛上绝大部分的家庭都拥有钢琴。在鼓浪屿上，有一座钢琴博物馆，里面陈列着

华侨胡友义先生收藏的数十架古钢琴；还有一座风琴博物馆，是世界上最大的风琴博物馆。

美丽的鼓浪屿被称为"海上花园"

福建土楼

世界文化遗产

地理小辞典

我的读音： Fújiàn Tǔlóu

我的位置： 主要分布在福建省，如漳州市的南靖县、华安县和龙岩市的永定县等地

我的由来： 这种建筑的墙是用不加工的生土铸造的，故称"土楼"

土楼是以土作墙建造而成的，是一种用于集体生活的建筑，以闽西南地区分布最多，人们称其为"福建土楼"。圆形和方形的土楼比较常见，此外还有半圆形、八卦形、凹字形的土楼。人们把土楼比较密集的地方称为"土楼群"。在福建，比较出名的土楼群有初溪土楼群、河坑土楼群、高北土楼群等。福建的土楼是从宋元时期开始修建的，已知最早的土楼是初溪土楼群的集庆楼，距今已经有 600 年的历史了。

土楼实际上是一种村寨，每座土楼里可以住几百人。每层楼的每户人家，可以拥有两到三个房间。

福建土楼通常依山势而建

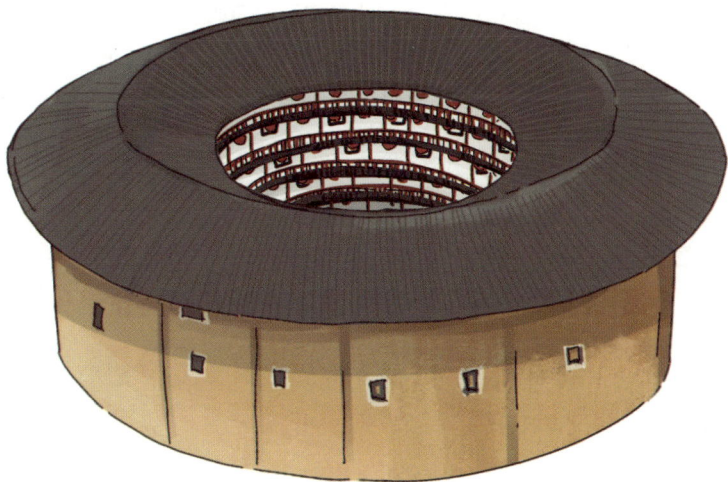

土楼的外墙坚实、高大、厚重，屋顶上覆盖着向内倾斜的瓦片，构成宽阔的屋檐。土楼的一楼一般是厨房，二楼一般是储藏粮食、堆放工具的地方，从三楼开始才是人们的卧室。

土楼还具有防御功能。土楼的墙体坚实，最低的一两层楼没有对外开放的窗子，整个庭院只有一个出入口。只要大门一关，土楼便成了一座"堡垒"。许多土楼还设有地下暗道，必要的时候人们可以从暗道逃生。一些土楼还设有漏水、漏沙装置，以防止外人火攻；有的土楼在楼顶建有瞭望台，以警惕外人入侵；还有的土楼在墙体上设有射击孔，便于从楼里向外射击。土楼在防御功能上的设计实在精巧，虽然它们现在已经不用再发挥防御作用了，但闽南人在建筑中体现的智慧还是令人叹为观止。

你听说过这些传统民居吗？建筑师"拍了拍"你！

华北四合院：四合院的形态是四面的住房包围中央的庭院，一般只有一个院门。四合院在华北地区较为常见，在北京城里分布极为密集。

岭南镬（huò）耳屋：镬耳屋是广府民居的一种，这些房子山墙的形状就像镬耳，象征着官帽的两个耳朵，一般是出过高官的村子才会修建这样的房子。

闽南红砖厝（cuò）：红砖厝是一种闽南民居，是由砖砌的红房子。主要分布在福建，在广东、台湾的一些地方也能见到。

西南吊脚楼：吊脚楼是一种干栏式民居，常见于南方山区中少数民族生活的地方。

西北窑洞：窑洞主要分布在黄土高原地区，是人们在高原黄土上开凿出来的洞穴。

湄洲岛
"万人朝圣"妈祖庙

地理小辞典

我的读音： Méizhōu Dǎo

我的位置： 位于福建省莆田市东南方向

我的由来： 因岛屿的形状如同眉宇而得名

湄洲岛位于福建莆田，是一座距离大陆很近的海岛。这座岛屿的形状就像一条狭长的眉毛，所以就有了"湄洲岛"这个名字。湄洲岛毗邻福州、厦门，交通非常便捷。以湄洲岛命名的湄洲湾，是很优质的天然深水港，与台湾的基隆港隔海相望。这里风小、水深，港口阔、航道宽，具有很好的港口条件。

湄洲岛是传说中海洋女神妈祖的故乡。据说妈祖原名林默，她对气象、天文等知识非常熟悉，能够帮助渔民预测天气，并且经常乘船入海拯救遭遇海难的人，大家都称她为"神女"。后来，林默为了救人在海上牺牲了。为了纪念她，人们纷纷供奉起她的神像，并称她为妈祖，为她修建庙宇。出海之前，人们都会祭拜妈祖，以求出行平安。湄洲岛上的湄洲天后宫，又名通贤灵女祠，始建于北宋时期，这是世界上最早的妈祖庙。这座妈祖庙曾遭到过毁坏，我们如今看到的许多建筑都是重修的。

湄洲岛是一个风景优美的地方。岛上有绵延的金色沙滩，可以在这里一边沐浴阳光一边享受大海的风光，还可以坐一坐海上的游艇。湄洲岛南端的鹅尾山神石园中分布着海蚀崖、海蚀洞等各种各样的海蚀地貌，引人入胜。

湄洲岛拥有迷人的海滩风光

你了解"海蚀地貌"吗?

海蚀地貌是海岸地貌的一种,主要是指海岸在海水运动的过程中受到侵蚀而产生的各种形态。海蚀地貌的形成,除了与海洋的波浪和潮流有关,还与海水的成分、海岸本身的抗蚀能力有关。重要的海蚀地貌有海蚀洞、海蚀崖、海蚀平台等。

海蚀洞

海岸受到波浪以及波浪中裹挟的岩屑的冲击,形成洞穴,称作"海蚀洞"。

海蚀崖

海岸受到海浪的侵蚀发生崩坍,形成悬崖陡壁,称作"海蚀崖"。

海蚀平台

海蚀崖在不断后退的过程中,可能形成一片平坦的基岩台地,称作"海蚀平台"。

台北故宫博物院
这里有数不胜数的国家级宝藏

地理小辞典

我的读音： Táiběi Gùgōng Bó wùyuàn

我的位置： 位于台湾省台北市士林区至善路

我的由来： 因位于台北而得名

我的别称： 中山博物院

台湾有一座"台北故宫博物院"，是台湾最大的博物院。不同于以明代皇宫为基础而建立的北京故宫博物院，台北故宫博物院是 20 世纪 60 年代修建的，也是一座宫殿形式的建筑。位于台北的是台北故宫博物院的北部院区，还有一个新修的南部院区位于嘉义县太保市。

台北故宫博物院中收藏着数不胜数的重磅宝藏，文物数量约 70 万件。台北故宫博物院中的收藏品，以宋、元、明、清时期的为主。实际上，这些藏品中的许多文物都经历过坎坷的流难，它们原本大多是来自当时的故宫博物院、国立中央博物院、国立北平图书馆等地的藏品。在民国时代的战乱之中，许多文物跋山涉水一路南迁，从北京先后辗转经过江苏、四川、重庆等地，最后来

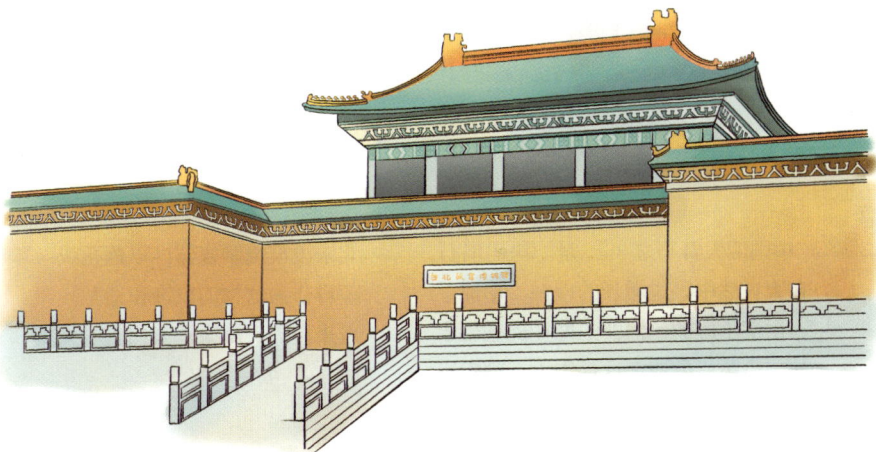

台北故宫博物院又称"中山博物院"

这些风景胜迹，当然值得一去

到台湾。

清代文物"翠玉白菜",是台北故宫博物院的"镇馆之宝"之一,它是一个由翠玉琢碾而成的白菜形状的玉器,看上去就像真的白菜一样。毛公鼎是西周晚期的青铜鼎,制作它的人名叫毛公,故得此名。在毛公鼎上,刻着将近五百字的铭文。汝窑莲花式温碗出自北宋的汝窑,碗的造型就像一朵绽放的莲花。肉形石由清代的工匠雕琢而成,看上去就像一块刚出锅的东坡肉。

来看看台北故宫博物院的这些文物,旅行家"拍了拍"你!

西周毛公鼎

西周晚期青铜器,制作这个器物的人叫毛公,出土于陕西省宝鸡市岐山县,鼎内壁刻有铭文,是现存青铜器铭文中最长的一篇。

翠玉白菜

清代文物,是由翠玉制作出白菜形状的玉器,长18.7厘米,宽9.1厘米,厚5.0厘米,和真实的白菜相似度很高。

肉形石

"中国四大奇石之一",是一块玛瑙石,在大自然中经过漫长的侵蚀,形成了一层层不同的色泽,工匠在此基础上加工染色,做成了这件肉皮、肥肉、瘦肉层次分明逼真的作品。

北宋汝窑莲花氏温碗

北宋汝窑烧制瓷器,以莲花或莲瓣作为器物的纹饰和造型,用来温酒。汝窑是宋代"五大名窑"之一。

中国这些有名的博物院，你听说过吗？

北京故宫博物院：位于北京市东城区，是在明清皇宫紫禁城的基础上建立起来的。馆藏的重要文物有《清明上河图》、宋代玉云龙纹炉、商亚酗方尊、清乾隆金嵌宝金瓯永固杯等。

南京博物院：位于江苏省南京市紫金山南麓，是我国最早创建的博物馆，前身是国立中央博物院。馆藏的重要文物有汉代错银铜牛灯、西晋青釉神兽尊、人面兽面组合纹玉琮等。

山西博物院：位于山西省太原市，是首批国家一级博物馆之一。重要的馆藏文物有晋公盘、兽面纹觥（yǎn）、青釉龙柄鸡首壶等。

河南博物院：位于河南省郑州市，是首批国家一级博物馆之一。重要的馆藏文物有贾湖骨笛、妇好鸮尊、莲鹤方壶、武则天金简等。

华东地区：有古老的江南村庄，也有巍峨的山峰

阿里山
看日出、观云海

阿里山山脉属于玉山山脉的支脉，与台湾最高的玉山主峰之间隔着一条陈友兰溪。阿里山山脉的主峰叫阿里山，又叫"塔山"。在台湾，阿里山是一处绝好的避暑胜地。从山上瞭望日出和晚霞，站在山顶观赏云海，都是非常惬意的事情。

阿里山上的原始森林，是生命的乐园。海拔较低的地方分布着相思树、构树，再往上走是樟树、楠树，更高

阿里山的美景，在于日出、云海、晚霞和森林

的地方能见到红桧、铁杉等树木。在阿里山中有一些巨大的红桧，它们都有上千年的树龄，人们称其为"阿里山神木"。阿里山的森林里生活着几十种萤火虫，由于气候温和，在这里一年四季都能见到萤火虫，最好的观赏时间是春末夏初。

在阿里山上有一条铁路线，叫"阿里山森林铁路"。这是一条螺旋形爬山的铁路，和其他螺旋线铁路不一样的是，一般的螺旋线铁路基本上都用人工造桥来制成坡面，并且最多只绕一周；阿里山森林铁路直接迎合山形修建，并且绕了好几圈。曾经它最主要的作用是转运木材，现在游客可以坐着火车感受阿里山的独特风光。

台湾最大的天然淡水湖——日月潭

台湾地区的天然湖泊并不算多，但在阿里山山脉的北面，有一座美丽的湖泊——日月潭，它是台湾最大的天然淡水湖，比杭州的西湖更大一些，而且比西湖深至少十几倍。日月潭的名字来源于它的外形——以光华岛为界，北半湖的形状就像圆圆的太阳，南半湖的形状则像弯弯的月亮。它们本来是两个单独的湖泊，后来由于修建堤坝等原因水位上升，两个湖泊就连为一体了。

日月潭地处玉山山脉之北、能高瀑布之南，是一片弯月形的湖泊

9 古今的地方面貌，听听那些城市的故事

济南市
底蕴悠长的"泉城"

山东省的省会济南，位于山东省中西部。济南是我国重要的交通枢纽之一，许多重要的高速公路线、铁路线、高速铁路线都经过这里，如京台高速、京沪高铁等。

著名的"龙山文化"是一种青铜器时期的文化，最早是在济南发现的。在春秋战国时期，济南是齐国的一部分；汉代，这里被划为"济南国"，曹操还曾在这里做过"济南相"。到了隋代，这里佛教盛行，

在济南市中心，有一座「泉城广场」

趵突泉是"济南七十二名泉"之首

在济南留下了千佛山、灵岩寺等遗迹。"四门塔"也是那时候修建的，这是中国现存的古老的石塔之一。

济南是一座"泉城"，境内拥有"七十二名泉"。它们大多属于岩溶泉，也就是喀斯特泉——在喀斯特地区，地表水渗入溶蚀洞穴之中，再以"泉"的形式涌出地表。济南之所以拥有这么多泉，一个主要的原因是济南地下有大面积的可溶性灰岩，在漫长的地质变化和溶蚀作用下形成了众多溶洞、溶沟，这为济南地下水的汇集提供了条件。此外，还有一个决定性因素：在济南城北郊的地下，有一片巨大的不透水岩层挡住了地下水流的去路，水流在压力之下改道垂直上涌、喷出地表，就形成了一个个涌泉。

杜甫曾经感叹"济南名士多"，济南确实是一块钟灵毓秀的宝地。宋代响当当的两位大词人——李清照和辛弃疾，都是济南人。"婉约派"的李清照号易安，"豪放派"的辛弃疾字幼安，二人被称为"济南二安"。还有许多文人骚客也都在济南留下过足迹，如"唐宋八大家"中的曾巩，曾经在这里任知州；作家老舍在这里写下了《济南的冬天》，这篇文章还被选入语文教科书，让许多读者从小就记住了济南这个地方。

青岛市

浪漫的滨海之城

青岛是一座美丽的海滨城市，也是我国的特大城市之一。青岛有许多漂亮的海水浴场，如金沙滩、第一海水浴场等，迷人的海滩风光吸引着众多来自世界各地的游客。青岛还是"中国帆船之都"，经常开展国际性帆船赛事。

胶州湾是青岛的一部分，位于胶东半岛的南岸，是一个半封闭的港湾，看上去就像一个喇叭。胶州

"五四广场"是青岛市的地标，因五四运动而得名

湾拥有良好的港口条件，自古以来就是北方重要的港口。由于大沽河等河流注入，将丰富的营养物质带入胶州湾，为胶州湾提供了发展水产业的条件。另外，胶州湾还是重要的海盐生产地。

青岛境内有一座名山叫作"崂山"，被誉为"海上第一仙山"。清代作家蒲松龄经常到访崂山，他的小说集《聊斋志异》中的《崂山道士》和《香玉》两篇文章，讲的都是发生在崂山的故事。崂山是一座道教名山，山上有太清宫、上清宫等众多道教宫观。

花石楼位于青岛的八大关景区，面对着第二海水浴场

青岛国际啤酒节

一年一度的青岛国际啤酒节，是亚洲规模最大的啤酒节。青岛国际啤酒节通常在每年七月至八月举行，为期半个月左右，每年都会迎来世界各地的上百万游客。在啤酒节上，人们可以在啤酒大棚里品尝到各国的啤酒，还可以参加吹瓶比赛、速饮比赛等活动。

古今的地方面貌，听听那些城市的故事

南京市
六朝古都、十朝都会

南京简称"宁"，是江苏省的省会。南京是一座"文化之都"，南京博物院是中国"三大博物馆"之一，南京图书馆是中国"三大图书馆"之一。许多实力强劲的高校、科研机构和产业园区都位于南京。

南京人喜欢吃鸭子，有低温卤制的盐水鸭、先卤腌再晾干的南京板鸭，烤制的南京烤鸭、善用油酱的南京酱鸭，还有热乎乎的鸭血粉丝汤……除了鸭子以外，南京的大闸蟹也很有名

南京夫子庙是一座位于南京市秦淮河北岸贡院街的孔庙

鸡鸣寺位于南京市鸡笼山的东麓山阜上，始建于西晋年间

气，尤其是出自固城湖的"高淳螃蟹"。

据考古发现，在60万年前就已经有古猿人在南京汤山一带生活，这也证明了南京是中华文明的发祥地之一。南京被誉为"六朝古都"，这"六朝"指的是孙吴、东晋、南朝宋、南朝齐、南朝梁和南朝陈。唐代的许嵩在《建康实录》中记载了曾在南京建都的这六个朝代，所以，后人就将其并称"六朝"。实际上，在南京定都的不止这"六朝"，还有后来的南唐、明朝、太平天国、中华民国等。

在辛亥革命推翻清朝统治之后，中华民国临时政府在南京成立，孙中山就任临时大总统，并将"江宁府"改为"南京府"，"南京"这个名字就沿用至今。如今，南京城中还留有许多与那个时代有关的痕迹，如总统府、中山陵等。在日本侵华战争中，日本军队在占领南京后，发动了惨绝人寰的"南京大屠杀"，30多万中国军民惨遭杀害。抗战胜利后，人们在南京大屠杀江东门集体屠杀遗址及遇难者丛葬地建起了"侵华日军南京大屠杀遇难同胞纪念馆"，缅怀遇难同胞，并提醒后人铭记日军罪行。

扬州市
烟花三月下扬州

扬州位于江苏省中部，地处江淮平原的南部。在《尚书·禹贡》的"九州"中，就有一州叫作"扬州"，但这个"扬州"并不是现在的扬州。春秋时期，"春秋五霸"之一吴王夫差在这里修筑"邗城"，这是扬州建城历史的发端。汉代，这里被划分为广陵国。这里最早以"扬州"为名是从隋文帝时代开始的，后来隋炀帝特别喜欢扬州，又将扬州改名为江都，最后，隋炀帝也是在这里兵败被杀的。唐代，这里再次改叫扬州，并沿用至今。

扬州水道密布，长江从扬州南部流过，京杭大运河贯穿了扬州城区。在扬州市内，还有高邮湖、宝应湖、白马湖等湖泊。处在长江与京杭大运河交汇地区的扬州，在历史上是重要的漕运枢纽——要想将产自长江中下游的粮食运往北方，多半是要经过扬州的。在明清时代，这里还是重要的盐运通道，全国最大的两淮盐场所产的官盐就在扬州集散，从这里转运到众多的食盐销售区。优越的地理条件，使得扬州富庶无比。

扬州的文化非常有趣，许多重要的文化遗产保留至今。动人的扬州评话、扬州弹词，精致的扬州玉雕、扬州剪纸，美味的扬州炒饭、扬州牛皮糖……有机会一定要到扬州逛一逛，这座"依水而生"的城市值得好好感受。

高邮湖位于江苏省扬州市与安徽省天长市之间

扬州炒饭

江苏省扬州市的一道传统名菜，属于淮扬菜，主要食材有米饭、火腿、鸡蛋、虾仁等，米饭粒粒松散，色彩光泽饱满，看上去就让人很有食欲。

蟹粉狮子头

属于淮扬菜，用蟹肉和猪肉细末做成的肉丸，口感松软，肥而不腻，营养丰富。

三丁包子

扬州传统特色小吃，由鸡丁、肉丁、笋丁制作而成。口感松软鲜美，咸中带甜，甜中有脆。

翡翠烧卖

江苏传统名吃，皮薄碧绿，甜润清香，既有口感，又具颜值，深受人们的喜爱。

合肥市
江南唇齿，淮右襟喉

我的读音： Héféi Shì

我的位置： 位于安徽省中部，长江与淮河之间

我的面积： 约 1.14 万平方千米

我的由来： 据说是因为南淝河和东淝河在这里汇合，所以将这里称为"合肥"

我的别称： 庐州、庐阳、合州、合淝

我的故事： "曹公教弩台，今为比丘寺。东门小河桥，曾飞吴主骑。"——（宋）吴资《合肥怀古·曹公教弩台》

合肥是安徽省的省会，它处在安徽的中间位置。它位于长江与淮河之间，将巢湖环抱起来。据说是因为东淝河和西淝河在这里交汇，因此这里被称为"合肥"。到了隋代，合肥改称"庐州"，这个称呼延续到明清时期。古庐州文化很有意思，利用家禽的羽毛进行装饰的羽毛画，用高温铁笔绘制的火笔画，内容丰富的庐剧，响亮热闹的庐州大鼓，鲜美的庐州菜等，都是庐州文化流传至今的影子。

由于地理位置比较特殊，历史上的合肥总是处在战争前线，经常遭遇战乱。许多著名的战争都发生在合肥一带，如三国时期的合肥之战。如今的合肥是全国重要的交通枢纽，众多公路线和铁路线在这里交会，从合肥出发可以很方便地到达许多重要的城市。另外，合肥还是我国重要的科教基地，许多重要的科研机构和人才都集中在这里。

逍遥津是著名的古代战场，如今合肥古城东北角还有一座"逍遥津公园"

《三国演义》中张辽"威震逍遥津"的故事，你听过吗？旅行家"拍了拍"你！

　　著名的"逍遥津之战"就发生在合肥一带，是三国时期著名的以少胜多的战役。当时，孙权趁着曹操用兵汉中，亲自率领十万大军进攻合肥。战役前期，曹魏名将张辽仅率领八百将士，正面冲击东吴大军，一路杀到孙权的主帅旗下，斩杀东吴诸多名将，吓得孙权丢掉主帅麾旗狼狈而逃，差一点被活捉。据说，当时合肥一带的人家，孩子在啼哭时听到张辽的名字都不敢再哭了，这就是"张辽止啼"的传说。

杭州市

上有天堂，下有苏杭

地理小辞典

我的读音：Hángzhōu Shì
我的位置：位于浙江北部
我的面积：约 1.69 万平方千米
我的由来：由余杭县的"杭"字而得名，从隋代开始出现
我的别称：临安、钱塘、武林、杭城
我的故事："暖风熏得游人醉，直把杭州作汴州。"——（宋）林升《题临安邸》

"上有天堂，下有苏杭"，杭州自古是一座秀丽、宜人的城市。杭州位于浙江北部，东面濒临杭州湾。钱塘江是市内最大的河流，自西南向东北穿城而过。此外，杭州还是"京杭大运河"南端的终点。西湖是杭州市内闻名遐迩的地方之一，是被历代文人墨客歌颂的"美人湖"。在欧洲旅行家马可·波罗眼中，元代的杭州是一座"世上最华贵之天城"。如今的杭州，是长江三角洲地区的中心城市之一。

六和塔位于月轮山南坡，是一座砖木混筑的楼阁式塔

🔵 古今的地方面貌，听听那些城市的故事

早在新石器时代，就有人类在杭州一带活动了。萧山境内的跨湖桥遗址，距今已经有8000年左右的历史；著名的"良渚古城"也是在杭州发现的，是目前已发现的中国乃至世界上同时拥有城墙和水利系统的规模最大的都邑性遗址，人们还在这里发现了各种精致的玉器和陶器。历史上，杭州曾是吴越国和南宋的都城，白居易、苏轼等历史名人都在杭州做过官。南宋时期，金兵南下，宋高宗向南出逃，将杭州升为"临安府"，后来，杭州成为宋代实际意义上的首都。这是历史上杭州最繁荣的时期，许多北方人口在此期间涌入杭州。

在饮食方面，"杭帮菜"十分有名。和其他地方的菜肴比起来，杭帮菜的口味偏清淡，很注重"鲜"味。西湖醋鱼、龙井虾仁、叫花鸡等，都是经典的杭帮菜。杭州还以面食出名——虽然杭州以种植水稻为主，但许多杭州人特别爱吃面食，这可能是由于南宋时期北方人大量南迁杭州，带来了北方的饮食习惯。杭州还有许多著名的小吃，葱包桧儿、西湖藕粉、片儿川、酥油饼……这些美味在杭州街头随处可见。

雷峰塔坐落在西湖南岸，始建于北宋时期

杭州的丝绸，可不一般

　　丝绸是杭州重要的特产，杭州也因此被誉为"丝绸之府"。自古以来，杭州产的丝绸质地好、色彩漂亮，闻名遐迩。白居易在杭州做官时，曾在一首名为《杭州春望》的诗中说"红袖织绫夸柿蒂"，其中的"柿蒂"就是当时杭州出产的一种精美丝绸。

　　人们还在良渚文化遗址中发现了丝绸制品，这说明早在四五千年之前生活在杭州的人们就已经掌握了养蚕和丝织技术。北宋时期，杭州设置"织务"，专门管理织造事务。明清时期，各种规模的绸坊开满大街小巷，产出的丝绸远销全国各地，乃至海外。直到今天，杭州仍然是我国重要的丝绸产地之一。

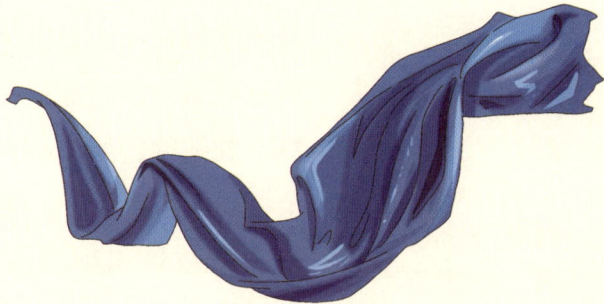

从前的杭州城"机杼之声，比户相闻"，织造业非常繁荣

⑨ 古今的地方面貌，听听那些城市的故事

绍兴市
无数风流人物的故乡

地理小辞典

我的读音： Shàoxīng Shì

我的位置： 位于浙江省中北部，东接宁波市，南临台州市和金华市，西连杭州市，北侧隔钱塘江与嘉兴市相望

我的面积： 约 0.83 万平方千米

我的由来： 南宋时期，宋高宗逃难来到越州，改年号为"绍兴"，也将越州改为"绍兴"，取"绍祚中兴"的意思

我的别称： 会稽、山阴、越州

我的故事： "代谢鳞次，忽焉以周。欣此暮春，和气载柔。咏彼舞雩，异世同流。迢携齐契，散怀一丘。"——（晋）王羲之《兰亭诗二首·其一》

绍兴位于浙江省中北部、杭州湾南岸。曹娥江从绍兴市的北面流过；会稽山纵贯市境，将绍兴分为两个部分，西面是诸暨盆地，东面是新嵊盆地。

绍兴是一座可爱的江南小城，城中水网密布。正因为水流纵横，所以历来生活在这里的人们修建了数不胜数的桥梁，绍兴也因此有一个称号叫"桥城"。绍兴是我国保存古桥数量和种类最多的一座城市。无论是木桥还是石桥，无论半圆形桥还是马蹄形桥……都能在

鲁迅出生在绍兴，青少年时期也生活在这里，如今这里还保留着"鲁迅故里"

绍兴找到。桥上人流往来如织，桥下乌篷船缓缓经过，荡起层层碧波，这就是江南水乡最特别的风景。

绍兴的文化底蕴非常深厚，是越文化中心地。在春秋时期，绍兴是越国的都城，卧薪尝胆的越王勾践的家乡也在这里。历史上，许多名人的家乡都在绍兴：中国古代四大美女之一的西施，宋代的大诗人陆游，元代的大画家王冕，明代的思想家王守仁……东晋书法家王羲之的作品《兰亭集序》中的兰亭，就在绍兴。中国现代文学的奠基人之一鲁迅先生的家乡也在绍兴，在绍兴市越城区，还保留着鲁迅先生的故居，全国各地的人来这里参观，都要听一听周家的故事，看一看课本中的"三味书屋"。

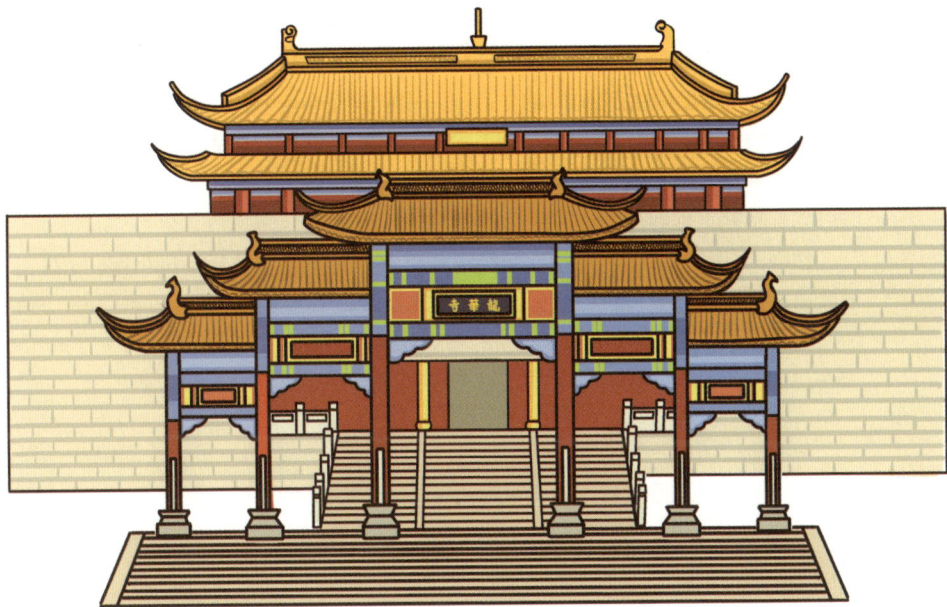

绍兴有一座"龙华寺"，建于会稽山中

如今，错综复杂又整齐有序的立交桥，已经是一种十分普遍的交通设施。你知道吗，其实早在 800 年前，我国的劳动人民就已经造出"立交桥"了！你知道它在哪里吗？

这座古老的"立交桥"，就是位于浙江绍兴的"八字桥"。顾名思义，从外形上看这座桥很像汉字"八"。为什么会建成这种造型呢？因为它处在一个很特殊的位置——三条河相交的地方。

八字桥主要用石头建成，整座桥梁分为三面四道，正桥的桥洞宽四米半，桥的墩基用大块条石砌成，两侧都筑有石栏、望柱。在这个街道繁多、河道复杂的特殊地段，设计者将建桥的地方选择在三条河的交汇点附近，主桥横跨在南北流向的主河上，副桥架设在两侧的引桥下，并修建了缓坡，以方便行人、车马行走。远远望去，可以看见这样的景象：两街夹着一河，一桥横跨了两河！如此独特的设计令人赞叹不已，在当时可以说是完美地解决了小河两岸居民的交通问题。

然而，这座神奇的八字桥在历经了 800 多年的风霜洗礼后，风化得很严重，桥上的石板和石栏都有不同程度的损毁。

南昌市
襟三江而带五湖

地理小辞典

我的读音： Nánchāng Shì

我的位置： 位于江西省北部，北临九江市，西界宜春市，南达抚州市，东接上饶市

我的面积： 约 0.72 万平方千米

我的由来： 据说是取"南方昌盛"的寓意

我的别称： 洪城、洪都、洪州、豫章、南都、隆兴府

南昌是江西省的省会，是长江中游地区重要的大城市。南昌市处在鄱阳湖平原之中，境内有青岚湖、金溪湖、军山湖等上百个大大小小的湖泊。赣江和抚河穿过南昌，一路向北注入鄱阳湖。南昌西面山地较多，最高的山峰叫"洗药峰"。

南昌城的历史源远流长。汉高祖时期，著名将领灌婴曾在这里驻

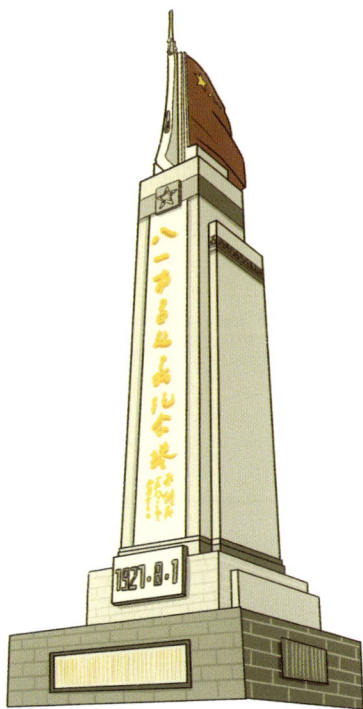

在南昌的八一广场，有一座纪念南昌起义的"八一南昌起义纪念塔"

军，并设下"豫章郡"，而后又在这里修筑了城池——"灌婴城"。后来又在豫章郡中设立了"南昌县"，"南昌"这个名字应该就是从这时候有的。唐宋时期，这一带被称作"洪州"；元明时期，这里先被叫作"洪都府"，后又改名"南昌府"，"南昌"这个名字便一直沿用至今。1927年，"八一起义"在南昌爆发，中国共产党独立领导的武装斗争由此开始。如今，南昌市内的"南昌八一起义纪念馆"，就是为了纪念南昌起义而设立的专题纪念馆。

在南昌市内的赣江之畔，坐落着"江南三大名楼"之一的滕王阁。南昌还有一座"八大山人纪念馆"，主要为纪念清代书画大师八大山人而设立，里面收藏有徐渭、郑板桥等许多古代画家的真迹。2021年被列入全国"百年百大考古发现"的"海昏侯墓"，是在南昌郊区发现的，它是西汉第九位皇帝——汉废帝刘贺的陵墓。人们在这里发掘出了数万件精美文物，大量的简牍、青铜器、漆木竹器、玉璧、玉环、马蹄金、金银车马器等，再现了西汉时期贵族的生活。

这些来自南昌的美食，
你听过吗？
厨师"拍了拍"你！

金线吊葫芦

南昌的民间小吃，不仅名字美，味道也很美味，是用面条、馄饨、骨头汤制作而成的，里面的馄饨又香又鲜，好像一只金葫芦浮在碗面上。

芥菜团子

这是一道在春天才能吃到的美食，春天芥菜鲜嫩，南昌人将芥菜和糯米粉混合制作成团子，放在油锅中煎熟，颜色翠绿，看上去就很有食欲。

萝卜饼

江西省九江市的特色传统小吃，面皮包入萝卜丝馅，煎制而成，色泽金黄，外焦里嫩，是九江人的特色早餐。

木瓜凉粉

也叫栗子豆腐，用栗子粉或木瓜粉为主要原料，把粉煮完后放在木盒中放凉，随后用竹片捣碎，加薄荷水、白糖食用。盛夏时，南昌的大街小巷都能遇到卖凉粉的小摊。

酿冬瓜圈

南昌的特色传统美食，以冬瓜作为主要食材，蟹肉、鸡蛋清、冬笋、鸡肉等辅料制作而成，口感清淡鲜美。

⑨ 古今的地方面貌，听听那些城市的故事

福州市

"五口通商" 口岸之一

福州是福建省的省会，位于福建省东部，闽江下游。福州位于一片河口盆地之中，盆地的四周被群山环抱。最早生活在福州一带的人是"闽人"，后来又融入了"越人"，所以这里流行的文化主要是"闽越文化"。

福州被誉为"榕城"，早在唐宋时期，人们就已经在福州城里大量种植榕树了。尤其是在宋代，这里的历任知州如蔡襄、张伯玉等人，带领民众在城中大量种植榕树，后来，种榕、爱榕的传统便在福州一直保留下来。如今，穿行在福州的巷落里，随处可见四季常青的榕树，其中有些榕树的年龄已经有成百上千岁了。

福州城里最有名的地方，可能要数"三坊七巷"了。它们是中国保存最好的里坊社区，我们能在这里感受"唐宋里坊制"的传统格

福州白塔全名「报恩定光多宝塔」，始建于唐代，但在明代遭到过摧毁，后来重建的白塔只有当时的一半高

局。三坊七巷以南北走向的南后街为轴，西面是"三坊"——衣锦坊、文儒坊、光禄坊，东面是"七巷"——杨桥巷、郎官巷、塔巷、黄巷、安民巷、宫巷、吉庇巷。街巷里的建筑，大多数都是明清时期始建的。这里还有林

则徐、冰心、严复等众多名人的故居。

> 里坊制：一种城市布局方式，主要流行于三国至唐宋时期。城市在布局的时候，像划分棋盘的格子一样划分街区，每个街区分别叫一个"里"或者一个"坊"。

这些著名的福州工艺，你听过吗？旅行家"拍了拍"你！

脱胎漆器：用土、灰等简单的材料制作内胎，上漆、填物之后将内胎除去，只依靠漆层和填充的织物成型。这种漆器没有内胎，所以非常轻盈，是福州的特产。

寿山石雕：以产自福州北部的寿山石为原料进行雕刻的工艺品。寿山石色彩鲜艳，富有光泽，寿山石雕技法丰富多样、精湛圆熟，石雕作品非常精美。

软木画：一种在软木上进行雕刻的艺术，善于再现中国园林场景。

福州油纸伞：做工非常精细，伞上绘以花鸟、山水、人物、传统故事情节等内容。

厦门市
海风中的港口经济特区

我的读音： Xiàmén Shì

我的位置： 位于福建省南部，与漳州、泉州相邻

我的面积： 约 0.17 万平方千米

我的由来： 据说最早因这里是九龙江入海口下方的门户，被称为"下门"，后来逐渐演化成了"厦门"

我的别称： 鹭岛、嘉禾屿、中左所、思明州

厦门位于福建省东南部，是我国东南沿海的重要城市。厦门是我国最早对外开放的四个经济特区之一。厦门湾有蜿蜒绵长的海岸线，拥有港阔水深的天然条件，是我国东南地区重要的海港。

厦门岛是厦门的一部分，它有一个别称叫"鹭岛"，因为曾经有许多白鹭栖息在厦门岛上。在新石器时代，就已经有先民在岛上生活了；宋代，因为岛上生产稻禾，人们称这里为"嘉禾屿"；明代洪武年间，人们在厦门岛的西南处修建了厦门城。现在，厦门岛与鼓浪屿、大嶝岛、小嶝岛等其他小岛，都属于厦门。

厦门属于亚热带季风气候，夏天炎热多雨，冬天温和湿润，年平均气温能达到 20℃以上。厦门是一座宜人的旅游城市，拥有迷人的海滨景色。厦门大学依山傍海，在校园中就能望到海洋的美丽风光。

厦门还是一座美食之城。走在厦门街头，你可能会遇到这些美食：蚵仔煎、沙茶面、面线糊、土笋冻……这些小吃大多以海鲜为原材料制作而成，很有闽南特色。

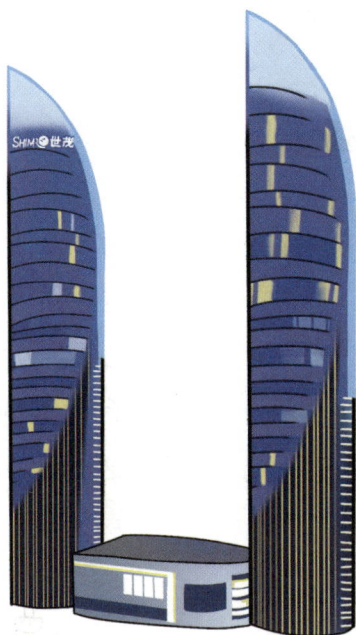

厦门"双子塔"原名"厦门世茂海峡大厦"，是厦门的标志性建筑

你听说过厦门的漆线雕吗？

厦门漆线雕技艺是流行于厦门一带的地方传统手艺，是国家级非物质文化遗产之一，发源于我国南方地区的佛像雕塑艺术。所谓"漆线"，是将砖粉、熟桐油、大漆等原料调和在一起，经过反复舂打，形成"漆线土"，再将漆线土搓成"漆线"。然后，在涂有底漆的坯体上，用"漆线"盘、结、绕、堆，制造出浮凸的造型。

台北市
繁荣的台湾省第一大城市

我的读音：Táiběi Shì
我的位置：位于台湾北部的台北盆地，被新北市环抱
我的面积：约 271.8 平方千米
我的由来：因位于台湾北部而得名
我的别称：北市

台湾省的省会是台北，位于台湾北部的台北盆地，人们习惯上也把它称为"北市"。从地图上来看，台北市被新北市环抱在中间。台北是一个历史非常悠久的地方，在旧石器时代这里就有人生活了，人们在这里发现了古人类制作的骨器、石器和他们吃剩的贝壳。清朝末年，钦差大臣沈葆桢在这里设立了"台北府"，这就是台北建市的开始。

台北 101 大楼是台北市最高的摩天大楼，包括地下 5 层、地上 101 层，高度为 508 米。它位于台北市的中心商业区，最早的名字叫"台北国际金融中心"。从大楼的观景台上，可以一览台北城的全景。每到跨年的时候，这里会举办美丽的焰火表演。

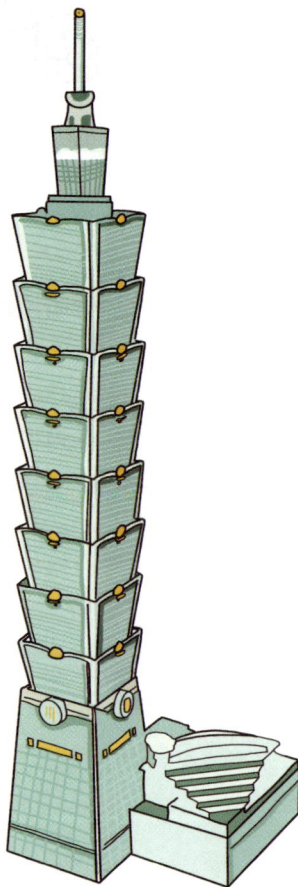

台北 101 大厦是台北的标志性建筑

台北还是一座"小吃之城"，聚集了台湾小吃的精华。蚵仔煎、卤肉饭、担仔面……这些都能在台北的大街小巷遇见。台北还有大大小小的夜市，如宁夏夜市、南机场夜市、饶河夜市等，通常临近傍晚的时候才开张，彻夜热闹非凡，夜里饿了去逛一逛，绝对能大饱口福。

你听过"大屯火山群"吗？旅行家"拍了拍"你！

大屯火山群是台湾省北部的活火山群，绝大部分位于台北市境内，台湾省主要的火山基本都分布在这里。大屯火山群是中国火山较为密集的地区，也是"太平洋火圈"的一部分。大屯火山群的火山地形保存得很完整，著名的火山有大屯山、七星山、竹子山、观音山等，其中，七星山是大屯火山群的最高峰。

大屯火山群是位于台湾省北部的活火山群

9 古今的地方面貌，听听那些城市的故事

5
华中·华南
上册

给孩子的

中国地理大百科

廖辞霏 著

中国旅游出版社

责任编辑：王欣艳　胡一鸣
责任印制：冯冬青
装帧设计：丫丫书装·张亚群

图书在版编目（CIP）数据

给孩子的中国地理大百科．5，华中·华南．上册 /
廖辞霏著．-- 北京：中国旅游出版社，2024.3
　　ISBN 978-7-5032-7170-0

　　Ⅰ．①给… Ⅱ．①廖… Ⅲ．①地理－中国－少儿读物
Ⅳ．① K92-49

中国国家版本馆 CIP 数据核字（2023）第 227697 号

书　　　名：给孩子的中国地理大百科．5，华中·华南．上册

作　　　者：廖辞霏 著
出版发行：中国旅游出版社
　　　　　　（北京静安东里 6 号　邮编：100028）
　　　　　　http://www.cttp.net.cn　E-mail: cttp@mct.gov.cn
　　　　　　营销中心电话：010-57377103　　010-57377106
　　　　　　读者服务部电话：010-57377107
排　　　版：王丹
经　　　销：全国各地新华书店
印　　　刷：运河（唐山）印务有限公司
版　　　次：2024 年 3 月第 1 版　2024 年 3 月第 1 次印刷
开　　　本：710 毫米 ×1000 毫米　1/16
印　　　张：6.75
字　　　数：48 千
定　　　价：368.00 元（全 10 册）
Ｉ Ｓ Ｂ Ｎ 978-7-5032-7170-0

用地理视角认识祖国

南京师范大学 朱雪梅

现在，你翻开了一本"地理书"，等待你的将会是一场妙趣横生的中国之旅。

你可曾想过，"地理"是一门什么样的学问呢？

"地理"是一门大学问，它主要研究地球表面上有什么事物、发生了什么现象，以及这些事物为什么有、这些现象为什么发生，还有它们之间存在什么关联，它们与人类活动有什么关系。例如，喜马拉雅山脉在哪里？它是什么样子的？是怎么形成的？有哪些动植物在那里生活？它给人们带来了哪些影响？

著名的地理学者段义孚先生认为，地理学是浪漫的。为什么说地理是浪漫的呢？因为漫长的地理演化过程、各异的地理现象奇观、微妙的地理分布规律，吸引着人们在山岳、森林、沙漠、极地中追寻"崇高景观"，在部落、乡村、城市中挖掘人类文明的精彩。这就是人们认识世界的最好方式——用脚步去丈量、用双眼去观察，难道这不是一个浪漫的过程？

从"浪漫"的地理视角去看待这个世界，你能收获什么呢？

第一，地理视角帮助我们从空间的角度思考问题。有了地理视角，我们会关注一些现象的分布，以及一些现象如何在对应的空间里发生。例如，为什么河口三角洲地区容易形成庞大的城市群？为什么北方地

区种小麦而南方地区种水稻？为什么生活在川渝一带的人爱吃辣，而生活在闽粤地区的人爱吃甜？思考这些问题的时候，我们不知不觉就会把许许多多的线索结合起来，例如，气候原因、地形原因、文化原因……你就学会了综合思维，这就是拥有地理视角的聪明之处。

第二，地理视角可以帮助我们更好地理解事物发生的过程，理解生活中一些现象的来龙去脉。例如，为什么金丝猴长着"朝天鼻"呢？原来是因为高原缺氧，猴子为了更好地获得氧气，鼻梁骨退化了。为什么"信天游"会在陕北这么流行呢？原来是因为陕北地区沟壑遍布，村民常隔着一道沟或是一道坡，于是人们就逐渐习惯靠大声呼喊来交流……从地理的角度去分析，我们可能会发现许多现象的背后都藏着自然环境的影响。

第三，地理的视角可以带给我们更广阔的视野。我们真正可以用脚步丈量的大地毕竟有限，但是我们可以通过学习地理看到更遥远的地方，感受迥然不同的风景和文化，领略大千世界的神奇多样。学习地理，我们可以与整个世界建立联系，了解这个世界上正在发生什么，听听这个世界上还有什么样的奇观我们未曾见过。

那么，现在我们将要用地理视角，重新认识我们的家乡，重新认识我们的祖国。在出发之前，让我们一起来思考一个问题：你了解自己的家乡吗？你了解自己的祖国吗？

家乡是我们情感的归处，也是我们记忆生存的空间。生活在这里的每一个人、从头顶飞过的每一只鸟、在窗台遇见的每一朵花，都和我们的生活有着千丝万缕的联系。叫出一条小河的名字、说出某条街巷上有哪些店铺、知道一些地名背后的故事，这些都是我们对家乡的

认识。

祖国是我们更辽阔的家乡，拥有悠久璀璨的文化、无比壮美的山河，我们每个人就像是祖国的一个"细胞"。在祖国，还有许多你未曾到过的地方，那里有着和你的家乡不一样的气候和风景，生活着你可能从未听说过的动物和植物。居住在那里的人们，吃着不一样的早餐，说着不一样的方言，看着不一样的表演。

我们的家乡，是值得"阅读"的家乡；我们的祖国，是值得"阅读"的祖国。总有一片风景，会在你的记忆中扎根；总有一个故事，会引起你浮想联翩。

很早以前，古代中国人就认为大地是一本"巨大的书"，并且劝说子孙要做到"读万卷书，行万里路"。"阅读"和"旅行"，都是我们用来了解这个世界的方式。然而，阅读一套"地理书"，却是一件能将"阅读"和"旅行"同时进行的事。这套书将带你饱览广袤的祖国大地，翻开书就能向远方出发，领略旅行途中的风景和文化。你还可以带上这套书，去更遥远的地方走一走、看一看，去寻找这套书里面写到的美丽景色与奇妙文化，看看是不是像书里写到的这样有趣。

这套书的作者辞霏是一个拥有地理视角的"背包客"，她的足迹遍布祖国大地，喜欢用文字记录地理考察的心得。这套书中的内容，许多源自她自己在旅行中的见闻。读到这些文字，我仿佛听见她的声音在召唤：来吧，跟着我来旅行吧！

翻开这本书，也就是旅程的开始。沿着黄河之曲，听听华北的传奇历史；一路向北而上，闯进东北的凛冽寒冬；重走丝绸之路，领略大西北的壮阔风光；攀过千年蜀道，体验大西南的神秘风情；顺着高

速铁路，感受华中的风土人情；翻山越岭南下，走进华南的鸟语花香；顺着长江向海，感受华东繁华的城市生活……

那么，现在出发吧！让我们一起踏上旅程，学会用地理视角，去看看我们的家乡是什么样的，去看看我们的祖国是什么样的。

目录

② 星罗棋布的江河湖海间，蕴藏着哪些秘密？

- 华中地区：古诗词中壮阔的河流
- 华南地区：这里河网稠密，流量丰沛

珠江
流经海珠岛，
奔向南海

034

湘江
长沙的母亲河

030

南渡江
海南岛上最长
的一条河流

028

041

东湖
"白马
冢""放鹰
台"的故事，
你听过吗

韩江
横跨广东省
东部的大江

036

026

038

洪湖
湖北省最
大的湖泊

032

漓江
迤逦的江河
画廊

洞庭湖
"洪水一大片，
枯水几条线"

③ 千变万化的地形地貌间，都有哪些景象？

📍 华中地区：山岗、盆地和平原互相交织

📍 华南地区：中国岛屿最多的地方

大别山
这里温暖潮湿，郁郁葱葱

武陵山
黔、鄂、湘、渝边界上的崇山峻岭

大瑶山
候鸟的越冬家园

五指山
海南岛中部的广袤山区

氹仔岛
澳门之南的美丽小岛

048

051

062

064

046

南阳盆地
"起岗不见岗，走凹不见凹"

053

江汉平原
长江与汉江冲积成的平原

060

大亚湾
南海上的重要海湾

067

大屿山岛
香港第一大岛，比香港岛还大一倍

071

044

055

057

069

伏牛山
黄河、淮河、长江的分水岭

雷州半岛
雷暴重重的中国第三大半岛

珠江三角洲
"三江汇流，八口分流"

九龙半岛
繁华的丘陵半岛

4 紧跟飞禽走兽，探秘意料之外的奇花异草

- 植物：这些植物罕见又高大
- 动物：这里的动物本领可不小

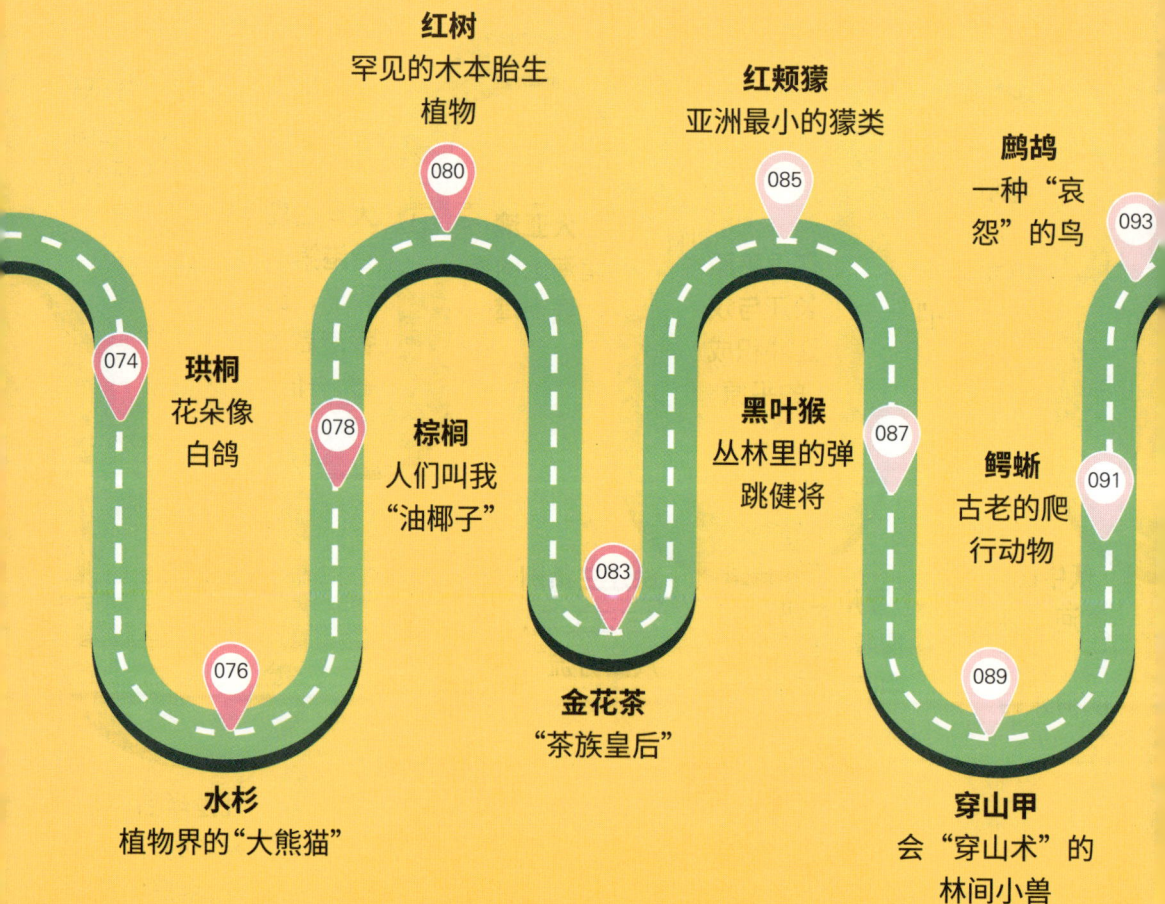

红树
罕见的木本胎生植物
080

红颊獴
亚洲最小的獴类
085

鹧鸪
一种"哀怨"的鸟
093

074
珙桐
花朵像白鸽

078
棕榈
人们叫我"油椰子"

087
黑叶猴
丛林里的弹跳健将

091
鳄蜥
古老的爬行动物

083

076
水杉
植物界的"大熊猫"

金花茶
"茶族皇后"

089
穿山甲
会"穿山术"的林间小兽

我国华中、华南地区包括哪几个省、自治区、特别行政区？

河南省

华夏民族的发源地——中原

河南省地处中国的中部、黄河的南岸，古时候人们曾称这里为"天地之中"。你可能听过"逐鹿中原"这个成语，现在的河南省就是古代人所说的"中原"地区的重要部分。据说在远古时期，黄河中下游地区森林茂密，有很多野生大象在这里生活，河南地区就被古人形象地描述为"人牵象之地"，这是甲骨文象形文字"豫"的来源，也是河南省的简称"豫"的由来。河南省的大部分地区位于黄河以南。对于全国来讲，河南省可是一个重要的能源大省，原煤产量、原油产量、发电量等在我国都位居前列。河南省虽然地跨长江、淮河、黄河、海河四大流域，但是水资源并不算丰富。

从地势上来看，河南省西高东低，北面、西面和南面被太行山、伏牛山、桐柏山、大别山环抱着。在河南的东部有一片富饶的平原——豫东平原，这里是著名的粮棉基地，小麦、棉花、花生、芝麻等作物产量可观。在豫东平原的地下，还蕴藏着一片珍贵的油田。

河南是中国古都数量最多、最密集的省区。自远古时期的商王朝开始，先后有 20 多个大大小小的王朝或割据势力曾建都或迁都河南，由此诞生了洛阳、开封、安阳、郑州等古都，如今人们所说的"十大古都"中，有四个在河南。

位于河南境内的三门峡大坝是我国在黄河干流修建的第一座大型
水利枢纽工程，被誉为"万里黄河第一坝"

商丘古城位于河南省商丘市睢阳区，看上去内圆外方，
就像一枚钱币

📍 我国华中、华南地区包括哪几个省、自治区、特别行政区？

洛阳：又名"洛邑""成周""雒阳"等，夏、商、西周、东周、东汉、曹魏、西晋、北魏、隋、唐、后梁、后唐、后晋13个政权曾先后在此建都，因此被称为"十三朝古都"。

开封：夏，战国时期的魏国，五代时期的后梁、后晋、后汉、后周，北宋、金8个政权曾在此建都，这里被称为"八朝古都"。

安阳：古时叫"邺城"，商、后赵、冉魏、前燕、东魏、北齐等政权曾在此建都。

郑州：相传，夏禹在阳城（今郑州登封）建都，建立了夏朝；春秋战国时期的郑国、韩国先后在新郑（今郑州）建都。

除了以上提到的四座城市，河南省的濮阳、禹州、许昌、汤阴等地也曾是一些割据势力的都城。

湖北省

楚文化的源头在"千湖之省"

地理小辞典

我的读音： Húběi Shěng

我的简称： 鄂

我的省会： 武汉

我的面积： 18.59 万平方千米

我的由来： 因位于洞庭湖以北，所以这里被称为湖北

我的位置： 位于中国中部，东邻安徽，西连重庆，西北与陕西接壤，南接江西、湖南，北与河南毗邻

湖北省位于洞庭湖的北面，因而得名"湖北"。湖北省有一个别称——"千湖之省"，这说明湖北省境内湖泊非常多。湖北省内的湖泊，大多数分布在江汉平原上，其中面积比较大的湖泊有洪湖、长湖、梁子湖等。

位于中国内陆腹地的湖北，有着发达的交通。京广高铁、京九铁路、沪汉蓉铁路等许多重要的铁路线，都从湖北经过。长江干流和长江的最大支流汉水都流经湖北，这些河流都有良好的航运条件，湖北的内河航运也因此越来越畅通啦。在湖北，人们以建桥的方式连接长江两岸，目前，湖北省境内正在建和已经建好的长江大桥已经超过 40 座了，这在长江沿线的省市中可是排名第一的，其中比较著名的有武汉长江大桥、鹦鹉洲长江大桥、荆州长江公铁大桥等。

湖北在春秋战国时期属于楚国的疆域，"楚文化"就是从这里孕育的。从目前的考古成果来看，我国历史上最先进的青铜冶铸技术出自楚国，最早的铁器也出现在楚国。如果你想更深入地了解三国文化，

江汉平原：位于湖北省中南部的一个冲积平原，由长江和长江的支流汉江冲积而成。

我国华中、华南地区包括哪几个省、自治区、特别行政区？

不妨到湖北来看一看。湖北至今还存留许多三国时期的遗迹，例如黄鹤楼、荆州古城、关帝庙、当阳关陵、赤壁古战场等，这些地方曾见证了三国时期精彩而曲折的历史。

九宫山位于湖北省咸宁市通山县境内，目前这里建有国家级地质公园

你了解湖北的
"神农文化"吗？
旅行家"拍了拍"你！

你听说过"神农氏"吗？神农氏其实是中国上古时期姜姓部落的首领炎帝。据说中国历史上的第一个部落联盟，就是由神农氏开创的。在传说中，炎帝尝遍百草、为民治病，还教会百姓如何耕种，带领过着渔猎生活的人们走进了农耕文明。神话中的神农氏，还教人们制作衣裳、为人们发明了乐器、教人们使用弓箭等。

虽然神农氏是一个传说中的人物，但他的故事象征着远古时期人们适应自然、改造自然的智慧。据说，湖北省的随州、谷城和神农架一带，曾是炎帝最主要的活动区域。如今在这些地方，还能找到神农文化广场、神农氏雕像等神农氏的影子。

我国华中、华南地区包括哪几个省、自治区、特别行政区？

湖南省
这里丘陵四布、江河罗织

湖南省三面环山，北面朝向一片广袤的平原，看上去就像一个马蹄。湖南的东面主要是幕阜山、罗霄山脉；南面主要是南岭山脉；而西面主要是武陵山和雪峰山脉。湖南北面的平原，主要是洞庭湖平原。湖南省位于长江中游南岸，并且这里大部分地区位于洞庭湖以南，这也是"湖南"这个名称的由来。史料记载，从唐代开始，湖南湘江周围开始种植木芙蓉，诗人称这里为"秋风万里芙蓉国"。

洞庭湖将它周围的平原润养得非常肥沃。民间流传着一句话"湖广熟，天下足"，说的是在洞庭湖灌溉之下的湖北、湖南地区的农田如果丰收了，那么全天下的人们都不用为粮食问题发愁了。此外，湖南省的矿产资源也非常丰富，尤其是有色金属矿产和非金属矿产。这里的锑、铋、石煤、普通萤石等矿产资源的储量，在全国是最丰富的；钨、钒、锡、轻稀土等矿

普光禅寺位于张家界市区，始建于明代永乐年间

产资源的储量也相当可观。

湖南地区生活着许多少数民族，主要有土家族、苗族、侗族、瑶族等。湖南自古钟灵毓秀、人才济济。"睁眼看世界"的启蒙思想家魏源、技艺精湛的水墨画家齐白石、学富五车的作家沈从文……都是诞生在湖湘地区的人才。在中华人民共和国成立后授衔的十大元帅和十大将军中，有9位是湖南人。

崀（làng）山位于湖南省邵阳市新宁县崀山镇及周围，在这里能找到许多丹霞地貌风景

我国华中、华南地区包括哪几个省、自治区、特别行政区？

这些湖南省博物馆的文物，你听过吗？旅行家"拍了拍"你！

大禾人面纹方鼎

商代晚期的文物，出土于湖南省宁乡县黄材镇炭河里乡胜溪村的新屋湾。器物的四周装饰着半浮雕人面像，是中国迄今发现的唯一用人面纹做装饰的鼎。

黄纱地印花敷彩丝绵袍

西汉时期的文物，出土于马王堆一号汉墓，是汉代贵族女性穿的一种华丽的衣服，由印花和绘彩结合制成。

黑地彩绘棺

西汉时期的漆器，出土于马王堆一号汉墓。在棺盖和四壁上，有彩绘的云团和各种神怪禽兽的图像，构成一个奇幻的世界。

商代豕形铜尊

商代的文物，出土于湘潭九华船形山。尊是一种酒器，豕的形象生动地反映了古代人善于驯化饲养，又善于从农牧生活中进行艺术创造的特点。

广东省
夏长冬暖，物产丰饶

华南地区：中国最南部的独特风情

地理小辞典

我的读音： Guǎngdōng Shěng
我的简称： 粤
我的省会： 广州
我的面积： 17.97 万平方千米
我的由来： 宋朝的地方行政单位称为"路"，岭南设立了"广南东路"和"广南西路"，"广南东路"就简称为"广东"；另一种说法是源于古地名"广信"，两广以广信为分界，广信之东为广东
我的位置： 位于南岭以南，南海之滨，与香港、澳门、广西、湖南、江西及福建接壤，与海南隔海相望

广东省坐落在南岭的南边，北回归线正好从它的中间穿过。广东省处在东亚季风区，是一个非常温暖湿润的地区，冬天并不会太冷，夏天会有些热。这里的光照条件和水热资源都比较好，盛产热带瓜果，水稻常常有一年三熟的收成。

香蕉、荔枝、龙眼和菠萝，是广东省的特产，被称作"岭南四大名果"。珍稀的华南虎、云豹、中华白海豚、熊猴等动物，都在广东省境内留下过踪迹。

珠江流淌进广东，并向四周散发出许多分支，滋润着广东的各个地区。在江水的哺育下，沿江的土地非常丰沃；在各个河口，常常形成富饶的三角洲。绵长的海岸线和辽阔的海域，又使得广东省成为重要的海产大省。沿海养殖的鱼虾、海水珍珠等，产量在全国位列前茅。广东省的沿海地区有很多沙滩，在这些沙滩上广泛地分布着红树林。

广东省拥有众多优良港口，广州

红树林：由红树植物组成的森林，主要分布在热带和亚热带的海岸潮间带。
经济特区：指外国企业或个人，以及华侨、港澳同胞进行投资活动时享受特殊政策的地区。

我国华中、华南地区包括哪几个省、自治区、特别行政区？

港、深圳港、汕头港等都是国内外贸易交流的重要通道。开放的口岸为广东省的发展带来了源源不断的活力，深圳、珠海、汕头等地是我国最早设立的经济特区。如今的广东，已成为中国第一经济大省，经济总量占全国的八分之一左右。

开平碉楼位于广东省江门市下辖的开平市境内，是一种既能居住，又可以用来防卫的多层塔楼式建筑

你了解粤语吗？

"粤语"，又被称作广东话、广府话，主要流行在广东、广西、香港、澳门等地，是一种"声调语言"。在研究中，人们发现粤语可能保留了中国古代汉语中的许多成分，最具特色的是古汉语中的"入声"，是一种"读音短促，一发即收"的音调，这种音调在如今我们使用的普通话中已经不存在了。南怀瑾先生认为，粤语可能是唐代的国语。

"珠海渔女"位于珠海市香炉湾畔，是珠海市的标志性建筑

我国华中、华南地区包括哪几个省、自治区、特别行政区？

广西壮族自治区

刘三姐的故乡

广西壮族自治区位于云贵高原的东南边缘、两广丘陵的西部，南边面朝着北部湾。整个广西的地势，是从西北向东南倾斜的。一些连绵的山岭和高原环绕在广西的周围，所以人们又称这里为"广西盆地"。这里有中国人口最多的少数民族——壮族，此外，这里还生活着瑶族、苗族等少数民族。

被称为"水果之乡"的广西，盛产香甜的火龙果、番石榴、荔枝、金橘、蜜橘等水果。广西之所以适合这些水果的生长，是因为它处在低纬度地区，同时靠近热带海洋，气候温暖、降水丰沛、光照适宜，并且拥有漫长的夏天。

广西的喀斯特地貌奇艳壮阔、钟灵毓秀，构成了广西独特的山水风光。那些由石灰岩在流水侵蚀下形成的小山，流水的力量为它们塑造出了奇特

红水河位于广西的西北部，是西江的上游

广西北海有一片银滩滨海浴场，这里的沙子又细又白，水浪平静温柔

的造型。在许多小山的"身上"，我们还能发现一些神秘的溶洞，它们大多是由途经这里的流水冲刷侵蚀形成的。

广西面对着大海，处在我国大陆海岸线的最西端，也是中国唯一的沿海自治区。对于中国西南地区来说，这里是最便捷的出海通道了。在广西的沿海地区，我们可以发现中华白海豚、儒艮（gèn）等濒危动物的踪迹，也能看到成片的红树林。

两广丘陵：广东省和广西壮族自治区大部分低山、丘陵的总称。

北部湾：一个位于中国南海西北部的海湾，东面是广东的雷州半岛和海南岛，北面是广西壮族自治区，与琼州海峡和中国南海相连。

儒艮：世界上最古老的海洋动物之一，食海草为生，会定期浮出水面呼吸，大部分时间在热带浅海昏昏欲睡。

我国华中、华南地区包括哪几个省、自治区、特别行政区？

程阳永济桥位于柳州市三江侗族自治县的程阳村马安寨，是目前保存最好、规模最大的风雨桥，整座桥在修建的时候没有用到一钉一铆

广西的这些"粉"，你吃过吗？厨师"拍了拍"你！

桂林米粉：流行于广西桂林的传统小吃。传说秦始皇建灵渠时，从西北来的将士水土不服，当地人特意为他们准备了这种食物。现在，桂林米粉是许多市民喜欢的早餐。

柳州螺蛳粉：流行于广西柳州，是一种"闻起来臭，吃起来香"的著名小吃。

南宁老友粉：流行于广西南宁的风味小吃，是由一位民间厨师发明的，现在已经是南宁地区的金字招牌啦。

玉林牛腩粉：广西玉林的美食代表，"调制好的熟牛腩"是这碗粉最大的特色，而且玉林的许多美食都和"牛"有关。

海南省
风光迷人的南方海岛

地理小辞典

我的读音： Hǎinán Shěng

我的简称： 琼

我的省会： 海口

我的由来： 据说起源于早期人们对"琼州海峡以南"地区的称呼

我的位置： 北部以琼州海峡与广东省划界，西临北部湾与广西壮族自治区和越南相对，东面和我国台湾地区隔着一个南海

我的故事： "初，武帝征南越，元封元年立儋耳、珠崖郡，皆在南方海中洲居，广袤可千里，合十六县，户二万三千余。"——（东汉）班固《汉书》

海南省位于中国南端，包括海南岛和西沙群岛、南沙群岛、中沙群岛的岛礁及其海域。如果将陆地面积和海洋面积合并起来计算的话，海南省是当之无愧的中国国土面积第一大省。

海南岛是一座中部高耸、四周低矮的岛屿，五指山、鹦哥岭等山地是隆起的中心，四周越向外，地势越来越低。海南岛地处热带地区的北部边缘，这里全年暖热、雨量充沛，拥有漫长的夏天，几乎没有冬天，但是，台风时而侵扰这里，给人们的生活带来一定的不便和损失。

海南岛东面大约 350 万平方千米的南海海面上，分布着西沙群岛和中沙群岛。西沙群岛一共有 22 座岛屿；中沙群岛的大部分岛屿都位于水下，只有黄岩岛一座岛屿露出水面。海南岛的南部是南沙群岛，这里广布各种各样的暗礁、暗沙、暗滩等。南沙群岛的曾母暗沙，是我国领土最南端的区域。

海南素来有"天然大温室"的美称。这里的自然条件非常优越，一年四季都可以种植作物，许多作物一年还可以收获两到三次。这里遍布着热带森林，适合种植椰子、菠萝、咖啡、可可等独特的热带水果和作物。黑冠

长臂猿、水鹿、黑熊、云豹等珍贵的动物，都在海南岛上定居生活。海南岛还是一片天然的盐场，沿海港湾及滩涂的许多地方都可以晒盐，目前已经建起了莺歌海、榆亚等大型盐场。

三亚南山海上观音圣像坐落在海南省三亚市南山寺，有108米高

"海南四大名菜"，
你吃过吗？
厨师"拍了拍"你！

文昌鸡

海南省文昌市的特产。文昌位于海南岛的东北部，三面临海，雨水丰富，干湿季分明，在这样的自然环境中生长的文昌鸡，吃起来香甜嫩滑。

嘉积鸭

也叫"番鸭"，海南四大名菜之一，产自海南琼海市嘉积镇，最有名的烹饪方法是"白斩"。

和乐蟹

这种螃蟹来自海南岛的东南部，那里是我国海域独特的无污染的生态区，在这样的环境中生长的螃蟹膏肥肉嫩，非常好吃。

东山羊

产自海南万宁的东山岭，这里属于热带季风气候，适合东山羊的生长。万宁流行东山羊全羊宴，最有名的菜是"白汁东山羊"，有机会来品尝一下吧。

我国华中、华南地区包括哪几个省、自治区、特别行政区？

香港特别行政区

世界著名的自由港，璀璨的东方之珠

"香港"这个名字主要来自香港岛，但实际上香港最大的岛屿是大屿山岛——比香港岛大了将近一倍。背靠中国大陆腹地的香港特别行政区，是中国展望世界的"窗口"。其他港口大多数是小小的港口面对着宽阔的海湾，而香港的港口却暴露在香港岛和九龙半岛之间的维多利亚海峡中，港口十分宽阔，非常利于航船的远行和停泊。

香港是一个经济发达的地方，曾经是"亚洲四小龙"之一，又被誉为"东方之珠"。香港地区的高楼非常集中，摩天大楼鳞次栉比，人口也非常稠密，是世界上人口密度最高的地区之一。香港地区的粤

在维多利亚港沿海的金紫荆广场上，矗立着一座名为"永远盛开的紫荆花"的大型雕塑

路环、大横琴四座岛屿两两相对，海水从它们之间穿过，形成"十字门"的形状，所以这里又被称为"澳门"。澳门自古就是中国领土不可分割的一部分，从秦朝开始这里就已经是中国的领土了，当时，这里属于南海郡。

澳门主要属于亚热带海洋气候，全年温暖而湿润，夏天常常会有台风经过。为了谋求发展，澳门一直通过填海来扩大土地面积，到如今已经持续了近百年，现在澳门的面积已经是明朝时期的近10倍。不过，它仍然是中国面积最小的省级行政区。

"你可知Macau，不是我真姓，我离开你太久了，母亲"，由闻一多先生作词的《七子之歌·澳门》，在中国几乎是家喻户晓。"Macau"这个名字是葡萄牙人起的，传说和一个掌管海上航运的女神"妈祖"有关。在中世纪，进入大航海时代的葡萄牙人希望在中国东南沿海地区寻找落脚点，他们当时就已经对澳门一带虎视眈眈，最终明朝政府允许葡萄牙人在澳门半岛暂住。1887年12月，葡萄牙与清朝政府签订《中葡会议草约》和《中葡和好通商条约》，占领澳门，此后便开启了对澳门上百年的殖民管治。1999年12月20日，澳门终于正式回归祖国。

南海郡：郡是古代的一种行政区域，类似于现在的省。公元前214年，秦朝统一岭南，在岭南地区设置了"桂林""象""南海"3个郡。

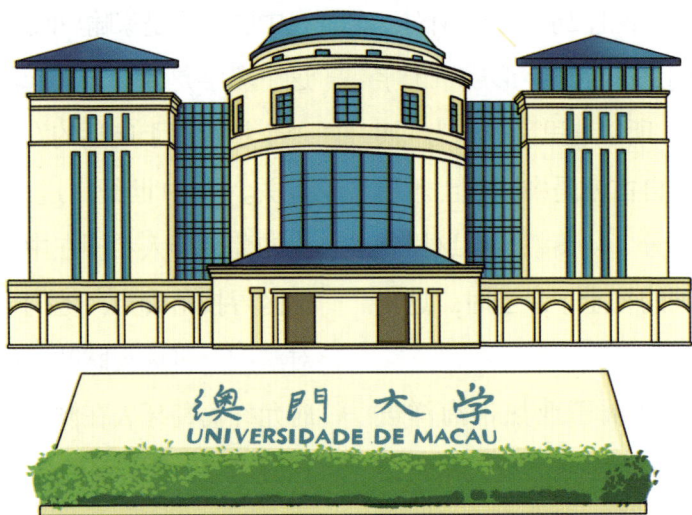

澳门大学是一所国际化综合性公立大学

香港和澳门的区旗，都有什么含义？

香港特别行政区区旗　　　　澳门特别行政区区旗

　　香港的区旗又被称作"洋紫荆旗""紫荆花旗"，图案主体是一朵有五片花瓣的紫荆花，每一片花瓣上都有一颗星星。红旗代表祖国，紫荆花代表香港，紫荆花红旗寓意香港是中国不可分割的一部分；花瓣上的五颗星和中华人民共和国国旗上的五颗星有同样的含义；红色和白色两种颜色，象征着"一国两制"的方针。

　　澳门的区旗又被称作"莲花旗""白莲花旗""白莲旗"，图案中有五星、莲花、大桥、海水元素，底色是"澳门绿"。白色莲花的三片花瓣象征的是澳门半岛、氹仔岛和路环岛；大桥和海水象征的是澳门的自然环境；五颗星的含义和中华人民共和国国旗上的五星含义相近，同时也是在表达"澳门特别行政区是中华人民共和国不可分离的部分"。

② 星罗棋布的江河湖海间，蕴藏着哪些秘密？

洪湖

湖北省最大的湖泊

地理小辞典

我的读音： Hóng Hú

我的位置： 位于湖北省洪湖市和监利县之间

我的故事： "洪湖水，浪打浪，洪湖岸边是家乡" ——歌曲《洪湖水浪打浪》

位于江汉平原东南部的洪湖，是湖北省最大的淡水湖。洪湖所在的城市就是以"洪湖"命名的。据说，洪湖和洞庭湖一样，曾经也是古湖云梦泽的一部分。三面临水的洪湖，被长江、汉江和东荆河环绕。洪湖的生态系统保存得很完好，在某些区域还形成了重要的湿地。如今，这里已经建设起了国家级自然保护区。

远远看上去，洪湖的水是淡绿色的，这主要是因为洪湖的湖水中有机

洪湖位于长江冲积平原之上，是洪湖市境内最大的湖泊，洪湖市也因此湖而得名

物的含量非常丰富。这里盛产鲫鱼、鳜鱼、鲤鱼等淡水鱼，还生活着胭脂鱼和鳗鲡等稀有鱼类。由于气候适宜、食物丰富，冬日里的洪湖常常受到候鸟的青睐，每年都有数以万计的候鸟从北方飞来，在这里过冬。

在洪湖，我们能看见哪些珍稀的鸟类？动物学家"拍了拍"你！

东方白鹳
被称为"鸟中国宝"，生活在中国东北，冬天来到洪湖周围越冬。

中华秋沙鸭
中国特有的物种，是一种珍稀的鸭科动物，又被称作"国鸭"。

大鸨
善于奔跑、长期生活在地上的鸟类。

白肩雕
一种大型猛禽，羽毛是黑褐色的，肩部有明显的白斑，喜欢在空旷的地方翱翔和休息。

白尾海雕
一种大型猛禽，成年白尾海雕的羽毛是暗褐色的，尾巴是白色的，白天常在水面上翱翔。

❷ 星罗棋布的江河湖海间，蕴藏着哪些秘密？

东湖

"白马冢""放鹰台"的故事，你听过吗

位于武汉市武昌区东部的东湖，是一个因长江淤塞形成的湖泊。这是一座超大型的"城中湖"，比杭州的西湖大了将近六倍。上百年前，东湖和武昌周围的其他湖泊是相连的，每到洪涝季节，这里频频发生水灾。当时的湖广总督张之洞，下令在长江与

武汉东湖几乎有杭州西湖的六倍那么大

东湖之间修建了"武金堤"和"武青堤"，将东湖和周围的湖泊隔开了，这才解决了这一带的水患问题。

从地图上来看，东湖的形状很不规则，是由大大小小上百个湖湾组成的。在它的区域内，有"武汉东湖国家湿地公园"，有全国最长的湖泊隧道——东湖隧道，还有全长101.98千米的全国首条城区内5A级旅游景区绿道——东湖绿道。

东湖是一个有故事的湖。在东湖北面的一块小洲上有一个"白马冢"，据说赤壁大战中吴国的鲁肃从这里班师回朝的时候，他所骑的白马在这里陷入了沼泽，在淤泥中挣扎而死，人们就在这里堆了一个土冢来纪念白马。在东湖之畔有一个土台，叫作"放鹰台"，据说李白曾经在这里解救过一只被猎人的机关套住的鹰。东湖的故事可真不少！

出名的"东湖"，可不止这一个！旅行家"拍了拍"你！

在中国，还有很多湖泊叫"东湖"。

陕西宝鸡东湖：又称"饮凤池"，位于陕西省宝鸡市凤翔区。传说周文王时期，有凤凰从这里飞过，并在这里停留饮水。苏轼在凤翔府做官的时候，带领官民疏浚，修缮过饮凤池；后来，他去杭州做官时又兴修了西湖，因此，这一东一西两个湖被称为"姊妹湖"。

浙江绍兴东湖：位于绍兴古城的东边，和杭州西湖、嘉兴南湖并称为"浙江三大名湖"。

广东江门东湖：坐落在江门市区中心，每年这里都会举办热闹的"东湖迎春花会"。

② 星罗棋布的江河湖海间，蕴藏着哪些秘密？

湘江

长沙的母亲河

地理小辞典

我的读音： Xiāng Jiāng

我的由来： 因主要流经湖南，湖南简称"湘"，所以叫湘江

我的别称： 湘水、雁门水

我的位置： 流经湖南省永州、衡阳、株洲、湘潭、长沙等市，最后从岳阳市注入洞庭湖

我的故事： "独立寒秋，湘江北去，橘子洲头。看万山红遍，层林尽染；漫江碧透，百舸争流。"——毛泽东《沁园春·长沙》

湖南省境内最大的河流就是湘江了。它是湖南省会长沙的母亲河，湖南人口最稠密、经济最发达的地区就集中在湘江流域。湘江的源头在哪里没有准确的说法，传统上的正源是广西兴安县白石乡的海洋河，但根据近几年的勘察，人们认为湘江的源头在湖南省蓝山县。湘江的水系十分发达，浏阳河、紫水河、渌水、祁水等，都是湘江比较大的支流。湘江上还建有

湘江是湖南省境内最大的河流

许多大型水库，其中最大的是"东江水库"。

在湘江中央，有一个狭长的沙洲，这就是毛主席《沁园春·长沙》里提到的"橘子洲"。在橘子洲形成之前，江中曾经有一道长长的沙滩，据说这是"长沙"这个城市名称的由来。在唐朝的时候，洲上盛产南橘。杜甫在诗中写道："桃源人家易制度，橘洲田土仍膏腴"，这句诗形容的就是橘子洲。沈括在《梦溪笔谈》中提到"潇湘八景"，其中"江天暮雪"指的就是橘子洲上的雪中景象。现在，这里已经是"橘洲公园"了，在公园里，可以见到与《沁园春·长沙》相关的碑刻和茂盛的橘子林。

"秦代三大水利工程"之一——灵渠

灵渠是世界上最古老的运河之一，也是我国保存最为完整的古代水利工程之一。它是在秦始皇时期修建而成的，位于广西壮族自治区兴安县境内。

秦始皇为了统一全国，命令大将屠睢（suī）率兵向南征服百粤，但遭到了当地民族的抵抗，过了三年时间都没能征服岭南，而且连军饷都渐渐不够用了。粮草运输这么困难，这仗可真没法打了，但放弃又很可惜。秦始皇灵机一动，命人修建了一条人工运河来运输粮饷，这样就解决了军队的粮食问题。公元前214年，灵渠终于修建完成了，军队的粮食有了保障，很快就统一了岭南地区。

灵渠不仅连通了湘江与漓江，更连接了长江和珠江两大水系。自秦朝以来，灵渠为巩固国家统一和加强南北交流、往来起到了积极作用。后来，这里逐渐变成了繁忙的商贸水道。水上航运最繁忙时，每天有200多艘船穿过这条人工水道，往返于漓江和湘江之间。

洞庭湖

"洪水一大片，枯水几条线"

曾经有一片古老的大湖被古人称作"云梦"，在春秋时期的楚国，"梦"是"湖泽"的意思。司马相如在《子虚赋》中写道"云梦者，方九百里，其中有山焉"，可见当时"云梦"

大湖的浩瀚。后来，由于江中泥沙的淤积、地壳运动等原因，"云梦"的一部分逐渐变成了沼泽，而其余没有成为沼泽的湖泊成为现在的洞庭湖。

洞庭湖位于长江中游荆江的南岸，曾经是中国最大的淡水湖，以前人们形容这里是"八百里洞庭"。后来，由于人类活动等各种原因，这里的水域面积越来越小，成为面积仅次于鄱阳湖的中国第二大淡水湖。现在的洞庭湖，主要由东洞庭湖、西洞庭湖、南洞庭湖和大通湖四个比较大的湖泊组成。

洞庭湖是长江的"过水湖"，长江经过这里的时候，江水由松滋、太平、藕池等地流入洞庭湖。长江的一些重要支流——湘江、资江等，最后都注入洞庭湖。对于长江来说，洞庭湖扮演着"保护神"的角色，发挥着调蓄的重要功能。长江的水太多的时候，水就积蓄在湖中，不至于发生洪灾；缺水的时候，湖中的水又能涌入江中，使江水不至于断流。

洞庭湖是淡水鱼的天堂，这里盛产上百种水产。李商隐曾在《洞庭鱼》这首诗中说"闹若雨前蚊，多于秋后蝇"，形容的就是洞庭湖鱼类繁多。洞庭湖的银鱼、鲟鱼等鱼类都非常出名；鲤鱼、鲫鱼、鲢鱼、鳙鱼等比较常见的鱼类以及各种虾蟹蚌鳖更是产量丰厚。

洞庭湖曾经号称"八百里洞庭"，如今湖面范围，已经缩小很多

古诗中的洞庭湖是什么样的？诗人"拍了拍"你！

八月湖水平，涵虚混太清。气蒸云梦泽，波撼岳阳城。
欲济无舟楫，端居耻圣明。坐观垂钓者，徒有羡鱼情。
——（唐）孟浩然《望洞庭湖赠张丞相》

巴陵一望洞庭秋，日见孤峰水上浮。闻道神仙不可接，心随湖水共悠悠。
——（唐）张说《送梁六自洞庭山作》

惊波常不定，半日鬓堪斑。四顾疑无地，中流忽有山。
鸟高恒畏坠，帆远却如闲。渔父闲相引，时歌浩渺间。
——（唐）许棠《过洞庭湖》

划（chǎn）却君山好，平铺湘水流。巴陵无限酒，醉杀洞庭秋。
——（唐）李白《陪侍郎叔游洞庭醉后其三》

李白曾称月下仙，烟波秋醉洞庭船。我来更欲骑黄鹤，直上高楼一醉眠。
——（明）邓云霄《洞庭秋月》

② 星罗棋布的江河湖海间，蕴藏着哪些秘密？

珠江

流经海珠岛，奔向南海

地理小辞典

我的读音： Zhū Jiāng

我的由来： 珠江流经广州段的江中旧有一洲岛，名叫"海珠石"，珠江由此而得名

我的别称： 粤江

我的位置： 流经云南、贵州、广西、广东、湖南、江西等省区，主要从广东入海

珠江是中国南部主要的水系，但并不完全流淌在中国，有一部分珠江一直延伸到越南境内。它的上流有三条支流，在广州东边的叫东江，在西边的叫西江，在北边的是北江。其中，西江源自云南，是三条支流中最长的。这三条从不同方向奔涌而来的大江，从相近的地方汇入大海，并在各自的河口周围淤积成一片三角洲。时间久了，这些小三角洲就互相连成一片，构成了一个更大的三角洲，也就是如今繁荣富饶的"珠江三角洲"；而这三条大江汇集在一起，就是我们如今所称的"珠江"。

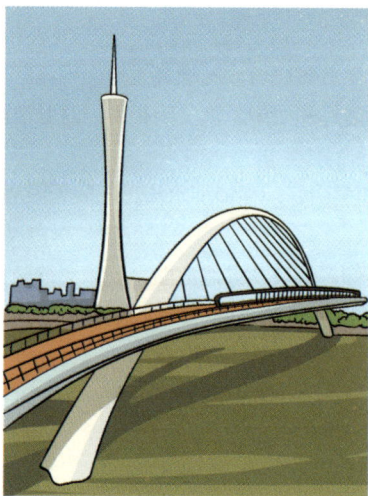

珠江发源于云南省曲靖市沾益区境内的马雄山

珠江有很多长长的支流，如武江、连江、绥江等。在珠江三角洲上，支流通过无数分岔的河道互相连通，形成纵横交错的水网。由于降水充沛、暴雨频发，珠江下游非常容易泛滥，再加上地势总体低平，河流到这里会放缓流速，水流遇到沙洲就容易分岔。在这里，主要的水道有三十八条，分别从八个口门流入大海，形成了珠江"三源八门"的独特水系，这样的规模在世界上也是非常罕见的。

在珠江灌溉下的土地，几乎处处可称为"鱼米之乡"：在这丰饶的南亚热带，热量和雨量都非常充足，水稻可以一年三熟；江中种类丰富、数量庞大的鱼类，为人们提供了丰富的水产资源；大大小小的支流中有许多都能够通航，人们通过水路进行往来，非常方便，珠江可通航的里程在中国仅次于长江。

> 三角洲：由于各种原因，河流在河口处水流速度骤减，大量泥沙沉积下来，形成三角形的沙洲，称作"三角洲"。

珠江流域盛产哪些鱼类？
动物学家"拍了拍"你！

鲮鱼
身体狭长而扁平，喜欢栖息在南方水温较高的水域内，是一种怕冷的鱼。

卷口鱼
又称"鼠头鱼"，是一种只生活在中国南方水系的鱼类。

鲥鱼
一种名贵的鱼类，在古代曾被当成贡品敬献给皇帝。"清蒸鲥鱼"肥嫩鲜美、爽口不腻，是一道名菜。

韩江

横跨广东省东部的大江

在我国东南沿海地区，韩江是一条非常重要的河流。韩江是由梅江和汀江汇合而成的，梅江发源于广东省紫金县，汀江发源于福建省宁化县，两条江在三河坝相遇，然后就汇成了韩江。韩江的流域主要包含粤东和闽西南的部分地区，除了珠江流域以外，广东省的第二大流域就是韩江流域。

韩江并不是一条特别"听话"的河流。由于所处的地区位于亚热带东南亚季风区，夏季经常出现暴雨，所

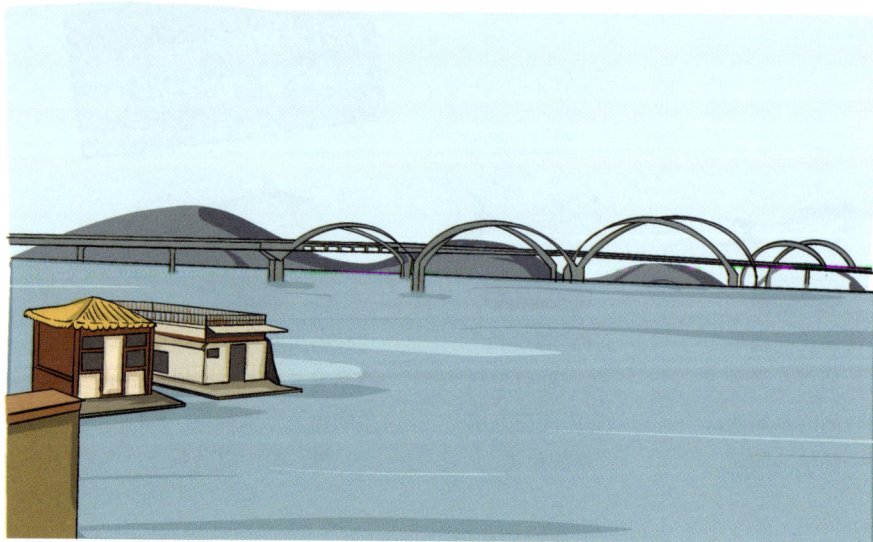

韩江主要流经广东、福建、江西等地

以由雨水引起的洪涝时常发生。人们为了抵挡洪水的侵袭，在韩江沿途修筑了各种各样的防护设施，其中比较大型的有梅州大堤、汕头大围等；此外，人们还在韩江流域修建了许多水库，其中的大型水库包括益塘水库、合水水库、长潭水库、东山水库。

据说，韩江其实和唐代的大文人韩愈有关，他曾经被贬谪到潮州。传说当时这条江里生活着许多鳄鱼，这些鳄鱼有时会吃掉渡河的人，所以人们又把这里称作"鳄溪"。韩愈得知后，下决心整治这些鳄鱼。他到江边设坛祭鳄。后来，江里真的没有鳄鱼再出来为非作歹了。为了纪念韩愈，人们把这条江称为"韩江"，而把韩江对面的山称作"韩山"。现在韩山脚下还有韩愈的雕像。

韩江畔有一个"韩文公祠"，是为纪念韩愈而建的

漓江

迤逦的江河画廊

主要流经广西东北地区的漓江，是珠江水系的一部分。它以桂林市为中心，北端从兴安灵渠出发，南到阳朔，全长 160 多千米。

让漓江美名远扬的，是它两岸典型的岩溶峰林地貌（喀斯特地貌），数以万计的喀斯特山脉环绕着漓江和与漓江相连的城市。沿着漓江，有许多风景值得一看，有一种说法叫"一江两洞三山"，"一江"指的是漓江；

漓江是珠江流域西江水系的一部分

阳朔漓江沿岸，是桂林山水风光最精华的地段

"两洞"指的是芦笛岩、七星岩，这是两个漂亮的溶洞，里面有各种各样的钟乳石；"三山"指的是独秀峰、伏波山和叠彩山，这些小山是喀斯特地貌中的一部分。

阳朔是广西桂林市下辖的一个县，漓江风景最美丽的河段之一就穿过阳朔。沿着漓江从桂林到阳朔，一共有80多千米的水程。如果你去阳朔旅游，可以到遇龙河等地找一些小港口，从港口坐竹筏在漓江上漂游，欣赏漓江两岸美好的风景。在月亮山、青莲峰、相公山等地，你可以观赏漓江的日出和日落。阳朔的电视塔山是许多旅行家眼中最适合俯瞰阳朔的地方，从山顶望下去，周围的喀斯特山脉一览无余。

> 钟乳石：是指碳酸盐岩地区的洞穴内，在特定地质条件下形成的石钟乳、石笋、石柱等不同形态的碳酸钙沉淀物，也叫"石钟乳"。

② 星罗棋布的江河湖海间，蕴藏着哪些秘密？

漓江上古老的"鸬鹚捕鱼"技艺

　　用鸬鹚捕鱼，是一种古老的捕鱼技术。鸬鹚又叫"鱼鹰"，和渔民生活在一起的鸬鹚是经过特殊训练的。鸬鹚"上班"的时候，渔民在鸬鹚的喉咙处系上一根麻织的细绳子，使它们只能吃下体积较小的鱼，防止它们吞下大鱼。鸬鹚抓起鱼之后，人们就从鸬鹚嘴里把大鱼抓出来，然后将鸬鹚脖子上的绳子解开，让鸬鹚将剩下的小鱼吃掉。从前，生活在漓江一带的渔民常常用鸬鹚捉鱼，如今掌握这项技艺的渔民已经不多了。

漓江上的古老的"鸬鹚捕鱼"技艺

南渡江

海南岛上最长的一条河流

地理小辞典

我的读音： Nándù Jiāng

我的由来： 这里有一个叫"南渡"的渡口，因此被称为"南渡江"

我的别称： 南渡河、黎母水

我的位置： 发源于海南省白沙黎族自治县南开乡南部的南峰山，干流斜贯海南岛中北部，在海口流入琼州海峡

我的故事： "源出黎母山，北流入海。"——（明）顾祖禹《读史方舆纪要》

海南岛上最大的河流叫南渡江，它发源于白沙黎族自治县南开乡。南渡江的干流穿过海南岛的中北部地区，并最终从海口市流入琼州海峡。南渡江是一条位于热带北部边缘的河流，这样的地理位置给南渡江带来了丰富的降雨和阳光，也带来了频频而至的台风。有时候，台风带来的暴雨会造成洪涝灾害。

南渡江给人们的生活带来的影响是方方面面的。为了充分利用南渡江丰富的水电资源，人们修建了许多水电站，如九龙东电站、九龙西电站、红坎电站等。

人们还在南渡江上建起了许多水库，这些水库不仅能起到调节洪水的作用，还可以为附近的平原提供灌溉水源。其中最大的是"松涛水库"，它是海南省最大的人工湖。在松涛水库灌溉的区域，人们还根据灌溉渠道中水流量的差异和渠道水位之间的落差，建造了许多"渠道跌水电站"，将南渡江的水引来灌溉的同时，还可以用来发电。

> 琼州海峡：海南岛与广东省雷州半岛之间的水道，是中国"三大海峡"之一。

南渡江上的铁桥背后有什么故事？

在南渡江上，有一座不再使用的铁桥——南渡江铁桥，它的背后有一段沉重的故事。在日本侵华战争期间，海南曾被日军占领。这座铁桥就是日本侵略者在 1940 年左右修建的。日军修建它，主要是为了方便开采和运输海南岛的资源。它是日军占领海南期间修建的第一座桥梁，也是第一座跨越南渡江的大桥。1984 年，新南渡江大桥落成了，南渡江铁桥也就不再使用了。现在，这座铁桥已经被当作文物保护起来，它是日本军国主义侵略我国的罪证。

南渡江铁桥是横跨南渡江的第一座大桥

③ 千变万化的地形地貌间，都有哪些景象？

地福天洞

伏牛山
黄河、淮河、长江的分水岭

　　"伏牛山"这个名字听上去很有趣，险峻而雄伟的伏牛山位于河南省西南部，绵延 200 多千米。它处在中国南北地理的分界线上，也是长江文明和黄河文明交会的地方。伏牛山以北是以中原文化为主的黄河文明，以南是以荆楚文化、巴蜀文化为主的长江文明。

　　伏牛山脉一路向东南延伸，在河南省南阳市方城县的东北处突然中断，形成了一个长长的缺口，被称为"方城缺口"。这个缺口是一片由西南向东北延伸的堆积平原，自然地成

位于河南省西部的伏牛山，是秦岭的东延余脉

为沟通华北平原、南阳盆地和江汉平原的重要通道。

伏牛山的主峰之一，是位于洛阳的老君山。据说道家学派的创始人老子曾经在这里归隐修炼，被尊为"太上老君"，后来人们就把这里称作"老君山"了。伏牛山的南侧还有一座名为"宝天曼"的山，附近的百姓认为这座山上有漫山遍野的"宝贝"，并且生长着用不完的中药材，因此

给这座山取名为"宝天曼"。另外，"鸡角尖""玉皇顶"也都是伏牛山山脉里著名的山峰。

荆楚文化：西周至春秋战国时期在江汉流域（主要是现在的湖北地区）兴起的一种地域文化。
巴蜀文化：主要指四川盆地的地域文化。
堆积平原：地壳长期大面积下沉或不同规模的盆状凹陷，被各种成因的堆积物填充、堆积，从而形成的广阔平地。

伏牛山的恐龙故事

在中国，许多地方都曾经发现过恐龙的痕迹。位于伏牛山南麓的西峡县，就是中国的"恐龙之乡"之一。在伏牛山附近发现的恐龙化石，大部分来自白垩纪时期。在这里发现的恐龙骨骼化石，典型的有张氏西峡爪龙、诸葛南阳龙、河南西峡龙、河南宝天曼龙等。

据说在 7000 万年前的白垩纪时期，伏牛山一带的山体并不像现在这么高大，而是以低海拔的丘陵为主。这一带的气候温暖湿润，非常适合恐龙繁殖，许多恐龙也因此前来这里产蛋，集体繁育后代。因此，这个地方发现了很多恐龙化石和恐龙蛋化石。

中国是目前世界上发现恐龙蛋化石种类最多的国家，目前，在伏牛山地区发现的恐龙蛋化石数量已经超过 5000 枚，预计埋藏在地下的恐龙蛋数量可能达到 1 万枚以上。这些恐龙蛋种类多、保存状态好，反映了白垩纪时期恐龙时代的繁盛。除此以外，这里还发现过各种恐龙足迹化石和远古无脊椎动物化石。

🎯 千变万化的地形地貌间，都有哪些景象？

南阳盆地

"起岗不见岗，走凹不见凹"

地理小辞典

我的读音： Nányáng Péndì
我的由来： 古人称山南、水北为阳，该地位于伏牛山以南，故称"南阳盆地"
我的别称： 南襄盆地
我的分布： 地处中国腹地，位于秦岭、大巴山以东，桐柏山、大别山以西
我的故事： "秦置南阳郡，以在南山之南，汉水之北也。"——（北宋）司马光《资治通鉴》

位于中国地势"第二级阶梯"和"第三级阶梯"交会处的南阳盆地，是一个三面环山的马蹄形盆地。它的西面是秦岭和大巴山，东面是桐柏山、大别山和一些低山丘陵，北部连接着秦岭山脉东端的支脉伏牛山，南方与江汉盆地相连。

从中国的版图上来看，南阳盆地处在一个相对中间的位置。无论是东西还是南北的方向上，它都是一个重要的交通要塞。

南阳盆地内地势平坦、土壤肥沃、气候温和，特别适合农业发展。这里是重要的粮食和经济作物生产基地，盛产水稻、小麦、棉花、烟叶等。一

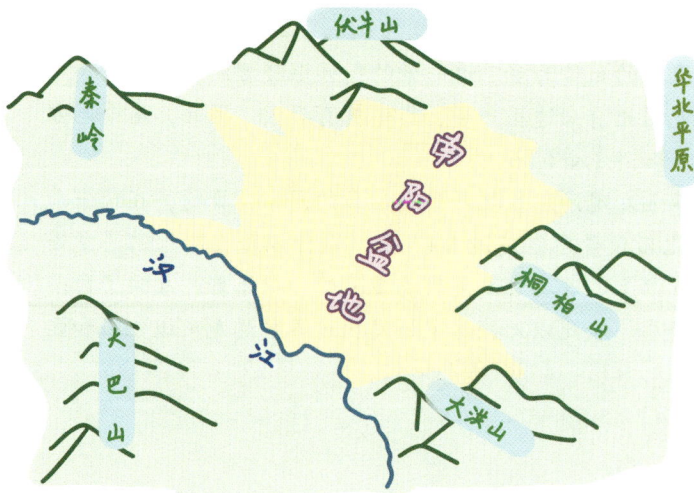

南阳盆地的北部是河南的一部分，南部是湖北的一部分。

些重要的河流从盆地北部发源，如丹江、唐河、白河等。盆地西部的丹江口水库，是南水北调中线工程的起点。在中国，南阳盆地可能算是人口比较多的盆地了。南阳盆地中主要有两座城市，一座是河南省的第二人口大市——南阳市，另一座是湖北省的第二大城市——襄阳市。

你了解"南水北调"工程吗？

在中国，南北地区的水量分布非常不均匀：北方的水，在干旱季节大量蒸发，使得不少河流都见了底；南方的水，在雨季常常多得泛滥成灾；一边是抗旱，一边是防洪，极让人伤脑筋。

华北平原的耕地面积远远超过长江流域，而可用于耕地的水量却只有长江流域的 1/10；整个北方地区的人均水量，也只能达到全国平均水平的 1/5。由于人口的快速增加和工农业的迅速发展，北方地区有非常迫切的用水需求，因此解决北方地区的供水问题迫在眉睫。

在过去，长江中的水有九成以上会直接流入大海，只有很小一部分能够被人们利用。能不能把这些水运送一部分去北方，来缓解北方长期干旱的窘境呢？于是，中国开始探索"南水北调"工程，最终制定了从东、中、西三线调水的方案。

这个宏伟的调水计划牵动着大半个中国：东线从长江下游扬州的江都抽水站开始，抽引长江水沿着京杭大运河苏北段北上，在山东东平湖穿过黄河，一直把水运送到天津和北京；中线初期从湖北的丹江口水库引水，经过南阳盆地、伏牛山麓、太行山麓，直达北京；西线从长江上游的通天河、大渡河、雅砻江引水，穿山越岭来到青海境内的黄河上游。其中，东线工程、中线工程相继于 2013 年、2014 年通水，而西线工程的实施目前还存在一定困难。

大别山

这里温暖潮湿，郁郁葱葱

大别山位于河南、湖北、安徽三个省的交界处，是一座由构造运动形成的褶皱山。大别山的主峰叫作白马尖，这座山位于安徽霍山县县城以外近千米的地方，又被称作"皖山"。

大别山是淮河与长江之间的分水岭，也是一块涵养水源的宝地，为长江和淮河提供了充足的水源补给。竹

大别山是华北板块和扬子板块碰撞的产物

竿河、灌河、史河等大别山北麓的水注入淮河；南麓的巴水、蕲水、浠水等注入长江。

大别山气候温和、雨量充沛，非常适合各种动植物繁衍生息。在大别山中，生活着许多古老的子（jié）遗植物，如金钱松、鹅掌楸、牛鼻栓等。我们还能在大别山里找到许多珍稀动物的踪迹：豹、香獐、穿山甲、豺、金鹏、白鹳……

在大别山中，黄柏山、金兰山、鸡公山等一众名山，对于游客来说都是观赏奇峰异石、朝霞落日的好地方，因此这里每年都吸引了大量的游客。此外，大别山还是一片革命老区，在土地革命战争时期，这里是鄂豫皖革命根据地的中心区域。在人民解放战争中，大别山地区的人民发挥了很重要的作用。

大别山上有哪些子遗植物？植物学家"拍了拍"你！

鹅掌楸

木兰科鹅掌楸属植物，能长 40 米高，在我国分布于陕西、安徽、四川、云南、台湾等地。

牛鼻栓

金缕梅科牛鼻栓属落叶小乔木，在我国分布在陕西、河南、四川、湖北、安徽、江苏、江西、浙江等地，生长在山坡林间、溪边岩隙中。

金钱松

松科金钱松属，在我国分布在江苏、浙江、安徽、福建、江西、湖南等地。

大别山的这些特产，
你听说过吗？
旅行家"拍了拍"你！

山核桃

胡桃科属的乔木植物，喜欢荫凉潮湿的环境，在我国分布在浙江和安徽。

小吊酒

大别山区的特产，生活在这里的百姓大多会酿造小吊酒，在吃年夜饭和招待客人的时候，小吊酒就派上用场了。

罗田板栗

湖北省罗田县位于大别山南麓，这里的地势北高南低，海拔变化大，在 45~1729 米之间，适合种植不同品种的板栗。

罗田甜柿

罗田县是中国甜柿之乡，罗田甜柿的产区属于中亚热带大陆季风气候，这里的甜柿已经有近千年的历史了。

武陵山

黔、鄂、湘、渝边界上的崇山峻岭

地理小辞典

我的读音： Wǔlíng Shān

我的分布： 位于中国中南部，地处湖南、湖北、重庆、贵州的交界地带

我的别称： 五溪、黔中

我的故事： "晋太元中，武陵人捕鱼为业。"——（晋）陶渊明《桃花源记》

位于中国中南部的武陵山脉，地跨贵州、重庆、湖北、湖南四个省市，是云贵高原云雾山向东延伸的部分。武陵山脉是一座褶皱山，是由地质构造运动形成的山脉。武陵山脉的主峰是梵净山，而梵净山的最高峰是凤凰山。

经过武陵山脉的河流众多，乌

武陵山是云贵高原云雾山的东延部分

📍**3** 千变万化的地形地貌间，都有哪些景象？

江、澧水、清江、酉水河等河流都流过这里。武陵山上植被丰富，我们可以在这里看到金钱松、珙（gǒng）桐、连香树等珍稀的植物，还能看到水杉、铁坚杉、红豆杉等各种杉树。武陵山脉的环境也很适合动物的繁衍生息，像毛冠鹿、豪猪这样罕见的动物，也曾在武陵山地区留下它们的踪迹。武陵山脉还是一个天然的矿产宝库，这里的锰、锑、汞等储量可观。

武陵山脉壮观的自然景象，每年都吸引着众多游客。张家界、索溪峪、天子山等游览区，都属于武陵山脉。在重庆涪陵郊区，有一座武陵山国家森林公园，人们可以在这里欣赏到武陵山脉的奇峰怪石和茫茫林海。

褶皱山：由地壳运动形成的褶皱岩层所组成的山体，中国著名的褶皱山系有天山、昆仑山、秦岭等。

构造山、侵蚀山和堆积山的区别，你了解吗？

根据形成的原因，常见的山可以分为构造山、侵蚀山和堆积山三类。

构造山：主要由地壳构造运动形成，如地壳断裂上升形成的断块山、地壳运动造成地表岩层大面积褶皱形成的褶皱山。著名的断块山有庐山、华山等，褶皱山有喜马拉雅山脉、武陵山脉等。

侵蚀山：由高原、构造山等其他类型的山受到流水、风力等外力侵蚀而形成的山，如泰山。

堆积山：由某些物质在地表堆积形成的山，如火山。

江汉平原

长江与汉江冲积成的平原

我的读音： Jiānghàn Píngyuán

我的由来： 因由长江和汉江冲积而成，所以称为"江汉平原"

我的分布： 位于湖北省中南部地区，东起武汉，西至宜昌枝江，北抵钟祥，南与洞庭湖平原相连

所谓"江汉平原"，是由长江和汉江冲积而成的平原，主要位于湖北省的中南部地区，处在两湖盆地的西部和中部。它南隔长江与洞庭湖平原相连接，与洞庭湖平原合称"两湖平原"。江汉平原上分布着长湖、洪湖、大同湖等湖泊，它们大多是古云梦泽

在江汉平原上，分布着许多河流和湖泊

残留的部分。

江汉平原是一个非常重要的粮食基地，这里每年都能出产大量的水稻、小麦、粟等农作物。另外，这里还是棉花、油菜等经济作物的重要产区。江汉平原的淡水水产养殖业也非常发达，每年都能出产大量的鱼、虾、蟹、贝。

江汉平原属于亚热带季风气候，四季分明。但是由于深居内陆、远离大海，并且周围的山地较多、中间的河湖较多，导致水汽偏多、散热较难，所以夏天的江汉平原通常闷热潮湿。另外，江汉平原的地下水位很高，所以一旦连续下雨，就很有可能发生内涝。"沙湖沔阳州，十年九不收"，说的就是曾经的江汉平原水患频繁、百姓生活艰难的情况。

> 两湖盆地：由湖北省和湖南省相连的一个大型外流盆地。

雷州半岛

雷暴重重的中国第三大半岛

地理小辞典

我的读音：Léizhōu Bàndǎo

我的由来：这里曾经属于雷州府，所以称为"雷州半岛"

我的分布：位于广东省西南部，中国大陆最南端，南隔琼州海峡与海南岛相望

我的故事："冬犹暖，秋如夏；凉风动，炎氛化。"——陈毅《满江红·雷州半岛》

三面环海的雷州半岛，是"中国三大半岛"之一。它位于广东省西南部，处在南海和北部湾之间。雷州半岛是由喜马拉雅运动形成的构造盆地"琼雷凹陷"演化而来的。雷州半岛最早和海南岛是"兄弟俩"，它们是一起上升为陆地的，但后来它们中间的陆地发生了断裂下陷，从此雷州半岛和海南岛就分离开了。

雷州半岛的地形比较平缓，基本上属于台地。半岛上有一些短小的河流，例如城月河、流沙河、海康河等，这些河流整体上呈放射状分布——从中部出发，分别向东、南、西三面流淌并最终汇入大海。雷州半岛属于热带季风气候，一年的平均温度在23℃以上。

我们现在称呼这里为雷州半岛，主要是因为这里曾经是雷州府的管辖范围；而之所以叫"雷州"，可能因为这里常见的雷暴天气。生活在雷州半岛上的人对雷电充满敬畏。雷州半岛的开发时间很早，早在汉代，徐闻县一带就已经是中国对外通商的口岸了。如今，位于半岛东北缘的湛江市，是中国沿海的开放城市之一。

构造盆地：指以前很平的地层，在地质运动中受翘曲形成的洼地。

台地：指四周有陡崖、直立于邻近低地、顶面基本平坦似台状的地貌。

③ 千变万化的地形地貌间，都有哪些景象？

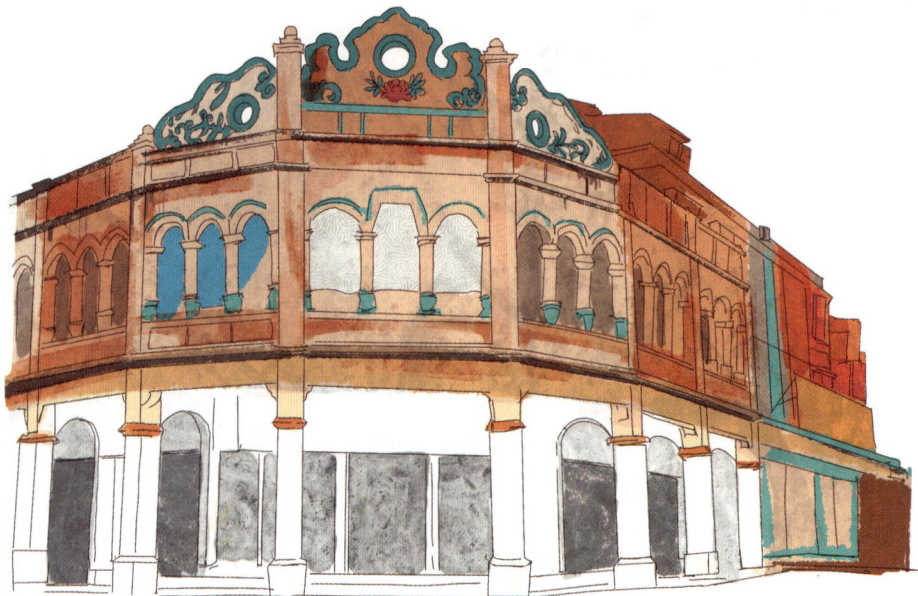

在雷州半岛上，可以看到一些骑楼老街

我国的"三大半岛"，你听过吗？

山东半岛：位于山东省东北部，是中国第一大半岛。山东省青岛市、烟台市、威海市等位于半岛上。

辽东半岛：位于辽宁省南部，是中国第二大半岛。辽宁省大连市、丹东市、营口市等位于半岛上。

雷州半岛：位于广东省西南部，是中国第三大半岛，也是我国南方最大的半岛。广东省湛江市位于半岛上。

珠江三角洲
"三江汇流，八口分流"

地理小辞典

我的读音：Zhūjiāng Sānjiǎozhōu

我的由来：位于珠江下游，所以称为珠江三角洲

我的分布：位于广东省中南部，范围包括广州、佛山、肇庆、深圳、东莞、惠州、珠海、中山、江门9个城市

我的故事："昔者五岭以南皆大海耳，渐为洲岛，渐成乡井，民亦繁焉。"——《顺德县志》

位于南海北岸的珠江三角洲，是中国第二大三角洲，也是华南地区最大的平原。它主要是由珠江水系的西江、北江和东江及其支流潭江、绥江、增江等带来的泥沙堆积而成的。这里经历过很多次海侵和海退，再加上人们根据发展需要进行填海造陆，最终形成今天我们看到的三角洲。

珠江三角洲平原的丰饶，很大程度上要归功于河流冲积带来的泥土和海洋沉积的淤泥。在三角洲沿海一带，可以见到许多热带植物——能用来做中药的蛇王藤、会捕捉昆虫的猪笼草等。荔枝、橄榄、木瓜等热带水果，在这里随处可见。

被誉为"南海明珠"的珠江三角洲城市群，就诞生在这片丰饶的珠江三角洲上。狭义上的珠江三角洲城市群，主要包括广东省境内的广州市、深圳市、珠海市、佛山市等九大城市，而"大珠三角"还包括香港、澳门特别行政区。这里城市集中、人口稠密，是中国最早改革开放的地方，如今已经发展成为中国经济很发达的地区。

海侵：指在相对短的地史时期内，因海面上升或陆地下降，造成海水对大陆区侵进的地质现象。

海退：指在相对短的地史时期内，因海面下降或陆地上升，造成海水从大陆向海洋逐渐退缩的地质现象。

千变万化的地形地貌间，都有哪些景象？

蛇王藤

蛇王藤是一种能够长到数米的藤蔓植物，主要生长在热带地区，据说植株有抵抗蛇毒的功效。

猪笼草

猪笼草是一种热带食虫植物，拥有一个能够引诱并捕获昆虫的独特器官——捕虫笼。

什么是"三角洲"？

　　河流在奔向大海的时候，有可能会形成"河口三角洲"。河流在入海的时候，由于河口变宽等原因，水流逐渐分散，流速逐渐减缓，这样河中的泥沙就在入海口处淤积，久而久之就在入海口处形成扇面形状的堆积体。另外，河流中有大量的细黏土是以胶体的状态存在的，在遇到海水之后就慢慢沉淀下来，越积越多，这也是三角洲形成的重要原因之一。

　　实际上，三角洲并不一定是三角形的，有像鸟爪子的、有像扇子的，但是形成的原因是差不多的。世界上的三角洲总是容易成为人口密集的地区，因为这里往往土地肥沃、气候适宜、交通便利、资源丰富，非常适合人类繁衍生息。

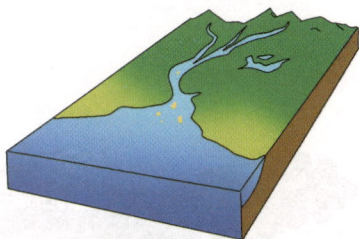

河口的泥沙在入海口处淤积

泥沙逐渐在入海口处形成扇面状的堆积体

🔴③ 千变万化的地形地貌间，都有哪些景象？

大亚湾

南海上的重要海湾

在广东沿海地区，大亚湾是一个优质的海湾，它是由西岸的深圳龙岗大鹏半岛、北岸的惠州铁炉嶂和东岸的惠东稔平半岛环绕而形成的。在中国南海上，大亚湾是一个重要的海湾，

大亚湾是一座拥有良好自然条件的港湾

它的东部是红海湾，西面是大鹏湾。

　　大亚湾的海岸线轮廓曲折复杂，"大湾"套着"小湾"。小桂湾、大鹏澳、澳头港等，都是这里重要的港湾，其中许多港湾的自然条件都很不错，适合建设大型深水码头。在这个海湾里，分布着数百个岛屿和岩礁，其中最大的海岛叫"三门岛"，这里自古就是重要的海上关口。

　　大亚湾的水产资源非常丰富，盛产石斑鱼、青蟹、鲍鱼等。此外，这里还建有规模庞大的鱼类养殖场和珍珠养殖场等。在环大亚湾地区，能源建设是相当发达的。位于惠阳的中海油炼油厂，是亚洲最大的炼油设施之一；位于大鹏半岛的大亚湾核电站，是中国建成的第二座核电站。

大瑶山

候鸟的越冬家园

大瑶山位于广西中部偏东地区，是桂江和柳江的分水岭。大瑶山是一个风景宜人的地方，丹霞地貌的景致广泛地分布在山区中。大瑶山中的圣堂山、莲花山、天堂山、老山等，都是风光秀美的名山。大瑶山的主峰圣堂山，是广西中部最高的山峰。

大瑶山的主峰是广西中部地区最高的山峰

大瑶山堪称一座天然的植物园，拥有的植物种类难以想象的丰富，其中不乏树蕨、银杉等珍贵的国家保护植物。在大瑶山中，还能发现一些珍稀动物的踪迹，如古老的爬行动物鳄蜥，这种动物几乎只能在大瑶山找到。每年冬天，会有许多鸟类从北方飞到大瑶山过冬，当地瑶族人将这些来过冬的候鸟称作"雪鸟"。

在大瑶山一带，居住着许多瑶族人。根据源流、习俗的不同，生活在这里的瑶族人分为茶山瑶、盘瑶、坳瑶、山子瑶和花篮瑶五个支系。在大瑶山，你可以感受浓郁的瑶族风情，体验盘王节、功德节等瑶族盛大节日，听一听瑶族人的"盘王大歌"和"香哩歌"。

你了解"两广丘陵"吗？

所谓"丘陵"，是指海拔高度在500米以下，地面起伏较小、坡度较缓，通常连绵成片的地区。大部分丘陵是由山地或者高原在漫长的时间中，受到各种外力作用而形成的。"两广丘陵"是中国东南丘陵的一部分，指的是广西壮族自治区和广东省境内大部分的低山和丘陵，主要分布在南岭以南地区。这些丘陵的海拔大多在200~400米，也有少数山脉更高一些。大瑶山、云开大山、十万大山、云雾山等，都属于两广丘陵。

五指山

海南岛中部的广袤山区

这里的五指山可不是孙悟空被佛祖惩罚，镇压着孙悟空的那座五指山。在海南岛上，也有一座"五指山"，它位于海南岛的中部，琼中黎族苗族自治县内，是海南岛上最高的山脉。它的峰峦起伏，山间有很多悬崖峭壁，远远看上去就像人的五根手指，所以被称作"五指山"，只不过最高的是"食

在海南岛上，五指山是最高的山脉

指"。五指山山脉的主峰就叫五指山，它是海南岛上最高的山。

五指山地区属于热带雨林气候，降雨特别丰富，尤其是位于迎风坡上的山脉东南麓，每次刮起台风的时候，这里几乎是整个海南岛降雨最多的地方。海南岛上的许多河流都发源于五指山，并呈辐射状流向海南岛的四面八方。在这些河流中，有海南第二大河昌化江和第三大河万泉河。

五指山上生长着成片的森林，其中有坡垒、花梨等珍贵木材，有云豹、水鹿等动物，及各种蛇类和蛙类。山上还有许多"宜林地"，很适合栽种橡胶这样的热带经济作物。在五指山地区，还生活着苗族、黎族等少数民族。

热带雨林气候：主要分布于靠近赤道的地区，特点是高温多雨、炎热潮湿、长夏无冬。

万泉河从五指山发源，自西向东流进南海

③ 千变万化的地形地貌间，都有哪些景象？

母生:一种 40 米高的乔木,也叫"天料""龙角",在海南省的农村广为种植。

子京:又名"海南紫荆木",木材呈暗红色,材质坚韧、耐腐。

坡垒:原本是海南的特有树种,后来被引种到两广、云南、福建一带。

花梨:又名"海南黄檀木",在明清时期常被用来制作硬木家具。

野荔枝:一种常绿乔木,木质坚硬。

大屿山岛

香港第一大岛，比香港岛还大一倍

地理小辞典

我的读音：Dàyǔshān Dǎo

我的由来：据说是因岛屿面积较大而得名

我的分布：位于香港西南面

我的别称：大奚山、香大濠岛、大鱼山、大渔山

大屿山岛是一座基岩岛屿，位于珠江口的外东侧。它是香港的第一大岛，比香港的第二大岛——香港岛，面积大出将近一倍。凤凰山是岛上最高的一座山峰，有900多米高。大屿山岛栖息着丰富的生命，像大屿八角、岭南槭、香港细辛这些植物，都是在

大屿山大佛位于香港大屿山宝莲寺前的木鱼峰上

大屿山首次发现的。在大屿山以北的海域中，还常常能看到中华白海豚出没。

大屿山岛拥有绵长而曲折的海岸线，沿海有许多港湾和沙滩。东涌湾、水口湾、大浪湾等，都是大屿山岛主要的海湾。如果要从香港通往澳门、珠海和中山等地，大屿山岛的海域是其中的一条航道。

大屿山岛上很早就有人居住了，人们在岛上发现过石器时代的捕鱼工具和兵器。一直以来，大屿山岛由于交通不便、离香港市区较远，基本只能靠渡轮和街渡通行，发展一直比较缓慢。后来，香港国际机场搬到了这边，青马大桥、汲水门大桥等工程又相继落成，这里的交通变得发达起来，经济也很快发展起来。如今，大屿山岛成了休闲旅游的胜地。岛上有许多可供户外运动和露营的地方，在一些海湾还能够体验帆船、冲浪等刺激的海上娱乐，而且，令人神往的香港迪士尼乐园也修建在岛上。

基岩岛屿：基岩是指在陆壳被风化的表层覆盖下的完整新矿物岩石，基岩岛屿就是由基岩构成的岛屿。

我国境内面积最大的几座岛屿，你听过吗？旅行家"拍了拍"你！

台湾岛：位于中国东海南部，是中国第一大岛。

海南岛：位于中国南海西北部，北隔琼州海峡与雷州半岛相望。

崇明岛：位于上海市北部长江口，是中国最大的河口冲积岛。

舟山岛：位于中国杭州湾东南方，南与宁波市相望。

东海岛：位于雷州半岛东部，是中国第五大岛。

海坛岛：位于福州市东南部，是福建省最大的岛。

东山岛：位于福建厦门和广东汕头之间，因为形态好似蝴蝶所以又被称为蝴蝶岛。

九龙半岛

繁华的丘陵半岛

> **地理小辞典**
>
> **我的读音：** Jiǔlóng Bàndǎo
> **我的分布：** 位于广东省以南的珠江口东侧，同香港岛隔海相望
> **我的别称：** 大鹏山

九龙半岛与香港岛对望，我们可以从香港岛上眺望九龙半岛漂亮的夜景。九龙半岛的东面、西面、南面，都被维多利亚港包围。如今繁华的九龙半岛，东、西部地区以工业区为主，北面以住宅区为主，而南部以商业区为主。尖沙咀、油麻地、旺角等地，都是九龙半岛上著名的商业中心。

根据目前的发现，最晚在东汉时期，九龙半岛就已经有先民生活了。古代发生战乱的时候，陆续有很多人

尖沙咀钟楼是九广铁路旧尖沙咀火车站的一部分

📍 ③ 千变万化的地形地貌间，都有哪些景象？

逃亡到九龙半岛。宋朝的最后一个皇帝赵昺（bǐng），也曾经逃亡到这附近。清末，九龙半岛一度被英国强行"租借"。"旧九龙"包括九龙半岛和昂船洲，"新九龙"指界限街以北至九龙群山之南的地方。从1860年，清政府与英法俄签订《北京条约》开始，"旧九龙"地区就被割让给英国，当时的新边界就是如今的"界限街"，那时候只是用矮矮的铁丝网来分隔。1898年，清朝政府按《展拓香港界址专条》将九龙半岛北部、新界和邻近的数百个离岛租借给英国，为期99年。1997年，九龙半岛终于回归祖国的怀抱。

氹仔岛

澳门之南的美丽小岛

地理小辞典

我的读音： Dàngzǎi Dǎo

我的分布： 位于澳门半岛以南、路环岛以北，处在澳门的中心

我的别称： 潭仔、鸡颈、龙环、龙头环

氹仔岛是一座狭长形的岛，看上去像一头鲸鱼。氹仔岛上最高的地方是大潭山的山顶，高约160米。氹仔岛是澳门特别行政区的三个部分之一，位于澳门的中央，它的北面是澳门半岛，南面是路环岛。氹

氹仔岛嘉模圣母堂是氹仔唯一的天主教堂

仔岛的西面，与广东省珠海市的小横琴岛隔海相望。

最早，氹仔岛分为"大氹""小氹""一粒米"三部分，其中大氹又被称为"大吉山"，小氹又被称为"小吉山"，大氹和小氹之间的水面被称作"龙环"。后来由于河水和海水的冲积作用，大氹和小氹之间形成了连岛沙洲，再加上人类的填海造陆活动，最终，大氹和小氹就连接成了一体。"一粒米"位于大氹的东南方向，后来由于填海而和其他岛屿连接起来，现在是澳门国际机场的塔台。氹仔岛的旧城区主要分布在大氹的南端，而新城区主要建设在大氹和小氹之间的填海地上。

氹仔岛是一座离岛，和澳门之间主要依靠几座大桥连接："澳凼（dàng）大桥"嘉乐庇总督大桥、"新大桥"友谊大桥、西湾大桥，以及 2022 年开始修建的澳门第四跨海大桥。

什么是"填海造陆"？

"填海造陆"，顾名思义就是将原有的海域填上，使其转变为陆地。对于需要发展空间的沿海城市来说，填海可以为市区发展制造平地。有些是把已有的海岸线向水域延伸，就是"近岸填海"；有些是在岛屿和大陆之间填海，这样就能把天然的岛屿和大陆连接起来；有一些是直接制造人工岛，在海洋中直接填出一块全新的陆地来。目前，天津、深圳、香港、澳门等沿海城市，都用填海造陆的方法制造过平地。但是这样的造陆方法不能滥用，否则会对生态环境造成破坏。

珙桐

花朵像白鸽

地理小辞典

我的读音： Gǒngtóng

我的由来： 据说是由一位法国神父用拉丁文命名的

我的分布： 在中国主要分布于湖北、湖南、四川、云南、贵州等地

我的别称： 鸽子树、水梨子

珙桐是一种古老的落叶乔木，它上百万年前就生活在地球上，并且在其他植物纷纷灭绝的情况下一直存活到现在。一棵珙桐树，可以长到 20～25 米高。

珙桐有一个别名叫"鸽子树"，这是因为珙桐的花朵很像鸽子。每年 4～5 月，珙桐花盛放的时候就像有千万只白鸽在枝头栖息。实际上，这"白鸽"的乳白色"翅膀"并不是花瓣，而是两张巨大的苞片。珙桐真正的花是藏在苞片里的紫色小球，是由许多雄花和一朵雌花或两性花组成的。

珙桐全身都是宝贝，种子可以用来榨油，树皮可以用来制作活性炭，

珙桐原产自我国，后来传到欧美各国，成为著名的园艺观赏树种

木材可以作为优质木料。但目前，珙桐的处境比较危险。珙桐对生存环境的要求特别高，它们喜欢温凉、湿润的环境，我国只有少数地方能满足珙桐的生存需求。再加上珙桐繁殖困难，几乎"千花才能结一果"，种子发芽率、幼苗存活率也很低，导致目前我国珙桐种群快要灭绝了。所以，目前人们正在想办法将珙桐好好地保护起来。

珙桐花的基部有两片乳白色的大苞片，在微风中随风飘扬，如鸽子一般

水杉

植物界的"大熊猫"

地理小辞典

我的读音： Shuǐshān
我的由来： 在浅水中可以生长存活，所以称为水杉
我的分布： 在中国主要分布于湖北、重庆、湖南的部分地区
我的别称： 梳子杉、曙杉

水杉是一种高大的乔木，能够长到 35 米左右。体型较大的水杉树干直径可以达到 2.5 米，要好几个成年人手拉手才能合抱过来。水杉的叶子是一种"对生叶"，在茎枝的每个节上，成对地生长出叶子。水杉喜欢温暖湿润的环境，适合生长在土层深厚湿润或稍有积水的地方，不能在太贫瘠干旱的地方长时间生存。

在上亿年前到上千万年前的白垩纪时期，水杉曾经广泛地生长在北半球，现在我们也能在一些地方找到水杉的化石。后来，地球上经历了"第四纪冰期"，全世界的气候变得很冷，水杉属的其他物种在这一时期纷纷灭绝了。只剩下一种生长在湖北、重庆、湖南三省交界处的水杉存活下来。这一带地形复杂，受到冰川的影响较小，因此，这里的水杉才有机会幸存下来。所以，水杉又被称为植物界的"大熊猫"，被列为国家一级重点保护植物，后来被世界各地引进栽培。

人们曾经以为水杉只留下化石，后来人们又在湖北利川找到了水杉树的踪影

杉树家族的成员，
你还认识哪些？
植物学家"拍了拍"你！

银杉

高达 10~20 米的常绿乔木，叶片下面有银白色的气孔带，远远看上去叶片是银光闪闪的。它是中国特有的稀有树种。

冷杉

生活在阴凉、寒冷地区的杉树，分为百山祖冷杉、秦岭冷杉、苍山冷杉等种类，不同种类的冷杉分布在我国不同的地区，比如秦岭冷杉分布于陕西南部、湖北西部及甘肃南部海拔 2300~3000 米地带，梵净山冷杉只能在贵州梵净山国家级自然保护区看到。

秃杉

非常高大的杉树，最高可达六七十米，树皮呈浅褐色。木材很适合用作建筑、家具等原料，所以曾经被大量种植又被大量砍伐，现在已经被适度保护起来了。在我国主要分布在湖北、贵州、云南。

铁杉

一种较高大的杉树，树皮呈暗深灰色，喜欢生长在湿度较高的地方。在我国浙江、安徽、湖南、江西、福建等很多地方都有分布。

棕榈

人们叫我"油椰子"

棕榈是一种常绿乔木，外观很独特——圆柱形的主茎直立，纤维状的叶鞘形成一件棕色的"外套"披在身上，人们把这种网状的棕衣纤维称作"棕榈纤维"。棕榈将巨大的叶子顶在头上，像手掌一样撑开。这些叶子的叶柄上有细细的刺，从前人们还会

在我国，棕榈主要分布在秦岭以南地区

把这些叶子当成天然的"锯子"来使用。

棕榈科的植物有许多，常见的有山棕榈、龙棕、油棕等。野生的棕榈在我国主要分布于南方地区，现在被人们广泛地栽种在道路两侧或庭院中，一年四季都能观赏。棕榈身上也有许多宝贝，叶鞘可以用来提取棕纤维，叶子可以用来制作各种工艺品，根可以当作中药。生活在热带的油棕，果实可以用来制作我们常用的棕榈油。

棕榈的叶子往往如同手掌一般向外展开

神奇的棕榈油

油棕是棕榈的一种，主要生长在热带地区。它的果实含油量很高，是一种很好的油料。"世界三大植物油"，指的是大豆油、菜籽油和棕榈油，其中棕榈油就是用油棕的果实榨出来的。棕榈油在人们的生活中有很多用途：不仅可以用于制作食品防腐剂，还可以做各种护肤品、化妆品等，也可以用在生物燃料里。

紧跟飞禽走兽，探秘意料之外的奇花异草

红树

罕见的木本胎生植物

地理小辞典

我的读音：Hóngshù

我的由来：红树的树皮中含有一种叫作单宁的成分，与空气接触后，树皮会被氧化成红色，所以称为"红树"

我的分布：在中国主要分布在海南、广西、广东等地

我的别称：鸡笼答、五足驴

红树林是一种由红树植物组成的森林，往往生长在海岸"潮间带"。红树植物的种类有很多，如红树、红海兰、红茄苳等。红树长成树林之后，能够形成稳定的生态系统，为各种动植物提供栖息的环境，还能够减轻海浪的冲击，保护岸上的渔村。

如果你以为红树是有红色叶子

红树能够适应高盐的土壤环境

的，那可就大错特错了。长期生长在海边的红树，为了适应海水的环境，会在体内生成许多"单宁酸"。如果树皮破损，这种物质就容易被氧化，使红树的枝干变成深红色。于是，人们就把这种植物称作"红树"。

红树能够在海水里生长，它们的抗盐能力离不开根部树瘤的作用。当海水浸入树体的时候，这些树瘤中的"毛孔"会过滤掉海水中的绝大部分盐分。另外，红树的树叶中有特殊的泌盐细胞，能够直接从树叶表面将盐分泌出去。红树还有一个法宝，就是大量的呼吸根——在涨潮的时候，即使海水已经淹没了树体，这些呼吸根也能够进行呼吸，为红树供氧。除了呼吸根，红树还拥有另一种根系——健壮的支撑根，它们能够帮助红树在淤泥中站住脚，牢牢地固定住。

生活在海岸边的红树林发挥着净化海水、防风消浪等作用，所以人们把它们称作"海岸卫士"。但由于污水排放、海产不合理养殖等原因，如今红树林的面积越来越少了。人们已经意识到了红树林面临的危机，所以也在采取各种措施保护红树林。

> 潮间带：海水涨潮的时候被淹没、海水退潮的时候露出地面的地带。

红树林由一群水生的木本植物组成

🔻 紧跟飞禽走兽，探秘意料之外的奇花异草

红树是一种"胎生植物"——这并不是红树会怀孕。植物"胎生"的过程，就是植物的果实在成熟之后不离开母体，种子直接在果实中生长、发芽，直到长成幼苗，再落到地面上，开始独立生长。红树科的树，在"胎生"的过程中，胚芽先直接从果实中发育并长成幼苗，长到20~30厘米高的时候就会落到地上，生根发芽。如果幼苗落在地上没能直接插入泥土中，它还可以被海浪带到其他地方，在其他地方的泥土中扎根生长。

金花茶

"茶族皇后"

地理小辞典

我的读音： Jīnhuāchá

我的由来： 花朵呈金黄色，耀眼夺目，仿佛涂着一层蜡，所以称为金花茶

我的分布： 在中国主要分布于广西、云南等地

我的别称： 黄色山茶

茶花有许多种类，金花茶是目前人们发现的唯一的金黄色的茶花。这种茶花非常稀有，喜欢生活在温暖而湿润的环境中，绝大部分都生长在广西。在广西防城港市的兰山一带，已知分布的金花茶最多。防城港市的市花就是金花茶。

金花茶的花期很长，会在每年的

金花茶是一种黄色的山茶花

1～4月开花。婀娜多姿的金花茶，花朵呈现各种各样的形状，有的像碗，有的像绣球。更让人惊艳的是它花瓣的质感，金黄色的花瓣晶莹剔透，透露出玉石一样的光泽。这样漂亮的茶花，就被誉为"茶族皇后"。

金花茶全身都是宝。金灿灿的花朵，可以用来提取色素；坚厚致密的木材，可以用来做雕刻；叶子可以用来泡茶，还可以作药。把金花茶种在园林里作为景观来欣赏，也是非常漂亮的。

红颊獴

亚洲最小的獴类

地理小辞典

我的读音： Hóngjiáměng

我的由来： 鼻翼和额部的被毛为棕黑色，眼周和颊部的毛是棕红色，所以称为红颊獴

我的分布： 在中国主要分布于广西、广东、云南等地

我的别称： 斑点獴、赤面獴、印度獴、爪哇獴、树鼠、日狸

红颊獴是亚洲体型最小的獴类，看上去又小巧又纤细，在中国主要生活在华南地区，在泰国、印度、柬埔寨等地也有分布。远远看去，它们的体色是棕褐色的，而顾名思义，它们的眼眶和脸颊处的毛是棕红色的。它们长着蓬松的尾巴，四肢粗壮、爪子有劲，很善于挖洞。

红颊獴身手非常矫健，能在树上攀登、在水中游泳，它们的耳孔很神奇，在游泳的时候可以关上。它们喜欢居住在洞穴里，会在灌木丛中或农田旁边挖洞居住。红颊獴是一种很善于捕捉小动物的"猎手"，擅长捕捉小鸟、蜥蜴等小型动物及各种昆虫。它们性

红颊獴通常喜欢生活在山地灌木丛、农田、溪流等环境中

情凶猛，甚至能打败毒蛇，并把毒蛇当作食物吃掉。

在太平洋、印度洋中的一些小岛上，鼠患是一个很大的问题。听说红颊獴很擅长抓老鼠，岛上的居民试着将红颊獴引到岛屿上，结果红颊獴喜欢在白天行动，而老鼠喜欢在夜间行动。最后，不仅没解决鼠患，红颊獴还因为没有天敌、食物充足而快速繁衍，反而危害了当地的生态。所以，在请这样的外援来"帮忙"之前，可一定要考虑清楚物种入侵的后果。

世界上还有哪些著名的獴类？
动物学家"拍了拍"你！

食蟹獴

一种以蟹类、鱼类为食的獴，善于游泳。主要分布在东南亚、印度等地，在中国也有分布。

狐獴

尾巴又长又细，主要以昆虫为食，大部分狐獴生活在非洲地区。

蛇獴

又叫"蒙哥"，能够捕食蛇类，可以抵抗蛇毒。

黑叶猴
丛林里的弹跳健将

地理小辞典

我的读音： Hēiyèhóu

我的由来： 它们喜欢吃树叶，并且皮毛是黑色的，所以称黑叶猴

我的分布： 在中国主要分布于广西、贵州等地

我的别称： 乌猿、乌叶猴、猿吊猴、岩蛛猴

我的故事： "乌猿，黑如漆，白须长尾，人多畜之。"——《广西通志·太平府》

黑叶猴浑身乌黑，小小的头顶上立着一撮黑色的冠毛。在它们的脸上，从耳前到嘴角长着一些白毛，远远看去就像长了两撮白胡子。它们体长 50～60 厘米，四肢细长，尾巴比身体还长。刚出生的小猴子全身的被毛主要是橘黄色的，一个月后被毛开始逐渐变黑；半年之后，体色也像成年猴子一样乌黑了。

黑叶猴的身手非常敏捷，它们善于攀登和跳跃，生活在深山老林里、悬崖峭壁间。以前人们称呼这种猴子为"叶猴"，是因为观察到这种猴子主要以吃叶子为生。实际上，黑叶猴不仅吃叶子，很多植物的果实、种子、嫩芽、叶子，甚至昆虫、小鸟都是它们爱吃的食物。黑叶猴拥有一个神奇的胃——这个胃里面有三个室，食物陆续经过这三个胃室，被反复地搅拌、消化。所以，即使是很硬、很难消化的树叶，也能"迎胃而解"。

黑叶猴是世界上最珍稀的灵长类动物之一

紧跟飞禽走兽，探秘意料之外的奇花异草

菲氏叶猴

主要分布在云南的一些地区。脸是
黑色的，身披银灰色的毛。

白头叶猴

主要分布在广西崇左的一些地区。
最典型的特征是头顶高耸着一撮
直立的白毛。

戴帽乌叶猴

主要分布在云南西北部的一些地
区。冠顶是深色的，看上去就像戴
了一顶帽子。

穿山甲
会"穿山术"的林间小兽

动物：这里的动物本领可不小

地理小辞典

我的读音： Chuānshānjiǎ

我的由来： 身上有像铠甲一样的鳞片，四肢具有强大的挖掘能力，所以称为穿山甲

我的分布： 在中国主要分布在广东、广西、台湾等地

我的别称： 鲮鲤、龙鲤、石鲮鱼

我的故事： "腹内脏腑俱全，而胃独大，常吐舌，诱蚁食之，曾剖其胃，约蚁升许也。"——（明）李时珍《本草纲目》

穿山甲身上披着一套帅气的"铠甲"，但它们实际上是有些害羞的动物。它们喜欢生活在洞穴里，有些种类的穿山甲喜欢生活在树洞里，其他大部分穿山甲喜欢地洞，只把树洞当作临时停留的地方。在挖地洞的时候，它们会精心设计，一个洞穴可能会设计好多个隐蔽的入口。

穿山甲是人类的好朋友，它们每

穿山甲是一种体型狭长的动物，全身都有鳞甲年能帮助人们消灭上千万只白蚁等害虫。但它们的视力不太好，主要靠嗅觉来寻找"猎物"。它们有一个神奇的宝贝——超级长的舌头，伸长以后大约能达到身体的1/3。如此长的舌头，在不捕食的时候"藏"在哪里呢？穿山甲的长舌平时是蜷曲在胸腔里的。如果发现了蚁穴，它们先拨开土层将蚁穴扒出来，然后将长长的舌头伸进去，将蚂蚁粘出来吃。它们还拥有与众不同的胃，胃里面有许多石粒，这些是穿山甲用来将食物磨碎、帮助消化的"工具"。

目前，全世界共有8种穿山甲，其中，分布在我国境内的是中华穿山甲。穿山甲曾经遭受过大肆捕杀，它们的鳞片被当作药材进行交易。现在，穿山甲已经被列入《濒危野生动植物种国际贸易公约》，明确规定禁止国际性的穿山甲交易。在我国，穿山甲和大熊猫一样，都属于国家一级保护动物。

鳄蜥

古老的爬行动物

地理小辞典

我的读音：Èxī

我的由来：外形上像鳄鱼，所以称为鳄蜥

我的分布：在中国主要分布于广西、广东的部分地区

我的别称：大睡蛇、木睡鱼、五爪金龙、雷公蛇

鳄蜥是一种非常古老的爬行动物，曾经和猛犸象、剑齿虎生活在同一个时代。如今，它们主要生活在广东、广西的一些地方以及越南北部。它们名为"鳄蜥"，也确实具有"鳄"和"蜥"的特点——它们的身体和脑袋看上去像蜥蜴，尾巴与扬子鳄的尾巴相似。鳄蜥的体型很小，一般不超过40厘米，尾巴的长度超过体长的一半。

鳄蜥既不是胎生的，也不是卵生的，而是"卵胎生"的——雌性鳄蜥产卵后，并不排出来，而是直接在体内孵化，最后产出来的就是会活动的小鳄蜥了。鳄蜥主要吃蚂蚁、蚯蚓一

鳄蜥是一种古老的爬行动物，头部和身体的形态都和蜥蜴很相似

🔴 紧跟飞禽走兽，探秘意料之外的奇花异草

类的小虫子，也吃螃蟹之类的小动物。鳄蜥和乌龟一样需要冬眠，10月左右就开始准备冬眠了，又在来年2月左右醒来。

鳄蜥很擅长隐蔽自己，它们会"变色"，如果进入陌生的环境，它们身体的颜色就会慢慢变化，两三个月之后，鳄蜥的体色就能够和环境融合了。鳄蜥还是"影帝"，很会假死。如果被人类捉住，它们就装死。这时候，如果稍微不小心，就可能被它咬住。

两栖动物和爬行动物有什么区别？动物学家"拍了拍"你！

两栖动物并不是指既能在水中栖息，又能在陆上栖息的动物。乌龟既能在水中栖息，也能在陆地上栖息，但是乌龟却属于爬行动物。实际上，两栖动物是真正具有两种生存模式的动物——大多数两栖动物的幼体是生活在水中的，有尾巴并且用鳃呼吸；它们的成体则在陆地上生活，尾巴退化消失，用肺和皮肤呼吸。但是爬行动物不一样，它们不会经历水生的幼体阶段，一生都用肺呼吸。这两种动物之间还有一些显而易见的区别，那就是爬行动物的皮肤具有鳞片或者夹板，而两栖动物的皮肤是裸露的，它们皮肤上的腺体非常发达。常见的两栖动物有青蛙、蝾螈等，常见的爬行动物有乌龟、鳄鱼、蛇等。

鹧鸪
一种"哀怨"的鸟

地理小辞典

我的读音： Zhègū

我的分布： 在中国主要分布于广西、广东、海南、贵州、云南等地

我的别称： 赤姑、花鸡、怀南、越雉

我的故事： "湘江斑竹枝，锦翅鹧鸪飞。处处湘云合，郎从何处归？" ——（唐）李益《鹧鸪词》

鹧鸪是一种艳丽漂亮的鸟，我们一般说的鹧鸪是"中华鹧鸪"。鹧鸪的身体是黑色的，但是浑身布满白色的圆形斑点，并且下身的斑点更大一些。鹧鸪有强健的爪劲，擅长在地上奔跑。它们飞得也很快，但它们并不经常飞行。它们偶尔会有"饭搭子"，几只鹧鸪一起寻找食物。胆小的鹧鸪非常机敏，如果受到惊吓就会跑到灌木丛深处藏起来，很难再找到它们。

鹧鸪怕冷，所以主要生活在我国南方地区，在东南亚的柬埔寨、老挝、缅甸等国也有分布。它们喜欢生活在丘陵地带，经常在小山坡上的灌木林里跑来跑去。除了吃蚂蚁、蟋蟀等昆

鹧鸪拥有发达的脚爪，非常善于在地上奔跑

虫之外，鹧鸪也吃灌木的嫩芽、叶子、浆果等。

在中国的传统文化中，鹧鸪是一种"哀怨"的鸟，可能是因为它们嘶哑的叫声容易引起人们哀愁的情绪。古人的很多诗词中都写过鹧鸪，以寄托浓浓的思念与哀情。

诗歌中的"哀怨鸟"
——鹧鸪！
诗人"拍了拍"你！

春江月出大堤平，堤上女郎连袂行。唱尽新词欢不见，红霞映树鹧鸪鸣。
　　　　　——（唐）刘禹锡《踏歌词四首·其一》
青山遮不住，毕竟东流去。江晚正愁余，山深闻鹧鸪。
　　　　　——（宋）辛弃疾《菩萨蛮·书江西造口壁》
越王勾践破吴归，义士还乡尽锦衣。宫女如花满春殿，只今惟有鹧鸪飞。
　　　　　——（唐）李白《越中览古》
小山重叠金明灭，鬓云欲度香腮雪。懒起画蛾眉，弄妆梳洗迟。照花前后镜，花面交相映。新帖绣罗襦，双双金鹧鸪。
　　　　　——（唐）温庭筠《菩萨蛮·小山重叠金明灭》
鹧鸪声里夕阳西，陌上征人首尽低。遍地关山行不得，为谁辛苦尽情啼？
　　　　　——（清）尤侗《闻鹧鸪》

这里是中国

邱玉梦 著

中国旅游出版社

中国在哪里

"中国"这样的国家称谓，其实可以追溯到很早的时候。早在上古时代，华夏族（汉族的前身）的人们就认为，我们的国家是位于天下中央的国家，故称之为"中国"。而现在我们都知道了，地球其实是一个不规则的球体，没有哪个国家是位于地球中央的。那么，不在天下"中央"的中国，究竟在地球上的哪个位置呢？

如果我们将地球看作一个西瓜，沿东西方向将地球切成两半，分为北半球（北纬0°～90°之间）和南半球（南纬0°～90°之间），我们国家就位于两个半球中的北半球。最北端位于黑龙江省漠河以北的黑龙江主航道中心线，纬度为北纬53°33′，最南端位于南海南部的曾母暗沙，纬度为北纬3°51′。最南端与最北端相距很远，超过了5500千米。

我们看到一条条细线在地球仪上相互交织形成网络，竖着的细线我们称之为"经线"，横着的细线为"纬线"，像棋盘一样的网格称为"经纬网"。值得一提的是，真正的地球表面没有地球仪上的这些细线，它们是人们为了能够确定地球上任意一个点的位置而假设出来的辅助线。那么，这些经纬线是如何定义出来的呢？

除地球最南端和最北端的两个点外，地球表面上的任意一个点随地球自转都会形成一个圆形轨迹，这个圆圈就是纬线。最长的、在地球中间的那一条纬线称为赤道，纬度为0°。在赤道以北的纬线圈称为北纬，符号为"N"；在赤道以南的纬线圈称为南纬，符号为"S"。离赤道越远的纬线圈纬度越大，长度也越短。离赤道最远的纬线圈纬度达到了90°，长度也变成了0，就是说从一个圆圈慢慢变小，最后成了一个点。这样的点有两个，分别位于地球的北部和南部。在地球北部的点称为北极点，纬度为90°N；在地球南部的点称为南极点，纬度为90°S。

从北极点到南极点，可以画出许多与地球赤道垂直的圆弧，称为经线。有一条经过了英国伦敦格林尼治天文台的经线，经度为0°，被称为"本初子午线"。这条经线的东面叫作东经，越往东经度越大，符号为"E"，如北京天安门广场的经度为116°23′17″E，这条经线的西面叫作西经，越往西经度越大，符号为"W"，如伦敦市中心的经度为00°07′41″W。

如果我们再沿南北方向将地球切成两半，那么分出来的两个半球就是东半球（西经20°以东～东经160°以西之间）和西半球（东经160°以东～西经20°以西之间）。我国位于东半球，最西端位于新疆乌恰县西侧的帕米尔高原，经度为东经73°附近；最东端位于黑龙江省抚远县以东乌苏里江汇入黑龙江处，经度为东经135°附近，东西两端相距约5200千米，时差达4个小时以上。也就是说，如果有两个人分别居住在我国的最东端和最西端，住在最东端的人在吃午饭的时候，住在最西端的人早上才起床。

我国地域辽阔，国土面积约为960万平方千米，位居世界第三，其中约有98%的领土位于北纬20°～50°之间，温带和亚热带分布广泛，气候温和。我国领土濒临太平洋西部边缘，包括渤海、黄海、东海、南海，领海面积约为300万平方千米。在我国3.2万多公里的大陆和岛屿岸线上，分布着大小港口100多个，港口资源丰富，我国是一个名副其实的海洋大国。从海陆分布的角度来讲，我国位于全球最大的陆地——亚欧大陆与最大的海洋——太平洋之间，即位于亚洲的东部，太平洋西岸。从地缘位置上看，我国与多个国家接壤，总共拥有 14 个陆上邻国，自东北起依次为朝鲜、俄罗斯、蒙古、哈萨克斯坦、吉尔吉斯斯坦、塔吉克斯坦、阿富汗、巴基斯坦、印度、尼泊尔、不丹、缅甸、老挝和越南，是世界上邻国数量最多的国家。还有一些国家和我国隔海相望，例如韩国、菲律宾、马来西亚、文莱、印度尼西亚等国。

我国是如何划分行政区域的呢?

中国国土十分广袤, 陆地面积与整个欧洲的面积差不多大, 面对如此广阔的地区, 该如何将中国的行政区域进行划分呢?

早在三千多年前的殷周时代, "行政区划"就已经萌芽了。国王将土地分给王室子弟、功臣或帝王的后裔, 获得封地的各个诸侯再依次将除驻地外的土地分给亲属, 这种土地划分方式称为"分封制"。不过, 这个时候还只是将土地进行粗略的划分, 各个地区之间没有明确的界限。

随着君主对地方加强管理, 郡县制逐渐取代了分封制。在春秋时代, 各个诸侯国通过互相征战来开拓领地, 并将新占领的土地设置为"县", 将边远地区的疆土设置为"郡", 这就是郡县制的雏形。秦朝统一天下后, 郡县制开始在全国范围内推行, 国土被分为三十六郡。随着边境的不断开发和郡治的调整, 全国增至四十多个郡, 郡管辖着若干个县。秦朝以后, 行政区划有所调整和改变, 在东汉末年郡县两级制演变为州郡县三级制, 隋朝又改为两级制, 而在唐中后期变为道州县三级制, 宋朝为路州县二级制。

元明清时期, 行政区划制度变为行省制, 也就是将行省作为当时最高一级的行政区域单位, 如中书行省、湖广行省等。

中华人民共和国成立以后, 对原有的行政区进行了重新调整和划分, 现在的行政区划共分为三级。最高一级的行政区划单位为省级区划单位

（如河北省、重庆市、香港特别行政区），二级行政区为地级行政区（如成都市、石家庄市），三级为县级行政单位（包括各类县、市辖区、旗）。

中央人民政府所在地是"首都"，省级人民政府驻地称"省会"。如北京是中国的首都，简称"京"，河北省的省会是石家庄市，简称"石"。

我国共有34个省级行政区，包括23个省、5个自治区、4个直辖市、2个特别行政区。

23个省包括河北省、山西省、辽宁省、吉林省、黑龙江省、江苏省、浙江省、安徽省、福建省、江西省、山东省、河南省、湖北省、湖南省、广东省、海南省、四川省、贵州省、云南省、陕西省、甘肃省、青海省、台湾省；自治区包括内蒙古自治区、广西壮族自治区、西藏自治区、宁夏回族自治区、新疆维吾尔自治区；北京市、天津市、上海市、重庆市是我国的四大直辖市；两个特别行政区分别是香港特别行政区和澳门特别行政区。

新中国的行政区划与之前有很大不同，如设立了自治区、自治州、自治县。自治区、自治州、自治县都是中国少数民族的聚居地，在这些聚居地内由少数民族人民自己当家作主，管理本民族内部地方事务，比其他行政区有更多的自主空间。民族自治区享有宪法和其他法律规定的民族自治权，这种制度称为"民族区域自治制度"。

中国行政区划另一个显著的特点是设立了"特别行政区"，包括香港特别行政区和澳门特别行政区。特别行政区与其他行政区最大的不同就是：在中央人民政府的统一领导下，中国大陆实行社会主义制度，香港和澳门实行资本主义制度，也就是在一个国家实行两种制度，称为"一国两制"，同时，特别行政区还享有高度的自治权。

唐宋时期区域划分

　　"山川形便"的意思是将山川大河等显著的地貌单元作为区域与区域之间的边界。中国古代经常采用"山川形便"的原则对区域进行划分，如唐朝时"因山川形便，分天下为十道"。这样划分出来的区域内部有着相对一致的地形地貌和风俗习惯，便于区域的长官进行统一管理。但是，崇山河流都是天然的军事防守屏障，不利于君主对地方区域进行控制，可能导致地方将领拥兵自重，甚至自立为王。如岭南地区有南岭山脉作为屏障又远离王都，秦朝末年赵佗占据了此地，割据称帝，建立南越国。

　　为了防止这种现象出现，从宋朝开始对区域进行划分除了"山川形便"的原则外还增加了"犬牙交错"原则。比如河南省，顾名思义是黄河以南的一个省份。但实际上河南省除了黄河以南的地方还有很大一块位于黄河以北，这就是当时朱元璋为了防止地方势力借助黄河之险进行割据而划分的。

我们是多民族的国家

　　中国是世界上人口最多的国家——根据第七次全国人口普查结果，我国共有 14 亿 1178 万人。

　　从人口密度看，我国在世界上算是人口密度很大的国家，我国国土面积占世界陆地面积的近 7%，却居住着世界 22% 的人口。加拿大和美国的国土面积与我国面积相差不多，而我国人口已经达到加拿大的 36 倍左右，是美国的 4 倍多。

　　从人口地区分布看，我国的人口分布极不均衡，表现为东南地区"地狭人稠"，西北地区"地广人稀"。中国的学者胡焕庸在中国地图上自黑龙江省黑河市向西南至云南省腾冲市，画出了一条中国人口密度的分界线，这条线被称为"胡焕庸线"，又称"黑河—腾冲一线"。"胡焕庸线"的东南半壁占全国面积的 43.24%，却居住着全国九成半的人口，人口密度高，以平原、水网、丘陵、

胡焕庸是中国现代人文地理学和自然地理学奠基人，他开创了中国人口地理学

喀斯特和丹霞地貌为主；西北半壁占全国面积的 56.76%，仅居住着约 5%的人口，人口密度低，是草原、沙漠和雪域高原的世界。

第七次人口普查显示，全国人口中汉族人口为 12 亿 8631 万人，占 91.11%；各少数民族人口为 1 亿 2547 万人，占 8.89%。我国人口在 500 万以上的少数民族有壮族、满族、苗族、藏族、维吾尔族、蒙古族、彝族、回族、土家族。中国少数民族人口虽然数量少，但分布很广，全国各省、自治区、直辖市都有少数民族居住。其中世居少数民族数量最多的是云南省，全国 55 个少数民族中，云南就有 25 个。同时，少数民族的分布比较分散，夹杂在汉族等民族中，而夹杂生活在汉族中的少数民族又是生活在一起的，因此，我国少数民族人口分布呈现出"大散居，小聚居，交错杂居"的特点。

一方水土养一方人，长期居住在不同地方的民族都形成了各自独特的民俗文化。比如在蒙古族最盛大的节日——"那达慕"大会上，有热情洋溢的赛马，有充满力量的摔跤，有百步穿杨的射箭，有踏歌尽醉的蒙古舞，有美味醇厚的马奶酒；在藏族人民举办的"跳神会"上，鼓号伴奏，诵经喧腾，人们涌向喇嘛寺中，观赏头戴面具、身着戏装的殿中舞者奔跳狂舞，以示去旧迎新、祛邪降福；在苗族的花山节期间，苗族同胞身着盛装会集到花山场上，除了跳芦笙舞，举行斗牛、绩麻比赛外，最有意思的还属年轻男女在花山场上对唱山歌、环绕着场中央的花杆跳舞……

高山族是宝岛台湾的民族，主要居住在台湾，
也有少数散居在福建、浙江等地区

瑶族是中国华南地区分布最广的少数
民族，他们善于刺绣

维吾尔族能歌善舞，是著名的歌舞民族，他们
的舞蹈以快速旋转和多变著称

回族是回回民族的简称，回族男人带的白色帽
子是回族传统文化的一种象征

我国的地形地貌

总体来看，我国地势西高东低，自西向东呈阶梯状逐级下降。

我国地势阶梯最高的一级是青藏高原，它雄踞在我国的西部，平均海拔在4000米以上，是中国最大、世界海拔最高的高原，被称为"世界屋脊"。有很多山脉分布在青藏高原上，比如可可西里山脉、唐古拉山脉、冈底斯山脉、喜马拉雅山脉等，其中喜马拉雅山脉的珠穆朗玛峰是世界上最高的山峰。在这些山脉之间，分布着很多地势平坦开阔的盆地，中国地势最高的盆地——柴达木盆地就在其中，这里气候干燥，但矿产资源非常丰富，所以有"聚宝盆"之称。

比第一阶梯地势稍低的就是第二阶梯。这里分布着高原、盆地和山地，平均海拔在1000～2000米。其中高原包括内蒙古高原、黄土高原和云贵高原，它们自北向南依次分布在第二阶梯上。四川盆地在黄土高原和云贵高原之间，它的地表广泛出露红色岩系，使盆地呈红色，所以又被称为"红色盆地"。塔里木盆地与青藏高原的西北部相邻，是我国最大的盆地，盆地内部分布着我国面积最大的沙漠——塔克拉玛干沙漠。塔里木盆地再往北是准噶尔盆地，是我国的第二大盆地，它的内部分布着我国面积第二大的沙漠——古尔班通古特沙漠。

第二阶梯再往东就到了海拔最低的阶梯——第三阶梯，以平原和丘陵为主，海拔多在500米以下。这里地势低平，土壤肥沃，自南向北分布的长江中下游平原、华北平原和东北平原都是耕作历史悠久、人口稠密的地区。

第三阶梯上还分布着我国最典型的三大丘陵。东南丘陵在中国东南部，热量充足、雨量充沛、面积最大，为中国三大丘陵之首；辽东丘陵在辽宁省东南部辽东半岛上，气候温和湿润，十分适合苹果生长，种出来的苹果个大、色红、肉脆、多汁，所以素有"苹果之乡"的美称；山东丘陵位于黄河以南、京杭运河以东的山东半岛上，是我国温带果木的重要产地，烟台苹果、莱阳梨、花生等闻名全国，素有"水果之乡""花生之乡"等美誉。

我国高原、山地、丘陵、盆地、平原这五种地形不仅俱全，而且分布广泛。其中山地、丘陵和崎岖高原都统称为山区，山区面积约占全国陆地面积的三分之二，山区面积广大是我国地形地貌的一个显著特点。

我国地形的主要类型有哪些？

我国的高原雄伟挺拔、险峻奇峭、蜿蜒起伏，有"大地的舞台"之称

高原：海拔高度一般在1000米以上，表面宽广平坦，地势平缓，周边以明显陡坡为界的地区称为高原。我国的四大高原分别是青藏高原、内蒙古高原、黄土高原、云贵高原。

平原：平原是海拔一般在200米以下，地面平坦或起伏较小的较大区域。平原与高原的主要区别是平原海拔比较低。我国的三大平原分别是长江中下游平原、华北平原、东北平原。

平原宽广低平，起伏很小，是陆地上最为平坦的地域

盆地：顾名思义，就像一个放在地上的大盆子，四周高、中部低，这样的地形被称为盆地。我国的四大盆地分别是塔里木盆地、四川盆地、柴达木盆地及准噶（gá）尔盆地。

我国的四大盆地都承担了许多重要的农业和资源重任，如：准噶尔盆地蕴含了丰富的石油和天然气资源

丘陵一般分布在山地，或高原和平原过渡地带，降水较为充沛，适合各种经济作物和果树的栽培生长

丘陵：海拔高度介于平原和山地之间，由众多连绵小丘组成的地形被称为丘陵。我国的三大丘陵分别是山东丘陵、辽东丘陵、东南丘陵。

山地：是指海拔在500米以上的高地，起伏很大，坡度陡峻，沟谷幽深，一般多呈脉状分布。

山地是中国地貌的骨架，中国的大地貌单元，如高原和盆地的四周都被山脉环绕

我国的河流分布

　　中国的河流非常多，有许多源远流长的大江大河，其中流域面积在 1000 平方千米以上的河流多达 2221 条。我国的河流分布很不均匀，东部地区气候湿润，河流广布，尤其是我国的东南地区河流密集，河网密布，而我国的西部干旱少雨，河流相对稀少。

　　中国的河网由各具特色的河流组成，它们或汹涌，或幽深，或阔平，或流急，或曲折。比如"九曲黄河万里沙，浪淘风簸自天涯"中以曲折蜿蜒、含沙量大著称的黄河；"长江千里，烟淡水云阔"中源远流长、辽阔宽广的长江；"珠水烟波接海长，春潮微带落霞光"中烟波浩渺、水光连天的珠江；"松花江水西北来，摇波鼓浪殷其雷"中波涛涌动、声似惊雷

长江是中国第一长河，长江干流自西向东横贯中国中部，数条支流辐辏南北，河流面积 180 万平方千米，占我国国土面积的 18.8%，是我国第一大水系

的松花江。

在中国的南部，绝大多数河流都被称为"x江"，如长江、珠江、澜沧江等；在北方，以"x河"冠名的河流占大多数，如黄河、海河、渭河等；而到了东北地区，河流又开始以"x江"命名，比如黑龙江、松花江。为什么同样都是河流，有的称为"江"而有的称为"河"呢？

在我国古代的早期，"河"字特指黄河，很多诗句中提到的"河"说的都是黄河，比如"大漠孤烟直，长河落日圆"中的"河"；"江"字特指长江，如"恰似一江春水向东流"中的"江"就是指长江。黄河和长江都有很多支流，于是人们渐渐地把北方黄河的支流称为"x河"，把南方长江的支流称为"x江"。时间一长，人们为了方便，就把北方很多不是黄河支流的河流也称为河，把南方很多不是长江支流的河流也称为江。北方河流的特点是相对曲折、流量小，南方河流的特点是宽阔平直、流量大。

黄河位于中国北方地区，是中国第二大河流，由于黄河中游河段流经黄土高原时夹带了大量泥沙，所以黄河的含沙量大，河水呈黄色

而东北地区为什么选择以"江"来对河流进行命名呢？这是出于对东北河流特点的考虑，东北地区的河流河面阔平、河水清澈，流量大，更

贴近江的特点，所以以"江"来命名。

河流分为外流河和内流河两种类型。直接或者间接流入海洋的河流称为外流河，如"黄河之水天上来，奔流到海不复回"中提到的黄河就是我国著名的外流河。不流入海洋，直接注入内陆湖泊或者消失在地面上的河流就是内流河。我国的第一大内流河为塔里木河，位于塔里木盆地。塔里木河曾经流入罗布泊，而由于人们无节制地破坏植被和过度用水使得曾经是中国第二大咸水湖的罗布泊逐渐干涸。如今的罗布泊已经成为了一望无际的戈壁滩，这里寸草不生、风沙遍地，被人称作"死亡之海"。

我国的洞庭湖，在古代被称为"八百里洞庭"，足以看出当时洞庭湖之大。而从十九世纪中叶开始，由于人们在洞庭湖区域围湖造田，破坏河流上游植被，导致水土流失、泥沙淤积，洞庭湖由盛转衰，面积急剧缩小。现如今它的面积已经远远落后于中国第一大淡水湖——鄱阳湖。

虽然我国湖泊密布，大大小小的天然湖泊共约有 2 万多个，光是面积在 1 平方千米以上的天然湖泊就有 2670 个。但是像罗布泊、洞庭湖这样，由于人类无节制地开发利用自然资源而使湖泊被破坏的例子不在少数，因此合理利用自然资源、积极保护我们身边的水环境是十分重要的。

我国的近海可以分为南海、东海、黄海、渤海四大海域。南海位于中国大陆的南方，是中国最大、最深的海，总面积约为 350 万平方千米，把其他三大海域——渤海、黄海、东海加在一起还不如一个南海大；滔滔长江最终汇入的海域是东海，东海南接台湾海峡，北临黄海，东临太平洋，它的大陆架上蕴藏着极为丰富的石油资源；黄海由于注入它的河流带来了大量泥沙，因此它的大片水域呈黄色，黄海的名称就是来源于此，它濒临中国的辽宁、山东和江苏三省；九曲黄河的尽头是渤海，它位于中国东北部，三面被陆地包围，是我国的内海，有三个著名的海湾，分别是辽东湾、渤海湾、莱州湾。

我国的气候和天气

在冬季，与同纬度的其他地区相比，中国总体的气温最低。我国的漠河与英国的利物浦市就是一个十分明显的例子，这两个地区纬度相似，冬天的景色却截然不同。在冬季，漠河冰天雪地、白雪皑皑；利物浦市的冬天却万紫千红、山清水秀。而到了夏季，在相同纬度上，我国又是除了沙漠地区以外最热的国家。这就是中国气候的特点之一——冬冷夏热。

水稻好暖喜湿，在高温多雨的气候下生长旺盛，所以在我国南方地区
分布广泛，在我国北部也有小面积种植

从总体上看，我国的温度自南向北逐渐降低。在冬天，南北温度差异大。北方的冬天寒风凛冽、万物凋零，正如毛主席写的"北国风光，千里冰封，万里雪飘"，描绘出了一个冰天雪地、广袤无垠的银色世界；南方此时正树木葱绿、寒意不浓，正如杜牧所言的"秋尽江南草未凋"，意为秋时已尽的江南依旧青山绿水，草木尚未凋零。在夏季，南北两地温度的差异远小于冬季，南方高温酷暑的同时，北方也一样炎热难耐，中国大部分地区夏季极端气温都在35℃以上。

　　在降水方面，我国大部分地区的降水集中在夏季，夏季高温多雨，冬季则寒冷干旱。这种降雨和高温处在同一时期的现象，被称为雨热同期。雨热同期使得我国在夏季水分和热量充足，这对农作物生长十分有利。但因降水集中，也容易造成洪涝灾害，使农作物减产。

　　总体来看，我国不同地区的总降水量不尽相同，降水量自东南至西北逐渐减少。我国东南地区降水丰沛，气候湿润，全国降水最多的地区是台湾省东北部的火烧寮；西北地区降水稀少，气候干旱，沙漠集中，我国最大的沙漠塔克拉玛干沙漠就位于西北地区的新疆塔里木盆地中心。

　　我国经常会出现很多特殊的天气现象，比如寒潮、梅雨和台风。

　　如果在冬季气温突然大幅度下降，那么可能是寒潮造成的。所谓寒潮，就是冷空气像潮水一样大规模地从北方的寒冷地带向南方侵袭的现象。寒潮除了会使温度急剧下降外，还会伴随着大风和雨雪天气，甚至有的时候会给一些多年不下雪的南方地区带来强降雪。

　　每年的六月初到七月中旬，我国的长江中下游地区会出现风力弱、云量多、连阴雨的现象。此时，又正值梅子成熟的季节，所以称这种天气现象为"梅雨"。在阴雨连绵的梅雨季节，人们会感觉身上总是潮乎乎的，哪里都是湿答答的，整个江南像是被泡在了水里。由于温度高、湿气重、降雨多，家里的很多器物都容易发霉，所以"梅雨"又被称为"霉雨"。

　　台风是一种发生在热带海洋上的强大涡旋，它从海洋抵达我国沿海地区，带来强风、暴雨和风暴潮。每年的七月至九月，我国南海北部、台湾海峡及其东部沿海、东海西部和黄海都经常有台风通过。

我国雨热同期的气候类型对小麦的生长发育有利，所以小麦在我国南北各地均有种植，分布十分广泛

我国的交通运输

　　在五千年的中华民族文明史上，交通运输的建设和发展始终推动着中华文化的进程。

　　夏商周时期，我国的交通运输刚刚起步，古代交通初具规模。春秋战国时期，中华大地被划分成好多个列国，为了进行战争、外交和贸易等活动，这些列国修筑了很多道路，这极大地促进了古代交通的发展。但是列国之间没有统一的道路制度，导致各地的马车大小不一样，车道有宽有窄，很多道路之间不能互通，出行十分麻烦。所以为了修整这些杂乱的交通路线，秦统一天下后颁布了"车同轨"的法令，就是规定车辆上两个轮子的距离一律改为6尺，使车轮的距离相同。同时，秦朝政府还修筑了驰道、直道等统一规格的道路，让车辆可以畅行各地。在水路方面，秦朝开凿了灵渠。灵渠将湘江和漓江连通了起来，还打通了南北水上通道，初步构成了中国的水运网。

　　汉朝开辟了经西域通往西方的陆上道路——陆上丝绸之路。它起始于古代中国，连接了亚洲、非洲和欧洲，亚欧非各国与中国正是通过这条道路进行着友好的文化、贸易和宗教往来。丝绸之路上的商人络绎不绝，他们将国外的象牙、布匹等货物运输到中国售卖，再将从中国购买的瓷器、茶叶、丝绸等物品贩运回自己的国家。各国的上流阶层都一度以穿着用腓尼基红染过的中国丝绸、使用中国的瓷器作为贵族的象征。

除去陆上丝绸之路，中国的瓷器和丝绸还通过"海上丝绸之路"走向世界。海上丝绸之路也是一条中西贸易之路，它通过海路沟通古老的东方与遥远的西方，连接中国、东南亚、中东与非洲。海上丝绸之路形成于秦汉，繁荣于唐宋，促进了港口的兴盛、文明的交流。

唐宋是我国古代道路发展的极盛时期。除去繁荣的丝绸之路，唐宋时期还形成了四通八达的陆路交通网，交通、经济和文化都达到了空前的兴盛。繁闹的大街上车水马龙、人头攒动，车马辚辚而来，行人川流不息，非常热闹。

元朝为了方便对辽阔的疆域进行管理，强化了驿站制度（驿站是指古代供传递官府文书和军事情报的人或来往官员途中食宿、换马的场所）。在明朝，驿路和驿站得到了进一步发展，形成了以北京为中心的稠密的驿路交通网，驿站四通八达，驿路运输不绝。清朝进一步把驿路进行了划分，等级由低到高依次为官马大路、大路、小路。

现在人们早就不用乘马车、木船出行了。交通工具从古代的舟车轿马转变成了飞机、火车、高铁、轮船、汽车等。中国的第一条近代化铁路是上海吴淞铁路，修建于 19 世纪 70 年代，但这条铁路不是我国自主修建的，而是英国商人为了自己的利益擅自在中国修筑的。为改变中华民族屈辱的命运，无数中华儿女进行了不屈不挠的探索、英勇顽强的斗争和千辛万苦的建设，使中国逐渐摆脱了任人宰割的命运，成为了矗立在世界东方的强国。如今的中国不仅让"八纵八横"的高铁交通网加密成型，还创造了震惊世界的"中国速度"：中国高铁的商业运营速度居全球第一，"和谐号"和"复兴号"动车飞驰在大江南北，中国速度领跑全世界。

我国近代的公路，也同铁路一样，在经历了一个多世纪的发展后，形成了纵横交错、四通八达的公路网，公路通车总里程 535 万千米。我国的铁路和公路交织在一起，贯通了各个省市，连通了各个山区，形成了总里程超 600 万千米的全国综合交通运输网络。一百多年来道路的发展史就是近代中国发展史的一个缩影。

我国的文化传承

地域文化指中华大地特定区域源远流长、独具特色、传承至今仍发挥作用的文化传统。在漫长的历史进程中，中华大地上孕育了很多地域文化，诸如燕赵文化、齐鲁文化、八闽文化、楚文化、巴蜀文化、三秦文化等。

侠气好义的燕赵文化

在春秋战国时期，华北平原北部属于燕国和赵国的国土，所以被称为燕赵之地（现"燕赵"多指我国的河北省）。这里是最接近北方游牧政权的中原地区，古代骁勇善战的游牧民族每每南下入侵，首当其冲的就是燕赵大地，所以自然有无数的燕赵侠士为了保卫家乡而慷慨赴战。当时的燕赵大地战争不断、狼烟滚滚，也因此在这片土地上孕育出了无数纵横的侠气，养育出了无数慷慨的侠士，造就了侠气好义的燕赵文化。从战国时期刺秦的荆轲、三国时期长坂坡"七进七出"的赵云到宋朝誓不降元的张世杰、抗战时期英勇就义的李大钊……燕赵英侠们总会在国家危难的时候挺身而出，这种为人所不敢为的侠气正是燕赵文化的象征。

张世杰是宋末抗元名将，与文天祥、陆秀夫并称为宋末三杰

重礼崇义的齐鲁文化

　　齐鲁，今指山东省。在先秦时期，作为诸侯国的鲁国产生了以孔子为代表的儒家思想，齐国则以东夷文化为发展渊源。齐文化和鲁文化在发展中逐渐合二为一，形成了以儒家文化为核心的齐鲁文化。在儒家文化的浸润下，齐鲁大地上形成了重视礼学的文化氛围，涌现出很多研治礼学、推崇礼制的儒生，比如董仲舒。董仲舒提出了"罢黜百家，独尊儒术"的治国思想，就是建议当时的统治者摒弃道家等学说，只崇尚儒家的思想。这种治国理念在汉武帝时开始推行，于是齐鲁文化成为了中国传统文化的主流。

　　如今，作为儒家文化发源地的山东省仍保存着许多重视礼义的标志。尊崇和怀念孔子的祭孔大典、渊源最古和祭祀不绝的曲阜孔庙等就是山东人崇尚礼教的最好证明。

孔子是春秋时期鲁国陬邑人，创立了儒家学派，是中国古代著名的思想家、教育家，被尊称为孔圣人

兼容并蓄的八闽文化

八闽，现在指福建省。从中原而来的中原文化、海外的西方文化与当地的闽粤文化在福建碰撞和融合，最终形成了八闽文化。八闽文化在保留着本土风情的同时，又以开放的态度融合吸收外来文化。作为多种文化的集成者，八闽文化的多元性体现在各个方面。

福建省的方言素来以复杂多样著称。在福建的不同地方，方言也大有不同，甚至有时候相隔一条河、相距一座山的人民，都听不懂彼此的语言。全国汉语方言有七大类，福建境内就有五类：闽语、客家语、赣语、吴语和官话。福建历来是个宗教大省，不仅有佛教、道教、伊斯兰教、天主教、基督教等传统意义上的

朱熹是南宋时期的思想家、哲学家、教育家，被后人尊称为朱子

宗教，还有很多如信奉妈祖、临水夫人等的民间崇拜。福建省传统的五大宗教可统计的教徒人数为100多万人，民间信仰活动场所数以10万计。福建省的信仰人数之众、宗教场所之多、宗教信仰之纷繁，在中国各地都属罕见。除方言和宗教外，福建的歌舞也融合了山文化、水文化与海文化。

大美中国景色

作为一个山河锦绣、历史悠久的东方大国，中国旅游资源的分布十分广泛。在北方，你可以看到泼水成冰、茫茫雪海的漠河北极村；满目青砖、古朴幽静的平遥古城；文化多元、奇丽神秘的新疆喀什……在南方，你瞧那隐约婉转的江南水乡，一条条形如锦带的小溪滋润着青砖白瓦的街巷；你看那美丽神秘的云南，热烈的土地和农民种植的庄稼在"彩云之南"形成波澜起伏的色带……现在，请随我一道旅行，去观赏祖国的美丽景色。

第一站 金鸡之冠——漠河

漠河是中国版图的最北端，被誉为"金鸡之冠"。

如果夏天来漠河旅游，你会惊奇地发现，这里的白天特别长，晚上特别短。尤其是夏至前后，一天中有 17 个小时都可以看到太阳。晚上的子夜时分，这里的太阳才刚刚落下，西边的天空还残留着落日的余晖，而在东面，朝霞已经悄然出现。这样落日余晖与曙光相接的奇特美景，在中国只有漠河才能看得到。而冬天的漠河，则是另一番景象：一整天几乎都是黑黢黢的，家家户户一天到晚都要开着电灯照明，只有中午才有一点白天的样子。

漠河的北极村是中国最北的村庄，冬日的北极村积雪
满地，北风呼啸，是一片银装素裹的北国风光

　　漠河最神秘的天象就是极光。极光是出现在寒夜天空中绮丽无比又变幻莫测的炫目之光。想象一下，我们坐在漆黑寂静的苍穹之下，突然间好像有一个神秘的画家将天空当作了画布，在天空中画出一个五彩缤纷、浓淡交错、纵横千百里的巨大光带。真实的极光之美远不止于此，这种震撼的景观用言语表达不出它千分之一的美丽。极光可能出现在一年四季中的任意一天，最长可以持续一到两个小时，而最短只出现几分钟，没有特定的规律可循。同时，极光不太容易出现，来漠河的大部分游客是看不到它的，这种可遇而不可求的神秘，又给它带来了无限的吸引力。

　　夏季来漠河旅游，最不能错过的还属"一江两国"的景观。黑龙江是俄罗斯和中国的界河，在黑龙江上乘着船顺流而下，沿岸除了繁茂葱郁的原始森林，还有中国和俄罗斯的不同人文风光。在俄罗斯那一侧，你可以看到镶嵌在群山中的红色尖顶小屋；在中国这边，你可以看到碧波之上北极村白色建筑的一角。

行走在乌镇，目光所及没有嶙峋陡峭的山峰，只有蜿蜒流淌的河流；在乌镇，双脚踏上的不是川流不息的柏油马路，而是常常湿润的青石板；在乌镇，耳朵听到的不再是城市嘈杂的人声车鸣，而是轻柔婉转的吴侬软语。

一提起江南的乌镇，我脑海里一下子就能浮现出这样的景色：薄薄的雾色下，笼罩着长长的河流；青檐白墙的屋子旁，紧挨着潮湿的青石板路；弯弯的拱桥上，路过的行人撑起了一把把油纸伞。整个乌镇的色调以白色和青色为主（古代的青色就是黑色），就好像是被水墨泼就的画作一样。

除去淳朴秀美的水乡风光，乌镇还有十分厚重的人文沉淀。比如乌镇市河东侧的观前街 17 号是文学家茅盾的故居；在应家桥和南花桥的两桥之间是曾经十分有名的当铺——汇源当铺（当铺，是百姓用珍贵的物品作为抵押来换取钱财的机构）；位于乌镇西大街、毗邻京杭大运河的是古代用来说书的西栅书场……

江南水乡，枕水人家。在乌镇你能享受到精神和身体的完全放松。

乌镇位于浙江嘉兴，是典型的中国江南水乡，有"中国最后的枕水人家"的美誉

敦煌，古称沙洲，位于河西走廊的最西端，是"河西四郡"之一。

传说在公元366年，一位僧人在经过敦煌鸣沙山东麓的时候，身边的岩壁突然变得金光闪耀，好像万佛降临，所以他就在断崖上开凿了一个洞窟供奉佛像。后来代代有僧人继续在此地凿洞修禅。这个地方就是敦煌的艺术瑰宝——莫高窟。莫高窟现存历代营建的洞窟共735个。

莫高窟中年龄最大的佛教壁画已有一千六百多岁。这个壁画上的菩萨跟我们经常在电视剧中见到的形象不一样，他半裸着身子，有着极其夸张的动作，其面容还是西域的神貌，充满了静寂神秘的色彩。随着朝代的更迭，敦煌标志性壁画出现了，那就是"飞天"。飞天壁画描绘的是许多年轻的女子凭借飘舞的彩裙和衣带凌空飞舞的场景。除去壁画，莫高窟还有一尊尊佛像在石窟里栩栩如生地或立或坐，与壁画相互映衬，相得益彰。

敦煌最神奇的地理景观是鸣沙山，它是完全由沙子堆积成的起伏连绵的山丘。白天鸣沙山在阳光的照射下，山坡上一片金光灿灿，宛如金山。当我们从鸣沙山山顶向山底下滑时，脚下的绵绵细沙会在气流中旋转，由于沙子表面的空洞造成了"空竹效应"。这个效应会使沙子发出隆隆的响声，十分神奇，就像山上的沙子在鸣叫一般，所以称之为鸣沙山。

在鸣沙山的怀抱里有一湾清澈的泉水——月牙泉。月牙泉因水面酷似一弯新月而得名，泉边芦苇茂密，泉水透亮明丽，千年不涸。

鸣沙山月牙泉是敦煌胜景，鸣沙山的周围都是大漠黄沙，却有一弯月牙之水与之相邻，千百年来沙泉共生，是奇特的沙漠景观

给孩子的

中国地理大百科

廖辞霏　著

中国旅游出版社

责任编辑：王欣艳 胡一鸣
责任印制：冯冬青
装帧设计：丫丫书装·张亚群

图书在版编目（CIP）数据

给孩子的中国地理大百科．6，华中·华南．下册 /
廖辞霏著．-- 北京 ：中国旅游出版社，2024.3
　　ISBN 978-7-5032-7170-0

　　Ⅰ．①给… Ⅱ．①廖… Ⅲ．①地理—中国—少儿读物
Ⅳ．① K92-49

中国国家版本馆 CIP 数据核字（2023）第 227695 号

书　　名：给孩子的中国地理大百科．6，华中·华南．下册

作　　者：廖辞霏 著
出版发行：中国旅游出版社
　　　　　（北京静安东里 6 号　邮编：100028）
　　　　　http://www.cttp.net.cn　E-mail: cttp@mct.gov.cn
　　　　　营销中心电话：010-57377103　010-57377106
　　　　　读者服务部电话：010-57377107
排　　版：王丹
经　　销：全国各地新华书店
印　　刷：运河（唐山）印务有限公司
版　　次：2024 年 3 月第 1 版　2024 年 3 月第 1 次印刷
开　　本：710 毫米 ×1000 毫米　1/16
印　　张：7.25
字　　数：48 千
定　　价：368.00 元（全 10 册）
I S B N 978-7-5032-7170-0

5 感受饮食文化，品鉴数不胜数的地方美食

📍 华中地区：这里的美食又香又辣

📍 华南地区：这里的美食很独特

豫菜
中原地区的经典
菜品，你尝过吗

002

粤菜
烤乳猪和梅菜扣肉

008

热干面
武汉人的
深刻记忆

004

早茶
茶与茶点，
广东人的生
活态度

010

006

湘菜
剁椒鱼头、东安子鸡

012

桂菜
广西人喜欢吃
什么

6 捕捉艺术魅力，寻觅源远流长的文化踪迹

华中地区：最有名的地方戏剧

华南地区：方言演唱的戏剧

花鼓戏

湖南花鼓戏
最有名

018

020

016

粤剧

举世闻名的
"广府大戏"

022

豫剧

铿锵大气的
"河南讴"

木偶戏

木偶竟然也会
演戏

⑦ 多彩的中华民族，五十六个民族是一家

📍 华中地区：这些民族勤劳又美丽
📍 华南地区：这里的民族有多样的文化

壮族
中国人口最多的
少数民族

苗族
包装在银饰中的民族

032

028

瑶族
响当当的
"长寿民族"

035

037

黎族
用拉丁字母创
造文字

026

030

土家族
"土王"，说"土语"

侗族
在"坝子"中勤劳
耕作的"黔首"

8 这些风景胜迹，当然值得一去

📍 华中地区：这里的景观多种多样
📍 华南地区：这里遍布海港和山峰

嵩山
绵延逶迤，
嵩山如卧
040

黄鹤楼
登黄鹤楼，
楚天极目
049

衡山
"云起峰流"
的雾里圣山
053

武陵源
丛生的大峰林
与大峡谷
055

龙门石窟
精湛卓绝的
千年佛窟
043

047

武当山
天下第一
仙山

橘子洲
你见过"江
天暮雪"的
景象吗
057

051

059

神农架
中国冰川时期
的"诺亚方舟"
045

恩施大峡谷
这里有"地缝"，
也有"天坑"

岳阳楼
北通巫峡，
南极潇湘

丹霞山
一片红色的山群
067

太平山
香港岛上最高
的山峰
073

065

七星岩
湖水相映的
"北斗七星"

069

广州塔
中国最高的
电视塔

071

德天瀑布
亚洲第一大
跨国瀑布

维多利亚港
全球美丽的
海港之一

075

063

罗浮山
神秘的山峰

061

凤凰古城
风情独特的
历史古城

077

大三巴牌坊
这里曾是教堂
的一部分

9 古今的地方面貌，听听这些城市的故事

- 华中地区：热闹非凡的中原古城
- 华南地区：我国南方迷人的海滨城市

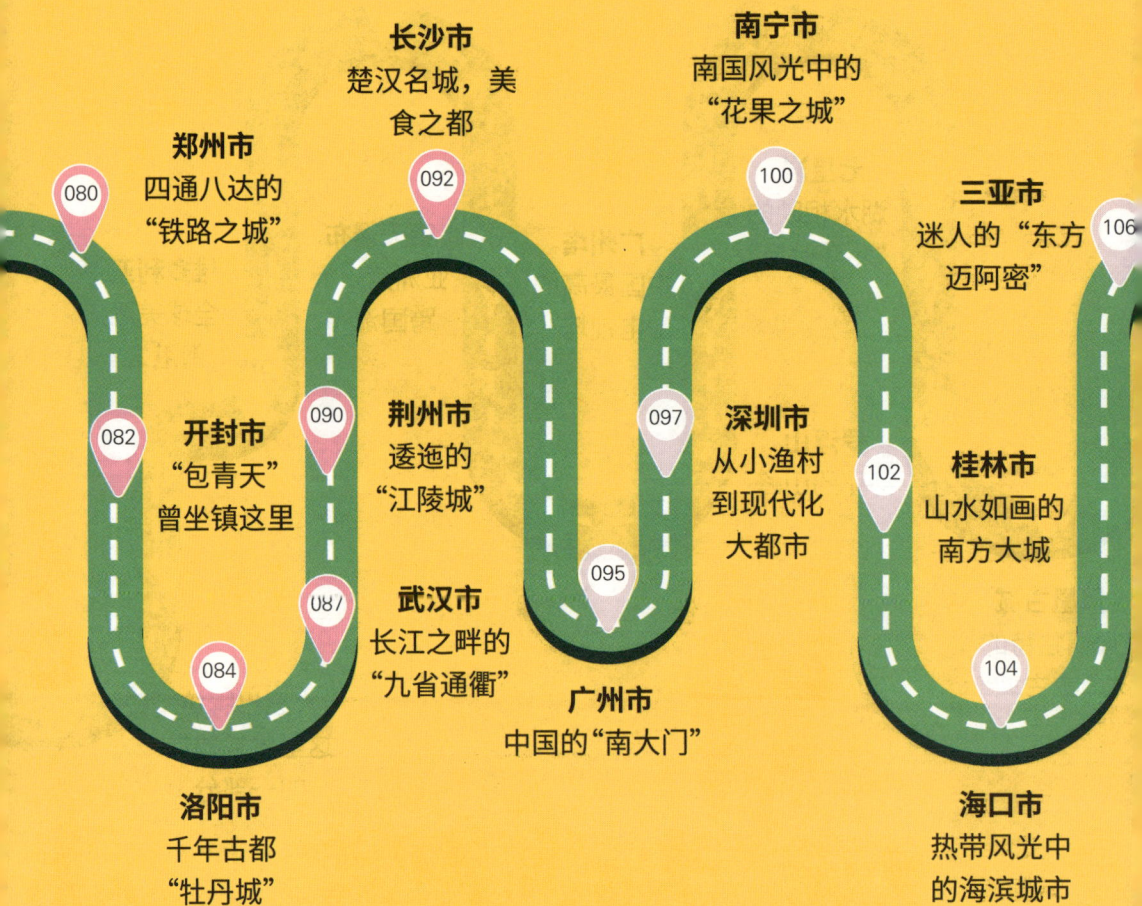

郑州市
080 四通八达的
"铁路之城"

长沙市
092 楚汉名城，美
食之都

南宁市
100 南国风光中的
"花果之城"

三亚市
迷人的"东方
迈阿密" 106

开封市
082 "包青天"
曾坐镇这里

090 **荆州市**
逶迤的
"江陵城"

深圳市
097 从小渔村
到现代化
大都市

102 **桂林市**
山水如画的
南方大城

087 **武汉市**
长江之畔的
"九省通衢"

洛阳市
084 千年古都
"牡丹城"

095 **广州市**
中国的"南大门"

104 **海口市**
热带风光中
的海滨城市

豫菜

中原地区的经典菜品，你尝过吗

豫菜主要流行于中原地区，它并没有被归到中国的"八大菜系"之中，但也非常有特色。历史上许多王朝的都城建立在河南，所以河南的宫廷菜特别发达。在4000余年前的夏朝，夏王启就已经在如今的河南禹州"大摆国宴"了。想必从那时候起，豫菜就已经初见雏形了。根据记载，武则天时期还有"洛阳水席"，全席共有24道菜，著名的"牡丹燕菜"就是其中的一道佳肴。

如今流行的豫菜，包括曾经的宫廷菜、官府菜、家常菜等，常见的有炸紫酥肉、汴京烤鸭、扒广肚、胡辣汤等。人们一提到河南就想起的"烩面"，也是一道响当当的豫菜。在豫菜中，有一道"鲤鱼焙面"，主要选用生活在黄河中的大鲤鱼作为原材料。因为黄河的水很急、很凉，所以黄河大鲤鱼的肉质非常鲜嫩，用糖醋酱料与焙面配合着鱼肉，实在可口。

根据地区的不同，豫菜又分为不同派别，流行于开封一带的豫东菜，菜肴的类型比较传统；流行于洛阳一带的豫西菜，口感通常偏酸；流行于信阳一带的豫南菜，口味偏辣；流行于安阳一带的豫北菜，口味更重，其中的熏卤等比较出名。从主食上来看，河南北部更流行面食，而南部多以米饭为主食。

这些经典豫菜，你吃过吗？厨师"拍了拍"你！

炸紫酥肉

河南省十大经典名菜之一，已经有 100 多年的历史了。将猪硬肋煮、腌、蒸，并且反复炸制，色泽棕黄，甚至有些发紫，吃起来外焦里嫩，搭配葱段和甜面酱食用，简直能跟烤鸭媲美。

葱扒羊肉

也是河南十大经典名菜之一，扒制是豫菜的一种传统的制作方式。葱扒羊肉是选用熟制后的肥肋条肉，配炸黄的葱段，加上玉兰片，用中武火扒制，口感又软又香。

鲤鱼焙面

也叫糖醋软溜鱼焙面，是开封市的一道传统名菜，起源于清朝，由糖醋熘鱼和焙面两道名菜配制而成。

炸八块

开封市的一道传统名菜，河南的菜馆中有一句报菜语：干搂炸酱不要芡，一只鸡子剁八瓣，后边这句说的就是"炸八块"这道菜，乾隆皇帝来开封巡视河道时曾吃过这道菜，因此被广泛传开。

热干面

武汉人的深刻记忆

地理小辞典

我的读音： Règānmiàn

我的分布： 主要流行于湖北地区，尤其是武汉地区

在湖北地区，热干面是一种很有特色的面食类早点——它既不是汤面，也不是凉面。在制作的时候，人们先把面条煮熟，再将面条凉凉；要食用的时候，就用漏勺将面搂住在开水里过一遍，焯热之后再把面条捞出；然后淋上调好的芝麻酱、萝卜丁、葱花等作料，一碗热干面就做成了。

热干面通常是一种"碱水面"。身为"四大火炉"之一的武汉市，夏天常常需要在难挨的高温中度过。人们为了防止面条放久了变质，便在面粉中加入食用碱，同时，也可以去除面团中的酸味，改善面的口感。

武汉是一座因码头而兴起的城市，许多人在码头工作。对于在码头工作的人来说，热干面是一种非常方便的食物，做得快，吃得也快。另外，热干面含油量高，对于长期做体力活的人来说，也是一种"扛饿"的食物。在如今的武汉，大街小巷随处可见卖热干面的摊点。

热干面是武汉著名的小吃

武汉热干面

这些城市的特色面食，
你听过吗？
厨师"拍了拍"你！

四川担担面： 发源于自贡，面条细、卤汁香，因最早是由小贩用扁担挑着在街上叫卖而得名。

重庆小面： 发源于重庆地区，是一种麻辣素面。

延吉冷面： 发源于吉林省延边朝鲜族自治州，制作方法是将煮好的面用凉水冲，然后放进碗里加料。

河南烩面： 主要流行于河南地区，以鲜美的汤和筋道的面著称，河南郑州号称"烩面之城"。

老北京炸酱面： 北京的传统小吃，是把配菜、炸酱与面条搅拌在一起吃。

湘菜

剁椒鱼头、东安子鸡

湘菜和川菜一样以"辣"著名，但湘菜的辣和川菜的辣是有一些区别的——川菜的辣主要是"麻辣"，湘菜的辣主要是"香辣"。四川和湖南都是气候湿润的地方，人们喜欢用辣椒祛湿。湘菜用于调辣的不单是辣椒，而是会将辣椒和其他食材混合起来，例如做成"豆豉辣椒"，这样一来辣子的口味就更丰富了。

湘菜的历史非常悠久，在长沙马王堆的西汉古墓中就发现过记录在竹简上的菜谱。追溯得更早一些的话，在春秋战国时期屈原的作品中就提到过"楚酪""炙鸹（guā）""炁凫（zhēngfú）"等食品，这些应该就是当时流行于湖南地区的食物，也算是湘菜的前身了。

不同地区的湘菜菜品，会有一些

火宫殿臭豆腐制作技艺入选国家级非遗名录

风味上的区别。湘江流域主要有长沙、衡阳、湘潭等城市，这些地方流行的官府菜比较多，菜品色彩浓艳。红烧肉、剁椒鱼头等，都是湘江菜的代表菜。在湖南靠近洞庭湖的地区，人们可以捕到很多种鱼，所以洞庭菜以"全鱼席"闻名。洞庭湖地区还流行一种"钵子菜"，将菜放在钵子里煮，香味浓郁。湘西山区的菜以"腊味"著称——腊制的菜主要靠烟熏，湘西菜主要是用冷烟熏，比较出名的有湘西腊肉。

这些经典湘菜，你吃过吗？厨师"拍了拍"你！

东安子鸡

又叫东安鸡、官保鸡，是用东安县的母鸡烹制而成的，颜色丰富，鸡肉肥嫩，味道酸辣鲜香。

剁椒鱼头

湖南十大经典名菜，正宗的剁椒鱼头是以鳙鱼鱼头、剁椒为主料，配以豉油、姜、葱、蒜等辅料蒸制而成，肉质细嫩，口感鲜辣。

粤菜
烤乳猪和梅菜扣肉

粤菜起源于珠江三角洲、潮汕平原及岭南地区，这些地方紧靠大海、水热充足，生活在这里的动植物非常丰富。因此，这里用于制作菜品的食材也非常丰富，尤其是佃鱼、虾蛄等各种海鱼虾蟹。粤菜讲究一个"鲜"字，在一些广东菜馆里点菜，服务员可能会在烹饪前将活蹦乱跳的鱼虾端到桌前给客人看，以证明鱼虾是健康鲜活的。

粤地气候炎热而潮湿，人们喜欢通过喝汤来滋补身体，所以粤菜非常重视汤水。粤菜中的汤，有些需要熬制数小时，还有些会加入中药的成分。由于熬制用工费时，粤菜里的一些汤被称作"老火汤"。

粤菜总的来说比较清淡，烹调方式以清蒸为主，菜里很少出现辣的味道。粤菜的代表是"广府菜"，主要流行于珠江三角洲地区，经典的菜品有白切鸡、红烧乳鸽、清蒸石斑鱼、干炒牛河等。潮州菜发源于广东潮汕

烤乳猪、梅菜扣肉等都是经典的粤菜

地区，受到一些闽南菜的影响，菜品有厚菇芥菜、潮州"打冷"等。在客家人居住的地区，又流行"客家菜"，菜品有盐焗鸡、猪肚鸡、酿春卷等。

你了解"客家文化"吗？旅行家"拍了拍"你！

　　客家人并不是一个单独的民族，而是古代汉族的一支。客家人的迁徙历史可以上溯到西晋末年，当中原地区经历永嘉之乱、靖康之变时，有些汉族人一路向南，"过江入八闽，辗转来海滨"。汉人在南迁的过程中，逐渐与南方的土著与少数民族相融合，创造了独特的"客家文化"。客家人有自己的舞蹈——麒麟舞、马灯舞、貔貅舞等；有自己的美食——客家盆菜、盐焗鸡等。客家人也有自己的客家方言，其中保留了许多古汉语词汇。

早茶

茶与茶点，广东人的生活态度

地理小辞典

我的读音： Zǎochá

我的由来： 因广东人早上用茶最为讲究，故称早茶

我的分布： 主要流行于我国南方地区，如江苏、浙江、福建等地，以广东最为出名

广东人是出了名的爱喝茶，早、中、晚都要喝茶，其中最讲究的当数早茶了。虽然说是"喝早茶"，但更贴切的说法应是"吃早茶"，因为广东人喜欢一边喝早茶一边吃佐茶点心。有句俗语"叹一盅两件"，意思是指早茶的过程就是享受"一盅"香茶、"两件"点心的过程。广式点心丰富得令人眼花缭乱，干的点心有叉烧包、烧麦等，湿的点心有豆花、龟苓膏等。最受欢迎的广式点心被称作"四大天王"，分别是叉烧包、蛋挞、虾饺和干蒸烧麦。

广东早茶的历史，可以追溯到清代，那时候有一种专门喝茶的地方叫作"二厘馆"。"二厘"是说那时候的二厘钱，喝一碗茶二厘钱是比较便宜的价格，那时候的广东人很喜欢在早间来这些地方喝茶。到后来，出现

"早茶"文化是广东地区的民间饮食风俗

了很多高级的茶馆，早茶的价位也就不止二厘了。

从前的广东人起得早，非常重视早茶，六七点钟的时候茶馆就很热闹了，聊天的、听剧的、逗鸟的，做什么的都有，非常悠闲和享受。所以在广东，早茶还有一个称呼叫"叹茶"，意思就是享受早茶。对于如今的广东人来说，在快节奏的生活中选择在茶馆里享用一顿早茶以开启崭新的一天，也是一件很美好的事情。"请早茶"也已成为广东人家庭团聚或朋友聚会的方式。

早茶点心"四大天王"，你认识吗？厨师"拍了拍"你！

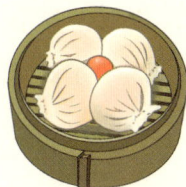

虾饺

用虾肉做陷儿的饺子。

干蒸烧麦

"云吞皮"包裹着肉馅，捏成石榴花形，大火蒸熟。

蛋挞

广式蛋挞，松脆的外皮包裹着凝固的蛋浆。

叉烧包

用叉烧肉做馅的包子。

桂菜

广西人喜欢吃什么

地理小辞典

我的读音： Guìcài
我的分布： 主要流行于广西地区
我的主菜： 高峰柠檬鸭、梧州纸
包鸡、玉林牛巴、香酥禾花鱼、
红扣黑山羊、良庆脆皮扣

广西位于珠江流域，是人们早期开始种植水稻的地方之一，大米在当地人的食谱中扮演着重要的角色。所以，广西地区的食物中经常能见到"米"的影子，许多菜品都以米作为原料。广西人喜欢"嗦（suō）粉"，像桂林米粉、邕（yōng）宁生榨米粉、柳州螺蛳粉等，都是有名的"粉"。因为广西靠近云南、广东等地，所以这里的一些饮食习惯受到了粤菜、滇菜等其他菜系的影响，例如靠近广东的地方口味就类似于粤菜，味道偏淡一些。

由于广西地区生活着许多少数民族，所以我们也能在广西吃到不少具有民族特色的少数民族小吃。总的来说，糯米制品在广西菜中是很常见的。另外，广西菜中用到的酸辣味调料也特别多。

桂菜主要分为四个流派，桂北派、桂西派、桂东南派和滨海派。桂北菜主要流行于桂林、柳州、贺州等地，口味偏重，以辣、咸著称，菜品有阳朔啤酒鱼、荔芋扣肉等。桂西菜以酸

螺蛳粉是广西壮族自治区柳州市的特色小吃之
一，被列入国家级非物质文化遗产名单

辣口感为主，主要流行于河池、百色、崇左等地，生活在这些地方的少数民族比较多，所以这里的许多菜品都比较有民族特色，菜品有炒粉虫、崇左沙糕等。桂东南菜主要流行于南宁、梧州、玉林等地，口味偏酸甜，受粤菜的影响比较大，菜品有横县鱼生、梧州纸包鸡等。靠近海滨的北海等城市，拥有特色十足的海鲜风味菜品，这里盛产墨鱼、鱿鱼、鳗鱼等各种海鱼。

广西紧靠云南和广东，所以桂菜受滇菜、粤菜的影响很大

6 捕捉艺术魅力，寻觅源远流长的文化踪迹

豫剧
铿锵大气的"河南讴"

豫剧发源于河南地区，是一种唱腔磅礴大气、热情奔放的戏剧。豫剧独特的唱腔总是能抒发出生动而真挚的感情，让人听完觉得酣畅淋漓。豫剧演员一般都画浓妆，无论什么角色都用油彩上妆。

豫剧最早起源于"河南梆子"，这种表演是用枣木梆子打拍伴奏的。豫剧又被称为"河南讴"，主要是因为早期豫剧演员在表演的时候，主要用本嗓演唱，而在起腔和收腔的时候常常用假声拉高尾音，过程带"讴"，所以被称为"河南讴"。在豫西地区，演员经常背靠着大山搭台演唱，铿锵有力的豫剧表演由此又被称为"靠山吼"。

在河南，发源于不同地方的豫剧腔调也略有不同。发源于封丘一带的"祥符调"，据说是最正宗的豫剧唱腔，听上去高亢又庄重；发源于洛阳一带的"豫西调"，声音凄婉愤慨；发源于商丘一带的"豫东调"，听上去激昂而嘹亮；在豫东南还有一种"沙河调"，听着让人觉得开朗舒畅，人们又称其为"本地梆"。

豫剧的题材涉及范围很广，有些改编自民间传说或者演义故事，有些讲的就是人们生活中的故事。《对花枪》《三上轿》《杜十娘》《红灯记》等，都是著名的豫剧剧目。

豫剧发源于河南省，是中国的五大剧种之一

中国五大地方戏曲，你了解吗？音乐家"拍了拍"你！

豫剧：主要流行于河南地区，唱腔高亢嘹亮。

越剧：主要流行于浙江、上海一带，在全国流传很广，唱腔细腻优美。

黄梅戏：起源于湖北黄梅的采茶歌，如今主要流行于安徽地区，唱腔委婉动听。

评剧：主要流行于华北地区，发源于河北民间说唱"莲花落"，听上去活泼轻松，生活气息浓厚。

粤剧：主要流行于广东地区，用广东方言演唱。

捕捉艺术魅力，寻觅源远流长的文化踪迹

花鼓戏

湖南花鼓戏最有名

地理小辞典

我的读音： Huāgǔxì

我的分布： 主要流行于我国湖南、湖北、安徽等地

我的由来： "花鼓"是一种乐器，后来还泛指一些灯戏、采茶戏等民间戏剧

我的故事： "家住常德武陵境，丝瓜井畔刘家门。"——《刘海砍樵》

人来演，一般是"童子装丑旦对唱"，也就是两个童子作为丑角和旦角来对唱。后来，也会加入小生，这就是花鼓戏的"三小"——小丑、小旦、小生。

在湖南，不同地区的花鼓戏也有一些差异，主要有长沙花鼓戏、岳阳花鼓戏、衡阳花鼓戏、邵阳花鼓戏、

"花鼓戏"里，最有名的是湖南花鼓戏。花鼓戏的内容，许多都是和某些地方有关的传说，或者发生在乡村青年生活中的趣事，故事性很强。其中，《刘海砍樵》是大家熟悉的剧目，主要讲的是住在武陵的刘海与狐仙九妹胡秀英之间的爱情故事。此外，还有《打铜锣》《天仙配》等，都是非常有名的剧目。

传统的花鼓戏主要由两个

花鼓戏的曲调，大多是由民间小调演变而来的

常德花鼓戏、永州花鼓戏六大派别，其中长沙花鼓戏是最有影响力的。除了湖南，其他地方也有花鼓戏。在湖北，有著名的荆州花鼓戏、黄孝花鼓戏；在安徽，有凤阳花鼓戏、皖南花鼓戏；浙江的平湖花鼓戏、桐乡花鼓戏也很出名。

你了解湖南的"花鼓大筒"吗？音乐家"拍了拍"你！

大筒是一种主要流行于湖南地区的拉弦乐器，外形比较像二胡，琴杆、琴筒和琴弓的主要用材是竹子，传统大筒的琴筒会用蛇皮来制作。它的琴筒很大，所以叫"大筒"。在花鼓戏中，它经常被用作伴奏乐器，所以又被称作"花鼓大筒"。在古代，大筒是一种用于军事或者仪仗的乐器。

粤剧

举世闻名的"广府大戏"

我的读音： Yuèjù

我的分布： 主要流行于广东、广西地区

我的由来： 因主要流行于广东地区，且主要用粤语表演因此被称为粤剧

我的别称： 广府戏、广东大戏

我的故事： "睇戏睇全套，食嘢食味道。"——广东俗语

我的荣誉： 世界非物质文化遗产

我们现在听到的粤剧，基本是用粤语表演的。但在最初，唱粤剧的语言并不完全是粤语，而是粤剧的"官话"——这是一种中原音韵，比较接近桂林官话的语言，内行人管这种话叫"中州"或者"正字"。

后来，人们逐渐用粤语演唱粤剧，以"官话"为主的表演越来越少，如今仍然用官话演唱的曲目被称作"古腔粤曲"。现在我们在粤语流行的广东、广西等地能听到粤剧。据说粤剧最早发源于佛山一带，后来汇聚了珠江三角洲的各种民间音乐，形成了今天的粤剧。流传至今比较著名的粤剧剧目有《白金龙》《胡不归》《搜书院》等。

在粤剧表演中，"身段"是很重要的，不同的动作和姿态象征着人物的不同特征，站相、台步、指掌、亮相等身段在粤剧表演中都是人物性格或心情的表现，例如，花旦的台步，

粤剧是广东地区的主流戏曲，据说源自南戏

大多轻盈、灵动；小生的台步，则要走得"霸气"。粤剧表演也非常追求"硬功夫"。许多粤剧表演者身怀绝招，有的演员会甩头发，有的演员会翻筋斗，还有些演员会滑索。岭南地区分布有众多武术流派，这在粤剧的武打片段中也有所体现，从演员的拳术、打功、高台功夫中，可以看到洪拳、儒拳、蔡拳等"南派功夫"的影子。

在粤剧表演中，最初常用二弦、提琴、月琴等乐器伴奏，后来有了更多乐器的加入。粤剧也是很早开始接受西洋乐器的戏剧，表演者尝试过用小提琴、萨克斯等乐器伴奏。

粤剧表演中，常用到什么乐器？音乐家"拍了拍"你！

月琴

我国传统的弹拨乐器，起源于汉代。月琴在不断发展中，现在也被用在台湾歌仔戏中。

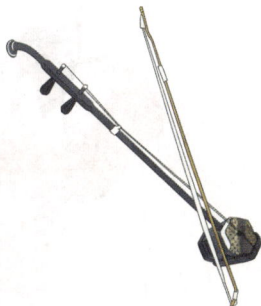

二弦

一种传统的拉弦乐器，形状和构造是与二胡类似。

木偶戏

木偶竟然也会演戏

木偶戏又叫"傀儡戏"，曾经在中国许多地方流行，但在广东、福建等地流传得更广一些，所以有"南方好傀儡"的说法。据说木偶戏兴起于汉代，到了明清时期就已经在许多地方流行。木偶戏是一种特殊的表演——演员不站在台前，而站在幕后，他们通过操纵木偶来演绎故事。

演员让木偶也会"演戏"啦

木偶也分许多种，最著名的是"提线木偶"。人们将木偶身上的关键部位连上提线，然后通过操纵这些提线来使木偶做出各种动作和造型。"杖头木偶"是提线木偶的一种，它的体型比一般的提线木偶要大一些，主要装有三条操纵线，一条支配头部和身躯，另外两条牵动双手。

此外，还有"布袋木偶"，这是一种体型较小的木偶，主要靠艺人用双手托举来完成各种动作表演，比较经典的是漳州布袋木偶戏。在闽南地区和广州东部地区，流行一种"铁枝木偶"，艺人通过木偶身上的铁丝来操纵木偶。在浙江南部的泰顺，还有一种特别神奇的"药发木偶"，不需要人操控，而是由火药带着跑。表演的时候，人们将各种木偶混在烟花中燃放，木偶在烟花的带动中飞舞，在当地的庙会表演中常能见到这种"药发木偶"。

木偶是如何制作而成的？

制作木偶的头是最重要的环节。首先是打坯环节，将木头加工成木偶人头的形状，木偶的头一般用樟木做。准备好白坯之后，就在上面雕刻，先在木偶的头上刻画人物的五官。刻画完之后，需要"打土"，就是用一种特制的黏土均匀地涂在木偶头的白坯上，用来遮盖住木头本身的孔洞和疤痕。打土之后，就着色——先喷出脸部整体的肤色，再用彩绘的方式细细勾勒人物的五官和表情。画完之后，就可以在木偶的头上添加胡须、头发、饰品等。

木偶穿的衣服一般都由手工绣制，师傅在衣料上绣好之后，再为这些绣片扫糨糊、加内衬，使得绣片制作的衣服能够"成型"；最后将绣片缝在一起，就做成了完整的衣服。以前的木偶衣服都是纯手工制品，如今也有一些木偶衣服是用机器绣的。

做好了木偶头和木偶的衣服，再将木偶的其他部分组合在一起，木偶基本就做好了。如果是提线木偶，就在木偶身上固定好提线；如果是铁枝木偶，就在木偶身上固定好铁丝。

土家族

敬"土王"，说"土语"

地理小辞典

我的读音： Tǔjiā Zú

我的人口： 约 958.77 万

我的分布： 在我国主要分布在湖南、湖北、贵州等地，集中生活在武陵山脉一带

我的故事： "土家山寨风俗多呀，贵客来了请上坐，先敬一碗包谷酒呀，再唱一曲敬酒歌。"——歌曲《土家族敬酒歌》

朴，以黑色、白色、青色、蓝色为主，有时候会用白色的丝帕或布料缠头。土家姑娘有一种打扮叫作"鸦鹊衣"，里面穿着白色衣服、外面套上黑色外褂，看上去就像鸦鹊的色彩。

土家人喜欢喝酒，尤其是特色的"咂酒"。制作"咂酒"会用到酒曲、青稞、大麦等各种杂粮，人们把这些食材放进坛子里，密封数年之后就能

"毕兹卡"是土家族的自称，意思是"土生土长的人"。土家族人生活的地方以山区丘陵为主，主要集中在武陵山区。这些地方气候相对温和、雨量比较充沛，适合甜菜、茶叶、油桐等多种作物生长。

土家族人喜欢穿宽松的衣服，他们用作制衣的传统布料是青蓝色的土布或麻布，又被称作"溪布"或者"峒布"。土家族人的传统服饰比较简

土家族服饰俭朴实用，比较宽松，但细节也很美丽

酿成"咂酒"。待客的时候，主人把坛子拿出来，用中空的细竹竿当"吸管"插到坛底。主人请客人上前轮流"咂酒"，大家一边吸酒一边用餐。

土家人有各种各样的歌舞。"摆手舞"最早是在祭祀活动跳的舞，现在主要是娱乐性质的舞蹈，根据舞蹈规模可以分为"大摆手"和"小摆手"。与摆手舞搭配的，还有"摆手歌"，又叫"舍巴歌"，歌词主要讲的是土家族的故事，讲述土家族是怎样一步步发展至今的。"毛古斯"是土家族的一种戏剧，表演者浑身包着各种茅草和树叶进行表演，前后跺脚、左右摇摆，口中唱着土语歌谣，通常在祭祀神明时表演。"傩（nuó）戏"是带着木头面具唱的戏，并以锣鼓伴奏，又被称作"还傩愿"。

什么是"西兰卡普"？旅行家"拍了拍"你！

"西兰卡普"是土家织锦的一种，与壮锦、黎锦、傣锦合称为"民间四大名锦"。这是一种"花铺盖"——"西兰"在土家族人的语言中就是铺盖、被面的意思，"卡普"就是花的意思。这种花铺盖，被土家族女孩用作嫁妆。制作一张"西兰卡普"需要用到各种色彩的棉线，并且用强烈的对比色来搭配，看上去非常艳丽。织锦的图案，通常是一些自然风光、人类活动场面，或者几何图形。

多彩的中华民族，五十六个民族是一家

苗族

包装在银饰中的民族

自然而然地想起她们一身光彩夺目、造型精巧的银饰，在苗族各种盛大的节日中，盛装出行的苗族女子结队成伍，一身银质饰品闪耀着清朗的光泽，远远望去如同银色的长河一般。在苗族人中，有"无银无花，不成姑娘"的说法，足见苗族对银饰的钟爱。

苗族是一个可以追溯到上古时期的民族，据说苗族人是蚩尤的后裔。苗族人主要从事农业生产，大多居住在边远山区，喜欢聚族而居，形成大大小小的村寨。人们会给村寨建设好看的大门，寨内种植常青的保寨树。苗族生活的地方通常盛产木材，所以他们的房子基本上都是用木头建造的，也有一些地方会用砖瓦盖房。

苗族是一个喜欢银饰的民族，提起苗族姑娘，很多人会

苗族银饰以大、重、多为美

苗族是能歌善舞的民族。一些地区流行"飞歌"，通常是二人或四人齐唱，嘹亮奔放。苗族地区流行着一种乐器叫"芦笙"，是由六支竹管组合而成的，在芦笙的伴奏下，苗族人跳"芦笙舞"——通常是数十个男子在前吹笙，数十名女子踏着芦笙节拍跳舞。此外，还有"板凳舞""锦鸡舞""跳坛舞"等。

苗族人相信"万物有灵"，他们崇拜枫木、竹子、蝴蝶、老鹰等自然界中的生灵。在苗族人的部落里，还流传着用于维持生活秩序的"习惯法"，这是一种约定俗成的行事规则，各种生活矛盾的解决方案都可以在习惯法中找到。这种习惯法是在没有文字的情况下口耳相传至今的。据说苗族曾经拥有自己的文字，只是后来失传了。

心灵手巧的苗族人

刺绣：苗族人非常善于刺绣。在苗族人的刺绣手法中，最著名的是"挑花"手法，又叫"数纱"，这是一种只在布料表面行针的手法。

织锦：苗族人很会织锦，苗锦非常出名。苗族人的衣服、背带、背包等，常常用苗锦制作。

蜡染：苗族世代相传的一门手艺。制作时，先用蜡刀蘸取熔蜡，在布上绘制花纹；然后，用蓝靛浸染，去蜡后，布面就显现出各种图案，通常是蓝地白花或白地蓝花。

打银：热爱银饰的苗族人，在"打银"方面也颇有一套好手艺。

侗族

在"坝子"中勤劳耕作的"黔首"

侗族是一个以农业生产为生的民族，他们非常善于种植水稻。在侗族人生活的地方，有许多天然的"坝子"，侗族人在这些地方开垦良田。高酿大坝、车江大坝、敦寨大坝等，都是出了名的"大粮仓"。

侗族喜欢喝酒，几乎家家户户都会自己酿酒。侗族人爱喝"油茶"，他们将制作油茶称为"打油茶"。制作这种油茶，需要用到茶叶、酥黄豆、炒花生、葱花、糯米饭等原料。侗族人一年四季都喝油茶，也经常把油茶作为早餐。对于侗族人来说，招待客人的最高礼节是大办"合拢饭"，顾名思义就是"合拢在一起吃饭"。有时候，整族整寨的人都会聚在一起吃饭。

侗族人爱唱歌，最著名的是"侗族大歌"。这是一种由多个声部进行

侗族人喜欢一边弹着琵琶一边唱歌

和声演唱的大歌，歌唱的内容涉及侗族人生活的方方面面，包括以讲述男女之情为主的"嘎嘛"、讲述家庭伦理的"嘎想"、讲述完整故事的"嘎吉"、模仿自然旋律的"嘎所"等。比较出名的侗族大歌歌曲有《珠郎娘美》《元东》《莽岁流美》《蝉之歌》等。

一起去侗寨看一看！
建筑师"拍了拍"你！

　　侗族人喜欢住在依山傍水的地方，他们的村落被称为"侗寨"。侗寨有各种规模，大寨子能住六七百户，小寨子住二三十家。在黔东南侗族地区，最大的侗族村寨是肇兴侗寨。

　　侗寨里的建筑一般是木头房子，临水或者修在陡坡上的房子可能会根据地形建起吊脚楼。这些楼房一般是楼上用来住人，楼下用于圈养牲畜或者堆放杂物。侗寨中最与众不同的建筑，可能是"鼓楼"。一般每个村寨都有一两座鼓楼，大一点的寨子可能会有好几座。鼓楼的一层设有火塘，还有围着火塘的长凳；楼上一层层的屋檐，是用来做装饰的。人们聚众讨论大事、逢年过节举办庆典，或者平日里闲暇憩息，都会聚在鼓楼。此外，侗寨中还有戏台、禾仓等各种设施。

壮族

中国人口最多的少数民族

地理小辞典

我的读音：Zhuàng Zú

我的人口：约 1956.85 万

我的分布：在全国各地均有分布，主要集中在广西

我的故事：多谢四方众乡亲，我今没有好茶饭，只有山歌敬亲人。——电影《刘三姐》插曲

凰的花纹，凤凰在壮族人的眼中是吉祥的象征。

壮族人有自己的歌曲和舞蹈，"三月三"是他们的歌节，每年的这个时候壮族会举行自己的民歌集会，还有专门用于赛歌的地方，叫"歌圩"。壮族人的歌内容丰富——生活、劳作、

在我国众多少数民族中，壮族是人口最多的一个民族。他们在全国各地都有分布，主要分布在我国南方地区。

壮族人很擅长栽培水稻，他们会将稻米加工成各种各样的食品，例如米粥、米粉、米糕、粽子等。壮族人的手很巧，他们会编织各种工艺品，比较出名的是"壮锦"，主要的用材是棉纱和丝绒。壮锦可以用来做服装、挎包、床毯等。有一种说法叫作"十件壮锦九件凤"，是说壮锦上常常出现凤

壮族服饰的特点是风格别致、色彩艳丽

广西壮族自治区是壮族的主要分布区，在广西西北和西南地区的
百姓仍保留着穿壮族服饰的习惯

历史、爱情；他们还用唱歌来打谜语、猜谜语。著名歌手"刘三姐"，是传说中壮族人的"歌仙"，创作了许多广为流传的民谣。壮族的舞蹈有"采茶舞""扁担舞""春堂舞"等，这些舞蹈都源自壮族人平时的劳动生活。壮族有一种流传上千年的壮族乐器叫作"天琴"，是一种弹拨乐器。传说，壮族的祖先妈勒弹着天琴去找太阳，在寻找太阳的途中抚养出生的孩子，孩子在妈勒去世之后继续完成母亲的使命，这就是《妈勒访天边》的故事。

铜鼓最早不是打击乐器，而可能是一种用来饮水的器物，后来逐渐被人们当作乐器，并用在军事、祭祀等各种场合。以前的铜鼓可能是一种权力的象征，但后来又回归到民众之中，变成了百姓也可以把玩的器物。壮族人制作铜鼓已经有上千年的历史了。"北流型铜鼓""灵山型铜鼓""冷水冲型铜鼓"这几种经典的铜鼓，据说都是由壮族人创造的。广西迄今出土了上千面壮族人制作的铜鼓，形态各异，小的有二三十公斤重，大的有数百斤重。其中许多铜鼓上刻有青蛙、乌龟、飞鸟等动物形象。

瑶族

响当当的"长寿民族"

地理小辞典

我的读音：Yáo Zú

我的由来：瑶族人擅长制作瓦器、陶罐，最早的瑶族被称为"窑民"，后来就用"瑶"来称呼他们了

我的人口：约330.93万

我的分布：在我国主要分布于广西、湖南、广东、云南、贵州、江西等地

瑶族人特别看重服饰，生活在不同地区的瑶族人爱穿的衣服也不一样。就拿裤子来说，许多地方的瑶族男人爱穿蓝色、黑色的长裤；也有爱穿白色灯笼裤的；还有些地方的瑶族男人，传统的下装是黑色红边花裙。生活在不同地方的瑶族妇女，有的喜欢穿裙子，有的喜欢穿裤子。

瑶族是一个居住在山里的民族，他们的村落往往建在山林中，分布在有山有水的地方。瑶族也有很多分支，有"蓝靛瑶""白裤瑶""盘瑶""过山瑶""茶山瑶"等，这些名称有一些和他们生活的地区有关，有一些和他们的生活习惯有关。瑶族人自古以来善于狩猎，一些地区的瑶族人主要以游猎为生，也有很多地区的瑶族人主要从事农业生产。

据说，瑶族是古代东方"九黎"中的一支

瑶族人心灵手巧，尤其擅长刺绣、织染、编织等技艺。瑶族人很早就掌握了很先进的织染技艺，早在宋代他们就已经会用蓝靛和黄蜡在白布上染花，这就是"瑶斑布"。瑶族人还会用竹藤制作竹筐、竹帽、藤箱等各种生活用品。

瑶族的传统节日，你听过哪些？

盘王节：瑶族最盛大的节日，时间为农历十月十六，但并不是每年都过，要视具体的收获情况等来定。节日期间，人们宰鸡杀鸭、盛装打扮，祭祀盘王、为盘王而歌舞，还会举行"请圣""流乐"等许多盛大的仪式。

歌堂节：又叫"耍歌堂"，是一个庆祝丰收的节日，也是瑶族青年对歌的节日，一般在秋天举行，每三年到五年举行一次，其间，有"游神大典""过州过府""枪杀法真"等各种活动。

达努节："达努"在瑶族的语言中是"不要忘记"的意思，这个节日主要是为了纪念瑶族始祖"祖娘"密洛陀。这一天，人们打扫村寨、祭祀祖娘，为祖娘击鼓欢歌。

牛节：对于惯用牛力的瑶族人来说，牛是一种非常重要的牲畜。在瑶族人的传说中，每年夏历四月初八是牛的生日，这一天人们禁止用牛，并且要拜牛神。

黎族
用拉丁字母创造文字

我的读音： Lí Zú

我的人口： 约 160.21 万

我的分布： 在我国集中分布于海南省，贵州省等地也有分布

我的故事： "生黎隆冬时取树皮捶软，用以蔽体，夜间即以代被。"——（清）张庆长《黎岐纪闻》

海南岛最早的居民，主要就是黎族人。黎族人居住的地方雨量充沛、土壤肥沃，盛产杧果、香蕉、菠萝等各种水果，全年都能够种植玉米、番薯等作物，甚至有些地区水稻可以达到一年三熟。

黎族人心灵手巧，尤其擅长纺织、刺绣。"踞腰织机"是黎族人用于纺织的工具。黎族人在织布的时候绑着腰带席地而坐，只需要双脚踩踏织机经线木棍，就可以完成纺织。

这种工具操作起来比较简单，构造也很简单，只是由几根木棒、木刀、小竹杆等组成，但却已经拥有现代织机的基本功能。

黎族人喜欢聚居，他们的传统住所是茅草房子，或者是用竹子和泥巴

黎族有一种叫「鼻箫」的乐器，用鼻子演奏

混合盖成的房子。黎族人长到 13 岁后，会自己或者在家人的帮助下搭建一个小房子，独自居住，这种小房子名叫"隆闺"。

这些黎族人的乐器，你听过吗？音乐家"拍了拍"你！

黎族人特别善于用自然中的竹木、兽皮等，手工制作乐器。

鼻箫

一种主要用鼻子吹奏的古老的管乐器。

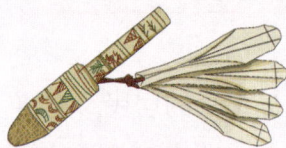

口弓

也叫"口弦""口簧"，是一种弹拨和吹气相结合演奏的乐器。

独木鼓

一种古老的打击乐器。

嵩山

绵延逶迤，嵩山如卧

嵩山地区位于中华文明发祥的重心，嵩山北瞰黄河、洛水，南临颍水、箕山，东临八朝古都开封，西连十三朝古都洛阳。《诗经》中说"崧高维岳，峻极于天"，这里既有险峻的地势作为屏障，又能够四通八达。

嵩山地区有远古时代原始人类活动的足迹，还流传着各种与"三皇五帝"相关的故事。武则天登嵩山之后，这里被当作"中岳"，位列五岳。

关于嵩山，最广为人知的也许是充满传奇色彩的武术圣地——少林寺。少林寺始建于北魏，距今已有1500多年的历史。少林寺的古代建筑历史悠久，其中一部分曾毁于战火，战事过后又加以重建、修整和保护，才有了我们今天看到的少林寺。

嵩山主要由太室山与少室山组成

少林寺被誉为"天下第一名刹"，是中国功夫的发祥地，
也被列为世界文化遗产

关于少林寺的修建，流传着一种说法：北魏孝文帝是一个特别崇信佛教的皇帝，他"善谈老庄，尤精释义"。印度高僧跋陀，是一位精通佛法的高人。他背井离乡，周游各国，最终来到孝文帝身边，孝文帝非常厚待他。但由于跋陀来中国是为宣传佛法，所以他不安于宫中的日子，总在寻找自己理想的传道场所。

孝文帝发现跋陀喜欢幽静、偏僻的地方，并且屡屡前往嵩山一带，便依跋陀的心愿，敕令在嵩山支脉的少室山阴，为他建造了一座寺庙，让他在那里翻译佛经、广收门徒、传播佛法。因寺院建于少室丛林中，所以命名为"少林寺"。

嵩山虽然因佛教名声在外，但它并不只是佛教圣地，山上的中岳庙，自古被称作"道教第六小洞天"。位于嵩山南麓的"嵩阳书院"是宋代四大书院之一，是宋明理学教育的中心地之一，宋明理学的创始人程颐、程颢等儒家大师曾经在这里频繁地进行讲学活动。

赫赫有名的"少林武术"，你了解吗？

　　和嵩山少林寺一样出名的，还有少林的功夫。根据清代《少林寺》中的解释，禅宗之祖达摩，最早本无心于"拳术"，只因为整天修行冥想，长期盘膝静坐，肢体麻木困顿，不得不经常起身活动四肢、舒展筋骨。于是，达摩创造性地将鸟兽虫鱼飞腾、跳跃、游弋、滑翔等多种姿势融合到动作中来，逐渐形成一套健身养性的少林拳的雏形，并将它们刻成壁画，令僧徒演习，这可能就是最早的"少林武术"了。后来，少林武术成为中原武术中流传范围最广、历史最悠久、拳种最丰富的武术门派。

少林武术

龙门石窟
精湛卓绝的千年佛窟

地理小辞典

我的读音： Lóngmén Shíkū

我的位置： 位于河南省洛阳市南郊伊水岸边的龙门山和香山崖壁上

我的由来： 被凿刻在龙门山的崖壁上，所以称为龙门石窟

我的故事： 龙门石窟中的造像，多数是皇家贵族建造的，武则天根据自己的容貌派人雕刻了卢舍那大佛

我的荣誉： 中国石刻艺术的"里程碑"，皇家石窟

在中国各大石窟中，龙门石窟的窟龛是最丰富的。龙门石窟主要开凿于北魏到北宋期间，从南宋到清朝也陆陆续续有凿刻，延续了 1400 余年。这一带之所以叫"龙门"，是因为这里有一片险要的峡谷，东、西两山互相对峙，伊水从两山之间淌过，看上去就像一扇门。

龙门石窟就修建在两山的峭壁上，这里的岩体石质很适合用来雕刻。到现在，龙门石窟仍然存留着超过 2000 个窟龛、10 万尊造像。这些造像中除了有各种菩萨、观音等佛教中的形象，还有许多皇家贵族按照自己容貌雕刻的塑像。在龙门的一系列洞窟里，最大的一个窟叫作"奉先寺"，它是唐代风格的代表。

在书法方面，龙门石窟也藏着许多精华。在一些洞窟里，许多佛龛造像配有题记，清楚地记载着造像者的姓名、造像时间，有的还留下了造像背后的故事。从这些题记里面，能找到许多书法佳作。清代的"龙门二十

魏碑：指南北朝时期北朝的碑刻书法作品。现存的魏碑书体都是楷书，因此有时也把这些楷书碑刻作品称为"魏楷"。

品"，讲的就是龙门石窟里的 20 个造像题记，这些都是来自北魏的书法作品，属于"魏碑"的佳作。龙门二十品中，有十九品都位于开凿最早的古阳洞，还有一品位于慈香窟。

龙门石窟位于中国河南省洛阳市南郊伊水两岸的龙门山和香山崖壁上

神农架
中国冰川时期的"诺亚方舟"

地理小辞典

我的读音：Shénnóngjià

我的位置：位于湖北省西北部

我的由来：据说是因为山高壁陡，神农氏只能搭架攀爬，因此得名

我的别称：中国天然氧吧

我的故事："神龙架，县境第一高山也。" ——《兴山县志》

我的荣誉：世界遗产

位于湖北、重庆交界处的神农架，曾经是我国东部最大的原始森林。神农架的南部靠近长江，北部面对着武当山，是大巴山脉和秦岭山脉交界的地方。被称为"华中第一峰"的神农顶，是湖北省最高的一座山，海拔3106.2米。别看这里现在是一片大山森林，其实在远古时期，这里曾经是一片汪

神农架是一个与神农传说息息相关的地方，这里的原始森林是许多珍稀动植物的家园

洋大海。后来，在燕山运动和喜马拉雅运动的影响下，这里的地面逐渐抬升起来，形成了多级台地的地形。

"神农架林区"也是中国唯一用"林区"命名的行政区划。神农架国家级自然保护区位于神农架林区的西南部，处在长江和汉水之间。

神农架与神农氏的传说有关，据说这里是古代神农氏尝百草、授耕田的地方。"神农架"这个名字的由来，据说是这里山高壁陡、不便攀爬，即使是神农氏也只能搭架子爬上去。山势高峻的神农架地区，生活着金丝猴、金钱豹、毛冠鹿、红腹锦鸡等各种珍稀动物，生长着珙桐、连香树、水青树等珍稀植物。

你知道吗？许多"白化动物"生活在神农架！动物学家"拍了拍"你！

人们在神农架发现过许多"白化动物"，如白麂、白熊、白猴、白蛇等。在中国，神农架几乎是发现白色动物最多的地方。人们猜测是因为正常状态下白化动物在自然界中的存活率相对较低，所以平时在其他地方看到得比较少，但是由于神农架一带的生态环境较好，并且处于食物链顶层的食肉动物并不算多，所以即使是白化动物也能够很好地生存下来。

武当山

天下第一仙山

中国有四大道教名山，分别是武当山、龙虎山、齐云山、青城山，武当山是其中之首。它还有一个名字叫"谢罗山"，因为东晋时期，有一个"谢罗公"——谢允，曾经辞掉罗县县令的官位，跑到这里来隐居。在明代，武当山被认为是"大岳""玄岳"，地位比"五岳"还要高。武当山的主峰叫"天柱峰"，周围还有"七十二峰""三十六岩""二十四涧"等众多山峰、山涧环绕，看上去颇为壮观，被人们誉为"万山来朝"。

武当山拥有壮观的古建筑群，它们现在已经被列入世界文化遗产。在唐太宗贞观年间，这里就开始兴修建

传说中，张三丰曾在武当山一带开创"武当派"

筑；到明代，达到了鼎盛。一些建筑至今保存较好，主要有"太和宫""南岩宫""紫霄宫""遇真宫"四座宫殿、"玉虚宫""五龙宫"两处宫殿遗址，此外还有大大小小的庵堂寺庙。其中规模最宏大的是紫霄宫，里面的紫霄殿是一座木构宫殿，供奉着玉皇大帝的塑像。太和宫里的古铜殿是中国最早的铜铸木结构建筑，而金殿是中国现存最大的铜铸镏金大殿。现在，这些知名的宫殿都已经被列为重要的文化遗产了。

这些源自武当山的特产，你听过吗？旅行家"拍了拍"你！

武当蜜橘

产自湖北省丹江口市，这里属于北亚热带季风气候，四季分明，降水充足，这里的土壤适宜粮食和蜜橘种植。

武当榔梅

产自湖北省丹江口市，是武当山上生存多年的本土物种，最早可以追溯到北宋时期。

武当道茶

产自湖北省十堰市，分布在秦岭余脉、武当山和大巴山系，与西湖龙井、武夷岩茶、寺院禅茶同为中国四大特色名茶。

武当豆

又叫雪豆，是一种营养丰富的蔬菜。

黄鹤楼

登黄鹤楼，楚天极目

地理小辞典

我的读音： Huánghèlóu

我的位置： 位于湖北省武汉市蛇山之巅

我的由来： 传说中有仙人曾驾鹤途经这里，所以叫"黄鹤楼"

我的故事： "城西临大江，江南角因矶为楼，名黄鹤楼。"——（唐）李吉甫《元和郡县图志》

黄鹤楼上视野开阔，可以一览长江之滨的壮美景象，因此文人骚客喜欢在黄鹤楼上创作，其中不乏我们熟悉的李白、杜牧、孟浩然等诗人，他们在这里创作出来的诗句流传千古。黄鹤楼曾屡次遭到各种破坏和损毁，又屡次重新修缮，我们现在看到的黄鹤楼已经不是最初的那座黄鹤楼了，

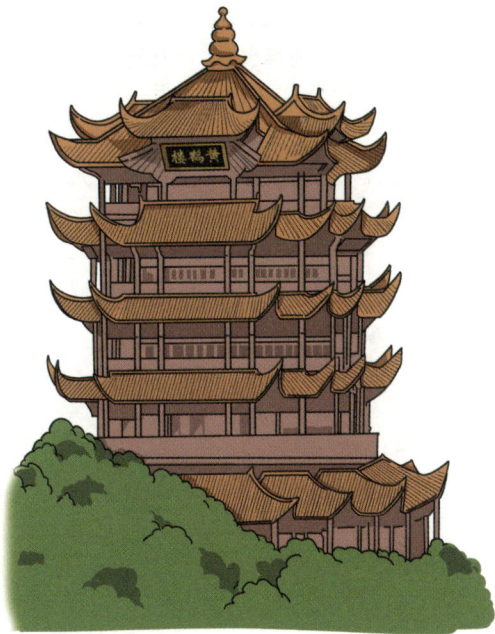

位于武汉市武昌区的黄鹤楼，与湖南岳阳的岳阳楼、江西南昌的滕王阁齐名，被称为"江南三大名楼"。黄鹤楼的历史非常悠久，从三国时期就开始建造了。然而，在当时，黄鹤楼只是夏口城城角的一座"军事楼"，是用来战事防卫和瞭望的。三国归晋统一之后，这里终于远离战乱，也不再需要这样的"军事楼"了。于是，这座闲置的"军事楼"就逐渐成为人们游乐赏景的去处。

如今的黄鹤楼是武汉市的标志性建筑

而是在 1985 年更换地址重新修建的。现在的黄鹤楼从平面上看是四边套八边形，寓意"四面八方"。远远看去，楼檐的形状好像展翅欲飞的黄鹤。酷似黄鹤的样子、有关黄鹤的动人传说，这些都是"黄鹤楼"这个名字的由来。

古诗词中的黄鹤楼，你听过哪些？诗人"拍了拍"你！

故人西辞黄鹤楼，烟花三月下扬州。孤帆远影碧空尽，唯见长江天际流。

——（唐）李白《黄鹤楼送孟浩然之广陵》

君为珠履三千客，我是青衿七十徒。礼数全优知隗始，讨论常见念回愚。黄鹤楼前春水阔，一杯还忆故人无。

——（唐）杜牧《送王侍御赴夏口座主幕》

昔登江上黄鹤楼，遥爱江中鹦鹉洲。洲势逶迤绕碧流，鸳鸯鸂鶒满滩头。滩头日落沙碛长，金沙熠熠动飙光。舟人牵锦缆，浣女结罗裳。月明全见芦花白，风起遥闻杜若香。君行采采莫相忘。

——（唐）孟浩然《鹦鹉洲送王九之江左》

一双芒鞋一橐诗，等闲西上欲何之。青原山下家虽远，黄鹤楼前笛未吹。秋壑最宜秋到后，月窗当趁月明时。问君如见调羹手，说寄梅花寄阿谁。

——（宋）宋伯仁《送庐陵王月窗秀才之武昌谒秋壑贾侍郎》

恩施大峡谷

这里有"地缝"，也有"天坑"

地理小辞典

我的读音： Ēnshī Dàxiágǔ
我的位置： 位于湖北省恩施土家族苗族自治州恩施市屯堡乡，地处湘、渝、鄂三省市交界处
我的由来： 位于湖北恩施，所以称为"恩施大峡谷"
我的别称： 沐抚大峡谷

恩施大峡谷位于湖南、重庆、湖北三省市交界的地方，位于清江岸畔，是清江大峡谷最险峻、最复杂的一段。恩施大峡谷中地形的复杂程度，可能远远超过我们的想象。据说在恩施大峡谷，我们可以看到喀斯特地貌的各种形态，峰柱、天坑、地缝、竖井、石林、溶洞等。其中还有许多与地面几乎垂直的绝壁，甚至还有罕见的"多面绝壁"。

在上亿年前的远古时代，这里还是一片海洋，大量的石灰岩沉积在这里。后来由于地壳运动，这里抬升起来，形成了许多褶皱山。在风力、流水等各种外力的作用下，形成了我们如今看到的壮美的喀斯特地貌。

在峡谷中，藏着非常庞大的暗河

悬崖绝壁、天坑地缝、瀑布天桥……在恩施大峡谷中能看到许多奇异的景观

体系，地下暗河的长度加起来超过 70 千米。有一条龙桥暗河一直延伸到重庆奉节，这可能是世界上最长的一条暗河。暗河之上分布着一些竖井，看上去特别像新疆地区的"坎儿井"。这些在世界上都比较罕见的岩溶地貌，在恩施峡谷内却处处可见。

你知道什么是暗河吗？

　　"暗河"是一种喀斯特现象，又被称为"地下沟""阴河"，它主要是由地下水汇集而成的地下河道。暗河的形成，以溶蚀作用为主。地面的河流潜入地下后，形成"伏流"，伏流将可溶性岩石穿透，形成河道，这样就形成了暗河。暗河通常形成于高温多雨的地区，尤其是在热带、亚热带的气候环境里。中国有许多暗河主要分布于南方地区，仅在广西、贵州、云南、四川、湖北、湖南等地的岩溶地区中，就有 2000 多条地下河。

衡山

"云起峰流"的雾里圣山

地理小辞典

我的读音： Héng Shān

我的位置： 位于湖南省东南部

我的由来： 对应星宿二十八宿中的轸（zhěn）星，可以像衡器一样测量天地的平衡，所以称为"衡山"

我的别称： 南岳

我的故事： "南岳为天南巨镇，上应北斗玉衡，亦名寿岳。"——（清）康熙《重修南岳庙碑记》

位于湖南省湘江西岸的南岳衡山，正是"福如东海，寿比南山"这句祝词中所提到的"南山"，是五岳之中的"寿山"。最早将衡山与长寿联系起来的记载，也许是《诗经·小雅》中的"如月之恒，如日之升，如南山之寿"。在衡山，与"寿"有关的景点名称比比皆是，像"万寿宫""寿涧桥""延寿亭"等；在南岳大庙中，

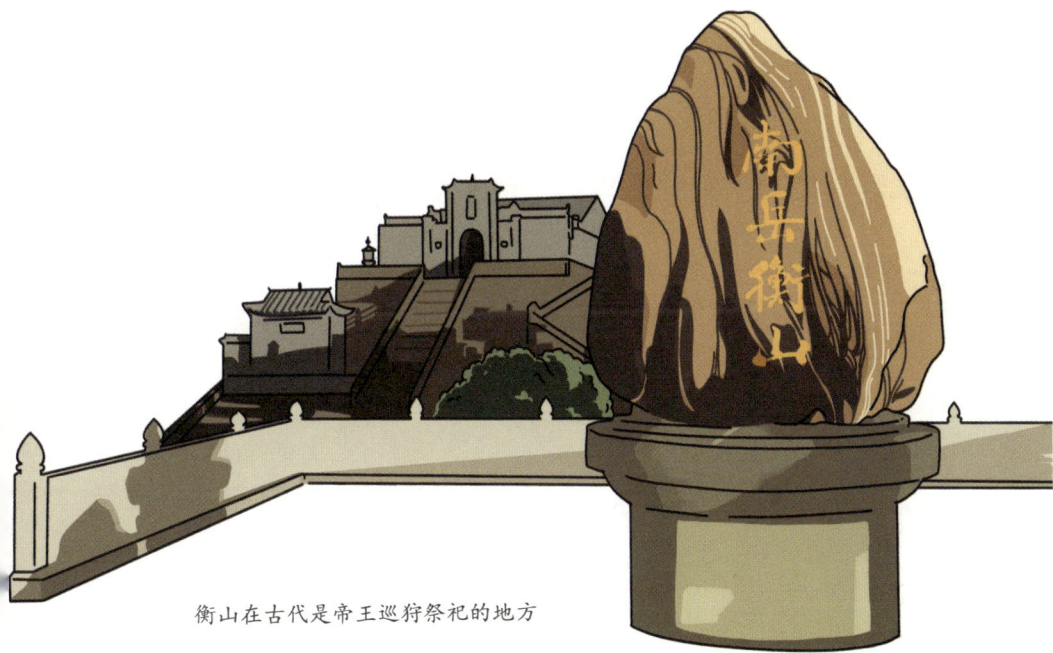

衡山在古代是帝王巡狩祭祀的地方

到处都刻着或书写着形状各异的"寿"字。

衡山有七十二座峰，"祝融峰"是其中最高的一座。祝融氏是传说中的"南岳圣帝"，是民间崇拜的火神，也是衡山的山神。传说，上古时期的祝融被黄帝委派镇守衡山，他在这里教授人们用火方法，在部落中传播智慧。岳麓山是南岳七十二峰中的尾峰，中国古代"四大书院"之首的岳麓书院就在岳麓山脚下。

衡山处在亚热带季风气候区，拥有分明的四季。这里气候湿润、光照充足，很适合植物生长。在衡山，我们能见到南方红豆杉、香樟、香果树等植物，还能寻找到果子狸、穿山甲、虎纹蛙等珍稀动物的踪迹。

中国的"四大书院"，
你听过吗？
旅行家"拍了拍"你！

白鹿洞书院：位于江西九江庐山五老峰下面的山谷中，朱熹曾主持修复白鹿洞书院并制定著名的《白鹿洞书院揭示》。

岳麓书院：位于湖南长沙岳麓山抱黄洞下，由宋代朱洞创建，朱熹曾在这里讲学。

应天书院：位于河南商丘西北方向，范仲淹曾在此讲学。

嵩阳书院：位于河南登封，程颢、程颐兄弟曾在此讲学。

武陵源

丛生的大峰林与大峡谷

华中地区：这里的景观多种多样

地理小辞典

我的读音： Wǔlíngyuán

我的位置： 位于湖南省张家界市中部地区

我的故事： "居人共住武陵源，还从物外起田园。" ——（唐）王维《桃源行》

武陵源位于湖南省的西北部，是一片聚集了奇峰异山的"群山乐园"，处处可见典型的石灰岩喀斯特地貌。在有云雾的时候，远远看去，武陵源如同仙境一般，雾气缭绕、云海翻腾。《西游记》《红楼梦》《捉妖记》《阿凡达》等很多影视剧都曾在这里拍摄取景。我们现在说的武陵源，主要包括张家界国家森林公园、天子山自然保护区、索溪峪自然保护区等。

武陵源地区的地层主要由石英砂岩和石灰岩组成，这些地层以上的部

在武陵源，我们能看到千姿百态的峰丛和神秘的原始森林

分曾经属于海洋，在燕山运动中被抬升起来，后来，在以河流侵蚀为主的外力作用下，这里形成了各种各样的峰林和峡谷，以及溶洞、竖井、落水洞、地下河等喀斯特景观。在崎岖的地形环境和优良的气候条件下，武陵源成为动植物的天堂。在这里，我们能找到珙桐、南方红豆杉、杜仲、伯乐树等植物的身影，还能找到云豹、苏门羚、黑熊等动物的踪迹。武陵源一带很早就有人类居住了，这里世代生活着白族、苗族、土家族等少数民族。

什么是"张家界地貌"？旅行家"拍了拍"你！

"张家界地貌"是一种特殊的砂岩地貌，主要是由石英砂岩形成的，因为分布在张家界一带而得名。我们看到的张家界地貌景观，以棱角平直、体型高大的石柱林为主，还包括石墙、方山、天生桥、深切嶂谷等地貌景观。在张家界地质公园中，分布着数千座形态各异的峰柱。

张家界地貌是一种独特的砂岩地貌，这里有奇俊秀美的山岳景观

橘子洲

你见过"江天暮雪"的景象吗

地理小辞典

我的读音： Júzizhōu

我的位置： 位于湖南省长沙市岳麓区湘江中心

我的由来： 小洲上种满了橘子树，所以被称为橘子洲

我的别称： 桔子洲、桔洲、橘洲、水陆洲

我的故事： "桃源人家易制度，橘洲田土仍膏腴。"——（唐）杜甫《岳麓山道林二寺行》

橘子洲是一条狭长的沙洲，位于湘江的中央。人们称它为"橘子洲"，主要是因为小洲上种满了橘子树。橘子洲广为人知，主要是因为毛主席的一句词——"独立寒秋，湘江北去，橘子洲头"。在这首词中，毛主席曾经发出"问苍茫大地，谁主沉浮"的感慨。这条小洲确实和毛主席之间有着深深的渊源，中华人民共和国成立之后毛主席仍然经常到这里来。在望

橘子洲位于湘江的中心，是湘江下游众多冲积沙洲中面积最大的沙洲，这里有全国最大的毛主席雕像

江亭的北面有一座雕像，是毛泽东青年时期的形象，这也是目前国内最大的伟人艺术雕像。

据说，从前橘子洲还分为上洲、中洲、下洲，分别叫"牛头洲""水陆洲""傅家洲"。这附近曾经流行一种说法，叫作"三洲连，出状元"，是说这里的几个洲很少能连起来，除非水位极低的时候。但是近年来随着泥沙的淤积，三洲渐渐连起来了。清朝末年，长沙开埠，橘子洲上开始有外国人居住，并修建了一些英国、美国、日本等国商人的住宅，有些至今还保存着。在一些节日里，橘子洲上会举办精彩的焰火表演，这也是长沙最独特的风景之一。

你听过"潇湘八景"吗？
旅行家"拍了拍"你！

在国画中常见的"潇湘八景"，是指湖南省湘江流域的八大景色，最早是由沈括在《梦溪笔谈》中提出来的。

潇湘夜雨：指永州市苹岛潇湘亭，夜间下雨的场景。

平沙落雁：指衡阳市回雁峰，大雁停驻的场景。

烟寺晚钟：指衡山清凉寺，夜里钟声响起时的场景。

山市晴岚：指湘潭市昭山，江边独立一峰的场景。

江天暮雪：指长沙市橘子洲，大雪纷飞的场景。

渔村夕照：指桃源县武陵溪，夕阳下的渔村生活场景。

洞庭秋月：指洞庭湖秋天的月亮倒映在水面的场景。

远浦归帆：指湘阴县县城湘江边，行船归来的场景。

岳阳楼

北通巫峡，南极潇湘

地理小辞典

我的读音： Yuèyánglóu

我的位置： 位于湖南省岳阳市岳阳楼区洞庭北路

我的别称： 天下第一楼

我的故事： "庆历四年春，滕子京谪守巴陵郡。越明年，政通人和，百废具兴，乃重修岳阳楼，增其旧制，刻唐贤今人诗赋于其上，属予作文以记之。"——（宋）范仲淹《岳阳楼记》

岳阳楼的历史可以追溯到三国时期，它曾经是东吴将领鲁肃阅兵的地方。在唐代以前，岳阳楼主要是作为"军事楼"，扮演着瞭望和防御的角色；唐代以后，这里逐渐远离战火，成为文人墨客吟诗作赋的好去处，但它真正闻名天下，要归功于范仲淹的那篇《岳阳楼记》。这篇文章是范仲淹为被贬到岳州做知州的滕子京写

「洞庭天下水，岳阳天下楼」

的。滕子京来到岳州做官之后，重修了岳阳楼，并邀请范仲淹为岳阳楼作记，由此范仲淹写下了这篇流传千古的文章。这篇文章中最脍炙人口的当数那句"先天下之忧而忧，后天下之乐而乐"。除了范仲淹以外，李白、杜甫、白居易等许多响当当的人物都曾登临岳阳楼，在这里留下了不朽诗篇。

不过，岳阳楼在历史上遭受过多次损毁和破坏，目前我们看到的岳阳楼已经是重修过很多次的了。但人们在重修岳阳楼的时候仍然保留着清代原构的史迹。现在的岳阳楼是一座榫卯建筑，整栋楼没有使用一根铁钉。岳阳楼还是一座"盔顶建筑"——楼顶直接承托在如意斗拱上，看上去就像戴着一顶头盔。目前，岳阳楼是中国规模最大的盔顶建筑。

古诗中的岳阳楼，你听过吗？诗人"拍了拍"你！

楼观岳阳尽，川迥洞庭开。雁引愁心去，山衔好月来。

——（唐）李白《与夏十二登岳阳楼》

昔闻洞庭水，今上岳阳楼。吴楚东南坼，乾坤日夜浮。

——（唐）杜甫《登岳阳楼》

岳阳楼上日衔窗，影到深潭赤玉幢。怅望残春万般意，满棂湖水入西江。

——（唐）元稹《岳阳楼》

岳阳城下水漫漫，独上危楼凭曲阑。春岸绿时连梦泽，夕波红处近长安。

——（唐）白居易《题岳阳楼》

投荒万死鬓毛斑，生入瞿塘滟滪关。未到江南先一笑，岳阳楼上对君山。

——（宋）黄庭坚《雨中登岳阳楼望君山》

凤凰古城

风情独特的历史古城

地理小辞典

我的读音： Fènghuáng Gǔchéng

我的位置： 位于湖南省湘西土家族苗族自治州的西南部

我的由来： 据说古城有一座山，看上去很像一只凤凰，所以称为"凤凰古城"

我的故事： "凤凰营，即凤凰山，在县治西五十里。"——《湖南省志》

文先生的故乡就在这里，他曾经生活和创作的地方就位于古城中的营街，是一座典型的湘西四合院。凤凰古城是从康熙年间开始修建的，已经有300多年的历史了。

城内的街道是由青石板铺成的，"龙阁古街"是整座古城的中轴，大

凤凰古城中生活着许多民族，其中包括苗族、土家族、汉族等。沱江从凤凰古城的老城区穿过，老城区的外围是由红色砂岩砌成的城墙。凤凰古城与北方的平遥古镇齐名，被人们称为"北平遥、南凤凰"。《边城》的作者沈从

在凤凰古城中，处处可见明清时代的传统民居

大小小的石板小巷与之相连，将整座古城连通起来。在沱江岸畔坐落着一些吊脚楼，大多是清代和民国时期修建的，主要是苗族人的建筑。古城的中心有一座"虹桥"，又叫"风雨楼"，修建于明代。站在虹桥上，可以观望到整个凤凰城的景象。在凤凰古城里，还有朝阳宫、天王庙、大成殿等建筑。

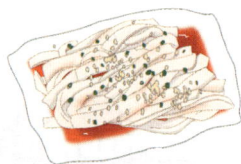

这些来自凤凰古城的美食，你听过吗？厨师"拍了拍"你！

凤凰凉粉

在凤凰古城随处可见的一道小吃，样子类似果冻，晶莹剔透，表面浇上红糖水、醋等调料，非常爽口解暑。

凤凰姜糖

凤凰传统的独家特产，已经有 200 多年的历史了，在凤凰老街能看到夸张的制作姜糖的"表演"，是用生姜、红糖等原料熬制而成的，闻着香甜，吃起来酥脆。

凤凰腊肉

传统的凤凰腊肉由柴火熏制，色彩红亮，口味香醇，肥而不腻，入口回味无穷。

血粑鸭

湖南湘西地区的特色菜之一，"血粑"由鸭血和糯米制成，再与切好的鸭子一起烹饪，血粑吃起来香甜软糯，鸭肉香辣可口。

罗浮山
神秘的山峰

我的读音：Luófú Shān
我的位置：位于广东省惠州市博罗县西北的东江边
我的由来：传说罗浮山是由"罗山"和"浮山"碰在一起形成的
我的别称：浮山、东樵山、粤岳
我的故事："粤中有四市：一曰药市，在罗浮山冲虚观左，亦曰洞天药市。"——（清）屈大均《广东新语》

"罗浮山下四时春，卢橘杨梅次第新。日啖荔枝三百颗，不辞长作岭南人。"北宋时期的大文豪苏轼，曾在罗浮山一带写下这首脍炙人口的诗歌。处在北回归线附近的罗浮山，拥有温暖的气候和充沛的降雨，因此，这里是一个盛产水果的天堂，除了让苏东坡流连忘返的美味荔枝以外，还有柑橘、橙子、柚子等。

罗浮山还有个名字叫"东樵山"，

汉代司马迁曾把罗浮山称为"粤岳"

广东佛山还有一座"西樵山"。传说，罗浮山是由"罗山"和"浮山"相撞形成的，但实际上这个说法不太可信。根据目前的研究，罗浮山是由地壳断层之后受到挤压而隆起形成的。罗浮山是花岗岩山，在风雨的侵蚀下形成了千姿百态的山峰，山峰中还分布着数不胜数的瀑布和泉水。

据说，以前的罗浮山上有"九观十八寺二十二庵"，佛教、道教人士都喜欢在这里修观建寺，但如今保留下来的已经比较少了。罗浮山上现存的古建筑中，最有名的也许是"冲虚古观"，它由东晋时期的道教理论家、炼丹家葛洪所建，至今已有 1600 多年的历史了。

七星岩

湖水相映的"北斗七星"

地理小辞典

我的读音：Qīxīngyán

我的位置：位于广东省肇庆市区北侧

我的由来：这里有七座山峰，它们的排列如北斗七星，所以称为七星岩

我的故事："借得西湖水一圜，更移阳朔七堆山。堤边添上丝丝柳，画幅长留天地间。"

——叶剑英《游肇庆七星岩》

"七星岩"是由七座石灰岩山峰组成的，它们分别叫作"阆风岩""玉屏岩""石室岩""天柱岩""蟾蜍岩""仙掌岩""阿坡岩"。据说这些山最早只是普通的山岳，在江水的冲刷之下内部的石灰岩暴露出来，进而形成了喀斯特地貌。从天空中看，它们像北斗七星一样排列在湖面上。湖面又被长长的湖堤区分为五个大湖，这就是

七星岩主要是由七座石灰岩山峰组成的

七星岩的"五湖"，也是"肇庆星湖"的由来。靠近七星岩的地方有一座鼎湖山，这是"岭南四大名山"之一，另外三座岭南名山分别是丹霞山、罗浮山和西樵山。

在这些山峰中有历代名人的石刻作品。"七星岩摩崖石刻"闻名于世，目前已经发现了500多条题刻，其中已知最早的石刻是唐朝的。这些石刻包含汉字、满文等多种文字，汉字又包括篆书、隶书、楷书等不同的字体。从内容上来看，既有诗词歌赋，也有历史记录。李邕、李绅、包拯等响当当的历史人物，都在这里留下过题词。

丹霞山
一片红色的山群

而演化为孤立的石柱。常见的丹霞地貌形态有丹霞石林、峰林、崖壁，以及各种造型的石头。

我们可能经常听说"丹霞地貌"，丹霞山这个名字就是由此而来的。丹霞山是一座位于广东韶关仁化的山，这座山是由红色的砂砾岩构成的。在

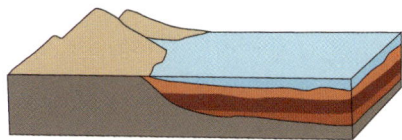

"丹霞"中的"丹"，指的是赤红的颜色。我们看到的丹霞地貌，山体往往呈现红色，这主要是岩石中高价铁或者其他矿物质的颜色。丹霞地貌是红层盆地的抬升形成的——在这些盆地里，有厚厚的红色地层。重力、流水、风力等各种外动力作用于被抬起来的红色地层，使得沟谷不断变宽，悬崖不停崩塌、后退，最终山顶越来越小，山体退化成堡状的残峰，进

湖泊沉积，铁矿物发生氧化变为红色

构造运动，岩层发生褶皱

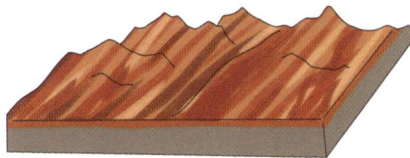

风化侵蚀，形成彩色丘陵

丹霞山主要由红色砂砾岩构成

数千万年前，丹霞山所在的位置是一块内陆盆地，有丰富的红色地层在这里沉积。后来，在流水、风力等各种外力的作用下，这些红色地层被切割成了我们现在看到的丹霞群山。

在中国，哪些地方能看到经典的丹霞地貌？旅行家"拍了拍"你！

贵州赤水：位于贵州省赤水市，这里是早期丹霞地貌的代表。

福建泰宁：位于福建省三明市，这里有规模巨大的洞穴群。

湖南崀（làng）山：位于湖南省邵阳市，这里建有"崀山国家地质公园"。

广东丹霞山：位于广东省韶关市，是"丹霞地貌"的命名地。

江西龙虎山：位于江西省鹰潭市，是我国丹霞地貌中发育程度最好的地区。

浙江江郎山：位于浙江省江山市，属于典型的晚期"高位孤峰型"丹霞地貌。

广州塔

中国最高的电视塔

地理小辞典

我的读音： Guǎngzhōutǎ

我的位置： 位于广东省广州市海珠区阅江西路

我的由来： 因位于广州市而得名

我的别称： 广州新电视塔、小蛮腰

塔身从下到上，经历了 45°的逆时针扭转，看上去非常具有动感，但也因此椭圆形弧面上的每一块三角形玻璃尺寸都不一样，要设计并建造这样一座高塔，需要很严谨的测量、计算和施工。

目前，广州塔拥有许多"世界之最"：世界上最高的旋转餐厅、世界

广州塔是中国第一高塔，又叫广州新电视塔，它高 600 米，其中塔体高 454 米，天线和桅杆高 146 米。人们用"小蛮腰"来称呼它，人们用远远看上去它确实像一束窈窕的腰枝，和一般下宽上窄的高塔相比显得非常独特。据说广州塔的设计灵感正是来源于人的髋骨，来源于人类形体的优美曲线。

仔细观察广州塔的塔身，我们能发现它主要是由两个向上旋转的椭圆形钢外壳构成的。

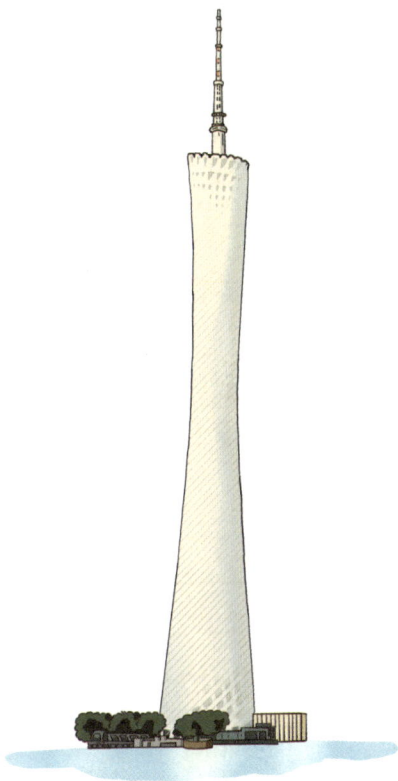

广州塔又叫『广州新电视塔』，人称『小蛮腰』

上最高的空中漫步云梯、世界上最高的横向摩天轮……现在，广州塔是广州市重要的地标。

这些世界知名的电视塔，你听过吗？旅行家"拍了拍"你！

多伦多国家电视塔：位于加拿大多伦多安大略湖畔，高553.33米。

奥斯坦金诺广播电视塔：位于俄罗斯莫斯科，高540米。

东方明珠塔：位于我国上海，高468米。

吉隆坡塔：位于马来西亚吉隆坡，高421米。

天津广播电视塔：位于我国天津，高415.2米，是一座"建在水上"的电视塔。

中国中央电视塔：位于北京西三环中路，靠近玉渊潭公园，有405米高。

德天瀑布

亚洲第一大跨国瀑布

地理小辞典

我的读音： Détiān Pùbù

我的位置： 位于广西壮族自治区崇左市大新县硕龙镇德天村，中国与越南边境处的归春河上游

我的由来： 因位于德天村而得名

德天瀑布处在中国与越南交界的地方，它是一座跨国瀑布，位于中国的一侧叫"德天瀑布"，位于越南的一侧叫"板约瀑布"。德天瀑布的落差有大约 70 米，共分为三级。瀑布约 120 米宽，当雨季到来的时候和越南板约瀑布相连，总宽度超过 200 米。

德天瀑布横跨中越两国，是仅次于伊瓜苏大瀑布、维多利亚瀑布及尼亚加拉瀑布的世界第四大跨国瀑布

德天瀑布的水流主要来自广西的归春河，它是珠江水系的一部分。在德天瀑布跌水的地方地层主要是比较抗侵蚀的白云岩，而跌水底部的地层主要是容易被侵蚀的粉砂岩、页岩等。这样一来，在流水的侵蚀下，巨大的瀑布就逐渐形成了。另外，由于瀑布跌水的地方比较平缓，所以跌下去的水流分配得比较均匀，形成的瀑布面也特别宽阔。

我国这些著名的大型瀑布，你听过吗？旅行家"拍了拍"你！

黄果树瀑布：位于贵州安顺，以水势浩大闻名，是世界上著名的大瀑布之一。

赤水大瀑布：位于贵州赤水，又被称为"十丈洞大瀑布"。

壶口瀑布：位于山西临汾和陕西延安之间，是世界上最大的黄色瀑布。

黑龙潭瀑布：位于河南尧山，又被称为"九曲瀑布"。

三峡大瀑布：位于湖北宜昌，又被称为"白果树瀑布"，处在长江三峡西陵峡口，以"飞泉"闻名。

太平山
香港岛上最高的山峰

地理小辞典

我的读音：Tàipíng Shān

我的位置：位于香港特别行政区中西区

我的由来：据说是明代海盗张保仔投降之后，香港岛上的渔民希望此后能够太平，所以将此地命名为"太平山"

我的别称：硬头山、香炉峰、扯旗山、域多利山

"香港八景"中有一个景色叫"旗山星火"，其中的"旗山"就是指太平山。太平山是香港岛上最高的山峰，海拔 500 多米。太平山属于亚热带季风气候，但因为海拔相对较高，所以山上比较凉快。春天，太平山上常常有浓雾笼罩。太平山的山顶是一个适合远眺的地方，在这里可以俯瞰香港、观赏惊艳的日落景象，还可以欣赏美

位于香港岛西部的太平山，是香港岛最高的山峰，
在这里可以看到美丽的香港夜景

这些风景胜迹，当然值得一去

073

丽的维多利亚港，眺望对岸九龙的风景。人们还根据地形条件在太平山的山顶修建了许多专门用来观景的设施。

　　太平山曾经叫"扯旗山"，据说，明代嘉庆年间的大海盗张保仔曾经盘踞香港岛，把这座山当作瞭望台，看见有目标海船经过就用旗号通知山下的人出船抢劫。后来张保仔败给政府军队，举手投降了，人们希望这里从此太平，所以就把这里称为"太平山"了。以前，有一些英国人在太平山定居，在山上留下了一些像狮子亭这样的建筑。如今在太平山的山顶，还分布着香港最昂贵的住宅区。

维多利亚港

全球美丽的海港之一

地理小辞典

我的读音： Wéiduōlìyà Gǎng
我的位置： 位于香港特别行政区香港岛和九龙半岛之间
我的由来： 据说是根据当时在位的英国维多利亚女王的名字而命名的

维多利亚港是位于香港岛和九龙半岛之间的海港，北面依靠着九龙半岛，南面是香港岛，四周群山环抱。在这里可以看到各种样式的邮轮、货轮、渔船，还可以欣赏香港岛繁华的海上夜景。

维多利亚港是一个天然的良港，被誉为"世界三大天然良港"之一。这里海岸宽阔、海水较深，非常便于船只航行，而且气候温暖，不存在封冻的情况，船只一年四季都可以自由进出。因为四周环山，这里具有很好的避风条件，港内的波浪起伏很小，除非遇上强烈的热带风暴，一般情况下是不会影响船舶航行的。此外，港口附近的岛屿很多，岛屿上有高耸的山峰，非常方便船舶确定方向。

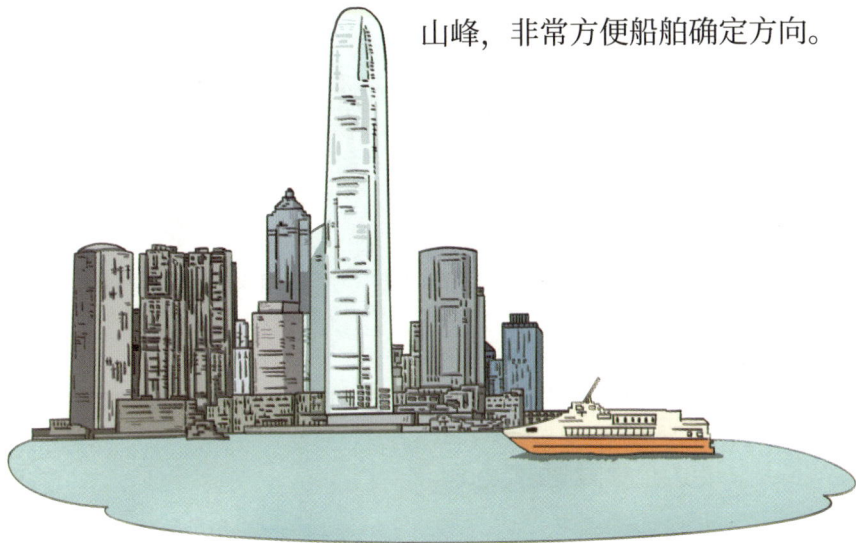

维多利亚港处在香港岛和九龙半岛之间，两岸都是香港的中心商业区

这些风景胜迹，当然值得一去

正是由于优良的天然港口条件，这里很早就受到了外国人的觊觎。清朝末期，英国人通过不平等条约占领香港，用来发展海上贸易。如今，这里仍然是全世界开放、繁华的港口之一，可以同时容纳上百艘万吨级以上的船舶。这里的船舶运输采用的是"过驳装卸"的方法，人们在港口里设置了许多系船浮筒，远道而来的货轮可以直接系在这里停靠，然后借助驳船进行货物的装卸，这样可以有效提高码头的利用率。

世界三大天然良港

中国香港的维多利亚港：位于香港岛和九龙半岛之间。

巴西的里约热内卢港：位于巴西东南瓜纳巴拉湾西南岸，特点是腹宽口窄、风平浪静。

美国的旧金山湾：位于美国加利福尼亚州旧金山，是美国主要的港口之一。

修建海港的地方，需要满足哪些条件？建筑师"拍了拍"你！

地形平坦，便于港口设施的建设；

能够为船舶提供良好的停泊条件，例如水面较宽、较深，适合抛锚；

天气状况稳定，能保证行船安全；

靠近经济条件较好、交通较为发达的城市，便于货物的交易与转运。

你还能想到哪些呢？

大三巴牌坊

这里曾是教堂的一部分

地理小辞典

我的读音： Dàsānbā Páifāng

我的位置： 坐落在澳门花王堂区炮台山下

我的由来： 本地人认为这座建筑像中国的传统牌坊，且"大三巴"是人们对圣保禄学院及教堂的称呼，所以称这里为"大三巴牌坊"

我的别称： 圣保禄大教堂遗址

澳门著名的"大三巴牌坊"其实并不是一座牌坊，而是一座教堂的前壁。我们可能难以想象，这里曾经是一座辉煌的教堂，后来在一场大火的摧残下，那些辉煌付之一炬，只留下了我们现在看到的前壁、大部分地基，以及教堂前的 68 级石阶。它看起来很像中国传统的"牌坊"，所以当地老百姓就称它为"大三巴牌坊"。

圣保禄大教堂原本是一座巴洛克式建筑，是天主教的教堂，从前这里是天主教传教的地方，也是早期在中国成立的西式大学之一。据说，当时这座教堂在整个亚洲来说都是非常宏伟的。

"大三巴牌坊"其实是澳门圣保禄教堂正面前壁的遗址

现在留下来的这面前壁，主要是由花岗岩建成的，它分为上下五层，每层雕刻的主题各有不同。澳门是一个潮湿多雨的地方，要保存好这样一座建筑并不容易，随风飘扬的植物种子一旦落进石壁缝隙里，就容易生根发芽，损害建筑。所以，为了保护这面前壁的原貌，人们需要定期处理牌坊上的杂草。

在澳门，还有哪些代表性的历史建筑？建筑师"拍了拍"你！

玫瑰堂

一座供奉玫瑰圣母的教堂。

大炮台

澳门中央炮台，当地居民称之为"大炮台"。

何东图书馆

原是香港富豪何东从葡萄牙人手中买来的别墅，何东病逝后，他的后人遵照遗嘱将这座别墅赠予澳门政府作为公共图书馆。

妈阁庙

也叫妈祖阁，是已知澳门现存庙宇中最古老的一座。

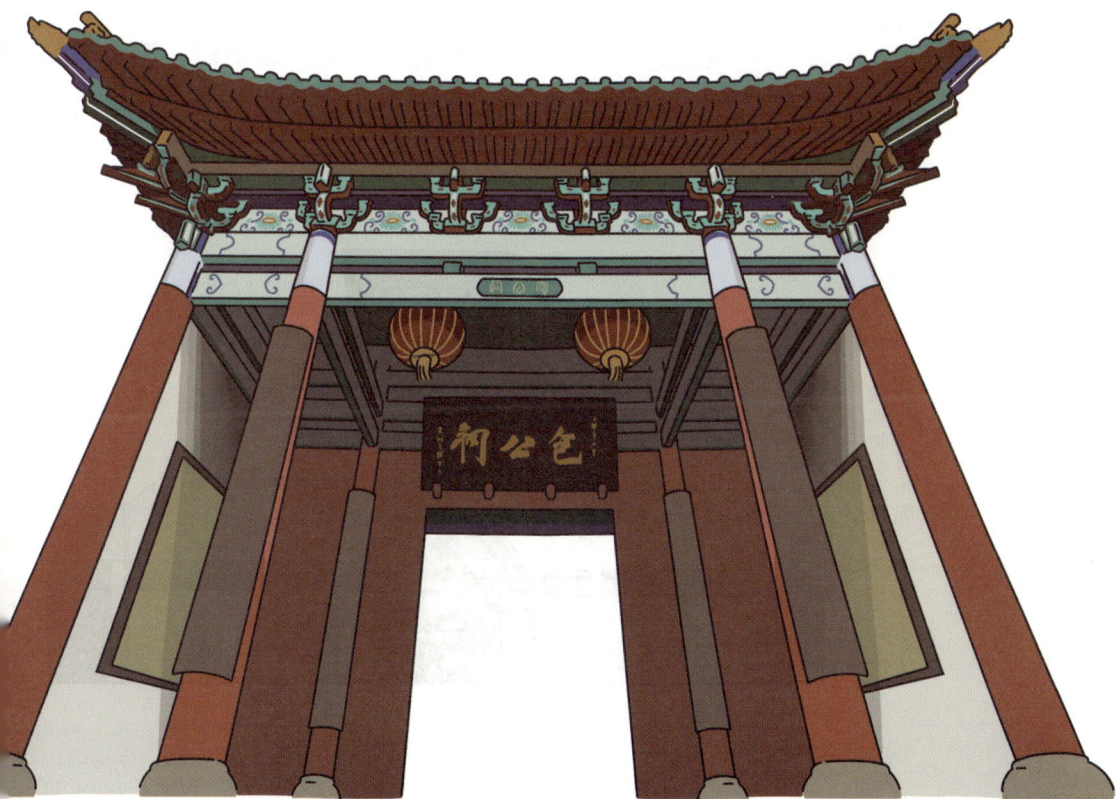

9 古今的地方面貌，听听这些城市的故事

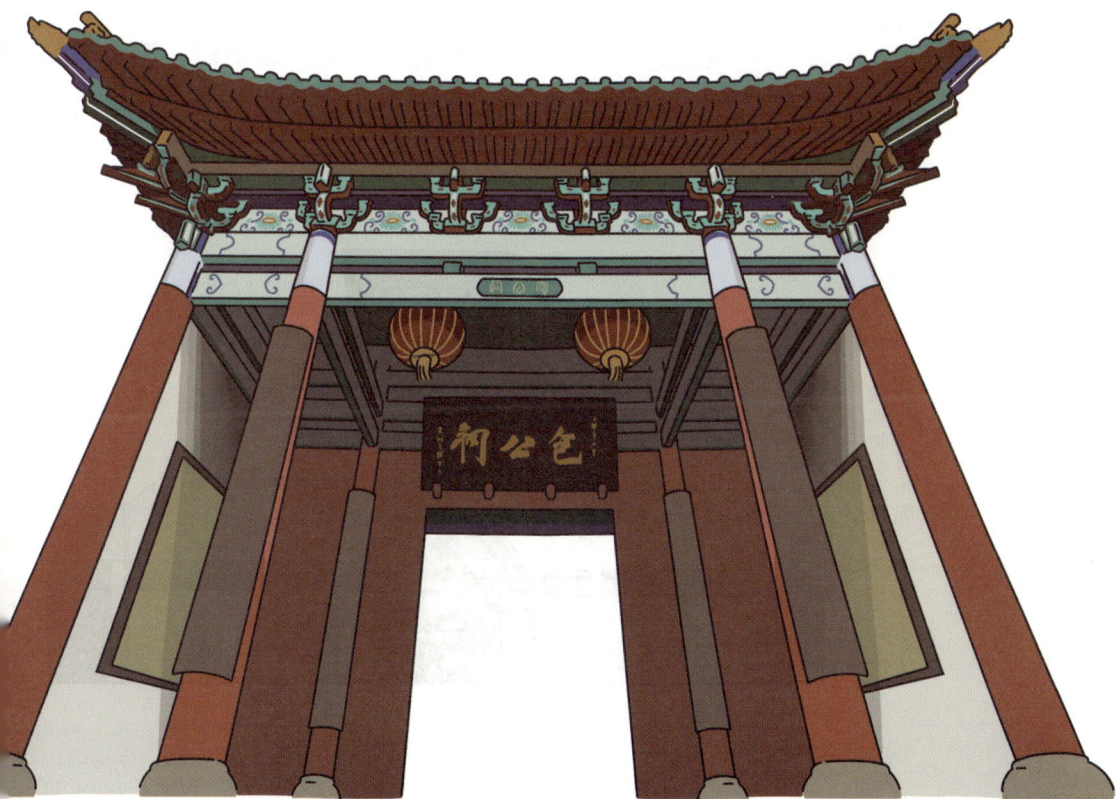

郑州市
四通八达的"铁路之城"

郑州市是河南省的省会，它北面靠着黄河、西面挨着嵩山，紧邻着开封和洛阳两大古都。郑州市横跨中国地势的第二级阶梯和第三级阶梯，整体地势西南高、东北低，但又包含着复杂的地形。郑州属于亚热带大陆性季风气候，这里的降水主要集中在夏天，冬季干燥寒冷，少有雨雪。

处于中国交通大十字架中心的郑州，是非常重要的交通枢纽。这里的铁路运输尤其发达，中国的重要铁路

河南博物院是一座国家级的综合性博物院

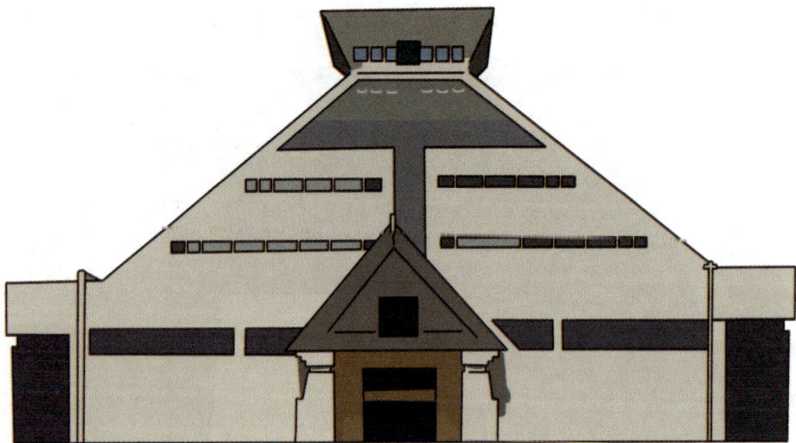

干线——陇海铁路和京广铁路，就在这里相遇。这里还交会着京广高铁、郑渝高铁等重要高铁线路，形成"米"字形的高铁网。目前，郑州已经拥有五个特等站了。

在上古"九州"之中，郑州属于豫州的一部分。据说轩辕黄帝的故乡在郑州新郑，所以这里也是华夏文明的重要发祥地。郑州还以殷商文化著称，商朝的开国之君——成汤，就曾在郑州夯土建城，营造"亳（bó）都"。如今在郑州的中心城区，我们仍然能够见到数千米长的商代城墙遗址。

特等站：中国的铁路车站按照等级分为特等站、一等站、二等站、三等站、四等站、五等站。

郑州"米字形"高铁网！建筑师"拍了拍"你！

交通极其发达的郑州市，拥有"米"字形高铁网。在这个"米"字中，"一横"是徐兰高铁，经过徐州、开封、西安、兰州等城市；"一竖"是京广高铁，经过北京、石家庄、武汉等城市；"一撇"是郑渝高铁，经过襄阳、重庆等城市；"一捺"是郑阜高铁，经过阜阳、合肥等城市；"一点"是郑太高铁，经过太原、晋城等城市；"一撇点"是济郑高铁，经过济南、濮阳等城市。

开封市

"包青天"曾坐镇这里

地理小辞典

我的读音： Kāifēng Shì

我的位置： 位于河南省东部，处在黄河下游南岸

我的面积： 约 0.62 万平方千米

我的由来： 最早名叫"启封县"，后来为了避汉景帝刘启的讳，改名为"开封县"，沿用到现在

我的别称： 大梁、启封、陈留、汴州、东京、汴京、汴梁

我的故事： "东都外城，方圆四十余里。城壕曰护龙河，阔十余丈。壕之内外，皆植杨柳，粉墙朱户，禁人往来。"——（宋）孟元老《东京梦华录》

你听过北宋画家张择端的作品《清明上河图》吗？这是一幅长达 5 米多的风俗画，描述的是北宋都城汴京东角子门内外和汴河两岸的繁华热闹景象。那时候的"汴京"，其实就是今天的开封。当时的开封是世界著名的繁华都市，人称"汴京富丽天下无"。除了北宋，战国时期的魏国，五代时期的后凉、后晋、后汉、后周等，也曾经在这里定都。虽然经历过众多王朝，但开封是世界上唯一的中轴线从来没有变动过的都城。时至今日，我们还能在开封城中看到相国寺、包公祠、禹王台、延庆观等历史建筑。

开封市处在豫东平原上，属于暖温带大陆性气候，四季分明、光照充足，气候温和、雨量较少。

这样的宝地，孕育了开封丰富多样的文化。开封是豫剧的故乡，是"祥符调"的发源地。针法独特的"汴绣"、

开封又被称为"菊城"，爱菊、种菊是开封的传统

精美的木版年画、典雅的北宋官瓷，都是开封的"宝贝"。洛阳因牡丹而著称，开封则以菊花著称。菊花是开封的市花，开封人热爱种菊、赏菊，据说开封市内种植的菊花有上千种，人称"汴菊甲天下"。世界第一部菊艺专著《刘氏菊谱》，就诞生在开封。

"包青天"和开封府的故事，你听过吗？

"开封有个包青天，铁面无私辨忠奸。"这句歌词里说的"包青天"，就是包拯——北宋时期一位清廉公正的好官，而开封府就是包拯曾经办公的地方。包拯在职期间，不畏皇权、为民申冤，勇于惩治一手遮天的权贵，擅于处理各种民间案件，将开封治理得井井有条。明察秋毫、铁面无私的包拯，被老百姓亲切地称为"包青天"。"铡美案""狸猫换太子""真假状元"等，都是包拯在开封府期间流传下来的故事。开封市的包公祠就是为纪念包拯而建的。

包公祠位于开封市向阳路，是为纪念包拯所建

洛阳市

千年古都"牡丹城"

在古代，所谓中原，是指中国的中心，而洛阳基本就是中原的中心了。洛阳连接着繁华的关中地区和丰饶的黄河下游平原地区，周围还有群山环抱形成的天然屏障，地理位置非常优越。

自周平王东迁国都至当时的"洛邑"起，洛阳漫长的建都史便正式开启：东汉、曹魏、西晋、北魏、隋唐……洛阳曾是十三个王朝的都城。在不同

位于河南洛阳的白马寺，是佛教传入中国后兴建的第一座官办寺院

的时期，它有不同的名字，东周时期人们称其为"王城"，东汉时期叫作"雒（luò）阳"，隋唐的时候称作"东都"，武周时期又叫作"神都"。至今，我们还能在洛阳城里看到二里头遗址、偃师商城遗址、东周王城遗址、汉魏洛阳城遗址、隋唐洛阳城遗址这五大都城遗址。

洛阳是一座在牡丹花中成长起来的城市。牡丹的花形，本身给人一种雍容华贵的感觉，寓意繁荣昌盛，被誉为"花中之王"。有一种说法叫作"洛阳牡丹甲天下"，在北宋年间，人们甚至直接称牡丹为"洛阳花"。洛阳人种牡丹、赏牡丹的习俗一直流传到现在，每年四五月牡丹花盛开的季节，洛阳城中就开满了各种各样的牡丹，还会举办形式多样的赏花节。

洛阳还是佛教的圣地，佛教传入中国后兴建的第一所官办寺院——白马寺便在这里，宏大的石窟群——龙门石窟也在洛阳。

洛阳又被誉为"牡丹城"

秋在水清山暮蝉，洛阳树色鸣皋烟。送君归去愁不尽，又惜空度凉风天。
——（唐）王昌龄《送狄宗亨》

洛阳城里见秋风，欲作家书意万重。复恐匆匆说不尽，行人临发又开封。
——（唐）张籍《秋思》

谁家玉笛暗飞声，散入春风满洛城。此夜曲中闻折柳，何人不起故园情。
——（唐）李白《春夜洛城闻笛》

武汉市
长江之畔的"九省通衢"

地理小辞典

我的读音： Wǔhàn Shì

我的位置： 位于湖北省东部，处在长江与汉水交汇的地方

我的面积： 约 0.86 万平方千米

我的由来： 这里是武昌、汉口、汉阳三镇的统称

我的别称： 江城

我的故事： "黄鹤楼中吹玉笛，江城五月落梅花。"——（唐）李白《与史郎中钦听黄鹤楼上吹笛》

坐落在汉水和长江交汇之处的武汉，又被誉为"九省通衢（qú）"，因为这里四通八达，具有非常便利的交通条件。具体是有多么便利呢？假如你想走水路，从武汉出发，循长江水道行进，向西你可以前往四川、重庆一带，向东可以前往江苏、浙江一带，向北可抵汉水而至河南、山西一带，向南可以从洞庭湖前往湖南、广西一带。如今进入了高铁

武汉大学历史悠久，可以追溯到清末张之洞奏请清政府创办的自强学堂，历经演变和传承

时代，武汉的高铁网络已经覆盖了大半个中国。

武汉由"武汉三镇"组成，分别是武昌、汉口、汉阳。武汉三镇的"分工"在从前是较为明确的：武昌是一座"文化小城"，各类学校汇聚于此，知名的高校有武汉大学、华中科技大学、武汉理工大学、中南财经政法大学等；汉口是一座"商业小城"，由于傍水的有利位置，通往长江上游和下游的轮船常常停泊在这里的码头上，也因此形成了繁华的商业圈；汉阳是一座"工业小城"，1890年在汉阳开办的"汉阳铁厂"和"湖北枪炮厂"是我国最早的现代重工业企业之一，如今的汉阳也仍然是工业厂商聚集的地方。

1957年，在雄踞大江两岸的龟山和蛇山之间，横跨长江的第一座长江大桥落成，打开了汉阳区和武昌区的又一条过江通道，这是中国第一座既用于铁路又用于公路的两用桥，也是武汉市的标志性建筑。在此之后，武汉仍在不断建设新的大桥，交通的便利使得三镇之间的联系越发紧密。如今的武汉三镇，职能分工已不再有明显的界限了：原为"文化城"的武昌周围办起了大型的工厂；原为"商业城"的汉口也建起了大学。

古德寺位于湖北武汉市汉口黄浦路，始建于清代光绪年间

这些武汉特色小吃，你都吃过吗？厨师"拍了拍"你！

热干面：武汉最有特色的小吃，吃热干面时最好配一碗蛋酒，或一杯豆浆或一碗酸甜的米酒，边吃边喝。只吃不喝，就吃不出热干面的极品味道了。

三鲜豆皮：用糯米和豆皮制作而成，馅里的"三鲜"主要是鲜肉、鲜蛋、鲜菇，在武汉，"老通城"的三鲜豆皮是最有名的。

面窝：称为"面窝"也许不太合适，因为它不是用面做出来的，而是将米和黄豆磨成粉制作而成的，"面窝"边厚中空、色黄脆香，是武汉人很喜欢吃的一种早餐。

糊汤粉：用鲜鱼汤煮制的米粉，和油条搭配更美味。

豆丝：将大米和绿豆磨碎成浆，在锅里摊成皮，切成丝。在湖北黄陂，"黄陂豆丝"可是家喻户晓的年夜饭之一。

欢喜坨：把糯米粉滚成圆团，再裹上芝麻，炸熟后外焦里嫩。

鸡冠饺：一种形状像鸡冠和饺子的面食在油锅里炸到金黄，就可以吃了。

荆州市

逶迤的"江陵城"

"荆州"这个名字，最早来源于《禹贡》中提到的"九州"。荆州还叫"江陵城"，这可能源于战国时期著名的将军白起在这里设置的"江陵县"。关羽因为大意失去了荆州，让很多人记住了这座城市。"大意失荆州"，是《三国演义》中很有名的一个故事。在三国时期，荆州处于魏、

荆州有个关羽祠，据说这里是关羽镇守荆州 10 余年的府邸故基

蜀、吴三国交界的位置，这里四通八达，是重要的战略地。荆州本来是吴国孙权的地盘，赤壁之战以后，刘备向孙权借来荆州，以图进攻益州。刘备攻下益州之后，孙权想要拿回荆州，但刘备又说攻下凉州之后再给，于是孙权出兵想要夺回荆州。后来陆逊用计，让当时守在这里的关羽将大量的兵马调去进攻樊城，而陆逊率领军队奇袭荆州，将荆州拿下。后来关羽败走麦城，最终被擒杀。

处在江汉平原腹地的荆州，自古以来就是一块兵家必争的好地方。这里地势总体来说比较平坦，低山和丘陵集中在西部地区。荆州处在亚热带季风气候区，拥有丰富的日照和充足的降雨，很适合水稻、玉米等多种农作物的生长。在荆州市境内分布着许多河流，例如松滋河、沮漳河、东荆河、内荆河等，它们都是长江的一部分。荆州市内还分布着大大小小许多湖泊，其中最大的湖泊——洪湖，也是湖北省最大的湖泊。

荆州古城——中国南方迄今保存得最好的古城

荆州古城墙，是中国现存的四座保存完整的古城墙之一，也是保存最为完好的南方城墙。另外，荆州古城墙还是中国现存延续时间最长、跨越朝代最多的古城墙，最早可以追溯到西汉景帝时期，距今已经有 2000 余年的历史了。这座城墙最初是由夯土筑成，逐步演变为青砖垒砌的城墙。现在我们看到的砖城高 9 米左右，周长有 10~28 千米。在中国，另外三座保存得最完整的城墙分别是山西平遥城墙、陕西西安城墙和辽宁兴城城墙。

荆州古城墙的历史，最早可以溯源到东汉

长沙市

楚汉名城，美食之都

长沙的建城历史，已经有多年了。秦代开始，这里就被设为"长沙郡"；西汉时期，这里建起了"长沙国"，马王堆汉墓就是那个时代的见证。三国时期，吴大帝孙权的父亲曾经担任长沙太守。五代时期，长沙是南楚的国都。近代，维新派的谭嗣同等人在这里兴办时务学堂，毛主席年轻的时候也在长沙求学。

湖南省广播电视中心位于湖南省长沙市开福区

爱晚亭位于湖南省长沙市岳麓区岳麓山清风峡，是「中国四大名亭」之一

湘江是长沙最重要的河流，从南向北贯穿长沙，并将其分为河东和河西两个部分。长沙总体来说是一个温和而湿润的地方，夏天很热，被人们称为"火炉"城市；冬天，这里又比同纬度的其他地区要冷一些。因为长沙处在冲积盆地之中，距离海洋比较远，冷空气过境的时候会在这里堆积，这也是夏天这里不好散热的原因。

长沙位于洞庭湖平原的南部，是一个"鱼米之乡"。在历史上，这里曾经是中国"四大米市"，主产优质稻米，还盛产茶叶、玉米、烟草等。"民以食为天"，长沙还是著名的美食之都，坡子街、南门口等小吃街每天都人山人海。除了能吃到剁椒鱼头、辣椒炒肉、浏阳蒸菜这些湘菜之外，还有黄鸭叫、灯芯糕、口味虾、嗦螺、鸭舌鸭脖等长沙美名远扬的小吃。其中长沙臭豆腐的名号最为响亮，在全国各地都能见到它的招牌。

> 南楚：五代十国时期南方十国之一，历史上唯一以湖南为中心建立的政权。
> 四大米市：是清末民初中国四个最重要的大米贸易城市，分别是安徽芜湖、江西九江、湖南长沙、江苏无锡。

你听过马王堆汉墓吗？
旅行家"拍了拍"你！

马王堆汉墓发掘于长沙市区浏阳河畔，是西汉长沙国丞相、轪侯利苍一家三口的墓葬。在这里，人们发现了 3000 多件珍贵的文物，其中包括各种做工精良的漆器、精美的丝织衣物，还有神秘的彩绘漆棺，以及记载着历史故事和科学技术等内容的珍贵帛书。

在这里还发现了一具来自 2000 余年前的女尸——辛追夫人，她是利苍的妻子。她的遗体在发掘时，仍然形体完整、全身润泽，一些关节还能够活动，令人惊叹！

云纹漆匜

古人的盥洗用具，先秦时期，贵族在祭祀、宴饮前都有沃盥之礼，"沃盥"就是浇水洗手的意思，这种礼仪开始于西周中后期，到东周时期盛行，在马王堆汉墓中出土了这件文物，说明汉初的贵族仍在用这种礼仪。

"冠人"男俑

马王堆汉墓中出土了近 300 个木俑，他们代表着家吏和奴婢，有不同的等级和分工。这个"冠人"男俑是其中之一，出土时，他的身后跟随着几十个彩绘木俑，他的鞋底刻有"冠人"二字，所以应该是墓主人的贴身侍者，管理着众多奴婢。

歌舞俑

两汉时期，贵族的宴饮总有歌舞来助兴，因此在马王堆汉墓中，出土了大量歌舞乐俑。

广州市
中国的"南大门"

地理小辞典

我的读音：Guǎngzhōu Shì

我的位置：位于广东省中南部地区、珠江三角洲北缘

我的面积：约 0.74 万平方千米

我的由来：三国时期，孙权将当时的"交州"分为"交州"和"广州"两个部分，"广州"的名字因此而来

我的别称：花城、羊城、五羊城

广州市是广东省的省会，也是中国早期开放的沿海城市之一。广州处在珠江入海口和珠江三角洲的中心，优越的地理条件使这里成为中国南方最大、历史最悠久的对外通商口岸，是中国面向世界的"南大门"。

早在三国时期，这里就是"海上丝绸之路"的主港；到了唐宋时代，这里已经成为中国的第一大港了。广州有南方重要的铁路枢纽，是京广铁路、广深铁路、广茂铁路等重要线路的终点站。

广州属于海洋性亚热带季风气候，北回归线从广州的北部穿过。这里温暖多雨，拥有漫长的夏季。广州处于丘陵地带，北面是一片遍布森林的山区，南面是一片沿海冲积平原。广州市内最高的山峰叫"天堂顶"，

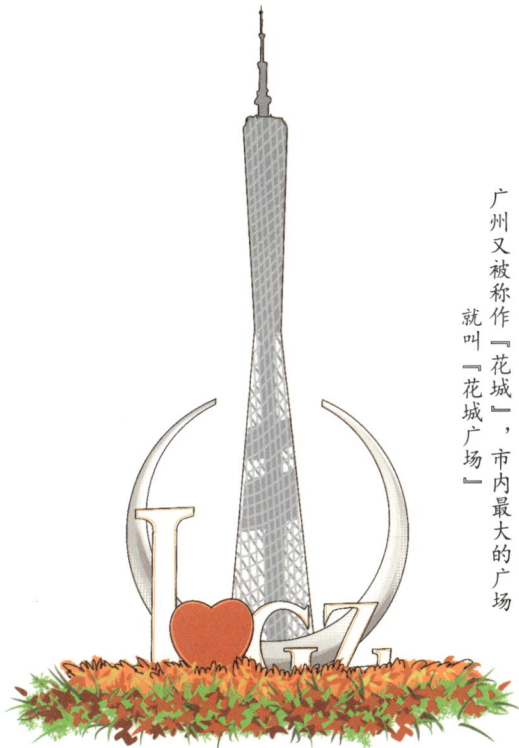

广州又被称作"花城"，市内最大的广场就叫"花城广场"

高 1200 米左右。广州市的水系非常发达，众多大大小小的河流流经境内，如流溪河、增江、白坭河等。

广州又叫"羊城"，这个名字源于"五羊传说"。相传曾经有五位仙人，穿着五色衣裳、骑着五色的羊来到广州，将一把"一茎六出"的谷穗交给城里的人，然后升天而去，留下的五只五色羊化作了石头。广州的另一个名字"穗城"，也是来自这个故事。

什么是"广府文化"？旅行家"拍了拍"你！

在明清时期，广东省曾经设有十大州府，"广州府"就是其中一府，下辖广州、佛山、中山、珠海等地。如今的"广府文化"，是指流行于曾经广州府地区的文化，主要指这些地方使用粤语的汉族居民的文化。除了广府文化，粤语地区的文化还包括西江流域的西江文化、粤西地区的高凉文化和广西地区的桂系文化等。

广府文化涉及的领域特别广阔，在手工艺方面，有"四大名绣"之一的广绣，"清代三大瓷器"之一的"广州织金彩瓷"；在戏曲方面，有广东大戏——粤剧，民间说唱——粤讴；在饮食上，有清淡而鲜美的广府菜，以及颇有意趣的早茶。

深圳市
从小渔村到现代化大都市

地理小辞典

我的读音： Shēnzhèn Shì

我的位置： 位于珠江口东岸，东临大亚湾和大鹏湾，西临伶仃洋，南部与香港接壤

我的面积： 约 0.2 万平方千米

我的由来： "圳"在客家方言中是水沟的意思，"深圳"最早指的是一条比较深的水沟

我的别称： 鹏城

我的故事： "1979 年，那是一个春天，有一位老人在中国的南海边画了一个圈，神话般地崛起座座城" ——歌曲《春天的故事》

中国的四大一线城市是"北上广深"，深圳位列其中。这座位于南海之滨的城市，是中国口岸最多的城市，也是中国唯一拥有海、陆、空口岸的城市。这里是重要的铁路枢纽，京广铁路和京九铁路在这里交会，广九铁路、贵广高铁等重要的交通线路也从这里穿过。

深圳背靠群山、面朝大海，和香港的新界山脉相依。这里属于亚热带海洋性气候，夏季温度较高，其他时候气候都比较温和。深圳拥有辽阔的

"世界之窗"位于广东省深圳市南山区，是深圳华侨城的一部分

海域，与南海、太平洋相连。在深圳北部及东部的山区中，生活着金钱豹、穿山甲、蟒蛇等珍贵的野生动物。

虽然深圳是一座很年轻的城市，但是人们在这里留下的故事也能追溯到上千年前。最早，这里是百越部族的一个据点，百越人从这里出发渔猎、航海。这里作为一个县，是从东晋时候的"宝安县"开始的。改革开放以后，这里设置了中国第一个经济特区——"深圳经济特区"，从此走上了高速发展的道路，往日的"小渔村"很快发展起来，如今已经成为中国内地经济排行第三的城市。

深圳是中国第一个没有农村、农民的城市，也是世界上摩天大楼密集的城市之一。现在深圳是一座人口约 1800 万的"超大城市"，只不过土生土长的本地人很少，大部分都是其他地方移居而来的。

超大城市：超大城市是指规模特别巨大的城市，国际上通常认为超大城市的都会区人口数量需要超过 1000 万。

"深圳八景"是哪些地方？
旅行家"拍了拍"你！

大鹏所城：一座面对大亚湾的古老城村，最早修建是为了抵御倭寇的侵袭。

莲山春早：深圳市福田区内的一座小山峰——莲花山。

侨城锦绣：位于深圳市南山区的华侨城，曾经是深圳机场的选址，后来改建为旅游度假区。

深南溢彩：指深南路，是深圳市内一条东西向的交通干道。

梧桐烟云：位于深圳市东部的梧桐山，是深圳市的最高点。

梅沙踏浪：大梅沙海滨公园、小梅沙海滨公园，是两座沙滩公园。

一街两制：指中英街，位于沙头角，处在香港特别行政区的陆上边界，是由香港特别行政区和深圳市共同管理的一条街。

羊台叠翠：位于深圳市西部的羊台山，现在也称"阳台山"。

南宁市

南国风光中的"花果之城"

南宁市是广西壮族自治区的首府,也是北部湾城市群中非常重要的一座城市。这是一座历史悠久的城市,在古代属于"百越之地"。在唐代,这里叫"邕州",因此南宁简称"邕"。到了元代,"邕州路"改名为"南宁路",取"南疆安宁"的意思,这个名字一直沿用到现在。

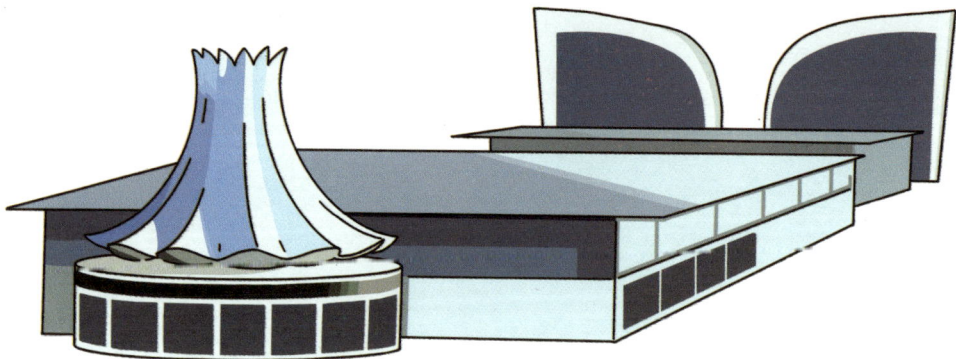

南宁国际会展中心是"中国—东盟博览会"永久会址

如今，这里是一片繁荣的多民族聚居地，生活着壮族、汉族、瑶族等许多民族。

南宁身处广西西南部的丘陵地区，北面的山丘比较多，南面相对平坦，大明山是这里最高的山峰。珠江的支流郁江流过南宁市境内，途经南宁的这一段被称作"邕江"，它横贯南宁市的中部。南宁处在亚热带季风区，是一个温暖而湿润的地方，冬天短暂、夏天漫长。这样的自然环境适合很多作物的生长，所以，南宁盛产水稻、甘蔗、香蕉、荔枝、火龙果等多种农作物和水果。

你听过"百越"吗？旅行家"拍了拍"你！

"百越"又被称为"百粤"，是上古时代生活在长江以南至越南北部的人群，主要分布在如今的广东、广西、福建、浙江、江苏等地。他们拥有许多种姓，建立过许多部落国家，所以被称为"百越"。他们主要居住在平原低地或靠近江河湖海的地区，不同的部族有不同的风俗习惯。我们现在所发现的河姆渡文化遗址、良渚文化遗址等，可能都是百越文化的遗迹。如今的壮族、侗族、布依族等，也是由当时的百越演化而来的。

桂林市
山水如画的南方大城

地理小辞典

我的读音： Guìlín Shì
我的位置： 位于广西东北部
我的面积： 约 2.78 万平方千米
我的由来： 因这里盛产玉桂而得名
我的别称： 八桂、桂州、静江、始安
我的故事： "桂林八树，在番隅东。"——《山海经》

你可能听过"桂林山水甲天下"的说法，桂林确实是一座美丽的旅游城市。在这里能观赏山清水秀的自然风光，能见到不同类型的喀斯特地貌景观。在桂林市区内，有象鼻山、伏波山、叠彩山等各有特色的美丽小山，还有芦笛岩、七星岩、冠岩等神秘的喀斯特溶洞。

日月双塔是桂林两江四湖景区的两座楼阁式塔，位于杉湖的南岸

桂林市处在南岭山脉的西南部，坐落在湘桂走廊中一个相对较大的平原上。桂林市的南部分布着一些破碎的丘陵平原，而西部、北部和东部都是大面积的山地。这里属于亚热带季风气候，温和多雨、气候宜人。"三冬少雪，四季常花"，形容的就是桂林的天气。华南第一峰——猫儿山也位于桂林，它有2000多米高，是广西最高的山峰，也是华南地区最高的山峰。

桂林的耕地以水田为主，这里盛产水稻。此外，桂林还盛产罗汉果、茶树、毛竹等经济作物。"桂林米粉"可能是桂林最为人称道的美食，丝滑而柔韧的米粉辅以笋尖、黄豆、酸豆角等可口的配菜，常常被桂林市民当作早餐。油茶、马蹄糕、板栗粽等，也都是流行于桂林的经典小吃。当然，来到桂林，你也应该了解著名的"桂林三宝"，那就是辣椒酱、豆腐乳和三花酒。

> 湘桂走廊：位于湖南省与广西壮族自治区之间的狭长平原。

桂林的"两江四湖"

漓江：位于广西东北部地区，流过桂林市境内，以沿岸的喀斯特地貌著称。

桃花江：漓江的一条支流，古称"阳江"。传说中这条江是从华岩洞流出来的，洞中经常流出桃花瓣，所以被称为"桃花江"。

杉湖：位于桂林市区中心，因湖边生长的杉树而得名。

榕湖：位于桂林市区中心，因湖边生长的古榕树而得名。

桂湖：桂林市内最大的湖泊。

木龙湖：位于桂林市区北部，因附近的"木龙洞"而得名。

海口市

热带风光中的海滨城市

海口市位于海南岛的北部，在中国的诸多省会城市中，它是最年轻的一座。历史上，这里一直都是重要的港口。在唐代，这一带是琼州城的外滩，叫"白沙津"，是琼州和雷州之间进行贸易往来的港口；南宋时期，这里形成的"海口浦"是海南重要的

世纪大桥是连接海南岛本岛和海口市海甸岛的一座跨海桥梁

港口。

海口处在热带的边缘，属于热带季风气候。这里冬天非常温暖，夏天也不算酷热，一年四季气候宜人。海口市拥有开阔的海岸线和连绵的沙滩，吸引着许多远方的游客前来度假。

海口市还有个名字叫"椰城"，是因为这里生长着许多的椰树，也盛产椰子。人们用椰壳和椰木作为原料进行手工雕刻，创造出了造型各异的"椰雕"。从前，产自这里的椰雕还常常被当作贡品送到中原，人们称呼这种椰雕为"天南贡品"。除了椰子以外，海口还盛产橡胶、棕榈、槟榔等。

海口的"骑楼老街"，是个什么样的地方？

所谓"骑楼"，是一种"外廊式"的建筑——建筑物一楼临近街道的部分建成行人走廊，走廊的上方为二楼楼层，远远看上去就像二楼"骑"在一楼上，所以叫"骑楼"。如今的骑楼，许多是楼下开店铺、楼上住人的，也有靠街的一面开店铺、里面住人的。

在海口的骑楼建筑群中，许多建筑距今已经有100多年历史了。这些骑楼，大多数是20世纪从南洋（明清时期对东南亚一带的称呼）回来的华侨借鉴当时南洋的建筑风格修建的。从骑楼的窗户造型、阳台设计、栏杆雕饰等方面，都能够感受到欧洲文化和亚洲文化的交融。在海口的骑楼街区，还有修建于南宋的四牌楼，距今已经有700多年的历史了。

三亚市

迷人的"东方迈阿密"

位于海南岛南端的三亚市，是一座名气响亮的旅游城市，也是中国唯一的热带海滨城市。早在秦朝时，秦始皇就将这里设为"象郡"；后来这里也被称为"崖州"。如今许多少数民族生活在三亚，如黎族、苗族等。

在三亚的沿海区域，有众多的岛屿分布，还有许多港湾。三亚最著名的是它的海湾风景，主要包括四大海湾，从西往东分别是三亚湾、大东海、亚龙湾、海棠湾。提起三亚的名字，人们还会想起那里令人心旷神怡的海滩风光。在三亚，人们可以体验各种水上运动，惊险刺激的快艇、帆船，探秘水下世界的浮潜等吸引着众多游客。除了海上风光，三亚还分布有热带雨林，这里森林茂密，空气质量非常好，特别适合度假旅游，来这里游

凤凰岛是三亚的一座人工岛屿

玩一圈，你就会明白，这里为什么被称为"东方迈阿密"。

三亚市的南面朝向大海，另外三面被群山环抱。因为纬度较低又靠近海洋，这里一年四季都非常温暖，年平均气温在 25℃以上。每到冬季，许多游客会来这里过冬。这里虽然四季并不分明，但却有雨季和旱季的区别，每年的雨季在 5~10 月，旱季大约从 11 月到次年 4 月，所以这里很适合种植水稻、旱稻一类的农作物，而且，一些反季节的蔬菜也很适合在这里生长。

三亚是适合欣赏海滨风光的去处，这里拥有优质的沙滩和海洋

海南孔雀雉

一种珍稀的濒危雉类，几乎只能在海南岛西南部的山林中见到，是灰孔雀雉的一种。

海南山鹧鸪

仅分布于海南岛的山鹧鸪，在同类中毛色比较艳丽。

白鹇

又被称为"银鸡""越禽"等，在中国文化中是一种吉祥的鸟，清朝时还被用作官服的图案。

黄嘴白鹭

一种比较珍稀的白鹭，夏季时嘴是橙黄色的，冬季时嘴是黄褐色的。

勺嘴鹬

一种小型的涉禽，嘴巴的形状像汤匙。

7
西南
上册

给孩子的

中国地理大百科

廖辞霏　著

中国旅游出版社

责任编辑：王欣艳　胡一鸣
责任印制：冯冬青
装帧设计：丫丫书装·张亚群

图书在版编目（CIP）数据

给孩子的中国地理大百科．7，西南．上册 / 廖辞霏
著．-- 北京：中国旅游出版社，2024.3
ISBN 978-7-5032-7170-0

Ⅰ．①给… Ⅱ．①廖… Ⅲ．①地理－中国－少儿读物
Ⅳ．① K92-49

中国国家版本馆 CIP 数据核字（2023）第 227699 号

书　　名：给孩子的中国地理大百科．7，西南．上册

作　　者：廖辞霏　著
出版发行：中国旅游出版社
　　　　　（北京静安东里 6 号　邮编：100028）
　　　　　http://www.cttp.net.cn　E-mail: cttp@mct.gov.cn
　　　　　营销中心电话：010-57377103　　010-57377106
　　　　　读者服务部电话：010-57377107
排　　版：王丹
经　　销：全国各地新华书店
印　　刷：运河（唐山）印务有限公司
版　　次：2024 年 3 月第 1 版　2024 年 3 月第 1 次印刷
开　　本：710 毫米 ×1000 毫米　1/16
印　　张：5.75
字　　数：48 千
定　　价：368.00 元（全 10 册）
Ｉ Ｓ Ｂ Ｎ 978-7-5032-7170-0

用地理视角认识祖国

南京师范大学 朱雪梅

现在，你翻开了一本"地理书"，等待你的将会是一场妙趣横生的中国之旅。

你可曾想过，"地理"是一门什么样的学问呢？

"地理"是一门大学问，它主要研究地球表面上有什么事物、发生了什么现象，以及这些事物为什么有、这些现象为什么发生，还有它们之间存在什么关联，它们与人类活动有什么关系。例如，喜马拉雅山脉在哪里？它是什么样子的？是怎么形成的？有哪些动植物在那里生活？它给人们带来了哪些影响？

著名的地理学者段义孚先生认为，地理学是浪漫的。为什么说地理是浪漫的呢？因为漫长的地理演化过程、各异的地理现象奇观、微妙的地理分布规律，吸引着人们在山岳、森林、沙漠、极地中追寻"崇高景观"，在部落、乡村、城市中挖掘人类文明的精彩。这就是人们认识世界的最好方式——用脚步去丈量、用双眼去观察，难道这不是一个浪漫的过程？

从"浪漫"的地理视角去看待这个世界，你能收获什么呢？

第一，地理视角帮助我们从空间的角度思考问题。有了地理视角，我们会关注一些现象的分布，以及一些现象如何在对应的空间里发生。例如，为什么河口三角洲地区容易形成庞大的城市群？为什么北方地

区种小麦而南方地区种水稻？为什么生活在川渝一带的人爱吃辣，而生活在闽粤地区的人爱吃甜？思考这些问题的时候，我们不知不觉就会把许许多多的线索结合起来，例如，气候原因、地形原因、文化原因……你就学会了综合思维，这就是拥有地理视角的聪明之处。

第二，地理视角可以帮助我们更好地理解事物发生的过程，理解生活中一些现象的来龙去脉。例如，为什么金丝猴长着"朝天鼻"呢？原来是因为高原缺氧，猴子为了更好地获得氧气，鼻梁骨退化了。为什么"信天游"会在陕北这么流行呢？原来是因为陕北地区沟壑遍布，村民常隔着一道沟或是一道坡，于是人们就逐渐习惯靠大声呼喊来交流……从地理的角度去分析，我们可能会发现许多现象的背后都藏着自然环境的影响。

第三，地理的视角可以带给我们更广阔的视野。我们真正可以用脚步丈量的大地毕竟有限，但是我们可以通过学习地理看到更遥远的地方，感受迥然不同的风景和文化，领略大千世界的神奇多样。学习地理，我们可以与整个世界建立联系，了解这个世界上正在发生什么，听听这个世界上还有什么样的奇观我们未曾见过。

那么，现在我们将要用地理视角，重新认识我们的家乡，重新认识我们的祖国。在出发之前，让我们一起来思考一个问题：你了解自己的家乡吗？你了解自己的祖国吗？

家乡是我们情感的归处，也是我们记忆生存的空间。生活在这里的每一个人、从头顶飞过的每一只鸟、在窗台遇见的每一朵花，都和我们的生活有着千丝万缕的联系。叫出一条小河的名字、说出某条街巷上有哪些店铺、知道一些地名背后的故事，这些都是我们对家乡的

认识。

祖国是我们更辽阔的家乡，拥有悠久璀璨的文化、无比壮美的山河，我们每个人就像是祖国的一个"细胞"。在祖国，还有许多你未曾到过的地方，那里有着和你的家乡不一样的气候和风景，生活着你可能从未听说过的动物和植物。居住在那里的人们，吃着不一样的早餐，说着不一样的方言，看着不一样的表演。

我们的家乡，是值得"阅读"的家乡；我们的祖国，是值得"阅读"的祖国。总有一片风景，会在你的记忆中扎根；总有一个故事，会引起你浮想联翩。

很早以前，古代中国人就认为大地是一本"巨大的书"，并且劝说子孙要做到"读万卷书，行万里路"。"阅读"和"旅行"，都是我们用来了解这个世界的方式。然而，阅读一套"地理书"，却是一件能将"阅读"和"旅行"同时进行的事。这套书将带你饱览广袤的祖国大地，翻开书就能向远方出发，领略旅行途中的风景和文化。你还可以带上这套书，去更遥远的地方走一走、看一看，去寻找这套书里面写到的美丽景色与奇妙文化，看看是不是像书里写到的这样有趣。

这套书的作者辞霏是一个拥有地理视角的"背包客"，她的足迹遍布祖国大地，喜欢用文字记录地理考察的心得。这套书中的内容，许多源自她自己在旅行中的见闻。读到这些文字，我仿佛听见她的声音在召唤：来吧，跟着我来旅行吧！

翻开这本书，也就是旅程的开始。沿着黄河之曲，听听华北的传奇历史；一路向北而上，闯进东北的凛冽寒冬；重走丝绸之路，领略大西北的壮阔风光；攀过千年蜀道，体验大西南的神秘风情；顺着高

速铁路，感受华中的风土人情；翻山越岭南下，走进华南的鸟语花香；顺着长江向海，感受华东繁华的城市生活……

那么，现在出发吧！让我们一起踏上旅程，学会用地理视角，去看看我们的家乡是什么样的，去看看我们的祖国是什么样的。

目录

② 星罗棋布的江河湖泊间，蕴藏着哪些秘密？

西南地区：藏在江河湖泊中的历史

金沙江
你听过"猛虎越江"的故事吗

018

赤水河
萦曲迂回的长江支流

024

大渡河
天险大渡河，经典的峡谷河流

028

乌江
天险重重的贵州第一大河

022

纳木错
清澈的断陷构造湖

030

滇池
高原上的一颗明珠

020

岷江
是"汶江"，也是"都江"

026

雅鲁藏布江
世界上海拔最高的大河之一

032

③ 千变万化的地形地貌间，都有着哪些景象？

西南地区：有高峻的山峰，也有低矮的盆地

横断山脉
山脉与山脉"排排坐"，
这里有极致的风光

039

冈底斯山脉
它可是"众山之主"

051

云贵高原
中国最"崎
岖"的高原

053

梅里雪山
三条大江在
这里并流

042

048

珠穆朗玛峰
世界上最
高大雄伟
的山峰

055

乌蒙山
"西蜀漏天"
是什么样的
地方

036

青藏高原
什么样的地
方是"世界
屋脊"

044

喜马拉雅山脉
这里是"雪的居所"

057

四川盆地
"飞机飞不过，
炮弹打不穿"

4 紧跟飞禽走兽，探秘意料之外的奇花异草

西南地区：独自觅食的雪豹、抱团生活的金丝猴

亚洲象
喜欢群居的
"大可爱"

060

藏羚羊
草原上的
流浪者

068

杜鹃
这是一种鸟，
还是一种花

072

川金丝猴
生活在树
上的"金
色精灵"

062

野牦牛
健壮可靠的
"雪域之舟"

066

望天树
雨林中的
巨人

074

064

070

076

大熊猫
憨态可掬的"国宝"

雪豹
凶猛的"雪中大猫"

铁树
非常古老的
种子植物

我国西南地区包括哪几个省、直辖市、自治区？

云南省
自由美丽的彩云之南

云南省的东部，是云贵高原很重要的一部分——这里分布着大片大片的低山和丘陵，湖泊与稻田交相辉映。云南省的西部，位于横断山脉纵谷区，高山深谷之间，高差较大，地势险峻。

在脑海中想象一下云南省的地势，从西向东，分布着险峻的高山、低矮的丘陵，不难发现，整个云南省，西北高、东南低，从北到南像台阶一样，逐级下降。

云南的四季是不太分明的：由于气温随高度而降低，相对同纬度低海拔地区来说，海拔 1000 米以上的云贵高原拥有一个"凉爽"的夏季；冬季，部分地区在西风的吹动下，带来了印度半岛的干暖空气，加之北部和东部的高山阻断了北方冷空气南下，因此云南省的冬天气温是较高的。

相比之下，这里更分明的是雨季和旱季，每年的 5～10 月是云南省的雨季，其余时间是旱季。虽然云南省的气温变化从一整年来看是较小的，但从一天来看，温差很大：早上和晚上比较凉，中午和下午比较热。尤其是在春冬季节，一

> 纵谷：溪谷位于两座山脉之间，且山脉的走向与河流的主流方向是平行的，反之就是横谷。

天之内温差可以接近 20℃。

云南省是个装满了神奇"宝物"的宝库，这里享有很多盛誉："动植物王国""香料之乡""野生动物物种基因库""天然花园"……生活在这里的动植物可真多啊，龙血树、云南樟、爪哇野牛、戴帽叶猴等许多珍稀的动植物，都把这里当作生存繁衍的家园。

云南省随处可见多姿多彩的民族风情。这里长期生活着彝族、白族、哈尼族、苗族等 20 多个少数民族。民族多，就有丰富的文化习俗：傣族的泼水节、壮族的陇端节，还有国家非物质文化遗产彝族火把节……有机会去云南省旅行的话，和当地人一起过个节，体验独特的民族风情吧。

丽江古城内的道路依山傍水修建，多用红色角砾岩铺就

红色的土壤有什么特点？

你见过红色的土壤吗？云南省有将近一半的土壤是红色的，所以又被称为"红土高原""红土地"。红色土壤是怎么形成的，又有什么特点呢？

在高温多雨的环境下，容易形成红土——就像铁会生锈一样，土壤中不可或缺的微量元素——铁，也会氧化，生成铁锈，这样看上去土壤就变

我国西南地区包括哪几个省、直辖市、自治区？

成红色的了。相对其他类型的土壤而言，红土壤容易水土流失。不过，通过增施有机肥、补充熟石灰等方式，可以降低红土的酸性，茶树、油茶和杉木等植物，也可以在这些地方种植。

在中国，红色的土壤还分布于长江以南的低山丘陵区，江西、湖南两省的大部分地区都是红土壤，广东、福建北部及贵州、四川、浙江等地也有分布。

西双版纳是我国热带生态系统保存最完整的地区，生活在这里的人们修起了独具风情的建筑

贵州省
多姿多彩的山中乐土

地理小辞典

我的读音： Guìzhōu Shěng

我的简称： 贵或黔

我的省会： 贵阳

我的面积： 17.62 万平方千米

我的由来： 贵州以贵山得名；因贵州古时叫黔中，故简称黔

我的位置： 北接四川和重庆，东毗湖南，南邻广西，西连云南

我的故事： "惟尔贵州，远在要荒。" ——宋太祖《赐普贵敕》

"地无三里平，天无三日晴"，这句谚语形容的是贵州省的地形和气候，这里地形起起伏伏，很难有平坦的地方；气候上很少有一连三日的晴天，长期笼罩在阴云之下。

"八山一水一分田"，形容的也是贵州省的地貌——在人们看来，贵州省接近八成的地方都是"山"。实际上经过统计，高原和山地占据了贵州的六成左右，丘陵占了三成，山间平坝只占了不到一成。贵州的地势是西高东低，自中部向北、东、南三面倾

贵州省是苗族聚集人口最多的省份，西江千户苗寨是中国乃至世界最大的苗族聚居村寨

我国西南地区包括哪几个省、直辖市、自治区？

斜，平均海拔2000米左右。

你听说过"喀斯特地貌"吗？贵州省有独特的自然景观——喀斯特地貌，尤其在贵州中部、西南部和南部地区分布广泛。世界上有不同"长相"的喀斯特地貌，贵州省境内的喀斯特地貌以石林和洞穴为主，假山和怪石独立成林，奇特的洞穴遍布其中。这是世界上最美的地貌之一，也是地壳运动史的微小证明。

在贵州，晴朗的天气很少，因而光照条件不太好，这对农业生产不太有利。不过也因为如此，这里是典型的"夏凉"地区。就整个省而言，由于大气环流和地形的影响太过复杂，各地经常出现"一山分四季，十里不同天"的景象，真可谓是变化万千。

贵州省不仅有丰富多样的地形地貌，矿产资源也相当丰富：汞、磷、铝、锰等矿产的储量在全国来说都是名列前茅的，在黔西地区甚至还有大片的"煤海"。这里的水能资源也很丰富：乌江、北盘江、南盘江水势磅礴，在山间奔流，产生的水能支持着许多水电站的运行。

作为革命老区，贵州仍然保留着许多红色的记忆：娄山关、遵义会议旧址……这些地方记载着发生在贵州高原红色的革命往事。去这些地方看一看，会让人

大气环流：具有世界规模的、大范围的大气运行现象。由于地球自转，在多种作用力的约束下，赤道和两极之间的温差导致大气在地球周围运动。

喀斯特地貌：地下水与地表水对可溶性岩石进行溶蚀与沉淀，岩石崩塌后堆积形成的地貌。在中国，喀斯特地貌较著名的区域在广西、云南和贵州等省（区）。世界上南斯拉夫狄那里克阿尔卑斯山区、法国中央高原、俄罗斯乌拉尔山等地也分布着喀斯特地貌。

位于贵州平塘的"中国天眼"，是世界上最大的单孔径望远镜

联想到革命先烈为了战争胜利而艰苦奋斗的历史。

去贵州探索神奇的山洞

　　贵州的山多，山洞也多。主要的原因是贵州的地下河多，这些地下河的河水将岩石溶解出一个个"洞"来，这就是我们看到的山洞，也就是"喀斯特地貌"的一种形式。在贵州，还有许多没有开发好的山洞，甚至还有许多没被发现的山洞。

　　贵州有一条全世界最长的山洞，叫作"双河洞"，洞穴长70千米，要是你走路从中间穿过去的话，恐怕要走上几天几夜。贵州最大的山洞叫作"苗厅"，这是中国最大的山洞，也是世界第二大的山洞，足足有70米高，面积相当于20多个足球场那么大。此外，有震撼的石柱景象的织金洞、可以开船进去的龙宫等，这些有意思的山洞都在贵州。

山洞里有千奇百怪的景观

📍 我国西南地区包括哪几个省、直辖市、自治区？

四川省

四川四川，四面都是山

地理小辞典

我的读音： Sìchuān Shěng

我的简称： 川

我的省会： 成都

我的面积： 48.6 万平方千米

我的由来： 宋真宗时期咸平四年，政府将当时的川峡路（今四川）（"路"是宋代行政区划的最高单位）一分为四，即益州路、梓州路、利州路、夔州路，合称为"川峡四路"，简称"四川路"，"四川"由此得名

我的位置： 位于中国西南地区、长江上游，北连陕西、甘肃、青海，南接云南、贵州，东邻重庆，西衔西藏

我的故事： "蜀道之难，难于上青天，侧身西望常咨嗟！"——李白《蜀道难》

四川省并不是完全"装"在四川盆地中的，它有一大半落在群山怀抱的四川盆地，还有一半挂在奇峰争雄、险江奔流的川西高原上，听上去是不是很神奇？

四川的地貌非常复杂，在这里能看到许多奇异的景致。自古以来，就有"天下山水在于蜀"的说法。从地形上来看，四川的山地占比接近八成，四川西部地区的海拔大多在 4000 米以上。在四川境内，有大大小小的河流 1400 多支，因此，四川又被誉为"千河之省"。

不过，由于气候、地形等多种原因，这里地震、泥石流、洪涝等自然灾害发生得较为频繁。2008 年 5 月 12 日，位于四川省西北部的汶川县发生了里氏 8.0 级大地震。这是中华人民共和国成立以来发生的破坏性最强、损失最大的一次地震灾害。

四川地区的农耕文明历史久远，最早可以上溯到 200 多万年前。在四川省境内，考古学家发现了"坐山人""资阳人"等远古人类遗骸，还有铜梁、鲤鱼桥等远古文化遗址。

商周时期，奴隶制政权的蜀国在成都平原建起。后来，秦国吞并蜀地，将蜀国的领土设为"蜀郡"。西汉时期，

蜀地迅速发展，变得非常繁华。三国后期，刘备在成都称帝，建立"蜀汉"。

最值得一提的当数被称为"长江文明之源"的三星堆遗址。遗址位于四川省广汉市城西三星堆镇的鸭子河畔，因起伏相连的三个黄土堆而得名，距今已有约 5000 年的历史了。在三星堆遗址中，人们发现了青铜神树、青铜面具和黄金面具等古蜀遗物，这些文物从构思到工艺，都令人叹为观止，精彩的巴蜀文化和青铜文化尽现其中。这一遗址是 20 世纪最伟大的考古发现之一。

四川地区是茶树的原产地之一，也是世界最早饮茶、种茶的地区之一

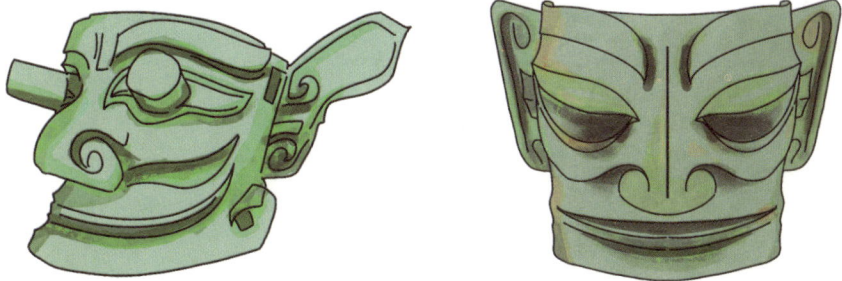

三星堆出土的青铜面具，有着夸张的五官和威严的表情

我国西南地区包括哪几个省、直辖市、自治区？

　　曾经的蜀地，交通十分不便，诗仙李白在蜀地崎岖的山路上皱眉感叹"蜀道难，难于上青天"。如今的四川，可谓是今非昔比，这里已经被建设成西南地区的交通枢纽了。

　　成渝铁路、宝成铁路、成昆铁路等通往多个方向的铁路都已建成，是连接省内省外的"大动脉"；成渝高铁、成西高铁、成达万高铁等高铁路线也纷纷建成，"中国速度"打通"新蜀道"；金沙江、岷江、嘉陵江等江河便捷的水文条件，为水上交通提供了优质而流畅的航路；四川公路修建的里程，近年来一直居于全国领先水平。

重庆市

3D 城市，有多魔幻

地理小辞典

我的读音：Chóngqìng Shì

我的简称：渝

我的面积：8.24 万平方千米

我的由来：宋光宗赵惇曾经在恭州（今重庆）做藩王，这是"一庆"；后又在恭州继承天子之位，这是"二庆"，因此取名重庆

我的位置：东邻湖北、湖南，南靠贵州，西接四川，北连陕西

我的故事："西南有巴国。大暤生咸鸟，咸鸟生乘厘，乘厘生后照，后照是始为巴人。"——《山海经》

这座中国目前最年轻的直辖市，有着独特的个性。这里有许许多多有趣的外号：因崎岖的地形被称为"山城"，因夏日的酷热被称为"火炉"，因浓郁的雾气被称为"雾都"……

重庆在长江和嘉陵江的环抱中，雄踞在一片半岛状的山冈之间。最初这里并不是凸起的山地，甚至截然相反，这里也许是一片洼地，但在两条大江长期的切割侵蚀下，这里的地形逐渐被抬起，于是形成了重庆的山地。

在这样独特的地形环境下，重庆市的城市构造显得非常与众不同。

这里的道路、楼房以及各种各样的桥梁都顺着山势修建，从地图上看明明是很近的两个地方，实际出行时你会发现两地竟然隔着层层叠叠的"迷障"。从一栋房子下来，也许会直接来到另一栋房子的楼顶。怪不得人们笑说导航在这座城市会失灵，就连常年生活在这里的本地人也经常迷路。

夏季，炎热的空气"翻山越岭"，在重庆下沉，下沉的过程中，空气还在不断升温，加上这里封闭的地形，重庆的夏天变得酷热难当。40℃以上的气温，在这里再平常不过了。置身其中，仿佛蒸桑拿一样。

在湿润寒冷的冬天，山区风力微弱，难以吹散聚集的云雾，因此

我国西南地区包括哪几个省、直辖市、自治区？

冬天的重庆常常弥漫在雾气之中。这些雾气从午夜开始聚集，待到日出时已经相当浓郁，直到太阳完全出来后，大雾才肯渐渐消散。工厂排放出来的排放物，在某方面也促成了雾气的生成。重庆的工业非常发达，不论是钢铁、煤炭、机械等重工业，还是食品、纺织等轻工业，都在这片土地上焕发出旺盛的活力。

昔日的重庆，是古老的巴蜀文化中神秘的"巴国"。如今的重庆，是一座活力四射的现代大都会，也是一座魅力十足的"网红城市"。

洪崖洞是古重庆的城门之一，位于重庆市渝中区解放碑沧白路

"朝天门码头"，你听过吗？

既然身为"江城"，当然拥有着众多的码头。在重庆，最具代表性的码头就是朝天门码头了——这里是重庆最大的水陆客运码头。

朝天门码头曾经是重庆 17 座古城门之一，被称为"古渝雄关"。南宋迁都临安之后，时常有钦差从这里传圣旨，所以有了这个名字。据说早先的朝天门码头是供官船专用，不准民船停靠的。如今的朝天门码头作为长江和嘉陵江的交汇处，已经成为繁盛的商业区，常年人流如织、热闹非凡。

朝天门位于重庆渝中区东北端，处于长江、嘉陵江交汇的地方

我国西南地区包括哪几个省、直辖市、自治区？

西藏自治区
第一级阶梯上的人间奇境

总面积的 1/8。

西藏有得天独厚的地理位置，这里分布着雅鲁藏布江、金沙江、澜沧江等大型水系和众多湖泊，亚洲范围内许多重要的河流，如湄公河、印度河等也发源于此。海拔的大幅变化造成这里的地势具有较大的高差，因此河流顺势流下时产生的能量很充沛，这里蕴含的水能资源在我国位居第一。作为我国的重

你去过这样的地方吗——仿佛伸手就能摘到云彩和星星的地方？在我们国家，这么神奇的地方当属西藏自治区了。甚至对于世界而言，最接近天空的地方也在这里。因此，西藏有"世界屋脊""地球第三极"这样的盛誉。

西藏自治区位于青藏高原的西部和南部，占据青藏高原面积的一半以上，大约是全国

牦牛在藏族人的生活中扮演着非常重要的角色，人们称为"高原之舟"

要矿区，西藏地区的硫、铜、硼、锂和芒硝产量都很丰富，刚玉、铬矿等的储量也很可观。

在西藏广袤的土地上，生活着多种多样的生物，光是已记录的野生植物就有近万种。由于独特的高原环境，这片土地上生活着许多仅能在这里见到的动植物，如藏羚羊、藏野驴、野牦牛、西藏水叶松、西藏白皮松等。

历史上，这里曾经存在过一个伟大的少数民族政权——吐蕃王朝。唐朝时，文成公主、金城公主先后嫁入吐蕃，自此吐蕃和唐朝"和同为一家"，中原文化因此传入藏区。从元朝开始，我国的中央政权开始对西藏进行正式的管辖。在不同的朝代，西藏有着不同的名字："乌斯藏""唐古特""图伯特"……而"西藏"这个称呼，是从清朝开始更改使用的。

曾经的西藏经济发展相对落后，交通闭塞，没有现代工业，只有牧业和少量农业、手工业，但如今的西藏发展得很迅速。改革开放之后，这里陆续建起了现代工业和交通通信。"天路"——青藏铁路修到了藏族人民的家乡，电力和通信网络铺设到了人迹罕至的地方……这片神圣的土地越来越充满希望。

唐太宗将宗室女子封为文成公主，远嫁松赞干布

📍 我国西南地区包括哪几个省、直辖市、自治区？

青藏铁路是通往西藏的第一条铁路，也是世界上海拔最高、线路最长的高原铁路

"天路"是什么路？
建筑师"拍了拍"你！

　　"黄昏我站在高高的山岗，看那铁路修到我家乡，一条条巨龙翻山越岭，为雪域高原送来安康……"这首广为人知的《天路》中所提到的"铁路"，就是青藏铁路。从西宁到拉萨，青藏铁路全长 1956 千米，包括西宁至格尔木、格尔木至拉萨两段。其中的格拉段铁路，是世界上海拔最高、线路最长的高原铁路。

　　青藏铁路要穿越 500 多千米的多年冻土区。冻土中的水在气温偏低时会冻结成冰，而冻土中的冰在气温偏高时又会融化成水，这导致在多年冻土区修建的路面会随着冻土的变化出现塌陷、凸起、冻结等问题。可想而知，在这种地方铺设的铁路运行起来是十分危险的。铁路建设者为此长期不懈地研究，最终解决了这个大难题，成功建设了世界上一流的高原冻土铁路。曾经的"风险"，变成了如今车窗外壮阔的"风景"。

金沙江

你听过"猛虎越江"的故事吗

我的读音：Jīnshā Jiāng

我的由来：因江中的沙土呈黄色得名

我的位置：起于青海省、四川省交界处的玉树州直门达（称多县歇武镇直门达村），止于四川省宜宾市东北翠屏区合江门（三江口、合江口）的长江干流河段

我的故事："江人竞说淘工苦，万粒黄沙一粒金。"——陈志岁《金沙江口号》

穿梭在川、滇、藏三大省区之间的金沙江，是中国"第一大河"长江的上游。金沙江穿过的地方，大山被切割成一连串的大峡谷。在这些峡谷中，有至少 16 个民族的百姓在这里生活。

金沙江的上游，山高谷深、峡谷险峻。自北向南看去，上游的左岸依次排列着雀儿山、沙鲁里山、中甸雪山等高山；而上游的右岸，沿途分别是达马拉山、宁静山、芒康山和云岭诸山等山脉。

从云南省丽江古城西侧的石鼓镇起，到四川省新市镇，是金沙江的中游。著名的"万里长江第一弯"就在这里——越过石鼓镇的金沙江，由东南向东北急转，形成一个"U"形弯道。一些著名的高原湖泊：滇池、泸沽湖、邛海、者海等，都位于金沙江的中段。

金沙江下游最主要的支流是雅砻江，此外，还有左岸的松麦河、水落河，右岸的普渡河、牛栏江、横江等。其中，横江会流到宜宾市，再通过岷江口。

金沙江的沿岸生活着许多珍稀的动植物。国家级保护动物有滇金丝猴、雪豹、孟加拉虎、黑颈鹤等，国家级保护植物有秃杉、桫椤、红豆杉等。

1935 年 5 月，在一场艰难的战役中，中央红军北渡金沙江，

成功摆脱了数十万敌军的围追堵截，"四渡赤水"之战宣告结束。毛主席在《长征》中写道"金沙水拍云崖暖"，形容的就是红军横渡金沙江的场景。

金沙江流急坎陡、江势惊险，航运相对困难

神奇的"虎跳峡"

在金沙江的干流上有一处峡谷，被称为"虎跳峡"，这里是中国最深的峡谷之一。在虎跳峡，金沙江被两岸的雪山夹持，西岸是哈巴雪山，东岸是玉龙雪山。传说，曾有猛虎下山，一脚踏上江中的礁石腾空越过，这就是"虎跳峡"的由来，而那块江中的礁石就被称为"虎跳石"。虎跳峡全长10多千米，一共分为"上虎跳""中虎跳""下虎跳"三段，谷底到山顶的高度相差接近4000米。

🔴 **② 星罗棋布的江河湖泊间，蕴藏着哪些秘密？**

滇池
高原上的一颗明珠

海拔 1886 米的滇池，是云南省面积最大的高原淡水湖，也是西南地区面积最大的淡水湖。在中国所有的淡水湖中，滇池排在第六位。远远望去，滇池的形状像一个"胃"。

滇池的四面都环绕着山：东面的金马山，西面的碧鸡山，北面的蛇山，南面的鹤山……这些连绵起伏的山，为"昆明坝子"的形成创造了天然的条件。如今的昆明坝子，盛产水稻、小麦、蚕豆等农作物。

淡水湖：以淡水形式积存在地表上的湖泊。我国的五大淡水湖分别是鄱阳湖、洞庭湖、太湖、洪泽湖和巢湖。

发生在大地表面，可能是高山高原，也可能是平原丘陵

地面发生断裂沿断裂方向出现坳陷

形成湖泊

坳陷处逐渐储水

断陷构造湖形成示意图

滇池是一种断陷构造湖——最早的时候（大约距今 7000 万年前），流经这里的是古盘龙江，河流长期的侵蚀和冲刷使这一带形成了又宽又浅的谷地。后来，这里发生好多次间歇性的抬升，大地出现了南北向的大断裂——在断裂线以西的地方，地壳抬升起来；断裂线以东的地方，地壳相对下沉。于是，这片谷地逐渐形成了一个巨大的"碗"。而后，古盘龙江的南下道路受阻，这个"大碗"中渐渐积水，最早的古滇池就这样形成了。早期的古滇池，比现在我们看到的滇池要巨大得多。总体而言，滇池的面积还在不断缩小。

断陷构造湖：由地面的"断层"陷落，形成可以积水的"湖盆"；湖盆经过长期积水形成的湖泊。

每年冬天，红嘴鸥会从很远的地方
飞到滇池来过冬

坝子是什么样的地方？

去云南旅行，你可能会听到这个词——坝子，在云南方言中，"坝子"是指山间的平地。来到群山之中的云南，人们每翻过一座大山，可能就会见到绿绿的"坝子"。

云南大大小小的坝子难以计数，面积在 1 平方千米以上的就有 1440 多个。它们虽然仅占云南总面积的 6%，但却是云南最美丽富饶的土地。由于土地肥美、气候宜人，这些坝子很早就栖息着人类，也很早就发展起了农业文明。北部的高山坝子，因气候寒冷成为水草肥美的牧场，其余大多数坝子处于亚热带、热带地区，是云南主要的农业区。长期以来，坝子农业一直是云南传统经济的重要支柱，每个坝子几乎都是重要城镇的所在地。

❷ 星罗棋布的江河湖泊间，蕴藏着哪些秘密？

乌江

天险重重的贵州第一大河

乌江是长江上游南岸面积最大的支流，也是流经贵州省面积最大的河流。乌江有南、北两个源头：南源是发源于贵州省毕节市威宁县的三岔河，北源是发源于贵州省毕节市赫章县可乐乡的六冲河。在这两条河流里，一般认为三岔河是乌江的干流。这两条河流在黔西县、织金县、清镇市交界处汇入东风水库，称为"鸭池河"；后又称"六广河"；抵达乌江渡水库后，就正式称为"乌江"了。最终，乌江从重庆市涪陵区汇入长江。

乌江形态蜿蜒曲折，沿途接纳了许多支流。乌江干流两侧的支流相对均匀地排列着，远远看上去就像羽毛的形状，这样的水系被我们称作"羽状分布"。乌江流域的地势西南高、东北低，沿途的地形以高原及低山丘陵为主。由于乌江沿途地势高差大，河流对地表的地形切割作用就很强烈，因此乌江流过的许多地方，都被称作"天险"——

乌江是贵州的"母亲河"

这些地方水流湍急、滩涂密布、谷道狭窄。

　　曾经的乌江，水流湍急、险滩丛生，在航运上没有得到较好的开发。中华人民共和国成立后，乌江经历过数次航道整治，潮砥、新滩、龚滩三大断航险滩成功打通，上游水口至大乌江航道得以开辟，乌江在水运方面的优势也被利用起来了。

乌江渡水电站是乌江干流上第一座大型水电站，也是我国在岩溶地区修建的一座大型水电站

项羽自刎的"乌江"是哪里？旅行家"拍了拍"你！

　　李清照在词中写道"至今思项羽，不肯过江东"，赞扬的是项羽"乌江自刎"的英雄气概。兵败逃到乌江的项羽，本来有乘船回到江东的机会，可由于"无颜见江东父老"，不肯渡江。最终项羽在乌江边挥刀自刎。

　　但项羽自刎的乌江，可不是西南地区的这条乌江。故事中的乌江，是安徽的乌江，在如今的安徽和县乌江镇。可千万不能搞混了！

赤水河
萦曲迂回的长江支流

地理小辞典

我的读音：Chìshuǐ Hé

我的由来：河流中含有大量泥沙，因此水色呈现赤黄色，名字由此而来

我的别称：赤水、英雄河、美酒河

我的位置：发源于云南省镇雄县芒部镇境内，流经贵州省和四川省泸州市

我的故事："赤水河源出镇雄东北三十里，曰罗甸河。"——《新纂云南通志》

从云南省镇雄县发源的赤水河，一路来到四川和贵州交界的茅台镇，没错，就是中国的酱酒圣地茅台镇，而后河流转为西北向，流经赤水市，向北在四川泸州市合江县注入长江。

赤水河是一条干净的河，它有3/4的流域在大山里，所以受到的污染很少，河水清澈干净。在长江的上游支流中，赤水河是唯一没有闸坝阻隔、保持自然流态的河流。在长江的"十年禁渔"行动中，赤水河也是第一条实施全面禁渔的一级支流。

赤水河是南方丝路古道的重要组成部分。在四川省和贵州省之间，赤水河是一条非常重要的水道。贵州省日常所需的食用盐、煤炭和用于生产建造的木材等，许多都从赤水河输进运出。

在赤水河的滋润下，不少"名酒之乡"都在这一地带。"茅台酒""郎酒""董酒""习酒"等响当当的名酒，都出自赤水河流域。因此，赤水河又被称作"美酒河"。为什么赤水河沿岸的酒文化这么繁盛呢？每当雨季来临的时候，两岸丹霞地貌中的泥沙

赤水河，既是发生"四渡赤水"的"英雄河"，又是盛产美酒佳酿的"美酒河"

汇入河中，这既赋予了河水赤红的颜色，又将特有的微生物群落和其他矿物质带入河水中，这使得赤水河的水质非常适合酿酒。

在新石器时期，赤水河流域就有人类的活动踪迹。根据记载，殷商时期的"濮人"也生活在这里，在史书之中他们还被称作"南夷"或"西南夷"。

长征路上，红军为了摆脱追兵，曾经四次经过赤水河，史称"四渡赤水"。由于这段英雄的故事，这条河也被誉为"英雄河"。

丹霞地貌：一些红色盆地的堆积物，经过构造上升和流水切割，形成的一种顶部平缓、斜坡陡峭、山麓平缓的地形。中国最著名的丹霞地貌有广东韶关的丹霞山、福建南平的武夷山和江西鹰潭的龙虎山等。

保护我们的长江！"十年禁渔"行动

长江一度是生命的乐园，有1000多种生物生活在这里；其中光是鱼类，已知的就有400余种。不过，长江许多流域河段的环境曾经"遭了殃"：一方面，工业废水、生活污水、农业废物注入长江，航运量激增也带来了大量船舶污染，长江的水环境因各种问题变得越来越差，严重影响到了江中生命的生存；另一方面，渔民过度捕捞，使得长江的生物量锐减，因而逐渐发生了生物灭绝的悲剧。据统计，"水中大熊猫"白鳍豚，在2007年就已经被宣布功能性灭绝。

为了保护长江，国家提出了"十年禁渔"的计划。2020年1月起，长江流域的数百个自然保护区和水产种质资源保护区全面禁止生产；2021年1月起，长江流域保护区以外的天然水域实行暂定为期10年的禁捕，不允许再进行生产性捕捞。

岷江

是"汶江"，也是"都江"

发源于岷山南麓的岷江，分东、西两源汇合于松潘县的川主寺，自北向南流经四川阿坝州、成都市等地区，于宜宾市区与金沙江交汇。岷江是一条非常重要的长江支流，也是长江上游重要的水分补给来源。岷江蕴藏着相当可观的水能资源，尤其是在海拔较高、降水量丰沛的岷江上游。

岷江是我国水利开发最早的河流之一

岷江流域主要矿产资源有铂、镍、铜、钴和金等有色金属及贵重金属，还有白云母、石棉、石膏、碳、水晶、蛇纹岩、含钾磷矿等非金属资源，其中属石棉和白云母的储量较高、品质较佳。

著名的水利工程"都江堰"，由春秋时期的水利学家李冰父子带领当地人在岷江上建成。这项工程将岷江江水分成两条，其中一条汇入长江，另一条则引入成都平原，这样既能够分洪减灾，又能引水灌田。受益于都江堰工程，成都平原得以成为富饶的"天府之国"。

当然，自然资源得天独厚的岷江，也面临着许多由人类活动带来的威胁。由于过度砍伐森林、肆意排放废弃物，岷江的水土流失和生态环境恶化比较严重。不过，近年来随着人们的重视和保护，江水治理的情况在变得越来越好。

你了解都江堰吗？

战国时期，秦国负责管理蜀地的李冰带领他的儿子修起了都江堰。在这项伟大的治水工程中，这对父子别出心裁，他们利用江心的一片沙洲，巧妙地驯服了一度桀骜不驯的岷江。

沙洲头有一道短小的堤坝，是都江堰水利工程的第一部分："鱼嘴"。"鱼嘴"将岷江的水一分为二：一部分绕过沙洲，从之前鳖灵开凿出的江口流入新开凿的人工渠道，能够一路灌溉成都平原，称作内江；一股沿着原有的河道继续向前奔流，称作外江。岷江的分流，让成都平原的南半部不再受水患的困扰，而北半部又免于干旱之苦。

沙洲中间的一个低洼部分，是都江堰水利工程的第二部分："飞沙堰"。这个低洼部分是特意空留出来的地方，当洪水暴涨的时候，多余的洪水可以从这里漫溢出去，不会影响到内江的灌溉系统。飞沙堰是整个水利工程中非常关键的部分，起到重要的泄洪排沙作用。

第三个部分正是当年鳖灵凿开的山口，又被称作"宝瓶口"；江堤的首部则被称作"离堆"。坚硬的岩石断面严格控制着江中的水位，使江中的水能够较为均匀地灌溉到平原中去。

在这三个主要部分的带动下，整个水利系统井然有序地运作，在数千年的时光中持续保护并滋润着丰沃的成都平原。

🔺② 星罗棋布的江河湖泊间，蕴藏着哪些秘密？

大渡河

天险大渡河，经典的峡谷河流

"天堑"大渡河，是岷江最大的一条支流，这里水面宽300米。大渡河流经西北高原、横断山地东北部和四川盆地西缘山地等不同地形区，因此大渡河流域的地形非常复杂。

辽阔的大渡河流域，生态是非常丰饶的。在大渡河的上游，气候凉爽、水草丰茂，因此牧业十分发达，这里饲养着数以万计的牦牛、绵羊等牲畜，是四川省最主要的畜牧基地之一。在大渡河的西岸，生长着茂密的原始森林，云杉、铁杉、桦木等茂密生长，参天蔽日。

大渡河河谷的环境是最优越的：河谷北部地形较高，可以挡住南下寒流的入侵；河谷的地形闭塞，热量不容易散失，这里土壤非常肥沃，灌溉也很便利。所以大渡河的河谷终年温暖湿润，农业发达。这里的物产很丰富：金川的雪梨、汉源的核桃、泸定的香桃、名山的蒙顶茶……都是全国闻名的特产。

大渡河还有一个有意思的称谓——"铜河"，顾名思义，这

大渡河沿途峡谷众多、水流湍急

里沿河一带的铜矿很丰富。传说，峨眉山寺庙里的许多铜铸品都是在这里制造的。实际上，大渡河沿岸的矿藏远不止这些：丹巴的云母、宝兴的汉白玉声名远扬；金川、泸定等地的金、银矿藏非常可观；石棉县盛产石棉，是我国最大的新型石棉产区。

不过，最令人熟知的是发生在这里的历史大事件：1863 年 5 月，太平天国翼王石达开全军覆没于此，兵败而逃；1935 年 5 月，中国工农红军胜利强渡大渡河，创造了战争史上的奇迹，"大渡桥横铁索寒"形容的就是当时壮烈的场景。

大渡河上的泸定桥始建于清代康熙年间，1935 年中国工农红军曾在长征途中于此"飞夺泸定桥"

大渡河沿岸有哪些特产？旅行家"拍了拍"你！

金川的雪梨
原产于阿坝藏族羌族自治州金川县，以果实硕大、口感脆甜闻名。

汉源的核桃
原产于雅安市汉源县，以片马乡的核桃最为有名。

泸定的香桃
原产于甘孜藏族自治州泸定县，现在在大渡河沿岸地区广泛栽植。

名山的蒙顶茶
原产于雅安市名山区，茶叶细而长，泡出的茶清爽甘醇。

② 星罗棋布的江河湖泊间，蕴藏着哪些秘密？
029

纳木错

清澈的断陷构造湖

我的读音：Nàmùcuò

我的由来："纳木错"为藏语，蒙古语称为"腾格里海"，都是"天湖"的意思

我的别称：腾格里海

我的位置：位于拉萨市以北当雄县和那曲市班戈县之间

"天湖"纳木错，是西藏自治区最大的内陆湖，也是世界上海拔最高的咸水湖。从面积来讲，纳木错湖有 1961 平方千米，这里既是西藏第一大咸水湖，也是我国第二大咸水湖。

纳木错是由喜马拉雅运动导致的地面凹陷而成的，属于"断陷构造湖"；此外，纳木错的形成还受到了冰川的侵蚀、搬运、堆积等作用的改造。如今的纳木错，湖水在不断退缩。纳木错周围还留有数

纳木错是世界上海拔最高的大型湖泊

道古湖岸线，最高的一道湖岸线距湖已经约有 80 米了。

终年积雪的念青唐古拉山脉，位于纳木错的南面。在纳木错的北侧和西侧，分布着起伏有致的高原丘陵，还有广阔的湖泊。在湖泊的四周，环绕着丰美的草原。

纳木错是一个相对封闭的湖泊，这里的湖水主要来自天然的降水和高山上冰雪融化后的水。这里的日照非常强烈，每年都有大量的湖水蒸发。在这样的条件下，这里最终形成了一片"咸水湖"。湖水中的水分蒸发得太多，这样一来水中盐类的浓度就特别高。高原上的许多咸水湖，都是这样形成的。

西南地区：藏在江河湖泊中的历史

咸水湖：以咸水形式积存在地表上的湖泊。由于水少有流出，水分大量蒸发，因而含盐量高。

内陆湖：身居内陆、湖水不外泄入海的湖泊。

喜马拉雅运动：中国大陆及周边地区发生的一次剧烈的造山运动。在喜马拉雅运动期间，印度板块在经过"长途跋涉"之后终于撞上了欧亚板块，使整个欧亚板块东部再次受到了自南北向的挤压作用。

什么是"嘛呢堆"？

对于藏传佛教而言，纳木错是一片"信仰之湖"。在纳木错湖畔，可以见到许多"嘛呢堆"。"嘛呢堆"看上去是一座座以石块和石板垒成的石堆，从藏传佛教的视角来看，石头是有生命、有灵性的。"嘛呢堆"又被称作"神堆"，藏语称"朵帮"，意为垒起来的石头。在西藏的任意山间、路口、湖边、江畔等地，随处可见嘛呢堆。在一些石板和石块上，刻有一些吉祥的图案或是"真言"，以表达信徒神圣的祈愿和追求。

由大小不等的石头集垒起来的"嘛呢堆"，在信徒看来是具有灵气的石堆

雅鲁藏布江

世界上海拔最高的大河之一

提起雅鲁藏布江，你更熟悉的也许是它的一条"大拐弯"——雅鲁藏布大峡谷。这是世界第一大峡谷——既是世界上最深的大峡谷，又是世界上最长的大峡谷。一泻千里的雅鲁藏布江一直较为稳定地保持着东西流向，直到东流至西藏米林县东部派村后，先是折向东北，然后又急转向南偏西方向，围绕南迦巴瓦峰形成一个马蹄形大拐弯峡谷，然后再向南流。

雅鲁藏布江发源于西藏南部喜马拉雅山脉北麓，杰马央宗冰川的末端。那么雅鲁藏布江最终要奔向哪里呢？答案是印度洋。江水穿过雅鲁藏布大峡谷之后，流经墨脱县城，然后从巴昔卡出境，离开中国后进入印度。在印度的河段被称作"布拉马普特拉河"，而后进入孟加拉国，又名"栗木纳河"，在戈阿隆多市附近与恒河汇合后，注入印度洋。

雅鲁藏布江是世界上海拔最高的大河之一。在中国，雅鲁藏布江是最长的一条高原河流，也是中国含沙量最低的大河之一。中国境内的雅鲁藏布江全长约2057千米，它拥有众多的支流，如多雄藏布、拉萨河、年楚河、尼洋河等，其中拉萨河是最长的一条支流。

这里蕴含着非常丰富的水能资源，在中国仅次于长江。并且，雅鲁藏布江峡谷的地形很适合建筑水坝，拦洪蓄水。因此，人们正在不断研究如何对雅鲁藏布江的水能资源进行开发利用。

对于西藏的人们来说，雅鲁藏布江如同母亲一般哺育着文明。在雅鲁藏布江沿途的林芝、墨脱，曾发现过新石器时期人类生存过的痕迹，有石器、陶片、凿子等工具，而后，吐蕃王朝的壮大、藏传佛教的兴盛都离不开雅鲁藏布江的滋养。在如今的雅鲁藏布江流域，仍是寺庙林立、古刹遍布。

> 断层：岩石一分为二，并且进行相对运动，所形成的岩石破裂面。

雅鲁藏布大峡谷是世界上最长、最深的峡谷，平均深度2800米，最深处达6009米

② 星罗棋布的江河湖泊间，蕴藏着哪些秘密？

　　位于青藏高原南部的"一江两河"，是指雅鲁藏布江及其支流拉萨河、年楚河的中部流域地区，西起日喀则地区拉孜县，东至山南地区桑日县，其中包括了拉萨市、日喀则市和山南地区的部分区域。这里是一片东西狭长的河谷地带，属于高原温带半干旱气候，气候温和、地势平坦、人口密集，是经济文化较发达的地区，也是西藏的核心地区和粮食重要产区，被誉为西藏的"金三角"。

　　1987 年，西藏正式提出开发"一江两河"地区。兴修水利工程、改造中低产田、改良天然草场、大量建造防护林……数十年来，人们为建设"一江两河"地区采取了许多行动。积极的开发带动了中部流域地区的迅猛发展，进而带动了整个西藏的发展。如今提起这项工程，几乎没有西藏人是不知道的。

③ 千变万化的地形地貌间，都有着哪些景象？

青藏高原
什么样的地方是"世界屋脊"

我的读音： Qīngzàng Gāoyuán

我的由来： 青藏高原原名为青康藏高原，四川、西藏之间曾设有西康省，后西康省被拆分撤销，此高原改为"青藏高原"

我的分布： 位于我国西南部，包括西藏自治区、青海省、四川省西部、甘肃省西南部和云南省西北部

我的故事： "古城气候总无常，一日须携四季装。" ——西宁市民间歌谣

被誉为"世界屋脊"的青藏高原，是世界上最高的高原，也是世界上最"年轻"的高原之一。青藏高原的北部坐落着昆仑山、阿尔金山和祁连山，南部矗立着喜马拉雅山，西部是帕米尔高原，东部是横断山脉。这些山脉将青藏高原划分成六个部分，分别是藏北高原湖盆区、藏南山原湖盆谷地区、藏东高山峡谷区、柴达

青藏高原是中国最大、世界海拔最高的高原，被称为"世界屋脊"、地球的"第三极"

木盆地、祁连山地、青南高原。

你可能很难想象，世界上最高的地方曾经是一片汪洋——在这里，曾发现许多远古时期的海洋生物化石。在距今约2.5亿年的古生代二叠纪，青藏高原还潜藏在深深的海底，属于"特提斯海"的一部分。在地质运动过程中，陆地的面积逐渐扩大，而"特提斯海"的面积则被挤压得越来越小。大约1亿年前，印度洋板块开始向它北部的亚欧大陆漂移，最终它们产生了猛烈的碰撞，印度洋板块插入了欧亚板块的下方，于是欧亚板块的南部向上抬起，这便是青藏高原的诞生。随后，青藏高原进行了三次较大幅度的抬升，才有了现在4000余米的平均高度。正因如此，它才是一个年轻的高原，和世界上其他高原相比，它的"发育时间"是很短的。

青藏高原深远地影响着中国的气候变化，最典型的是"高原季风"的形成。青藏高原海拔突出、面积广大，性质非常特殊，升温和降温速度都比周围的地区快。在春夏季，青藏高原迅速增热，变成了"热源"；在秋冬季，青藏高原又很快降温，逐渐变成"冷源"。这种快于周围区域的气温变化，使得青藏高原形成了独特的"高原季风"现象。

青藏高原以其高海拔阻挡着高原两侧冷暖气流的交换，这使得冷空气常常很快地聚集在我国西北部地区。但对于夏季的西南季风来说，由于高原的阻挡而不能顺利北上，只得从旁边绕行进入中国，这就加强了季风对于我国西南、华南、华中等地区的影响。而受到遮挡的我国西北部地区，只能逐渐发展成干旱少雨的大陆性气候。

板块：在构造学说中，世界是由许多"大块岩石"组成的，这些"大块岩石"就被称作"板块"。

季风：这种风的风向以年为周期而变化，受到海陆分布、大气环流、大陆地形等多种因素的影响。

3 千变万化的地形地貌间，都有着哪些景象？

为什么生活在青藏高原上的人容易出现"高原红"？

长期生活在青藏高原上的人们，两颊总是"红扑扑"的，这其实和这里高寒的气候有密不可分的联系。

在海拔较高的青藏高原地区，由于日光强烈、空气稀薄，人脸部的角质层容易受损，皮下的毛细血管就会扩张变粗，粗大的毛细血管透过皮肤显现出来，这时候就看到了人脸部的"高原红"。

当然，由于冬季气候寒冷，人脸部皮下的血液循环不畅，还可能被冻伤，这种情况下，也容易看到"高原红"。

横断山脉

山脉与山脉"排排坐"，这里有极致的风光

地理小辞典

我的读音： Héngduàn Shānmài

我的由来： 因其山高谷深、山川并列，截断了东西向的山地和交通孔道，被称为"横断山脉"

我的分布： 位于青藏高原东南部，是中国第一、第二级阶梯的分界山脉之一

我的故事： "阿尔泰山系与喜马拉雅山系间之高原……有大沙积石山，迤南为岷山，为雪岭，为云岭，皆成自北而南之山脉，是谓横断山脉。"——《京师大学堂中国地理讲义》

在青藏高原的东南部，有一道道排得密密的、南北走向的大山，这就是横断山脉。广义上的横断山脉，是四川省西部、云南省西北部和西藏自治区东部南北向山脉的总称，西起伯舒拉岭，东抵邛崃山，北靠昌都、甘孜至马尔康一线，南达中缅边境。

这些南北方向上的巨大山脉，截断了人们在东西方向上的交通往来，因此人们称它为"横

横断山脉是中国最长、最宽和最典型的南北向山系

🔴 千变万化的地形地貌间，都有着哪些景象？

断山脉"。这里的山岭、河谷紧密地排列成束，"两山夹一水，两水夹一山"讲的就是这里的自然环境。横断山区并列的山川和河流，自东至西依次是邛崃山、大渡河、大雪山、雅砻江、沙鲁里山、金沙江、芒康山—云岭、澜沧江、他念他翁山—怒山、怒江和伯舒拉岭—高黎贡山等。

横断山脉的位置，在亚欧板块和印度洋板块交界的地方。上亿年前，这里曾经是一片汪洋大海。在两大板块的碰撞与挤压中，青藏高原被抬升起来。青藏高原形成之后，两大板块之间的"较量"仍在继续，板块之间的缝隙变得越来越小。在两大板块的夹击之下，大陆只能在东西方向上移动。意外的是，位于东侧的"扬子地台"阻挠了大陆向东延伸，于是大陆又只好改换了延伸的方向，进行了一个直角的拐弯。

在运动过程中，扬子地台仍不断向西挤压，地壳在压力之中紧缩、变形，于是形成了许多在南北方向上平行排列的大断裂。山地沿着断裂带不断抬升，河流也顺着断裂的地方不断侵蚀，于是就形成了如今的"横断山脉"——状如一道道挤压而成的褶皱。

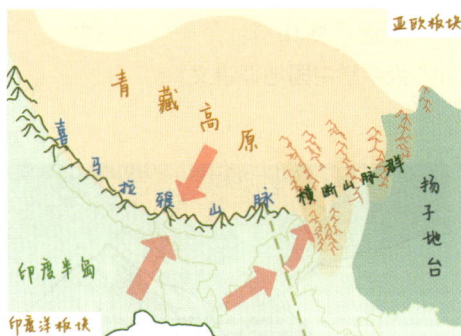

扬子地台：地台指地壳较为稳定的区域，升降速度和幅度较小，构造变动和岩浆活动较弱；"扬子地台"是一个横跨华南地块的、以浅海沉积为主的大型碳酸盐岩台地，是包括从云南东部至江苏的几乎整个长江流域和南黄海在内的准地台。

你听说过"茶马古道"吗？

茶对于生活在青藏高原的人来说，是一个重要的宝贝——由于青藏高原海拔较高、气候寒冷，所以当地居民不得不摄入大量肉、奶等高热高脂的食物，听上去比较"腻"，而茶的作用就是解这份腻。但是青藏高原的环境并不适合茶树生长，而正好附近的云南、四川等地都盛产茶。相对而言，高原以外地区的人们则盼着拥有高原上的良马——不管是百姓的日常生活，还是军队的战事需要，都需要这些良马。

这样一来，"茶"和"马"的交易就形成了，就有了"茶马古道"的诞生——从云南、四川到西藏，穿越横断山脉。产自西南地区的茶叶、盐、布匹，一路运往青藏高原；出自青藏高原的良马、毛皮、名贵药材，也由此源源不断地从青藏高原出口。

负责往来运输货品的队伍叫"马帮"，由赶马人和他们的骡马队组成。由于横断山脉地形复杂、环境凶险，沿途有许多不好走的河谷深滩和危险的悬崖峭壁。"马帮"在当时肯定是一种高危职业了。

梅里雪山
三条大江在这里并流

怒山是横断山脉的主要山脉之一，而梅里雪山位于怒山山脉的中段。这一地区是著名的"三江并流"地区，金沙江、澜沧江、怒江都流经这里。

梅里雪山共有 13 座山峰，

相传曾被称"太子十三峰"。云南最高的山峰，就是梅里雪山的主峰"卡瓦格博"，海拔达6740 米，人们尊敬地称呼它为"雪山之神"。

从印度洋南上的暖湿气流每年都会为梅里雪山带来大量的降水，这使得梅里雪山的气候不太稳定。地处横断山脉中部的梅里雪山，本身构造非常复杂，雪山的冰川运动是相对剧烈的，许多悬冰川、暗冰缝悄然生长，雪崩和冰崩的隐患不容小觑。对于探

耸立于怒江与澜沧江大峡谷之间的梅里雪山，山峰终年积雪

险者来说，梅里雪山是"危险的乐园"。

在梅里雪山，冰川是很常见的。这些壮观的冰川，对雪山的环境起到了很好的调节作用，融化的雪水可以滋润雪山上万物的生长。在印度洋气流的影响下，这里形成了大量低纬度、高海拔的海洋性冰川——这在世界上都是罕见的。

> 冰川：在极地或高山地区存在多年，并且能够沿地面运动的天然冰体。
> 海洋性冰川：受海洋性季风气候影响大，因此带来大量雨水，冰川累积和消融的速度很快。

"四大神山"除了梅里雪山之外，还有谁呢？

西藏的冈仁波齐，是冈底斯山脉的第二高峰，位于西藏西部阿里地区普兰县巴嘎乡境内。

青海的阿尼玛卿山，是黄河源头处最高的山峰，位于青海省东南部的果洛藏族自治州玛沁县雪山乡。

青海的尕朵觉悟，是玉树地区藏族人民心目中代表其守护神的"神山"，位于青海省曲麻莱县巴干乡与称多县尕朵乡交界处。

📍❸ 千变万化的地形地貌间，都有着哪些景象？

喜马拉雅山脉

这里是"雪的居所"

在青藏高原南巅的边缘,坐落着全世界海拔最高的山脉——

喜马拉雅山脉,它的主峰珠穆朗玛峰是全世界海拔最高的山峰。同时,这里还是中国与印度、尼泊尔、不丹、巴基斯坦等国的天然国界。

喜马拉雅山脉的南北坡,差异比较明显。相比之下,北坡更为平缓,南坡更为陡峻。山脉南坡雨量充沛,因此植被茂盛,而北坡的雨量较少,植被显得稀疏。

喜马拉雅山脉约有 70 多个山峰,海拔 7000 米以上的高峰有 40 座,海拔 8000 米以上的高峰有 10 座

这主要是由于高大的山脉挡住了来自印度洋的湿润气流，于是，大量的降水被阻隔在了南坡。但在北坡的山麓地区，是青藏高原湖盆带，这里水丰草美，对于牲畜来说是良好的牧场。另外，北坡还是印度河、恒河等许多大江大河的源头。

这片世界上最雄伟、最高大的山脉，曾经处于一片汪洋之中。它是怎么形成的呢？最主要的原因是"板块"的运动。地球的岩石圈不是一个整体，而是由若干个巨大的"板块"组成。全球的岩石圈主要分为 6 大板块，分别为亚欧板块、非洲板块、美洲板块、太平洋板块、印度洋板块和南极洲板块。

在地球构造过程中，坚硬的岩石圈板块被软流圈托起，横跨整个地球表面。根据"板块迁移学说"，这些板块一直在悄然地进行着运动。板块与板块之间，有时相互分离，有时相互聚合，有时相互平移。所以，板块和板块的交界地带，会因为板块的相互作用而形成不同的地形地貌。如果两个相邻的板块朝着相反的方向运动，那么板块之间就会形成"生长边界"，这里容易形成海沟、大峡谷等地形地貌；如果两个相邻的板块朝着相对的方向运动，那么就会形成"消亡边界"，在这样的边界中较为常见的地形地貌是山脉、海岛带、火山带等。

喜马拉雅山脉的形成，就是板块运动造成的，是一种板块"消亡边界"的表现。和青藏高原相似，这里的绝大部分曾经淹没在大海之中，后来发生了印度洋板块和亚欧板块这两大板块的持续碰撞和挤压，最终印度洋板块俯冲斜插到亚欧板块之下，造就了陆地的抬升，形成了高原和山脉。

这场发生在板块间的运动，一方面促成了青藏高原的诞生，另一方面就在雅鲁藏布江地缝合

软流圈：在地表以下 180~220 千米深处，是一个主要由固体岩石组成的圈层。

湖盆带：地表上用来汇集水体的相对封闭的洼地，其形似盆状。

❸ 千变万化的地形地貌间，都有着哪些景象？

线附近形成了喜马拉雅山脉。在整个过程中，附近的太平洋板块也有参与，但主要的运动能量来自印度洋板块对亚欧板块的撞击。根据人们的研究，印度洋板块目前仍然在向北挤压着亚欧板块，所以喜马拉雅山每年仍在缓慢增高。

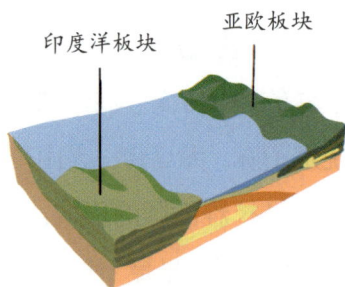

地壳运动　①

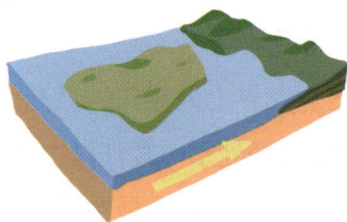

②　板块漂移

③

④

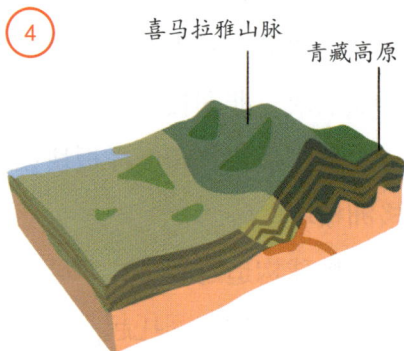

喜马拉雅山脉　青藏高原

板块碰撞

互相挤压，多次隆起

世界各大洲，有哪些代表性的山脉？旅行家"拍了拍"你！

欧洲： 阿尔卑斯山脉，长约 1200 千米，覆盖了意大利北部边界、法国东南部、瑞士、列支敦士登、奥地利、德国南部及斯洛文尼亚等地。

非洲： 阿特拉斯山脉，长约 2400 千米，横跨摩洛哥、阿尔及利亚、突尼斯三国，把地中海西南岸与撒哈拉沙漠分开。

大洋洲： 大分水岭，长约 3000 千米，澳大利亚东部新南威尔士州以北山脉和高原的总称，位于新南威尔士州以北，与海岸线大致平行，自约克角半岛至维多利亚州。

北美洲： 落基山脉，长约 4800 千米，是美洲科迪勒拉山系在北美洲的主干，由许多小山脉组成，被称为北美洲的"脊骨"，主要的山脉从加拿大不列颠哥伦比亚省到美国西南部的新墨西哥州。

南美洲： 安第斯山脉，长约 8900 千米，位于南美洲的西岸，是世界上最长的山脉。

❸ **千变万化的地形地貌间，都有着哪些景象？**

珠穆朗玛峰

世界上最高大雄伟的山峰

在喜马拉雅山脉的众多山峰之中，珠穆朗玛峰可能是你最熟悉的一座。珠穆朗玛峰的山巅，也许就是整个陆地距离天空最近的地方——根据2020年测得的数据，这里的海拔为8848.86米。藏族人虔诚地将这座山峰奉为"女神"，并尊敬地称呼她为"珠穆朗玛"。在藏语中，"珠穆朗玛"就是"第三女神"的意思。在靠近珠峰大本营的地方有一座"绒布寺"，这是世界上海拔最高

珠穆朗玛峰是喜马拉雅山脉的主峰，也是世界海拔最高的山峰

的寺院。

在珠穆朗玛峰的峰顶，有时会出现一种叫作"旗云"的神奇现象。远远看去，就好像一面由云制作的旗帜悬挂在山尖上迎风招展。旗云的性质，在气象学中被称为"对流性积云"。这面"旗帜"总是千变万化，时而波涛汹涌，时而轻柔自然。实际上，这面云旗是能够向旅客或登山者传递许多信号的，根据它飘飞的位置和高度，能够判断出一定的风速和风向情况。

从中国出发的北坡和从尼泊尔出发的南坡，是挑战珠穆朗玛峰最经典的两条路线。北坡的气候条件比南坡更加恶劣，地势也更加陡峭。自从中国向世界打开攀登珠峰的通道后，法国、德国、日本、意大利等国家的登山探险队纷纷从西藏一侧攀登上了珠峰。但同样的，

也有一些攀登者由于缺氧、寒冷等原因在攀登的过程中失去了生命。但即使是这样，珠穆朗玛峰仍然是许多登山爱好者心中的结，前去征服它的人依然层出不穷。

> 积云：一种常在晴天出现的云，形状像棉花一样。

珠峰高程测量纪念碑，是为纪念 2005 年开展的珠峰登顶高程测量活动而设立的

❸ 千变万化的地形地貌间，都有着哪些景象？

这些高高的山峰，你听过哪些？旅行家"拍了拍"你！

亚洲最高的山峰：珠穆朗玛峰，峰顶海拔 8848.86 米，位于中国和尼泊尔交界的喜马拉雅山脉之上。

欧洲最高的山峰：厄尔布鲁士山，峰顶海拔约 5642 米，位于俄罗斯西南部的高加索山脉，属于高加索山系的大高加索山脉的博科沃伊支脉。

非洲最高的山峰：乞力马扎罗山，海拔 5895 米，位于坦桑尼亚东北部及东非大裂谷以南，是坦桑尼亚和肯尼亚的分水岭。

北美洲最高的山峰：麦金利峰，海拔 6193 米，位于美国阿拉斯加州中南部，是阿拉斯加山脉中段山峰。

南美洲最高的山峰：阿空加瓜峰，海拔 6964 米，属于科迪勒拉山系的安第斯山脉南段，在阿根廷与智利交界的门多萨省的西北端。

大洋洲最高的山峰：查亚峰，峰顶海拔 4884 米，位于新几内亚，是印度尼西亚巴布亚省内山峰。

南极洲最高的山峰：文森山，峰顶海拔 4892 米，位于西南极洲，是南极大陆埃尔沃斯山脉的主峰。

冈底斯山脉
它可是"众山之主"

地理小辞典

我的读音：Gāngdǐsī Shānmài

我的由来："冈底斯"在藏语中是"大雪山"的意思

我的分布：位于西藏自治区西南部、喜马拉雅山脉之北，西起喀喇昆仑山脉东南部的萨色尔山脊，向东延伸至纳木错西南角

我的故事："冈底斯山为群山之王，高不可攀，直耸云霄，山脉雪峰林立，天寒地冻。"——《底斯山湖志》

在青藏高原上，冈底斯山脉是一条重要的界线，它和东侧的念青唐古拉山脉一起，把青藏高原分成了南、北两个部分。它们阻挡了印度洋暖湿气流的北上，因而将青藏高原切割成了气候大不相同的两部分。

在冈底斯山脉的北侧，是寒冷干燥的羌塘高原，喜欢湿润环

"众山之主"冈底斯山脉，又被誉为"世界之轴"

🔴③ 千变万化的地形地貌间，都有着哪些景象？

境的乔木在这里无法生长，矮小的灌木和草木植被倒是把这里当成了"乐园"，畜牧业因而成了这里百姓生活的支柱。在这里，大部分地方是牧区或无人区。

在冈底斯山脉的南侧，则是相对温凉的藏南谷地。雅鲁藏布江和它的一些支流从这里流过，其间散布着河谷平地和湖盆谷地。这里的人口相对集中，农牧业是比较发达的。

冈底斯山脉一带，是众多大河的发源地。从山脉北峰流出的森格藏布（又名狮泉河），是印度河的正源；源于喜马拉雅山与冈底斯山之间的达却藏布（又名马泉河），是雅鲁藏布江的源头；发源于南面喜马拉雅山的马甲藏布（又名孔雀河），是恒河的支流格拉河。

在冈底斯山脉西段的群山之中，有一座"雪山珍宝"——冈仁波齐，这是冈底斯山脉的第二高峰，海拔 6714 米。在多种教派中，这是一座共同的圣山，出于对信仰的尊重，到如今也没有人登上顶峰。

云贵高原
中国最"崎岖"的高原

地理小辞典

我的读音： Yúnguì Gāoyuán
我的由来： 因位于云南省、贵州省而得名
我的分布： 包括云南省东部，贵州全省，广西壮族自治区西北部和四川、湖北、湖南等省边境

与平坦浩瀚的内蒙古高原不同，在云贵高原，更常见的景色是"崇山峻岭"——这里算得上是中国最崎岖的高原了。这里的地势西北高、东南低，高原间分布着许多山间盆地——这些地方被当地人称作"坝子"，往往用于集中居住和耕作。

在云贵高原上，石灰岩的分布很广泛，很容易见到"溶蚀地貌"。溶洞、钟乳石、石笋、石柱、地下暗河、峰林等景观，在云贵高原上十分常见。

高原通常是比较冷的，但是云贵高原是一个纬度比较低的高原，所以在冬天的时候也并不太冷，而夏天的时候也不会太热，是"四季如春"的好地方。在得天独厚的自然条件下，这里既是中国森林植被类型最为丰富的区域，又是中国少数民族分布最多的地区。

云贵高原所囊括的范围可不

大娄山位于中国云贵高原之上，是一座东北—西南走向的山脉

溶蚀地貌： 又被称作"岩溶地貌"，水对可溶性岩石进行溶蚀等作用，将岩石塑造成各种各样的形态而形成的地貌。
石笋： 在溶洞中直立在洞底的尖锥状的物体，是在洞底沉积而成的。

千变万化的地形地貌间，都有着哪些景象？

小：最西端是横断山、哀牢山，最东端是武陵山、雪峰山；向北至长江南岸的大娄山，向南到桂、滇边境的山岭。但其实，云贵高原可以分为"云南高原"和"贵州高原"两个高原，并且两个高原有着很大的差别。

大致以乌蒙山为界，位于乌蒙山以西的云南高原，主要分布在云南省的中部、东部，以及四川省的西南部、贵州省的西部。云南高原的地形看上去非常破碎——像是从上往下被切割过很多刀一样，切割的地方形成了各种各样的山谷和盆地，而高原面则残余在一座座山顶上。这样看上去，云南高原一点也不像高原，但是将这些山顶进行比较就会发现，山顶几乎是齐平的，连接起来之后构成了一个宽大的高原面。

整体来看，在贵州高原上，地形的起伏并不剧烈——平缓的山丘和宽浅的谷地，占据了贵州高原更大的一部分，只是在边缘部分，地形看上去被切割得比较厉害。

为什么会出现这样的区别呢？首先，云南高原的地壳抬升运动是更剧烈的，所以地势更高。再者，云南高原分布着较多的断层，在地壳抬升的时候，就被切割得更猛烈了。

云贵高原上生活着哪些民族？旅行家"拍了拍"你！

白族：云南省的白族人口最多，主要聚居在云南省大理白族自治州。白族人善于种植水稻、制作手工艺品，这里的扎染工艺很有名。

哈尼族：哈尼族集中居住于云南西南部，他们善于开垦和经营梯田。

纳西族：纳西族人主要聚居在云南丽江，他们至今还在使用一种象形文字——"东巴文"。

侗族：侗族主要分布在贵州。他们的建筑文化很有意思，会在寨子中建造一些造型别致的木楼。

仡佬族：仡佬族是贵州最古老的民族。

乌蒙山
"西蜀漏天"是什么样的地方

地理小辞典

我的读音：Wūméng Shān

我的由来：一个称为"乌蛮"的部落曾在这里活动，后面这个部落强大起来，号称"乌蒙部"。宋朝册封这里的部落首领为"乌蒙王"，乌蒙山也因此而来

我的分布：位于贵州高原西北部和滇东高原北部，主峰韭菜坪位于贵州毕节市赫章县境内

我的故事："五岭逶迤腾细浪，乌蒙磅礴走泥丸。"——毛泽东《七律·长征》

在云贵高原上，乌蒙山是非常重要的山脉——乌蒙山把云贵高原分为云南高原和贵州高原。乌蒙山是南北盘江的分水岭，珠江的源头也在这里。在贵州省六盘水境内，还专门设有乌蒙山国家地质公园。

乌蒙山由三列东北—西南走向的山脉组成，东北低、西南高。最西边的一支位于威宁草海以西，北至云南昭通境内；东北方向上的一支经过草海东侧，途经威宁恒底、镇雄、大方等地，直抵金沙白泥窝；东南方向上的一支，是北盘江与三岔河的分水岭。在云南省境内的部分，最高的一座山峰叫石岩尖，位于云南曲靖市会泽县南部，海拔3800余米。而乌蒙山的主峰——海拔2900米左右的韭菜坪，位于贵州毕节市赫章县境内，是贵州最高的山峰。

"乌蒙"这个名字的来历，最早可以追溯到唐代一个叫"乌蛮"的部落，这个部落曾在这附近生活。后来这个部落改称"乌

乌蒙山是金沙江和北盘江的分水岭，是由断层抬升形成的年轻山地

蒙部"，部落的首领就叫作"乌蒙王"。从此以后，"乌蒙山"的名字就一直传到了现在。如今乌蒙山的区域，囊括了贵州省六盘水市、贵州省毕节市、云南省曲靖市、云南省昭通市的部分地区。

乌蒙山的物产非常丰富。河谷地区地势平坦、气候条件较好，盛产水稻、甘蔗、橘子、花生等作物；平坝和半山区气候温润，盛产玉米、小麦、蚕豆等作物；在海拔较高、气候相对寒冷的高山区，种植着马铃薯、燕麦等作物。

乌蒙山经常下雨，这里有个外号叫"西蜀漏天"。也正是由于雨多，所以云也多、雾也多，如果从乌蒙山顶俯瞰山下，常常会见到山岭在云雾中若隐若现的情景。

中国有哪些山位于两省之间的分界线上？

巫山是湖北省与重庆市的分界线
武夷山脉是福建省和江西省的分界线
南岭是广东省与江西省的分界线
昆仑山脉是西藏自治区与新疆维吾尔自治区的分界线
祁连山脉是甘肃省与青海省的分界线
大巴山脉是四川省与陕西省的分界线
大兴安岭是内蒙古自治区与黑龙江省的分界线

四川盆地

"飞机飞不过，炮弹打不穿"

地理小辞典

我的读音：Sìchuān Péndì

我的由来：盆地位于四川而得名

我的分布：位于四川省和重庆市境内

我的故事："沃野千里，天府之土。"——陈寿《三国志·诸葛亮传》

青藏高原处在高高的地势第一级阶梯，再往东边下一个台阶，我们就能来到位于第二级阶梯上的"四川盆地"。四川盆地是我国纬度最低、海拔最低的盆地。长江将它和东海连接在一起，因此它还是中国最大的"外流盆地"。东面的大巴山、西面的雪山、南面的大娄山、北面的秦岭，将四川盆地团团围住。"四川四川，四面是山。

飞机飞不过，炮弹打不穿"，这句俗语讲的就是四川的地理状态——"四面环山"。

四川四面山地的海拔，从1000米左右到4500米左右不等，而就在被这些山地团团围住的中心地带，地形却像一个盆似的，全是海拔在200~500米的低地。

李白《蜀道难》中的名句"蜀道之难，难于上青天"传唱至今，讲的就是四川盆地的险要。在冷

四川盆地由青藏高原、大巴山、云贵高原环绕而成

兵器时代，这样的地形有着易守难攻的特点，所以是"兵家必争之地"。得益于这些山地的守护，这里幸免于许多战争的破坏，得以有一个相对安宁的社会环境。

实际上，四川盆地是中国和世界上人口最稠密的地区之一，四川省的人口大部分聚集在这里。由于良好的自然条件和温暖湿润的气候，加上"紫土地"丰富的营养和良好的透水透气性，四川盆地的农业发展很快，一直是中国非常重要的农业区。早在西汉时期，这里就已经得到了较好的开垦和种植。如今，这里是中国最大的水稻、油菜籽产区。

紫土地：一种特别的土壤，为紫色或紫红色砂岩和页岩岩层。在我国，紫色土壤主要分布在四川。

盆地是怎么形成的？

当山地隆起将低矮的平原或丘陵团团围住时，一块盆地就出现了。这个名字非常形象，听到"盆地"二字，脑海中自然而然浮现出盆子的形状。

盆地由地壳运动造成。地壳运动时，地下的岩层随时发生着各种各样复杂的变化，由于挤压或拉伸，最终导致一些岩石隆起或者下沉。当下沉的岩石被隆起的岩石包围，盆地的雏形就渐渐显现出来了。当然还有一些其他情况下产生的盆地，例如，通过风的吹蚀或是雨水的冲刷等，最终也可以形成一些大小不一的河谷盆地或风蚀盆地。

① 地壳运动，对地表挤压或拉伸
② 导致岩石隆起或下沉
③ 通过风的侵蚀和雨水的冲刷
④ 形成盆地

紧跟飞禽走兽，探秘意料之外的奇花异草

亚洲象

喜欢群居的"大可爱"

上万年前，地球上生活着大约10种大象，分布在亚洲、非洲、欧洲、北美洲和南美洲；而如今存活的只剩下3种了，分别是亚洲象、非洲草原象和非洲森林象。亚洲现存的最大陆生动物，就是亚洲象。

和其他大象比起来，亚洲象的象牙并不算发达，但雄性亚洲象的象牙仍是长长的，最长甚至可达两米多。它们的牙齿非常灵活，可以用来挖掘水源，还可以用来掰开树皮和树根。而雌象的牙往往很短，有时甚至不能露出皮肤。

在亚洲象的前额，有两大块隆起的地方，人们称其为"智慧瘤"。亚洲象的皮肤是灰色的，但常常被尘土覆盖，身体看上去是黄色或是土红色的。

亚洲象会食用上百种植物，其中大多是豆类、棕榈、莎草等。到了旱季的时候，亚洲象则更青睐树上的食物，还会啃食树皮。亚洲象特别喜欢喝水，几乎是一个"行走的大水桶"，始终要伴水而居。在一天中，一头成年亚洲象可以摄入超过100升的水。

亚洲象的母象和幼象经常成群活动，这些母子群体通常不大，并且母象之间大多是有亲缘关系的，一般一群共有10来只象，有时候数量也会多些，达到上百只。但成年雄象常常单独行动，或者形成短暂的"单身俱乐部"，一起行动。

如今的亚洲象面临着许多生存困难。由于栖息地的减缩，亚洲象的活动范围受到局限。由于象牙不菲的价值，一些亚洲象遭遇残忍的捕杀。亚洲象有时会踏入农田，因此引发人象冲突。在东南亚地区，有一些亚洲象被驯化，成为承担繁重劳作的劳动力，它们帮助人们开荒、筑路、搬运重物，却常常没有被很好地对待，看上去瘦骨嶙峋。如今，人们意识到这些问题，开始努力保护大象，因为它们和人类一样，也是地球的"居民"。

亚洲象是亚洲现存的最大陆生动物

非洲象和亚洲象有什么区别？动物学家"拍了拍"你！

牙齿：非洲象无论雌雄都有象牙外露，只是雄性牙较长，雌性牙较短；而亚洲象只是雄性有象牙外露，雌性象牙很短，许多时候无法外露。

耳朵：亚洲象耳朵相对来说较小，而非洲象耳朵则大很多。

脚趾：亚洲象前掌有5个趾头，后掌有4个趾头；非洲象前掌有4个趾头，后掌有3个趾头。亚洲象的趾甲看上去要比非洲象的更扁平一些。

皮肤：亚洲象的皮肤呈浅灰色，非洲象的皮肤呈灰棕色。

川金丝猴

生活在树上的"金色精灵"

软毛毛、翘鼻子的金丝猴，是一种很稀罕的动物，基本生活在海拔较高的地方。金丝猴又被称作"仰鼻猴"，因为它们有着"朝天鼻"，鼻孔与面部几乎是平行的。这种鼻子形态并不是先天的，是川金丝猴为适应高原缺氧环境，鼻梁骨退化的结果。这样的鼻子有利于减少在稀薄空气中呼吸的阻力。在中国，主要生活着4种金丝猴：黔金丝猴、滇金丝猴、川金丝猴和怒江金丝猴。这其中，最早被发现的就是川金丝猴。

川金丝猴通常长着一张蓝色的脸。雄性的川金丝猴体型较大，它们纤长的、金黄色的毛发从背部垂下，看上去如同披风一样。在它们身上，也会有一些褐色、黑色的杂毛。雌猴的体型相对较小，毛发也要短得多，通常呈现橙黄或淡黄色，四肢部分带有一些深色的杂毛。

川金丝猴是生活在树上的"精灵"，它们每天绝大部分的时间都在树冠上活动。它们喜欢结群

大部分金丝猴分布在海拔较高的地方，身上的长毛可以帮助它们抗寒

活动，有时候会聚成 10 余只的小群，有时候也会聚成数百只的大群。如果观察猴群，也许能够看见雌猴在不断攀爬的同时还怀抱着幼猴。在它们之中，一般会有一只雄猴作为首领，各个群体之间也常常一起觅食、活动。由于生活在寒冷地区，川金丝猴需要考虑保暖的问题——它们常常在睡觉时候聚在一起，并且会选在树冠的稍下层睡觉，以逃避树顶寒风的侵袭。

川金丝猴的食谱很杂，主要吃的是植物，不过有时候也会偷吃鸟蛋。春季，它们会采食各种植物的芽孢、花蕾、幼苗，等等；夏季，它们会大量摄入嫩叶；秋季，它们则更多食用植物的果实；冬季，它们最钟爱的食物也许是树干上的松萝地衣。

金丝猴还有哪些种类？
动物学家"拍了拍"你！

黔金丝猴：又叫灰仰鼻猴、白肩猴、白肩仰鼻猴、牛尾猴、线狨。它们的体型略小于川金丝猴，长着灰白色或浅蓝色的脸蛋。如今它们仅分布于贵州梵净山，现存数量 700 只左右。

滇金丝猴：又名黑白仰鼻猴、雪猴、大青猴、白猴、花猴、飞猴。它们的体色是灰黑色的。滇金丝猴仅在中国的云南和西藏高山针叶林有分布，是世界上栖息海拔高度最高的灵长类动物。

越南金丝猴：又名东京仰鼻猴。体形较小，胸部、腹部为黑色，四肢内侧为浅黄色。仅分布于越南西部宣光省和北太省之间石灰岩山地的低海拔亚热带雨林中。

怒江金丝猴：又名缅甸金丝猴或黑仰鼻猴，是一种缅甸和中国北部交界处特有的金丝猴，全身覆盖着茂密的黑毛，头顶有一撮细长而向前卷曲的黑色顶毛，下颔上有独特的白色胡须。

大熊猫

憨态可掬的"国宝"

我的读音： Dàxióngmāo

我的由来： 最早叫"猫熊"，首次向公众展出时，中文的阅读习惯是从右向左，因此观众将"猫熊"读成了"熊猫"，名字沿用至今

我的分布： 仅分布于中国，主要分布在中国四川、陕西和甘肃的山区

我的别称： 活化石、中国国宝

我的故事： "熊猫的手灵巧得令我震惊，我奇怪为什么一个适于奔跑的后代可以如此灵巧地使用手。"——古尔德《熊猫的拇指》

我们的"国宝"大熊猫，是一种没法拥有"彩色照"的动物——远远看去，几乎是用黑白两种色块拼出来的。实际上，如果仔细观察的话，会发现大熊猫的"黑"并非纯粹的黑，而是透露出淡淡的褐色；"白"也不是毫无瑕疵的白，还混杂着浅浅的黄色。

大熊猫最喜欢吃的是竹子，它们的主要食物是竹子。大熊猫每天有接近一半的时间都在收集食物和享用食物中度过，不管在什么地方，以什么姿势，它们总是在不停地剥着竹竿、啃着竹叶。

由于长期生活在密密麻麻的竹林之中，总是处于昏暗环境之下，所以大熊猫在阳光下并不具有发达的视力，并且"目光短浅"。大熊猫总给人一种慵懒自在的感觉，实际上，它们的四肢发达有

憨态可掬的"国宝"大熊猫，主要生活在中国四川、陕西和甘肃的山区

力，被激怒时也会爆发出非常惊人的力量。

大熊猫在地球上已经生存了至少800万年，是名副其实的"活化石"。科学家发现，在数十万年前的北半球旧大陆上，也许几乎到处都有过大熊猫的身影。但后来由于复杂的环境变化，大熊猫的活动范围急剧缩小，后来大熊猫就搬进了四川西北部、陕西和甘肃南部的一些山区里。

曾经，野生大熊猫的数量十分稀少。为了保护和拯救大熊猫，成都兴建了大熊猫繁殖研究基地，这也是唯一一座建在大城市里的大熊猫研究中心。同时，卧龙保护区也做出了将驯养大熊猫放归野外的尝试，实行"半野生放养"的实验。在人们的努力下，野生大熊猫的数量已经越来越多了。

"小熊猫"是谁？

我们平常所说的"小熊猫"，可不是大熊猫的幼仔。小熊猫又叫红熊猫、红猫熊或九节狼，原产于中国西南地区。它们看上去很像猫，但是又比猫肥大，外形和浣熊类似，但又不是浣熊。它们通体是红褐色的，长着一张圆圆的脸蛋，黑褐色的四肢显得很粗短，尾巴又长又粗又蓬松。小熊猫也是珍稀动物，如今的数量可比大熊猫少多了。

野牦牛

健壮可靠的"雪域之舟"

野牦牛大多生活在青藏高原，它们常年栖息于高山草甸地带，性格相对温顺，因而很早就被生活在青藏高原上的牧民驯化，主要用以托运重物。牧民亲切地称其为"雪域之舟"，驯化历史最早可以追溯到 2000 多年前的先秦时期。

野牦牛的身体看上去挺笨重的，一头成年野牦牛的体长可以达到 2.5 米，体重能够达到 600 千克。它们的四肢力量非常强大，能够撑起上千千克的重物。它们浑身长满浓密的长毛，腹部和尾部的长毛低低地垂着，几乎贴到地面：这些皮毛是它们应对寒冷和暴风雪的"外套"。

野牦牛的牙质地非常坚硬，能啃食一些草根；它们的消化系统非常发达，能够消化苔草、针茅草等许多种高山寒漠植物。由于生活在早晚温差较大的高原山地气候的地区，它们一般在早晨和夜间进食，也就是在寒冷的时候补充能量、保持体温。

野牦牛乐于群居，通常二三十头聚在一起。为了保护小牛犊不受到狼的威胁，觅食的时候，成年野牦牛会把小牛犊围在中间。野牦牛头部的角非常锐利，有利于防御天敌。它们看上去虽模样憨厚，但实际上在面对实力悬殊太大的强敌时，也能非常迅速地逃跑。

在古代，生活在青藏高原上的人们会捕杀野牦牛作为食物，但总体来说对野牦牛种群的影响是不大的。野牦牛会面对一些生存危机：家养牦牛的数量不断增加，野牦牛的栖息地被挤占；为了用牛角和皮毛做高档饰品，人们捕杀牦牛……好在如今野牦牛已经被列入重点保护动物名单，它们的生存状态越来越受到人们的关注。

野牦牛栖息在高山地带，耐力很强，善于适应各种环境

藏羚羊
草原上的流浪者

藏羚羊是一种古老的物种，它们的祖先可以追溯到曾生活在柴达木地区的"库羊"。上千万年前，喜马拉雅山脉迎来了强烈的造山运动，藏北地区的森林因此消失。上万年前，藏北地区的海拔再度抬升，这里的气候变得更加寒冷、干燥……经历过无数次地理环境的改变，原本生活在这里的动物，有的四散逃命，有的加速演化。然而，能够适应高寒低氧环境的藏羚羊，凭借其强大的生存能力，在长期演化的过程中成为优胜者，和野牦牛、藏野驴等动物一起在藏北高原上生存到了现在。

藏羚羊的背部看上去是红褐色的，而腹部是浅褐色或是白灰色的。成年的雄性藏羚羊长着一张"黑脸"，头上带有一对竖琴形状的角；雌性藏羚羊的头上是没有角的。由于高原上空气稀薄，藏羚羊的口腔发育得非常宽大，这是为了增大与空气的接触面积。每年夏秋季节，藏羚羊会经历一次长达数个月的换毛期，在换毛的同时也有助于调节体温。

藏羚羊是著名的"奔跑健

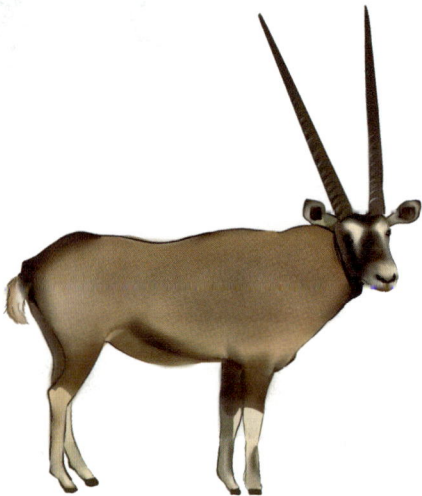

轻巧敏捷的藏羚羊，是名副其实的"奔跑健将"

将"，奔跑的速度可以达到平均每小时 80 千米，它们可以躲过狼、雪豹等食肉动物的追赶。另外，藏羚羊还喜欢结群生活，在迁徙的季节里甚至会有上千头羊共同行动，这也是它们应对天敌和自然变化的一种方式。

20 世纪末，藏羚羊曾经遭受过大规模的非法盗猎，这主要是因为藏羚羊的底绒，即最贴近羊皮的那部分羊绒，被一些人称为"羊绒之王"，制作成披肩、围巾等，保暖效果极好，因此，成千上万的藏羚羊惨遭盗猎者的毒手。更残忍的是，由于藏羚羊具有成群行动的习性，当有藏羚羊受伤的时候，它的同伴会减慢速度来照顾它们，残忍的盗猎者也利用藏羚羊的这一习性，对羊群进行捕猎。由此，藏羚羊的数量锐减。

近年来，藏羚羊的生存现状受到越来越多的关注，保护区内的藏羚羊数量正在逐渐恢复。

在青藏高原上，藏羚羊的天敌都有谁？动物学家"拍了拍"你！

狼
喜欢群居的犬科动物，通常在夜间活动，善于奔跑。

棕熊
体型健硕的哺乳动物，是既爱"吃素"又爱"吃肉"的杂食动物。

高山兀鹫
体型巨大的猛禽，栖息在海拔较高的地方。此外，青藏高原还生活着大量的胡兀鹫和秃鹫等鹫类。

猞猁
猫科动物，身上有棕褐色的花纹。

雪豹
大型猫科动物，常在雪地间或雪线附近活动。

金雕
深棕色的猛禽，拥有巨大的翅膀，飞行动作迅速而敏捷。

❹ 紧跟飞禽走兽，探秘意料之外的奇花异草

雪豹

凶猛的"雪中大猫"

在猫科动物中，雪豹是非常神秘的一员——它们总是生活在高寒山地。中国西部是最大的雪豹分布区，这里生活着世界上超过一半的雪豹。目前已知最早的雪豹，出现在200万年前的青藏高原地区。

在高原山地，雪豹处于食物链的顶端。实际上，雪豹是豹属大猫中体型最小的一种猫，只是由于一身长长的毛发，看起来才比实际体型大了一圈。这些毛发可以帮助雪豹抵御高原上漫长的严寒天气。它们四肢粗短且强健，这使得它们能够在陡峭的山地灵活奔跑，能够捕猎岩羊一类的"攀岩高手"。在捕猎方面，它们有自己独特的一套招数——先在隐蔽中接近猎物，再伺机偷袭。它们甚至能杀死体型比自己大两倍多的有蹄类动物，例如牦牛、白唇鹿等。

雪豹的眼睛非常敏锐，眼球是蓝灰色的，瞳孔能够缩成一条细缝，这使得它们可以适应高原刺眼的阳光以及雪地的反光。雪豹的毛皮是灰白色的，能够很好地与裸露的岩石混为一体，有利

白唇鹿：鹿类中体形较大的一种，尾巴是大型鹿类中最短的。鼻端两侧、下唇及下颌是白色的，因此被称作"白唇鹿"。在臀部尾巴周围有黄色斑块，因此当地人也称它为"黄臀鹿"。仅分布在青藏高原。

于隐藏自己的行踪。雪豹的脚掌宽大、厚实，便于在积雪之中奔跑，或是行走于破碎的砾石之间。它们毛茸茸的尾巴甚至能超过体长，不仅能够保持身体平衡，还可以用来御寒。

雪豹的领地意识很强，它们会在自己的领地做记号。雪豹之间还会爆发"领土之战"。如今雪豹生存的空间变得越来越小，雪豹一直选择在离人很远的地方生存，人们开发矿产、开拓道路、兴修建筑等做法使雪豹的栖息地越来越小，还有气候变暖等因素，所以如何保护雪豹，如何维系雪豹的数量，是我们需面对的问题。

岩羊：被毛呈棕灰色，和山崖石壁的环境色相似，有利于隐蔽。岩羊行动敏捷，善于攀登和跳跃，能在悬崖峭壁之间自由行动。

雪线：冰川或雪山上的冰雪累积和融化的平衡点，山顶海拔高于雪线处的地方始终存在冰雪；同时这里又是"永久性积雪"的下限。

皮毛的颜色是雪豹的保护色，混在岩石堆中不容易被发现

紧跟飞禽走兽，探秘意料之外的奇花异草

杜鹃

这是一种鸟，还是一种花

地理小辞典

我的读音：Dùjuān

我的由来：东晋前后，因杜鹃花与石榴花颜色相似，当时被称为"山石榴"。唐代的学者注意到它开花时，常伴随着杜鹃鸟的鸣叫。因此，"山石榴"就逐渐被称作"杜鹃"，俗称"杜鹃花"

我的分布：在中国分布极为广泛，除新疆和宁夏两地以外几乎都能发现野生杜鹃花的生迹，云南、四川和西藏分布的杜鹃花尤其丰富

我的别称：山踯躅、山石榴、映山红、照山红、唐杜鹃

我的故事："蜀国曾闻子规鸟，宣城还见杜鹃花。一叫一回肠一断，三春三月忆三巴。"——李白《宣城见杜鹃花》

"杜鹃"，既是一种花的名字，又是一种鸟的名字。有这样一个传说：古蜀国的国王杜宇爱民如子，禅位后隐居修行，死后化作"子规鸟"，又被称作"子鹃"。后来人们就将这种鸟叫作"杜鹃鸟"。杜鹃鸟日夜哀鸣而泣血，血染红了"杜鹃花"，这就是"杜鹃啼血，子归哀鸣"的故事。在杜鹃花盛开的时候，娇艳的花朵映得满山皆红，这便是"映山红"的由来。

杜鹃花一般在春天开花，总是成簇地开放，花瓣是漏斗形状的。虽然传说中杜鹃花的花瓣是由鲜血染红的，但实际上它们的颜色可不止"红色"，常见的有杏红色、淡红色、蓝紫色等，颜色非常丰富。

杜鹃花在中国的分布很广，除新疆和宁夏两地至今没有野生

杜鹃一般在春季开花，最常见于山地的灌丛中

杜鹃花分布的记录外，其余各省、区都发现过。中国的杜鹃花声名远扬，自19世纪以来，杜鹃种源被西方人大量地带入欧美地区，如今在世界上许多地方的园林中，都能发现它们的影子。

在中国，杜鹃花集中分布在川西、滇西和藏东南地区。四川境内的宝兴、木里、冕宁、泸定、康定等地，是杜鹃花分布最广泛的地区，而且其中很多种类是四川的特有品种。在西藏自治区林芝县境内的多雄拉山，分布有大量的杜鹃花——据说，当你站在这里的杜鹃花群丛中，只用转个圈，就可以见到接近30个不同种类的杜鹃花。

同样是叫作杜鹃花，不同种类的杜鹃花之间差别其实是很大的。假设我们在一个植被保存完好的山区观察杜鹃花，我们可能会发现：从低海拔的地方往高海拔的地方走，最开始看到的杜鹃花是"高高在上"，远超人们身高的；随着海拔高度的上升，杜鹃花越来越矮，直到和观察者的高度差不多；再往高处走，杜鹃花还没有人高；到了高山草甸地区，它们开始变得"矮小"，高度仅有几十厘米，有的甚至只及脚踝，如果要仔细观察它们，只好弯下腰来了。

杜鹃是一种什么样的鸟？

杜鹃鸟是杜鹃科鸟类的统称，主要分为大杜鹃、三声杜鹃和四声杜鹃。杜鹃科的鸟类虽然大小不同，但它们的身体细长，尾巴较长，腿部强壮。大多数杜鹃科的鸟都居住在森林里，以取食昆虫为生，又被称作"布谷鸟"。

一些杜鹃鸟有一种特殊的习性："巢寄生"——它们偷懒不建造自己的巢穴，而是去偷画眉、苇莺等鸟类的巢来下蛋，让其他的鸟来精心孵化自己的蛋。当然，也有少数种类的杜鹃是会在高树上建造自己的巢穴的，如走鹃、鸦鹃等。

望天树
雨林中的巨人

高达七八十米的望天树，被称为热带雨林中的"巨人"。在西双版纳热带雨林的上千种树木中，它的"身材"显得非常出众，一般能长到五六十米。在我国乃至整个亚洲现存的热带雨林植被中，望天树可以称得上是最高的树种了。

望天树的树干笔直，很少分杈。生活在西双版纳的傣族人称之为"埋干仲"，在傣语中这

热带雨林：地球上一种常见于赤道附近热带地区的森林生态系统，全年高温多雨。

是"伞把树"的意思，因为这种树的树冠看上去就像一把巨大的伞，而树干则像是伞把。在西双版纳，望天树的更重要之处，在于它是"龙脑香科"植物。在东南亚，这个科的植物是热带雨林的代表树种之一。如果在某个地区发现了龙脑香科的植物，那么就很大程度上代表着这里是"热

望天树是一种高大的乔木，是中国云南特有的树种

带地区"。过去，某些外国学者曾断言"中国十分缺乏龙脑香科植物""中国没有热带雨林"，而望天树的发现推翻了这些论断，并证明中国存在真正意义上的热带雨林。

后来，随着西双版纳旅游业的兴起，人们在望天树生长的地方开发了"空中走廊"，用网绳、木板、钢管等材料在高空将粗大的望天树连接起来。人们漫步于"空中走廊"间，可以从高空俯视雨林的全貌。

然而，望天树虽然长得高大，却具有明显的繁殖缺陷。它的种子寿命非常短，从树上落下5天左右就会失去活性，如果种子不能及时落到适宜生长的地方，就难以繁衍下去。因此，在雨林地区工作的科研人员将很多的心血倾注于保护望天树，帮助望天树繁衍生息。

"树中之最"有哪些？
植物学家"拍了拍"你！

世界上最高的树：生长在澳大利亚草原上的杏仁桉，最高可以达到150余米。

世界上最粗的树：百骑大栗树，又称"百马树"，生长在地中海西西里岛一个叫埃特纳火山的山坡上。树干直径达17.5米，周长有55米。

世界上最古老的树：在瑞典中部的一座山脉上，有一棵欧洲云杉，根据鉴定至少已经存活了9500年。这是目前已知的最古老的树。

世界上最大的树：位于美国加利福尼亚州的红杉国家公园内的雪曼将军树是一棵巨杉，它高达80余米，直径达10余米，至少需要20多个成年人手牵手才能完全抱住，是世界上现存最大的树，也是地球上最大的植物。

铁树
非常古老的种子植物

繁盛；到了侏罗纪时代，苏铁类的植物已经遍及全球，并且可能是恐龙的主要食物。铁树的茎秆坚硬厚实，从顶而生的羽叶四季常青。在它们的茎部，可以看到许多鳞片状的斑痕，这些都是过去生长在这里的叶片留下的痕迹。

铁树也能开花，但不是真正意义上的"花"，而是它的"种

"铁树开花"这个成语，一般是用来比喻事情非常罕见，或者很难实现。"铁树"是什么，为什么开个"花"这么难呢？

铁树的学名叫"苏铁"，是已知现存的最古老的种子植物。早在恐龙时代，苏铁就已经非常

种子植物：又叫显花植物，体内有维管组织，能产生种子并用种子繁殖。又可分为被子植物和裸子植物。

铁树是地球上现存最古老的裸子植物之一，它的起源可以追溯到恐龙生活的时代

子"——铁树是一种"裸子植物"，主要的器官只有根、茎、叶和种子，是没有"花"的。铁树的"花"一般会在夏天开放，并且分为雌性和雄性两种，一株植物上只能开一种"花"。雌性和雄性铁树的"花"的形状大不相同，"雄花"很大，好像一个巨大的玉米芯，刚开放时呈鲜黄色，成熟后渐渐变成褐色，而"雌花"却像一个大绒球，最初是灰绿色，逐渐变成褐色。

天性喜热怕冷的铁树，主要分布在我国南方地区。原产于中国的铁树，有 10 余种，如台湾苏铁、叉叶苏铁、四川苏铁等。在云南省红河哈尼族彝族自治州，有一个云南大围山国家级自然保护区，这里的蒙自辖区也是"云南野生苏铁就地保护区"，有多种苏铁分布。其中，滇南苏铁是云南特有的一种苏铁，它们叶柄上的刺较短，叶背呈淡绿色，只分布于云南省的蒙自、屏边等地区。

滇南苏铁是云南特有品种，叶柄上的刺较短，叶背呈淡绿色

　　"种子植物"可以分为两类，即"被子植物"和"裸子植物"。它们的共同特点就是拥有由胚珠发育而来的种子。它们之间的区别在哪里呢？被子植物具有根、茎、叶、花、果实、种子6种器官，种子不裸露，外面有果皮包裹。裸子植物则具有发达的根、茎、叶，没有花和果实这两个器官，种子也没有果皮包裹。

　　被子植物的种子是生在果实之中的，除了当果实成熟迸裂开时，或动物啃食后吐露，它的种子是不外露的，如苹果、大豆等。

　　裸子植物的胚珠是裸露的，也没有子房壁，没有果实这一构造。它的种子仅仅被一些鳞片覆盖起来，不会像被子植物一样，种子被紧密地包裹起来。例如，在马尾松的枝条上，会结出许多红棕色尖卵形的松球；甚至银杏，连覆盖其上的鳞片都没有。

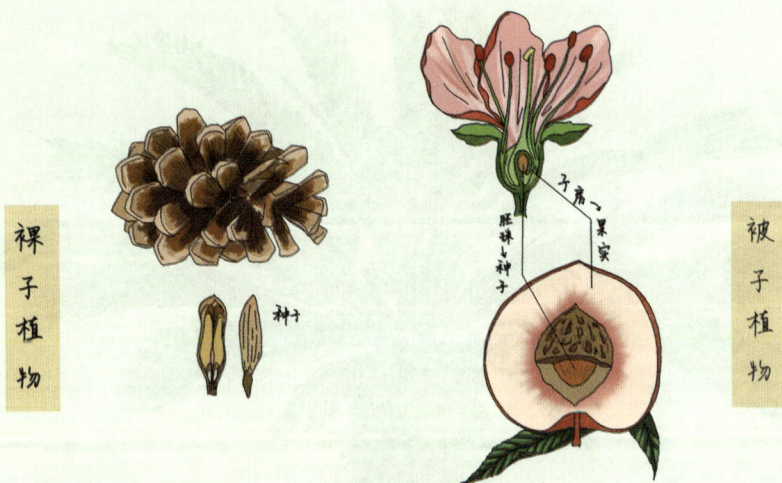

裸子植物

种子

子房—果实

胚珠—种子

被子植物

8
西南
下册

给孩子的

中国地理
大百科

廖辞霏 著

中国旅游出版社

责任编辑：王欣艳 胡一鸣
责任印制：冯冬青
装帧设计：丫丫书装・张亚群

图书在版编目（CIP）数据

给孩子的中国地理大百科 . 8，西南 . 下册 / 廖辞霏
著 . -- 北京 ：中国旅游出版社，2024.3
ISBN 978-7-5032-7170-0

Ⅰ．①给… Ⅱ．①廖… Ⅲ．①地理－中国－少儿读物
Ⅳ．① K92-49

中国国家版本馆 CIP 数据核字（2023）第 227701 号

书　　名：给孩子的中国地理大百科 . 8，西南 . 下册

作　者：廖辞霏　著
出版发行：中国旅游出版社
　　　　　（北京静安东里 6 号　邮编：100028）
　　　　　http://www.cttp.net.cn　E-mail: cttp@mct.gov.cn
　　　　　营销中心电话：010-57377103　010-57377106
　　　　　读者服务部电话：010-57377107
排　　版：王丹
经　　销：全国各地新华书店
印　　刷：运河（唐山）印务有限公司
版　　次：2024 年 3 月第 1 版　2024 年 3 月第 1 次印刷
开　　本：710 毫米 ×1000 毫米　1/16
印　　张：5.75
字　　数：48 千
定　　价：368.00 元（全 10 册）
Ｉ Ｓ Ｂ Ｎ 978-7-5032-7170-0

5 感受饮食文化，品鉴数不胜数的地方风味

西南地区：三大菜系，各有独特的吃法

滇菜
还有什么是云南人
不敢吃的

002

火锅
小小的锅，很火

006

004

川菜
一菜一格，
百菜百味

008

藏菜
切、剁、削、斩，
样样精通

6 捕捉艺术魅力，寻觅源远流长的文化踪迹

西南地区：喷火的川剧，悠扬的贵州弹词

蜀绣
情针意线，
绣不尽
016

藏戏
唱诵和歌舞演绎
出来的故事
020

川剧
先变脸，
再吐火
014

川江号子
劳动中的大智慧
018

黔剧
动人的贵州弹词
012

唐卡
画布上的神圣世界
022

⑦ 多彩的中华民族，五十六个民族是一家

📍 西南地区：能歌善舞的少数民族

彝族
一起加入"火把节"
026

白族
"三家一眼井，
一户几盆花"
032

傣族
居住在竹楼
里的人们
030

羌族
以羊为图腾的
古东方大族
028

藏族
他们能歌
善舞，热
情好客
035

8 这些风景胜迹，当然值得一去

西南地区：进古城，爬雪山，看日出

丽江古城
依山傍水的秀丽古城
040

元阳梯田
哈尼族的智慧奇作
046

梵净山
一座与众不同的大山
042

石林
你听过"阿诗玛"的传说吗
048

玉龙雪山
气势磅礴，"巨龙逶迤"
038

黄果树瀑布
中国第一瀑布
044

九寨沟
翠海、彩林、雪峰童话世界
050

峨眉山

"峨眉天下
秀"，去看
金顶日出

052

四姑娘山

风景如画的
圣女之山

058

大足石刻

传奇的巴蜀石窟

063

乐山大佛

佛是一座山，
山是一尊佛

056

060

054

长江三峡

强大的三峡大坝

稻城亚丁

"最后的香格里拉"

布达拉宫

博大精深的藏式
古建筑艺术

065

9 古今的地方面貌，听听这些城市的故事

西南地区：昆明、大理、成都、拉萨，更多的城市值得一去

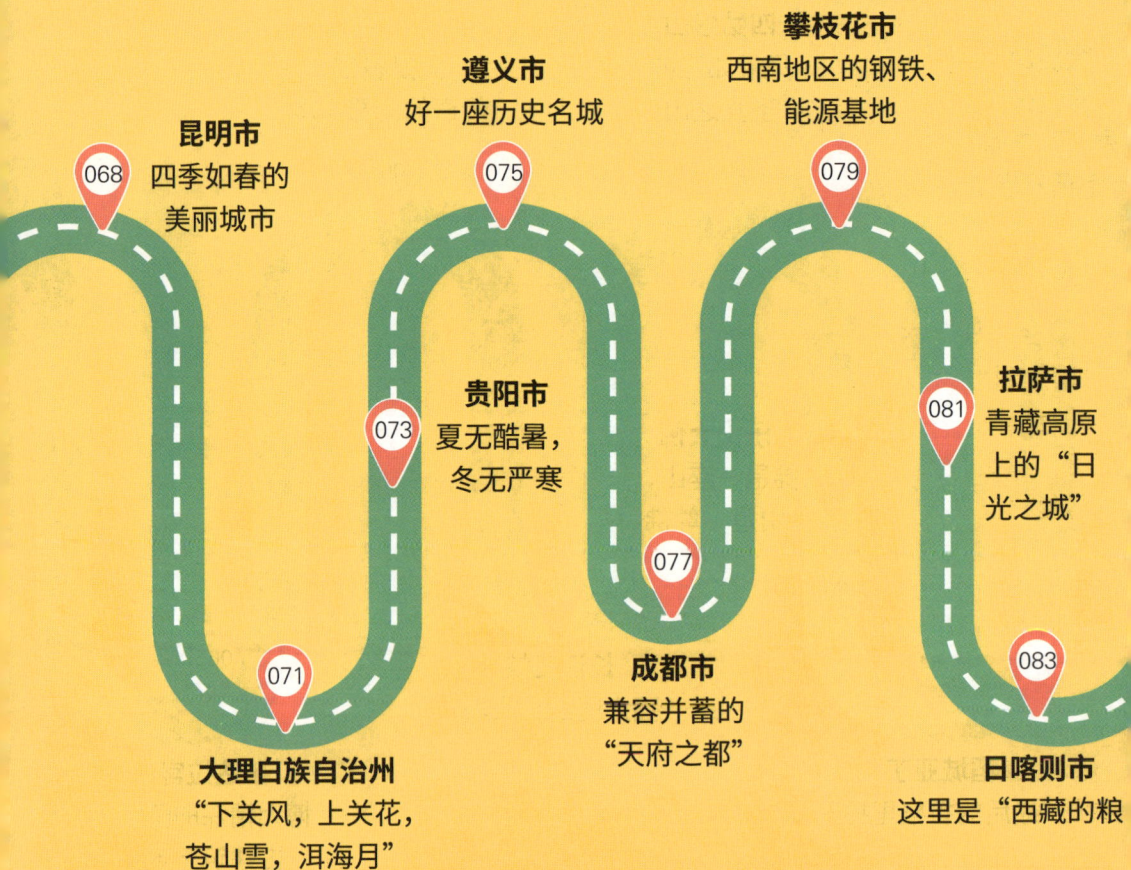

攀枝花市
西南地区的钢铁、
能源基地

079

遵义市
好一座历史名城

075

昆明市
四季如春的
美丽城市

068

拉萨市
青藏高原
上的"日
光之城"

081

贵阳市
夏无酷暑，
冬无严寒

073

成都市
兼容并蓄的
"天府之都"

077

大理白族自治州
"下关风，上关花，
苍山雪，洱海月"

071

日喀则市
这里是"西藏的粮

083

感受饮食文化，品鉴数不胜数的地方风味

滇菜
还有什么是云南人不敢吃的

地理小辞典

我的读音： Diāncài

我的主菜： 沾益辣子鸡、虫草汽锅鸡、辣炒野生菌、菠萝饭、金钱云腿、小刀鸭等

我的故事： "宁肯眼睛瞎，不给嘴放塌。" ——云南俗语

有一种说法叫作"云南十八怪"，其中两怪分别是"三个蚊子一盘菜"和"蚂蚱能做下酒菜"，云南人的"独特口味"可见一斑。少数民族最多的云南省，在饮食习惯上自然也非常多样。吃虫子的传统，在云南由来已久。云南人最喜欢把虫子油炸着吃——蚂蚱、竹虫、蝉蛹、知了……各种各样的虫子，都逃不出云南人的油锅。

在云南高原这样的天然宝地——四季并不分明，湿热与寒冷都在一定的范围之内，这样的气候条件，能为许多动植物的生长创造良好的环境，因此，滇菜取材非常广泛。对菌菇的钟爱，是滇菜的一大亮点——云南盛产菌菇，云南人也善于加工菌菇。名贵菌类如松茸、虎掌菌等，或是常见菌类青头菌、干巴菌等，都能成为云南人的美味佳肴。不过，菌菇味道虽然鲜香，但可能会引起中毒，需要食用者非常小心才可以。

云南人的烹饪方法也特别有趣——烤、腌、盐焗……这其中，许多的制作方法都是少数民族的

滇菜中，著名的菜品有春卷、金钱云腿、汽锅鸡等

传统手艺。例如，彝族会腌制"麂子干巴"，纳西族、普米族会通过腌制一整头猪来制作"琵琶猪"，等等。云南人还非常善于利用原生的材料来进行烹饪，用竹筒、芭蕉叶等材料，制作竹筒饭、芭蕉叶包蒸鸡等菜品。

以山地为主的滇中地区，主要包含昆明、玉溪等地，这些地方的菜品大多数以鲜美、清淡为特色。被称为"云南第一大名菜"的汽锅鸡，就源自这里。以曲靖、昭通等地为代表的滇东北地区，由于靠近四川、贵州，也养成了吃辣的习惯，著名的菜品有沾益辣子鸡、火烧干巴等；以大理、楚雄、迪庆等地为代表的滇西北地区，饮食上带有明显的高原地区特点，人们喜欢吃高热量的食物，诸如青稞、牛羊肉等。

滇南和滇西南地区与老挝、缅甸等东南亚地区接壤，所以有些食物也有着东南亚"冷香"的风格，口味以酸辣为主，加上这里本身气候温和、雨量充沛，有着丰富的自然资源，所以取材上也比较大胆。菠萝饭、傣味"鬼鸡"、香茅草烤鱼等菜品，都主要流行于滇南地区；著名的"过桥米线"，也是源自这里。

如何判断蘑菇是否有毒？
植物学家"拍了拍"你！

看菌盖：菌盖为白色、黝黑色或棕色的蘑菇会更加安全，而大多数红色蘑菇都有毒。

看菌柄：检查菌盖下方是否长着一圈环状的组织，看起来就像是菌柄上面挂了一条围巾。如果有这样的组织，多半都是毒蘑菇。

看鳞片：菌盖上没有鳞片的蘑菇更安全。菌盖上长着深色或浅色斑块的蘑菇，或者是长有鳞片的蘑菇，往往是危险的。

川菜

一菜一格，百菜百味

地理小辞典

我的读音：Chuāncài

我的主菜：宫保鸡丁、干烧鱼、回锅肉、麻婆豆腐、家常豆腐、黄焖鸭、夫妻肺片、锅巴肉片、合川肉片、干煸牛肉丝、灯影牛肉……

我的故事："金罍中坐，肴烟四陈。觞以清醥，鲜以紫鳞。"——左思《蜀都赋》

宫保鸡丁、麻婆豆腐、鱼香肉丝、回锅肉……你听说过多少川菜的名字呢？起源于四川地区的川菜，是中国的八大菜系之一，以"麻"和"辣"著称——喜欢吃辣的地方其实有很多，例如生活在湖南、湖北、江西等地的人们，都挺喜欢吃辣的；四川地区的菜肴，更偏"麻"，辣椒、胡椒、麻椒一类的调味品是很常用的。

川菜的历史，最早可以追溯至秦汉时期。宋代诗人陆游曾在诗中写道"玉食峨眉木耳，金齑丙穴鱼"，讲的就是川菜，这时候的川菜已经是相对稳定的菜系。人们现在吃到的川菜，基本属于现代川菜了——在清代中期，许多湖南、湖北、广东、陕西等地的居民移民入川，将不同的风味带到了蜀地，古典川菜汲取各家精华，形成了现代川菜。

四川的环境，其实是非常适合用来制造发酵调味品的——这里一年四季都很湿润，冬天也没有严寒的气候，很适合微生物的生存。因此，这里涌现出了一批很有名的产品，例如，郫县的豆

宫保鸡丁、回锅肉、麻婆豆腐，都是川菜中赫赫有名的菜品

瓣、阆中的醋、永川的豆豉……许多四川人也喜欢自己在家里做泡菜、豆瓣、辣椒面。

腌、卤、泡、炸、烩……做川菜要用到很多烹调技巧，但"炒"是最常用的手法。

川人还会根据不同调味品的特点，按照不同的比例进行搭配，创造出多种多样的"味型"：麻辣、椒麻、红油、怪味、糖醋、鱼香……

正所谓"一菜一格，百菜百味"，形容的就是川菜门类的丰富。

一提到川菜，很多人想到的第一个形容词就是"辣"，其实也不尽然，川菜中也有许多不辣的名菜，例如东坡肘子、黄焖鸭、坛子肉、老妈蹄花等。此外，四川各地的小吃也很有意思，比较著名的有担担面、川北凉粉、酸辣粉、叶儿粑、三合泥、冰粉等。

川菜的几大派别，你喜欢哪一种？厨师"拍了拍"你！

成都派（蓉派）：流行于川西一带，由于地处长江四川段上游又被称作"上河帮"。许多菜品是流传久远的传统川菜，做法考究，例如麻婆豆腐、回锅肉、宫保鸡丁、夫妻肺片等。

重庆派（渝派）：流行于川东一带，由于地处长江四川段下游又被称作"下河帮"。起源于长江边拉纤的码头纤夫、平民家庭厨房或路边小店，相比之下更加市民化一些。代表菜品有辣子鸡、水煮鱼、芋儿鸡、干锅排骨等。

自贡派（盐帮派）：流行于川南一带，由于地处长江四川段中游又被称作"小河帮"。自贡地区盛产井盐，自古以来盐业带动着这里的经济发展，使得这里相对发达。盐帮菜精致奢华、鲜嫩味浓，代表菜有烧鹅掌、鲜锅兔、凉拌鸡丝等。

火锅
小小的锅，很火

地理小辞典

我的读音：Huǒguō

我的别称：打边炉（广东话）

我的故事："端上饭来，是一碗鱼，一碗羊肉，两碗素菜，四个碟子，一个火锅，两壶酒。"——刘鹗《老残游记》

一言九鼎中的"鼎"，你知道是什么样的器物吗？这是一种青铜器，在古代常常被当作一种烹饪食物的器具。古代的人们在开席设宴的时候，有时候会将肉块放入鼎中，将肉煮熟之后再捞出来分给大家吃，这叫"钟鸣鼎食"——据说，这就是火锅最原始的样子。"火锅"是"煮"的烹饪方式。火锅的一大特点是"边煮边吃"，所以不管是什么时候吃，食物都是热气腾腾的。

源自川渝地区的麻辣火锅现在很流行，口味麻辣鲜香。最有特色的要数"油碟"了——用香油、蒜泥、蚝油和各种香辛料调在一起制成。还有一种"干碟"，

川渝火锅的诞生，与川渝地区湿润的气候环境是分不开的

是不加香油调和的。"底料"堪称火锅的"灵魂"。花椒、豆豉、香草等各类调料用牛油炒香，变成"底料"，再浇上汤，就成了"底汤"。开锅后，把毛肚、牛羊肉、丸子、豆腐等各种火锅食材加到锅中进行烹煮，煮熟就可以吃啦。

"九宫格火锅"源于明末清初时在重庆嘉陵江畔、朝天门等码头工作的船工和纤夫的生活。经过不断改良和创新，发展成了今天的"重庆火锅"。最早是码头船客、水手工人在吃，所以用料比较"接地气"，价格也都相对便宜。由于是五湖四海的人聚到一起享用，为了方便分清食物和结账，就诞生了"九宫格"火锅。想不到吧，如今火锅界中很受喜爱的九宫格火锅，源于原始的"码头菜"。

不太爱吃辣的人，要怎么才能享受火锅呢？这就要提到"鸳鸯锅"了，这种锅的锅中会设置一道隔板，或者会另外放置一个内锅，可以把锅底分成红汤（辣）与清汤（不辣），这样无论爱不爱吃辣的人就都能享受到火锅了。至于为什么叫"鸳鸯"，据说是因为最早发明这种锅的店家在中间的隔板上绘有鸳鸯图案。

在中国，还有哪些种类的火锅？厨师"拍了拍"你！

北京涮羊肉：用清汤将羊肉、蔬菜、豆腐等食材涮熟，然后蘸着芝麻酱等调料吃，又叫"蒙古火锅"。

东北的杀猪菜：使用生炭火的铜锅，把酸菜和高汤煮成锅底，加猪五花肉。

贵州酸汤鱼火锅：锅底的酸味主要是用西红柿和酸萝卜调出来的，鱼肉主要采用鲤鱼或鲇鱼。

澳门猪骨煲：用猪大骨和其他材料一起烹煮，奶白色的汤再加白胡椒和粗盐。

藏菜
切、剁、削、斩，样样精通

你听说过"糌粑"吗？它是用青稞麦炒熟后磨成的面，在吃的时候用少量的酥油茶、奶渣等搅拌均匀，然后再用手捏成团。在西藏牧民间，这是很日常的一种主食，许多人一日三餐都会吃糌粑。藏族人常以青稞作为主食的原料，因为青稞能在高原上很好地生长，并且能够帮助日常大量摄入酥油、牛羊肉的藏族人调节血脂。

藏族人的主要肉食是家养牦牛——在高原上，这种动物强壮耐寒、繁殖较快、对饲养的要求不高，能够满足人们的需求。由于西藏的大部分地区四季分明，所以西藏人用来烹饪的原材料也会根据季节的不同而有较大的变化，民间有一种说法叫作"春有鲢鱼，夏有奶酪，秋有肥牛，冬有绵羊"。此外，西藏地区盛产不少珍贵的原料，比如西藏那曲

土豆包子、血肠、糌粑都是藏菜中的重要角色

的冬虫夏草、阿里的藏红花等，这些都是藏餐中的精华。

藏菜的风味主要分为"羌菜""荣菜""卫藏菜"等类型。"羌菜"代表着高寒牧区的饮食风格——由于生活在高寒地区，人们需要吃热量较高的食物来抵御寒凉的气候。由于自然环境较为恶劣、食材较少，从取材上来讲是比较单一的。这一类菜的口味偏淡，在西藏的那曲、阿里地带比较常见。在墨脱、林芝等海拔较低的地区，主要流行的是"荣菜"，会用到生长在森林中的菌类和野生药材，风味相对清新鲜美。"卫藏菜"又被称作"拉萨菜"，主要流行在拉萨、山南、日喀则等地，这些地区农业相对发达，所以食材上要更加广泛一些，荤素搭配也更加得当，除了藏餐中经典的奶制品和牛羊肉以外，还会用到各种农作物。

对于生活在高原地区的人来说，酥油茶的功用很多：
缓解高原反应、抵御寒冷的气候等

酥油茶是藏族人非常钟爱的饮料。在过去，家家户户会用自家牛羊的奶制作成奶油，所以在气候严峻的高原上，含有动物奶油的酥油茶就成了热量的主要来源。如果有适当的材料，我们也可以试试自己制作酥油茶。

所需材料：茶叶、鲜奶、盐、奶油、水

所需工具：盛茶的容器、过滤勺、果汁机

（1）加热一锅水，在水即将煮沸的时候放入适量茶叶，一起煮开；

（2）取出一个罐子，在罐子里加适量的奶油、鲜奶和盐，把煮好的茶冲进罐子里；

（3）用果汁机将奶油等食材和茶"打"在一起，也就是进行充分混合；

（4）把搅拌好的酥油茶重新倒回锅里，再次煮开，然后进行过滤，就可以喝了。

黔剧
动人的贵州弹词

清代中后期，云南扬琴、四川扬琴、湖南常德丝弦等相继传入贵州，有了这些乐器的加入，贵州扬琴的表演形式变得更加丰富，也为黔剧的诞生创造了条件。

婉转动人的黔剧，是贵州最流行的剧种。现在的黔剧主要流行于贵州贵阳、遵义、毕节、安顺等地区。《搬窑》《奢香夫人》是经典的黔剧曲目。

提起黔剧，就不得不提到一种乐器——"扬琴"。它在中国的民族音乐中充当着"钢琴"的角色，音色非常明亮。黔剧是一种民间说唱艺术，以扬琴为主要伴奏乐器。表演的时候，演员会分角色坐唱。

黔剧已经有接近 300 年的历史，早在清代就开始流行了。在

黔剧也叫"贵州弹词"，唱腔婉转动人

据说，最早的正式黔剧是《穷人恨》——是贵州的扬琴艺人为了配合"清匪反霸"运动，把贵州扬琴的曲调和本地的方言相结合而创造出来的。这部黔剧用到了扬琴、三弦、胡琴三种乐器。后来的黔剧，还用到月琴、二胡、琵琶、箫、笛等各种各样的传统乐器。

这些戏曲伴奏乐器，你认识吗？音乐家"拍了拍"你！

扬琴

一种击弦乐器，音色鲜明、音量宏大。

月琴

一种起源于汉代的弹拨乐器，音箱呈满圆形，琴脖短小。

三弦

一种弹拨乐器，共张三根弦，故名"三弦"。

箫

一种非常古老的汉族吹奏乐器，单管、竖吹。

二胡

一种拉弦乐器，有两根弦。

琵琶

一种弹拨乐器，音域广阔、技巧繁多，历史非常悠久。

川剧
先变脸，再吐火

地理小辞典

我的读音：Chuānjù

我的由来：主要流行于四川地区而得名

我的分布：四川、重庆、贵州、云南

我的别称：川戏

我的故事："蜀戏冠天下。"——任半塘《唐戏弄》

正式的"川剧"历史其实不长——据说是从清代中期开始。但是蜀地的戏剧文化却历史悠久，早在唐代就有"蜀戏冠天下"的说法。

在清代"湖广填四川"的过程中，各个地方的戏剧纷纷涌入四川，蜀地的戏剧因此更加丰富。有了甘肃、江西、安徽等地声腔的润色，再加上川渝弹戏、花灯等，就逐渐形成了如今的川剧。

"唐三千，宋八百，演不完的三列国"，形容的就是川剧剧目繁多的特点。《黄袍记》《幽闺记》《春秋配》《五子告母》等剧目都是川剧名篇，其中许多是从宋代的南戏或元代的杂剧中流传下来的。

川剧有非常多的绝活儿，最有名的当数魔术般的"变脸"——扇子一遮挡再一移开，表演者就换上了一副新面孔。相传，"变脸"这门功夫最早其实是用来吓野兽的——人们在脸上勾画出各种图案吓唬野兽，让它们不敢靠近。这种五颜六色的"脸画"被

"变脸"是川剧的一大绝活，此外还有"吐火""耍水袖"等功夫

用在了川剧里，演员再通过一些小技巧，就能快速换脸谱。这样不断换脸的方式也展现出人物内心世界的变化。在川剧故事中，人物的情感往往很波折，而变脸正好表现了这种情感的激变。

此外，川剧的"喷火"表演也很出彩——妖魔鬼怪一类的角色，在某一时刻唰地喷出火焰来。

"耍水袖"也是川剧的特色，川剧中的旦角需要挥动她们长长的袖子来表达人物的各种心情。川剧的每项绝活都是"功夫"，都需要演员长期的刻苦练习。

> 湖广填四川：明末清初时期，四川频繁陷入战乱，清政府曾组织湖广行省（包括湖南、湖北）籍百姓大规模向四川移民垦荒。

蜀绣

情针意线，绣不尽

"蜀绣"，顾名思义是蜀地的一种刺绣，是我国的非物质文化遗产之一。蜀绣是用蚕丝线在织物上绣出各种各样的花纹图案，是"中国四大名绣"中针法最丰富的一种，也是传承时间最悠久的一种。

川西平原的温度和湿度都适宜栽桑养蚕，蜀地的丝织文化也就自古繁盛。据记载，古代神话中，蜀国最早的君王——蚕丛，就是一位养蚕专家，对养殖桑蚕非常精通。在很早的时候，蜀绣就已经作为蜀地特产，常常用来与外地交换蔬果、良马等物资。

蜀绣的针法非常丰富，居"中国四大名绣"之首

到了汉代，蜀锦、蜀绣已经非常出名了，西汉的扬雄曾经在《蜀都赋》中形容当时成都的场景是"锦布绣望，芒芒兮无幅"。为了管理方便，汉代政府还在成都城南设立了"锦官"，用来专门管理这里的绣品，因而成都又叫"锦官城""锦城"。

唐宋时期，蜀绣工艺天下闻名，人们形容这个时期的蜀绣"穷工极巧"。一直到今天，蜀绣吸收了越来越多的外来文化，技法和种类变得越来越丰富，用来刺绣的工具也越来越先进。

蜀绣的针法有上百种，但精致的蜀绣肉眼是看不出针脚痕迹的。"铺针""滚针""掺针""盖针"等，都是蜀绣的针法。其中，最著名的技巧是"晕针"，这种针法编织出来的绣物更有质感，也更生动。蜀绣喜欢以飞禽走兽的姿态、花鸟鱼虫的造型、山河水石风光或是民间传说故事等作为主题。

中国四大名绣是哪些？旅行家"拍了拍"你！

湖南省中部的"湘绣"、四川省西部的"蜀绣"、广东省南部的"粤绣"、江苏省东部的"苏绣"，这就是中国的"四大名绣"。

湘绣：以中国画为基础，色彩鲜明，刻画得形象传神，在设计的时候追求质感；

粤绣：主要取材龙凤、花鸟等，图案构图饱满、均齐对称，色彩对比强烈、富丽堂皇；

苏绣：图案构思巧妙、秀丽清雅，绣工细致、针法活泼，很有江浙特色。

蜀绣就是上文中我们介绍过的了。除了这"四大名绣"外，还有京绣、鲁绣、汴绣、汉绣、闽绣等各种各样的地方名绣。中国的少数民族，如维吾尔族、彝族、傣族、瑶族、苗族、藏族等，也都有自己独特的民族刺绣。

川江号子

劳动中的大智慧

地理小辞典

我的读音：Chuānjiānghàozi
我的由来：流传于重庆和四川东部地区，船工为了劳动而创造的民间歌唱形式
我的别称：川江船夫曲

所谓"川江"，一般讲的是长江上游的某一段——大致范围是从四川省宜宾市到湖北省宜昌市，包括其支流岷江、沱江、嘉陵江、乌江和大宁河等流域，还有金沙江的一些流域。

这些地方大部分位于四川境内，所以被称为"川江"。这一带江河的航道曲折惊险，两岸山势险峻，水流湍急且藏有暗滩，船只无法顺利通航，只好依靠人力航行。这些地方对于船工来说可不是好走的路，船夫往往要跟险滩恶水进行艰难的斗争。

"川江号子"就是在这样的背景之下诞生的。

"号子"是劳动者专属的歌，是鼓舞人们齐心协力克服困难的调子。每当拉船渡过险滩或者溯江而行的时候，需要数十个甚至几百个壮汉在卖力的时候统一动作和节奏。在明清时期，主要是艄公击鼓为号控制节奏。大约从清朝中期开始，逐渐兴起了"川江号子"，并出现了专门的"号子头"——号子头一人领唱，众船工应和，同时根据演唱的节奏出力。

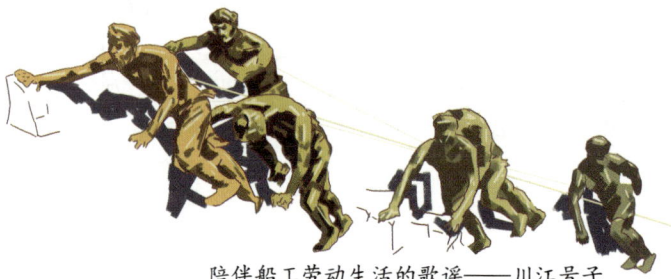

陪伴船工劳动生活的歌谣——川江号子

川江号子的唱词非常丰富，以歌咏船工的生活为主，但又包含沿江的各类地名、物产等。号子头往往是常年行船的经验丰富的工人，对于沿路情况谙熟于心，在编唱号子的时候会根据实际水况变换歌词、曲调和节奏，给壮汉们带来鼓舞的同时暗藏一些提醒，调整摇橹扳桡的工作节奏。

川江号子类别丰富、曲目众多，比较著名的有《拉纤号子》《橹号子》《招架号子》等。许多川江号子的唱词很幽默，工人在艰苦工作的过程中仍然不忘传唱生活的趣味，蜀人的豁达尽在其中。只是随着水运条件越来越好，大家都用起了更加省力的机械铁船，川江号子逐渐没有了"用武之地"，一些经验丰富的号子头也逐渐老去，很少有人能把这门珍贵的艺术传承下去了。

中国的民歌，你了解多少？音乐家"拍了拍"你！

中国的民歌主要分为三大类，分别是"号子""山歌""小调"。

"号子"，是人们在劳动的过程中编唱的民歌。歌词简单、节奏感强，在如火朝天的劳动中可以鼓舞劳动者的精神、调节劳动者的情绪。许多劳动号子是由一人领唱、众人和唱。北方常常叫作"吆号子"，南方则称之为"喊号子"。

"山歌"，顾名思义是回响在山地中的民歌。山歌往往是人们在上山砍柴、田间劳作、野外放牧时，为抒发内心情感或对答传语而即兴编唱的。山歌往往音调高亢、节奏自由，抒发人们简单纯朴的情感。

山歌普遍地分布在中国的各地，在陕西北部有"信天游"，在青海有"花儿"，在安徽有"慢赶牛"，在四川有"晨歌"，在山西北部有"山曲"，在贵州有"飞歌"，在云南有"赶马调"……

"小调"，也叫"小令"，是人们休息、娱乐、集会等场合演唱的民间歌曲。创作小调时，人们常常对一些劳动号子和山歌进行提炼和加工。

藏戏
唱诵和歌舞演绎出来的故事

藏戏在藏语中叫"阿吉拉姆",这个词还有仙女的意思。

据说,藏戏来源于一项善举。古时候,雅鲁藏布江上没有桥,人和牲畜的往来都是靠船。然而,许多地带江流湍急,对于人和牲口来说,幸运则渡江,不幸则沉入江底。为了改变这样的局面,明代的一位建筑师唐东杰布想要搭建铁索桥,帮助藏人平安渡过大江。

在建桥的过程中,他发现民间有七个姐妹能歌善舞。于是,他组织这七姐妹为当地人演出,用这个办法来筹集修桥资金。七姐妹表演的是藏族原始的白面具戏,以鼓镲为伴奏,同时加入了佛经中的传说和民间故事,设计了更讲究的唱腔。这就是关于藏戏由来的传说。

戴着面具的藏戏演员

直到现在，人们在演出藏戏的时候，也常常在一旁挂上唐东杰布的唐卡，以表示对他的尊敬。

藏戏主要分为"顿""雄""扎西"三个部分："顿"是开场表演，"雄"是正戏，"扎西"是演出结尾的祝福歌舞。高亢嘹亮的藏戏，在表演中又可细分为一些不同的唱腔：表达欢乐的长调"党仁"、表达哀怨的悲调"觉鲁"、用于叙述的短调"党统"，等等。

藏戏的服装颜色非常艳丽，表演者戴的面具也有不同的象征：白色象征纯洁，红色象征威严，黄色象征吉祥，青面獠牙状的面具往往象征一些鬼怪。

往来西藏的群众或僧侣把藏戏传到了青海、甘肃、四川、云南等地，形成了青海黄南藏戏、甘肃甘南藏戏、四川色达藏戏、云南藏戏等不同类型的地方藏戏。

唐卡
画布上的神圣世界

地理小辞典

我的读音：Tángkǎ
我的由来：据说起源于藏族原始宗教的各种仪式中出现的旗幡画
我的别称：唐嘎、唐喀

唐卡源于藏传佛教，是"天地"的意思。唐卡是一种囊括万事万物的艺术。说到唐卡，你可能更容易想到的这是一种卷轴佛像，但实际上唐卡的内容非常广泛，从天文地理到民间传说，从神话故事到民俗生活……都能在唐卡中找到影子。我们可以从不同时期的唐卡中，了解到不同时期的藏族人生活的方方面面，例如服装穿着、婚宴习俗、饮食习惯等，我们甚至还能在唐卡中看到藏族人在天文学、地理学、历史学、解剖学方面的研究。因此，唐卡堪称"藏文化的百科全书"。在西藏，许多宫殿寺庙里都收藏着各式各样的唐卡，民间也有许多人自己绘制、收藏唐卡。

唐卡的神奇，可以从原料说起——金、银、珍珠、玛瑙一类稀有的矿物，以及藏红花、蓝靛、大黄一类名贵的植物，都是唐卡的原料，这足以说明人们对待唐卡的真诚。而这些源自大自然的颜料，也正是唐卡能够在几百年的时间里仍然保持鲜艳色泽的秘密。

要绘制一幅完整的唐卡，需要经过哪些步骤呢？首先是选布——浅色的画布，既不能太厚，也不能太硬。把画布绷紧固定在一个细木画框上，然后进行"上胶"和"打磨"，先涂上一层胶水，晾干后再涂上一层含有石灰的浆糊，再晾干之后用工具反复摩擦布面，相当于为画面打个底。准备工作做好之后，就可以开始打基本线、勾勒草图、涂上颜色了。不过，这时候画的主要是人物的大致形象和景物。涂上颜色之后，还需要"铺金描银"——在一些特殊的轮廓上用不同颜色的线条来勾边，衣服上还需要"加金画"。最后一道工序最考验技师水平——"开脸"，就是为人物画上眼睛、嘴唇、鼻孔、手足指甲等细节。一幅唐卡质量的好坏就看它了。开完眉眼之后，一幅唐卡就算是正式大功告成啦。

对于藏族人来说，唐卡是一种"神圣"的作品，
从用材到制作再到装裱的每一步都十分讲究

7 多彩的中华民族，五十六个民族是一家

彝族

一起加入"火把节"

地理小辞典

我的读音: Yízú

我的由来: 古代被称为"夷族",名称源于汉史记载中的"西南夷",后来改作"彝族"

我的人口: 约983.03万(2021年)

我的分布: 主要分布在云南、四川和贵州,少数分布在广西

我的故事: "我见到山顶的杉树,就想念表妹;我看见山谷的谷博(彝语中的"树",和思念谐音),便思念阿惹。"——彝族谚语

尚黑色的"尼苏"、生活在凉山的"纳苏",还有"罗武""阿西""俚俚族"等。

彝族的村寨往往是聚族而居,他们的聚落常常分布在地形开阔、山水环绕的山坡上。从前,生活在不同地区的彝族人,住在不一样的房子里。生活在四川凉山地区的彝族人,住在"瓦板房"

彝族人主要生活在我国西南地区,也有一些生活在越南、老挝等东南亚国家。在我国,生活在云南省的彝族人是最多的,而四川凉山彝族自治州是全国最大的彝族聚居区,这里生活着200多万彝族人民。3000多年前,彝族就已经在我国西南地区广泛分布,史书中出现的"越嵩夷""僰""劳浸""靡莫""西南夷"等称呼,也许都和彝族有关。彝族有许多支系,例如,崇

生活在不同地区的彝族人,风俗习惯的差距比较大

里。这种建筑相对来说比较简陋，基本都是用山草、砂土、竹木建造，很少用到砖瓦。在贵州和云南北部及西部生活的彝族人，许多住在"土掌房"中，这种房屋用泥土做墙，用木材做瓦，梁柱及椽子用木榫连接。此外，还有些地方会出现"方形碉楼""垛木房"等类型的房屋。生活在广西和云南东部的彝族人，则建造了类似于傣族民居的"干栏式"住宅。不过，如今的彝族地区，也已经普遍搭建起砖瓦房了。

彝族的火把节，在每年农历的六月二十四，实际上这是一个与农事息息相关的节日。点燃火把的意图是"烧死害虫"，祈祷庄稼的丰收。在节日这天，彝族人穿着隆重的民族服装，在村寨附近的空地上聚集，进行唱歌跳舞、斗牛赛马、摔跤选美等活动。早上，人们宰杀牲口祭奠祖上，夜晚，人们举着火把来到庄稼地中转悠，驱走害虫。

彝族人擅长狩猎，他们还有一种独特的狩猎工具——"飞石索"，这是一种用竹皮或麻绳编织的敞口网兜，四周系着三根长长的绳索。狩猎时，他们将三条绳合起来，在网兜中放一些石头，然后通过旋转绳索，就可以抛出兜里的石头，砸中数十米以外的猎物。

你听过阿诗玛的传说吗？

在少数民族众多的云南，流传着许多动人的民间故事。其中之一是《阿诗玛》，这原本是一首流传于彝人之间的叙事长诗。撒尼族是彝族的支系，诗中讲述的是一个撒尼族女孩阿诗玛为了逃避土司的逼婚、追求美好的生活而不屈不挠地与命运斗争的故事。在逃离的过程中，遭遇撒尼土司热布巴拉家放水淹堵，阿诗玛被应山歌姑娘救出。后来，化成了一座石峰。如今这座传说中的石峰，还能在石林景区看见。

羌族

以羊为图腾的古东方大族

我的读音： Qiāngzú

我的由来： "羌"源自于"古羌"，原是古代人们对居住在祖国西部游牧部落的一个泛称

我的人口： 约 31.29 万（2021 年）

我的分布： 主要分布在四川省阿坝藏族羌族自治州以及绵阳市的北川羌族自治县，在四川和贵州的其他地方也有散居

我的故事： "羌，西戎牧羊人也，从人从羊，羊亦声。"——《说文解字·羊部》

从"羌"字能隐隐约约看出来一个"羊"字，羌族人确实很擅长牧羊，并且以羊作为他们的图腾。《说文解字》里面也提道，"羌，西戎牧羊人也"。在古代，"羌"本来是对西部游牧民族的统称，但到后来，羌族人不断地发展和分化，其中有一些发展成了如今的羌族，另外一部分则发展成其他民族。

火红的颜色，也是羌族人心中最吉庆的颜色。虔诚的羌族人常常会将红布拆成细细的条状，他们管这种红布条叫"羌红"。羌族人将这些布条悬挂在宗祠、庙宇的树枝上，这叫作"献红"。在羌族人心中，这是把平安和吉祥的心愿挂在树梢。

在村寨周围和各种关口要隘，羌族人会修建稳固、牢靠的碉楼，不仅可以用来防御敌人，还能储存粮食柴草。碉楼是用石头砌成的，楼体呈现四角形、六角形或八角形，从四五层到十四五层的碉楼都有。他们居住的地方叫"碉

羌族是一个古老的民族，起源于"古羌族"

房"，也叫"庄房"，看上去是方形的，一般分为三层——上层放粮食，下层养牲畜，人住在中间层。中层楼内，中间是一方堂屋，两端设有卧室。羌族人喜欢火，堂屋中一般砌有火塘，火种终年常燃，又叫"万年火"。做饭的时候，他们有时会在火塘上架起一个铁三足，将锅放在上面加热，或者直接烤东西吃。

羌人的舞蹈古朴大气，最为盛行和普及的一种舞蹈叫作"萨朗"，这种舞蹈多是羌族人用来自娱自乐，舞蹈曲调欢快、节奏跳跃，歌词内容无拘无束。羌族人不仅在开心的时候跳舞，举办丧事或者祭祀活动时，他们也用跳舞的方式来表达对亲人的不舍和对神明的敬畏。"席步蹴"就是这样一种舞蹈，在他们的方言中"席步蹴"是"办酒席时跳舞"的意思。

羌族人善于酿酒，爱喝"咂酒"。这种酒是用青稞、大麦和玉米酿成的，是一种低度的醪糟酒。平时不喝的时候，就封在坛子里面；要喝的时候就开封，注入开水之后插上竹管，众人轮流来吸吮，一边喝一边加水，一直到味道淡去。咂酒也有一定的规矩，一般是按照长幼顺序轮次咂酒。如果是平辈坐在一起喝，那就可以同时饮用。

羌笛悠悠，何怨杨柳！诗人"拍了拍"你！

"黄河远上白云间，一片孤城万仞山。羌笛何须怨杨柳，春风不度玉门关。"——王之涣《凉州词二首·其一》

这里的"羌笛"，是一种羌人发明的双管竖笛，在羌语中被称为"其篥""士布里"或是"帮"，笛声柔和悠扬、婉转凄凉。

"怨杨柳"，指的是《折杨柳》这首曲子。古人有临别折柳相赠的风俗，因此这首曲子是一首离别之曲。试想，戍守边疆的将士听到这样的歌，心中会升起怎样的滋味啊！

傣族
居住在竹楼里的人们

地理小辞典

我的读音: Dǎizú

我的人口: 约 133 万（2021 年）

我的分布: 在中国境内，主要聚居在云南省西双版纳傣族自治州、德宏傣族景颇族自治州以及耿马和孟连两个自治县，其余地区也有散居

我的故事: "听吧听吧众多的亲戚朋友，一起到竹楼里听我唱歌。"

——傣族诗歌

傣族人的村落常常位于群山环抱的河谷平坝地区，分布在小溪小河的岸畔或者湖沼的周围。远远地看过去，总是翠竹围绕、绿树成荫。傣族人集中居住的地方，自然资源是很丰富的——盛产杧果、椰子、香蕉等水果，出产柚木、紫檀、铁刀木等珍贵木材，生活着象、虎、豹、鹿等珍禽异兽，铜、铁、金、银等矿产也很早就得到了傣族人的开发。

傣族的民间乐器种类繁多，包括"嘎腊萨""筚""象脚鼓""傣镲"等。最享有盛名的是用葫芦做的葫芦丝，这是一种音色圆润优美的舌簧乐器，属于"筚"的一种（傣语中的"筚"是气鸣乐器的总称）。著名的作曲家施光南创作过一曲经典的《月光下的凤尾竹》，使得葫芦丝音乐被人们所熟知。

傣族人喜欢看"傣戏"，比较著名的曲目有《公孙犁田》《十二马》等。最早的伴奏乐器主要是象脚鼓、钹等，后来受到滇剧的影响，傣戏也开始用到锣鼓经之类的乐器。傣族人的舞蹈也非常丰富，生活在西双版纳地区的傣族人称舞蹈为"凡"——有以模仿禽类动作为主的"凡嫡诺"、以模仿兽类动作为主的"凡光罕"、击鼓而舞的"凡光"和武术舞蹈"凡整"等。

说到傣族，人们耳熟能详的还有他们的传统新年——泼水

节，时间一般在傣历中的 6 月下旬或是 7 月上旬，在公历中一般是 4 月中旬。在傣语中，这个节日又被称作"桑勘比迈"，是"六月新年"的意思，是傣族人心目中"最美好的日子"。整个节日的庆祝一般会持续 3 天，头两天是辞旧，最后一天是迎新。在傣族人心中，互相泼水，象征着一种美好的祝愿。

傣族人依水而居，又被称作"水的民族"

傣族人喜欢住在什么样的房子里？建筑师"拍了拍"你！

傣族人的"竹楼"，是一种"干栏式建筑"，是以竹子为主要建筑材料，通过"平地立柱"建造起来的房子。早期的傣族竹楼主要分为两层，上层用于生活、居住，下层架空用于储物；双斜面的房顶，往往会覆盖着专门编的"草排"。这种房屋可以适应潮湿多雨、虫蛇较多的环境。竹子的特性有利于房屋的通风；梁柱里外穿插，非常牢固，可防地震；楼下只有几根柱子，能在江水泛滥时躲过一劫。

位于德宏、瑞丽和西双版纳一带的竹楼，尤其具有代表性。这些地方的竹子种类繁多，生长迅速且易于砍伐，具有超强的柔韧性和抗压性，对于当地人来说是很棒的建筑材料。如今的竹楼，种类更加丰富了，有的还和砖石建筑结合在一起。从前盖顶的茅草，也已被瓦片所取代。

白族

"三家一眼井，一户几盆花"

我的读音： Báizú

我的由来： 据史料记载，"白人"是当今白族先民最早的统一族称

我的人口： 约 209.15 万（2021 年）

我的分布： 主要分布在云南、贵州、湖南等省，其中以云南省的白族人口最多

我的故事： "东有白蛮，丈夫妇人以白缯为衣，下不过膝。""妇人，一切不施粉黛，以酥泽发。贵者以绫锦为裙襦。"——《云南志》

白族人主要生活在云贵高原上，远古时代的洱滨人、先秦时期的氐羌、南诏大理国时期的白蛮……再加上周边的其他少数民族，相融而成了如今的白族。白族人有自己的语言——方块白文，这是唐代的白族人参考汉字创造的，是 种"老白文"。后来随着拼音的引入，又诞生了"新白文"。他们用自己的语言记述历史、进行创作，留下了不少白文典籍。

白族是一个手巧的民族。白族人擅长雕刻，无论是石雕还是木雕。开凿于南诏大理国时代的剑川石钟山石窟，又被誉为"西南敦煌"；北京人民大会堂云南厅的堂门和木雕屏风，都出自剑川白族木匠之手。白族人还善

白族人的手非常灵巧，他们擅长刺绣、雕刻等手工艺

于制作漆器，明代白族人做的漆器传到汉人手里，还被看作珍贵的"宋剔"（宋代雕漆）。许多白族女性都有一手精湛的刺绣技艺，制作的服饰多种多样。

顾名思义，白族人确实崇尚白色，也很喜欢穿白色的衣服，看上去简朴大方。只不过，生活在不同地区的白族在穿衣方面的讲究是略有些不同的。男子常穿白色对襟衣，外套黑领褂；妇女的服饰则花样更多，但不同的服饰往往代表着不同的地区、年龄和婚姻状态。例如大理一带的白族女子多穿白上衣、红坎肩，有些地方的白族女子则更喜欢穿浅蓝色的衣服，配以黑丝绒领褂。

白族人也很讲究头饰。在大理，白族未婚女子常梳独辫，挂在花头帕之外，再缠上花丝带。结婚之后，就改为挽髻盘在头顶，

包上一层蓝布帕。另一些地方的白族姑娘，会佩戴"凤凰帕""一块瓦"等不同的头饰。一些地方的白族女子用多块头布相叠覆盖，还有一些女子会在头帕外缠绕多种颜色的头绳。

白族最盛大的节日是"三月街"，又被称作"观音市"，于农历三月十五至二十在大理城西的点苍山脚下举行。白族还是一个很有"仪式感"的民族，他们重视节日的庆祝，喜欢在佳节享用应景的食品。春节的时候，人们吃"叮叮糖"，泡"米花茶"；清明节到来，就吃凉拌什锦和"斋筵香"；尝新节到了，就吃新豆、嫩瓜和陈谷掺新米饭；中秋节将至，就吃"白饼"和"醉饼"；重阳和冬至，就吃羊肉、喝羊汤。

你听过南诏大理国吗?
旅行家"拍了拍"你!

南诏大理国是唐宋时期处于西南边疆的少数民族地方政权,以"白蛮"(今白族先民)为主,雄踞西南地区数百年。

在唐朝初年的时候,大理地区主要有6个部落,分别叫"蒙嶲诏""邓赕诏""浪穹诏""施浪诏""越析诏""蒙舍诏"。其中的"蒙舍诏"因地处南部,又称"南诏"。738年,南诏在唐王朝的支持下,征服了其他5诏,统一洱海地区,建立"南诏国",定都太和城。

937年,南诏将领段思平联合滇东"三十七部蛮",建立"大理国",定都阳苴咩城。南诏大理国时期,洱海地区得到了很好的经营,呈现"居民辏集,禾麻蔽野"的繁荣景象。在这一时期,这里的盐业、矿冶业也比较发达,以盐为货币的方式在云南一直保留到近代。

藏族
他们能歌善舞，热情好客

地理小辞典

我的读音： Zàngzú

我的由来： 青藏高原的原住民

我的人口： 约 706 万（2021 年）

我的分布： 在中国境内，主要分布在西藏自治区、青海省和四川省西部，云南迪庆、甘肃甘南等地区

我的故事："世间安得双全法，不负如来不负卿。"——藏传佛教格鲁派第六世达赖喇嘛仓央嘉措

藏族人赖以生存的青藏高原，是地球上面积最大、海拔最高的高原。这里空气稀薄、阳光强烈、气候干燥，并不太适宜人类的生存。在这里，大多数的地区都是荒山荒原，种植耕作显得非常困难，交通也很不方便。但在极度恶劣的自然环境面前，人们并没有望而却步，早在旧石器时代就已经来到青藏高原。7 世纪，松赞干布统一青藏高原，建立了吐蕃帝国，因而"吐蕃"也就成为藏族的前身。

提到藏族人的信仰，你也许会想起各具姿态的寺庙、一路磕着长头的朝圣者和人们手中摇晃的转经筒。藏族人多信奉藏传佛教，信仰真挚而虔诚。藏族人还非常崇拜山神。生活在崇山峻岭中的他们，认为藏区的任何一座山峰都有神灵，这些神祇主宰着人们的吉凶祸福。"转山朝圣"是藏族人心中最神往的仪式之一，每年都会有很多虔诚的信徒参加。

藏族也是能歌善舞的民族，最有特色的是他们的踢踏舞——又被称作"堆谐"。"堆"在藏语中指的是"高地"，在藏族人心中指雅鲁藏布江上游一带的地方，如定日、拉孜、阿里一带，而踢踏舞就发源于那些地方。表演这种舞的人，看上去弓腰曲背、松弛灵活，给人奔放潇洒的感觉。由于生活在气候寒冷的高原之

上，藏族人民为了御寒，不得不经常跺脚甩膀，激发身体的热量以抵御严寒，久而久之，这种御寒的行为发展成为藏舞特有的"跺脚"动作。

唱起来高亢而雄浑的藏戏，主要是在传颂神话故事。作为曾经的一种宗教仪式，藏戏有许多独特的地方——伴奏通常只用一鼓和一钹，很少有其他乐器的参与，演员不化装，只戴面具。藏戏的旁支众多，可以分为青海的黄南藏戏、甘肃的甘南藏戏、四川的色达藏戏等小种类，还有白面具戏、蓝面具戏之分，更流行的是蓝面具藏戏。

青藏高原上的居民——藏族，是中国及南亚最古老的民族之一

献给你的"哈达"，有什么含义？

哈达是一种长条的纱巾或者丝巾，是藏族人用来表示敬意或者表达祝贺的礼仪用品。常见的哈达是白色、蓝色或黄色的，也有五彩哈达——这是最珍贵的一种了，只有在特定的场合才能使用。

献哈达是一件很有讲究的事情。为了表示尊敬，在献哈达的时候，献哈达的人应该将哈达对叠成四幅、双楞，把双楞一边整齐地朝向被献哈达的人，双手呈上。被献哈达的人，也需要弯腰俯首、双手接过。

8 这些风景胜迹，当然值得一去

玉龙雪山

气势磅礴，"巨龙逶迤"

地理小辞典

我的读音：Yùlóng Xuěshān

我的位置：位于丽江市玉龙纳西族自治县，坐落在横断山脉的沙鲁里山南段

我的由来：雪山山腰云腾雾绕，远望像一条银白色的巨龙

我的别称：黑白雪山、欧鲁

我的故事："不惜匆匆万里纵，丽江饱看雪山峰。"——李京《雪山歌》

站在丽江城中，我们就能看见玉龙雪山的风姿。玉龙雪山南起丽江西北部的白沙古镇，北至金沙江畔，山顶终年被白雪覆盖，积雪远远看去就好像是一条横亘在山上的巨龙，所以被称作"玉龙雪山"。

如今的玉龙雪山上，仍然能看到许多冰川。在古代，山上原本能看到更多的冰川，只不过后来逐渐消融了，只剩下了一部分。如今，我们能在这里看到的冰川槽谷和堆满砾石的冰碛垄，以及大大小小被冰川侵蚀出的洼地，都是古代冰川留下的痕迹。这些被冰川滋润过的洼地，如今已经成为优良的高山牧场。极富盛名的"丽江马"，就是在这里牧养的，它们身强力壮、耐力极好，能够在崎岖的山路上穿行。

在纳西族人的心目中，玉龙雪山是神圣的山，守护神"阿普三朵"就是玉龙雪山的化身。在玉龙雪山上，能采到许多名贵的药材，纳西族的医生为此专

玉龙雪山在纳西语中被称为"欧鲁"，意为"天山"

门编写了一本《玉龙本草》，其中记录着许多产自玉龙雪山的药材。

玉龙雪山的北面，是另一座高大的雪山——哈巴雪山。在玉龙雪山和哈巴雪山之间，有一道惊险的"虎跳峡"——这是一道非常幽深的峡谷，从江面的高度到玉龙雪山和哈巴雪山的高度，相差将近4000米。据说，这个名字源于一只大老虎曾经从江心的一块大石头上越过了滚滚的金沙江，后来人们就把这里称作"虎跳峡"。虎跳峡的两岸都是高高的悬崖峭壁，平日里阳光很难照射进来，所以谷底总是给人一种阴冷的感觉，并且处处是险滩和跌坎。人们如果想近距离观赏的话，只能从人工修筑的栈道上走过去。

冰川是怎么"跑"起来的？

许多冰川景观，是冰川"跑"起来的时候创造的。在自身重力作用下，冰川不断地从高处往低处流动。随着高度的下降，气温越来越高，如果冰川底部的温度达到了融点，那么液态水就会出现，有了水流，冰川就会顺着底部的基岩移动，这就是冰川"跑"起来的过程。

影响冰川运动最重要的因素，一个是温度，一个是降雪。当然，温度的变化对冰川运动的影响是最大的——温度越高，冰川"跑"得越快。近年来，随着全球温度的升高，冰川也开始"跑"得越来越快了。如今，许多冰川在"跑"的过程中变得越来越小，不少已经存在很久的冰川也开始逐渐消失了。

丽江古城

依山傍水的秀丽古城

始建于南宋的丽江古城，是一座没有城墙的城。古代时，它被修建在玉龙雪山山麓的冲积扇之上，距今已经有 800 多年的历史了。这是一座微微倾斜的古城，而聪明的人们正是利用了这一地形特征，开凿了大大小小的沟渠，

丽江古城始建于宋末元初，坐落在丽江坝中部地区

将雪山融水引到城里，因此城中处处水声淙淙。纳西族人世代居住在这里，他们喜欢种花、种树，将小城打扮得秀丽可爱。

在城中，我们能看到上百座大大小小的"木氏土司府"，这些是从前纳西族领袖居住的地方。据说在古代，正是因为纳西族的世袭领袖姓木，所以古城才没有修筑城墙，因为"木"加上框以后就成了"困"，寓意不好。

纳西族的传统文化叫作"东巴文化"。"东巴"的含义是智者，这指的是他们传统宗教仪式中的"祭司"。在古城里面的告示牌、楹联上，都能看到一些"张牙舞爪"的图案，看上去就像是小孩子画的，这是"东巴文"，是世界上极少数的一直到现在还在使用的象形文字。夜晚的丽江古城，还能够听到"东巴古乐"——多数由一些年过古稀的乐师，操作着古老而原始的乐器进行演奏，音乐中的许多内容是从唐宋时期流传到今天的。

你了解纳西族吗？

纳西族是西南地区的少数民族，绝大部分纳西族人都生活在丽江，还有一些分布在云南省的其它地方和四川省、西藏自治区等地。纳西族是一个古老的民族，是古代羌人的一支。纳西族有自己的语言和文字，他们使用的语言是"纳西语"，文字主要是"东巴文"和"哥巴文"。

8 这些风景胜迹，当然值得一去

梵净山
一座与众不同的大山

在武陵山脉中，梵净山是一座与众不同的大山——是武陵山脉的主峰，也是弥勒菩萨的道场。日出时，山顶的云雾在阳光下常常能够出现佛光四射般的美丽景象。梵净山位于云贵高原与湘西丘陵之间，处在一段过渡的斜坡上。山上主要有两座山峰——惊险陡峭的新金顶，以及怪石嶙峋的老金顶。

在梵净山的群峰之间，新金顶当属最险要的一座了——山体的上半部分如同被劈开一般，产生了巨大的裂隙，从而成了两座孤立的山峰。在这两座山峰之间，只有一道石桥连接，而石桥之下就是不见底的深渊。在两座山峰顶上，还各建有一座大殿，分别是释迦殿和弥勒殿。"红云金顶"，形容的是阳光照射在新金顶上的殿堂屋顶时，折射出灿烂红光的景象。

在老金顶上，我们能看到各种各样的用石头"堆"起来的景观：万书崖、老鹰岩……老金顶上还有一块很有名的大石头，叫作"蘑菇石"——是由很多岩石堆叠起来的，上部岩石和下部岩石都形成立方体的样子，错位堆叠起来，看上去摇摇欲坠。更神奇的是，这里的怪石景象许多都是冰川作用造成的：梵净山所处的位置，曾经发生过多次冰川运动，尤其是在第四纪冰川时期。冰川在运动的时候，一些大型块状岩石的底部受到了冰川的侵蚀，所以看上去上面粗、下面细。

再加上风化作用，岩石被不断地破坏和改造，所以就形成了我们现在看到的怪石嶙峋的场面。

北宋初年，人们在梵净山西麓兴建了一座西岩寺。到了明代，越来越多的人前来梵净山朝拜，这里逐渐变得香火旺盛。一些僧人搬迁过来，不仅重修了西岩寺，还在梵净山上修筑了更多的庙宇。如今的梵净山，已经是一座佛教圣地了。

梵净山位于贵州铜仁境内，是武陵山脉的主峰，是我国南方最早从海洋抬升为陆地的地方之一

黄果树瀑布
中国第一瀑布

"黄果树"，其实源自于当地方言中的"黄葛树"。在较早的时候，这个瀑布并没有广为人知，几乎只有住在附近的人才知道。直到徐霞客途经这里，被大瀑布的景象深深震撼，于是他在游记里浓墨重彩地描绘了黄果树瀑布的景象："捣珠崩玉，飞沫反涌，如烟雾腾空，势甚雄伟……"由此黄果树瀑布的名声便逐渐传开了。徐霞客还把这条创造瀑布的河称为"白水河"，

急促的水流从这里通过的时候，会掀起白色的浪花。河流在这里一共形成了九级瀑布，黄果树瀑布是其中的第四级，也是落差最大的一级。

白水河是打帮河的一部分，打帮河在很久以前还是一条地下暗河，在长期侵蚀作用下才逐渐在地表显现出来的。2000 多万

打帮河：位于中国贵州省西南部，是北盘江左岸支流，发源于安顺市市区东北郊的塔墓山。

黄果树瀑布群是目前已知的
世界上最大的瀑布群

年前，贵州地区的地壳运动非常活跃，岩层产生了大量的断裂和石缝。地表水流进地下后，将暗河的入口侵蚀得越来越大，于是就形成了地下溶洞。在水流的冲刷之下，洞顶的岩石层变得越来越弱，直到最后崩塌，一条地下暗河就这样暴露在外，变成了一条地表河。这个显露在外的最大的落水洞，就是黄果树瀑布的前身，后来逐渐形成了如今看到的景象。

大瀑布的水，最终落到瀑布下的"犀牛潭"中，激起一片蒙蒙的水雾。这个犀牛潭，主要就是由瀑布水长期冲刷形成的，宽百余米、深十余米。究竟是冲荡了多久，才冲出来这么大一个潭呢？有地质学家检测出了悬崖顶部钙华的年龄——大约距今两万年了。也就是说，约在两万年前，这个瀑布可能就已经存在了。沿着人们在黄果树瀑布下修建的栈道前进，可以绕小路来到瀑布后边，透过3个钙华"天窗"望出去，就像身处"水帘洞"中，非常壮观。

钙华：又称"石灰华"，是碳酸钙含量较多的河流、湖泊或泉水所形成的碳酸钙沉积物。

这些壮观的瀑布，你听过吗？旅行家"拍了拍"你！

壶口瀑布：位于黄河中游、晋陕大峡谷中段，是中国第二大瀑布，也是世界上最大的黄色瀑布。

吊水楼瀑布：位于黑龙江省宁安市西南方向，是世界上最大的玄武岩瀑布。

德天瀑布：位于广西崇左市大新县硕龙镇德天村，处在中国与越南边境处，位于归春河的上游，是亚洲最大的跨国瀑布，也是世界上第四大跨国瀑布。

元阳梯田
哈尼族的智慧奇作

元阳梯田位于红河哈尼族彝族自治州——这里以红河命名，而红河正是贯穿自治州境内最大的一条河流。元阳梯田的地形，与红河水有关，元阳梯田的耕作，也离不开红河水的灌溉。

红河的北岸地势较为平缓，分布着众多的喀斯特地貌，而红河以南普遍是高山和深谷，是哀牢山

元阳梯田是哈尼族人"因地制宜"耕作的成果，一年四季能看到风格不同的壮美景致

山脉的一部分。3000 多年前，哈尼族的先人为了躲避战乱，从青藏高原南下至云贵高原，定居在如今的昆明一带，从游牧生活转变为农耕生活。千余年后，哈尼族人再次遭受战乱，于是他们横渡红河，来到了哀牢山的南部一带，从此便世世代代生活在这里。善于经营梯田的哈尼族人，在这里造出了堪称世界上规模最宏大的梯田景观——从海拔 400 米左右的低地，到海拔 1800 米左右的高地，这里的梯田竟然能有 3000 多层！

在一年四季里，我们看到的梯田都是不一样的：初春，哈尼梯田注满了水，水中倒映的蓝天与灿烂的阳光交相辉映；春分一到，层层梯田披上了翠绿色的外衣；夏末秋初，稻谷成熟，田间一片灿烂的金黄色；冬天来临，梯田里长起紫红色的浮萍，为作物来年的生长提供养料。

实际上，我们在同一季节里看到的梯田景象也不一定相同——由于每个地方的海拔不一样，温度也就不一样，作物成熟的速度也就不一样。所以，在低处水稻成熟、一片金黄灿烂的时候，高处的水稻还没有成熟呢，仍然是郁郁葱葱的绿色。

广西龙脊梯田：位于广西省桂林市龙胜县东南部和平乡境内。

贵州加榜梯田：位于贵州省黔东南苗族侗族自治州从江县西部，在月亮山腹地的加榜乡东北面。梯田中还零散分布着苗族人居住的吊脚楼。

湖南紫鹊界梯田：位于中国湖南省娄底市新化县水车镇，起源于先秦，盛于宋。

江西江岭梯田：位于江西省上饶市婺源县东北部，每年阳春时节都能在这里欣赏到美丽的油菜花海。

浙江云和梯田：位于浙江省丽水市云和县崇头镇，是华东地区最大的梯田群。云和梯田的开发距今已有 1000 多年历史。

中国还有哪些著名的梯田？旅行家"拍了拍"你！

石林
你听过"阿诗玛"的传说吗

在昆明石林彝族自治县境内，有一座由岩石形成的园林——远远望去，一片片石芽矗立，如同森林一般。

有关石林的传说是很丰富的。其中，最著名的传说是"阿诗玛"。撒尼族（彝族的一个支系）姑娘阿诗玛被当地邪恶的土司抢去，阿诗玛的情人阿黑将她救了出来，之后恼羞成怒的土司放水将他们卷走了。十二崖子上的应山歌姑娘救出阿诗玛并将她变成了一座石峰，也就是石林中的其中一座。还有一种说法，说是这里以前有一位叫作"阿斯阿伯"的恶神，每天用魔法驱赶石头跑来跑去，压坏当地人的田。后来一个勇敢的撒尼

石林是一片从"汪洋"中"脱颖而出"的地质遗迹

族青年打败了恶神，恶神慌慌张张地逃跑了，把石头都留在这里了。

那实际上这些"石头树"是怎么形成的呢？这种地貌主要源自许多高大的石灰岩溶柱。石灰岩受到力的挤压作用后，在垂直方向上产生了一些裂隙，从平面上来看，这些岩石被分割成了网格的形状。水和生物等沿着这些裂隙往下溶蚀，于是裂隙就变得越来越深、越来越宽，一个个石柱逐渐分离出来了。再经过构造抬升等复杂的地壳运动，石柱就逐渐露出地表，形成了今天的石林。石林的秘密，其实还没有被人们完全揭开，在400多平方千米的土地上，还有许多角落是人类没有涉足的。

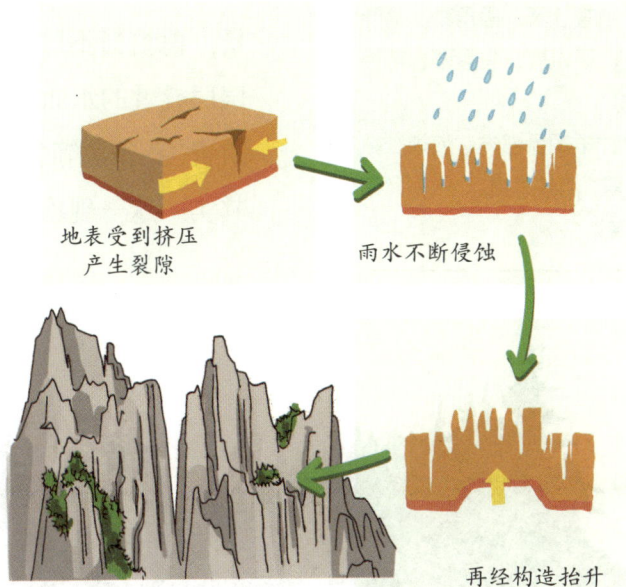

地表受到挤压产生裂隙

雨水不断侵蚀

再经构造抬升

世界自然遗产——中国南方喀斯特

中国南方喀斯特地貌，是世界上最壮观的喀斯特景观之一。中国南方喀斯特覆盖了接近5万平方千米的范围，主要位于云南省、贵州省、重庆市和广西壮族自治区。2007年，由云南石林、贵州荔波、重庆武隆共同组成的中国南方喀斯特成为世界自然遗产。2014年，广西桂林、贵州施秉、重庆金佛山和广西环江也成为中国南方喀斯特的一部分。

九寨沟
翠海、彩林、雪峰，童话世界

在四川省西北部的深山林海里，藏着一片美妙的盛景——九寨沟。古时候，九寨沟县原叫南坪县，而这片风景被称为"翠海"。用"五光十色"来形容这里的水景，再恰当不过了，在阳光下，层层叠叠的水面映出嫩绿、澄黄、绀青、孔雀蓝等各种各样的色彩。其实，这一现象主要源自湖中各

九寨沟是中国第一个以保护自然风景为主要目的的自然保护区

类水藻的色彩——如果掬一捧这里的水在掌心，会发现它是透明的，水本身并没有什么特别之处。

上亿年前，九寨沟还是一片海洋，这里生活着许多海底生物。这些生物死后，身体中的钙质在底部聚积起来。在距今7000万～300万年，受喜马拉雅运动的影响，这里发生了剧烈的地壳运动，山体被很快地抬起。在抬起的过程中，冰川和流水不断地侵蚀着山体，所以形成了凸起的山峰和幽深的沟谷。

九寨沟里的"海子"，大多是由冰川作用创造的。在第四纪冰川时期，这里分布着广泛的冰川，到后来，冰川逐渐融化了，终碛将河道和山谷堵塞，于是形成了湖盆。湖盆积聚起山间的降雨和雪山上的融水，就形成了以堰塞湖为主的各种各样的湖泊，这些就是九寨沟的"海子"。在这里，水面最宽的一个湖泊叫作"长海"。

2017年8月，这里经历了一场里氏7.0级的地震，有部分景致受到了一些影响，但整体依然是风景宜人。

里氏：一种表示地震规模大小的标度。里氏7.0级的地震属于"甚强"地震。

终碛：冰川上游搬运来的物质，通常在冰川末端处堆积，形成"终碛"。

峨眉山

"峨眉天下秀"，去看金顶日出

我的读音：Éméi Shān

我的位置：位于四川盆地的西南边缘

我的由来：据说最早源自郦道元在古文中"娥眉"的形容，后"娥"演变为"峨"

我的故事："平乡江东径峨眉山，在南安县（今乐山）界，去成都南千里。然秋日清澄，望见两山相峙，如蛾眉焉。"——郦道元《水经注》

在上亿年前，峨眉山还处在一片汪洋之中。后来经过一系列的地质运动，峨眉山逐渐形成了一片小山丘，从"地槽"演化为了"地台"。再到后来，峨眉山经历了一些剧烈的地质运动，在地壳的不断挤压之下，这里出现了大面积的断层，峨眉山主体则跟随断层抬升起来，形成了今天我们看到的峨眉山。

峨眉山是一座"突兀"的山，这里海拔近 3100 米，比东部的峨眉山市高出接近 600 米。这是一座雄奇壮美的山峦，人们赞誉这里"峨眉天下秀"。

峨眉山是"四大佛教名山"之一

独特的断层为峨眉山创造了许多神奇的天然景观，如万佛顶、舍身崖等。在舍身崖上，有一片金顶，这里有四大奇观："日出""云海""佛光""圣灯"。在山顶上，可以欣赏壮美的日出，感受云雾缭绕的仙境。在崖上，有时候能见着神奇的光环，这就是"佛光"，其实这是太阳光在云雾中反射形成的；在崖下，常常出现一些幽深的绿色光亮，从前的人们误把它当作"圣灯"，其实这可能是磷火，是一种自然现象。在冬天，能在前往金顶的路上欣赏到美丽的雾凇。

峨眉山还是一座猴子的天堂。这里生活着上千只灵猴，是我国目前最大的生态猴区。灵猴非常顽皮，会跑到登山步道上和游人嬉闹、讨要食物。

峨眉山上生活着许多猴子

西南地区：进古城，爬雪山，看日出

我国佛教四大名山，你了解吗？

深山因寺而扬名，佛寺因深山而神秘，两者相辅相成，造就了我国深远的佛山文化。我国有佛教四大名山，分别是指山西的五台山、四川的峨眉山、浙江的普陀山和安徽的九华山。

山西五台山：位于山西省忻州市五台县。

四川峨眉山：位于四川省乐山市峨眉山市。

浙江普陀山：位于浙江省舟山市普陀区。

安徽九华山：位于安徽省池州市青阳县。

稻城亚丁
"最后的香格里拉"

据说，稻城亚丁变得广为人知是因为美国探险家约瑟夫·洛克，他在《美国国家地理》杂志上将这里介绍给了全世界，并且称赞这里是"最后的香格里拉"。后来这里被人熟知，又有人评价这里是"蓝色星球上的最后一片净土"。

在稻城北部的海子山上，仍然保留着一些冰川遗迹，这就是"稻城古冰帽"——青藏高原上最大、最典型的古冰体遗迹。这里又被称作"海子山"，因为这里分布着大大小小上千个海子。在这里，我们能看到各种各样的冰川地貌，有像角峰、冰斗湖、冰蚀洼地等类型的冰川侵蚀地貌，还有像蛇形丘、羊背石等类型的冰川堆积地貌。

在稻城中部，我们可以欣赏到高原山地间的田园风光，这里处处是森林、草场和溪流，人们

稻城亚丁是中国保存最完整、最原始的高山自然生态系统之一

在这里建起各式各样的牧场和木屋。在县城周围，还有一片万亩青杨林，这里是世界上海拔最高、人工造林面积最大的青杨林。

冰川是如何改造地貌的?

　　其实，冰川和河流有些相似，它们都深刻地影响着地貌环境。不过，冰川的侵蚀力可远比河流大。巨大的冰川在运动过程中，会对底部和两侧的地面施加强大的力量，进行拔、磨、刻、凿蚀和挤压。被冰川侵蚀过的谷地，大多会变成U形谷，并且会在基岩上留下磨光面、擦痕、羊背石等痕迹。冰川地貌主要分为冰川侵蚀地貌和冰川堆积地貌。

　　如果冰川出现在山脊的两侧，那么山脊就会被两面的冰川不断侵蚀，被"削"得越来越薄，最后变成陡峭的"刃脊"。假如冰川存在于山峰的四周，那么山峰就会被削"尖"，最后变成锐利的"角峰"。处于运动状态中的冰体，还会裹挟着沿途的岩块和岩屑，并且将它们"搬运"到冰川的边缘和末端。最后，这些岩块、岩屑不断积累，就形成了我们现在看到的"冰碛物"。这些冰碛物甚至可以达到数百米高、数千米长。

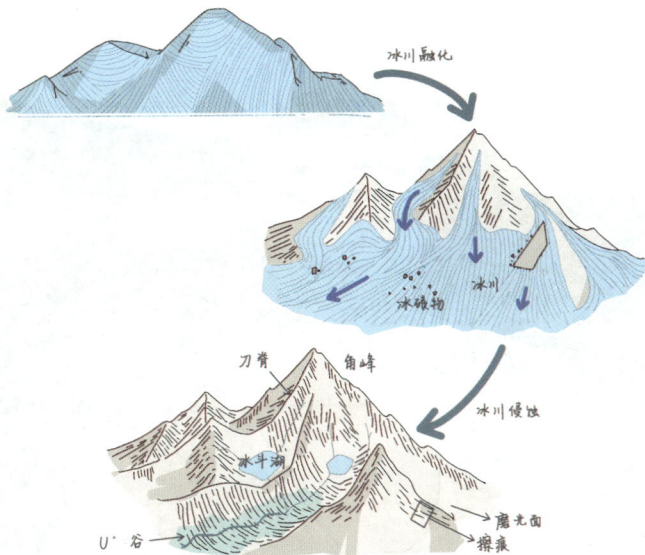

乐山大佛

佛是一座山，山是一尊佛

地理小辞典

我的读音： Lèshāndàfó

我的位置： 乐山市市中区的岷江、青衣江、大渡河三江交汇的地方

我的由来： 位于乐山市，并且体积庞大，因此被称为乐山大佛

我的别称： 凌云大佛

我的故事： "江阁欲开千尺像，云龛先定此规模。" ——陆游《能仁院前有石像丈余盖作大像时样也》

高达 70 余米的乐山大佛，是中国最大的一尊弥勒坐像，也是中国最大的一座摩崖石刻造像。大佛究竟有多大呢？在大佛的脑袋上，有 1000 多个发髻；在大佛的耳朵里，可以站下至少两个人；光是大佛的脚背上，都可以坐上百人。乐山大佛的面容看上去温文尔雅，

乐山大佛头与山齐平，神情肃穆，双手抚膝，临江危坐

既有男性庄严的神情，又有女性柔美的特质。

乐山大佛的开凿，始于唐玄宗开元初年。那时候，岷江和大渡河汇合的地方水势太猛，每逢洪涝季节总是给附近的居民带来威胁。当时，凌云寺的高僧海通发起了修建大佛的工程，一是想在建造过程中以石块坠江减缓水势，二是想祈求神力相助，平复水害。据说，造好这座大佛一共花了90年左右的时间。

实际上，乐山大佛有一套隐秘的"防水系统"。大佛的头部一共有18层螺髻，其中第4层、第9层和第18层分别藏着一道横向的排水沟，并且隐蔽起来，从远处看是不太看得出来的。在大佛的衣领和衣服褶皱上，也暗藏着许多用于排水的沟渠；在耳朵、胸部的背侧等处，都暗藏着许多水沟和洞穴，它们可以有效地帮助大佛排水、通风，延缓大佛的风化。

这些著名的大型佛教造像，你听过吗？

烟台南山大佛：位于山东省烟台市龙口市南山旅游区，是目前世界第一铜铸大坐佛。

太原蒙山大佛：位于山西太原晋源区金胜乡寺底村西北，是我国最早的露天摩崖石刻大佛，比乐山大佛早100多年。

平顶山鲁山大佛：位于河南省平顶山市鲁山县赵村乡尧山脚下的佛泉寺，约有50层楼高，是目前世界上最高的佛教造像。

庐山东林大佛：位于江西省庐山市温泉镇，是世界最高的阿弥陀佛铜像。

三亚南海海上观音像：位于海南省三亚市南山寺，高达108米，比美国的自由女神像还要高15米，是世界上最大的白衣观音造像。

四姑娘山

风景如画的圣女之山

地理小辞典

我的读音： Sìgūniang Shān

我的位置： 位于四川省阿坝藏族羌族自治州小金县四姑娘山镇境内

我的由来： 因为恰好有四座山峰，在藏语中音译为"四姑"，但当地的汉族人错以为"四姑"是汉语，并把这个名字改成"四姑娘"

四姑娘山处在中国地貌第一级阶梯和第二级阶梯交会的地方，是四川盆地向青藏高原的过渡地带。远远地看去，这几座山峰雄峻挺拔，山顶终年被冰雪覆盖，而山麓又分布着茂密的森林，雪山融水形成的溪流终日潺潺。因为很像欧洲南部阿尔卑斯山一带的景致，所以人们又称这里为"东方的阿尔卑斯"。"四姑娘山"的四位姑娘，分别是"幺妹峰""三姑娘山""二姑娘山""大姑娘山"。但其中的主峰却不是老大，反而是"幺妹峰"，它是邛崃山脉中最高的一座山峰，也是四川省第二高的山峰，仅次于被誉为"蜀山之王"的贡嘎山，又被称

四姑娘山是横断山脉东部边缘邛崃山系的最高峰

作"蜀山皇后""东方圣山"。

"三姑娘山"中最出名的是大熊猫，卧龙自然保护区就在"三姑娘山"风景区里。在"二姑娘山"上，有许多珍稀动物和名贵药材的踪影。"大姑娘山"上较低矮的部分是高山草甸和灌木森林，许多牧民在这里放养牦牛、马等，到4000米以上的部分，就只能看到乱石丛生、寸草不发、一片荒凉的景象了。

在四姑娘山景区里，除了四姑娘山以外，还有东面的"海子沟"、中间的"长坪沟"、西面的"双桥沟"，被称为"三沟一山"。其中双桥沟被开发得最好，全程通了公路，修了观光木栈道，是最适合旅行的一道沟。长坪沟是户外爱好者的乐园，这里很适合攀岩、攀冰，并且能够看到许多种类的原始植物。海子沟是三条沟里海拔最高的一条，如果要攀登四姑娘山的话，这里算是必经之路了。

你知道邛崃山脉吗？

邛崃山脉位于四川省的西部，是四川盆地和青藏高原的分界线，也是岷江和大渡河的分水岭。人们称这里为"华西雨屏"，是因为山的东侧降水比较多，山的西侧却比较干燥。四姑娘山是邛崃山脉的主峰，此外这里重要的山峰还有霸王山、巴朗山、夹金山等等。在邛崃山脉中，生活着金丝猴、大熊猫这样的珍稀动物，卧龙国家级自然保护区也位于邛崃山脉。

长江三峡

强大的三峡大坝

从唐古拉山脉汹涌奔来的长江就像一面锋利的刀刃,自西向东穿越重庆,将迎面而来的巫山、七曜山等山脉横空劈开,于是就有了我们现在所看到的"长江三峡"。所谓"三峡",分别是"瞿塘峡""巫峡""西陵峡"。

在三峡中,两岸的山峰高峭陡峻,狭长的山谷幽深秀丽。郦道元曾经在《水经注·三峡》中形容道:"重岩叠嶂,隐天蔽日,自非亭午夜分,不见曦月",大意是只有在正午才能看见太阳,其他的时候太阳都会被周围的山遮住,可见三峡是多么狭窄、险峻。

东起白帝城、西至黛溪的瞿塘峡是三峡之中最短、最窄,也是最险峻雄奇的一道峡谷。在峡口夔门一带,峭壁千仞、江流汹涌,因此自古有"夔门天下雄"的美誉。

巫峡西起巫山县大宁河口,东至湖北省巴东县官渡口。沿岸有著名的"巫峡十二峰",其中最有名的是"神女峰",它因峰顶的一根似女子形象的石柱而得名。据说这位女子的原型是西王母的幼女瑶姬,她在路过巫山的时候看到了这里洪涝成灾的景象,因而矗立山头,帮助大禹开山劈石、治理水患。久而久之,她便化成了这根石柱,于是这里就被称为"神女峰"。

西陵峡是三峡之中最长的一个峡谷，西起香溪口，东至南津关。据说，这里早期"滩险""流急""峡长""山奇"，后来，这里建起了一些水利枢纽，水流就变得平缓了许多，险滩也大多消失了。著名的水利工程——长江三峡大坝，就位于西陵峡的三斗坪。

我们现在所说的三峡，其实已经是三峡大坝兴建之后的"新三峡"了。2009 年，三峡大坝竣工，将水位拦截到 175 米，所以从前的一些景观被淹没了；经过水位拦截后的三峡，又形成了一些新的湖泊和岛屿。

"长江三峡"，自西向东依次为瞿塘峡、巫峡、西陵峡

强大的"三峡大坝"

"两岸猿声啼不住，轻舟已过万重山"，讲的是船只在三峡中前进得很快。为什么船在三峡可以行进得这么快呢？是河流的力量推动着船只的前进——当水体从高处流向低处的时候，重力势能就会转化为动能，这就成为蕴藏在河流之中的力量。

这些能量可不可以发挥更大的用处呢？聪明的人们早就在想办法了。曾经的三峡，是古人船航的重要通道，如今的三峡，已蜕变成为西南地区电力的"心脏"之一。人们在三峡修建了大坝和水电站——堤坝将流水储存起来先形成一个大水库，然后用水库中水蕴藏的动能发电。三峡大坝平均每年的发电量能够达到800多亿千瓦时，这个数字大概相当于10多座大型火力发电厂的发电量总和呢！

大足石刻
传奇的巴蜀石窟

地理小辞典

我的读音： Dàzúshíkè

我的位置： 位于中国西南部重庆市大足区境内

我的由来： 石刻位于大足，所以被称为"大足石刻"

我的故事： "我到过世界上的很多地方，这里使我觉得它是最生动、最宏伟的古代博物馆。"——基辛格

大足石刻题材多样、工艺精美，并且保存较为完好

大足石刻现在已经是世界文化遗产了，是世界八大石窟之一，位于重庆市的大足县境内。大足县也因为这里的石刻而被誉为"石刻之乡"。在这一带，石刻造像一共有70多处，大大小小的造像加起来有10万多尊。

大足石刻最初开凿于初唐永徽年间，两宋时期发展到鼎盛，在明清时期也有所增刻。这里风格各异的造像，主要反映着从9世纪末至13世纪中期人们在信仰和审美上的变化，"佛""道""儒"三家的文化都在这里交融。在这些石刻中，最著名的是宝顶山摩崖造像和北山摩崖造像。

宝顶山摩崖造像位于大足城区东北约15千米处，以大佛湾为中心，近万尊造像就像一幅连环画似地展开，场面非常壮观。这些石刻开凿于南宋淳熙年间，

由宋代蜀地名僧赵智凤开创。这里的许多造像以歌颂"孝道"为主题——这些造像的动作和神态，生动地表现着父母含辛茹苦养育子女的过程。

北山摩崖造像位于大足城区以北的北山，这里的造像以精美、典雅而闻名。北山造像最初开凿于晚唐，历经后梁、后唐、后晋、后汉、后周五代，最后在南宋落成，其间经历了近250年，现在还至少保存着4600多尊作品。这里主要分为南、北两个区域，其中南区大多是晚唐、五代时期的造像，而北区则更多是两宋时期的造像。

位于重庆市大足区境内的大足石刻，是世界八大石窟之一

布达拉宫

博大精深的藏式古建筑艺术

我的读音： Bùdálā Gōng

我的位置： 坐落在西藏自治区拉萨市区西北的玛布日山（红山）上

我的由来： "布达拉"是梵文的音译，有"小白花树""光明海岛"的意思

我的别称： 红山宫

布达拉宫位于拉萨市区西北的红山上，最早修筑于7世纪，由白宫和红宫组成，红宫前面有一片高耸的白色墙面，是晒佛台，在佛教的节日里用来悬挂大幅佛像唐卡。松赞干布在修建它的时候，给它起名"红山宫"。当时的红山宫规模非常大，外有三道围墙，内有上千间宫室。但随着吐蕃王朝的覆灭，这里也未能幸免，惨遭战争的损坏。

1645年，人们又在这里重修宫殿，修成了以白宫为主体的建筑群，就是我们今天说的"布达拉宫"。最早的白宫，东大殿是最主要的殿堂。又过了几十年，人们又在白宫的基础上修建了红宫，用来安放灵塔。至此，布达

布达拉宫位于拉萨市区西北的玛布日山上，是一座藏式宫堡式建筑群

这些风景胜迹，当然值得一去

065

拉宫的主体基本有了，日后经过历朝历代的扩建，就成了我们今天看到的布达拉宫。如今的布达拉宫，是世界上海拔最高、规模最大的宫殿式建筑群。

布达拉宫依照山势而建，几乎占据了整座山峰。其实还有更神奇的地方——在这上万间房屋中，竟然没有用到一根铁钉，全部都是榫接而成的。这些木结构都可以进行拆换，而不会影响到主体结构。从外面数，布达拉宫有13层，但真正能用的是9层，下面的4层是用大块花岗石砌筑的墙体，因此整个宫体变得更加稳固。

布达拉宫的对面，有一座"药王山"

药王山的藏语名字叫"角布日"，这是"山角之山"的意思，是说药王山是红山山角的山，红山就是布达拉宫所在的那座山。药王山和红山之间本来由低矮的小丘相连，人们在这里修路的时候把这里修建平整了。药王山上还有一处"千佛崖"，这里的一些石像是从唐代保存下来的。后来，人们在药王山的山腰上修建了观景台，这里是观赏布达拉宫景色的好地方，许多摄影师都从这里拍摄布达拉宫。

9 古今的地方面貌，听听这些城市的故事

昆明市
四季如春的美丽城市

地理小辞典

我的读音： Kūnmíng Shì
我的位置： 位于云贵高原中部
我的面积： 约 2.1 万平方千米
我的由来： "昆明"最初是我国西南地区一个古代民族的族称，这个族群分布于云贵川广大地区
我的别称： 春城、花都

位于云贵高原上的昆明，是一个被"春天"眷顾的城市——这里夏天没有难耐的炎热，冬天没有严酷的寒冷，四季都有着春天的感觉，是典型的温带气候特点。昆明被称为"春城"，这里长期盛开着各种各样的鲜花，所以也被人们叫作"花都"。每年冬天都有成千上万的红嘴鸥从西伯利亚地带成群结队地飞往滇池，享受这里舒适的冬天。

昆明是一座海拔比较高的城市，三面环山，南边靠着云南最大的淡水湖——滇池。城里还有

"东川红土地"位于昆明东北方向，是云南东川高温多雨下发育而成的红色土壤

一座"圆通山"，站在山顶上可以饱览城中的景色。滇池的西面是"碧鸡山"，东面是"金马山"，城中还为纪念这两座山设立了"碧鸡""金马"两座精美的牌坊。

这么美好的地方，老早就有人生活了。在这里，人们发现过新石器时期的文明痕迹，还发现了一些被钻开小孔的螺蛳壳——在数千年前，人们就知道敲螺蛳吃了。到了战国时期，楚国将军庄蹻被秦国军队围困在这里，索性就建立了"滇国"。据说"滇"这个名称就是从这时候传下来的。唐代中期，蒙舍部落以大理为中心建立起了"南诏国"，如今的昆明就位于当时南诏国版图的东端。昆明最古老的建筑物之一——东西寺塔，就是南诏国时期留下来的古建筑物。

昆明大观楼位于云南省昆明市西山区，是一座三重檐琉璃饿角木结构建筑

什么是"昆明准静止锋"？

有一种天气现象叫作"昆明准静止锋"，讲的是一种经常出现在昆明和贵阳之间的天气现象。所谓"锋"，就是冷、暖两个气团"打架"形成的产物——冷气团主动向暖气团推进，并取代暖气团所在的位置，就会形成"冷锋"，反之就会形成"暖锋"。

当冷暖气团势力相当，锋面移动十分缓慢的时候，就会形成"准静止锋"。"锋"对一个地方的天气情况影响是很大的。例如，冷锋过境的时候，常常发生阴天、刮风、降水、降温等天气现象；暖锋经过的地方，容易形成连续性的降水等。

冬季，闯入西南地区的冷空气非常强，冷空气一般先在西伯利亚地区和蒙古国积聚，使大陆冷高压加强，到一定程度后，西风带的波动向东推进，就容易扰乱低层大陆的高压，使得冷空气爆发南下。

影响我国西南地区的冷空气，大部分源于北冰洋、巴伦支海和喀拉湖一带。这些冷空气最终由西伯利亚进入新疆，在青藏高原的阻挡之下从旁边绕过，从河西走廊南下进入四川盆地，然后顺着大凉山爬升来到云南高原东北部和贵州高原。

在云贵高原上，这些冷空气又受到了一系列山脉的层层阻挡，在这个过程中冷空气的移动就越来越缓慢，直到最后几乎静止下来，由"冷锋"转变为"准静止锋"，这就是著名的"昆明准静止锋"，也叫作"云贵准静止锋"。在冬半年（秋季10月到第二年春季3月）中，位于准静止锋覆盖下的云南东部和贵州总是阴雨绵绵，人称"天无三日晴"；位于准静止锋前的云南中西部则总是晴朗而少雨。

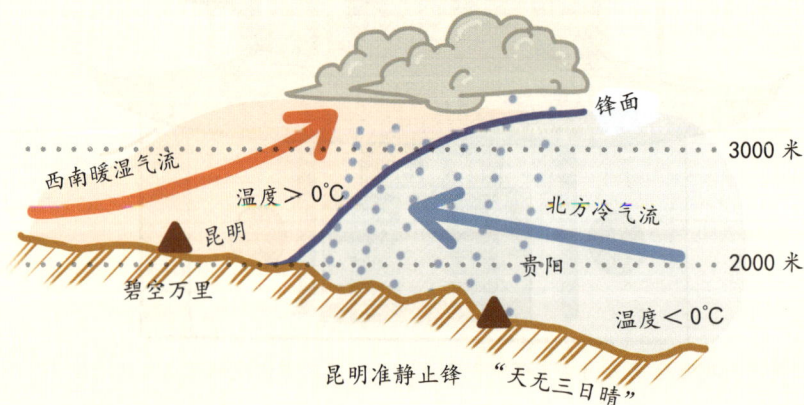

西南暖湿气流　温度 > 0℃　锋面　3000 米　北方冷气流　昆明　贵阳　2000 米　碧空万里　温度 < 0℃　昆明准静止锋　"天无三日晴"

大理白族自治州
"下关风，上关花，苍山雪，洱海月"

地理小辞典

我的读音：Dàlǐ Báizú Zìzhìzhōu

我的位置：位于云南省中部偏西

我的面积：约 2.95 万平方千米

我的由来："大理"一词源于南诏国第十一世王世隆的国号"大礼国"。"礼"与"理"谐音，是"大治大理，富国兴邦"的意思

我的别称：叶榆城、紫城

我的故事："碧波荡漾，白云悠悠，洱海边有我最美的守候"——歌曲《乡愁大理》

位于云南省大理白族自治州中部的大理，是一座拥有 2000 多年历史的高原古城。大理从前是唐代南诏国以及宋代大理国的都城，如今城中仍然保留着许多历史的痕迹，如崇圣寺三塔、太和城遗址等。在大理古城中，城里的房屋大多是用石头垒砌而成的，街道大多是由青石板铺筑而成的。大理有一个地方叫作"喜洲镇"，这里有许多典型的白族民居，很多都是"三坊一照壁""四合五天井"的封闭式庭院，有的自成一家，有的几座庭院连成一片。

在大理，最出名的景致是"风花雪月"——"下关风""上关花""苍山雪""洱海月"。

苍山由 19 座南北走向的山峰组成，而

大理古城的历史可追溯至唐代天宝年间

每两座山峰之间都间隔一条溪水，这就是"苍山十八溪"。在苍山地区，最著名的景观是"雪""云""泉""石"，其中最有名的是这里经夏不消的雪。

在苍山和哀牢山之间的山谷出口，有一座"下关镇"，这里经常吹着很大的风，所以有"下关风"的说法。这里吹来的风可以调节苍山洱海地区的气候，是这一地带的主要风源。

洱海是云南第二大湖，每到中秋节的夜晚，荡舟洱海的人们可以欣赏到很美很圆的月亮。洱海的东侧坐落着"上关镇"，这里位于一片开阔的草原上，家家户户种花养花，四季飘香。

自治州：中国划定的一种地级行政区域，与地级市、地区、盟相同，由省、自治区管辖，主要是我国的少数民族聚集地，享有比较高的自主管理权力。

崇圣寺三塔位于大理古城的西北方向，是大理国时期的皇家寺院

贵阳市
夏无酷暑，冬无严寒

地理小辞典

我的读音：Guìyáng Shì

我的位置：位于贵州省中部偏北

我的面积：约 0.8 万平方千米

我的由来：古人认为，山的南边就是阳面，山的北边就是水面，这个城市在贵山的南面，于是有了"贵阳"这个名字

我的别称：林城、筑城

"地无三尺平"，这句话也是用来形容贵阳地形的。这里正好坐落在长江与珠江分水岭的位置，地形大多是山地和丘陵。从地形上来看，贵阳处在一个南北走向的盆地之中，被群山所环抱，看上去是相对封闭的。南明河穿城而过，这是乌江的一条重要支流。

贵阳处于贵州省的中央，就像贵州省的一颗心脏，因而这里也成了贵州非常重要的一个交通枢纽。川黔铁路、湘黔铁路、黔桂铁路等重要的铁路线，都从这里穿过。

贵阳是一座"喀斯特"之城——在贵阳，我们能看到各种时期的喀斯特地貌：正在被流水

黔灵山公园中的黔灵山，被称作"黔南第一山"，里面生活着许多顽皮的猴子

切割的"青年"喀斯特，切割完成之后的"壮年"喀斯特，经历过坍塌与衰败的"老年"喀斯特……这里是一座很有特色的建立在喀斯特地貌中的省会城市。

贵阳属于亚热带季风气候，具有夏季高温多雨、冬季温暖湿润的特点。"城在林中，林在城中"，讲的就是这里森林茂密、植被丰富的景象。因此，这里又被称作"林城"。贵阳还被称作"筑（zhú）城"，是因为这里古时候盛产竹子，而"筑"是竹子制成的一种五弦乐器，所以古时候的贵阳一带是盛产"筑"的地方。

在贵阳境内，生活着许多少数民族，包括苗族、布依族、彝族、侗族等。我们可以在这里体验到各种各样有趣的民族节日，布依族的"三月三"，和布依族人一起祈祷庄稼的丰收；苗族的"斗牛节"，在插秧季前看苗族人在村寨里斗牛；仡佬族"吃新节"，和仡佬族人分享五谷丰登的喜悦……

"阴"和"阳"，在古代地名中有什么讲究？旅行家"拍了拍"你！

出现在地名中的"阴"和"阳"，其实很多讲的是方位上的东西。"水北山南谓之阳，水南山北谓之阴"——这是什么原理呢？

从位置上看，因为中国处于北半球，所以我们看到的太阳从东方升起，再到达南方，最后从西边落下。所以，山的南面一般是向阳坡，而山的北面一般是背光坡，所以山南是"阳"坡，山北是"阴"坡。

从地形上看，因为中国地势西北高、东南低，所以河流基本是向东南方向流动的，南岸容易被侵蚀，出现"南湿北干"的现象，所以水北是"阳"水，水南是"阴"水。

中国还有哪些城市是这样起名的呢？汉阳、洛阳、衡阳、江阴、华阴……都是类似的意思。

遵义市
好一座历史名城

遵义是一座常年温凉湿润的城市，属于亚热带季风气候。早在远古时期，就有原始人在这里生活。在桐梓县岩灰洞发现的人类牙齿化石，距离现在可能已经有 20 多万年了。著名的马鞍山遗址也在这里发掘，其中有大量的石器和骨器，还存有丰富的用火遗迹。

遵义的地形起伏很大，位于云贵高原向湖南丘陵和四川盆地

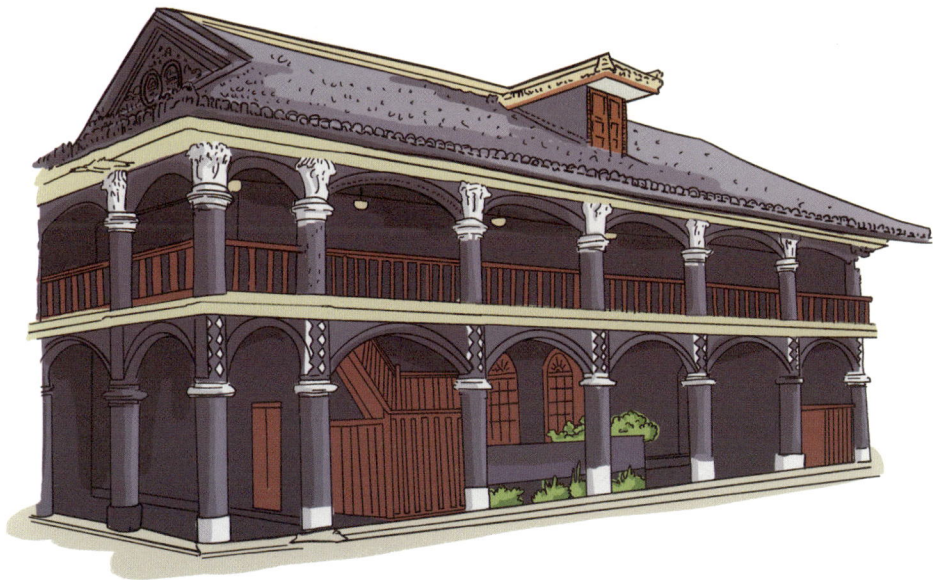

遵义会议遗址位于贵州省遵义市红花岗区，著名的"遵义会议"就是在这里召开的

过渡的斜坡地带。大娄山山脉是市内地形的主要骨架，把遵义市划分为南、北两个部分。其中，山南是贵州高原的主体之一，主要分布着低中山丘陵和宽谷盆地，这里盛产粮食和各种油料作物。流经遵义的河流是很丰富的，乌江、赤水河、芙蓉江、余庆河……贵州重要的河流都会从这里经过。

1935 年 1 月，遵义会议在这里召开——这是一个很重要的会议，是挽救红军、挽救党的会议，是红军取得最后胜利的关键转折点。由此，遵义成为一座"会议之都"。

宽谷：指横剖面较为宽阔的河谷。
亚热带季风气候：特点是夏热冬温、四季分明，受季风的影响较大。

这些遵义美食，要不要尝一尝？厨师"拍了拍"你！

乌江豆腐鱼
源自乌江沿岸，以鲢鱼、豆腐为主料。

南白黄糕粑
源自遵义南白镇，以大米、糯米、黄豆为主料。

鸭溪凉粉
源自遵义鸭溪镇，以豌豆为原料。

桐梓玉兰片
源自遵义桐梓县，以楠竹鲜笋为原料。

成都市
兼容并蓄的"天府之都"

地理小辞典

我的读音：Chéngdū Shì

我的位置：位于四川盆地西部，青藏高原东缘

我的面积：约 1.43 万平方千米

我的由来：据《太平寰宇记》记载，是借用西周建都的历史经过，"一年而居所成聚，二年成邑，三年成都"，意思是一年之后这里成了村落，两年之后成了城邑，三年之后成了都市

我的别称：蓉城、锦城、芙蓉城、锦官城、天府之国

我的故事："晓看红湿处，花重锦官城。"——杜甫《春夜喜雨》

"和我在成都的街头走一走，直到所有的灯都熄灭了也不停留"，在赵雷的这首《成都》中，成都是一座温柔而友好的阴雨小城。"两山夹一城"，形容的是成都的地形——东部是龙泉山脉，西部是邛崃山脉。在都江堰水利工程的助力下，成都平原河网密布，从岷江流入的水使得这里的土地变得肥沃，因而这里逐渐变成了一座丰饶富裕的城市，人称"天府之都"。作为"南方丝绸之路"的起点，这座城市与"锦绣"结下不解之缘。位列"四大名绣"之一的蜀绣，就发源于这里。西汉时期，这里设置了管理丝绸业的"锦官"，因此成都便有了一个动听的名字——"锦官城"，而常常被用来濯洗锦缎的一条江，逐渐就被人们称作"锦江"了。五代时期，后蜀的君王孟昶非常喜爱芙蓉花，因而在这座城

成都是一座既繁华又舒适的生活型城市，环境宜人、交通便利、美食云集

⑨ 古今的地方面貌，听听这些城市的故事

市的城墙之上种满芙蓉花，"蓉城"由此成为成都的又一个名字。

"古蜀文化"和"三国文化"，是这里最负盛名的两个记号。位于市区西畔的金沙遗址，埋藏着距今3000多年前古蜀国的秘密——精致的黄金面具、数量众多的玉石制品……地处繁华市区的武侯祠，纪念着《三国演义》中鞠躬尽瘁的蜀汉丞相诸葛亮，祠庙中同时供奉着的还有汉昭烈帝刘备。在中国，这里是唯一一座君臣合祀的祠庙。

历代文人雅士也偏爱成都，在这里留下许多脍炙人口的佳句。坐落在浣花溪畔的杜甫草堂，是伟大的爱国诗人杜甫为躲安史之乱而到成都时修建的居所。"锦城丝管日纷纷，半入江风半入云""江花未落还成都，肯访浣花老翁无""晓看红湿处，花重锦官城"……杜甫在他的诗歌中，写下了各种各样的成都。

茶馆是老成都市民生活中非常重要的休闲场所

古人眼中的成都是怎样的？诗人"拍了拍"你！

凭寄狂夫书一纸，家住成都万里桥。
——刘禹锡《竹枝词九首》
九天开出一成都，万户千门入画图。
——李白《上皇西巡南京歌十首》
锦江近西烟水绿，新雨山头荔枝熟。
万里桥边多酒家，游人爱向谁家宿。
——张籍《成都曲》
君不见峨眉山西雪千里，北望成都如井底。
——苏辙《诗一首》

攀枝花市
西南地区的钢铁、能源基地

地理小辞典

我的读音： Pānzhīhuā Shì

我的位置： 位于中国西南川滇相交的地方，在四川最南端

我的面积： 约 0.74 万平方千米

我的由来： 攀枝花最早是一个清代同治年间的村子，村口有一株古老高大的攀枝花树，因此被称为攀枝花村

我的别称： 渡口、钢城、钒钛之都、阳光花城

攀枝花市以前又叫渡口市，地处横断山脉与云贵高原交接的位置，从地势上来看西北高、东南低。这里的气温较高，日照充足，年平均气温可以达到 20℃左右，一年中的无霜期可以超过 300 天。

在中国西南部地区，攀枝花是一个非常重要的钢铁、能源基地。在矿藏方面，这里可以称得上是一个"聚宝盆"——已经探明的矿产有 50 种左右。攀西地区蕴藏有极其丰富的钒钛磁铁矿，其中钒、钛储量可

在攀枝花公园中一座山的山顶上，可以俯瞰攀枝花全景

居全国第一，在世界上也名列前茅。除此之外，钴、镍、铜、锰等 10 多种稀有金属元素在这里也有非常可观的储量。著名的"攀钢集团"就坐落在这里，已经成为我国最大、世界第二的产钒企业，同时还是我国最大的钛加工企业。

除了钢铁能源，这里还有丰富的水能和焦炭资源，这些能源也非常有力地支持着攀枝花地区工业的发展。由于这里是金沙江和雅砻江汇合的地方，又位于攀西裂谷中南段的川滇交界处，所以这里峰峦连绵、山河纵横，河水的落差较大，水电十分发达。例如，在雅砻江上建成的二滩水电站，自建成之后的 10 余年间一直在为全国各大电网输送电力。

> 无霜期：指一年中终霜后至初霜前的一整段时间，无霜期越长越有利于作物的生长。

> 攀西地区："攀枝花""西昌"两个地名的合称，范围南起攀枝花市、西昌市，北到冕宁，是中国西南地区大型钢铁、钒钛冶炼基地，水电基地和蔗糖基地。

中国还有哪些著名的钢铁生产基地？

鞍本钢铁基地：主要包括鞍山钢铁公司和本溪钢铁公司。这里的铁矿石储量极大且容易开采，品质也非常优良，能生产出质量非常好的钢铁。这里生产的钢铁被誉为"人参铁"。

京津唐钢铁基地：主要包括首都钢铁公司、天津钢铁公司及唐山钢铁公司，是全国重要的钢铁基地之一，主要钢铁产量占全国总产量的 10% 左右。

上海钢铁基地：拥有宝钢、上钢、梅山冶金公司及 10 多个轧钢厂，是我国第一个具有世界先进水平的现代化大型钢铁联合企业，目前生产规模仅次于鞍本钢铁基地。

武汉钢铁基地：位于武昌青山区的长江沿岸，是我国最大的钢板生产基地。

包头钢铁基地：位于内蒙古包头市新区昆都仑河两岸，包头钢铁公司不仅是我国大型钢铁联合企业，也是我国最主要的稀土生产基地。

拉萨市
青藏高原上的"日光之城"

地理小辞典

我的读音：Lāsà Shì
我的位置：位于西藏中南部
我的面积：约 2.96 万平方千米
我的别称：逻些、日光城

拉萨是藏传佛教的圣地，"拉萨"本身在藏语中是"圣地"或"佛地"的意思。大约在 1400 年前，吐蕃首领松赞干布看中了这块地方，在这里兴建了各种民居、寺庙，将这里开辟成了一个初具规模的城市，作为新的政治中心。那时候，人们称呼这里为"惹萨"，这源自建造在市内的一座寺庙——据说就是今天的大昭寺。"惹"是羊、"萨"是"土地"的意思，在修建大昭寺之前，人们用羊驮着土把这里的水填平，然后在上面修建了寺庙。后来，由于佛教在这里兴盛起来，就改名为"拉萨"。

这里的平均海拔可以达到 3600 多米，世界上很少有海拔像拉萨这么高的城市。拉萨北部高、南部低，而中南部位于拉萨河中游的河谷平原，地势是比较平坦的。拉萨河谷一带是西藏的"三大粮仓"之一，这里的作物长势很好，在海拔如此之高的地方是很罕见的。在雪域高原上，地势平坦、水源充足的河谷是最有利于农业发展的地方之一，这就是"河谷农业"。河谷农业的农田往往顺着河流两岸展开，成条带状分布。实际上，这里在培育作物方面还有很多优势：日照十分充足，害虫难以繁衍，洪涝灾害较少……饱满的青稞和金黄的油菜花摇荡在田野间，就是这里最有代表性的场景了。

> 拉萨河：雅鲁藏布江的一条重要支流，发源于念青唐古拉山的南麓地区，下游是西藏的主要耕作区。

拉萨被称为"日光城"，是因为这里大多数时候都沐浴在日光之中——一年之中的日照时长可以达到 3000 小时以上。在这里最常体会到的，就是风和日丽、万里无云的天气。在冬春季节，拉萨干燥、多风，而在夏秋季节要更湿润一些。如果想去游览拉萨，夏季和秋季是更好的时节。

八廓街又名"八角街"，位于拉萨市旧城区，是拉萨著名的转经道，也是一片繁华的商业中心

日喀则市

这里是"西藏的粮仓"

地理小辞典

我的读音：Rìkāzé Shì

我的位置：南与尼泊尔、不丹、印度三国接壤，西衔阿里，北靠那曲，东邻拉萨与山南

我的面积：约 17.9 万平方千米

我的由来：藏语称"溪卡孜"，意为"土地肥美的庄园"

日喀则是西藏第二大城市，位于年楚河和雅鲁藏布江的交汇处，这里阳光充足、温暖湿润，并且有着相对肥沃的土壤，适合农作物的生长。由此，日喀则也是西藏的"三大粮仓"之一，这里出产的粮食占到了整个西藏粮食产量的一半以上。"日喀则"的藏语含义，也正是"如意美好的庄园"。

在日喀则境内，有大大小小 100 余条河流。西藏的第一大河——雅鲁藏布江，就发源于日喀则市仲巴县的杰马央宗冰川。此外，还有年楚河、朋曲、多雄藏布等重要的河流。这些河流中有一些是内流河，还有一些最终汇入印度洋。日喀则的耕

扎什伦布寺，也称"吉祥须弥寺"，是日喀则地区最大的寺庙

地，主要集中在雅鲁藏布江、年楚河、朋曲等河流沿岸的河谷地区。

在日喀则地区，有一座非常宏大的寺庙，看上去简直就像一座小城镇似的，名叫"扎什伦布寺"，是历代班禅修行的地方。这是一座紧挨着山坡建造的寺庙，还依照山势修筑了院墙。寺院内供奉着世界最大的铜佛——高近 27 米的强巴佛。

在日喀则，你能见到哪些名贵药材？植物学家"拍了拍"你！

虫草
寄生于昆虫体内的真菌，会寄生在一些昆虫幼虫体内生长。

雪莲花
生长在高山里的植物，属菊科风毛菊属，顶形看似莲花，所以叫作雪莲花。

贝母
一种多年生草本植物，鳞茎可供药用。

红景天
多年生草本植物，具有鳞片状的叶。

天麻
多年生草本植物，其根状茎被作为珍贵的药材。

9
西北
上册

给孩子的

中国地理大百科

廖辞霏 著

中国旅游出版社

责任编辑：王欣艳 胡一鸣
责任印制：冯冬青
装帧设计：丫丫书装·张亚群

图书在版编目（CIP）数据

给孩子的中国地理大百科．9，西北．上册 ／ 廖辞霏
著．-- 北京 ：中国旅游出版社，2024.3
ISBN 978-7-5032-7170-0

Ⅰ．①给… Ⅱ．①廖… Ⅲ．①地理－中国－少儿读物
Ⅳ．① K92-49

中国国家版本馆 CIP 数据核字（2023）第 227700 号

书　　名：给孩子的中国地理大百科．9，西北．上册

作　　者：廖辞霏 著
出版发行：中国旅游出版社
　　　　　（北京静安东里6号　邮编：100028）
　　　　　http://www.cttp.net.cn　E-mail: cttp@mct.gov.cn
　　　　　营销中心电话：010-57377103　 010-57377106
　　　　　读者服务部电话：010-57377107
排　　版：王丹
经　　销：全国各地新华书店
印　　刷：运河（唐山）印务有限公司
版　　次：2024 年 3 月第 1 版　2024 年 3 月第 1 次印刷
开　　本：710 毫米 ×1000 毫米　1/16
印　　张：7
字　　数：48 千
定　　价：368.00 元（全 10 册）
ＩＳＢＮ 978-7-5032-7170-0

用地理视角认识祖国

南京师范大学 朱雪梅

现在，你翻开了一本"地理书"，等待你的将会是一场妙趣横生的中国之旅。

你可曾想过，"地理"是一门什么样的学问呢？

"地理"是一门大学问，它主要研究地球表面上有什么事物、发生了什么现象，以及这些事物为什么有、这些现象为什么发生，还有它们之间存在什么关联，它们与人类活动有什么关系。例如，喜马拉雅山脉在哪里？它是什么样子的？是怎么形成的？有哪些动植物在那里生活？它给人们带来了哪些影响？

著名的地理学者段义孚先生认为，地理学是浪漫的。为什么说地理是浪漫的呢？因为漫长的地理演化过程、各异的地理现象奇观、微妙的地理分布规律，吸引着人们在山岳、森林、沙漠、极地中追寻"崇高景观"，在部落、乡村、城市中挖掘人类文明的精彩。这就是人们认识世界的最好方式——用脚步去丈量、用双眼去观察，难道这不是一个浪漫的过程？

从"浪漫"的地理视角去看待这个世界，你能收获什么呢？

第一，地理视角帮助我们从空间的角度思考问题。有了地理视角，我们会关注一些现象的分布，以及一些现象如何在对应的空间里发生。例如，为什么河口三角洲地区容易形成庞大的城市群？为什么北方地

区种小麦而南方地区种水稻？为什么生活在川渝一带的人爱吃辣，而生活在闽粤地区的人爱吃甜？思考这些问题的时候，我们不知不觉就会把许许多多的线索结合起来，例如，气候原因、地形原因、文化原因……你就学会了综合思维，这就是拥有地理视角的聪明之处。

第二，地理视角可以帮助我们更好地理解事物发生的过程，理解生活中一些现象的来龙去脉。例如，为什么金丝猴长着"朝天鼻"呢？原来是因为高原缺氧，猴子为了更好地获得氧气，鼻梁骨退化了。为什么"信天游"会在陕北这么流行呢？原来是因为陕北地区沟壑遍布，村民常隔着一道沟或是一道坡，于是人们就逐渐习惯靠大声呼喊来交流……从地理的角度去分析，我们可能会发现许多现象的背后都藏着自然环境的影响。

第三，地理的视角可以带给我们更广阔的视野。我们真正可以用脚步丈量的大地毕竟有限，但是我们可以通过学习地理看到更遥远的地方，感受迥然不同的风景和文化，领略大千世界的神奇多样。学习地理，我们可以与整个世界建立联系，了解这个世界上正在发生什么，听听这个世界上还有什么样的奇观我们未曾见过。

那么，现在我们将要用地理视角，重新认识我们的家乡，重新认识我们的祖国。在出发之前，让我们一起来思考一个问题：你了解自己的家乡吗？你了解自己的祖国吗？

家乡是我们情感的归处，也是我们记忆生存的空间。生活在这里的每一个人、从头顶飞过的每一只鸟、在窗台遇见的每一朵花，都和我们的生活有着千丝万缕的联系。叫出一条小河的名字、说出某条街巷上有哪些店铺、知道一些地名背后的故事，这些都是我们对家乡的

认识。

祖国是我们更辽阔的家乡，拥有悠久璀璨的文化、无比壮美的山河，我们每个人就像是祖国的一个"细胞"。在祖国，还有许多你未曾到过的地方，那里有着和你的家乡不一样的气候和风景，生活着你可能从未听说过的动物和植物。居住在那里的人们，吃着不一样的早餐，说着不一样的方言，看着不一样的表演。

我们的家乡，是值得"阅读"的家乡；我们的祖国，是值得"阅读"的祖国。总有一片风景，会在你的记忆中扎根；总有一个故事，会引起你浮想联翩。

很早以前，古代中国人就认为大地是一本"巨大的书"，并且劝说子孙要做到"读万卷书，行万里路"。"阅读"和"旅行"，都是我们用来了解这个世界的方式。然而，阅读一套"地理书"，却是一件能将"阅读"和"旅行"同时进行的事。这套书将带你饱览广袤的祖国大地，翻开书就能向远方出发，领略旅行途中的风景和文化。你还可以带上这套书，去更遥远的地方走一走、看一看，去寻找这套书里面写到的美丽景色与奇妙文化，看看是不是像书里写到的这样有趣。

这套书的作者辞霏是一个拥有地理视角的"背包客"，她的足迹遍布祖国大地，喜欢用文字记录地理考察的心得。这套书中的内容，许多源自她自己在旅行中的见闻。读到这些文字，我仿佛听见她的声音在召唤：来吧，跟着我来旅行吧！

翻开这本书，也就是旅程的开始。沿着黄河之曲，听听华北的传奇历史；一路向北而上，闯进东北的凛冽寒冬；重走丝绸之路，领略大西北的壮阔风光；攀过千年蜀道，体验大西南的神秘风情；顺着高

速铁路，感受华中的风土人情；翻山越岭南下，走进华南的鸟语花香；顺着长江向海，感受华东繁华的城市生活……

那么，现在出发吧！让我们一起踏上旅程，学会用地理视角，去看看我们的家乡是什么样的，去看看我们的祖国是什么样的。

目录

② 星罗棋布的江河湖泊间，蕴藏着哪些秘密？

西北地区：在盆地和高原上流淌的河流

泾河
"泾渭"有
多分明

022

塔里木河
全中国最长
的内流河

035

察尔汗
盐湖
中国最大
的盐湖

020

渭河
沟通中国
沿海与西北

024

黑河
弱水三千，
只取一瓢

037

罗布泊
中国西部的
"大耳朵"

043

033

澜沧江
穿梭在横断
山脉中的一
头"猛兽"

018

汉江
曾连接着
长江和黄
河的支流

027

疏勒河
"灌溉农业"
的故事

030

040

青海湖
那是一片青色
的"海"

艾丁湖
这里是中国陆
地的最低点

3 千变万化的地形地貌间，都有哪些景象？

西北地区：高山、盆地、沙漠、绿洲，这里有最壮美的中国

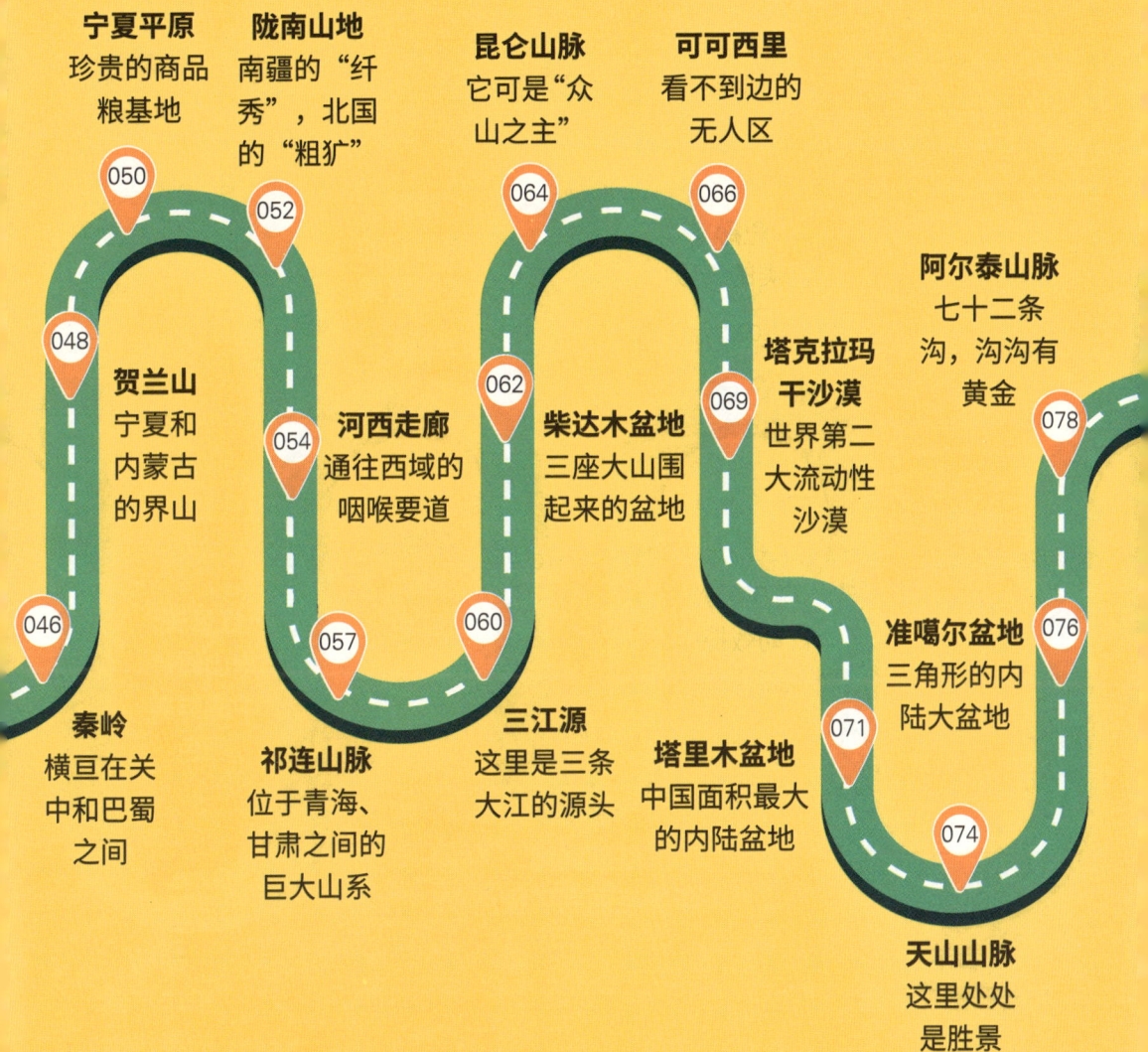

宁夏平原
珍贵的商品
粮基地
050

陇南山地
南疆的"纤
秀"，北国
的"粗犷"
052

昆仑山脉
它可是"众
山之主"
064

可可西里
看不到边的
无人区
066

阿尔泰山脉
七十二条
沟，沟沟有
黄金
078

048

贺兰山
宁夏和
内蒙古
的界山

054

河西走廊
通往西域的
咽喉要道

062

柴达木盆地
三座大山围
起来的盆地

069

**塔克拉玛
干沙漠**
世界第二
大流动性
沙漠

046

057

060

三江源
这里是三条
大江的源头

071

塔里木盆地
中国面积最大
的内陆盆地

准噶尔盆地
三角形的内
陆大盆地
076

秦岭
横亘在关
中和巴蜀
之间

祁连山脉
位于青海、
甘肃之间的
巨大山系

074

天山山脉
这里处处
是胜景

4 紧跟飞禽走兽，探秘意料之外的奇花异草

西北地区：生活在沙漠岩壁上的动物，长在盐碱地中的植物

兔狲
鼠类的天敌

088

沙棘
尝尝它的
美味浆果

094

朱鹮
美却稀少
的鸟类

082

普氏原羚
行动敏捷的
高原精灵

086

瓣鳞花
小小的，粉
红色

092

红景天
崇山峻岭
中的鲜美
颜色

096

红腹锦鸡
华美艳丽到了极点

090

岩羊
和岩石融在一起

084

胡杨
千年不倒
的英雄树

097

我国西北地区包括哪几个省、自治区？

陕西省

秦始皇在这里建立了"大秦帝国"

陕西省横跨黄河和长江两大河流的中部，是我国邻接省区最多的省份。在陕西省东部的大部分地区，黄河从北向南穿流而过，到了河南省，黄河改变流向，从西向东流过河南。这一段从北向南流向的黄河，西边是陕西省，东边是山西省。

秦岭横贯陕西省，将陕西省分为南、北两片区域，还将北方的风和南方的雨阻隔在大山的屏障之间。所以，我们可以在秦岭的南、北两侧看到截然不同的景象：在秦岭的北面，有支离破碎的黄土高原；在秦岭的南面，是丰润肥沃的"八百里秦川"。

陕西省的历史非常辉煌，省会西安是我国"四大古都"之一。从西周王朝开始，先后有 13 个大大小小的王朝在这里建都，并留下秦始皇陵兵马俑、大明宫、华清池等令人震撼的历史遗迹。再往前追溯，有在西安市浐河东岸发现的仰韶文化聚落——半坡村遗址，这是拥有 6000～6700 多年历史的母系氏族文明。生活在这里的半坡人会盖房了、做陶罐，中国国家博物馆收藏的"人面鱼纹彩陶盆"

母系氏族：是以母亲的血缘关系结成的原始社会制度。

关中平原：指由渭河冲积成的平原，又称"渭河平原"，位于秦岭北麓。

就是半坡人做的。在关中平原，已经发现数百个半坡人生活的遗址了，这说明当时这一带居住了很多半坡人。

位于陕西北部的黄土高原，是我国黄土高原的中心部分

神奇的"窑洞"

黄土高原上的环境很恶劣，盖草房子的话，容易被风吹垮；盖石头房子的话，又找不到足够的石头。那么，以前这里的居民都住在哪里呢？答案是"窑洞"。

在黄土高原地区，黄土层非常厚，有些地方甚至厚达几十米，生活在这里的古人利用高原有利的地形和黄土直立性好的特点，凿洞而居，这就逐渐形成了风格独特的"窑洞"。这种民居非常坚固耐用，有一种说法叫"有百年不漏的窑洞，没有百年不漏的房厦"。在陕西的黄土高原上，我们能够看到很多这样的"房子"。

我国西北地区包括哪几个省、自治区？

对于生活在黄土高原上的人们来说，窑洞是坚固而耐用的住所

宁夏回族自治区
动人的黄河文明，"塞上江南"

地理小辞典

我的读音： Níngxià Huízú Zìzhìqū

我的简称： 宁

我的首府： 银川市

我的面积： 6.64 万平方千米

我的位置： 位于中国西北地区，东邻陕西，西、北接内蒙古，南连甘肃

我的故事： "自朔方以西至令居，往往通渠置田。"——《史记·匈奴列传》

宁夏回族自治区处在中国西部的黄河上游地区。这里是一个多民族聚居的地方，除了汉族以外，主要生活着回族、满族、蒙古族等少数民族。其中回族人数是最多的，大约占到宁夏人口的1/3。

在宁夏中部，西套平原好像一个倒挂的葫芦：葫芦口是南边的沙坡关，葫芦底是北边的石嘴山，东方面对着鄂尔多斯高原，西面毗邻着贺兰山。这里蕴藏着丰富的风能、光能资源，并且有接近1/3的土地蕴藏着丰富的煤炭资源。

宁夏是一个非常缺水的地方，是全国水资源最为缺乏的地方之一。但这片曾经靠近沙漠鲜有人烟的土地，后来蜕变成了著名的粮食生产基地，这主要得益于巧妙的灌溉工程。这一带地势平坦、引水方便，利于自流灌溉技术的应用。人们早在近两千年前就已经开始在这里发展灌溉农业，修建了秦渠、汉渠等一条条水渠，将黄河水引过来，滋润着这方土地。如今，水稻、小麦、油菜、胡麻等各类作物在这里被大量种植，为人们带来可观的产量，人们称赞这里为"塞外江南"。

位于"丝绸之路"上的宁夏，历史上曾是东西部交通贸易的重要通道。党项族的首领李元昊曾在此建立了西夏王朝，统治着如今宁夏、

我国西北地区包括哪几个省、自治区？

甘肃、陕西北部和内蒙古西部的广大地区，与当时的宋、辽鼎足而立，形成"宋代三国"的局面。

须弥山石窟位于宁夏回族自治区固原市原州区西北的须弥山上，始建于北魏时期

你知道"宁夏三宝"吗？旅行家"拍了拍"你！

贺兰石

产自贺兰山一带，质地细密，通常是紫绿相间，可用于制作"贺兰砚"。

红宝枸杞

产自宁夏的优良枸杞，以皮薄、肉厚、籽少著称。

滩羊皮

"滩羊"生活在银川平原黄河两岸水草丰美的滩地。滩羊皮俗称"二毛皮"，洁白细润、轻柔暖和。

甘肃省

好狭长的省

地理小辞典

我的读音： Gānsù Shěng

我的简称： 甘或陇

我的省会： 兰州市

我的面积： 42.58 万平方千米

我的由来： 由甘州（今张掖）、肃州（今酒泉）两地的第一个字组合成的

我的位置： 位于中国西北地区，东通陕西，西达新疆，南瞰四川、青海，北扼宁夏、内蒙古，西北端与蒙古国接壤

我的故事： "平明发咸阳，暮及陇山头。"——（唐）岑参《初过陇山途中呈宇文判官》

甘肃省位于青藏高原、内蒙古高原、黄土高原交会的地方，总的来说，这里山地多、平地少。它的轮廓是细长形的，东西蜿蜒长达 1600 多千米。甘肃省大致可以分为六个主要区域：陇南山地、陇中黄土高原、甘南高原、河西走廊、祁连山地、河西走廊以北的地方。

甘肃的地貌类型非常丰富，山地、高原、河谷、沙漠……都能在这里找到。

甘肃省的南边是白雪皑皑的祁连山和阿尔金山，祁连山上融化的雪水化作山间的涧流，源源不断地向山下流淌，将冲刷下来的卵石和泥土铺展成一片倾斜的平原，人们就在这里创造出了辉煌的文明。后来，汉武帝在这里设立了城镇，并逐渐发展成为古代丝绸之路上重要的粮食基地。

在甘肃省境内、黄河的西岸，有一条由于地壳断裂之后向下陷落而形成的天然走廊，这便是举世闻名的"河西走廊"。这里是古代丝绸之路上非常重要的通道，便利的交通条件为在中原和西域往来的商客保驾护航。

甘肃属于温带季风气候，平日干旱少雨，多风沙天气，所以这里的水资源是比较缺乏的。不过，这

我国西北地区包括哪几个省、自治区？

可以在甘肃见到「大漠孤烟直，长河落日圆」的雄浑景象

里有丰富的太阳能资源和风能资源，位于河西的瓜州还拥有"世界风库"的称号。

在甘肃出土的精美文物有哪些？旅行家"拍了拍"你！

东汉铜奔马

又称"马踏飞燕"，出土于中国甘肃武威雷台汉墓，1983 年被确定为中国旅游标志。

元莲花形玻璃托盏

出土于甘肃省定西市漳县，是迄今出土最完整的一套元代玻璃托盏。

双耳鲵鱼纹彩陶瓶

出土于甘肃省甘谷县西坪遗址，是一件源自仰韶文化（距今 5000～7000 年）的器物。

涡纹彩陶瓮

出土于甘肃省永登县蒋家坪，是马家窑文化时期（距今约 4000 年）的文物，也是甘肃省博物馆馆藏最大的彩陶。

我国西北地区包括哪几个省、自治区？

青海省
长江、黄河、澜沧江都从这里发源

雄踞在青藏高原东北部的青海省,是长江、黄河、澜沧江的发源地,又被称为"三江源""中华水塔"。在青海省境内,昆仑山横贯中部,唐古拉山、祁连山分别矗立在南北两端,茫茫的高山草原一望无际。

青海是中国主要的油菜籽种植基地。每年 7 月,青海的土地上就会开满大片金黄的油菜花,看上去十分壮美。

青海这个名字,来源于青海湖——我国最大的内陆湖,它也是我国最大的咸水湖。在气候干燥、人迹罕至的青藏高原地区,主要通过周围的冰山融水形成这样大的一面湖泊,需要经过非常漫长的岁月。

青海地广人稀,这里有接近一半的人口是少数民族,主要是藏族、回族、土族、撒拉族等民族。早在旧石器时代晚期,青海的先民就已经在柴达木盆地、昆仑山一带活动,"拉乙亥遗址"就是那时候留下来的。新石器时代的马家窑文化,也能在青海找到很多踪迹。青海是古代羌人集中生活的地区之一,青铜器时代的卡约文化、辛店文化、诺木洪文化等,都是羌人在这里创造的文化。

生活在青海河湟地区的羌人,早时被称为西羌,他们原本以放牧为生,

玉树的结古寺，寺院依山而建，殿堂僧合错落

后来受到中原文化的影响，开始从事农业。当年汉武帝出征来到这里，设立了临羌县、破羌县。汉宣帝在位期间，还在这里推行屯田，这一带的农牧业就逐渐发展起来了。到了7世纪，松赞干布统一青藏高原，青海又成为吐蕃的一部分，同时成为连接拉萨（那时候叫逻些）与长安的交通要道，也就是"唐蕃古道"。

河湟地区：河湟地区通常指河湟谷地，位于青海省东部，是黄河与湟水流域肥沃的三角地带。

屯田：中国古代，政府为取得军队给养或税粮，利用士兵和无地农民垦种荒地的制度，最早可以追溯到汉代。

我国西北地区包括哪几个省、自治区？

松赞干布统一青藏高原后，青海成为吐蕃与唐之间的重要通道

在青海发现了稀奇的"可燃冰"

2008 年，中国地质部门在海拔 4000 多米的祁连山冻土区——青海省天峻县发现了大量的"可燃冰"。可燃冰是一种"天然气水合物"，是由水和天然气在高压、低温条件下混合而成的一种固态物质，外表看上去很像冰雪，但是遇火可以燃烧。

可燃冰是一种使用方便、燃烧值高、清洁无污染的能源，是公认的地球上尚未开发的最大新型能源。但目前人们对它的研究还不够深入，暂时只是作为一种能源储备。在我们国家，已经在一些海域陆续发现了可燃冰资源，在陆域发现可燃冰还是头一次，这也使得中国成为继加拿大、美国之后，在陆域上通过国家计划钻探发现可燃冰的第三个国家。据初步的估算，青海蕴藏的可燃冰远景资源量至少有 350 亿吨油当量。

新疆维吾尔自治区
中国面积最大的省区

地理小辞典

我的读音：Xīnjiāng Wéiwúěr Zìzhìqū

我的简称：新

我的首府：乌鲁木齐市

我的面积：166.49 万平方千米

我的由来：清朝乾隆皇帝在平定叛乱后将这里命名为"新疆"，有"故土新归"的意思

我的位置：位于中国西北边陲，国内与西藏、青海、甘肃相邻，周边与蒙古国、俄罗斯、哈萨克斯坦、吉尔吉斯斯坦、塔吉克斯坦、阿富汗、巴基斯坦、印度 8 个国家接壤

我的故事："我们新疆好地方啊，天山南北好牧场，戈壁沙滩变良田，积雪融化灌农庄"——歌曲《我们新疆好地方》

位于中国西北边陲的新疆维吾尔自治区，占中国国土总面积的 1/6，是中国陆地面积最大的省级行政区，维吾尔族、哈萨克族、塔吉克族等数十个不同民族的人们生活在这里。

新疆自古具有重要的战略位置，在古丝绸之路上是东连长安、西连罗马的重要通道，如今是"第二亚欧大陆桥"的必经之地，与俄罗斯、哈萨克斯坦、吉尔吉斯斯坦、塔吉克斯坦、巴基斯坦、蒙古国、印度、阿富汗 8 国接壤。

新疆被巨大的山脉包围。横卧天山的南、北两块盆地：天山南部的盆地是塔里木盆地，是天山与昆仑山之间凹陷的地方，又叫作"南疆"；天山北部的盆地是准噶尔盆地，是天山与阿尔泰山之间凹陷的地方，也就是"北疆"。

南疆的气候相对更温和些，而北疆的气候更寒冷些。两个盆地中都有沙漠，沙漠的外缘也都分布着河流：南疆的塔里木河是中国最大的内陆河，它的流域是新疆最重要的农业地带；北疆有伊犁河，也是一条内陆河，是北疆宝贵的生命之源。

📍 我国西北地区包括哪几个省、自治区？

新疆的绝大部分地区远离海洋，四周又有高山阻隔，因此，整个新疆的降水量相对较少，气候十分干燥，并且夏冬、日夜之间有极大的温差。有一种说法叫作"早穿皮袄午穿纱，围着火炉吃西瓜"，形容的就是新疆地区在一天之中的温差。

可可托海位于新疆阿勒泰地区，这里有清澈的河流、秀美的山峰和幽深的峡谷

你了解丝绸之路吗？
旅行家"拍了拍"你！

"丝绸之路"是一条由丝绸铺成的路吗？当然不是！丝绸之路其实是一条连通亚欧北部的商路，是由汉代的探险家张骞最先开辟的。在古代，中国是最早开始种桑、养蚕，生产丝织品的国家。因此，有大量的中国丝织品经这条路运往中亚、欧洲等地区，所以这条路就被叫作"丝绸之路"。

由于路途遥远，丝绸在到达罗马之后已经和等重量的黄金一样贵。有一次，古罗马帝国的恺撒大帝身穿一件丝绸制作的长袍出现在罗马剧场，那套衣服柔美光亮、轻盈飘逸，在座的人们认为这件衣服简直是"天堂上才有的东西"，所以大家都称这套衣服为"天衣"。没过多久，古罗马的贵族就以能拥有一件丝绸衣服而引以为荣了。

　　那么丝绸之路究竟通向哪里呢？古代的丝绸之路，起点是长安（现在的西安），经现在的甘肃、新疆，出国之后就分成几条线路。南面到阿富汗之后，分成两条，一条到印度，另一条到中东巴格达和大马士革，再经海路到达罗马。中间一条直达伊朗的德黑兰，然后与南路合并。北路从里海和黑海北面绕过，到达君士坦丁堡（现在的伊斯坦布尔）。

汉江

曾连接着长江和黄河的支流

汉江是长江最长的一条支流,和中国大多数东西走向的河流不同,它是在南北方向上流动的。它位处长江中游的左岸,自源头秦岭出发,向东南奔向湖北,经十堰、襄阳等地,于汉口汇入长江。汉江有三条源流,分别是北源沮水、南源玉带河、中源漾水,它们都位于秦岭南麓的陕西宁强县境内。

在古代,汉江是一条重要的水陆干线,主要连通黄河中游地区和长江中游地区,汉江的重要性甚至超过了黄河和长江。所谓"江淮河汉",指的是长江、淮河、黄河、汉江,它们都是对于中国人来说非常重要的大江大河。处于我国中西部核心地带的汉江,能通华中、华北、西北、

汉江是长江最大的一条支流,在历史上常与长江、淮河、黄河并列,称"江淮河汉"

西南，是一个重要的运输枢纽。此外，汉江非常适合航运，这里径流量大、沿途峡谷林立。在铁路、公路等运输方式发展起来之前，汉江的水运就是沿途最重要的运输方式之一。

在古代，人们非常重视汉江流域，将这里看作军事重地，这也促进了汉江流域农业和水利的发展。古人在这里修筑了许多水利工程，例如，汉代的山河堰、杨镇堰、五门堰，被称为"汉中三堰"，是汉江上游经典的引水灌溉工程。中华人民共和国成立后，人们也在汉江修筑了许多水利工程，例如丹江口水利枢纽工程，这是汉江流域最大的水电站。

汉江"养"出来的商业重镇——汉口

如今，汉江汇入长江的地方叫"汉口"，汉江是从明朝开始改道汇入这里的。汉口"依长江，傍汉江"，依靠得天独厚的优势发展成了一座商业巨镇，从一片荒凉的芦苇滩变成繁荣的商品集散中心。"楚中第一繁盛处"，形容的就是汉口地区的繁荣。如今的汉口，与武昌、汉阳并称为"武汉三镇"。

渭河
沟通中国沿海与西北

渭河又称"渭水"，是黄河最大的一条支流。它发源于甘肃省鸟鼠山，穿越黄土高原的千沟万壑，然后进入秦陇山区，在南面秦岭山脉、北面黄土高原的"挟持"下流淌，再与泾河等众多支流交汇，冲积出如今的"关中平原"。最终，它在号称陕西省"东大门"的潼关县港口注入黄河。

没有渭河，就没有富饶的关中平原，就没有繁荣的长安城。渭河创造出的关中平原，是一片肥沃丰饶的土地。渭河裹挟而来的松软黄土积成平原，很适合耕种。古人还在这里修建了许多水利工程，主要用于灌溉农田，例如，战国时期的郑国渠、汉朝的龙首渠等。

渭河主要流经甘肃天水和陕西宝鸡、咸阳、西安等地

在古代，有"八水绕长安"的说法，渭河便是这"八水"中的一水。"八水绕长安"源于西汉司马相如在《上林赋》中的一句描述："荡荡乎八川分流，相背而异态。"这"八水"都属于黄河水系，分别是渭河、泾河、沣河、涝河、潏河、滈河、浐河、灞河。其中，渭河是最大的一条河流。这些河流为长安城提供了充足的供水，长安城也成为较早具有完善供水系统的都城。

大禹治水导渭的传说你听过吗？据说大禹曾经凿穿山脉，将渭水向东引去，造福了河两岸的人们。这也是渭河的另一个称谓"禹河"的由来。渭河流经的地方，许多地名中都带有"渭"字。从渭河源头的渭源、通渭县，再到甘肃天水的渭南镇，进入陕西之后还有渭南市、渭滨区等等。

李白在《君子有所思行》中形容渭河"渭水银河清，横天流不息"，说明渭河在古人眼中是很清澈的，河水奔流不息。不过，近年来渭河在带动沿途城市发展的同时，遭受的污染也很严重。人们采取了一系列措施来治理渭河：修建东庄水库，拦截支流泥沙；发起"引汉济渭"工程，将长江第一支流汉江从秦岭根部引过来，为渭河补充优质的水源。如今的渭河重新焕发了生机。因此，"泾渭分明"的壮观景致，我们在今天还能看到。

那些《诗经》中的渭水，诗人"拍了拍"你！

泾以渭浊，湜湜其沚。
——《诗经·邶风·谷风》

文王初载，天作之合。
在洽之阳，在渭之涘。
文王嘉止，大邦有子。
——《诗经·大雅·大明》

我送舅氏，曰至渭阳。
何以赠之？路车乘黄。
——《诗经·秦风·渭阳》

度其鲜原，居岐之阳，在渭之将。
——《诗经·大雅·皇矣》

泾河

"泾渭"有多分明

泾河是渭河的支流，也就是黄河"支流的支流"。它穿过黄土高原，是陕西关中的"生命之河"。泾河干流的河谷非常开阔，很适合发展灌溉农业。泾河河谷还是穿越六盘山区的重要通道，早在秦朝，人们就在这里修建了"鸡头道"。近代，人们又在这里修建了西兰公路。

你也许听过"泾渭分明"这个成语，它的意思是泾河水和渭河水一条清、一条浊，当泾河的水流入渭河的时候，清浊不会混在一起。这个成语用来比喻界限清楚、是非分明。那么，这两条河的水究竟哪条清、哪条浊呢？实际上，也没有确切的答案，有时候泾河的水更清，有时候

泾河发源于六盘山东麓，从西安市高陵区陈家滩注入渭河

渭河的水更清。

两河谁更清澈，与河流的汛期、河道环境的变化等等有着密切的关系。渭河的上游河道中存在大量的泥沙沉积，常年显得混浊；泾河虽然流经黄土高原，但河道深深地切入岩层，带走的泥沙反而较少，所以河水经常显得清澈一些。但每当雨季到来，风雨将泥沙大量带入泾河，泾河就显得比渭河还浑浊了。其实在嘉陵江、汉江等大江汇入长江的地方，我们也能看到类似的现象，只不过没有泾河和渭河那样明显。

伟大的水利工程——郑国渠

郑国渠全长 300 余里，以谷口为起点，把泾水引入栎阳的渭水。"郑国渠"中的"郑国"，其实是一个人的名字。战国时期，郑国是韩国（秦国的邻国，在今陕西韩城市和山西河津县东北地区）的一个水工，他作为间谍来到当时还未一统天下的秦始皇身边，劝说秦始皇修建水渠，企图通过让秦始皇专注于工程建设，而延缓东征的部署，以解韩国在军事上的燃眉之急。

秦始皇察觉到郑国的心思后，非常生气。这时候，郑国说虽然他是间谍，但是修建这样一个水利工程，确实对秦国的发展非常有利。如果能把这项工程做好，对秦国来讲是惠及千秋万代的事情。秦始皇认同了他的说法，于是就把这项工程交给他来部署。

郑国渠建成之后，将关中地区灌溉成了沃野，秦国的农业发展得越来越好。后人一直开发郑国渠，郑国渠在水利方面发挥的作用也越来越大。

汉朝有一首民歌《郑白渠歌》，讲的就是汉朝在郑国渠南边继续开凿的"白渠"：

田于何所？池阳谷口。郑国在前，白渠起后。

举臿为云，决渠为雨。泾水一石，其泥数斗。

且溉且粪，长我禾黍。衣食京师，亿万之口。

❷ 星罗棋布的江河湖泊间，蕴藏着哪些秘密？

黑河

弱水三千，只取一瓢

在中国，叫"黑河"的地方可不少：澜沧江有一条支流，叫"黑河"；黄河的支流渭河，有一条支流叫泾河，泾河有一条支流叫"黑河"；位于华北平原的海河有一条"支流的支流的支流"叫作黑河；在黑龙江，有一座城市就叫"黑河"；在西藏，曾有一个黑河县……在西北地区，有一条有故事的黑河——或许你很少听过这条黑河的名字，但"弱水三千，只取一瓢"这句话你一定听过。这里的"弱水"就是黑河下游在古代的称谓。

黑河是西北地区的第二大内陆河，也是甘肃省最大的内陆河。它发源于祁连山北麓的中段，最终汇入居延海。在内蒙古，它还有一个名字——额济纳河，这是西夏语中"黑水"的意思。黑河位于河西走廊的西北部，它是这一地区重要的水资源。可以说，如果河西走廊没有黑河

黑河穿越河西走廊，与北方的大漠草原连在一起

的话，那么河西地区很难拥有历史上的繁荣。

每年秋天，数以万计的候鸟飞来这里搭建巢穴，将这里作为迁徙途中的落脚点，例如，斑头雁、黑翅长脚鹬、大天鹅、灰雁等。前些年，人们为了创造更多的"绿洲"，在黑河上建立了许多引水工程，曾导致黑河一度断流，河西走廊地区的环境也开始不断恶化。许多地方的高山森林退化成了草原，而许多草原又退化成了荒漠。在此停留的鸟儿数量减少了，停留的时间也不再像往常那么久。

在黑河上栖息着哪些鸟类？
动物学家"拍了拍"你！

斑头雁
一种栖息于高原湖泊、多沼泽地带的候鸟。

大天鹅
一种通体洁白、体态优雅的候鸟。冬季分布于中国长江流域及附近湖泊，春季飞经中国华北、新疆、内蒙古，到达黑龙江后，前往蒙古人民共和国和西伯利亚地区繁殖。

黑翅长脚鹬
一种修长的黑白色涉禽。在欧洲东南部、塔吉克斯坦和中亚国家繁殖，在开阔的平原湖泊和沼泽地带栖息，飞往非洲和东南亚越冬。

灰雁
一种看上去比较肥胖的候鸟。春季在中国北方繁殖，秋季飞往南方越冬。

❷ 星罗棋布的江河湖泊间，蕴藏着哪些秘密？

黑水尽头的"黑水城"

"黑水城"因黑河的水而得名

在黑河下游北岸的荒漠上，有一座神秘的"黑水城"，这是一座消失在丝绸之路上的繁华都市，曾经有过非常辉煌的文明。在古丝绸之路以北，是一座保存最为完好的古城遗址。现在我们看到的城墙，是元朝时扩建的。

黑水城是从西夏时期开始建造的，西夏王朝曾经在这里设置"黑水镇燕军司"。生活在这里的党项人称黑水为"额齐纳"，称这座城为"额齐纳城"。这座城不算大，但却是河西走廊通往漠北的必经之路，是重要的交通枢纽。

后来这里不再只是一座军事城堡，它拥有了更多的用途，也住进了越来越多的人口，城市逐渐繁荣起来。不过，这片绿洲也难逃被沙漠吞噬的命运，黑水城的神秘故事也逐渐隐没在黄沙之下。

在被黄沙掩埋600年后，这里被俄国的探险家科兹洛夫发现。然而，科兹洛夫发现这座遗址后却做了"强盗"，他先后三次来到这里，将这里的许多宝贝抢走或破坏。当年科兹洛夫盗掘的数以万计的文物，如今散落在多个国家。这里出土的许多佛像、壁画、文书、铁器、陶器等，都是西夏文明的珍贵见证。

疏勒河

"灌溉农业"的故事

地理小辞典

我的读音： Shūlè Hé

我的由来： "疏勒"在蒙古语中有"多水"的意思

我的别称： 籍端水、冥水、独利河、布隆吉尔河

我的位置： 发源于祁连山脉西段托来南山与疏勒南山之间，横跨甘肃、青海和新疆

我的故事： "冥安，属敦煌郡。冥水出焉，又名籍端水，出羌中，西入泽。"——《汉书·地理志》

位于河西走廊西段的疏勒河，是一条神奇的"倒流河"，它的流向以自东向西为主。疏勒河汇集了上游山区的冰川融水，从甘肃省玉门市昌马峡谷穿出，然后往西穿越玉门市、瓜州县来到敦煌市，在敦煌与党河汇合，最终渡过玉门关继续向西。

以黑山、宽台山和大黄山为界，河西走廊被划分为石羊河、黑河和疏勒河三大内流水系。石羊河、黑河、疏勒河，就好像河西走廊东、中、西部的三条经络，滋润着河西走廊这片区域。它们就好像三兄弟一般：都是从祁连山发源，都是由冰雪融化水和雨水补给，都会在冬季结冰。这些河流出山后，大部分水流会渗入戈壁滩，形成"潜流"，许多水流被用来灌溉绿洲，最后注入湖泊的只剩下较大的河流。

疏勒河干流所经过的地方，上游主要为山区河段，是祁连山褶皱带的一部分；下游主要用来开发农业，是塔里木地台的一部分。疏勒河流过的地方，形成了成块的绿洲，而周围则是戈壁砾石带。疏勒河沿途形成了一些洪积扇，十分利于开发农业。其中，从昌马下流入河西走廊的时候形成的

内流水系： 指最终流入内陆湖泊或消失于荒漠之中的水流。

洪积扇： 指的是河流出口处由冲积洪积物组成的扇形堆积地貌。

昌马洪积扇，是河西走廊最大、最完整的洪积扇，这一区域有许多沟道和城河以泉水的形式汇入疏勒河。不过，由于上游引走的水越来越多，灌溉水的利用率也越来越高，如今疏勒河中下游的径流量已经变得越来越少了。

疏勒河是甘肃省第二大内陆河

农业灌溉的两大方式："喷灌"和"滴灌"

　　"喷灌"是通过管道，用有压喷头分散成细小的水滴，均匀地喷洒到田间，对作物进行灌溉。喷灌的优点是水的利用率高，以前用来引水的农渠、毛渠、田间灌水等可以省去，占去的位置可以用来种植作物，增加播种面积。另外，农民就不用再像从前那样花费较多的精力在灌溉上，只是设备的成本要高一些。

　　"滴灌"是通过管道系统和灌水器，将作物需要的水分和养分滴入土壤中进行灌溉。滴灌的供水可以通过调节阀和滴头进行调节，因此，供水量是很好控制的，可以做到"缓慢而均匀"地灌溉。滴灌比喷灌还要节省水，并且可以将水分配得比较均匀，此外，由于水量能够控制得很好，还可以减少杂草的生长。但铺设管道系统进行滴灌，成本较高。在国际上，目前滴灌技术最发达的国家当数以色列。

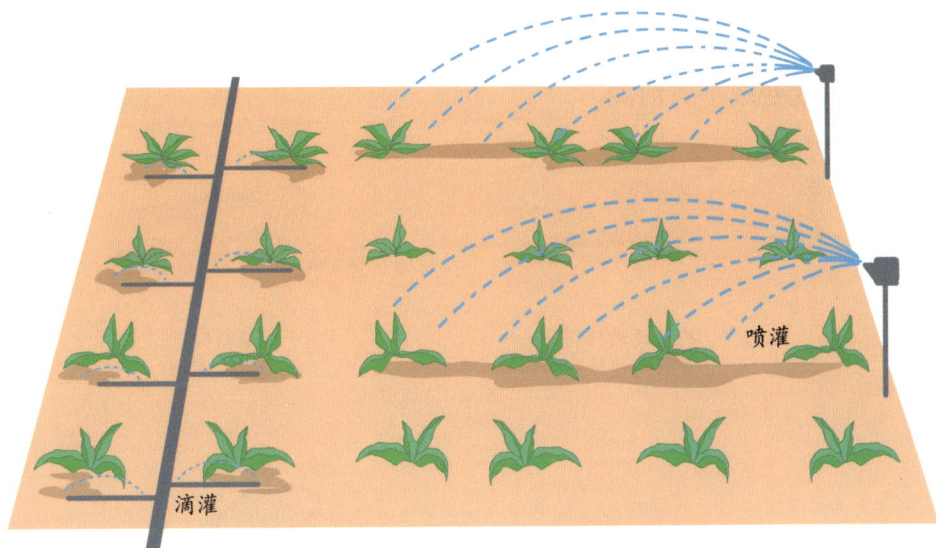

喷灌

滴灌

"滴灌"和"喷灌"是两种比较先进的灌溉形式

2 星罗棋布的江河湖泊间，蕴藏着哪些秘密？

青海湖

那是一片青色的"海"

地理小辞典

我的读音：Qīnghǎi Hú
我的由来：藏语中叫"措温布"，意思是"青色的海"
我的别称：西海、库库诺尔（蒙古语）
我的位置：位于青海省境内，青藏高原东北部

我们常说"四海为家"，从地理的角度来看，如果把"四海"理解为方位的话，那么，四海之中东、南、西、北各有一海，其中的"西海"，就是指我们今天所说的青海湖。在传说中，青海湖是由文成公主的日月宝镜变化而成的。传说文成公主在远嫁吐蕃的路上思念亲人，将唐太宗赐给她的宝镜拿出来看，后来为了让自己牢记使命，不再一直思念亲人，她便将宝镜扔了出去，而这面宝镜落地之后，就变成了青海湖。

构造运动使得
青藏高原隆起

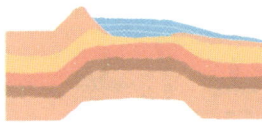

构造断陷，
积累形成湖泊

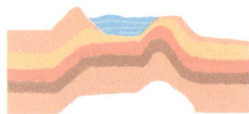

新地质构造，周边
隆起形成闭塞湖

不断蒸发形成咸水湖

青海湖是一个由地壳运动形成的构造断陷湖

青海湖是中国最大的内陆湖，比中国第二大的内陆湖泊——鄱阳湖，差不多大了一倍。但在很久以前，青海湖是一个外流湖——在青海湖的东南角，有一条河流将青海湖和黄河连通起来。随着地形的不断演变，这一带发生了"造山运动"，有些地方抬高了，于是这条向东流淌的河流逐渐改向西流，变成了一条"倒淌河"。久而久之，这条原本连接青海湖和黄河的河从一条外流河变成了一条内陆河，而青海湖也逐渐变成了一个内陆湖泊。

由于湖水的蒸发量比较大，盐分在湖中沉积下来，久而久之青海湖就成了一个咸水湖。不过湖中的含盐量不算特别高，所以湖水比较透明，能看到水面下八九米的地方。湖水看起来晶莹明亮，倒映着湛蓝的天空，看起来就像一片"青色的海"，所以就有了"青海湖"这样的称谓。湖边还分布着宽阔的牧场和良田，每年夏季都能看到油菜花在田中盛放的壮美景色。

每年盛夏，青海湖周围的油菜花田变得金灿灿的

② 星罗棋布的江河湖泊间，蕴藏着哪些秘密？

青海湖滋养着许多生命，在这里我们能看到许多令人叹为观止的景象。在青海湖的西北部有一座"鸟岛"，这里是候鸟的天堂。每年春天，这里会迎来十多万只从我国南方和东南亚地区飞来的候鸟。到了夏季，生活在青海湖中的"湟鱼"——青海湖裸鲤，开始繁殖。每年春夏之交，数百万条湟鱼溯流而上，前往沙柳河、布哈河等入湖河的河道中产卵。

青海湖的鸟岛上每年都会迎来十多万只候鸟，例如斑头雁、鱼鸥、棕颈鸥等

咸水湖的水为什么"咸"？

湖有"咸水湖"和"淡水湖"之分，那么，青海湖的水为什么是"咸"的呢？

湖泊几乎是由河流和地下水汇集形成的，而这些水在流动的过程中，不断地溶解岩石和土壤中的盐分，当它们汇入湖泊时，也将这些盐分带了进去。外流湖的湖水和外面的河流是相通的，这些盐分可以排解；但许多内陆湖的湖水"只进不出"，水不断地蒸发、盐分不断地累积，久而久之就变成"咸"的了。

还有一种咸水湖，装着的本来就是"咸水"——它们曾经是海洋的一部分，由于地质运动，变成了内陆地区，但湖盆里还残留着一部分海水，海水的含盐量是很高的，因此就成了"咸水湖"。

澜沧江

穿梭在横断山脉中的一头"猛兽"

地理小辞典

我的读音：Láncāng Jiāng
我的别称：东方多瑙河
我的位置：发源于中国青海省唐古拉山东北部，流经西藏、云南

澜沧江"一江连六国"，这在世界上是很少见的。它是中国的第六大长河，流经西藏和云南，从西双版纳傣族自治州南腊河河口流出国境。出境后它便换上了新的名字——湄公河。离开中国它还要经过老挝、缅甸、泰国、柬埔寨、越南，最后注入南海。

澜沧江流过的地方，孕育了丰富的生态系统。从高山草甸到温带森林，到亚热带常绿阔叶林，再到热带季风林、热带雨林……澜沧江流域是雪豹、

离开中国之后，澜沧江还会经过缅甸、老挝、泰国、柬埔寨、越南

星罗棋布的江河湖泊间，蕴藏着哪些秘密？

滇金丝猴、长臂猿等濒危野生动物的家园，在这里还能看到红豆杉、望天树等珍稀的植物。

世界著名大河源头的确定，一直被视为重大的地理发现，因为许多大河的源头往往环境恶劣，很难前往。科学家曾经形容澜沧江的源头地区是"中亚细亚高原上，地势最高和人类足迹最难到达的地区"，这里确实是地球上环境最险恶的地区之一。这里出没着狼、鹰等凶猛的野生动物，并且在夏季经常会遭到冰雹的袭击。1999 年，考察队通过全球定位系统（GPS）、卫星遥感系统（SRS）、地理信息系统（GIS）等现代技术，确定了澜沧江的正源为扎阿曲，发源于青海省玉树藏族自治州杂多县扎青乡的果宗木查山。

澜沧江上游的水资源开发方式比较特别，叫作"梯级开发"——在古水至苗尾河段，一共设立了七级水电站。澜沧江上游从始端到末端的天然落差接近 2000 米，这对于水电开发来说非常珍贵。这里发出的电，除了为青海、西藏、云南提供电力，还被输送到华中、华东等地区。在"西电东输"中，澜沧江的水电扮演着重要的角色。

> 中亚细亚高原："中亚细亚"是亚洲中部地区，中亚细亚高原就是亚洲中部的高原。

什么是"国际河流"？

"国际河流"通常是指流经或分隔两个或两个以上国家的河流。中国拥有 40 多条国际河流，其中许多是在亚洲乃至世界上有影响的大河。例如，额尔齐斯河—鄂毕河、黑龙江、森格藏布河（狮泉河）—印度河、雅鲁藏布江—布拉马普特拉河、澜沧江—湄公河等都是世界著名的大河，这些河流都发源于中国。

塔里木河
全中国最长的内流河

地理小辞典

我的读音： Tǎ lǐmù Hé

我的由来： 塔里木河在维吾尔语中有"无缰之马"的意思，因为河流经常变道，像不受控制的野马

我的别称： 南河、计戍水

我的位置： 发源于天山山脉及喀喇昆仑山，沿塔克拉玛干沙漠北缘注入台特玛湖

我的故事： "会处四水交贯，形若牛栏。"——（清）《河源纪略》

位于塔里木盆地中的塔里木河经常改道，像一匹野马一样无法控制。它沿着塔克拉玛干沙漠的边缘，一路经过阿克苏、沙雅、库车、轮台等地区，最后流入位于若羌县城以北的台特玛湖。台特玛湖是塔里木河和车尔臣河的尾闾湖，河水从这里经过后便向南流入喀拉和顺湖，再进入罗布泊。有一段时间，由于河流水量减少、河道不断更改，塔里木河已经流不到台特玛湖了，因此，台特玛湖消失过一段时间。21世纪初，人们花了许多精力治理塔里木河，台特玛湖才重新恢复了生机。

塔里木河除了是中国最长的内陆河，还是世界第五大内陆河。这条河虽然"顽皮"了些，但它是沿岸人民赖以生存的水源。天山以南的绿洲，

发源于喀喇昆仑山的塔里木河，是中国最长的内流河

基本都是由塔里木河的河水灌溉出来的。在塔里木河流过的地方，有先进的文明和发达的经济。早在"丝绸之路"开通前，塔里木河流域就已经形成了发达的贸易圈，正是在此基础上，横贯亚欧两大洲的"丝绸之路"才能够顺利地连接和贯通。

实际上，在塔里木河流域还分布着一些其他的内陆河，这些内陆河都发源于塔里木盆地周围的山地，向盆地内部流动，这种水系形态叫作"向心水系"。在塔里木河流域，主要的河流有阿

克苏河、叶尔羌河、克孜河、盖孜河等，这些河流都是属于塔里木河的水源。但近年来，能够为塔里木河带来水源的河流已经越来越少。如何才能与这些"脆弱"的内陆河和谐相处，是人们到今天一直在思考的问题。

尾闾湖：河流进入断陷盆地后，无法流出盆地，最终在洼地停滞而形成的湖泊。

世界上的内陆河有哪些？旅行家"拍了拍"你！

伏尔加河：位于俄罗斯西南部的高加索地区，全长约 3692 千米，是欧洲最长的河流，也是世界上最长、流域最广的内陆河。

锡尔河：位于亚洲中部的内陆河，起源于天山山脉，流经乌兹别克斯坦、塔吉克斯坦和哈萨克斯坦三个国家，经图兰低地注入咸海，全长约 3019 千米（从支流纳伦河开始计算）。

阿姆河：源于帕米尔高原东南部和兴都库什山脉的冰川融水，流经塔吉克斯坦、阿富汗、乌兹别克斯坦、土库曼斯坦 4 个国家，全长约 2540 千米。

乌拉尔河：发源于乌拉尔山脉南部，流经俄罗斯和哈萨克斯坦，在阿特劳注入里海，是亚洲和欧洲的界河，全长约 2428 千米。

塔里木河：位于塔里木盆地北部，发源于天山山脉及喀喇昆仑山，全长 2376 千米（从最长支流和田河开始计算）。

罗布泊
中国西部的"大耳朵"

地理小辞典

我的读音： Luóbùpō

我的由来： 蒙古语中的意思是"多水汇集之湖"

我的别称： 罗布淖尔、泑泽、盐泽、蒲昌海、牢兰海

我的位置： 位于塔里木盆地的东部、塔克拉玛干沙漠的东缘

我的故事： "敦薨之水出焉，而西流注于泑泽。"——《山海经·北山经》

最早的时候人们称这里为"泑泽"，因为这里是塔里木盆地最低洼的地方。后来，人们还称这里为"盐泽"，因为这里四周分布着盐滩，可以用来晒盐。我们现在称其"罗布泊"，这个名称源自"罗布淖尔"，在蒙古语中是"多水汇集之湖"的意思。

古时候，雪山融化的雪水奔涌下来，形成许多大大小小的河流，这些河流都汇入了罗布泊中，所以不难想象，罗布泊曾经是一个非常大的湖泊。不过，最主要的供水河——塔里木河和孔雀河，后来都改变了河道的方向，无法给罗布泊提供大量的水流了。并且，这些雪融而成的河流

罗布泊从卫星图片看就像人类耳朵的形状，它位于塔克拉玛干沙漠的东端

受季节变化的影响很大，在旱季水量是很少的。于是罗布泊开始变小，湖边逐渐露出一些无法耕种的浅滩。

为什么塔里木河和孔雀河会改变方向呢？主要是因为它们途经塔克拉玛干沙漠，沿途非常干燥炎热，并且水流还会渗漏到沙地里，所以在旱季水量会变得特别少。它们的水流中带着泥沙，如果水量太少的话，泥沙无法被冲刷流动，便逐渐沉积下来堵住河床，河流也就只好改道了。罗布泊缺少了河流的补给，于是就缩小了。但是一段时间以后，新的河床又以同样的原因被堵住，河流又灰溜溜地跑回来了，河水又重新注入罗布泊，于是罗布泊又开始变大了。如此一来，罗布泊很少有固定的大小，水源充足的时候，湖泊就会变大；水源不足的时候，湖泊又会变小。

但是，罗布泊最近一次变大，已经是 100 多年前的事情了。人们为了保护罗布泊，在一些河流的下游修建了堤坝，希望将河水往罗布泊的方向引。但是水量仍然不够，罗布泊还是走向了干涸。罗布泊的水干涸之后，暴露在外的湖底受到了风的侵蚀，形成了壮观的"雅丹地貌"——"雅丹"，在维吾尔语中的意思是"陡峭的小土丘"。

如今，罗布泊曾经存在过的地方，许多条件较好的古河道变成了黄羊、野骆驼等动物栖息的地方，也生长出了骆驼刺、胡杨、沙枣等各种各样极耐干旱的植物。

楼兰古国位于罗布泊西部，是一个西域小国，占据着中西交通要道上的重要位置

你知道神秘的
"楼兰古国"吗？
旅行家"拍了拍"你！

　　位于罗布泊西部的"楼兰古国"，是"丝绸之路"上的一个小国，建立在罗布泊曾经的绿洲之中。王昌龄在《从军行》中写道"黄沙百战穿金甲，不破楼兰终不还"，其中的"楼兰"就是指楼兰古国。楼兰古国建立于公元前176年左右，公元前77年更名为"鄯善国"。从汉朝开始，伴随着"丝绸之路"的开辟，这里成为了商家南来北往的必经之地，一派商旅云集的繁荣景象。

　　楼兰是一个被流沙淹没的国度，在外国探险者的挖掘下重见天日，也遭遇多次偷盗。这里出土的各式各样的木雕、钱币、家具、服饰等，都说明这里曾经有过辉煌的文明。楼兰古国具体是在什么时候消失的，至今没有定论，但据说楼兰古城的消失和丝绸之路的改道有关。两晋之后，丝绸之路改走北道，中原在楼兰的驻兵和屯田也渐渐向北转移，因而楼兰古城慢慢地被废弃，最终隐没在沙尘里。如今这里还有不少的民居遗址，以及数不胜数的佛塔、古墓群。

② 星罗棋布的江河湖泊间，蕴藏着哪些秘密？

艾丁湖

这里是中国陆地的最低点

艾丁湖是吐鲁番盆地最低的地方，也是中国陆地的最低点。艾丁湖在维吾尔语中的意思是"月光湖"，其实这里的"月亮"指的是湖底渗透出的盐结晶体，看上去如同月光一般。

如今的艾丁湖，许多地方已经露

在艾丁湖，我们可以发现盐穗木、花花柴等盐生植物，还能看到草原斑猫、棕熊、北山羊等珍稀动物

出了干涸的土地，这样，析出的盐就得以暴露出来，在阳光的照耀下亮晶晶的。对于化工业来说，这里实在是一块宝地——这里有储量惊人的盐和芒硝。

艾丁湖的形成，和上亿年前喜马拉雅地区的造山运动有关，但最终，它与喜马拉雅山脉奔向了两个极端——一个成了全世界海拔最高的地方，而另一个却成了中国海拔最低的地方。艾丁湖的外围是一片湖积平原，这里的土壤中含有充分的盐类，在巨烈蒸发下形成了坚硬的盐地，只能生长一些顽强的盐生植物。再往平原的中间走，是一片盐沼泽，湖心堆砌着晶莹的盐晶。

在上千万年以前，这里是一个很大的淡水湖泊，那时候的湖水面积可能比现在的要大上 1000 倍。后来，由于湖区的气候干旱，湖水逐渐蒸发，湖面变得越来越小，内陆淡水湖变成了内陆咸水湖，到如今只剩下零零星星的水洼地。艾丁湖的积水时多时少，一年之中可能有 3 个月左右（12 月到次年 2 月）的时间是积水较多的，剩下的时间大部分地方是干裂的陆地，上面浮着一些洁白的盐晶。

芒硝：一种矿物，在工业上广泛用于漂染，可以用于制造玻璃、苏打、洗衣粉等。中国的芒硝储量居世界第一。

湖积平原：原本为湖泊的一部分，但由于自然排水、蒸发等原因，湖水的面积变小了，水下的堆积物暴露在外，形成了平原。

在艾丁湖，
有哪些"盐生植物"？
植物学家"拍了拍"你！

含盐量较高的地方，一般的植物是很难正常生长的，但"盐生植物"是例外——这些植物可以生长在含盐量较高的土壤中，又称"盐土植物"。

梭梭

盐穗木

骆驼刺

花花柴

察尔汗盐湖

中国最大的盐湖

地理小辞典

我的读音：Chá ěrhàn Yánhú

我的由来："察尔汗"是蒙古语，是"盐泽"的意思

我的位置：地处青海西部、柴达木盆地南部，位于海西蒙古族藏族自治州格尔木市

察尔汗盐湖被称为"盐湖之王"，它是中国最大的盐湖。实际上，察尔汗盐湖曾经的面积可能比青海湖还要大，只不过现在这里很多地方已经不再是真正的湖泊了，湖中大部分区域结着一层厚厚的盐盖，看上去就像被

察尔汗盐湖主要是由达布逊湖和涩聂、南霍布逊、北霍布逊等盐池汇聚而成

⬇ 星罗棋布的江河湖泊间，蕴藏着哪些秘密？

冰雪覆盖一般，只有少数地方会有水面露出来。

察尔汗盐湖处在常年干燥、高温的戈壁中，由于降水量太小、蒸发量太大，湖水逐渐变成了高浓度的盐卤，湖面也慢慢板结成了厚厚的盐盖。碧绿色的湖水，就藏在察尔汗盐湖的下方。但即使把盐盖揭开，也并不一定能看到藏起来的湖水，因为许多地方已经变成了干涸的盐滩。

青藏公路和青藏铁路是建在察尔汗盐湖的盐盖上的。最开始的时候，人们也不知道这个盐盖结不结实、能不能承受车辆的重量。后来有人开车试探，发现驾车从这里通过很安全。于是，人们就在这里修了路，并把这里称为"万丈盐桥"。这条路又光滑又平坦，只是太滑了，从上面通过必须放慢速度。如果路被压坏了怎么办呢？只需要凿开盐盖，再浇上一勺盐卤水上去。等到盐卤水蒸发掉，凝结成新的盐晶，路就又变得平整了。

> 盐湖：是咸水湖的一种，干旱地区含盐度很高的湖泊，一般是"老年期"的咸水湖。

中国的"四大盐湖"，你听过吗？

青海茶卡盐湖：位于柴达木盆地的东部边缘、乌兰县茶卡镇南侧，有"天空之镜"的美称。

青海察尔汗盐湖：位于柴达木盆地南部，是中国最大的盐湖。

山西运城盐湖：位于晋南盆地腹地，地处秦晋豫黄河转弯处，是世界三大硫酸钠型内陆盐湖之一。

新疆巴里坤盐湖：位于天山北坡，地处新疆维吾尔自治区哈密地区巴里坤哈萨克自治县大河乡境内。

秦岭

横亘在关中和巴蜀之间

我的读音： Qínlǐng

我的由来： 春秋战国时期，这里位于秦国的关中平原之南，久而久之被称作"秦岭"

我的别称： 南山

我的位置： 位于我国中部地区，穿过甘肃、陕西、河南，主体位于陕西省中南部

我的故事： "终南阴岭秀，积雪浮云端。"——（唐）祖咏《终南望余雪》

横贯中国中部的秦岭，一路经过甘肃省、陕西省、河南省等省份，主体位于陕西省的中南部地区。位于秦岭以北的关中平原，春秋战国时期属于秦国的领地，因此这里就被称作"秦岭"；又因为这座山脉位于关中地区以南，所以也有称其为"南岭"的。以前交通不发达的时候，从关中地区到巴蜀地区，必须想办法越过秦岭。现在，许多穿越秦岭的铁路和公路已

秦岭是"南与北"的分界线

经修好了，例如，连接西安和成都的"西成高铁"，连接宝鸡和成都的"宝成铁路"，还有西康高速公路、西汉高速公路等。

秦岭实际上是昆仑山脉的一段延伸，著名的华山、骊山、麦积山、终南山等，也都是秦岭的一部分。秦岭绵延 1600 千米，大熊猫、金丝猴等各种各样的珍稀动物都生活在秦岭的森林中，这里的山间还生长着党参、五味子、天麻等中草药，以及红豆杉、珙桐、独叶草等珍稀植物。

整个秦岭山脉是东西走向的，它的南坡和北坡各有特点：南坡又缓又长，北坡却又陡又峻。南北走向的气流，就拿横亘在面前的秦岭没办法了——冬天，北方寒冷的空气想要南下，到了秦岭却被拦截下来；夏天，湿热的东南季风想往北去，也被秦岭挡住。这样一来，秦岭南北的气候就产生了差异，秦岭是划分中国南北地理的分界线。

"秦岭—淮河"线，究竟有多重要？

"秦岭—淮河"线，在地理学中是很重要的一条分界线。这条线以北，就是我们所说的"北方地区"；这条线以南，就是我们所说的"南方地区"。其实，这条线的意义还不止于此。

从温度来看，这条线以北的地区，1 月平均气温在 0℃以下；这条线以南的地区，1 月平均气温在 0℃以上。

从气候带来看，这条线以北主要是温带季风气候分布的区域，以南主要是亚热带季风气候分布的区域。

从干湿度来看，这条线以北的地区主要是半湿润地区，以南的地区是湿润地区。

从年降水量来看，这条线以北的地区年降水量小于 800 毫米，而以南的地区大于 800 毫米。

从农作物来看，这条线以北的地区以旱地为主，以小麦为主要粮食作物；这条线以南的地区以水田为主，以水稻为主要粮食作物。

贺兰山

宁夏和内蒙古的界山

地理小辞典

我的读音： Hèlán Shān
我的别称： 阿拉善山
我的位置： 位于宁夏回族自治区与内蒙古自治区交界处
我的故事： "山多树林，青白望如驳马，北人呼驳为贺兰。"——（唐）李吉甫《元和郡县志》

贺兰山是宁夏回族自治区与内蒙古自治区的边界。贺兰山的西北面是阿拉善高原和腾格里沙漠，东面是宁夏平原和鄂尔多斯高原。贺兰山的东麓产葡萄酒，是世界公认的种植酿酒葡萄的黄金地带。这里日照时间长、昼夜温差大，产出的葡萄又大又甜。

南北走向的贺兰山好似宁夏平原的保护神，它如同一道天然的屏障，阻断了腾格里沙漠的东侵，使得黄河在宁夏平原一带可以顺畅通过。蒙古冷高气压路过这里的时候，也会被贺兰山拦截，因此，贺兰山可以调节宁夏平原的气候。山上茂密的森林植被，还起到了阻沙固土、涵养水源的作用。这里生活着许多珍稀动物，其中包括黑鹳、高山麝等国家一级保护动物。

贺兰山是一座著名的"军山"，见证过千百年来大大小小无数战役

贺兰山为当地人们的生活带来许多便利，百姓亲切地称它为"父亲山"。由于矿产资源丰富，前些年贺兰山被大规模开采，原有的生态系统遭到破坏。后来人们意识到了过度开采的危害，开始对这里进行生态修复，修建起了新的生态公园，对戈壁荒滩进行了改造。如今，贺兰山的生态情况已经逐渐好起来了。

神秘的"贺兰山岩画"

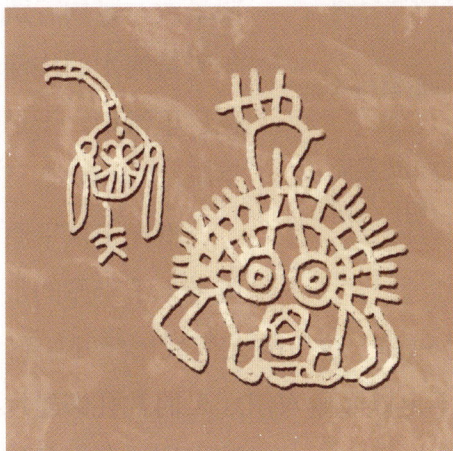

在贺兰山东麓，人们发现了许多神秘的岩画

在古代，匈奴、鲜卑、突厥、吐蕃、党项等许多北方少数民族都曾经在贺兰山留下过足迹。他们把生活、狩猎、征战等各种各样的场景凿刻在贺兰山的岩石上，于是就有了我们如今看到的"贺兰山岩画"——对于古人而言，这就像是一个天然的"记事本"。

如今，这里已经开发成了贺兰山岩画景区，在贺兰山口修建了"银川世界岩画馆"。

贺兰山沿线及周边是目前中国和世界上发现岩画遗存数量最为密集的地方。在南北长200多千米的贺兰山腹地，我们能看到20多处岩画的遗存。在不同的地方，我们会看到不一样的岩画：在贺兰山一带，人是最主要的岩画题材，有征战的人、放牧的人、跳舞的人等，还有羊和马等各种动物；石嘴山一带的岩画，大多以森林、草原、动物为主要内容，如北山羊、岩羊、狼等；在青铜峡、中卫、中宁一带，岩画主要讲的是放牧的事情，画中最常见的草原动物是北山羊。

3 千变万化的地形地貌间，都有哪些景象？

宁夏平原

珍贵的商品粮基地

宁夏平原是传说中的"塞上江南"之一，虽然处在黄土高原和浩瀚沙漠的包围中，这里却拥有良田万顷的丰饶景致。紧挨着黄河的宁夏平原，常年受黄河水的浇灌，黄河携带的泥沙在这里淤积，于是形成了肥沃的宁夏平原。

贯穿宁夏平原的黄河，不仅为这里带来了丰厚的土壤，还带来了充沛的水源。早在2000年前，这里的人们就已经开始引黄河水来灌溉了。在古代，如果雨水不足以灌溉农田，人们就会修建水渠，将黄河的水引来灌溉田地；如果雨水太多，人们就修建排水沟，把田里的积水排出去。这种"灌有渠，排有沟"的耕作方式，在宁夏平原持续了上千年。除了

"天下黄河富宁夏"，宁夏平原是黄河的"宠儿"

滋润稻田，黄河还不经意地为宁夏平原创造了其他财富——黄河经常改道，在平原上留下了大大小小的淡水湖，这些淡水湖为渔业的发展提供帮助。

　　仅仅依赖黄河，宁夏平原很难发展成一片"塞上江南"，这里的丰饶还要依靠一座山——祁连山脉。祁连山脉挡住了入侵宁夏平原的寒流和风沙，于是，身居西北内陆高原的宁夏平原，凭借高耸的地势，在大山和大河的守护下，拥有了得天独厚的环境——这里气候干燥且昼夜温差大，日照强烈，农作物在这里可以得到充分的光照。由于能够快速积累有机物，所以这里能够长出很好的庄稼。

神奇的"唐徕渠"！
建筑师"拍了拍"你！

　　"唐徕渠"又被称为"唐渠"，是宁夏平原最重要的灌渠。它是宁夏引黄灌区最长的一条渠道，开创了宁夏平原引黄河水灌溉的历史。实际上，唐徕渠是唐朝在汉朝旧渠的基础上疏浚的，并在旧渠的基础上做了延长。原来的渠口在黄河青铜峡，后来一路向北流经永宁、贺兰、平罗等地，直到惠农，全程将黄河水从南向北调动了300多千米，是历史上一次伟大的"南水北调"工程。

　　在宁夏平原流行着一句谚语："开沟种稻，碱地生效。"唐徕渠灌溉的主要区域，正是位于平原中部的沼泽盐碱化地区。如果想把这些地方改造为农田，用于耕作，必须进行开沟排水，稀释土地中的盐碱含量。生活在宁夏平原的人们早早地就发现了这一点，在唐朝时，这里的人们就已经在种植水稻了。

陇南山地

南疆的"纤秀"，北国的"粗犷"

位于甘肃省东南部的陇南山地，并不像我们印象中甘肃的样子——也许在许多人的心目中，甘肃是一片广布沙漠与戈壁的旱土，但陇南山地却是一片重峦叠嶂、郁郁葱葱的宝地。青藏高原、黄土高原和秦巴山区在这里相会，长江水系和黄河水系在这里交织，陇南山地就是在这样的重重包围中形成的。

这里北接黄土高原，东接汉中盆地和秦岭山地，西靠甘南高原，南邻四川盆地。在陇南山地间，错落有致地分布着高山、深谷、盆地和丘陵。甘肃省整体上来说是比较缺水的，但是陇南地区却一点也不缺水。这里

岷山山脉和秦岭在陇南山地交汇

还分布着大面积的森林，是甘肃省唯一拥有亚热带气候的地区。这里生活着大熊猫、金丝猴等数十种珍稀动物，还生长着水杉、红豆杉等国家保护植物。油桐、桉树、棕榈等亚热带经济作物，也能在这里生长得特别好。

陇南地区还有酿酒的传统，这里酿酒的历史可以追溯到西汉时期。徽县伏家镇是陇南的酿酒宝地，这里有一汪名泉叫作"神泉海眼"，据说这里的泉水长期甘甜、醇香，无论是旱季还是雨季，水位都能维持在一定的高度，是很适合用来酿酒的水源。

> 经济作物：一般是指为工业，特别是为轻工业提供原料的农作物，例如棉花、麻类、烟叶、糖料作物等等。

> 秦巴山区：指秦岭和大巴山一带的山区。
>
> 汉中盆地：位于陕西南部，主要由汉江冲积而成。
>
> 甘南高原：位于甘肃南部，地处青藏高原边缘。

"采崖药"是一种怎样的行当？

"崖药"是指生长在深山老林、悬崖峭壁上的名贵草药。这些名贵草药往往价格不菲。它们名贵的原因，一是数量少、生长周期漫长，平时很难找到；二是生长的条件特别恶劣，采摘难度大。

陇南山地一带，是我国重要的中草药材产地之一，这里生长着许多名贵药材，例如金石斛、草石斛等。在陇南山区，至今仍有一些人从事着采集"崖药"的职业。这实在是"高危职业"，他们往往面临着蛇虫叮咬、山石滚落、体力透支等种种危险。

但目前，越来越多的珍稀草药已经成为国家保护植物，许多名贵的药材已经不能再采摘了，也许"采崖药"这个行当也会慢慢消失。

3 千变万化的地形地貌间，都有哪些景象？

河西走廊
通往西域的咽喉要道

地理小辞典

我的读音：Héxī Zǒuláng

我的由来：这里形状狭长，像走廊，又位于黄河河套以西，因此叫"河西走廊"

我的位置：位于甘肃省的西北部，东起乌鞘岭，西至星星峡

我的故事："羌笛何须怨杨柳，春风不度玉门关。"——（唐）王之涣《凉州词》

从汉武帝时期开始，在我国东部通往西域的道路上，有一条天然的通道——"河西走廊"。这里又被称为"东西方文明的十字路口"，曾经商贾云集、四方风物荟萃。"河西走廊"东西横贯约 1000 千米，南北间最窄的地方只有 2～4 千米。它连通了黄土高原与塔里木盆地，就像是青藏高原和内蒙古高原遥相对峙，中间挤出来的一条狭长廊道。高山的融水为这里带来了勃勃的生机，特殊的地理位置又使这里成为一块兵家必争之地。古时候，游牧文明与农耕文明长期在这里"拉锯"战斗。

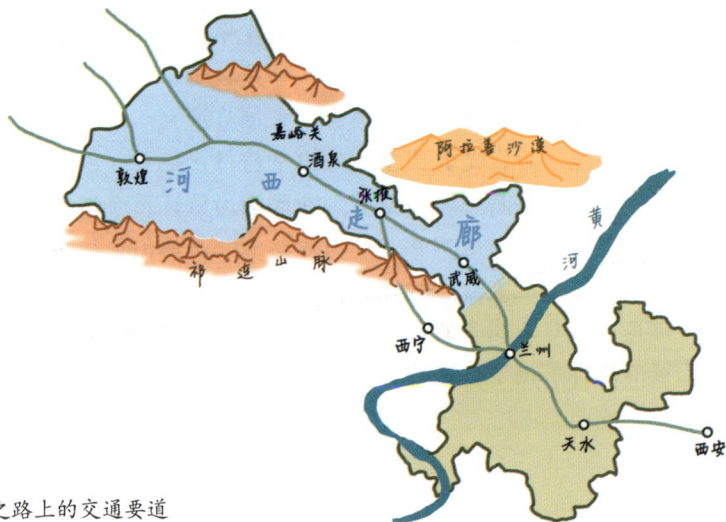

河西走廊是丝绸之路上的交通要道

公元前 139 年，为了联合被匈奴驱逐的大月氏，汉武帝派张骞出使西域。张骞携使团进入河西走廊，足迹遍及天山南北，他们深入中亚、西亚各地。13 年后，张骞历经两次被俘，终于回到长安，并带来了西域各国的详细信息。而后，汉武帝发动了两次大战，将河西走廊纳入中原版图。打通河西走廊后，汉武帝随即下令启动了屯垦移民，陆续征调了 18 万官兵前去河西走廊屯田开垦荒地。这些士卒"无事则耕，有事则战"，一面戍卫边疆，另一面则带来中原先进的农耕技术，将这里打造成良田沃土。

在此后的时间里，河西走廊一带的游牧民族也时常与中原爆发冲突。到了隋朝，隋炀帝制服了盘踞在丝绸之路上的突厥、吐谷浑和党项几个部落。到唐朝时，强盛的国力保障了河西走廊的畅通无阻，这里的开放与繁盛走向顶峰。一些来自西域各国的"胡商"，将他们宝贵的商品和特有的生活方式带到了唐朝——胡服、胡妆、胡马、胡食、胡乐、胡旋舞等陆续传入中原……宋元以后，版图的扩张使得河西走廊不再是边塞，而是成为国家西部的咽喉通道。

如今的河西走廊，依然生机勃勃。这里是全国最大的蔬菜、瓜类、花卉等对外合作制种的地方。戈壁上的风车群收集着风能，园区里的光电板收集着太阳能。数十年间，这里修起了穿越祁连山区的公路，建起了横穿荒原的高铁，这些都是新亚欧大陆桥的重要部分。

> 新亚欧大陆桥：是指东起中国连云港西至荷兰鹿特丹的国际化铁路干线，是沟通亚欧两大洲的重要铁路线。

西北地区：高山、盆地、沙漠、绿洲，这里有最壮美的中国

　　"春风"为什么不度"玉门关"呢？从地理的角度来看，其实这里的"春风"并不真的是春天的风，而是夏季风，它是由来自海洋的暖湿气流形成的。

　　在我国，每到夏季，暖湿气流就会送来湿热的风，所到之处降水变得丰沛，这种在大陆和海洋之间大范围的、风向随季节有规律改变的风，称作"季风"。在有些地方，由于山的阻挡，风要吹过去可没有那么容易，这些地方普遍比较干燥、降水较少。位于河西走廊最西端的玉门关就是这样一个地方。这里西面是帕米尔高原，南面是青藏高原，东南面也有许多山脉，四周群山环绕，地形复杂。

　　在气候学上，受夏季风影响较为明显的地方被称作"季风区"，反之则被称为"非季风区"。在中国，季风区和非季风区的界限大概沿着大兴安岭——阴山——贺兰山——巴颜喀拉山——冈底斯山分布。玉门关在河西走廊的最西边，只要穿过东端的乌鞘岭，就相当于从我国的季风区走向了非季风区、从半干旱区走向了干旱区。玉门关恰好位于季风区和非季风区的分界线上，"春风"当然就很难度过"玉门关"了。

祁连山脉

位于青海、甘肃之间的巨大山系

我的读音：Qílián Shānmài

我的由来："祁连"在匈奴语中是"天"的意思，祁连山就是"天山"的意思

我的位置：位于青海省东北部、甘肃省西部边境

我的故事："失我焉支山，令我妇女无颜色。失我祁连山，使我六畜不蕃息。"——匈奴民歌

祁连山脉位于我国第一级阶梯和第二级阶梯交界的地方，它由众多高山组成。然而，它的四周相对而言却很低矮——北面是北山戈壁和巴丹吉林沙漠，南面是柴达木盆地，东面是黄土高原，西面是库姆塔格沙漠。因此，祁连山脉的山峰可以拦住高空中的气流和云团，气团停滞在这里，形成降水，使得这里即使深处内陆也能

祁连山脉是河西走廊的生命之源

千变万化的地形地貌间，都有哪些景象？

获得充足的水源。除了降水，山峰上的冰川还提供了源源不断的冰川融水，这些水源造就了祁连山区丰沛的河流。河流经过河西走廊，之后便形成了石羊河水系、黑河水系等西北地区的各大水系。

在祁连山上，你能看到许多野生动物的踪影：野牦牛、岩羊、藏原羚、旱獭……这些都是喜欢生活在高山地区的动物。你还能在这里找到瓣鳞花、羽叶点地梅、红花绿绒蒿等野生植物。这里还生长着一种珍贵的花——雪莲花，也叫天山雪莲，这是唯一能在雪线以上生长的大型草本植物，是一种非常名贵的药材，如今已经是中国国家三级濒危物种了。

在祁连山北麓，有一片丰美的草原——祁连山草原。每当夏季来临的时候，这里的草原铺展开来，如绿毯一般，成群的牛羊点缀其间，和祁连山顶的白雪相映成趣。

> 雪线：山地达到一定的高度以后，山的上部就会出现长年积雪的地段，即使在夏季积雪也不会融化，这些长年积雪地段的下部界线就是雪线。

雪莲花其实是一种菊科植物，由于它的顶部形似莲花，所以也叫"雪莲花"

古诗中的祁连山
是什么样的？
诗人"拍了拍"你！

明月出天山，苍茫云海间。长风几万里，吹度玉门关。
汉下白登道，胡窥青海湾。由来征战地，不见有人还。
戍客望边色，思归多苦颜。高楼当此夜，叹息未应闲。
——（唐）李白《关山月》
汉使重颁朔，胡臣旧乞盟。烽烟虚昼望，刁斗绝宵惊。
虎落云空锁，龙堆月自明。祁连山更北，新筑受降城。
——（宋）余靖《塞上》
马上望祁连，奇峰高插天。西走接嘉峪，凝素无青云。
——（明）陈棐《祁连山》
幕前旗鼓殿前分，笛里梅花处处闻。秦地护羌诸校尉，
汉家出塞五将军。祁连山下烽如月，无定河边阵是云。
为问朔方豪杰士，几人年少立功勋？
——（明）王稚登《出塞》

🔴 **3** 千变万化的地形地貌间，都有哪些景象？

三江源

这里是三条大江的源头

地理小辞典

我的读音： Sānjiāngyuán

我的由来： 长江、黄河、澜沧江都从这里发源，所以叫"三江源"

我的别称： 中华水塔

我的位置： 位于青海省南部，处在青藏高原

"三江源"，顾名思义是三条大江的源头——长江、黄河、澜沧江都发源于此，因此这里又被誉为"中华水塔"。三条如此重要的大河同时发源于同一片小区域内，这在世界上也是很罕见的。这里位于青藏高原的腹地，主要在青海省的南部，北部是昆仑山脉，西面连着可可西里，东面是巴颜喀拉山脉，南面是唐古拉山脉。在三江源地区，分布着超过2000座山峰，其中有许多雪山和冰川，这些都是大江大河之水的重要来源。

三江源地区主要位于玉树藏族自治州和果洛藏族自治州境内

也得益于这些冰川，这里成为世界上海拔最高、面积最大、湿地类型最丰富的地区之一，星宿海、扎陵湖、鄂陵湖等地，都是三江源地区著名的湿地。

这里是动植物的天堂，白唇鹿、马鹿、岩羊、金钱豹等动物的身影都能在这里见到。这里还能看到许多珍稀的鸟类，例如金雕、黑颈鹤、白马鸡等。郁郁葱葱的森林，由圆柏、紫果云杉、红杉等高大的乔木组成；低矮的灌丛里，可见山柳、杜鹃、绣线菊等各种植物。这里还生活着近万种昆虫和菌类。人们意识到这里应该被好好地保护起来，将这里设为国家级自然保护区。2021 年，我国第一批国家公园正式设立，其中最大的一个国家公园就是三江源国家公园。

我国首批国家公园，都有哪些地方？

三江源国家公园：地处青藏高原腹地，园内拥有冰川雪山、高海拔湿地、荒漠戈壁、高寒草原草甸等高寒生态系统，生物种类丰富。

大熊猫国家公园：跨四川、陕西和甘肃三省，是大熊猫集中分布的地方，也是大熊猫繁衍生息的地方。

东北虎豹国家公园：位于中国吉林省、黑龙江省广大地区，分布着我国境内规模最大且唯一具有繁殖家族的野生东北虎、东北豹种群。

海南热带雨林国家公园：位于海南岛中部，这里保存了我国最完整、最多样的大陆性岛屿型热带雨林。

武夷山国家公园：跨福建、江西两省，分布有全球同纬度最完整、面积最大的中亚热带原生性常绿阔叶林生态系统。

柴达木盆地
三座大山围起来的盆地

在昆仑山、阿尔金山、祁连山之间，有一个巨大的山间断陷盆地，这就是柴达木盆地。柴达木盆地的东面雨水相对较多，所以河网比较密集，水量相对充沛一些。与之相对，盆地西面深居内陆，长期干旱少雨，所以河流比较稀疏。在盆地的中部，几乎找不到几条河流了。

远远看去，柴达木盆地荒芜、贫瘠，到处分布着沙丘和戈壁。但实际上，这里是一个名副其实的"聚宝盆"。这里的铁矿、铜矿、锡矿产量都非常可观。不得不提的是这里的盐湖，在柴达木盆地中部和东部的湖

柴达木盆地主要位于海西蒙古族藏族自治州境内

积平原上，分布着众多的盐湖和盐沼泽地。"盐湖之王"——察尔汗盐湖，也位于柴达木盆地。这里厚厚的盐层，甚至可以开挖掘机来挖！除此以外，盆地中还蕴藏着丰富的石油和天然气资源。

在柴达木盆地，我们还能看到中国最大的雅丹地貌群，它们分布在盆地的西北部。在大柴旦地区，还有最独特的水上雅丹地貌，这在其他地方可是看不到的。

这里的雅丹地貌形成以后，旁边的台吉乃尔湖由于冰川融水变多，导致湖面慢慢扩大，最终将这里淹没了，于是就形成了独一无二的"水上雅丹"。

湖积平原：原本是湖泊的一部分，但由于各种原因，被湖水浸没的地方范围变小了，湖底露出来，就形成了平原。

在柴达木盆地，能看见哪些野生动物？动物学家"拍了拍"你！

野骆驼
一种濒临灭绝的物种，生存于中国西北部和蒙古国南部。

野驴
又称"蒙古野驴""赛驴"，是所有野生驴中体型最大的一种。

旱獭
又称"土拨鼠"，是一种穴居的草食性动物。

西藏棕熊
又称"马熊""蓝熊"，是世界上最稀有的熊亚种之一，皮毛通常带有藏蓝色。

獐
一种小型的鹿，比麝略大，栖息于河岸、湖边、草滩、芦苇丛生的环境中。

❸ 千变万化的地形地貌间，都有哪些景象？

昆仑山脉
它可是"众山之主"

在神话《山海经》中，"万山之祖"昆仑山是神仙居住的地方，《山海经》中记载这里为"昆仑墟"，也许是因为这里长期处在云雾缭绕之中，带给人神秘而梦幻的感觉。传说这里住着人头豹身的"西王母"，是掌管修仙事务的神仙。古书中记载的西王母所住的地方"瑶池"，被认为是昆仑河的源头——黑海。

这条长长的山脉，从帕米尔高原延展到青海湖西南部的鄂拉山断层处，大约 2500 千米长。以克里雅河为界限，昆仑山可以分为"西昆仑"和"东昆仑"。西昆仑位于帕米尔高原的东缘，这里分布着许多冰川雪峰，最著名的是公格尔峰和慕士塔格峰，海拔都在 7000 米以上。东昆仑的景观更为丰富，在这里不仅有寒冷的冰川，还有滚烫的温泉，这里的温泉是东昆仑

昆仑山脉横贯中国西部，
古人认为这里是世界的边缘

断层间涌上来的地热能量，水温可以达到90℃。东昆仑从喀拉米兰山口延伸出去，自西向东像一把扇子一样展开。

交通上的"昆仑山口"也在东昆仑，这里是青藏公路和青藏铁路交会的地方，要想从甘肃或青海进入西藏，这里是必经之地。青藏公路东面是玉珠峰，西面是玉虚峰。

昆仑山领域分布着一些火山群，这里坐落着数十座火山。其中海拔最高的火山——木吉火山，虽然海拔接近3500千米，但由于本身就位于高原上，看上去也没有比旁边的平原高出多少。如果不考虑这个"绝对高度"和"相对高度"因素的话，木吉火山就是整个中国第一高、整个东半球第二高的火山了。

值得一提的是昆仑山的玉——新疆和田的昆仑山山麓，自古以来就是我国玉石的主要产地。这里出产闻名天下的"和田玉"，这种玉细腻而坚韧，在古代被称作"昆仑玉"。在《千字文》中有一句"玉出昆冈"，说的就是美玉多出于昆仑山岗。

> 地热：是地壳的天然热能，这种能量来自地球内部的熔岩。

昆仑山脉和喀喇昆仑山脉，有什么关系？

"昆仑山脉"和"喀喇昆仑山脉"都带有"昆仑"两个字，那么它们之间究竟有什么关系呢？实际上，"昆仑"和"喀喇昆仑"都是音译过来的名字。从地图上来看，两座山脉之间是塔什库尔干谷地与叶尔羌河谷。虽然挨得比较近，但它们其实并没有直接的关联，从形成时间来看也不属于同一山系。不过它们虽然不属于同一山系，但都是由印度板块挤压隆起形成的。

横跨5国的喀喇昆仑山脉，只有较小一部分位于中国。喀喇昆仑山脉没有昆仑山脉绵长，但是远比昆仑山脉险峻。喀喇昆仑山脉是世界上山岳冰川最发达的高大山脉。世界第二高峰——乔戈里峰，就坐落在喀喇昆仑山脉中。

③ 千变万化的地形地貌间，都有哪些景象？

可可西里
看不到边的无人区

对人类而言，可可西里是一片极为荒凉的"生命禁地"。这里究竟有多广阔呢？从面积上来看，几乎有广西壮族自治区那么大。这片人迹罕至的区域，是野生动物栖息繁衍的天堂，已知在这里生活的野生动物有200多种。

可可西里地区分布着众多河流和湖泊，但是依然荒凉无比。用"高寒"这两个字形容可可西里的环境最为合适。这里的土地广袤，植物却非常稀少，这也是这里成为"无人区"的重要原因——牧民在这里根本喂不饱

神秘的可可西里无人区是野生动物的乐土

可可西里是藏羚羊的家园

他们的牛羊。这里的天气实在是太恶劣了，尤其是每年冬天，这里都会迎来难以想象的严寒和大风。

这里生长着许多"胆小"的植物——它们的生长周期很短，只有两个月，在每年最适宜生存的 6 月～8 月，这些植物矮小且紧紧贴住地面，以保护它们的幼芽不被寒冷和大风摧毁。

在可可西里北部的卓乃湖畔，每年都会迎接超过 3 万只前来繁育的藏羚羊。这些藏羚羊有些来自本地，也有一些来自羌塘、三江源等地区。人们在这里修建青藏铁路和公路，还给藏羚羊留出了专门的迁徙通道。

在 20 世纪后期，一种叫作"沙图什"的披肩在西方走俏，这种披肩是用藏羚羊的皮绒制作的。一件沙图什披肩至少需要用到三四只藏羚羊的羊绒，价格十分昂贵。在利润的驱使之下，盗猎者大肆捕杀藏羚羊。在国家出台相关保护政策之后，仍然有一些盗猎者蠢蠢欲动。有一部叫《可可西里》的电影讲的就是巡山队的队员用生命和盗猎者相搏的故事。1997 年 12 月，这里成立了国家级自然保护区，人们将这片土地和生活在这里的精灵好好地保护起来了。

③ 千变万化的地形地貌间，都有哪些景象？

"中国四大无人区"分别在哪里？

新疆罗布泊：位于塔里木盆地东部的最低处、塔克拉玛干沙漠的东部边缘处，是一个干涸的内陆湖。

新疆阿尔金：位于新疆东南部，主要是阿尔金山脉所在的区域。阿尔金山脉是塔里木盆地和柴达木盆地的界山，这里北朝库姆塔格沙漠、南靠柴达木盆地，气候恶劣，人迹罕至。

青海可可西里：位于青海省西北部，与新疆、西藏接壤，地处青藏高原腹地。

西藏羌塘：位于藏北羌塘高原，是世界上高寒系统最完好的地区之一。这里建有目前中国海拔最高、面积最大的自然保护区。

塔克拉玛干沙漠
世界第二大流动性沙漠

地理小辞典

我的读音： Tǎkèlāmǎgān Shā mò

我的由来： 在维吾尔族的传说中，淹没在塔克拉玛干沙漠下的是一个城市，维吾尔语中，"塔克拉玛干"就是地下家园的意思

我的位置： 位于新疆境内的天山、阿尔金山、昆仑山和帕米尔高原之间

塔克拉玛干沙漠是中国最大的沙漠，它横卧在塔里木盆地中，这个沙漠的面积占全国沙漠面积将近一半。在塔克拉玛干沙漠的边缘是连绵不断的沙丘和沙包，越往深处走，沙丘越高大，最高大的沙丘甚至高达 300 米。这里什么样的沙丘都有，有横向的、纵向的、金字塔形的……论沙丘的种类，可能连世界上最大的撒哈拉沙漠都比不上这里。这里的沙丘主要是流动沙丘，只要一阵风刮起来，沙尘漫天卷地，沙丘也就随之形成了。

塔克拉玛干沙漠是世界第二大流动性沙漠

3 千变万化的地形地貌间，都有哪些景象？

塔克拉玛干沙漠的气候，并不适宜生命的生存。这里经常会出现极端的气温，并且昼夜温差极大；气候也非常干燥，一年下不了几次雨。即使是在这样恶劣的条件下，沙漠中依然有绿色植物生存。这些小型植物主要生长在古河道或是泉水露出的地方。为了适应环境，在这里生长的植物没有叶子，但有长长的根系——对于宝贵的水，它们"能省则省，能收尽收"。它们的生命周期往往很短，只用十来天的时间就可以生根萌芽、开花结果。

许多科学家和探险者都深入沙漠腹地进行探索，也在这里发现了不少的油气资源，但奈何这里的气候条件实在是太过恶劣，一些人不幸葬身于此。瑞典探险家斯文·赫定在他的《亚洲腹地旅行记》一书中，将塔克拉玛干沙漠称为"死亡之海"。他曾经尝试进入沙漠中央，每次都因为断水而失败，最后一次终于成功从沙漠南部进去，但也失去了他的同伴和骆驼。

> 流动沙丘：是指位置容易变化的沙丘，与之相对的是"固定沙丘"。

这些大型沙漠，你听说过吗？旅行家"拍了拍"你！

撒哈拉沙漠：世界上最大的沙漠，位于非州北部，东至红海，西至大西洋。

阿拉伯沙漠：世界上第二大的沙漠，位于北非撒哈拉沙漠的东缘。

利比亚沙漠：世界上第三大的沙漠，位于撒哈拉沙漠的东北部，包括埃及中、西部和利比亚东部。

澳大利亚沙漠：世界上第四大的沙漠，位于澳大利亚的西南部，占澳大利亚国土面积的两成以上。

鲁卜哈利沙漠：世界上第七大的沙漠，也是世界上最大的流动沙漠，位于阿拉伯半岛。

塔里木盆地

中国面积最大的内陆盆地

地理小辞典

我的读音： Tǎ lǐ mù Péndì
我的位置： 位于新疆南部，地处天山、阿尔金山和昆仑山之间
我的故事： "有水，源出金岭，导之周围国城，以溉田园，作水硙。"——（宋）王延德《高昌行记》

位于新疆南部的塔里木盆地，是中国最大的内陆盆地。和塔里木盆地同名的塔里木河，自塔里木盆地北缘向东流去，沿着塔克拉玛干沙漠的北缘奔向罗布泊。

从地貌上来看，整个塔里木盆地像一个"环"，边缘围绕着砾石和戈壁，与山地相接，塔里木盆地中部是我国面积最大的沙漠——塔克拉玛干沙漠。在盆地中部和边缘的过渡

塔里木盆地是一个封闭性山间盆地，被天山、昆仑山、阿尔金山包围

📍❸ 千变万化的地形地貌间，都有哪些景象？

地带，分布着一些零星的绿洲，有人类在这里生活。

由于远离海洋，又被高山环绕，暖湿气流来到塔里木盆地便会被阻挡在高山外面，所以盆地里的气候十分干燥。在盆地东南部的一些地方，几乎终年见不到降水。实际上，在塔里木盆地的地下，可能藏着超出人类想象的丰富的地下水，这些地下水主要来自于河流和农业用水的渗漏。于是，人们在这里用到了神奇的"坎儿井"，因此在这里用水是不成问题的。塔里木盆地也是一个"宝藏盆地"——它是中国最大的含油气沉积盆地，在"西气东输"的大工程中，这里是主要的气源。

有一条沙漠公路贯穿了塔里木盆地，这条公路就是"塔里木沙漠公路"，它是目前世界上在流动沙漠中修建的最长的公路。沿途可以见到大片的沙丘、成片的胡杨林。可是，修建这样一条沙漠公路绝不是容易的事情，为了抵御流沙的威胁，人们采取了各种各样的防护措施：在沙地上，用芦苇草方格固沙；在道路两侧，修建由尼龙网、芦苇排构成的阻沙栅栏……这条公路能够修好并通行，实在是奇迹。

> **沉积盆地：** 由于地层下陷形成的有各种沉积物的盆地。

神奇的"坎儿井"是怎么工作的？

在古代，坎儿井被称为"井渠"，"坎儿"是"井穴"的意思。若要简单地概括坎儿井的原理，就是用人工开凿的地下暗河，把天山脚下的地下水引到地面上来，用于盆地绿洲上人们的生活、生产。一条坎儿井，一般长约3000米，最长往往是几条坎儿井相连达几十甚至上百千米，其间竖井少则几十口，多则300余口；上游的竖井较深，有的可达100多米，下游的较浅，一般只有几米。

完整的坎儿井由竖井、暗渠、明渠和涝坝四部分组成：工作人员在高山峡谷地带的雪水潜流处寻找到水源，然后每隔 20 ～ 30 米打一眼竖井，井深十米至几十米不等，这样可以将地下水汇聚，以增大水势；再依地势高低，在井底凿通暗渠，连通各井，引流直下，一直连接到遥远的绿洲，才将水由明渠引出地面，用于灌溉或人们的日常生活；涝坝则是一个调节水量的蓄水池，类似于现代水利工程的拦河坝，当积蓄到一定水量后，就可用于灌溉农田。

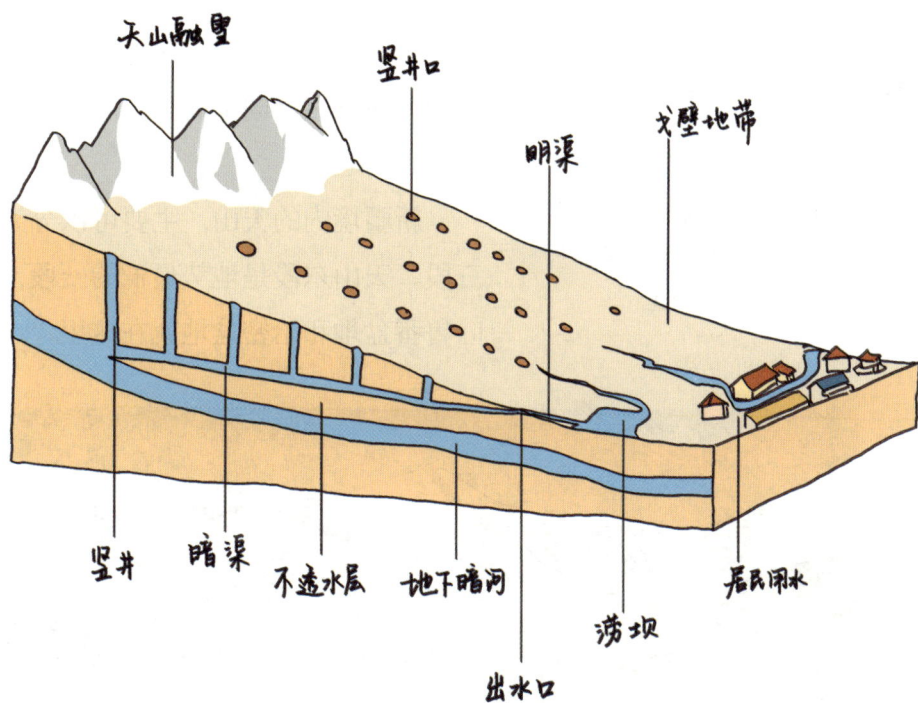

坎儿井又被称作"井渠"，实际上是一种特殊的地下水道，能够将高处山地的水源引向海拔较低的地方，用以灌溉农田

❸ 千变万化的地形地貌间，都有哪些景象？

天山山脉

这里处处是胜景

作为世界七大山系之一的天山山脉，横亘在新疆中部地区，将新疆分成了"北疆"和"南疆"两个部分。它的存在阻拦了暖湿气流的运动，让暖湿气流不得不在这里聚集并凝结成雨雪，化作这里的水源。这里的降水多集中在天山以北，但冰雪融化后形成的河流仍然会向南流去，滋润天山以南的土地。

新疆境内的天山，主要可以分为三段。天山东段是地势最低的一段，吐鲁番盆地和哈密盆地就在这里。这

天山山脉是亚洲东部最大的一条山脉

里气候干燥、昼夜温差大，植物中的糖分容易积累，所以盛产香甜的瓜果。天山中段的地形比较狭窄，有一片草原处于雪山环抱之间，这片草原就是水草丰茂的巴音布鲁克草原。天山西段是最开阔的一段，山脉在这里岔开了，形成了塞外江南——伊犁河谷。

天山山脉是由一系列几乎平行的山脉组成的，其中包括北天山、中天山、南天山。北天山的主峰博格达峰，被生活在附近的人视作神山，人们在山下发掘出许多殉马坑和山神庙、岩画等古代遗迹；著名的"天池"，就在博格达峰的山腰上。南天山的山峰普遍比较高，光是海拔高于6000米的山峰就有十几座，整个天山山脉最高的山峰——托木尔峰，也位于这里。托木尔峰地区冰川广布、河流众多，新疆水流量最大的两条河流——塔里木河和伊犁河，都是发源自这里。

美丽的高山湖泊——天山天池

在北天山的主峰博格达峰的北坡山腰处，有一个美丽的高山湖泊——天山天池。这是一个半月形的湖泊，湖水主要来自于冰川融水。最早，这里原本只是一个由冰川侵蚀而成的 U 形谷地，后来冰川裹挟着山上的碎石在谷中堆积起来，形成了"冰碛坝"，将谷口堵住了。待到冰川消融以后，融化的水就流进了谷中，"天池"就这样形成了。如今的天池，每年都吸引着众多游客前来参观。

从上空看，天山天池是一个狭长的湖

准噶尔盆地
三角形的内陆大盆地

准噶尔盆地是中国第二大内陆盆地，它看上去是一个不规则的三角形。在盆地的西侧有好多缺口：额尔齐斯河谷、额敏河谷和阿拉山口等都在这里。气流就从这些缺口流进来，为盆地和周围的山地带来降水。在盆地中，除了通往北冰洋的额尔齐斯河是外流河，其他的河流都是内陆河，这些河流最终汇入盆地底部的低洼地区。

准噶尔盆地底部的平原主要可以分为两个部分，北面以沙漠为主，古尔班通古特沙漠位于准噶尔盆地中央，是中国第二大沙漠。南面是天山北麓的山前平原，这是准噶尔盆地主要的农业区。

蒙古族、哈萨克族、维吾尔族等各族人民，生活在准噶尔盆地的绿洲里

你听说过木头也会变成化石吗？在准噶尔盆地东部的风蚀洼地内，发现过上千株硅化木，被称作"木变石"，简单来说就是木头的化石，这在世界上都是罕见的。这些已经变成化石的树木，都是几百万年前甚至更早以前，树木被掩埋之后留下来的。

宝藏尽在克拉玛依大油田

位于准噶尔盆地西北缘的克拉玛依油田，是中华人民共和国成立后发现的第一个大油田，也是新中国勘探出的第一个年产量 100 万吨以上的大油田。在大庆油田发现以前，这里是全国最大的石油生产基地。

"克拉玛依"在维吾尔语中是"黑油"的意思。克拉玛依油田发现的地方，是一座天然沥青丘——黑油山，它位于如今克拉玛依市区的东边。在油田开发初期，这里看上去只是一片戈壁荒滩，条件非常恶劣。由于处在沙漠边缘，属于大陆性气候，这里春季大风狂沙，夏天酷热难耐，秋天蚊蝇缠人，冬季严寒逼人。开拓者顶住艰苦的条件，坚持开发建设油田。经过数十年的开发，如今这里已经变成了一座欣欣向荣的石油工业城市。

克拉玛依市是一座以石油命名的城市

阿尔泰山脉

七十二条沟，沟沟有黄金

阿尔泰山是一条西北—东南走向的山脉，它跨越了4个国家。阿尔泰山中段的南坡在我国境内，是新疆最北的山脉。北疆丰富的降水，离不开阿尔泰山的功劳——它将来自大西洋的暖湿气流阻拦下来，所以才有了北疆丰富的降水。在北疆境内，只有一

"阿尔泰"在蒙古语中是"金山"的意思

条外流河——额尔齐斯河，它发源于阿尔泰山南麓，是我国唯一由南向北流入北冰洋的外流河。

阿尔泰山地区拥有天然的优良牧场，这个地方在历史上总是受到游牧民族的青睐。匈奴、鲜卑、铁勒、柔然、突厥、蒙古等北方游牧民族，都在这里留下过足迹。阿尔泰山北部的人们主要养牛，南部较为干旱，养羊和骆驼的更多。当然，整个阿尔泰山地区的人普遍养马。

"阿尔泰"这个名字，在蒙古语中是"金山"的意思。阿尔泰山盛产黄金、宝石和各类有色金属。从汉朝开始就有人在这里"淘金"了，到了清朝，这里的采金矿业早已形成了规模，"金夫逾万，产金逾万，列厂十区，矿工数万"讲的就是当时阿尔泰山采金矿的规模。除了黄金以外，其他的有色金属和稀有金属也能在这里找到。世界著名的"三号矿脉"——可可托海矿区，就位于阿尔泰山地中，这里蕴藏着铍、锂、铌、钽、铯等 70 多种矿产。

有色金属：又称"非铁金属"，是铁、锰、铬以外的所有金属的统称。常见的有色金属有铜、铝、铅、锌、镍、锡等。

稀有金属：是指地壳中含量很少、分布较为分散、提炼比较困难的金属。

阿尔泰山之阳，美丽的喀纳斯

喀纳斯国家保护区位于阿尔泰山中段的南坡，这里拥有美丽的湖泊、河流、森林、草原和冰川，是北疆风景最美丽的地方之一。这里的中心是喀纳斯湖，往上是喀纳斯冰川，往下是喀纳斯河，湖岸上有成片的草原和森林。

美丽的喀纳斯湖是一个"变色湖"，在不同的季节呈现出不同的色彩，并且层次非常丰富。这是因为喀纳斯湖的湖水主要源于喀纳斯冰川的融

❸ 千变万化的地形地貌间，都有哪些景象？

化，这些冰川融水中悬浮着一些微小的冰碛，它们对光的反射和折射作用使得整个湖面更加多彩、迷离。春夏季节，湖水中倒映着两岸的植物，看上去青翠无比；到了秋天，两岸的白桦树变黄了，湖面看起来也金灿灿的；等到冬天来临，这里又变成了冰雪的世界。

　　喀纳斯湖的形成，还要从板块运动说起。在阿尔泰山系形成的过程中，阿尔泰山在中国境内的最高峰——友谊峰，在地壳的运动中抬升起来，而喀纳斯湖一带却相对地凹陷下去了。再加上冰川的侵蚀，这两面形成了落差巨大的山峦地貌，逐渐有了湖盆的诞生，而后冰雪融水流入，并被湖口沉积的冰碛物"挽留"下来，就形成了喀纳斯湖。喀纳斯湖看起来浅浅的，实际上可深着呢——最深的地方，已经接近200米了！

朱鹮

美却稀少的鸟类

"朱鹮"的"朱"是朱红色的意思，但它并不是一种通体透红的鹮。它的红主要在于面部、喙尖和下喙的基部，以及裸露在外面的足部。如果它张开翅膀从你的头顶飞过，你会发现它的翅膀和尾巴下段也呈现明显的绯红色。

朱鹮的喙看上去长长的、弯弯的，实际上特别灵敏，喙部尖端分布有许多触觉细胞。它们通常将喙伸到水下的泥泞中觅食，主要捕食虾蟹、蛙类、田螺。在朱鹮的脑后，有一些羽毛发生了特殊的变化，这些羽毛长成了长矛的形状，形成了下垂的"羽冠"。在求偶的过程中，它们在靠近异性的时候会把羽冠竖起来，也许是为了传达"心动的信号"。

朱鹮是一种被"救回来"的鸟。朱鹮曾经广泛地分布于东亚地区，但后来由于人类的捕杀和栖息地的减少，它们的数量急剧减少，踪迹逐渐从俄罗斯、日本等国消失。1981年，中科院动物研究所的研究者在陕西汉

朱鹮在中国文化中是一种吉祥的鸟

中的洋县发现了仅存的 7 只野生朱鹮，并立即展开了抢救式的保护。如今，朱鹮的数量已经有数千只了，在陕西、河南、浙江等省份都有分布。

朱鹮的"两套衣服"！
动物学家"拍了拍"你！

夏天的朱鹮和冬天的朱鹮，曾经差点被科学家误认为是两种鸟呢！

夏天的朱鹮，看上去是灰色的；冬天的朱鹮，看上去是白色的。这是因为朱鹮的"外衣"是周期性的，会一年又一年反复地改变。

人会换衣服，对于鸟类来说也是一样。鸟类更换羽毛被称作"换羽"，这是一种可以保持羽毛常年完好的方法。自然界中，许多鸟类的羽毛色彩艳丽，很大一部分原因是为了吸引异性，与之交配，但是这样的色彩太过明显，有时会给它们招来"杀身之祸"。所以，有的鸟类进化出了"繁殖羽"和"非繁殖羽"，它们就像是一套高调鲜艳的衣服和一套比较低调的衣服。到了春夏季节的繁殖期，鸟儿就换上鲜艳的"繁殖羽"，来吸引伴侣；繁殖期过去，它们又换上黯淡的"非繁殖羽"，来保护自己。

对于朱鹮而言，灰色的外衣就是春夏季节的繁殖羽，白色的外衣就是冬季的非繁殖羽。但是朱鹮的灰色羽毛并不是羽毛本身变成了灰色的，而是被朱鹮头部和颈部分泌出的黑色粉状物质染灰的。

「繁殖羽」和「非繁殖羽」，就像朱鹮的两件衣服

繁殖羽

非繁殖羽

岩羊

和岩石融在一起

岩羊是一种生活在高山上的羊，看上去既有一些野山羊的特点，又有一些野绵羊的特点。它们主要生活在青藏高原上，在西藏、青海、新疆、四川等地都有分布。它们时常出没在高山裸岩，或者山谷草地间，也经常出现在悬崖峭壁附近。岩羊能够忍受比较极端的环境，在特别寒冷、险峻的地方也能够生存下来。

岩羊是能在悬崖峭壁之间来去自如的"侠客"

岩羊的身体是棕灰色的，在适当光线的照耀下会泛起青蓝色的光泽，这种颜色使它们在山崖间看起来很不显眼，避免被天敌发现。在它们的面部和腹部以及四肢，还有一些黑色、深灰色或是白色的斑纹。岩羊的头上有一对角，看上去就像一个立体的"V"。两只角从相近的地方长出，先向上生长，再朝两侧展开，再向后弯曲。雄性岩羊的角，往往要比雌性的更粗大、更弯曲一些。

岩羊是一种喜欢群居的动物，它们常常数十只乃至上百只结成群体一起活动。岩羊需要掌握许多种生存技能，因此幼年岩羊会跟着长辈进行攀岩和跳跃的训练。它们能在几乎垂直的山崖上站立，寻觅地衣苔藓类植物为食。它们也可以在崎岖的山脊上快速奔跑，以逃避天敌的追捕。对于它们来说，雪豹是最危险的天敌之一。

雪豹、豺狼、金雕等都是岩羊的天敌

普氏原羚

行动敏捷的高原精灵

普氏原羚是一种只能在中国找到的濒危动物。如今，这种动物除了在青海湖一带能够见到一些，其他地方已经很少有了。在较早的时候，在内蒙古、宁夏、甘肃及青海一带都能够找到它们的踪迹，最早被发现和命名是在内蒙古鄂尔多斯草原上，由俄罗斯探险家普热瓦尔斯基发现的。可惜，后来由于人类活动的影响和它们栖息地的恶化，普氏原羚的数量急剧下降，如今只能在青海省看到它们了，青海湖周围是它们最主要的栖息地。

普氏原羚是一种羚羊。羚羊和其他的牛、羊等反刍动物相比，主要的不同之处是普氏原羚长着一对空心而结实的角。有些种类的羚羊是雌雄都有角，有些种类则只有雄性有角，而普氏原羚是一种只有雄性才有

普氏原羚主要以一些莎草科植物的沙生植物为食

角的羚羊。它们喜欢结群生活，在一个群体中它们的数量从几头到几十头都有，冬天它们会组成更大的群体一起过冬。普氏原羚总是出没在山间盆地或是湖畔荒地，寻觅一些莎草科植物、禾本科植物和其他沙生植物作为食物。

普氏原羚的体型不大，身长 1 米左右。它们的皮毛大部分是黄褐色的，只是在四肢内侧、腹部、臀部有少量白色皮毛。雄性普氏原羚的双角从靠近角尖的位置开始向内钩曲，一对角尖看上去就像一对括弧符号。

什么是反刍动物？

反刍动物，是指有"反刍"习性的动物，如牛、羊、长颈鹿等。反刍动物吃东西的时候，稍微啃咬一下就吞下去了，不会细细咀嚼；到了休息的时候，它们又会将食物返呕出来，送到口腔慢慢咀嚼，混入唾液之后吞咽下去。由于用食的方式比较特殊，它们的胃也比较特殊——大多数反刍动物有 4 个胃，分别是"瘤胃""网胃""瓣胃""皱胃"，4 个胃分工合作，一起帮助动物消化食物。

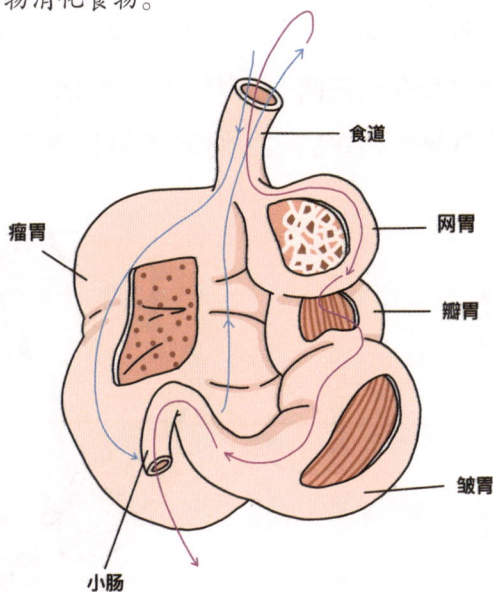

食道

网胃

瘤胃

瓣胃

皱胃

小肠

兔狲

鼠类的天敌

地理小辞典

我的读音： Tùsūn

我的由来： 据说是行为比较像狲一类的动物，常以鼠、兔为食，所以叫兔狲

我的位置： 在中国主要分布在海拔较高的草原上，也多见于沙漠、荒漠地区

我的别称： 蒙古山猫

兔狲长得特别像猫，也确实是一种猫科动物。但也有和大多数猫不太一样的地方——大多数猫的耳朵是长在头顶两侧的，而兔狲的耳朵则贴在脑袋两边，看上去秃秃的。

兔狲的耳朵虽"秃"，却实在是一对有用的耳朵。它们生活在寒冷而贫瘠的地方，许多时候很难找到遮蔽之处，因此稍低的耳朵可以帮助它们隐蔽起来；太过张扬的耳朵，在寒冷的环境之中也很容易被冻坏。此外，它们的耳朵非常好使，和同类猫科动物相比，它们的"听泡"要大上约1/3，因此听觉更灵敏些。

在我国的新疆、西藏、青海、内蒙古等地，我们都能看到兔狲的身影。兔狲生活在岩石丛生的地方，它们的灰黑色皮毛可以很好地混在裸

兔狲看上去凶凶的，但在猫科动物中并不算特别凶猛

岩中。到了冬天，它们还会换上"冬装"——一套更浅的被毛，被毛的末端是和雪非常接近的颜色，有利于它们在霜雪覆盖的环境中更好地藏匿起来。兔狲的"发量"非常惊人——在每平方厘米的皮肤上，有超过 9000 根毛发。这是什么概念呢？人类的头发，通常是每平方厘米 200 余根。而且它们的被毛又长又软，可以起到很好的保温作用，就算是身处气候极端的高原也不用太担心会着凉。

最让人印象深刻的，还有它们肥嘟嘟的身子和丰富搞笑的表情。它们看上去总是笨笨的，而且特别不善于奔跑。虽然它们在捕食的时候也有凶猛的一面，但在遇到危险的时候，它们喜欢假装自己是一块石头，来躲避天敌的捕捉。

在中国，还分布着哪些野生猫属动物？动物学家"拍了拍"你！

荒漠猫：我国特有的猫科动物，在四川、青海、西藏、甘肃等地都有分布，它们的体型比家猫大一些，耳端长了一撮短毛。它们适应环境的能力很强，在荒漠、高山灌丛、草甸和山林边缘出没较多，主要捕食一些小型动物。

丛林猫：主要生活在河岸边的灌木丛、海岸边的森林等地，与其他种类的野生猫种相比，丛林猫四肢修长、尾巴较短，背部一般是棕灰色或是沙黄色的，全身的毛色几乎一致。

野猫：一种在全球广泛分布的小型猫科动物，有许多亚种。不同亚种之间的皮毛和斑纹特点与生长的环境有很大的关系，生活在干燥地区的猫，皮毛颜色往往较浅；生活在湿润地区的猫，皮毛颜色一般更深。

红腹锦鸡

华美艳丽到了极点

红腹锦鸡是一种只生活在中国的鸟类，主要分布在四川、甘肃和陕西，分布最密集的地方是在秦岭的山中。在古人心中，红腹锦鸡是一种吉祥的"神鸡"。据说，红腹锦鸡是凤凰的原型之一，陕西省的"凤县""凤翔县"就是以红腹锦鸡命名的。在明清时期，锦鸡的形象经常出现在官员的公服上。

红腹锦鸡主要以野豌豆、青蒿、酢浆草等植物的花、果、叶、芽或种子为食

我们所看到的"金灿灿"的红腹锦鸡，也就是人们称呼的"金鸡"。金色的红腹锦鸡大部分是雄性，雌性红腹锦鸡的长相更普通一些，它们的头顶和后颈是黑褐色的，剩下的体羽则是棕黄色的，其中点缀着黑褐色的斑纹。雄性红腹锦鸡就像一只披着彩霞的鸟，腹部是成簇的大红色的羽毛，头顶是金黄色的羽冠，长长的冠羽平顺地覆盖在后颈，在阳光下显得金灿灿的；翅膀和尾巴上的羽毛也是五彩斑斓的。每到求偶季节，雄鸟就会向雌鸟努力展示自己一身华丽的羽毛，以传达自己的爱意。除了炫耀羽毛，红腹锦鸡还有一套独特的环绕舞蹈，它们的求偶表演甚至可以一直演上2小时。

红腹锦鸡在求偶时，会将自己五彩斑斓的羽毛展现给雌鸟

瓣鳞花
小小的，粉红色

地理小辞典

我的读音：Bànlínhuā

我的由来：花瓣像鳞片一般，所以叫"瓣鳞花"

我的位置：在中国主要分布在新疆、甘肃和内蒙古等地的荒漠地带

瓣鳞花是一种古老的植物，主要生活在干旱地区。在中国，它的分布很少，只能在新疆、甘肃和内蒙古等地的荒漠地带见到，瓣鳞花是国家重点保护的植物。它的"相貌"并不张扬，高10厘米左右，很容易被忽视，但如果仔细观察的话，就会发现它其实是一种长得很精致的植物——它所绽开的小小的、粉红色的花朵总是为沙漠带来一些生机。

瓣鳞花是一种非常耐盐的植物，它的茎叶表面生长着"盐腺"，可以用分泌盐水的方式将过量的盐从"体内"排出。它的根部从土壤中吸取盐和水分，然后通过盐腺分泌盐水，盐水蒸发以后，叶面上就会留下一层白色的晶体，也就是盐水中的氯化钠、硫酸钙等化合物，将这些化合物收集起来是可以食用的。所以，瓣鳞花是一种可以用来改良盐碱地的植物，人们也在想尽办法加大对它们的保护力度。

瓣鳞花是一种生活在干旱地区的一年生草本植物

中国的沙漠里
有哪些濒危植物？
植物学家"拍了拍"你！

小沙冬青

分布于新疆喀什的常绿灌木，生活在干旱山谷地带。

盐桦

新疆特有的桦树，高 2～3 米，生长在盐沼泽地带，比胡杨还耐盐。

裸果木

主要生活在砾石戈壁中的落叶小灌木，比较矮小，分枝很多，幼枝呈现赭红色，老枝呈现暗灰色。

四合木

非常古老的落叶小灌木，有将近 1.4 亿年的历史了，曾和恐龙生活在同样的时代。这是一种善于固沙的植物，沙子飘落到四合木附近容易堆成小沙丘，所以它们在沙漠治理中有很大作用。它们的果实看上去就像 4 个小翅膀，又被称为"四翅油葫芦"。

新疆阿魏

具有药用价值的草本植物，曾经分布在新疆许多地方，后来由于被无限制地割取造成数量急剧下降。它们虽然是多年生植物，但每年的生长期很短，从夏天开始就休眠了。

紧跟飞禽走兽，探秘意料之外的奇花异草

沙棘

尝尝它的美味浆果

沙棘是一种非常古老的植物，至少可以追溯到 6500 万年以前。它们耐寒耐旱，也可以在盐碱地中生存。沙棘的根系非常发达，可以将土壤牢牢地抓住，还可以"独木成林"，横生根又可以延伸出一些小苗。对于人们来讲，这是一种可以用来保护水土的植物。在我国甘肃、陕西、青海等地，沙棘被大量地栽种。

沙棘是一种小浆果植物，果实是球形的，熟透的时候往往是橙黄色或是橘红色。你也许喝过"沙棘汁"，它就是用沙棘的浆果制作的，是一种非常有营养的饮料。

能够适应盐碱化土地的沙棘，浑身都是宝

沙棘可谓"浑身是宝"，沙棘的浆果是一种维生素含量很高的果实，尤其是富含丰富的维生素 C。此外，沙棘还可以用于提取天然色素"沙棘黄"；沙棘的果肉和籽粒，可以用来提炼"沙棘油"，这是一种重要的化妆品原料。沙棘加工之后剩余的果渣，还可以用来制作饲料。沙棘的木质很坚硬，有很细致的纹理，很适合用来制作家具、工艺品等。沙棘还是一种上好的薪柴，具有很高的"热值"，据说两三吨的沙棘薪柴燃烧产生的热量相当于一吨原煤燃烧产生的热量。

成吉思汗与沙棘的故事

传说，成吉思汗远征西亚的时候，由于行军的路途太过遥远，许多将士开始水土不服，战马也很疲乏。这时候，军队里的医生发现这边的人爱吃一种很小颗的黄色果实，于是他让将士也去捡食这种果子，并用它的叶子来喂马。将士食用过这种果实后，水土不服的症状逐渐消失了，战马食用叶片之后也很快恢复了活力。后来，成吉思汗将这种果子封为"圣果"。据说这种"圣果"，就是今天的沙棘。

紧跟飞禽走兽，探秘意料之外的奇花异草

红景天

崇山峻岭中的鲜美颜色

红景天在藏医之中是一种非常重要的药物

红景天是一种多年生草本植物，有着粗壮的根和直立的茎，每年的花期大概在六七月，果期大概在七八月，主要分布在世界各地的高原地区。在中国，红景天主要分布于新疆、西藏、云南、宁夏等地，以及吉林的高山地带。红景天的种类很多，全世界超过200种，在我国有70多种，例如，美花红景天、根出红景天、异齿红景天等种类。红景天对环境的适应能力是比较强的，它们耐寒且耐旱，喜欢生活在冷凉而湿润的环境里，在向阳的山坡、高山岩石的缝隙、灌木丛的边缘处，也许能找到野生红景天的影子。

红景天是一种珍贵的药用植物，它的价值在藏族的《四部医典》、李时珍编写的《本草纲目》等书中均有记载。红景天的根短小而粗壮，表皮一般是棕色或者褐色的，具有很高的药用价值。

胡杨

千年不倒的英雄树

> **地理小辞典**
>
> **我的读音：** Húyáng
>
> **我的由来：** 生长在我国西北地区的杨树，所以叫"胡杨"
>
> **我的分布：** 在中国主要分布在新疆、青海、甘肃、宁夏等地的沙漠戈壁地带
>
> **我的别称：** 胡桐、英雄树、异叶胡杨、异叶杨、水桐
>
> **我的故事：** "地沙卤，少田，寄田仰谷旁国。国出玉，多葭苇、柽柳、胡桐、白草"——《汉书》

胡杨是一种非常古老的树，它的祖先在上亿年前就已经出现在地球上了。目前，胡杨主要分布在我国新疆、青海、甘肃、宁夏等地的沙漠戈壁地带，其中超过九成的胡杨是生长在新疆的。在我国西北荒漠上，它是一种最独特的高大乔木，拥有抵御风沙侵蚀的能力，能够适应极端干旱的恶劣环境，还能够忍耐盐碱含量较高的土地，是唯一能够在大漠中生长成林的高大落叶乔木，也是一种能够用于防风固沙的树木。

在漫长的进化历程中，胡杨进化出了许多神奇的能力，这些能力帮助它们在荒漠中生存下来。胡杨有一种"会走路"的根，对水分的存在特别敏感，这些根茎能够自然地向着水分较多的方向生长，就好像安装了水源探测器一般。胡杨的树干和树枝也能够根据水分的情况改变生长状态，当水分充足的时候就枝繁叶茂地生长，在水源缺乏的时候就减少枝叶的生长。

胡杨是荒漠地区特有的珍贵的森林资源，
外观斑驳粗壮，但木质却纤细柔软

🔶 紧跟飞禽走兽，探秘意料之外的奇花异草

据说胡杨"长了三千年不死，死了三千年不倒，倒了三千年不朽"，因而民间认为这是一种"英雄树"。在西北地区走向荒漠化的过程中，胡杨也在一路迁徙，它们就像绿色的卫士，守卫大漠的边缘。到了金秋时节，胡杨林也披上了金色的外衣，在沙漠之中显得无比壮丽。

秋天的胡杨林金灿灿的，特别壮观

你知道胡杨会"流泪"吗？

"英雄树"胡杨会流"英雄泪"。它们的树干常常会分泌一些碱性液体，但又很快凝固。生活在西北地区的人，有时候还会把这些"泪"取来混着食物吃。

在沙漠中，胡杨面临着沙土中高浓度盐碱的威胁，怎么处理这些盐碱呢？

在胡杨的茎叶上，分布着"盐腺"，它们可以帮助胡杨将过多的盐碱排出"体外"。所以，我们会看到胡杨通过叶面和树干的裂口将盐碱排泄出来，顺着树干往下滴，就好像眼泪一般。

实际上，胡杨抗盐碱的能力还要归功于胡杨神奇的细胞。在胡杨细胞内的细胞质和液泡之间，有一层隔膜，而隔膜上有个"质子泵"，细胞质里过多的盐碱可以通过这个"泵"进入液泡，与液泡中的水溶解。溶解之后，胡杨的其他器官又联合起来将多余的盐碱以"泪"的方式排泄出去，只留下可以被树吸收的水分。这样一来，胡杨就能够在盐碱之中得以自保了。

10
西北
下册

给孩子的

中国地理大百科

廖辞霏 著

中国旅游出版社

责任编辑：王欣艳 胡一鸣
责任印制：冯冬青
装帧设计：丫丫书装・张亚群

图书在版编目（CIP）数据

给孩子的中国地理大百科．10，西北．下册 / 廖辞
霏著．-- 北京：中国旅游出版社，2024.3
　　ISBN 978-7-5032-7170-0

　　Ⅰ．①给… Ⅱ．①廖… Ⅲ．①地理－中国－少儿读物
Ⅳ．① K92-49

　　中国国家版本馆 CIP 数据核字 (2023) 第 227702 号

书　　名：给孩子的中国地理大百科．10，西北．下册

作　　者：廖辞霏 著
出版发行：中国旅游出版社
　　　　　（北京静安东里 6 号　邮编：100028）
　　　　　http://www.cttp.net.cn　E-mail: cttp@mct.gov.cn
　　　　　营销中心电话：010-57377103　　010-57377106
　　　　　读者服务部电话：010-57377107
排　　版：王丹
经　　销：全国各地新华书店
印　　刷：运河（唐山）印务有限公司
版　　次：2024 年 3 月第 1 版　2024 年 3 月第 1 次印刷
开　　本：710 毫米 ×1000 毫米　1/16
印　　张：6
字　　数：48 千
定　　价：368.00 元（全 10 册）
I S B N　978-7-5032-7170-0

陕西菜
你想不到的
"秦陇风味"

002

新疆菜
爽滑麻辣的鸡肉，软糯
甜润的土豆

006

馕
唐僧取经路上
携带的美食

008

004

肉夹馍
馍很酥，肉很香

6 捕捉艺术魅力，寻觅源远流长的文化踪迹

西北地区：敲起锣鼓，唱起歌呦

信天游
高亢悠长的陕
北民歌

014

社火
热热闹闹的
春节表演

018

016

秦腔
中国最古老的
戏剧

012

020

安塞腰鼓
气势磅礴的
"天下第一鼓"

花儿
盛大的民
歌大会

7 多彩的中华民族，五十六个民族是一家

西北地区：高山上载歌载舞的民族

保安族
锋利的"保安刀"

026

哈萨克族
住在毡房里的民族

031

033

塔吉克族
半游牧半定居
的民族

024

028

回族
奇妙的"踏脚舞"

维吾尔族
生活在绿洲上的民族

8 这些风景胜地，当然值得一去

西北地区：出发吧，去看看壮美的大漠戈壁

华山
"自古华山
一条路"

036

沙坡头
一起来玩
沙子吧

045

崆峒山
背负关山，
面临泾水

049

敦煌莫高窟
一座宏大的
艺术宝库

05

**大雁塔
和小雁塔**
"伟丈夫"
和"娇夫人"

043

秦始皇陵
世界八大奇
迹之一

038

047

西夏王陵
西夏王朝的
皇家陵寝

041

唐十八陵
这里藏着大唐
19 位皇帝的
故事

051

麦积山石窟
悬在山上的
壮观石窟

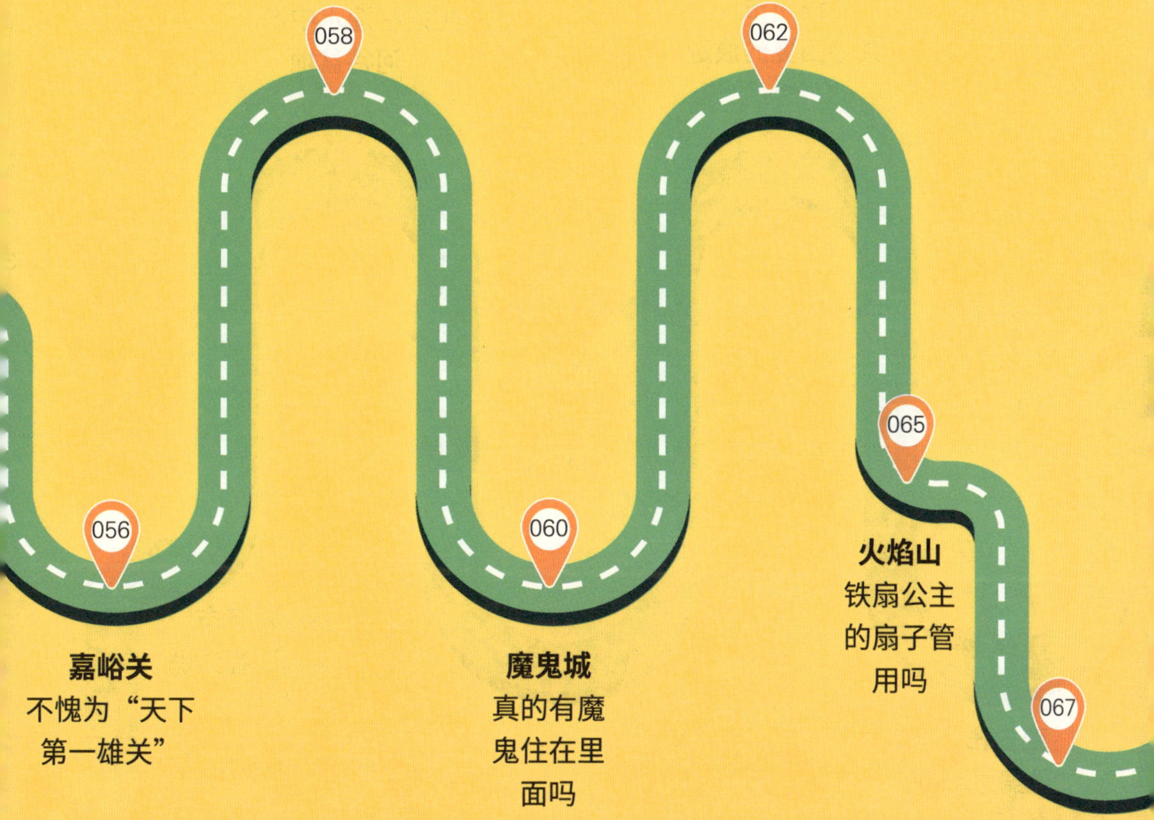

塔尔寺
富丽堂皇的
佛教圣地

058

五彩湾
五光十色的
湖相岩层

062

065

火焰山
铁扇公主
的扇子管
用吗

056

嘉峪关
不愧为"天下
第一雄关"

060

魔鬼城
真的有魔
鬼住在里
面吗

067

八卦城
神秘的特
克斯

9 古今的地方面貌，听听那些城市的故事

西北地区：去逛逛西北的这些名城

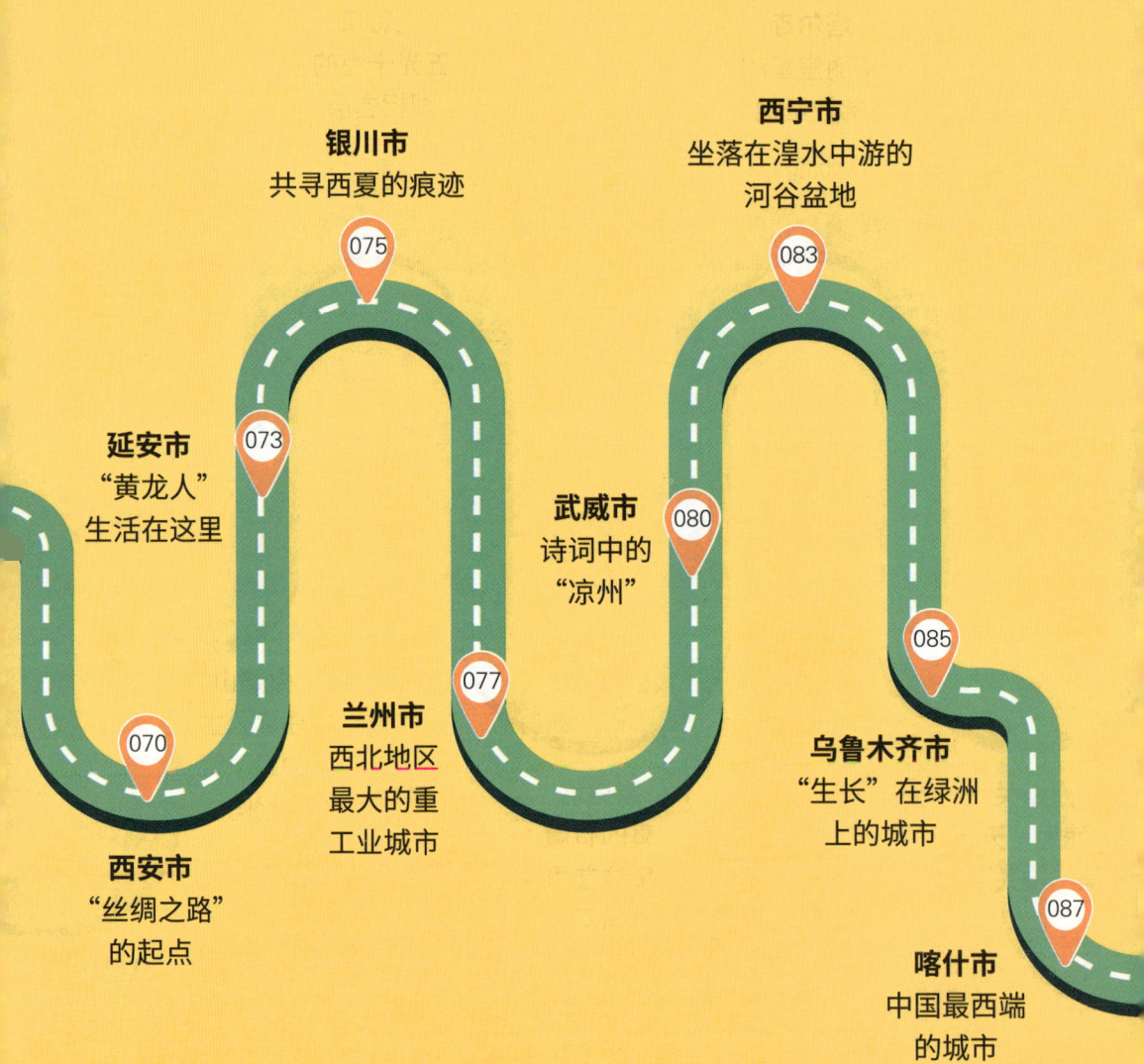

西宁市
坐落在湟水中游的
河谷盆地

083

银川市
共寻西夏的痕迹

075

延安市
"黄龙人"
生活在这里

073

武威市
诗词中的
"凉州"

080

085

兰州市
西北地区
最大的重
工业城市

077

乌鲁木齐市
"生长"在绿洲
上的城市

070

087

西安市
"丝绸之路"
的起点

喀什市
中国最西端
的城市

5 感受饮食文化，品鉴数不胜数的美肴风味

陕西菜

你想不到的"秦陇风味"

陕西菜是一种古老的菜系，属于西北菜的一种。发源于古代秦国统治的地区，所以又被称作"秦菜"。要说陕西菜有多古老，在西安东郊著名的半坡遗址能找到一些线索——早在6000年前，生活在这里的人们就已经掌握了烹饪技术，留下了锅灶的痕迹。由于许多王朝都曾把都城建立在陕西，所以秦地历史上出现过许多"宫廷菜"和"官府菜"，但由于这种高级的菜品往往不允许流传到民间，所以许多好菜都遗憾地失传了。如今提到陕西美食，可能我们更熟悉的是一些在民间广泛流传的小吃，如肉夹馍、饸饹、酥油饼、浆水鱼鱼等。

陕西菜很重视刀工，在许多菜中都会出现"肉片""肉丝""菜丝"，传统的陕西菜总是将其切得极好。在陕西菜中有一种有名的刀法，叫"来

"浆水鱼鱼"看上去就像一碗蝌蚪，陕西话称其为"蛤蟆骨斗"

回刀", 是一种双切肉丝的刀法, 也是陕西人做菜的特色。陕西菜总是汁浓味香, 重视调味材料的使用。西北菜中很受欢迎的牛羊肉, 也常见于陕西菜中, 如著名的"水盆羊肉""羊肉泡馍"等。

　　陕西菜主要分为"关中菜""陕北菜""陕南菜"三种。关中菜主要流行于西安一带, 葫芦鸡、温拌腰丝、红油花肚都是关中名菜; 陕北菜主要流行于榆林、延安、绥德一带, 最著名的有榆林大烩菜、陕北羊肉; 陕南菜主要流行于汉中、商洛、安康一带, 有汉江八宝鳖、烧鱼梅、白血海参等。这么多美食, 在你脑海中是不是已经绘制成一幅美食地图了呢? 如果来到陕西, 你最想吃哪道美食?

陕西人喜欢吃臊子面, 其中最有名的当数"岐山臊子面"

肉夹馍

馍很酥，肉很香

在陕西方言中，"馍夹肉"听着就像"没夹肉"，老板怕这样卖不出去，于是将"馍夹肉"改叫"肉夹馍"。把馍掰开在里面夹上各种食材，就叫"夹馍"，常见的有肉夹馍、菜夹馍、辣子加馍等。对于陕西人来说，肉夹馍是手中的"宝贝"。在西安的大街小巷，都能见到肉夹馍的身影。吃的时候，喷香的肉汁会从馍里漏出，流得满手都是。

有一种广泛流传于陕西的肉夹馍叫作"腊汁肉夹馍"，这种肉夹馍用的面饼叫"白吉馍"，这种馍的面坯是碗状的，馍的表面常常印有特殊的图案，看上去就像古代的瓦当，非常漂亮。所谓"腊汁肉"，就是卤汁腊肉。做腊汁肉的时候，

肉夹馍看上去和南方的"锅盔"有些类似，但又不完全相同

肉夹馍又被称作「中式汉堡」

陕西人喜欢用带骨头的肋条肉，这些肉往往肥瘦兼备，肥肉不腻、瘦肉不柴。在做腊汁肉的时候，需要用中草药和香料熬煮，白吉馍里夹上卤汁腊肉，馍脆肉香、滋味浓郁，这就是最流行的"腊汁肉夹馍"。

在陕西不同的地区，肉夹馍也流行不同的种类。在宝鸡一带，流行"肉臊子夹馍"，这种馍在制作馅料的时候会在肉臊子里加上食醋；在潼关一带，流行"潼关肉夹馍"，这种馍最大的特点是"热馍夹冷肉"，口感爽滑而不油腻；在绥德县，流行"猪头肉夹馍"，油旋馍里面包着猪头肉，嚼一口，嘴中便是满满的香味。

新疆菜

爽滑麻辣的鸡肉，软糯甜润的土豆

新疆菜属于清真菜。对于我们来说，新疆菜已经不算陌生了，新疆餐厅也随处可见。大盘鸡、拉条子等菜品，也是大家耳熟能详的。但实际上，这些菜品虽然是典型的新疆菜，却并不一定是新疆"土生土长"的。馕、手抓羊肉、手抓饭等，确实是传统的地方风味，但很多菜品其实是从甘肃、山西、天津、四川等地传到新疆的，比如说著名的"过油肉拉条子"，这种菜常常被认为是最正宗的新疆拌面，其实"过油肉"是一道经典的山西菜，在民国时期才被晋商带到新疆地区；最有名的新疆特色菜品之一——大盘鸡，也不过才流行了三四十年。

我们今天所知道的许多新疆菜的特点，其实都是近年来才形成的。我们都知道新疆菜偏辣——辣的大盘鸡、辣的拌面、辣的米粉等，但实际上在 20 世纪 80 年代以前，辣子在新疆菜中几乎是找不到的。把辣子

拉条子是一种流行于新疆地区的"拌面"

新疆大盘鸡里的鸡块和土豆块好吃极了

带到新疆的，是从四川来的移民，他们中的许多人在新疆办起了川菜馆，将"辣辣的"口味在这里传播开来，再和一些本地的菜品加以融合，就有了我们今天认识的这些辣辣的新疆菜。

除了辣味的特点，新疆菜中酸味的特点也是近年来才兴起的。人们喜欢在新疆菜中加番茄调味，使菜的口感偏酸。新疆人习惯吃酸，是因为新疆地区成功地栽培了番茄——最初，一些农学家在福建、东北等地区尝试大面积种植番茄，可惜都失败了，但在新疆成功了。新疆的很多地区有适宜番茄生长的条件，如日照条件好，生长在这里的番茄每天可以享受超长时间的日照，有利于番茄植株分泌有机物和含糖物质，因此在这里生长的番茄又大又甜；这里的砂土质地，能够为番茄提供很好的养分和矿物质，并且很少出现霜冻的现象，番茄可以健康生长。滋润番茄生长的水源许多是雪山的融水，由冰川融化而来的水富含矿物质，也有助于番茄的生长。后来，新疆成为了中国最大的番茄生产地。自然而然地，人们开始用番茄调味，许多新疆菜吃起来都有番茄那股清新的酸味儿。

新疆菜是众家杂糅而成的菜系，它的发展史很短，却"海纳百川"，兼容了其他菜系的特点。闻起来香、吃起来爽，分量总是大得让南方人瞠目结舌。

馕

唐僧取经路上携带的美食

"馕"看上去就像烧饼一样,对于生活在新疆的人来说,它可是日常的主食。它的主要原料是面粉,外皮是金黄色的。馕有很多种吃法,既可以放到茶水里泡着吃,又可以蘸着汤吃,还可以直接干吃。不过"馕"这个名字并非维吾尔族人发明的,它最早来自于波斯语。在维吾尔族的语言中, "馕"最早的称呼是"艾买克",从伊斯兰教引入新疆后才逐渐改称"馕"。在早期,馕还叫作"胡饼""炉饼"。

馕有各种各样的形状,有擀制出来的面饼,有盘成半球状的面团,还有用手拽出的长面片。馕的种类多样,有表面带着点点芝麻的"油馕",有将洋葱和到面里的"皮牙子馕",有用玉米面做的"玉米馕",还有一种厚厚的"奶子馕",里面和着牛奶,表面有厚厚的外壳,咬下去是浓浓的奶香味。一些馕用料讲究、做工精细,尝起来口感极好;也有些馕粗糙一些,主要发挥充饥的作用。

馕是一种可以在干燥环境下存放很久的食物,并且吃起来很"顶饱",

馕是新疆人最重要的主食之一

所以经常被当地人随身携带作为干粮，尤其是在长距离的旅途中，一个馕可以吃上很长一段时间。据说当年唐僧穿越戈壁，身上带的食物主要就是馕。

烤馕的馕坑长啥样？厨师"拍了拍"你！

　　馕是从什么地方烤出来的呢？大部分是在馕坑烤出来的。馕坑的样式有很多，在新疆不同的地方有不同的馕坑。最常见的馕坑是一种倒扣的水缸形状的土坯，一般用羊毛和黏土做成，高一米左右，在土坯的四周，还会围着用土块垒成的方形土台。在乌鲁木齐一带，有些馕坑是用砖垒成的；在南疆，有些地方用硝来和泥，做成馕坑坯。当然，也并非每一种馕都出自馕坑，还有一些馕是在油锅里炸的。

　　馕坑的面饼壁是垂直的，烤馕的时候人们常常直接把面饼粘在馕坑壁上，竟然不会掉下来，这是如何做到的呢？原来，由于馕坑主要由羊毛和黏土做成，所以表面上坑坑洼洼的，能够产生很大的摩擦力。此外，如果仔细观察馕坑，会发现馕坑内部是倾斜的，具有一定的弧度。另外，在把面饼放进馕坑之前，人们会在面饼上洒些水，面饼一下去就能够和高温中的馕坑壁贴合。因此，面饼就能紧贴在馕坑壁上，不会滑下去。

馕坑是新疆人专门用来烤馕的工具

安塞腰鼓

气势磅礴的"天下第一鼓"

数十个头系白羊肚手巾、扎着红腰带的陕北汉子，一边奋力地敲打着腰鼓，一边纵情地舞蹈跳跃，手中甩动飘飞的红绸……这就是"安塞腰鼓"的表演场景，是黄土地上气势磅礴的民间声音。

"腰鼓"是一种可以挂在腰上的鼓，属于"捶击膜鸣乐器"，整体为圆柱状，中间较宽而两头略小，击打起来声音清脆而响亮。从前，小小的腰鼓可以派上很大的用场——敌人来了，可以用鼓声预警；两军交锋，可以用鼓来助威；取得胜利的时候，击鼓表示庆祝……传入民间之后，人们渐渐地把腰鼓作为舞蹈或者演唱的伴奏乐器。后来，这种腰鼓主要流行于陕北地区，又以延安市安塞区的腰鼓最为有名，人们就称它为"安塞腰鼓"了。目前，安塞腰鼓是国家级非物质文化遗产之一。

地处黄土高原腹地的安塞，在古代有"塞北锁钥"的称号，是一个险要的"兵家必争之地"。当时驻守在安塞的士兵，军事生活中离不开腰鼓，后来腰鼓又渐渐传入民间，成为了安塞一带流行的乐器。在安塞，几乎每个村子都有自己的鼓队，每个家庭都有鼓手。如今的安塞，已经成为"中国腰鼓之乡"。

"铿锵有力"是安塞腰鼓表演的

一大特色。据说腰鼓学起来并不难，但要打好是真的难。民间对腰鼓表演者有"六劲"的要求：摇头晃脑的时候，要有"能劲"；挥动鼓槌的时候，要有"狠劲"；踢腿的时候，要有"蛮劲"；转身的时候，要有"猛劲"；跳跃的时候，要有"虎劲"；表演的时候，全身要使出一股"牛劲"。看安塞腰鼓的表演，会被这种充满生命力的舞蹈深深震撼。

安塞腰鼓的表演动作，有小缠腰、大缠腰、马步跳跃、十字梅花等

信天游

高亢悠长的陕北民歌

你听过《山丹丹开花红艳艳》吗？这可能称得上是最著名的一首信天游了。信天游高亢嘹亮、沉郁顿挫、恢宏壮阔，调子自由而易唱，歌词却内涵丰富。信天游主要流行于西北地区的陕西、甘肃、宁夏等地，尤其是在陕北地区流行最广。除了信天游以外，小调、酒歌、榆林小曲等也是有名的陕北民歌形式。

信天游属于陕北山歌，经典的曲目有《兰花花》《走西口》《圪梁梁》《山丹丹开花红艳艳》《五哥放羊》等

许多信天游是"即兴作品"，演唱者看到或是想到什么，唱出来便是了，情感是发自内心的。所以，信天游有种天然的感染力。也许信天游的歌词听上去会比较"口水话"，但总是形象生动的。从内容上讲，信天游的歌词常常围绕爱情和婚姻展开，又或者歌颂幸福和自由，也会高唱生活的快乐，或者倾诉个人的心绪。

我们听信天游，会觉得这些旋律自由奔放、荡气回肠，这种特点的形成与陕北的地貌具有很大的关系。陕北地区沟壑四布，要交流的人们中间有时隔着一道沟或是一道坡，声音很难传过去。因此，在以前"通讯信基本靠吼"的时代，隔着沟、坡的人们交谈时，经常会大声地呼叫，或是把声音拉得很长。久而久之，这种悠扬而高亢的曲调就在不知不觉中传承下来，形成了信天游的基调。

陕西民歌主要有哪些种类？音乐家"拍了拍"你！

榆林小曲： 流行于陕北榆林地区，是一种不化装、不表演的坐唱歌曲，吸收了许多江南曲调的特点，主要歌唱市民百姓的生活。

西山酒歌： 流行于陕西宝鸡一带，是一种原生态的"说唱艺术"，是在庄稼丰收、亲友相聚、结婚寿宴等场合唱的幽默风趣的酒令歌。

关中丝弦小调： 流行于陕西关中地区，是一种用丝弦乐伴奏的套曲坐唱小调。

秦腔

中国最古老的戏剧

关中地区自古被称作"秦"，所以这里最流行的剧被称作"秦腔"。秦腔起源于陕西、甘肃一带，是一种古老的传统民间歌舞剧。这种戏剧最初形成时，是用枣木梆子击节伴奏的，所以又称"梆子腔"；因为梆子敲击的时候会发出"咣咣"的声音，所以又称"桄桄子"。秦腔传到蜀地之后，蜀人称其为"乱弹"。

秦腔表演豪放而夸张，情感特别充沛。从唱腔上来讲，秦腔主要分为表达欢乐和喜悦的"欢音"及抒发悲愤和伤感的"苦音"。秦腔还有许多绝活，例如吐火、顶灯、趟马、踩高跷等。

秦腔的剧目，如《铡美案》《斩雄剑》等都在表现"斗争"，有忠与奸的斗争、守卫者与侵略者的斗争、

秦腔是一种古老的戏剧，唱词丰富、节奏变化多样

被压迫者与压迫者的斗争，等等，有许多秦腔剧目出自于"三国""说岳全传"等英雄故事。还有一些剧目，主要表现富有生活情趣的题材，如感情生活、劳动生活等。

在陕西不同的地区，秦腔也发展出了各种各样的流派。最发达的是流行于西安一带的"西安乱弹"，此外还有汉中地区的"汉调秦腔"、宝鸡地区的"西府秦腔"、渭南地区的"东路秦腔"等。

什么是"板胡"？音乐家"拍了拍"你！

"板胡"是秦腔表演中最常用到的主奏乐器，是一种弓弦乐器，琴筒是用木头或椰子壳制作而成的。这种乐器的音色清脆、响亮，特别适合豪放的秦腔。除了秦腔，河北梆子、豫剧和评剧等剧种也会用这种乐器伴奏。

板胡是一种拉弦乐器，常用于戏曲的伴奏

社火
热热闹闹的春节表演

各个地方庆祝春节的习惯都不太一样，青海、甘肃等地区最流行的是"社火"。每年春节，西北地区的许多乡村都会举办热热闹闹的社火活动，其中陕西宝鸡还被誉为"中国社火之乡"。高台、高跷、旱船、舞狮、舞龙……这些都是可以在"社火"中看到的表演。社火队伍从几十人到上百人的都有，所到之处锣鼓喧天、气氛热烈，

"踩高跷"是社火活动中经典的项目，表演者踩在高高的木棍上

看表演的群众会燃放爆竹迎接社火队伍。

"高台"是社火中一种很好玩的表演，这是一种"空中杂技"。表演的时候，人们会搬出一个专用的桌子，用布料、彩纸等材料做出假山、假树等各种各样的道具，然后把5岁左右的儿童装扮成故事里的人物，固定在高达五六米的可移动铁架上，确保安全。表演的高台最高能达到7米，一座高台上最多可以站5个角色。装扮好的高台跟随着社火队伍在村中巡游。

关于社火的由来，有这样一个传说：春秋战国时期，有一年临近春节，楚庄王在打仗时被敌人围攻，敌人说要拿楚庄王的头祭拜灶王爷。有人提议雇一个与楚庄王长得很像的人当替身，以"活享一品俸禄，死封庙祭灯官"为赏赐。最后，楚庄王雇到了一个长得很像他的放羊人作为替身，才得以逃出重围。后来楚庄王安定一方，就命百姓每年正月出灶火，那个救他的放羊人也被封为了专门执掌灶火的灯官。后来这种习俗广泛地流传开来，就形成了我们今天了解到的社火文化。当然，这只是一个传说，社火可能是早期汉人祭祀娱神的"百戏"演变而来的，经历了漫长的发展才有了现在丰富多样的形式。

"社火"中的常见表演，你还了解哪些？

舞狮：两个人套着狮子的装扮合作表演，一人舞头，一人舞尾。

舞龙：人们排成龙的身躯般蜿蜒的队形，模仿龙的动作舞动行进。

高跷：又叫"走高腿"，舞蹈的时候脚踏着木跷。

旱船：一种模拟水中行船的民间舞蹈，表演时人们会用到按照船的外形制作的木架子，这个就是"旱船"。

秧歌：一种载歌载舞的表演，通常用锣鼓等乐器伴奏。

花儿
盛大的民歌大会

"花儿"是一种流行于我国西北地区的民歌，尤其流行于青海、甘肃等地，听上去声音高亢而悠长，很有"大西北味儿"。它是由汉族、回族、东乡族、保安族等许多民族共同创造的，但主要是用汉语演唱的。平日里，人们在田间劳动的过程中即兴歌唱，在特定的日子里，人们还会举行盛大的"花儿会"，专门进行花儿竞唱，比较出名的有甘肃临夏的莲花山花儿会、松鸣岩花儿会和青海民和的七里寺花儿会。

花儿多为情歌，一些地方把演唱花儿称作"漫花儿"，形容花儿的歌声"漫天卷地"而来。花儿内容涉及的题材特别广泛，涵盖了生产劳动、衣食住行、气象物候等方方面面，唱的主要是劳动人民的生活。花儿的曲调特别丰富，至少有上百种"令"，大多是用地名、花名或者职业名来命名的，例如"清水令""白牡丹令""脚户令"等。从唱腔来说，花儿主要分为"高腔""平腔""矮腔"三种，"高腔"是用假声演唱的，"平腔"要稍微平稳一些，"矮腔"更强调中低音声区的"膛音效果"。

在不同的地方，花儿也发展出了不同的派别。流行于河湟地区的花儿，曲调复杂又婉转，其中蕴含着生动而细腻的情感；流行于洮河流域与岷江上游一带的花儿，曲调要简单得多，感情比较粗犷；流传于泾河、渭河流域的花儿，曲调的变化就比较自由了。

如今的"花儿"，主要是用汉语演唱的

回族

奇妙的"踏脚舞"

地理小辞典

我的读音： Huízú

我的由来： 最早出现在北宋时期沈括的《梦溪笔谈》中，是指唐朝安西（今新疆南部及葱岭以西部分地区）一带的"回纥"人

我的人口： 约 1138 万人（2021 年，不包括台湾省）

我的分布： 主要分布在宁夏回族自治区，其他各省市也有零散分布

我的故事： "回汉一条心，黄土变成金。"——民间俗语

在我国，回族是一个人口较多的少数民族，在全国各地都有分布，但主要分布在我国西北地区。回族诞生过许多杰出的人物，例如，明代航海家郑和。

回族是一个善于经商的民族。早在唐宋时期，回族人就在"丝绸之路"沿途活跃经商。他们开设"胡店"和"波斯肆"，售卖香料、珠宝以及源自中国的丝绸和陶器等。元朝以后，回族人的生意进一步扩展，做到了中国各地。

回族人特别喜欢喝茶，而且不同地方的回族人喜欢喝的茶不太一样。例如"罐罐茶"主要流行于云南回族地区，"擂茶"主要流行于湖南回族地区，最有名的是"盖碗茶"，在宁夏、

回族"塔基亚"是一种白色的无檐帽，是回族人常戴的配饰

甘肃、青海地区的回族间流行，"八宝盖碗茶"中的"八宝"分别是茶叶、冰糖、枸杞、核桃仁、芝麻、红枣、桂圆、果干。

回族人给人印象最深的，还有他们的头饰。回族女性戴"盖头"，把头发、耳朵、脖子都盖起来。

回族还是一个乐于习武的民族，回族的武术，在历史上被称为"昆仑派"，属于我国四大武术派别之一。"昆仑派"比较流行的招式有"查拳""回回十八肘""教门弹腿""八极拳"等，非常丰富。

回族人的传统体育项目，要不要试试？

踏脚：又被称作"打篮子""赶毛球"等，双方对踏时，你踏我闪、你攻我守，据说是从唐朝传下来的。

打木球：木球是一种硬度强、不易破裂的木质小球。比赛的时候人们需要准备一根半米多长的木棒或木板用来击球，有些类似冰球。民间的木球打法有好几种，例如"打圈杠""习杠""赶龙"等。

摔牛：国家级非物质文化遗产，是每年宰牲节专门进行的一项体育活动，需要人们用自己的力量和技巧在一定的时间内把大公牛摔倒，让它四脚朝天。

摔牛是回族民众的体育项目，源自于游牧生活

保安族

锋利的"保安刀"

地理小辞典

我的读音： Bǎo'ānzú

我的由来： 居住在青海省同仁县隆务河边的保安城，所以叫"保安族"

我的人口： 约2.44万人（2021年）

我的分布： 主要聚居在甘肃省临夏回族自治州积石山保安族东乡族撒拉族自治县，其余散居在甘肃省的其他地区以及青海省、新疆维吾尔自治区等

你一定听过"保安"这个职业，那你有没有听过"保安族"这个民族呢？这听上去是个有趣的民族。保安族原本聚居的地方叫保安城，这个少数民族的名字也是由此而来的。前面我们提到了"花儿"，保安族也是一个会唱"花儿"的民族。保安族的人口不多，并且大部分聚居在甘肃省临夏回族自治州积石山，这里的保安族人数占了保安族总人口的将近九成。

他们生活的区域水草丰美、气候温润，是一个既适合耕种，又适合放牧的地方。

保安族最开始和蒙古族相邻而居，所以以前他们穿的衣服和蒙古族很像。如今的保安族人，喜欢戴"号帽"，这是一种用白布或者黑布做成的圆顶布帽。此外，他们上身穿着白色衬衣、蓝色坎肩，下身穿着蓝色或者灰色的裤子。女子的穿着会更艳丽一些，她们通常会穿着色彩鲜艳的右衽上衣。保安族的女性一般会戴盖头，这个习俗和回

保安族擅长骑马、射箭、摔跤，也擅长唱歌、跳舞

族相似。

保安族是一个彬彬有礼的民族，他们非常尊重长者。保安族人热情好客，如果有客人来访，他们会将客人请到炕上，好肉好菜地招待，客人吃得越多，保安族人的心情越好。他们有时候会端出"三香茶"来招待客人，这种茶是在盖碗茶里加上冰糖、桂圆、杏仁干等。

保安族人是运动健将，他们流传到现在的体育活动有"顶牛""响铃操""打五枪"等。我们可能会在一些传统运动表演上看到"夺腰刀""打石头"，这些都是保安族特有的传统体育项目。

好一把"保安刀"

在保安族的手工业中，"保安刀"是最具盛名的。保安人打制腰刀的历史非常久远，他们做的刀又锋利又美观。最著名的是一种叫作"折花刀"的保安腰刀，这种刀弹性很好、不易折断，并且纹路奇特、刀刃锋利，工艺也十分复杂。不过，如今许多的保安刀的制作方法已经失传了。保安刀与新疆的"英吉沙小刀"、云南阿昌族的"户撒刀"齐名，号称"中国少数民族三大名刀"。

英吉沙小刀
原产自新疆喀什地区英吉沙县，造型精美、刃口锋利

保安腰刀
保安族人制作的特色腰刀

户撒刀
又叫"阿昌刀"，原产自云南省德宏傣族景颇族自治州陇川县西北部的户撒乡

维吾尔族

生活在绿洲上的民族

地理小辞典

我的读音： Wéiwú'ěrzú

我的由来： 是民族的自称，有"团结""联合"的意思

我的人口： 约 1177.45 万人（2021年）

我的分布： 主要聚居在新疆维吾尔自治区，在其他省市也有散居

我的故事： "维吾尔族的族源既包括漠北草原和天山以北古代游牧民族的一部分，也包括天山以南古代农业民族的一部分。"——《维吾尔族简史》

维吾尔族大多数聚居在天山以南的各个绿洲中，尤其是塔里木盆地周围的绿洲。他们主要从事农业生产，擅长种植棉花、葡萄等农作物，还很擅长园艺。维吾尔族有自己的语言和文字，从古突厥文到察合台文，再到如今的维吾尔文，他们的语言经历过上千年的演变。如今的维吾尔文，是一种以阿拉伯字母为基础的拼音文

维吾尔族是一个热情好客的民族，维吾尔族舞蹈也活泼、欢快

字。和汉语的阅读习惯不同，维吾尔文通常是从右往左念。

维吾尔族人生活的环境并不算舒适——他们居住的地方有剧烈的大风狂沙、干燥的气候、分明的严寒酷暑，这使得他们很注重对环境的改造。维吾尔族人喜欢住在一种庭院式建筑里，这种建筑主要分为"外间""餐室""后室"。在庭院中，他们常常开辟一些花圃、果园或是葡萄棚。维吾尔族人还特别钟爱毯子，会在墙壁上挂"壁毯"，在土炕上铺"地毯"。

维吾尔族人生活在一片绿洲中，这些绿意也悄悄影响着维吾尔族人的性格，他们开朗豪放，能歌善舞。维吾尔族的舞蹈是快速旋转的舞蹈。这里最流行的一种舞蹈叫作"赛乃姆"——在音乐的伴奏下，舞者即兴表演，围坐一圈的观众拍手唱和。在南疆，还盛行一种叫"夏地亚纳"的舞蹈，这是一种以小跳步为主的集体舞蹈，人们跳的时候需要举起双臂、快速翻转手掌内外，是一种轻松快乐的舞蹈。在大型节日或是婚宴之类的庆典上，维吾尔族人常常跳舞助兴。

一种弹拨乐器，琴身看上去是梯形的

卡龙琴

一种弹拨乐器，外形上看像一个长柄的水瓢

都塔尔

一种弓拉弦鸣乐器，通常是用桑木做成的

萨塔尔

什么是"木卡姆"？
音乐家"拍了拍"你！

　　"木卡姆"是一种大型综合艺术表演，囊括了歌、舞、乐多种形式，是一种"载歌载舞的表演"。单看"木卡姆"这个词，在现代维吾尔语中是"古典音乐"的意思。演出的内容涉及先知的告诫、文人的诗作、民间的故事等。通过集体队形的组合和步伐姿态的变化，木卡姆表演能变换丰富的形式。在表演的过程中，最常用的乐器有萨塔尔、弹拨尔、都塔尔、热瓦普、艾捷克、卡龙琴、达卜、萨巴依等。

　　"木卡姆"广泛地流传于中亚地区，而在新疆地区这种表演被称为"维吾尔木卡姆"。它一共包含十二套大曲，所以又被称作"十二木卡姆"。这十二个套曲分别为《拉克》《且比亚特》《木夏维莱克》《恰尔尕》《潘尔尕》《乌孜哈勒》《艾介姆》《乌夏克》《巴亚提》《纳瓦》《斯尕》《依拉克》。每一首套曲主要分为四个部分：序唱"木卡姆"、大曲"穷拉克曼"、叙事歌曲"达斯坦"、歌舞"麦西热甫"，而每一个部分又由四个主旋律和若干变奏曲组成。如果把所有的套曲都完整地表演一遍，一天一夜的时间都不够用。

　　传说，这十二套曲能够很好地整理起来，要多亏了 15～16 世纪叶尔羌维吾尔汗国的一个才华横溢的王妃阿曼尼萨汗，乐曲的整合是在她的倡导下推行的。

哈萨克族

住在毡房里的民族

地理小辞典

我的读音： Hāsàkèzú

我的人口： 约156.25万人（2021年）

我的分布： 在我国主要分布在新疆北部的伊犁哈萨克自治州，新疆东部的木垒、巴里坤两个哈萨克自治县等，在甘肃等地区也有分布

我的故事： "雨水染绿大地，巴塔（祝福词）成就英雄。"——民间谚语

秦汉时期，活动在西北地区的乌孙、大月氏等古代游牧民族，是哈萨克族的前身。在与突厥、蒙古等周围民族进行融合后，在15世纪，哈萨克民族开始正式形成。在世界上，哈萨克族主要居住在哈萨克斯坦，当然啦，在乌兹别克斯坦、土库曼斯坦、俄罗斯等国家也有分布。

哈萨克族是逐水草而居的游牧民族，他们喜欢在河流两岸、山麓地带、湖泊周围进行种植和放牧。他们的传统游牧区位于亚洲腹地，牧场分布在天山山脉、阿勒泰山脉、阿尔金山脉、祁连山脉。在放牧的时候，他们会四季转场：夏天他们带着牧群来到气候凉爽的高山地带，春秋季节

曾经的哈萨克族人喜欢居住在毡房里，富裕人家的毡房会用各种花毡、地毯、骨饰等进行装饰

来到山麓较为平缓的地方，冬季就去山谷、河湾等可以避风的地方。传统的哈萨克牧民住的是毡房，这样的房屋便于拆卸、携带和重新搭建。如今的哈萨克族人，大多数已经住进城镇里面了。

哈萨克族很善于放牧，哈萨克马、哈萨克牛、哈萨克羊、巴什拜羊、伊犁骆驼等，都是出名的品种。其中的哈萨克马，还是我国的四大马系之一，这种马是西汉时期的"乌孙马"经历代繁衍而来的。

哈萨克族人善于骑马，几乎男女老少都会骑马。每年5～10月，哈萨克人会在他们生活的草原上定期举办各种规模的赛马会。在赛马会上，我们还能见到传统的刁羊、骑马抢布等活动。

正是由于哈萨克族人过着畜牧生活，他们的奶制品异常丰富。他们会用牛、羊、马、骆驼的奶制作酥油、奶疙瘩、奶酪、奶豆腐、奶皮子等，这些略带酸味的奶制品很好消化，还可以放在汤中作为辅料。哈萨克人还很喜欢喝茶，在这里流行着一句俗语："宁可一日无食，不可一日无茶。"

"巴塔"是哈萨克人的祝词，表达了哈萨克人美好的祝愿

塔吉克族

半游牧半定居的民族

地理小辞典

我的读音： Tǎjíkèzú

我的由来： "塔吉克"是"王冠"的意思，是这里的自称

我的人口： 约5.09万人（2021年）

我的分布： 在中国主要聚居在新疆塔什库尔干塔吉克自治县

我的故事： "丽人啊你莫生气，我带来布哈拉之光，我是明月。"——塔吉克族民歌《古丽碧塔》

来收获作物，然后过冬。

高山上气候寒冷，塔吉克人的服装主要是比较厚的棉衣和夹衣。在成年男子之间流行一种帽子，叫作"吐马克帽"，这是一种黑绒圆高筒帽，帽子上绣着很多细细的花纹和一道长长的花边，帽的下沿是上卷的。天冷的时候，可以把帽圈放下来遮住耳朵；天气暖和的时候，又可以把帽圈折起

生活在高山地区的塔吉克族，非常会利用高山。他们在高山牧场上放牧，在低谷农田里种植庄稼。山谷间，零零散散地分布着塔吉克人的村庄和庄园，各家各户之间相隔较远。传统的塔吉克人过着半游牧半定居的生活，他们每年春天播种青稞、春小麦等作物，夏天赶着牲畜去高山草原放牧，秋天回

塔吉克族女子喜欢佩戴装饰，盛装打扮的时候帽沿上会加一排小银链，称作"斯拉斯拉"

来。这种帽子的帽里是用羊羔皮缝制的，保暖效果很好。在女子之间也流行一种帽子，叫作"库勒塔"，这是一种带耳围的圆顶帽，塔吉克妇女几乎人人都有一顶。这种帽子色彩艳丽、图案丰富，不过女子出门的时候往往还要在帽外挂上一顶方形的大头巾，这种头巾一般是白色的，刚出嫁的新娘会用红色，也有些年纪小的姑娘用黄色。

在塔吉克人的炕上，右边是上席、左边是下席。如果有客人来，主人会将访客中年龄最大的妇女作为最上等的宾客，请她先进来，坐在右边的首席。接下来，女子坐右炕、男子坐左炕。如果宰了新鲜的羊，羊头和羊尾也要先摆放在年龄最大的妇女宾客面前。

你听过《花儿为什么这样红》吗？这首歌最早就是一首塔吉克族的民歌——《古丽碧塔》，后来经过汉族人的改编，成了我们现在听到的《花儿为什么这样红》。能歌善舞的塔吉克族，有许多经典的民歌流传下来。他们的民歌被列入了国家级非物质文化遗产。如果有幸去塔吉克族人家里做客，热情的主人通常会以歌声欢迎你；如果参加婚礼等特别的仪式，还能欣赏到欢腾的歌舞。

塔吉克人生活的"塔什库尔干"，是一个什么样的地方？

塔什库尔干位于帕米尔高原的东部，塔吉克族人世代生活在这里。在塔吉克语中，这个名称象征着"石头城堡"。这里面积不算大，却矗立着几十座海拔超过5000米的终年积雪的山峰。远远望去，一条条壮美的冰川高悬于此，看上去险峻无比。这里南端矗立着世界第二高峰——乔戈里峰，北方是号称"冰川之父"的慕士塔格峰。

冰川融化的雪水，在这里形成了一条条珍贵的河流，这些河流滋润着沿途的山谷和平原，使得这些地方成为水草丰美的良地。塔吉克牧民就在这些山谷中生活，驱赶着他们的牛羊。可惜这里属于"高原山地气候"，没有分明的四季，只分为冷季和温季，冬天长、夏天短，也没有充足的降水，所以种植业在这里很难发展起来。

⑧ **这些风景胜地，当然值得一去**

华山

"自古华山一条路"

地理小辞典

我的读音： Huà Shān

我的位置： 位于陕西省渭南市华阴市

我的由来： 《水经·渭水注》中记载："其高五千仞，削成四方，远而望之，又若花状。"古时，"花"和"华"通用，所以"花山"又叫"华山"

我的别称： 西岳、太山、太华山

我的故事： "太华之山，削成而四方，其高五千仞，其广十里。"——《山海经》

坐落在陕西渭南的华山，向南连接着秦岭，向北俯瞰着黄河，是"五岳"中的西岳。华山是一座经典的"断块山"——所谓断块山，往往是顺着地壳断层线的抬升而形成的山地。这样的山通常地势险峻，拥有陡峭的断层崖。华山外表四四方方，周围都是陡峭的悬崖，就像是被斧子劈砍过的一样。《水经·渭水注》中记载华山"其高五千仞，削成四方，远而望之，

华山上著名的去处有西岳庙、苍龙岭，还有南天门外的长空栈道

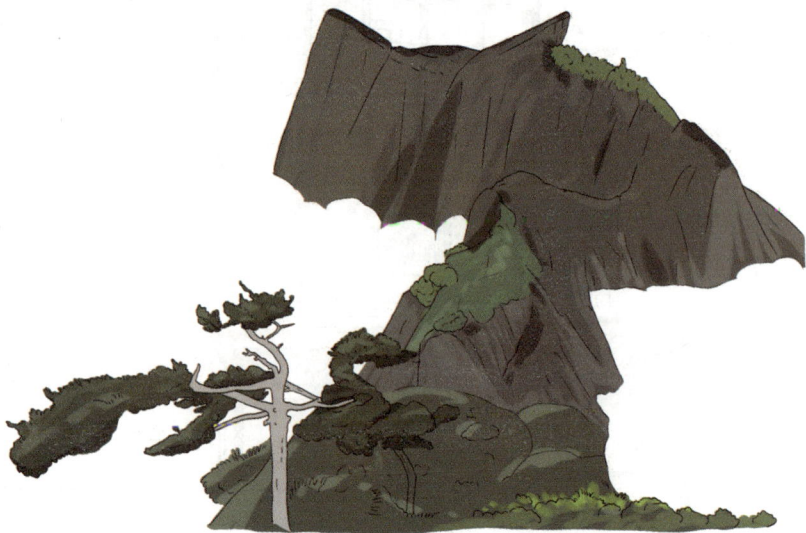

又若花状"。

如果你来到华山，想必会踏上那条凌空架设的惊险栈道，走在上面惊心动魄，不敢往脚下看。华山之险，有种说法叫作"自古华山一条路"。行到半路的时候，会发现一块刻着"回心石"的大石头，这时候可得好好想一下，是否还有勇气继续走下去？到底要不要转头回去？"擦耳崖""苍龙岭""百尺峡""仙人桥"……光是听见这些小景点的名字，就已经有惊心动魄的感觉。

由于华山山体造型的奇异，人们发挥想象，为华山创造了各种各样的传说。根据《禹贡》的记载，华山是传说中"轩辕黄帝会群仙"的地方，而在金庸小说的武侠世界中，华山则是召开武林盛会的地方。

什么是花岗岩山地？

华山是一座经典的由花岗岩形成的山脉。花岗岩是一种主要由石英、钾长石、酸性斜长石等矿物质晶体组成的岩石，而由花岗岩构成的山地就是我们所说的花岗岩山地。花岗岩山通常是雄伟、峻峭的，常常形成群峰簇拥的景观。我国是世界上花岗岩分布最广的国家之一，几乎在全国各地有分布，世界上已知的花岗岩类型几乎能在中国找到。在我国，著名的花岗岩山除了华山，还有安徽黄山、江西三清山、浙江普陀山、山东崂山等。

秦始皇陵

世界八大奇迹之一

地理小辞典

我的读音：Qínshǐhuánglíng

我的位置：位于陕西省西安市临潼区城东的骊山北麓

我的由来：秦始皇的陵墓，所以叫"秦始皇陵"

我的故事："始皇初即位，穿治郦山，及并天下，天下徒送诣七十余万人，穿三泉，下铜而致椁。"——（西汉）司马迁《史记·秦始皇本纪》

秦始皇从公元前 247 年继位开始，就着手修建自己的陵墓。当时的秦始皇肯定想不到，2000 多年以后，他的陵墓竟成了"世界八大奇迹"之一。在秦始皇陵中，有一支特殊的"地下军队"——兵马俑，2000 多年来，它们一直在陵中守护着皇帝的长眠。

秦始皇陵中的这些兵马俑，既有

秦始皇的陵墓位于骊山，原名"骊山园"

普通的兵士，又有各种级别的军吏，一般戴冠的是军吏，不戴冠的就是普通士兵。这里的兵士还有各种各样的种类，主要有步兵、骑兵、车兵等，不同兵种的士兵配置了不同的装备。立射俑和跪射俑手持弓弩，从它们身上我们能看到秦始皇时代的士兵通常是以怎样的姿态进行射击的。骑兵俑身穿短小轻巧的铠甲，一手持着弓，一手拉着马。驭手俑主要负责驾驶战车，它们的双臂都朝前举着，还保持着牵拉辔绳的姿态……这些兵马俑曾经都带着鲜艳的色彩，人们将它们发掘出来之后，它们便迅速氧化，如今我们只能看到一点残留的色彩了。

据说，陵墓的主要设计者是秦代的丞相李斯。建造这座陵墓用了数十年的时间，这可是一项不小的工程。秦始皇陵的整个墓冢有 70 余米高，陵园的布置就像秦都咸阳的缩影，设置有内、外两城。目前人们已经发现的陪葬坑和陪葬墓，已经多达 600 余处了，并且大小形状各不相同，所承担的任务也各不相同。人们在这些陪葬坑里发掘出了上万件珍贵的文物，例如，铜车马、石铠甲、百戏俑，等等。

神秘的"地下军团"兵马俑，造型丰富、神态各异

埃及胡夫金字塔：位于埃及开罗西南的吉萨高地，是古埃及金字塔中最大的金字塔。

巴比伦空中花园：位于幼发拉底河东岸，传说是古巴比伦王国的国王尼布甲尼撒二世在巴比伦城附近为患病的王妃修建的。

阿尔忒弥斯神庙：位于土耳其塞尔丘克附近，是希腊神话中阿尔忒弥斯的神殿。19 世纪，一些研究者在这里开启发掘工作，后来，人们用挖掘出的大理石拼出了一根石柱，作为神殿的标记。

奥林匹亚宙斯神像：位于希腊奥林匹亚城奥林匹亚宙斯神庙中，是古希腊雕刻家菲迪亚斯的作品，刻画的是众神之神宙斯。

摩索拉斯陵墓：位于古希腊城邦中的哈利卡纳苏斯，也就是如今的土耳其西南方的博德鲁姆。陵墓底部建筑是长方形，顶部是 6 米高的马车雕像，周围用石像作装饰。

罗德岛太阳神巨像：位于希腊罗得岛上的罗得港口，是希腊太阳神赫利俄斯的青铜铸像，后来在地震中被毁坏。

亚历山大灯塔：位于埃及亚历山大港外的法罗斯岛上，建造于托勒密王朝，后来毁于地震，在原址上建造了盖特贝城堡。

唐十八陵

这里藏着大唐 19 位皇帝的故事

地理小辞典

我的读音： Táng Shíbā Líng

我的位置： 分布于关中地区，位于陕西省咸阳市和渭南市

我的由来： 这里埋葬唐朝 19 位皇帝（正统女皇帝武则天和唐高宗李治合葬在乾陵），因此叫"唐十八陵"

我的别称： 关中十八陵、关中十八唐帝陵、大唐十八陵

我的故事： "昭陵和贞陵周围一百二十里；乾陵周围八十里；泰陵周围七十六里；定、桥、建、元、崇、丰、景、光、庄、章、端、简、靖等十三陵周围四十里；献陵周围二十里。"——（北宋）宋敏求《长安志》

唐朝一共有 21 位皇帝，其中有 19 位皇帝的陵墓分布在关中一带的"唐十八陵"，叫"十八陵"，意思是这里一共有 18 座陵墓，但其中唐高宗李治和正统女皇帝武则天合葬在乾陵，所以是有 19 位皇帝。

唐朝皇帝的陵墓大多分布在渭北高原的山梁上，许多是"依山为陵"，就是倚靠着一座山，从山的半山腰开凿墓道，一路凿到山体之中，再修筑墓室。例如，唐太宗的昭陵、唐高宗和武则天的乾陵、唐中宗的定陵等，都是"依山为陵"。还有少部分是"积

乾陵是唐高宗李治和女皇帝武则天合葬的地方

土为冢"，并不依靠山势，而是从平地建起的，例如，唐高祖的献陵、唐敬宗的庄陵。以西安为基点的话，你会发现神奇的一幕：从最西面的乾陵到最东面的泰陵，围成了一个扇面。

　　皇帝的陵墓，规格当然难以想象，里面藏着数不胜数的珍宝。在十八陵中，人们发现了许多随葬品，其中有神态各异的陶俑、精美的壁画，还有各式各样的华表和石碑等。可惜除了乾陵保存得比较好之外，其余陵墓均已被盗，有一些文物我们很难再看到了。

帝陵中出土的唐三彩女立俑，现收藏于故宫博物院

大雁塔和小雁塔

"伟丈夫"和"娇夫人"

地理小辞典

我的读音： Dà yàntǎ Hé Xiǎoyàntǎ

我的位置： 大雁塔在陕西西安大慈恩寺内，小雁塔在陕西西安荐福寺内

我的由来： 大雁塔是仿照印度的雁塔修建的，所以叫"大雁塔"；"小雁塔"的外形似雁塔又小于大雁塔，所以叫"小雁塔"

我的故事： 玄奘为了保存从天竺带回长安（今西安）的经卷佛像，主持修建了大雁塔

在西安市内，有两座东西相望的雁塔，大雁塔被称作"伟丈夫"，小雁塔被称作"娇夫人"。大雁塔看上去是砖红色的，而小雁塔看上去是青砖色的。放在平面上来看的话，大雁塔塔身的线条是直直的，而小雁塔的"腰身"略带弧形。

大雁塔是我国现存最早的方形楼阁式砖塔，距今已经有上千年的历史了。大雁塔一共有七层，大约60米高。

大雁塔是一座七层方形佛塔，这是一座西域风格的藏经塔

据说人们修建大雁塔，主要是为了迎回玄奘西行取回的经卷佛像。如今，我们还可以沿着塔内的楼梯盘旋着登上塔顶，眺望西安。可惜由于地下水被过度抽取等原因，大雁塔的塔身已经有了一些倾斜。

小雁塔位于荐福寺内，比大雁塔要小一些，所以就有了"小雁塔"这个名字。这是一座经典的密檐式佛塔——塔的第一层非常高大，由下往上，每一层逐渐缩小，各层的塔檐紧密地重叠起来，这种塔是中国佛塔的主要类型之一。虽然小雁塔比大雁塔矮很多，但由于每一层的高度偏低，使得小雁塔的层数反而比大雁塔多了八层。明朝时，小雁塔经历地震后，塔顶坍塌，只剩下十三层。当然，现在又被修好了，还是保留着唐朝时期十五层的样子。小雁塔里有一口铁钟，钟声清脆响亮，可以传到很远的地方。清朝时，关中地区有"关中八景"，其中之一是"雁塔晨钟"，说的就是小雁塔的这口钟。

小雁塔是一座砖木结构的佛塔，建成于唐中宗景龙年间

西安市还有哪些古塔？

华严寺塔：位于西安市长安区，是唐朝著名的"樊川八大寺"之一。

兴教寺塔：位于西安市长安区，是中国现存的最古老的楼阁式塔。

昭慧塔：位于西安市高陵区，始建于唐朝大中年间（847~860年），又被称作"高陵塔""三阳寺塔"。

鸠摩罗什舍利塔：位于西安市户县草堂寺，建于唐朝（618~907年），是非常精美的建筑。

沙坡头

一起来玩沙子吧

位于宁夏中卫西部的沙坡头，在许多游人心中都是一个"玩沙子"的好地方，中国最大的天然滑沙场就建在这里。然而，这里其实起源于一个保护铁路的治沙工程，人们通过青黄色麦草网格固沙——这是在沙坡头首创的治沙方法，外国人将这种方法称为"中国魔方"。

在沙坡头地区，我们还能看见长城的痕迹——这里曾经是我国北方少数民族聚居生活的地方，也是游牧文化和农耕文化频繁爆发冲突的地区。由于游牧部族不断南下侵扰，历代中原的统治者在这里修筑长城，以抵御北方民族的入侵。此外，作为黄河第

位于宁夏中卫的沙坡头，如今是一个"玩沙胜地"

西北地区：出发吧，去看看壮美的大漠戈壁

一入川口，这里曾经是丝绸之路上最重要的渡口之一。

你听说过"响沙"吗？就是"会响"的沙子，风一吹就会发出"嗡嗡"的声音。中国有"四大响沙"，其中之一就是"沙坡鸣钟"。这里很适合滑沙——从坡顶滑下，听着"嗡嗡"的鸣响声，感受着迎面而来的风，这是一种很独特的体验。此外，我们还可以在这里乘坐越野车穿梭在大漠间，或者骑上骆驼畅游沙海……尽情体验沙漠带给我们的乐趣。"天下黄河第一索"也在沙坡头，这是一条横跨黄河的索道，一来一回只需要数十秒的时间，这可真是"勇敢者的游戏"了。

西夏王陵
西夏王朝的皇家陵寝

地理小辞典

我的读音：Xīxiàwánglíng

我的位置：位于宁夏回族自治区银川市西部

我的由来：众多西夏王朝的皇帝埋葬在这里，因此叫"西夏王陵"

我的故事："九年十月，德明卒，时年五十一，追谥曰光圣皇帝，庙号太宗，墓号嘉陵。"——《宋史·卷四百八十五·夏国上》

你听过西夏王朝吗？这是党项族建立的封建王朝，在历史上存在了189年。西夏王朝存在的这些年里，有10位皇帝执掌政权，创造了灿烂的西夏文化。

西夏王陵坐落在银川西部的贺兰山脚下，是中国现存规模最大、地面遗迹保存最为完整的帝王陵园之一。

这里埋葬着9位西夏皇帝，9座陵墓分别叫作裕陵、嘉陵、泰陵、安陵、献陵、显陵、寿陵、庄陵、康陵，都是坐北朝南修建的。9座陵园按照一到九的顺序进行了编码，其中一号、二号、三号、五号、七号和九号陵墓是在平原上修建的，四号、六号和八号陵墓依山而建。

西夏王陵除了葬着西夏的帝王，还葬着数百位西夏的王侯勋戚

"镏金铜牛"是现存最大的西夏时期的金属铸造工艺品

西夏王陵又被称作"东方金字塔"，主要是因为它的外形和埃及金字塔类似——远远看过去，像一座座小塔，又像一座座小山丘。实际上，埃及金字塔主要是由巨大的石头堆砌而成的，而西夏帝王的陵墓全都是用夯土垒成的。从建筑风格来说，西夏王陵参考了唐宋皇陵的风格，又受到佛教建筑的影响，再融合党项人的文化，在中国的陵园建筑中独树一帜。

每一座帝陵的陵园，原本都是一个完整的建筑群体，初期时有存放功绩石碑的碑亭、放置官员石刻雕像的月城、主要的建筑陵城、城池边缘的角楼等，而如今这些建筑几乎都看不见了，只有9座王陵的主体被保存下来。考古工作人员在这里发现了许多宝贝，有精巧的工笔壁画、花纹密布的砖石、不同时期的钱币，还有陶瓷等手工艺品，在一些陶瓷制品上还存留着相应时期的文字和花纹，这些都是西夏文明留下的痕迹。

崆峒山

背负关山，面临泾水

地理小辞典

我的读音：Kōngtóngshān
我的位置：位于甘肃省平凉市
我的由来：据说这里是古代空同氏族居住的地方
我的别称：空同山

你知道传说中的"中华道教第一山"是哪座山吗？没错，就是甘肃平凉的崆峒山。据说道家仙人广成子曾经在这里修炼，黄帝来这里专门拜访他。在秦汉时期，人们开始在崆峒山

崆峒山是六盘山的一条支脉，位于甘肃平凉

修建庙宇和宫观。明清时期，人们把山上的名胜景观称作"崆峒十二景"。近些年来，人们又在山上修建了法轮寺、观音堂、通天桥、飞升宫等。

从丝绸之路西出关中，这里是必经之路。"齐家文化遗址"就是在崆峒山上发现的，这说明早在 3000 多年以前就有人类生活在这里。中国传统的武术门派"崆峒派"，就源自崆峒山，这个武术门派的历史可能比峨眉、武当等派别还要悠久。

崆峒山是六盘山的支脉，由大小几十座山峰组成，主峰叫作马鬃山。这里既有北方山势的雄伟，又有南方山色的秀丽，人们称这里为"神州西来第一山"。这里还是生物的天堂，在这里生长的植物多达上千种，其中有紫果云杉、油松、大果榆等优良名贵木材，金雕、雀鹰、金钱豹等珍稀的飞禽走兽也在这里安家。

中国"道教四大名山"

湖北武当山：位于湖北省十堰市，是国家非物质文化遗产武当武术的发源地。"七十二峰朝大顶，二十四涧水长流"，形容的就是武当山的绝妙景致。

江西龙虎山：位于江西省鹰潭市，是著名的道教发祥地之一，山上修建了很多道观。这里还能看到经典的丹霞地貌景观。

安徽齐云山：位于安徽省黄山市休宁县，享有"天下无双胜境，江南第一名山"的美名。

四川青城山：位于四川省都江堰市，是世界文化遗产"青城山—都江堰"的重要景区，被称为"青城天下幽"。

麦积山石窟

悬在山上的壮观石窟

地理小辞典

我的读音：Màijīshān Shíkū

我的位置：位于甘肃省天水市麦积区

我的由来：石窟是在麦积崖上开凿出来的，因此被称为麦积山石窟

我的故事："麦积山者，北跨清渭，南渐两当。五百里岗峦，麦积处其半。"——（五代）王仁裕《玉堂闲话》

这里是我国最著名的大型石窟之一，在中国的佛教石窟中，敦煌莫高窟以壁画最为闻名，云冈石窟、龙门石窟、大足石刻以石雕闻名，而麦积山石窟最令人称道的是泥塑，著名的雕塑家刘开渠赞扬这里是"东方雕塑陈列馆"。这里之所以做泥塑，是因为麦积山的岩石石质松散，雕琢起来具有一定的难度，所以人们只好在这里做泥塑了。但当时的匠人应该也没

如今的麦积山石窟，主要分为东崖和西崖两个部分

这些风景胜地，当然值得一去

051

在麦积山石窟，保存完好的彩塑随处可见

有想到，这里正是因为泥塑而冠誉天下。

麦积山石窟的泥塑主要分为四种类型：突出墙面的"高浮塑"，完全离开墙面的"圆塑"，粘贴在墙面上的"影塑"和留在墙体上的"壁塑"。这些泥塑中，最高的有16米左右，最小的只有16厘米左右。最值得一提的是这里的"等身圆塑"，几乎和真人一样高，往往还带着些妆容，如同真人一般。

麦积山的山形非常独特，远远看去就好像农家的麦子垛，人们因此称呼它为"麦积山"。麦积山石窟原本是一个整体，但在地震的破坏下，被分隔为东崖和西崖两部分。在麦积山上开凿石窟，看上去并不是容易的事情——这些石窟几乎是建在悬崖峭壁之上，洞窟与洞窟之间只能靠人工修建的凌空栈道相连通。前来旅游的人走在已经修好的栈道上都会觉得心寒胆战，更别说当时开凿洞穴、修建栈道的工匠了。

敦煌莫高窟
一座宏大的艺术宝库

地理小辞典

我的读音： Dūnhuáng Mògāokū

我的位置： 位于甘肃省敦煌市莫高镇的鸣沙山东麓断崖上

我的由来： 有一种说法是唐朝时鸣沙山叫莫高山，因此在这里建筑的石窟叫莫高窟

我的别称： 千佛洞

我的故事： "无人知晓谁开凿了这些洞窟，谁绘制了这些壁画。然而可以肯定的是，这些洞窟和壁画的奉养人将开窟造像视为美德。"——[英国] 迈克尔·苏立文《中国艺术史》

位于鸣沙山崖壁上的莫高窟，是世界上规模最为庞大的佛教艺术圣地。莫高窟的长度绵延接近 2000 米，又被称作"千佛洞"。莫高窟的高度大约 50 米，洞窟高低错落地分布其间，上下最多有 5 层。从自然地理的位置来看，敦煌莫高窟正处在河西走廊的西部尽头处，这里南接青海，西连新疆，自汉代以来一直是中西交通的枢纽。在汉武帝开通了丝绸之路后，

根据目前的研究，人们认为莫高窟最初开凿于前秦建元二年（366 年）

敦煌成了中原和西域文化融合的场所，敦煌莫高窟也因此诞生。

在莫高窟，有大大小小 700 多个洞窟，其中保存绘画和彩塑作品的洞窟有 492 个。这些洞窟形态各异，有"禅窟""塔庙窟"等各种类型，最高的洞窟有 40 米高，最小的洞窟还不到一尺高。敦煌莫高窟中最闻名的就是藏在石窟里的彩塑——各种各样的佛像、菩萨像、弟子像，以及威武的天王、金刚、力士，是彩塑最主要的形象，最高的有 30 多米，最小的才 2 厘米左右。"圆塑""浮塑""影塑"等，都是在莫高窟很常见的彩塑形式。在这些洞窟里，人们已经发现了 2000 多尊彩塑。

莫高窟的壁画在艺术上也是登峰造极的。石窟中还有许多壁画，内容主要讲的是佛经中的故事，还有一些是刻画劳动人民生产生活的场面。在莫高窟的壁画中，我们能看到各式各样的建筑、山水、花卉等造型。在上千年间，人们的艺术审美都经历过什么样的变化，从莫高窟这些来自不同时期的作品中就能够感受到。

在莫高窟中，藏着许多精美的彩塑

世界上还有哪些著名的石窟？

吴哥窟：位于柬埔寨，是这里的国宝，是世界上最大的庙宇类建筑，也是最早的高棉式建筑。

巴米扬石窟：位于阿富汗兴都库斯山中，石窟是在大岩壁上雕凿成的，巴米扬大佛是世界上最高的古代佛像。

象岛石窟：位于印度孟买以东的阿拉伯海上，因一头石雕大象而得名，是由岩石外部向内开凿形成的石窟。

埃洛拉石窟：位于印度中部马哈拉施特拉邦地区，石窟中的石雕建筑非常精美。

嘉峪关

不愧为"天下第一雄关"

"天下第一关"是山海关，而"天下第一雄关"则是嘉峪关。这里确实是一个非常险要的关口。嘉峪关是明长城西端的第一道重关，也是古代丝绸之路上最重要的关卡之一。嘉峪关的关城位于嘉峪关最狭窄的山谷中部，城关两侧的城墙横亘在沙漠戈壁中，关城的主体部分位于地势最高的嘉峪山上，所以这里被称作"嘉峪关"。

中国第一个全面展现长城文化的专题博物馆——长城博物馆，就建造在这里。

在长城的众多关城中，这里是保存得最为完整的一座，在城墙上还能看到箭楼、敌楼、闸门楼等各种各样的军事设施。关城东边是光化门，

嘉峪关是明代万里长城的起点

西边是柔远门，并且在东、西两个城门都建了瓮城。所谓瓮城是城门外再加建一个小城，瓮城通常是半圆形的或者方形的，看上去就像"口小肚子大"的瓮一般，修建瓮城是为了加强城关的防守。

你听过"击石燕鸣"的传说吗？旅行家"拍了拍"你！

传说在古代，有一对燕子在嘉峪关的柔远门内筑巢。有一天，两只燕子飞出城门，稍晚的时候，雌燕飞回了城内，而雄燕飞回时，城门已经关闭了，伤心的雄燕悲鸣着撞墙而死，悲痛欲绝的雌燕也在城门的另一端悲鸣至死。据说这对燕子死后，魂灵依然留在这个地方，人们击打城墙就能听到"啾啾"的燕鸣声。

在古代，人们把嘉峪关内燕子的鸣叫声视作一种吉祥的声音，许多男子要出关远征的时候，妻儿就来击墙祈祷，希望他们平安归来。

实际上这种燕鸣声可能源自嘉峪关建筑的特殊构造——嘉峪关的墙体是向上呈梯形倾斜的，而墙角呈现出喇叭的形状，整体来看，底部小顶部大，击墙的时候可能会发出特殊的声音。来这里旅行的人为了听燕鸣，不断敲击城墙，损伤了墙体，后来人们就将"击墙"改为"击石"，依然能够听到像燕子鸣叫的声音。

塔尔寺

富丽堂皇的佛教圣地

位于青海省西宁市附近的塔尔寺，是一座重要的藏传佛教寺院，已经有超过 600 年的历史了。据说塔尔寺是藏传佛教格鲁派创始人宗喀巴大师诞生的地方。由于是先有的塔、后有的寺，所以称作"塔儿寺"，后来又演化成"塔尔寺"了。格鲁派主要有六大寺院，其中一座就是塔尔寺，剩下的几座分别是哲蚌寺、色拉寺、甘丹寺、扎什伦布寺和拉卜楞寺。

塔尔寺是西北地区藏传佛教的活动中心

塔尔寺地处青藏高原与黄土高原相接的地方，处在群山环抱之间。在塔尔寺的周围分布着 8 条峡谷、8 座平缓的山坡，看上去就像处在莲花座中间一样，因此人们也称呼这里为"莲花山"。在塔尔寺中，我们能欣赏到富丽堂皇的寺院建筑、精致巧妙的佛教雕刻作品，还能见到用金、银、铜、药泥等材质制成的各式各样的佛像和法器。

塔尔寺有"艺术三绝"，分别是酥油花、堆绣和壁画。酥油花是一种施食供品上的小贴花，据说源自文成公主入藏时期。当时文成公主带来释迦牟尼等身像，将其供奉于大昭寺，吐蕃人民就用酥油做成花献于佛前，后来这个习俗就一直流传到现在。别看酥油花小，制作酥油花可有讲究了，要经过洗揉、制胎、敷面、描金、上盘等各种复杂的工序。堆绣是唐卡的一种，主要形式是在布幔上用各色布块儿粘贴、堆砌各种图案，如佛像、花朵等，作品内容主要是表现佛的各种活动。

在塔尔寺中，保存着上千幅近乎完好的精美壁画，这些壁画线条细腻生动，刻画的人物栩栩如生，题材以佛教故事和民间传说为主。这些壁画所采用的颜料，都是以石质矿物作为主要原材料制作而成的，色泽经久不衰，直到数百年后的今天，依然鲜艳。

魔鬼城

真的有魔鬼住在里面吗

"魔鬼城"里真的住着"魔鬼"吗？其实人们称这里为"魔鬼城"，主要是因为能在这里听到像魔鬼呼叫般的声音。呼啸的狂风从城里刮过时发出的声音，好像妖魔鬼怪的叫声一般，特别恐怖。实际上，"魔鬼城"是一片雅丹地貌构成的景观——许多经典的雅丹地貌形态，如方山、锥状雅丹、金字塔状雅丹等，都能在这里看见。人们发挥想象，根据不同形态的雅丹地貌，给这些地方起了各种有趣的名字，如"擎天一柱""孔雀迎宾""骏马奔腾"等，这里每年都吸引着许多游客前来探险。

其实，魔鬼城还是一个"恐龙王国"。"克拉玛依龙""准噶尔翼龙"等恐龙的化石，都曾经在这里发现过。人们发现，在1.45亿年前的白垩

魔鬼城的形成，需要大风、干旱的环境

纪时期，这里可能是一片淡水湖泊，有许多恐龙生活在这里。后来在地壳运动的过程中，湖底被迅速地抬升起来，形成了"戈壁台地"。在流水的切割和风力的雕琢下，露出地表的台地被打造成各种各样的形状，于是就形成了我们如今看到的"魔鬼城"。

常见的风蚀地貌还有哪些？旅行家"拍了拍"你！

风蚀壁龛

一些迎着风的陡峭岩壁，在风蚀作用下形成的大小不同、形状各异的洞穴。

风蚀蘑菇

又称"菇岩""蕈岩"，是孤立的岩石在风蚀作用下形成的蘑菇状的岩体。

风蚀城堡

又称"风城"，砂岩和页岩相间分布的地区在风蚀作用下形成的城堡状的山丘。

风蚀谷

已经风化的地面在暴雨的冲刷下形成很多沟谷，风蚀作用将沟谷加宽、加深，形成谷地，被称为"风蚀谷"。风蚀谷不断扩大，原来的地方不断缩小，最后就只剩下一些孤立的小丘，被称为"风蚀残丘"。

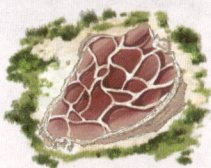

风蚀洼地

由松散物质组成的地面，在风蚀作用下形成椭圆形的洼地。比较深的洼地还可能形成湖泊，如呼伦贝尔沙地中的乌兰湖。

五彩湾

五光十色的湖相岩层

在准噶尔盆地东南部的古尔班通古特沙漠中，有一座五彩缤纷的"五彩湾"，在荒凉的戈壁中，这里显得鲜艳而神秘。在这里，我们能看到一群低矮的山丘，山丘上可见红色、黄色、橙色、绿色、灰色等颜色的泥土。小丘群的气势很像一座城郭，所以这

五光十色的五彩湾，位于准噶尔盆地，是古老湖泊遗留下来的痕迹

里又被称作"五彩城"。黄昏时分，在落日余晖的照耀下，这里就更显得五光十色了。

在很早以前，五彩湾所在的地方是一个湖盆。在气候变化和地壳运动的影响下，盆地中时而成湖、时而干涸，一片片的湖相沉积岩层就是在这个过程中形成的。在地壳运动的作用下，这里形成了厚厚的煤层，煤层暴露在外，在阳光和雷电的刺激下，裸露的煤层常常会燃烧起来。煤层燃烧殆尽之后，地面就暴露在气候干燥、大风盛行的环境之中，经历风吹雨淋的塑造，就形成了各种类型的"雅丹地貌"，其中以悬崖式最为常见，于是就有了我们如今看到的"五光十色"的五彩湾。

"五彩湾"丰富的颜色是从何而来的呢？主要是因为不同地质时期所形成的岩石中的矿物质含量有所不同。不同的矿物质就像调色盘中的色彩颜料，在同一岩石中哪一种矿物质含量高一点，它所对应的颜色就会更浓一些。赭红色是最常见的，往往表示岩石中硫铁质的含量较高；绿色和黑色的是沉积层，说明岩石主要是由泥沙和各类生物沉积物叠积起来的……此外，还有黄的、紫的、白的，等等，各种色彩。

在五彩湾的地下还藏着许多恐龙化石。"五彩湾工部龙""五彩冠龙""赵氏敖闰龙"等恐龙的化石，最早都是在这里发现的，其中"赵氏敖闰龙"是1岁左右的婴儿时期的恐龙。

> 湖相沉积岩层：沉积物在湖泊中沉积后形成的岩层。

为什么在岩层里有恐龙化石？

　　体型庞大的恐龙是如何成为我们如今看到的化石的呢？

　　一只恐龙死去后，它的身体逐渐腐烂或者被其他动物啃食，只剩下骨骼，这些骨骼被泥沙和火山灰等沉积物覆盖。沉积物会在尸体的表面越积越厚，既保护尸体不受其他动物、微生物的侵扰，也起到隔绝氧气的作用。经过漫长的岁月，厚厚的沉积层最后就变成了岩石。像骨骼、牙齿等坚硬的部位，经过雨水的不断渗透，一些矿物质保留了下来，且发生各种各样的化学变化，骨头变成了石头，形成了化石，这就是"石化"的过程。考古学家在一些岩石中发现的恐龙化石，就是这么来的。

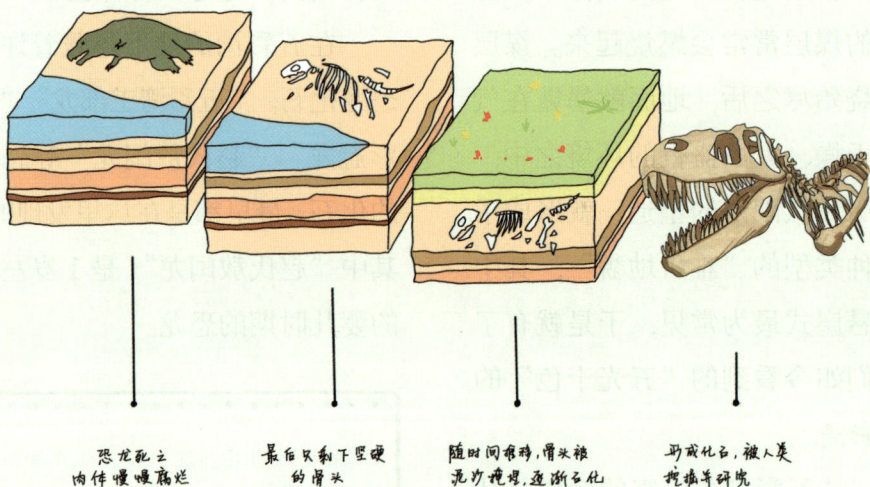

恐龙死立　　　　　最后只剩下坚硬　　　　随时间很移，骨头被　　　变成化石，被人类
肉体慢慢腐烂　　　　的骨头　　　　　泥沙埋埋，逐渐石化　　　挖掘并研究

恐龙化石的形成，需要经历上千万年的时间

火焰山

铁扇公主的扇子管用吗

地理小辞典

我的读音： Huǒyàn Shān

我的位置： 位于吐鲁番盆地的北缘

我的由来： 赤褐色的岩石在太阳的照耀下灼灼发光，因而叫"火焰山"

我的别称： 赤石山

我的故事： "火山今始见，突兀蒲昌东。赤焰烧虏云，炎氛蒸塞空。不知阴阳炭，何独烧此中。我来严冬时，山下多炎风。人马尽汗流，孰知造化功。"——（唐）岑参《经火山》

还记得《西游记》中的"火焰山"吗？在《西游记》中，唐僧师徒四人在西行途中被火焰山挡住去路，孙悟空去找铁扇公主借神器"芭蕉扇"才将这里的火熄灭。实际上，现实中真的有火焰山这个地方。现实中的火焰山是吐鲁番盆地中最热的地方，也是全国最热的地方。夏天这里的气温几乎在 45℃ 以上，地表温度甚至经常达到 70℃ 以上，据说找一个沙窝，将鸡蛋放在里面，可以烤熟。

位于吐鲁番盆地的火焰山，正是《西游记》中火焰山的原型

火焰山是天山山脉的一个支脉，形成于喜马拉雅造山运动期间，距今大约有 2000 万年的历史了。地壳的运动和风雨的雕琢，创造了火焰山起伏的山势和连绵的沟壑。整座山的山体是由红色砂岩构成的，呈现青红色，看上去像是曾经在大火中燃烧过。《西游记》的传说使这里闻名遐迩，如今人们还在这里建了一根孙悟空的"金箍棒"造型的温度计，随时显示这里的地表温度。

地球上最热的
地方在哪里？
旅行家"拍了拍"你！

世界上最"热"的地方在哪里呢？目前还没有定论。有一种说法是卢特沙漠——位于伊朗的盐化沙漠，NASA（美国国家航空航天局）的卫星曾在这里监测到高达 70℃的地表温度。还有一个地方是"熔炉溪"——位于美国加利福尼亚州的一座小镇，据说地球的最高气温记录和地表最高温度记录都出自这里。此外，位于利比亚的埃尔阿兹兹亚、位于埃塞俄比亚的达洛尔等地都是世界著名的高温地区。

八卦城

神秘的特克斯

地理小辞典

我的读音： Bāguà Chéng
我的位置： 新疆维吾尔自治区伊犁哈萨克自治州特克斯县
我的由来： 从上空俯瞰，城市像一幅八卦平面图，因此叫"八卦城"
我的别称： 特克斯八卦城

身处群山环抱中的特克斯县，是一座按照八卦图形规划的城市，又被称作"八卦城"，这里是目前中国唯一完整的"八卦城"。整个"八卦城"看上去是放射状的圆形，以城中心的太极坛为中心，向外辐射8条主街：一条"乾街"位于西北方，顺时针数

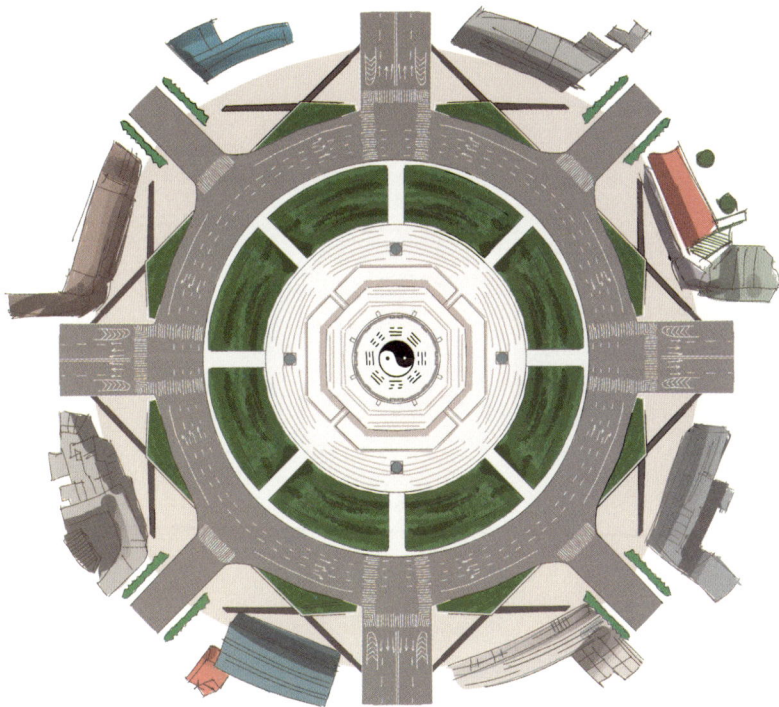

迷宫一般的特克斯八卦城

下去分别是"坎街""艮街""震街""巽街""离街""坤街""兑街"。

"八卦城"的建设，据说最早是丘处机布置的。丘处机是南宋时期的道教全真七子之一，曾经在成吉思汗的邀请下前往西域，在路过特克斯河谷的时候被这里的山川形势所震撼，于是在这里布置了一座"八卦城"。当然，这只是一个传说，这座城市具体是谁建设的，现在人们也不得而知了。

八卦城是一座没有红绿灯的城市。这座城市原本是有红绿灯的，在1996年时被取消了。虽然没有红绿灯，但这里却一点也不拥堵，因为这里"路路相通、街街相连"，无论怎么走总能走到自己想去的地方。如果只是简单地走在城中的话，很难感受到这是一座"八卦"形的城市，城中心有一座高50余米的观光塔，站在塔顶俯瞰整座城市，能看到一张生动的"八卦图"。

9 古今的地方面貌，听听那些城市的故事

西安市
"丝绸之路"的起点

西安在古代叫"长安"，俗话说"西有罗马，东有长安"，形容的就是长安城在古时候的辉煌。处于渭水之畔的西安，是一座有"帝王之气"的城市，西周时期，这里叫"镐京"，是中国历史上第一个被称为"京"的城市。从西周开始，先后有 13 个大大小小的王朝在这里建都：西周、秦朝、西汉、王莽新朝、东汉、西晋、前赵、前秦、后秦、西魏、北周、隋朝、唐朝。

西安鼓楼位于西安市市中心，是中国现存最大的鼓楼

丝绸之路的繁华，从起点西安开始，一路延续到遥远的西方，沿途的商品贸易和文化交流欣欣向荣。在丝绸之路经济带和新亚欧大陆桥上，这里是重要的节点；在"关中城市群"中，西安是当之无愧的"带头大哥"，带动着关中地区众多城市的发展。

西安是一座历史悠久的城市。城东的半坡原始村落遗址，记录着新石器时代的神秘文明。隋唐时期兴建的古城墙，经过历朝历代的保护和翻修，得以成为中国现在最完整的一座古代城垣建筑。

明朝的城墙、城门和护城河，还有各种各样的角楼、瓮城和箭楼等设施，都保留着西安城古老的记忆。

丝绸之路经济带：在古代"丝绸之路"的基础上形成的新的经济发展区域，主要包括西北五省区：陕西、甘肃、青海、宁夏、新疆；西南四省区：重庆、四川、云南、广西。

关中城市群：由分布在陕西关中地区的西安、宝鸡、咸阳、渭南、铜川等城市，以及杨凌农业示范区构成；是陕西政治、经济和文化的核心区。

终南山位于西安以南，属于秦岭山脉的一段，是「寿比南山」故事的源头

西安为什么会成为
"十三朝古都"呢？
旅行家"拍了拍"你！

唐朝的都城——长安，也就是今天的西安，曾是十三朝的古都。为什么那么多朝代选择这里作为都城呢？

首先要考虑的是安全问题。西安坐落于八百里秦川之地，南邻秦岭、西接陇山、北靠北山、东面华山，四面被山环抱，处在一个相对安全的地理位置。其次，作为"天子之地"，这里位于黄土高原的东南部、黄河中游，是位于天下之中的地方。唐朝时，这里已经有现成的"四大关口"扼守其要，各个都很险要。最后"交通方便"对于建立都城也至关重要，西安周围分布着八大水系，特别是北部的渭河，为西安提供了便利的水上通道。

不仅如此，西安的自然条件也非常优越。这里处于暖温带半湿润的大陆性季风气候区，靠近我国南北方的分界线——秦岭，这里一年中温度的变化不是特别明显，雨雪天气也比较少，是气候比较宜人的地方。

延安市
"黄龙人"生活在这里

地理小辞典

我的读音：Yán'ān Shì
我的位置：位于陕西省北部，地处黄河中游
我的面积：约 3.7 万平方千米
我的别称：肤施、延州

延安这座陕北大城，坐落在黄土高原的中南部地区，位于黄河中游。延安的地貌，主要是黄土高原和丘陵。在延安境内，绵延着白于山、子午岭、黄龙山等众多小山脉。黄河上最著名的瀑布——壶口瀑布，就位于延安。中华民族的始祖——黄帝，他的陵墓"黄帝陵"也在延安境内。

早在 3 万年前，就有"黄龙人"在这里生活了。到了汉武帝时期，汉武帝在这一带大兴屯戍，许多人移民到了陕北地区，这里迅速地发展起来，被誉为"新秦中"，就是说这里像关中一带那样富庶。后来，随着朝代的更迭，这里时而在中原的管理之下设立州、郡、府，时而又被羌胡等游牧民族夺去。

延安市目前有宝塔区、安塞区两个市辖区，还有黄陵县、伊川县等 10 个县。宝塔区是孕育"延安精神"的地方，宏伟的延安革命纪念馆就

宝塔山是延安的象征之一

坐落在宝塔区西北延河东岸；安塞区是著名的"安塞腰鼓"流行的地方。"天下第一陵"位于延安的黄陵县；在延安的伊川县，我们能见到第四套人民币背面的图案——黄河"壶口瀑布"；要想见到保存完好的黄土高原地貌，可以去"苹果之乡"延安的洛川县看看。

延安革命纪念馆是中华人民共和国成立后最早建立的革命纪念馆

延安有哪些特产？
旅行家"拍了拍"你！

洛川苹果

延安光照充足、昼夜温差大，非常适合苹果的生长，洛川县的苹果又是最有名的。

延川红枣

延川县的红枣
已有数百年的栽培历史。

延长酥梨

延长县的酥梨皮薄汁多，
非常爽口。

甘泉红小豆

甘泉县水源充足，属于风积黄土，非常适合红小豆的生长。

银川市
共寻西夏的痕迹

地理小辞典

我的读音: Yínchuān Shì
我的位置: 位于黄河上游、宁夏平原中部,北接石嘴山市,西靠内蒙古自治区阿拉善盟阿拉善左旗
我的面积: 约 0.9 万平方千米
我的别称: 凤凰城、怀远镇、兴庆府、中兴路
我的故事: "仍置银州,五年废为银川城,金为银川寨。"——《读史方舆纪要》

银川又被称作"凤凰城",它的市徽就是一只凤凰,在市区里还有一尊标志性的凤凰雕塑。这源自于一个有关凤凰的传说——有一只从贺兰山飞来的凤凰,曾在这里流连忘返,后来化作一座城市,也就是今天的银川。这只是一个神话,银川这座城市当然不是真的由凤凰变成的,但它却和凤凰的寓意相连——这里是一片肥沃、丰饶而吉祥的土地,人们称之为"塞上江南",在相对荒凉贫瘠的边塞地区,这里是珍贵的鱼米之乡。

人类在 3 万年前就开始在这里留下足迹了,已经被发现的水洞沟古人类文化遗址,是旧石器时代的遗迹;还有镇北堡古城址是新石器时代的遗迹。先秦时期的银川,一直有北方游牧民族在这里生活,后来秦始皇将匈奴人赶出了这片土地,农耕文明开始在这里发展起来。

银川正好位于银川平原的中心地带,得益于丰饶的银川平原,这里渐渐发展成了一座农业和牧业都非常发达的城市。此外,紧挨着银川的黄河也给这里带来了丰厚的土壤和水源,便于银川农业的发展。

银川附近的贺兰山,是银川的"守护者",毕竟传说中的"凤凰"就是从那里飞来的。此外,在历史上,贺兰山一代是游牧民族与农耕民族互相"周旋"的地段,这也是银川平原农牧都很兴盛的原因之一。

承天寺塔位于银川市西部，故又被称作西塔

号称"七十二连湖"的银川

　　黄河的不断改道，给银川带来了许多湖泊和湿地。对于西部干旱地区来说，这么密集而广泛的湖泊和湿地是非常罕见的。在古代，银川有"七十二连湖"的说法。不过到了后来，银川的湖泊、湿地面积大幅衰减，再加上20世纪50~80年代期间有一些填湖造房运动，更是加快了湖泊的减少。不过近年来，一些现存的湖泊和沼泽正在被挽救，宝湖、阅海和鸣翠湖等湖泊都先后被建成了湿地公园。

兰州市

西北地区最大的重工业城市

西北地区：去逛逛西北的这些名城

地理小辞典

我的读音： Lánzhōu Shì

我的位置： 位于甘肃省中部，北与武威市、白银市接壤，东与定西市接壤、南与临夏回族自治州接壤

我的面积： 约 1.31 万平方千米

我的由来： 皋兰山位于这座城市的南部，因此这里叫"兰州市"

我的别称： 金城

我的故事： "皋兰即兰州，皋兰之名，以南山名皋兰而得名。李唐时浑部内向以为兰州都督府，而兰州之名始焉。"——《皋兰县志》

也许你没去过兰州，但"兰州拉面"你一定听说过。兰州就像黄河的"孩子"，黄河的印记在这里处处可见。在兰州市中心，有一座"黄河母亲"雕像，母亲的怀里抱着一个婴儿，这恰恰像是黄河和兰州之间的关系。横跨黄河的"天下黄河第一桥"——中山桥，也位于兰州城内，这是一座已经 100 多岁的古桥了。

由于黄河穿城而过，兰州城有许多渡口，人们可以通过这些渡口便捷

坐落在白塔山下的中山桥，又称"兰州黄河铁桥"

地渡河。从八盘峡到钟家河一带，分布着许多古渡口。这些渡口曾在丝绸之路的贸易往来中发挥过不小的作用，不过现在许多已经废弃不用，或是成为遗址，或是逐渐消失了。在这些渡口中，保存得最完好的是"青石关"，它位于八盘峡的南岸，历史可以追溯到西汉时期。

兰州还有一个名字，叫作"金城"。叫这个名字不是因为这里盛产金矿，是因为这里"固若金汤"。处在特殊位置的兰州，自古以来就是军事重镇。从这里沿着黄河向西南方向上溯，就踏上了通往西域的路；顺着黄河而下，就是银川平原的方向了。在中原和大漠相通的路上，这里是最紧要的位置，是一处"兵家必争之地"。

在古代，掌握了黄河渡口，就相当于扼住了这一片区域的命脉。汉朝时，霍去病西征驱赶匈奴，凯旋之后在黄河南岸修建了一座城堡，这就是兰州历史上的首座城堡——"金城"。后来，为了守卫兰州，人们在这里建起了"金城关"，"倚岩百丈峙雄关，西域咽喉在此间"，形容的就是金城关的重要性。

兰州大学的校史，最远可追溯到清末

尝一碗地道的
兰州拉面！
厨师"拍了拍"你！

如今，我们在全国许多地方都能看到"兰州拉面"的踪影。"兰州拉面"，又称"兰州牛肉面"，讲究"一清二白三绿四红五黄"："一清"是指汤是清的，"二白"是指萝卜是白的，"三绿"是指香菜、蒜苗是绿色的，"四红"是指辣子是红的，"五黄"是指面条是黄的。兰州拉面的汤味鲜美、面条筋道是出了名的。在兰州，许多人的早餐就是一碗热乎乎的兰州拉面！

兰州拉面是兰州人最亲热的"早餐"

武威市

诗词中的"凉州"

位于古丝绸之路上的"武威"，是一个听上去就很威武的城市，实际上它也确实很"威武"——这里是西北地区的六朝古都，是河西走廊上耀眼的"河西四郡"之一。在数千年前，这里就是北方各民族聚居的地方：戎、月氏、乌孙、匈奴……许多古代北方游牧民族，都在这里留下过足迹。汉武帝时期，霍去病远征河西，击败匈奴，汉武帝就在这里设立了"武威郡"。

武威在古代有一个更有名的名字——凉州。你听过的"凉州词""凉州曲""西凉乐"，基本都是源自这里。这里曾是仅次于长安的古城。东晋十六国之中，前凉、后凉、南凉、北凉等国，都在这里建都；唐初的大凉国，都城也在这里。因此，这里有"五凉京华，河西都会"的美称。这里一直被看作是中原与西域间文明交流的重要中转站。

武威处在黄土高原、蒙新高原和青藏高原交会的地带，从地形上来看，可以分成三个部分。南部属于祁连山区，有冷凉的气候和丰富的降水；中部是平原绿洲，土地肥沃，比较适合耕种；再往北走，就属于荒漠区了，这里全年干旱少雨。总的来说，武威是一座四季分明的城市，夏天和冬天的温差很大，早晚的温差也很大。

　　值得一提的是武威的葡萄酒，"葡萄美酒夜光杯，欲饮琵琶马上催"，是王翰《凉州词》中对凉州美酒的描写。自从张骞从西域引进了葡萄种子，武威就开始种植葡萄、酿造葡萄酒。这里很适合种植葡萄，一是日照充分，长出来的葡萄很饱满；二是温度适中，有利于葡萄糖分的积累；三是气候干燥，葡萄不容易遭虫害，易于保存。还有一个原因是，武威许多地方的土壤结构比较疏松，十分利于葡萄根系的生长。在这些优势下，武威成为了一座葡萄中的城市，并被命名为"中国葡萄酒城"。

武威南城门是隋文帝为纪念凉州总管卫王杨爽的功绩所建

武威郡位列"河西四郡"之首,位于河西走廊的咽喉要地,是中国历史上前后5个凉州政权的都城所在地。

所谓"河西四郡",指的是西汉汉武帝时期在河西走廊设置的四个郡,即酒泉郡、武威郡、敦煌郡、张掖郡,如今以这四个郡名命名的有酒泉市、武威市、敦煌市、张掖市。

酒泉郡是河西四郡中设立最早的,原是匈奴休屠王、浑邪王统领的地盘。如今的酒泉是现代航天的摇篮,这里建有酒泉卫星发射基地。

敦煌郡在酒泉郡的西部,这里在秦末汉初是大月氏的领地,后来被匈奴占领,成为了匈奴浑邪王的领地。举世闻名的莫高窟、雅丹国家地质公园等都在敦煌。

张掖郡在酒泉郡的东部,这里自古以来就是丝绸之路上的商贾重镇和咽喉要道。著名的"七彩丹霞"景区就在张掖。

西宁市
坐落在湟水中游的河谷盆地

我的读音： Xīníng Shì

我的位置： 位于青海省东部，东邻海东市，西北达海北藏族自治州，西南界海南藏族自治州

我的面积： 约 0.766 万平方千米

我的由来： 这里曾叫"青唐城"，宋军进入后改名"西宁州"，是"西方安宁"的意思

我的别称： 鄯州、西平郡、青唐城

西宁是青海省的省会，坐落在青藏高原的东北部。这是一座在祁连山环抱之中的城市，南边倚靠黄河，西边是青海湖。虽然这里海拔高，光照比较强烈，但由于环山绕水，这里的气候凉爽宜人。对游人来说，这是一个避暑的好地方。

顾名思义，"西宁"这个名字寓意西陲地区的安宁。为什么要起这样一个名字呢？因为这里实在是太需要"安宁"了。

西宁位于河湟谷地，曾是中原地区与青藏地区来往的重要通道。要想掌握中原到青藏的交通，就要守好这个地方。西宁还靠近河西走廊，对于

西宁青唐城遗址，是宋、金、西夏和元代的西宁州城址

古代中原王朝来说，如果河西走廊失守了，青藏高原上的少数民族就可以轻而易举地从这里入侵中原。另外，河湟谷地还是一片很适合农业生产的地方，这样的地方可是青藏高原上珍贵的"宝地"。

在交通上，西宁的位置太重要了。在文成公主、金城公主入藏时走过的"唐蕃古道"上，西宁是重要的站点；丝绸之路的南道也经过西宁；被誉为"天路"的青藏铁路，就是从西宁出发的，人们形象地把这里称作"天路之门"。

> 唐蕃古道：唐朝时从都城长安（今陕西西安）通往吐蕃都城逻些（今西藏自治区拉萨）的官道。

西宁市内的这些寺庙，你听说过吗？

塔尔寺：位于青海省西宁市湟中县城鲁沙尔镇，是西北地区藏传佛教的活动中心。

大佛寺：位于青海省西宁市教场街东南端，是一座藏传佛教的古刹。

东关清真大寺：位于西宁东关大街，寺内可以同时容纳3000多人进行礼拜。

南禅寺：位于青海省西宁市凤凰山麓，历史可以追溯到北宋。

法幢寺：位于青海省西宁市南山公园南禅寺旁，是青海省最大的汉传佛教比丘尼寺。

乌鲁木齐市
"生长"在绿洲上的城市

地理小辞典

我的读音： Wūlǔmùqí Shì
我的位置： 位于新疆中部，东西两面与昌吉州接壤，东南与吐鲁番市相邻
我的面积： 约 1.38 万平方千米
我的由来： 在一些蒙古人的语言中，是"优美的牧场"的意思
我的别称： 迪化、乌市

乌鲁木齐市是中国离海洋最远的一座省会城市，也是世界上距离海洋最远的都市。这座城市是比较年轻的，它至今只有 200 多年的历史。曾经它叫"迪化"，这个名字是乾隆皇帝起的。当时，乾隆皇帝刚刚征服了准噶尔汗国，希望在这里"启迪教化"，所以将这里命名为"迪化"。

乌鲁木齐河从天山涌出，为这里带来了肥沃的绿野，乌鲁木齐就是在这片绿洲上生长起来的城市。这里拥有水草丰美的天然牧场，非常适合放牧。在一些蒙古人的语言中，"乌鲁木齐"本就是"优美的牧场"的意思。如今的乌鲁木齐，已经不再只是一片放牧的地方了，这里已经建成了一座现代化大都会，高楼大厦林立。登上红山，你可以瞭望全城的景色；走进南门老市场，可以欣赏民族歌舞、

中天广场曾是乌鲁木齐市最高的大厦

品尝民族美食；走进博物馆，可以参观神秘的文物，见到各种各样的陶器。

　　其实，乌鲁木齐还是一个出产矿物的宝地。它正好位于一个特大型煤矿的中央，地下就是优质的煤层。在城东的盐湖中，更蕴藏着巨量的盐和芒硝，不仅可以用来生产食盐，还可以作为化工原料。

位于乌鲁木齐市的新疆国际大巴扎是世界上规模最大的"巴扎"

喀什市
中国最西端的城市

地理小辞典

我的读音： Kāshí Shì
我的位置： 位于新疆维吾尔自治区西南部、塔里木盆地西缘
我的面积： 约 16.2 万平方千米
我的由来： 这里的全称叫"喀什噶尔"，意思是"埋藏玉石的地方"
我的别称： 喀什噶尔

新疆维吾尔自治区的喀什市是中国最西端的城市，也是全国太阳最晚落山的城市。这里的地方时，和北京时间要差上 3 个小时——这里太阳才开始落山，也许在东边的你早就吃过晚饭了。夏天，这里到了夜里 11 点，天还没有完全黑呢。也正是由于天黑得晚，前来游玩的游客会觉得这里的每一天都格外长。

喀什是"西域三十六国"中的疏勒国所在地，它在西域占据着十分险要的位置。这里背靠帕米尔高原、面朝塔克拉玛干大沙漠，翻过山可以通向中亚、西亚的国家。高山融水汇集于此，这里河流成网，土地非常肥沃，是南疆重要的农业发展地。班超出使西域的途中，就把这里当作大本营；唐朝时，这里也设置了都护府，负责管辖南疆的大片土地。在"西域三十六国"中，论重要性，这里绝对首屈一指。

每天固定的时间，喀什古城都会举办开城仪式，人们在热情洋溢的歌舞中迎来崭新的一天。喀什古城的道路是用红砖铺就的，沿途有许多民居和商店，都有上百年甚至数百年的历史了。在古城里，处处可以遇到打打闹闹的本地小孩，或者坐在自家门口抽烟的维吾尔族老人。

去喀什，不得不去逛逛"巴扎"。所谓"巴扎"，就是这边的集市。在巴扎里，可以品尝"酸奶粽子""烤包子"等各种风味小吃，选购五颜六色的花帽和地毯，见识"冬不拉""都

塔尔"等各种各样稀罕的乐器，可以尝一尝"酸奶刨冰""卡瓦斯""杏干水"等其他地方比较少见的饮品。在喀什地区，有许多古老的巴扎，尤其是在喀什的县城里，许多巴扎还保留着最初的风貌。

香妃墓位于喀什东郊，据说乾隆皇帝的爱妃香妃就葬在这里